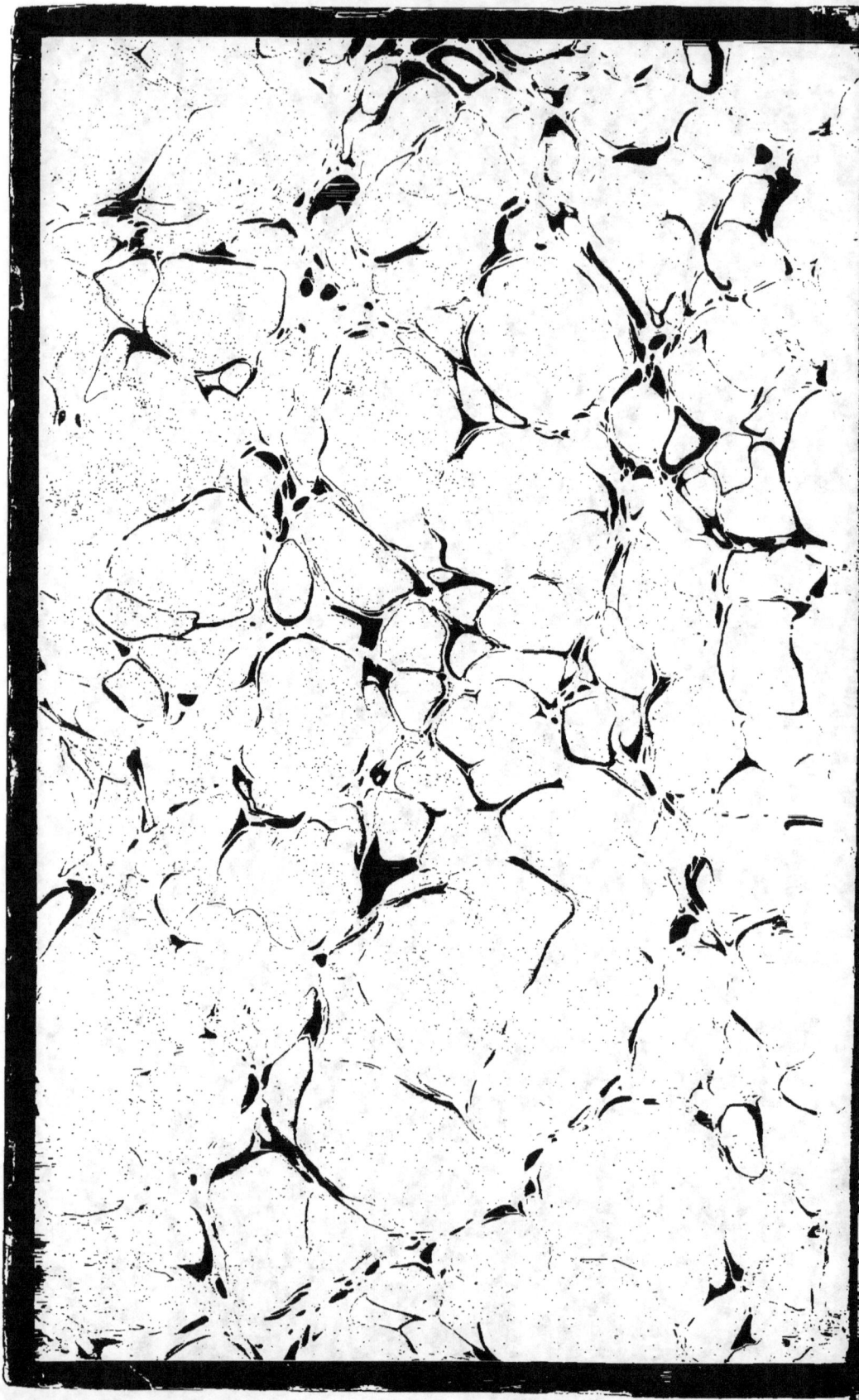

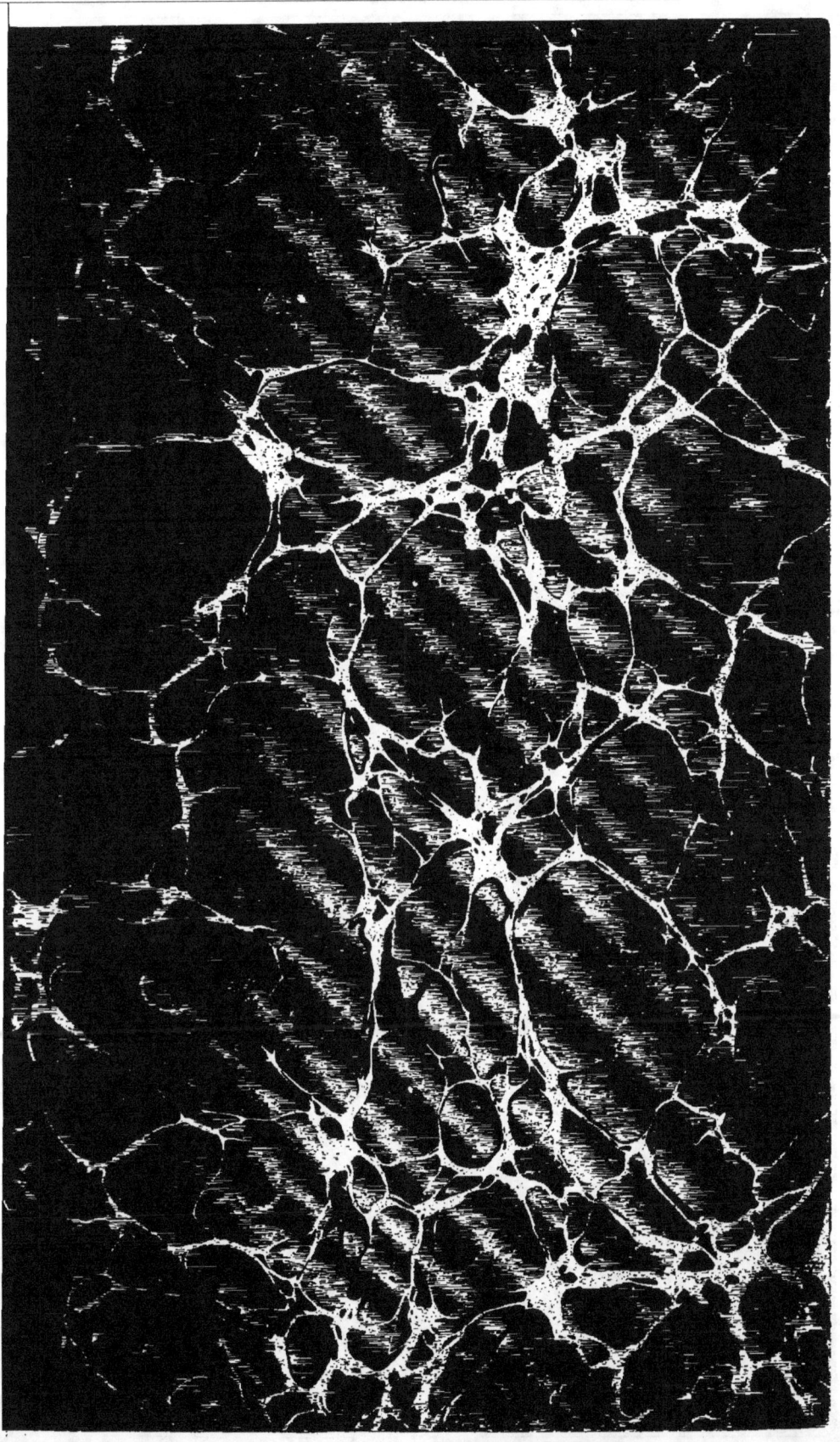

Il a été imprimé

40 exemplaires numérotés sur papier de Hollande Van Gelder

à Monsieur le baron Larrey
hommage empressé

Henry Houssaye

1815

DU MÊME AUTEUR

1814. Histoire de la campagne de France et de la chute de l'empire, d'après les documents originaux. 1 vol. in-8. 9ᵉ édition. Librairie Perrin.................... 7 fr. 50

Histoire d'Alcibiade et la République athénienne depuis la mort de Périclès jusqu'à l'avènement des trente tyrans (*ouvrage couronné par l'Académie française en 1874 : Prix Thiers*), 5ᵉ édition. Librairie Perrin. 2 vol. in-12...... 7 fr.

Le Premier Siège de Paris, an 52 avant l'ère chrétienne. Librairie Vaton, 1876. 1 vol. in-12............ (*épuisé*)

Athènes, Rome, Paris, l'Histoire et les Mœurs, 3ᵉ édition. Librairie Calmann-Lévy, 1 vol. in-12.................. 3 fr. 50

Mémoire sur le nombre des citoyens d'Athènes au Vᵉ siècle avant l'ère chrétienne (Extrait de l'*Annuaire des Études grecques pour* 1882), in-8. Librairie Perrin........ 2 fr.

La Loi agraire à Sparte. In-8. Librairie Perrin........ 2 fr.

Aspasie, Cléopâtre, Théodora, 5ᵉ édition. Un vol. in-12. Librairie Calmann-Lévy............................... 3 fr. 50

Les Hommes et les Idées, 2ᵉ édition. Un vol. in-12. Librairie Calmann Lévy.................................. 3 fr. 50

Apelles et la peinture grecque, 2ᵉ édition. Librairie Perrin 1868, 1 vol. in-12............................. (*épuisé*)

Le Salon de 1888. Librairie Boussod et Valadon, 1 vol. in-4º. 60 fr.

L'art français depuis dix ans, 2ᵉ édition. Librairie Perrin. 1 vol. in-12.. 3 fr. 50

En préparation :

1815 (2ᵉ et dernière partie) : **Waterloo. — La seconde Restauration. — La Terreur blanche.** Un vol.

1815

PAR

HENRY HOUSSAYE

LA PREMIÈRE RESTAURATION — LE RETOUR DE L'ILE D'ELBE
LES CENT JOURS

DEUXIÈME ÉDITION

PARIS

LIBRAIRIE ACADÉMIQUE DIDIER

PERRIN ET Cie, LIBRAIRES-ÉDITEURS

35, QUAI DES GRANDS-AUGUSTINS, 35

1893

Tous droits réservés.

PRÉFACE

Les monarques, les capitaines et les ministres ne sont pas les seuls personnages de l'Histoire. Le peuple et l'armée y jouent aussi leur rôle. A côté de la Cour et du Sénat il y a la place publique, autour du quartier général il y a le camp. Dans ce livre, qui est moins un chapitre de la vie de l'empereur que l'histoire de la France pendant une année tragique, j'ai cherché à peindre les sentiments des Français de 1815 et à marquer leur action sur les événements. Napoléon, Louis XVIII, Talleyrand, Fouché, Ney, Davout, Carnot, restent au premier plan, mais non loin d'eux on voit les paysans, les bourgeois, les ouvriers, les soldats, comme dans le théâtre grec on voit près d'Ajax et d'Agamemnon le chœur des vieillards et des guerriers.

Pour m'affranchir, avant de commencer ce travail, de toute opinion *a priori*, j'ai fait l'effort assez facile d'oublier le peu que je savais sur la Restauration et les Cent Jours. Je me suis mis à apprendre dans les différents dépôts d'archives cette page de l'histoire de France comme si elle m'était aussi inconnue que la chronique des empereurs de la Chine. Du milieu des papiers froissés et jaunis dont quelques-uns, écrits sur le champ de bataille, semblent encore sentir l'enivrante fumée de la poudre, j'ai vu renaître les hommes et les choses. Sous cette impression directe, mon opinion s'est formée au jour le jour, vingt fois modifiée, enfin fixée et affermie grâce à la multitude des documents et à la concordance de la pluralité des témoignages.

J'ai tenté d'exprimer les idées et les passions de cette époque troublée avec le langage du temps. Quand je dis des mousquetaires les soldats d'antichambre, des vendéens les brigands et des prêtres les calotins, je parle comme les officiers à la demi-solde et les maçons du quai de Gèvres. Quand j'appelle Napoléon l'usurpateur ou l'aventurier Corse, les maréchaux de l'empire les va-nu-pieds et les conventionnels, les assassins ou les buveurs de sang, je parle comme les amis du comte d'Artois. De même, j'ai reproduit dans toute leur atrocité les propos sanguinaires des fédérés bonapartistes contre les nobles et les monstrueuses menaces de répression proférées à Gand et à Londres par les émigrés. L'historien ne doit pas seulement raconter les événements, il doit aussi, selon le mot de Saint-Marc-Girardin, « faire revivre les passions qu'on n'a plus ».

H. H.

24 Février 1893.

1815

LIVRE I

LA PREMIÈRE RESTAURATION

CHAPITRE I

LA FRANCE SOUS LOUIS XVIII

I. Les opinions au retour des Bourbons. (Avril-mai 1814.)
II. Les premières maladresses.
III. La réorganisation de l'armée.
IV. Troubles pour les droits réunis. — Inquiétudes pour les biens nationaux.
V. Les princes. — Le roi. — Les ministres.
VI. Le mécontentement dans l'armée et dans le peuple. — Le culte de Napoléon.
VII. La renaissance des partis.
VIII. Les débats des Chambres. (Août-décembre 1814.)

I

Le 3 mai 1814, Louis XVIII fit son entrée à Paris, au son des cloches et du canon, dans une calèche attelée de huit chevaux blancs ; le 1ᵉʳ juin, le traité de paix signé l'avant-veille, les armées alliées se mirent en marche pour repasser les frontières ; le 4 juin, il fut donné lecture aux deux Chambres, en séance royale, de la Charte octroyée. La période des révolutions et des guerres était close ; la monarchie héréditaire et l'autorité de droit divin étaient rétablies ; le roi légitime, Louis le Désiré, était aux Tuileries, sur le trône de ses ancêtres, dans la « dix-neuvième année » de son règne.

Il ne s'agissait plus que de gouverner.

Pour y réussir, il eût fallu un autre Henri IV, habile, rusé, un peu gascon, indifférent aux principes comme aux préjugés, parlant dans le Conseil avec la fermeté et le prestige d'un capitaine qui s'est taillé son royaume à coups d'épée, actif d'esprit, agile de corps, chaud de cœur, bon enfant et diable-à-quatre. Encore le Béarnais, une fois maître de Paris, avait-il eu moins d'intérêts à concilier, d'alarmes à calmer, de résistances et de partis-pris à vaincre. « — Le plus fort est fait. » disait Louis XVIII en recevant Beugnot à Saint-Ouen. Illusions ! Autant la restauration des Bourbons, si inattendue dans la dernière année de l'empire que l'on a pu, avec apparence, l'appeler miraculeuse, s'était accomplie aisément, autant la tâche du nouveau gouvernement allait être compliquée, difficile et pénible. La royauté avait été accueillie avec enthousiasme par un dixième de la population. Trois dixièmes s'y étaient ralliés par raison. Le reste, c'est-à-dire plus de la moitié des Français, demeurait hésitant, défiant, plutôt hostile. Dans les mois d'avril et de mai, malgré les adhésions empressées des grands corps de l'Etat, des officiers généraux, de la foule des fonctionnaires, malgré les adresses des municipalités et les dithyrambes des journaux, malgré les *Te Deum*, les pavoisements et les illuminations, il s'en fallait bien que l'opinion fût unanime [1].

---

[1]. « A l'entrée du roi à Paris, les sentiments les plus opposés se lisaient sur les visages. Ils éclataient dans le cri de : Vive le roi ! et ne se révélaient pas moins dans le morne silence des ennemis de la royauté. » Metternich. *Mém.*, I, 197. — « L'enthousiasme public n'était pas assez gé-

L'armée en pleine dissolution — il y eut en deux mois 180,000 déserteurs [1] — menaçait d'entrer en pleine révolte. Dans vingt villes fortes, la garnison se souleva au cri de : Vive l'empereur! Partout les soldats méconnaissaient l'autorité des chefs, brûlaient ou traînaient au ruisseau les drapeaux blancs, refusaient de prendre la cocarde royale et disaient qu'ils ne serviraient jamais que leur empereur [2].

Dans le peuple des villes, et plus encore chez les paysans, l'opposition était très marquée. Le quai de

néral pour nous rassurer sur les dispositions des Français, et M. L... me dit qu'il ne croyait pas que les Bourbons pussent rester six mois en France après le départ des Alliés. » *Journal d'un Officier anglais (Revue Britannique*, VIII, 82). — « Il ne faut pas croire que l'opinion pour les Bourbons ait été générale. » Mme de Wimpfen (royaliste) au baron de Stengel, 28 octobre 1814. (Arch. Aff. étrangères, 675). — « Depuis que le roi a mis le pied en France, jamais son gouvernement n'a été affermi ». Rapport général sur l'esprit public, 2 mars 1815. (Arch. nat. F. 7,3730.) » Cf. Duc de Broglie. *Souv.*, I, 256. Rapport général de police, 14 avril. Rapports des préfets, du 21 avril au 22 juin. Minutes de rapports de police générale avril-mai. (Arch. nat. F¹ª 582, F. 7. 3204.)

Le mot de Carnot, répété de confiance ou rappelé dans un intérêt politique par tant d'historiens et de publicistes : « Le retour des Bourbons produisit un enthousiasme universel » (*Mém. au roi*, 20), en a imposé à l'histoire. Or, d'une part, Carnot qui resta jusqu'aux premiers jours de mai 1814 à Anvers, où la garnison tenta de se révolter aux cris de : Vive l'empereur! ne pouvait être témoin de l'enthousiasme universel des Français. D'autre part, si Carnot s'exprimait ainsi, c'était par un artifice de discussion. Afin de mieux démontrer l'action néfaste sur l'opinion publique des fautes et des maladresses du gouvernement royal, il commençait par dire qu'à l'origine tout le monde était pour le roi. — Dans une brochure publiée peu après le *Mémoire de Carnot (Réflexions sur quelques écrits du jour*, 42-49), Chateaubriand a réfuté cette assertion, que démentent d'ailleurs tous les témoignages. « Nous avons été témoin, dit Chateaubriand, des premiers moments de la Restauration, et nous avons précisément observé le contraire de ce que l'on avance ici... La vérité est que la confiance ne fut pas entière au retour du roi. Beaucoup de gens étaient alarmés, les provinces mêmes agitées, incertaines, divisées. On craignait les fers, on redoutait les vengeances. »

1. Rapp. de Davout à Napoléon, s. d. (du 25 au 29 mars 1815. Arch. nat. AF. IV, 1936). — Un état de situation du 1ᵉʳ janv. 1815 (Arch. Guerre) ne porte les déserteurs qu'au chiffre de 101,503, mais à cette date, un nombre considérable de déserteurs avaient, les uns, rejoint leurs corps, les autres, obtenu des congés absolus. Enfin, les 45.000 ou 48.000 conscrits de 1815, presque tous déserteurs en avril, avaient été régulièrement licenciés par l'ordonnance royale du 15 mai 1814.

2. On trouvera les détails de ces faits dans **1814**, 637-638 (éditions de 1869 et suivantes).

Gesvres, où s'assemblaient les ouvriers sans travail, retentissait de cris et de menaces contre les Bourbons. Le 11 mai, une colonne de populaire se porta jusque sous les fenêtres des Tuileries, vociférant : De l'argent ou la mort ! Vive l'empereur [1] ! « Pour le moment, écrit le 23 avril le duc de X... au comte d'Artois, la masse de la nation donne des regrets au gouvernement d'une régence, et l'armée est toute à Napoléon [2]. » — « Les campagnes et une grande partie des villes sont en opposition avec les amis du roi, » écrit à Dupont le général Boudin [3]. — « Au moins la moitié du peuple, surtout dans les campagnes, écrit le 25 mai à Beugnot un président de collège cantonal, est contraire au rétablissement des Bourbons et ne veut pas se détacher de Bonaparte. Il ne veut pas croire à la réalité et encore moins à la stabilité de cette révolution [4]. » A Toulon, le 4 mai, on colle des aigles sur les fleurs de lys des affiches administratives ; à Dôle, le 9 juin, on appose ce placard : « Vive le roi pour trois jours ! vive Bonaparte pour toujours ! » En Alsace, en Champagne, en Lorraine, en Franche-Comté, en Dauphiné, dans la Saône-et-Loire, dans la Côte-d'Or, les Charentes, la Corrèze, le Lot, le Loiret, l'Allier, la Nièvre, on lacère les proclamations officielles, on enlève des clochers les nouveaux drapeaux, on insulte, on maltraite les gens qui portent la cocarde blanche [5].

1. Vitrolles à Anglès, 12 mai (Registre de corresp. de Vitrolles. Arch. nat. AF* V³). Rapports de police, 14 et 20 avril. Rapport de Huss, 11 mai. Rapport général de police, 15 mai. (Arch. nat. F. 7, 3200⁴ et F. 7. 3738.)
2. Duc de X... à comte d'Artois, 23 avril. (Arch. nat. F. 7, 3200⁴.)
3. Boudin à Dupont, s. d. (1ʳᵉ quinzaine de mai. Arch. guerre.)
4. Lettre à Beugnot, 25 mai. (Arch. nat. F¹c 26.) — Ce témoin, qui est royaliste et conseille la restriction des droits politiques, n'est donc point suspect.
5. Rapport général de police, 4 avril. Bulletin de police, 20 et 21 avril, 2 mai, 7 mai, 15 mai, 6 juin. Correspondance des préfets, avril-juin. (Arch nat. F. 7, 3779, F. 7, 320⁴, F¹ᵃ 582, F. 7, 3738.) Lettre à Dupont. Strasbourg, 1ᵉʳ mai. Dupont à Beugnot, s. d. (1ʳᵉ quinzaine de mai). Dupont à Beugnot, 25 mai. (Arch. Guerre.)

En revoyant cette cocarde d'un autre âge, dont la réapparition coïncidait avec un changement subit dans les façons d'être des nobles, devenus en un jour hautains et arrogants[1], les paysans pensaient au rétablissement de la dîme et des droits féodaux[2]. Les trois ou quatre millions de possesseurs de biens nationaux pensaient à pis. Déjà, au grand retour des émigrés, en l'an X, ils avaient eu à subir de la part des anciens propriétaires des demandes de restitution ou de transaction, des menaces occultes, jusqu'à des procès[3]. Et l'on était alors sous la République ! Qu'allaient donc être les prétentions des émigrés maintenant que le roi régnait? La France était rendue aux Bourbons. Les biens confisqués ne devaient-ils pas être restitués à ceux qui avaient souffert et combattu pour eux[4]? Cette idée était si bien entrée dans les esprits, qu'après la Déclaration de Saint-Ouen, le régisseur de M. de Villèle fut le trouver pour s'enquérir s'il était bien vrai que le roi eût reconnu la validité des ventes. Il ne croyait pas cela possible. Lorsqu'il fut enfin convaincu, il s'écria ingénument : « — Ah! mon Dieu! et moi qui aurais pu tant en acheter[5] ! »

A ces inquiétudes s'ajoutait le mécontentement de voir maintenir les droits réunis, dont les manifestes royalistes, répandus pendant la guerre, avaient pro-

---

1. « Il serait à désirer que les nobles conservassent la même aménité qu'ils avaient avant le retour du roi. Un très grand nombre sont devenus arrogants. » Vicomte de Ricé, préfet de l'Orne, à Montesquiou, 22 mai. (Arch. nat. F¹ᵃ 582.) — « Il y eut chez quelques royalistes de Toulouse des prétentions ambitieuses et des allures hautaines impardonnables. » Villèle, *Mém.* I, 217.
2. Correspondance des préfets, avril, juin. Bulletins de police, avril juin. (Arch. nat. F¹ᵃ 582, F. 7, 3773.)
3. Boulay de la Meurthe, *Souvenirs*, 168. Thibaudeau, II, 263-266.
4. Correspondance des préfets, avril-juin. Bulletins de police, avril-juin. Arch. nat. F. 7,3773, F¹ᵃ 582 (Rapport de Dupont au roi, s. d. (première quinzaine juin. Arch. Guerre).
5. Villèle, *Mém.* I, 246-248.

mis la suppression. Dans plusieurs communes du Doubs, du Jura, du Bas-Rhin, des Charentes, de la Gironde, de la Seine-Inférieure, les habitants chassèrent les agents du fisc et brûlèrent leurs registres [1]. Quant aux Bretons et aux Vendéens, ils se tenaient prêts à se servir de leurs vieux fusils plutôt que d'acquitter ces taxes détestées. Ils prétendaient même ne point payer l'impôt direct. « Nous avons combattu pour le roi, disaient-ils. Toutes les contributions doivent être abolies pour nous [2]. »

Au reste, on était encore dans une période de transition. Il y avait à s'inquiéter, non à s'effrayer de l'esprit public. Si chez les soldats, compagnons de gloire de Napoléon, et chez quelques bonapartistes, comme Bassano, Lavallette, Caulaincourt, Flahaut, dévoués à l'homme autant qu'au souverain, on pouvait craindre que les regrets et les sentiments hostiles ne persistassent longtemps, on devait espérer que dans le peuple des villes et des campagnes, le mécontentement tomberait quand la défiance aurait disparu. L'opinion était troublée et hésitante ; il n'était pas impossible de l'amener tout entière à soi. Il y avait individuellement des opposants, mais les partis d'opposition n'existaient pas. Il fallait ne point les laisser se former. Dans le monde de la politique, de la finance, des lettres, du barreau, dans la bourgeoisie, dans l'état-major général de l'armée, parmi les dignitaires des loges maçonniques, tout le monde, à quelques exceptions près, était pour le roi. Il en était de même chez la plupart des manufacturiers et des commer-

---

1. Maire de Lons-le-Saulnier à c¹ la 6ᵉ Dᵒⁿ Mʳᵉ. 3 mai. Préfet du Loiret à Dupont, 5 mai. Despeaux au même, 6 et 8 mai. Dupont à Beugnot, s. d. (2ᵉ quinzaine de mai) (Arch. Guerre). Correspondance des préfets, avril-juin. (Arch. nat. F¹a, 382.)
2. Ruty à Dupont, Angers, 29 mai. (Arch. Guerre.) Rapport de police, 1ᵉʳ juin. (Arch. nat. F. 7, 3773.)

çants, encore que les uns et les autres redoutassent avec raison une baisse énorme sur leur stock par suite de l'invasion subite des produits étrangers. L'immense foule des indifférents se réjouissait de la paix. Les bonapartistes, qui ne s'en réjouissaient pas moins, se flattaient de conserver, sous le nouveau régime, grades, fonctions et traitements. Ceux des terroristes qui ne s'étaient pas ralliés à Napoléon, ou qu'il avait dédaignés, attendaient de la royauté plus de liberté que de l'empire. Les libéraux voyaient dans la monarchie, tempérée par la Charte, la réalisation de leurs vœux.

Les plus glorieux représentants de l'empire, comme Ney, les plus grands patriotes, comme Carnot, avaient accepté franchement la royauté[1]. Augereau écrivait dans une proclamation : « Soldats ! arborons la couleur vraiment française qui fait disparaître tout emblème de la révolution[2]. » Fontanes disait au roi, au nom de l'Université de France : « Sire, les vertus royales, apanages de votre Maison, feront bientôt oublier les temps douloureux qui s'écoulèrent loin de vous[3] ». Fouché intriguait pour être pair de France et ministre de la police. Il exhortait Napoléon à refuser la souveraineté de l'île d'Elbe, où il serait toujours un sujet d'inquiétude pour l'Europe, et à aller vivre aux États-Unis en simple citoyen, envoyait au comte d'Artois copie de sa lettre à l'ex-empereur, et écrivait à Blacas : « Il faut que le dix-neuvième siècle porte le nom de Louis XVIII comme le dix-septième a porté celui de Louis XIV[4]. » Rouget de l'Isle composait un

1. Ordre du jour de Carnot, Anvers, 14 avril (Arch. Guerre). *Mém. sur Carnot*, II, 358. Cf. Rovigo, *Mém* VII, 309.
2. Proclamation d'Augereau, Valence, 16 avril (Arch. Guerre).
3. *Journal des Débats*, 5 mai.
4. Lettres de Fouché à Napoléon, 23 avril, au comte d'Artois, 23 avril (citées dans le supplément de la *Corresp.* de Wellington, IX, 144-145). Lettre de Fouché à Blacas, juin 1814 (citée dans les pseudo-*Mémoires de Fouché*,

hymne royaliste [1], un parent de Dubois de Crancé demandait à s'appeler Dubois de Fresnoy [2], et Barère, qui avait interrogé Louis XVI comme président de la Convention, portait la croix du Lys [3].

Parmi ces royalistes du lendemain, plusieurs craignaient bien quelque retour offensif de l'ancien régime, mais tous ne demandaient qu'à voir s'accomplir sous le sceptre d'un Bourbon l'alliance de la monarchie et de la liberté. Les journaux, affranchis de la censure, reconnaissaient sans discussion le principe de l'autorité royale. Entre tous les hommes politiques et parmi tous ceux que l'on appelait « les gens de bien », il y avait accord pour acclamer la restauration et pour fonder sur la royauté constitutionnelle les meilleures espérances.

C'est pourquoi la plupart des auteurs de Mémoires et des historiens ont pu dire que le rétablissement des Bourbons fut accueilli sans opposition et même avec enthousiasme. Cela est vrai à ne juger que par l'opinion des salons; mais cela est faux si l'on écoute les murmures du peuple et les clameurs de l'armée. Dans la masse de la nation, il y avait bien des défiances, il y avait une hostilité sourde et même des révoltes. Mais avec beaucoup de prudence et un peu d'habileté, on fût arrivé à calmer les esprits. La grande difficulté, ce n'était pas de gagner le peu-

---

II, 294). Cf. Pozzo di Borgo. *Corresp.* I, 21, 25. Rovigo, *Mém.* VII, 313-315. Vitrolles, *Mém.* II, 9-11. Rapport de police, 18 juillet, et 22 août. (Arch. nat. F. 7, 3738.)

Bien que les *Mémoires de Fouché* soient notoirement apocryphes (ils ont été rédigés par Alphonse de Beauchamp), nous les tenons cependant pour véridiques sur plus d'un point. Beauchamp a eu des notes de Jullian, agent de Fouché, et nous avons pu vérifier l'absolue concordance de bien des pages de ce livre avec des documents d'archives et les Mémoires et correspondances des contemporains. On ne sera donc pas surpris si, dans **1815**, nous citons parfois les *Mémoires de Fouché*.

1. Rouget de l'Isle, *Cinquante Chants français*, n° 57.
2. *Bulletin des Lois*, 1814, n° 64.
3. Rapport de police, 20 juillet. (Arch. nat. F. 7, 3738.)

ple, qui raisonne peu, se contente aisément et a la longue accoutumance de la résignation; c'était de se conserver les classes dirigeantes, naturellement irritables et frondeuses.

II.

La signature de la paix et la promulgation de la charte ne profitèrent pas à l'opinion. Cette paix, tant désirée, existait de fait depuis deux mois. On s'y était habitué : avec raison, on la regardait comme acquise. La publication du traité n'apprit donc rien aux Français, sinon les sacrifices que les vainqueurs leur imposaient. On avait fondé des espérances chimériques sur la Déclaration du czar [1]. On se flattait que la France, tout en perdant la majeure partie de ses conquêtes, ne rentrerait pas dans les frontières de 89. Les uns songeaient à la rive gauche du Rhin; de plus modérés croyaient à la conservation partielle des départements de la Sarre, des Forêts, de Sambre-et-Meuse, de Jemmapes et de la Lys. Or, le traité du 30 mai nous dépossédait de l'île de France et de quelques autres colonies, et n'ajoutait à l'ancien territoire royal qu'environ 170 lieues carrées [2], au nord et à l'est. Ce n'était pas ce que l'on espérait. En vain, pour préparer et calmer l'opinion, les journaux plaisantaient sur la question des frontières naturelles : « Comment, nous allons perdre toutes nos conquêtes ! Oh ! l'heureuse perte ! Désormais, du moins, nous serons entre

1. « Les souverains alliés proclament qu'ils respectent l'intégrité de l'ancienne France telle qu'elle a existé sous ses rois légitimes; qu'ils peuvent même faire plus, car pour le bonheur de l'Europe, il faut que la France soit grande et forte. » Déclaration du czar. (*Moniteur*, 1er avril.)
2. Note sur les traités de 1814 et 1815. (Arch. Aff. étr., 673.) — Selon les plénipotentiaires alliés, le territoire français allait se trouver augmenté de 295 lieues carrées, mais ils comptaient dans ce calcul le comtat Venaissin, la principauté de Montbéliard et autres enclaves.

nous et à nous, nous ne verrons plus dans nos assemblées, dans nos tribunaux, dans nos armées ces hommes du Nord et ces hommes du Midi s'efforçant maladroitement de s'assimiler à nos lois[1]. » Ces odieux sophismes ne faisaient qu'irriter. Les frontières naturelles, que deux mois auparavant on eut abandonnées d'un cœur joyeux pour obtenir la paix, maintenant qu'on avait la paix, on s'indignait de les voir céder[2].

Les principes essentiels de la Charte étant contenus dans la Déclaration de Saint-Ouen, il n'y avait point à espérer de frapper une seconde fois les esprits en renouvelant solennellement un contrat vieux déjà de deux mois. Toutes les garanties énoncées dans la Constitution, on les attendait. Ce que l'on attendait moins, c'étaient les articles XXXVIII et XL de la Charte qui réduisaient à douze ou quinze mille le nombre des électeurs directs et à quatre ou cinq mille le nombre des éligibles, en sorte que plusieurs députés en exercice, nommément le président de la Chambre, Félix Faulcon, perdirent leurs droits à l'éligibilité[3]. Ce que

---

1. *Journal des Débats*, 26 mai et 2 juin.
2. « Le mécontentement de la paix est grand. On voudrait les frontières du Rhin. On se sent humilié. » Winzingerode au roi de Wurtemberg, Paris, 13 mai (Arch. Aff. étr., 675). Rapports de Huss, fin mai. Rapport de police, s. d. La Ferronays à Beugnot, 9 juillet. (Arch. nat. F. 7, 3200⁴ ; F¹ᶜ 126.) Beugnot, *Mém.* II, 134. — Ce sentiment se manifestait surtout à Paris. Dans la plupart des départements le traité de paix fut mieux accueilli (Corresp. des préfets, Arch. nat. F¹ᵃ, 581). La raison est que l'occupation étrangère ne pesait pas sur Paris, où les troupes observaient une discipline exacte, tandis que les réquisitions arbitraires continuaient en province. Là, la signature de la paix annonçait la délivrance.
3. D'après la constitution de l'an VIII et le sénatus-consulte organique du 16 thermidor an X, les Assemblées cantonales ou Assemblées primaires, composées de tous les citoyens actifs (c'est-à-dire de tous les Français âgés de 25 ans et payant une contribution directe égale au moins à trois journées de travail), nommaient sur une liste, formée dans chaque département des 600 contribuables les plus imposés, les membres des collèges électoraux des départements, et nommaient, parmi tous les citoyens inscrits sur le registre civique, les membres des collèges électoraux des arrondissements. — Les deux collèges électoraux, ceux des dé-

l'on attendait moins, c'étaient les mots de *concession* et d'*octroi* insérés dans la Charte et la formule singulière qui la terminait : *Donné à Paris, l'an de grâce 1814, et de notre règne le dix-neuvième.* Les politiques épiloguèrent avec plus ou moins d'amertume sur ces inoffensives prétentions : les bonapartistes, parce qu'ils regardaient la mention de la dix-neuvième année du règne comme un outrage au gouvernement qu'ils avaient servi quatorze ans et dont le chef avait cependant fait assez de bruit et assez de choses pour compter; les libéraux et les révolutionnaires, parce qu'ils voyaient dans l'octroi de la Charte une atteinte aux droits du peuple[1]. Mais le peuple lui-même ne s'inquiétait pas de ces subtilités.

Il allait s'émouvoir davantage de la malencontreuse ordonnance de Beugnot. D'accord avec la cour, mais sans consulter le cabinet, le nouveau directeur général de la police, enflammé soudain d'un zèle ardent pour la religion, prescrivit l'observation rigoureuse des dimanches et fêtes. Interdiction de tout travail et de tout commerce; défense d'ouvrir les ateliers, chantiers et boutiques, de faire déménagement ou charroi; fermeture obligatoire des cafés, restaurants et cabarets pendant la durée des offices; le tout à peine de 100 à 500 francs d'amende. Cette ordonnance fut rendue le 7 juin; le 10, Beugnot s'a-

partements et ceux des arrondissements, nommaient ou plutôt présentaient au choix du Sénat les députés, pour lesquels n'était requise aucune condition de cens.

D'après la Charte de 1814, il fallait, pour être nommé membre des collèges électoraux, être âgé de 30 ans et payer une contribution directe de 300 fr. et, pour être député, il fallait payer une contribution de 1,000 fr.

Sur les restrictions apportées par la Charte aux droits d'électorat et d'éligibilité, voir principalement Beugnot, *Mém.* II, 197-201, et Sismondi, *Examen de la Constitution*, 44-48.

1. Rapport général de police, s. d. (Juin ou juillet 1814) (Arch. nat.· F1c, 126). Hobhouse. *Lettres*, I, 67-68, Chateaubriand, *Mém.*, VI, 315-316. Méhee, *Dénonciation au roi*, 9, Benjamin Constant, *Mém.*, I, 16-18. Lamarque, *Mém.*, I, 8. Barante, *Souv.*, II, 38.

visa qu'elle était incomplète. Par un nouvel arrêté, il rétablit les processions de la Fête-Dieu et de l'Octave. Pendant ces deux jours, la circulation des voitures serait interdite de huit heures du matin à trois heures de l'après-midi, et il était enjoint de tapisser toutes les maisons sur le passage du Saint-Sacrement [1]. « Le peuple des boutiques et des ouvriers a été ulcéré, écrivait J. P. Brès le 4 juillet. Il va à la messe, mais volontairement, tandis que les processions lui barrent le chemin et le forcent à saluer ; cela le rend furieux. » Il y eut des résistances, de petites émeutes. Des gens qui refusaient de s'incliner devant les processions furent frappés. Rue Saint-Honoré, la police repoussée par les marchands dut appeler à son aide la gendarmerie pour faire fermer les boutiques [2]. Beugnot reçut des lettres d'injures, une pétition fut adressée à la Chambre des députés. On disait : « Bientôt on sera forcé d'aller à confesse. » Et de fait, dans certaines communes, les indigents eurent à produire des billets de confession pour obtenir des secours. On accusait Louis XVIII de se laisser mener par le clergé. Une caricature représentait le vieux roi, ventru et impotent, dans un fauteuil à roulettes, sur le dossier duquel un prêtre avait les deux mains. La légende portait : « Va comme je te pousse [3]. »

Les cérémonies funèbres à la mémoire de Louis XVI et de Marie-Antoinette, célébrées dans les cathédrales du royaume, prirent malheureusement un caractère politique par la faute du clergé. Les prédicateurs

---

1. *Moniteur*, 10 et 11 juin.
2. J. P. Brès à son oncle, Paris 4 juillet. (Arch. Aff. étr., 675.) Rapport de Kellermann, Strasbourg, 20 juillet. (Arch. Guerre.) *Journal de Paris*, 18 juillet. Rapport de police 26 juin, 19 juillet. (Arch. nat. F. 7, 3738, F. 7, 3053.)
3. Lettres à Beugnot, juin. (Arch. nat. F. 7, 320^4. et F. 7,3053. *Le Censeur*. n° 1, 38. *Moniteur*, 1er juillet. *Quelques vérités inédites*, 10. Bulletins et rapports de police, 17, 18, 20, 21, 22 juillet, 3 novembre. (Arch. nat. F. 7, 320^4, F. 7, 3738, F. 7, 3739.)

condamnèrent en masse, avec les régicides, tous les citoyens qui, depuis 1789, avaient pris part à la Révolution. Ils n'oublièrent pas dans leurs anathèmes les acquéreurs des biens d'église. Les paroles qui avaient retenti dans la chaire furent reproduites et commentées par la presse. Les journaux royalistes n'en étaient pas encore à demander ouvertement que l'on proscrivît les *votants*, c'est-à-dire les régicides, et que l'on fît rendre gorge aux acquéreurs, mais ils ne cachaient pas leur mépris pour eux. « Ces gens là, disaient-ils, ne sauraient se plaindre puisqu'ils ont conservé tout, fors l'honneur. » Comme la censure préalable venait d'être rétablie, on pensa que puisque le gouvernement laissait paraître ces articles, c'est qu'il en approuvait l'esprit [1] ; et les exaltés de l'autre parti ripostèrent en distribuant au parterre de la Comédie-Française des annonces manuscrites ainsi conçues : « Demain, grand bal au Cirque pour l'anniversaire de la mort de Louis XVI [2]. »

D'autres cérémonies funèbres furent solennellement célébrées pour Moreau, pour Pichegru, pour Cadoudal. Tous ceux qui avaient conspiré ou combattu contre la République étaient glorifiés. Le roi paya les frais du service de Georges à l'église Saint-Paul. Les journaux ne manquèrent pas de le faire savoir [3]. Les royalistes vantèrent à la fois la générosité de Louis XVIII et sa haute justice. Mais le public ne fut qu'à demi édifié, car aux yeux de beaucoup de Français « Georges n'était qu'un assassin et un dévaliseur de voitures publiques [4] ».

1. Correspondance des préfets, mai, juin, juillet. (Arch. nat. F¹ª, 581. Carnot de Feulins au roi, 24 nov. (Arch. Aff. étr., 646.) Cf. Lafayette, *Mém.* V, 327. Benj. Constant, *Mém.* I, 32-33 et notes.
2. Rapport de police, 7 juin. (Arch. nat. F. 7, 3053.)
3. *Journal des Débats, Gazette de France*, 24, 25, 26, 27 juin.
4. Rapp. de police, 28 juin. Cf. Rapp. de police 17 oct. (Arch. nat F. 7, 3404, et F. 7, 3730.)

III

C'était faire des mécontents pour rien, pour le plaisir. Or, des mécontents, on était contraint d'en faire déjà trop par les inflexibles exigences de la situation. Un des plus grands embarras pour le gouvernement de Louis XVIII, le principal peut-être, car de celui-là dérivaient la plupart des autres, était la question d'argent. Les grands armements et les désastres des années 1812 à 1814 laissaient un arriéré, non de seize cents millions, comme l'abbé de Montesquiou, ministre de l'intérieur, osa le dire le 12 juillet à la Chambre des députés [1], mais de cinq à six cents millions [2]. Le baron Louis proposa de combler ce déficit au moyen de bons temporaires, remboursables en trois ans, portant intérêt à 8/000 et garantis par l'aliénation de 300,000 hectares de forêts et par la vente des biens communaux [3]. Les royalistes purs

---

1. 1,645,569,000 francs. *Moniteur*, 13 juillet, supplément.
2. « Dans cette menace d'un déficit de plus de 1,600,000,000 de francs, il y avait une exagération de treize quatorzièmes au moins. » Mollien, *Mém.* IV, 150. — « La dette antérieure au 1er avril 1814 fut définitivement réduite en 1817, par le résultat des liquidations, à 503, 980, 190 francs. » Gaudin, *Mém.* II, 26. — « Les quinze années, sauf les rectifications qu'il ne dépend de personne de faire, ont perçu 13, 851, 382, 246 fr. et ont dépensé 14, 293, 666, 878 fr. Si ces deux sommes étaient d'une exactitude rigoureuse, le déficit de la gestion consulaire et impériale serait de 442. 284. 632 fr. Le déficit de l'empire a été probablement de la moitié de 1.300.000.000 fr. » Paul Boiteau, article *Budget général de l'Etat*. (*Dictionnaire des Finances*, I, 558-559.)

Cf. sur cette question et sur les chiffres erronés qu'avait fournis à Montesquiou un ancien chef de bureau du Trésor public, nommé Bricogne : Mollien, *Mém.* IV, 149-150, 167-174, et annexes I à VI. Gaudin, *Mém.*, II, 1-25. Villèle, *Mém.*, I, 271, 271, 278-180. Roullion, *le Furet ou l'Observateur* 1814, n° IV.

Les matériaux et brouillons pour *l'Exposé de la situation financière du royaume* existent aux Archives nationales (cartons F¹c 14 à F¹c 23). Dans ces pièces, plusieurs chiffres sont surchargés et majorés. Ainsi l'arriéré pour la Guerre (non compris l'Administration de la Guerre) est porté à 104 millions au lieu de 71,473,453 fr.

3. *Moniteur*, 23 juillet. — Une ordonnance royale du 6 juin avait déjà consacré les aliénations nationales. La vente des biens des communes, tant reprochée à Napoléon, continua sous la Restauration.

auraient voulu ne payer qu'à moitié ou même ne pas payer du tout les créanciers des gouvernements usurpateurs. Certains libéraux accusaient le ministre des finances de faire de l'agiotage. Les uns et les autres combattirent à la tribune le projet du baron Louis [1]. La Chambre ne l'en vota pas moins, et de l'ouverture à la clôture de la discussion, la rente monta de 65 à 78 francs. Mais pour limiter les dépenses des six derniers mois de 1814 à la somme que Louis avait comprise dans l'arriéré de l'empire, il fallait faire de grosses économies. On réduisit le budget des différents ministères. Nombre d'employés furent remerciés; ils allèrent grossir la masse de mécontents que formait déjà le personnel administratif et judiciaire qui avait dû quitter les départements cédés par le traité du 30 mai [2].

Les principales réductions portèrent naturellement sur les services de la marine [3] et de la guerre. « Nous avons plus de soldats qu'il ne nous en faut, disait Louis, puisque nous manquons d'argent pour les

---

1. *Moniteur* du 24 août au 3 sept. Cf. Villèle, *Mém.* I, 278-280.
2. Rapp. de Huss, 27 et 31 mai. (Arch. nat. F. 7, 3200⁴.) — Une lettre du comte de La Ferronnays du 9 juillet 1814 porte à 15,000 les employés renvoyés. (Arch. nat. F. 7, 3204.) Ce chiffre paraît fort exagéré, du moins à cette date, car dans les derniers mois de 1814 et les deux premiers de 1815, il y eut encore des hécatombes de fonctionnaires subalternes (Rapp. de police, 7 déc. 1814, 7 janvier, 9 févr., 1ᵉʳ et 2 mars 1815). (Arch. nat. F. 7, 3739.) Sur la foule des mécontents créée par la réforme des employés, Cf. Wellington à Castlereagh, Paris, 4 oct. (*Dispatchs*, Supplément, IX.)
3. La marine fut pour ainsi dire abandonnée. Après avoir cédé sans discussion aux Alliés, par le traité du 30 mai, 31 vaisseaux de ligne et nombre de frégates, corvettes, etc., on mit en vente une partie des bâtiments dont ce traité stipulait le retour à la France. (Decrès à Caulaincourt, 20 mai 1815. (Arch. Aff. étrangères, 1802.) Cf. Rapp. de police, 20 août 1814. (Arch. nat. F. 7, 3783.) Des bâtiments qui étaient dans nos ports, la plupart furent désarmés. Les deux tiers des équipages furent envoyés en congé et l'on consomma tout l'approvisionnement sans rien remplacer. Au 20 mars 1815, il n'y avait à flot qu'un seul vaisseau, 11 frégates et 76 corvettes, flûtes, gabares et transports. « Avec un tel budget, écrivait Decrès, la marine se serait affaiblie chaque année de la valeur de sept vaisseaux de 74. » (Decrès à Napoléon, 26 mars et 15 avril 1815, et état de la flotte au 20 mars 1815. (Arch. nat. A F., IV., 1941.)

payer ¹ ». Or, au mois d'avril, quand le ministre des finances tenait ce propos, l'armée, par suite des désertions en masse, comptait à peine 90.000 présents sous les armes, et les désertions ne s'arrêtaient point ². On pouvait craindre que l'espérance des Alliés, d'un licenciement de l'armée française ³, ne se trouvât bientôt réalisée. Heureusement, les nombreux prisonniers des forteresses d'Allemagne et des pontons d'Angleterre, et les garnisons de Hambourg, de Magdebourg, d'Anvers, de Mayence allaient combler les vides. On aurait encore trop de soldats vu les nécessités budgétaires. Le 12 mai, le roi rendit une ordonnance sur la réorganisation de l'armée. L'infanterie fut réduite de 206 régiments à 107 ⁴ ; la cavalerie de 99 régiments à 61 ⁵ ; l'artillerie d'environ 339 compagnies à 184 ⁶ ; le train d'artillerie de

---

1. Marmont, *Mém.* VII, 6.
2. Vitrolles, *Mém.* II, 181. — D'avril à mai, il y eut 180.000 déserteurs. Rapport de Davout à Napoléon, s. d. (du 25 au 29 mars 1815. Arch. nat. AF. IV, 1936).
3. Metternich à l'emp. d'Autriche, 11 avril. (Metternich, *Mém.* II, 471-472.) Beugnot à Louis XVIII, 13 mai. (Arch. Aff. étr., 646.)
4. Mars 1814 ; 130 rég. d'infanterie de bataille (nominalement il y avait sous l'empire 156 rég. d'infanterie, mais 26 n'avaient pas été formés en l'an XII ou avaient été détruits complètement depuis et non reformés). — 32 rég. d'infanterie légère (nominalement il y avait 37 rég., mais, pour les causes énoncées ci-dessus, cinq n'existaient que sur le papier). — 4 rég. de vieille garde ; — 40 rég. de moyenne garde et de jeune garde.
Septembre 1814 : 90 rég. de ligne ; — 15 reg. d'infanterie légère : — 2 rég. de l'ex-vieille garde sous le nom de Corps royaux de Grenadiers de France et de Chasseurs de France. (Les hommes de la moyenne et de la jeune garde maintenus au service furent incorporés dans la ligne et l'infanterie légère.)
5. Mars 1814. 91 rég. de cavalerie de la ligne ; — 4 très forts régiments de la garde (sans parler des Polonais) ; — 4 rég. de gardes d'honneur.
Septembre 1814 : 57 rég. de cavalerie de la ligne ; — 4 rég. de l'ex-garde sous le nom de Chasseurs, Dragons, Chevau-légers et Cuirassiers de France (ce dernier régiment formé avec les ex-grenadiers à cheval).
6. Mars 1814 : 9 rég. à pied ayant chacun de 20 à 32 compagnies ; — 6 rég. à cheval à 8 compagnies ; — 1 rég. à pied de la vieille garde à 6 compagnies ; — 1 rég. à cheval à 6 compagnies ; — 1 rég. à pied de la jeune garde à 14 compagnies.
Septembre 1814 : 8 rég. d'artillerie à pied à 21 compagnies ; — 4 rég. à cheval à 4 compagnies.

32 escadrons à 8¹ ; le génie de 60 compagnies à 30².

On licencia entièrement la classe de 1815. Les déserteurs des classes antérieures, « les absents sans permission » — ils étaient désignés par cet euphémisme sur les situations — furent considérés comme en congé limité. Les sous-officiers et soldats qui, à raison de leurs années de service, étaient susceptibles d'obtenir des congés, et qui en firent la demande, furent renvoyés définitivement dans leurs foyers. Enfin on donna un très grand nombre de congés illimités ³, de façon à atteindre ou plutôt à tomber au complet de paix déterminé par l'ordonnance royale, soit 201,128 hommes, officiers compris ⁴. Mais on reconnut bientôt que le pauvre budget de la guerre serait encore insuffisant. Dupont parvint à réduire l'armée à peu près aux trois quarts du complet de paix, en prescrivant de donner en masse de nouveaux congés ⁵, même aux hommes qui n'en désiraient pas. Le pis, c'est qu'à cette époque où l'armée avait la vanité, assez naturelle, des beaux uniformes, des plumets et des chamarrures, on renvoyait les soldats en haillons. — « Voyez la belle f... récompense après s'être bien battu pour son pays !

---

1. Mars 1814 : 27 escadrons de la ligne ; — 6 escadrons de la garde. Septembre 1814 : 8 escadrons.
2. Mars 1814 : 2 bataillons de mineurs à 6 compagnies ; — 5 bataillons de sapeurs à 9 compagnies ; — 3 compagnies de la garde. Septembre 1814 : 3 régiments à 10 compagnies.
3. Ordonnances du roi, des 12 mai, 15 mai et 8 août. *Journal militaire*, 1814. Rapport de Davout à Napoléon, s. d. (du 25 au 29 mars 1815. Arch. nat. AF. IV, 1936).
4. Officiers et soldats : infanterie : 144,795. — Cavalerie : 36,027 — Artillerie : 15,993. — Génie : 4313. (Ordonnances du 12 mai. *Journal militaire*.)
5. Circulaire de Dupont, 26 juillet 1814. (Arch. Guerre.) — A cause des prisonniers qui venaient sans cesse combler les vides à mesure qu'on les faisait, on ne parvint pas à réduire l'armée tout à fait aux trois quarts du complet. La situation générale du 15 septembre (Arch. Guerre), époque où ces différentes mesures avaient produit tout leur effet, porte le nombre total des présents sous les armes à 163,419 — sans compter naturellement les vétérans, gendarmes, etc.

disait un vieux hussard sur le seuil du quartier de *l'Ave Maria*. Jamais avec le Tondu nous n'aurions été traités ainsi. S'il faisait tuer les gens, il savait les récompenser. Mais le J... F... d'à présent n'est bon qu'avec les calotins¹. »

La réduction de l'effectif imposait aussi celle des cadres et des états-majors. En exécution de l'ordonnance du 12 mai, les officiers qui, par l'ancienneté des services, les blessures ou les infirmités, avaient droit à la retraite, durent quitter l'armée. Tous les autres officiers qui excédaient le complet réglementaire furent mis en non activité avec un traitement de demi-solde. Les deux tiers des emplois qui deviendraient vacants leur étaient réservés, par rang d'ancienneté². Dix ou douze mille officiers de tout grade, généraux de division, capitaines, sous-lieutenants, furent ainsi écartés de l'armée pour un temps indéterminé³.

Après les fanfaronnades et les secrets déchirements du départ, ils se trouvèrent comme perdus dans la vie civile. Où étaient le quartier, les camarades, la grande famille du régiment? où l'existence commune et la

---

1. Rapport de police, 20 juillet 1814. (Arch. nat. F. 7, 3738.)
2. Ordonnance royale du 12 mai (*Journal militaire*, 1814). — Aux termes de cette ordonnance, les officiers devaient être mis à la demi-solde à mesure que la nouvelle organisation de chaque régiment serait achevée. D'après une circulaire de Lebarbier de Tinan du 9 août (Arch. Guerre) et les dossiers des archives administratives de la Guerre, beaucoup d'officiers entrèrent en demi-solde dès juillet et août. Mais pour la plupart, ce ne fut qu'à partir du 1er septembre. (Circulaire de Dupont, 27 août, *Journal militaire*.) Il y en eut même en assez grand nombre qui, quoique sans emploi, restèrent dans les états-majors et les corps de troupe, avec la solde entière, jusqu'au 1er janvier 1815. (Circulaire de Dupont, 16 octobre ; Arch. Guerre). Ordonnance royale du 16 décembre 1814, rendue sur le rapport de Soult (*Journal militaire*.)
3. On a porté à 14,000, à 20,000 et même à 30,000 le nombre des officiers mis à la demi-solde. D'après le procès-verbal de la séance du conseil des ministres du 15 juin 1814 (Arch. nat. AF * V²), il y en eut 11,000. Davout, dans un rapport à l'empereur de la fin de mars 1815 (Arch. nat. AF. IV, 1936), les évalue d'une façon générale à 12,000. Mais il y avait en outre beaucoup d'officiers mis d'office à la retraite.

vie réglée, si douces au moine et au soldat, malgré leur monotonie, leurs rigueurs et leurs servitudes ? Ces douloureux regrets venaient s'ajouter aux embarras de la fausse situation de ces officiers. L'armée les repoussait temporairement, et la société civile restait fermée pour eux. Ils ne pouvaient prendre aucune carrière, les uns parce qu'ils se sentaient incapables d'autre chose que de se battre, les autres pour ne pas renoncer à l'espérance, si lointaine qu'elle fût, de ressaisir leur épée. En attendant, ils vivaient dans le désœuvrement et la misère. Convenable pour les officiers généraux, à peine suffisante pour les officiers supérieurs, la solde de non-activité assurait tout au plus le pain aux officiers subalternes. Défalcation faite de la retenue de 2 1/2 pour cent, les capitaines touchaient 73 francs par mois, les lieutenants 44 francs, les sous-lieutenants 41 francs [1]. On recourait à la bourse des camarades qui avaient quelque fortune personnelle, puis, ce moyen épuisé, montres d'argent, épaulettes, vieux uniformes, armes allaient chez le brocanteur. Certains officiers à la demi-solde portaient pour tout vêtement leur longue capote d'ordonnance, dont ils avaient enlevé les boutons de cuivre, leurs grandes bottes et un caleçon ; d'autres plus pauvres encore, qui habitaient à quatre ou cinq une méchante chambre sous les toits, se passaient tour à tour, pour sortir, l'unique chapeau et l'unique redingote de l'association [2].

Les officiers à la demi-solde et les officiers en retraite furent les plus actifs ennemis de la Restauration. Désœuvrés comme ils l'étaient, ils passaient leur vie sur

---

1. Circulaire ministérielle du 27 septembre 1814. (*Journal militaire.*) Cf. Coignet, *Cahiers*, 381, 384.
2. Souvenirs manuscrits du chef d'escadrons Bourgeois, aide de camp de Hullin, en mars 1814 et pendant les Cent Jours, grand'père maternel de l'auteur. Rapp. de Fouque, 23 novembre 1814. (Arch. nat. F. 7, 32004.)

les promenades et dans les lieux publics, aux aguets des on-dit, colportant les mauvaises nouvelles, critiquant les actes du gouvernement, vilipendant les ministres, les princes, le roi, prédisant le retour de l'empereur, déclamant sur la « paix honteuse », la perte des frontières, l'humiliation de la France, les dépenses de la Cour, la misère des soldats, la puissance des prêtres, les menaces des royalistes. Sympathiques aux gens du peuple, ils imposaient aux bourgeois et défiaient insolemment les émigrés, les gardes du corps et les beaux cavaliers des compagnies rouges. Des duels s'en suivaient, où le plus souvent la chance servait bien leur colère et leurs rancunes. Dans la plupart des villes de province, les officiers à la demi-solde se trouvaient en assez grand nombre pour former un petit centre d'opposition ardente. A Paris, ils étaient une multitude. Certains soirs, ils venaient chanter sous les fenêtres des Tuileries des refrains insultants [1].

Même avec le faible budget affecté à la Guerre, on aurait pu ou maintenir l'armée sur un pied plus élevé, ce qui aurait permis d'employer un plus grand nombre d'officiers, ou donner la solde entière à tous les officiers sans emploi. Mais il eût fallu pour cela que Louis XVIII renonçât au rétablissement de la Maison militaire. Cette troupe dorée comprenait six compagnies de gardes du corps à 505 hommes, cadres compris; la compagnie des cent-suisses, de 134 hommes; la compagnie des gardes de la porte, de 232 hommes; les quatre compagnies rouges — chevau-légers, mousquetaires noirs, mousquetaires gris, gendarmes — chacune de 456 hommes; la compagnie des grenadiers

---

1. Beugnot à Dupont, 23 juillet; au préfet d'Ille-et-Vilaine, 10 sept.; à Maison, 19 nov. Rapport à Dupont, 23 nov., 15 et 26 oct. Soult à Dandré, 12 déc. (Arch. Guerre). Rapp. de Fouque, 23 nov. Rapp. de police, 5 juin, 23 sept., 15, 26, 30, 31 oct., 4, 8, 9, 27 nov., 2, 16, 20 déc., 13 janv. (Arch. nat. F, 7. 3204, F..7, 3738, F. 7, 3739, F. 7, 3773, F. 7, 32004.)

à cheval, de 200 hommes ; enfin deux compagnies de gardes du corps de Monsieur, à 235 hommes [1]. C'était une petite armée de 6,000 officiers, car tous les non-gradés, sauf dans les cent-suisses et les grenadiers à cheval [2], avaient rang de sous-lieutenant [3]. Plus des trois quarts de ces soldats-officiers portaient la particule. Seize cents ou environ sortaient des gardes d'honneur, des gardes nationales, de la cavalerie ; le reste se composait d'anciens gardes du corps de Louis XVI, de soldats de Condé, de Vendéens, d'émigrés ayant servi à l'étranger et de jeunes gens de quinze ans, comme Alfred de Vigny [4]. La Maison militaire figurait au budget pour 20,390,000 francs [5].

On aurait pu aussi économiser en licenciant les régiments étrangers La Tour d'Auvergne, Isemberg et Irlandais [6], en congédiant les quatre régiments Suisses, dont le recrutement et l'entretien s'élevaient à 3,632,000 francs [7], et en s'abstenant de faire entrer

1. Ordonnances du roi des 25 mai, 15 juin et 15 juillet. (*Journal militaire.*)
2. Les Cent-Suisses, qui avaient un recrutement spécial, et les grenadiers à cheval, pris dans les corps de cavalerie parmi les sous-officiers et soldats ayant cinq ans de service, avaient rang de sous-officiers.
3. De ces six mille hommes, deux mille étaient surnuméraires, avec grade de sous-lieutenant, mais sans solde. La solde, qui variait selon les compagnies entre 600 et 800 fr. par an, n'était pas d'ailleurs la grosse dépense. C'étaient les chevaux, l'équipement et les brillants uniformes.
4. Registres matricules de la Maison militaire du roi. (Arch. Guerre.)
Il y avait des compagnies plus ou moins aristocratiques. Dans les quatre compagnies rouges, tous les hommes étaient nobles à quelques exceptions près. Dans la 3e compagnie (Gramont) des gardes du corps du roi, dans la compagnie des gardes de la Porte, dans les compagnies de Monsieur, les trois quarts des gardes étaient nobles. Dans les 1re, 2e et 4e compagnies des gardes du corps du roi, la moitié seulement des gardes avait la particule.
5. Rapp. de Davout à Napol. 20 mars 1815 (Arch. nat. AF, IV, 1921).
6. Ces trois régiments créés par l'empereur en 1805, 1806 et 1807 avaient été dissous en 1813, et les hommes formés en bataillons de pionniers. Le gouvernement de Louis XVIII n'avait qu'à les licencier et à les rapatrier. Mais bien loin de là, on forma un 4e régiment sous le nom de régiment colonial étranger. (Ordonnance du 16 décembre 1814.)
7. Rapport de Davout à Napol. 28 mars 1815. (Arch. nat. AF. IV, 1941.)
Sous la première restauration, les quatre régiments Suisses formaient un effectif total de 3,500 hommes. Situation du 1er septembre 1814. (Arch. Guerre.)

ou rentrer dans l'armée une masse d'officiers qui avaient pour titres l'émigration, la guerre civile et des campagnes contre leur pays sous les drapeaux étrangers. Le 31 mai, une commission fut instituée à l'effet d'examiner les brevets et les états de services de ces revenants. Le vieux comte de Vioménil, qui faisait partie de la commission, avait déjà été réintégré dans son grade de lieutenant-général, avec ancienneté du 1er janvier 1784. Envers la plupart des autres officiers de Louis XVI, on fut plus généreux : on les avança d'un ou de plusieurs grades. Bruslart et d'Autichamp, tous deux capitaines avant la Révolution, furent nommés, le premier maréchal-de-camp et le second lieutenant-général. De lieutenant-colonel, le duc d'Aumont devint lieutenant-général. Le comte de Bruges, le chevalier d'Andigné, le comte de Rochechouart, le fameux Jean Châtelain, dit Tranquille, et tant d'autres qui n'avaient eu aucun grade sous Louis XVI et n'avaient servi que contre la France, dans l'Ouest et sur le Rhin, furent aussi nommés officiers généraux. Depuis le mois de juillet 1814 jusqu'au mois de février de l'année suivante, 61 divisionnaires, 150 brigadiers, et plus de 2,000 officiers supérieurs et capitaines furent ainsi introduits dans l'armée. Et en mars 1815, il restait encore 7,500 dossiers à examiner[1] !

Avec « le retour des lys », selon le style du temps, les ambitions et les convoitises s'étaient éveillées. Les émigrés — et il faut entendre par cette dénomination non seulement les trois ou quatre mille nobles re-

---

[1]. Rapport de Carion-Nisas à Davout, 20 avril 1815. État général dressé en avril 1815. (Arch. nat. AF. IV, 1939, et AF. IV, 1936.)
De ces 2200 officiers, un certain nombre entrèrent dans la Maison militaire du roi, comme brigadiers, maréchaux-des-logis, sous-lieutenants et lieutenants. D'autres furent pourvus de commandements dans la ligne ou mis à la suite des régiments.

venus en France à la chute de l'empire [1], mais tous ceux qui y étaient rentrés bien des années auparavant, en vertu de l'amnistie de l'an X [2] — s'attendaient à des hécatombes de fonctionnaires. Ils pensaient qu'il y aurait plus de places que de postulants. Il y eut, en effet, un grand nombre de destitutions, mais les emplois vacants furent donnés aux royalistes constitutionnels de préférence aux royalistes ultras. Sauf Dupont et Malouet, son collègue de la Marine, les ministres se défiaient sinon des capacités, du moins de l'esprit retrograde des émigrés. Ils les recevaient le plus poliment du monde et leur promettaient tout avec la ferme détermination de ne tenir aucune promesse. C'est à peine si deux cents d'entre eux purent se placer dans les différentes administrations. Trente-sept seulement furent nommés préfets ou sous-préfets [3], alors que Montesquiou fit quarante-cinq préfets nouveaux et cent soixante sous-préfets [4].

L'armée et la flotte étaient beaucoup moins inhospitalières. C'était donc chez les ministres de la guerre et de la marine qu'affluaient les demandes. Il en sortait de toutes les berlines d'émigrés et de toutes les gentilhommières. Comme titre à l'épaulette, celui-ci faisait valoir « dix années d'émigration »; celui-là « treize ans de pénible surveillance passés à

---

1. Au milieu de mai 1814, le comte d'Artois évaluait à 1,200 les émigrés restés encore en Angleterre. (Procès-verbaux des conseils des ministres. 15 mai (Arch. nat. AF* V²), mais un certain nombre avaient déjà regagné la France en avril, et il y avait en outre des émigrés venus ou à venir de Hambourg, d'Altona, de Russie. Toutefois, on ne doit pas estimer à plus de 3,000 ou 4,000 les émigrés rentrés pendant la première restauration.
2. « Le nombre immense des nobles rentrés sous l'empire accoururent en foule pour réclamer ce qu'ils avaient perdu et même ce qu'ils n'avaient pas perdu. » Malte-Brun, *Apologie de Louis XVIII*, 7-8.
3. Rapport à l'empereur, 12 avril 1815. (Arch. nat. F1c, I, 26.)
4. Comparez la liste des préfets et sous-préfets, dans l'*Almanach de la Cour* (almanach impérial) *pour* 1814 et dans l'*Almanach royal pour* 1814-1815. — Il n'y a pas d'*Almanach impérial pour* 1814. Mais le petit *Almanach de la Cour* en tient lieu pour beaucoup de renseignements.

Sainte-Menehould sous le brigand Drouet ». Un autre rappelait le camp de Jalès ; un autre, la chouannerie de Fougères ; un autre, la légion de Rohan, « où il avait toujours témoigné d'un grand zèle pour le roi » ; un autre des tentatives de conspiration dont il donnait comme preuve « qu'il avait reçu pendant un an un schelling par jour de M. W..., agent anglais ». Le chevalier de T...t réputait l'intention pour le fait : « J'ai voulu, écrivait-il dans sa supplique, lever des hommes en Bretagne, qui, s'ils avaient été levés, n'auraient pas manqué de rendre de grands services. »

D'anciens officiers subalternes de la marine royale, émigrés sous la constituante, condéens ou chouans sous la république, professeurs d'anglais ou receveurs des contributions sous l'empire, furent nommés capitaines de vaisseau et appelés aussitôt à un commandement à la mer. Le comte de Lab... demanda et obtint la croix de Saint-Louis et le grade de major pour avoir abouché le comte Lynch avec MM. de Polignac en décembre 1813 et pour avoir, à la même époque, comploté d'assassiner Napoléon [1].

Tous les gentilshommes ne pensaient malheureusement pas comme le comte de Clermont-Montoison, qui disait au foyer du Vaudeville : « —Moi je ne veux pas entrer dans l'armée, car avec mon nom je devrais occuper un grade élevé, et n'ayant été ni en Egypte,

---

[1]. Rapport de Carion-Nisas à Davout, 20 avril 1815, et extrait de dossiers joints à ce rapport. (Arch. nat. AF. IV, 1939.) Lettre de Decrès à Caulaincourt, 1er juin 1815, et note annexée à la lettre. (Arch. Aff. étr., 1802.) Dans la marine surtout, il y eut des nominations déplorables, tandis qu'on mettait en réforme ou à la demi-solde 500 officiers éprouvés. Decrès, dans la lettre précitée, parle du capitaine de vaisseau de V..., qui, en décembre 1814, ayant fait rencontre d'une frégate anglaise, « compromit la dignité nationale par sa conduite misérable ». « Ce n'est pas étonnant, conclut Decrès, car cet officier ayant quitté la mer depuis 25 ans n'a plus l'habitude du commandement. » On sait qu'en 1816, un autre émigré, Duroys de Chaumareys, perdit corps et biens la frégate *la Méduse*, et, fait unique dans l'histoire de la marine française, abandonna un des premiers le bâtiment qu'il avait l'honneur de commander.

ni en Italie, ni en Allemagne, je ne crois pas pouvoir commander à ces braves¹. »

Vitrolles, lui-même, voyait le ridicule des prétentions des émigrés. Il les railla plaisamment dans les *Lettres de la Cousine* publiées à la fin de mai 1814 par le *Journal des Débats*. « Mon beau-frère, disait la cousine, a repris la croix de Saint-Louis, car il ne lui manquait plus que neuf ans pour y avoir droit quand la Révolution a éclaté... M. de B. se contenterait d'une place de receveur général. C'est bien le moins qu'on puisse faire pour un homme enfermé six mois pendant la Terreur. » Louis XVIII, fort amusé par cette guerre d'épigrammes, y encourageait Vitrolles et lui rappelait l'histoire de ce Tory qui avait demandé une place à Charles II pour avoir séduit la femme d'un chef du parti populaire². Mais les *Lettres de la Cousine* ne troublèrent pas les solliciteurs, et les plaisanteries de Louis XVIII ne l'empêchèrent pas de signer des nominations qui firent scandale.

Et cependant, l'émigration, l'armée des Princes, le siège de Thionville, la Vendée, Quiberon, la chouannerie, les conspirations, les trahisons, les crimes de lèse-patrie, c'étaient des services que Louis XVIII n'avait pas le droit de méconnaître. Seul le monarque devait-il profiter de la restauration de la monarchie? Alors qu'il prenait possession du trône, alors que les princes de sa famille recouvraient leur rang et leur liste civile, pouvait-il ne point donner quelque dédommagement et quelques récompenses aux émigrés ruinés par la Révolution, qui avaient souffert et combattu pour lui, aux fils et aux frères des gentilshommes morts pour la cause royale sur les champs de bataille et sur les échafauds?

1. Rapport de police 25 oct. (Arch. nat. F. 7, 3739.)
2. *Journal des Débats*, 29 mai et 2 juin 1814. Vitrolles, *Mém.* II, 222-226.

IV

Les nécessités budgétaires qui avaient fait réduire l'effectif de l'armée contraignirent Louis XVIII à maintenir les droits réunis. Pendant la guerre, les manifestes royalistes en avaient solennellement promis la suppression, et au mois d'avril, quand le comte d'Artois avait arrêté que jusqu'à nouvel ordre on continuerait à les percevoir, des troubles s'étaient produits dans plusieurs départements. La proclamation du roi du 10 mai, confirmant l'ordonnance du comte d'Artois du 20 avril, perturba toute la France. Pendant six mois et plus, il y eut des mouvements séditieux en Gascogne comme en Normandie, en Vendée comme en Provence, en Touraine comme en Alsace. Dans les villages du Lot et du Lot-et-Garonne, où certains maires n'osèrent même pas publier l'ordonnance royale, on sonnait le tocsin à l'arrivée des préposés et la foule s'ameutait contre eux. A Rennes, le peuple pilla la maison du receveur; à Cahors, l'octroi fut incendié. A Chalon-sur-Saône, la foule fit un feu de joie avec les archives de la régie. A Thiers, à Remiremont, à Challans, à Tarbes, des agents du fisc furent grièvement blessés. Le préfet de l'Aveyron annonça la veille de la grande foire d'Asprières que vingt gendarmes soutiendraient les préposés ; mais ceux-ci étaient tellement effrayés par les menaces qu'ils ne se présentèrent pas. La gendarmerie était impuissante à protéger les employés de la régie. Il fallut de la troupe : cent dragons pour Saint-Dié, pour Angoulême un bataillon, pour Limoges un régiment entier[1].

---

[1]. Lettres des préfets aux ministres de l'intérieur et des finances, juin-décembre 1814. (Arch. nat. F¹ª 588-589.) (Cette volumineuse correspondance,

La loi sur la libre sortie des blés, que le baron Louis avait fait voter dans l'intérêt de la grande culture, devint une autre cause de troubles. Parmi les populations pauvres de tout le littoral de la Manche, le bruit courut que le gouvernement voulait affamer le peuple, et une légère hausse sur le prix du pain donna malheureusement à ces rumeurs absurdes une apparence de vérité. « — Va donc ! disait un paysan à un autre Breton, en lui arrachant sa croix du Lys, avec ton bon roi, nous payons tout plus cher qu'auparavant[1]. » Dans tous les ports, depuis Dunkerque jusqu'à Morlaix, la foule ameutée s'opposait à l'embarquement des grains. A Boulogne, la populace profita d'un de ces tumultes pour saccager les maisons du port. A Saint-Malo, de vieux matelots qui avaient fait la course jetaient des sacs de blé dans le bassin en s'écriant : « — Il vaut mieux les f.... à la mer que de les porter aux Anglais ! » Au Havre, à Dieppe, à Cherbourg, la gendarmerie et la troupe durent dégager les quais, la baïonnette au canon. L'exportation des grains ou plutôt l'enchérissement du pain mécontentait aussi le peuple de Paris. On disait dans les faubourgs que le roi était un accapareur et qu'il envoyait le blé en Angleterre pour le faire revenir pendant la famine et le revendre deux fois plus cher[2].

Depuis la chute de l'empire, la validité des ventes

---

qui ne comprend guère moins de 800 lettres, est entièrement relative aux désordres provoqués en France par le maintien des droits réunis.) Rapports de police, 4 juillet, 5, 17 août, 6, 16, 24 oct. (Arch. nat. F. 7, 3738, F. 7, 3773.) Dupont à Louis, 14 juin, Vialannes à Dupont, Moulins, 16 juin. Rapports de Kellermann, Strasbourg, 20 juillet et 10 août. Dupont à Beugnot, 7 août. Dupont à Souham, 29 oct., etc. (Arch. Guerre.)

1. Rapport de police, 26 octobre. (Arch. nat. F. 7, 3773.)
2. Procès-verbaux des conseils des ministres, 2 sept. (Arch. nat. AF* V*.) Mortier à Dupont, Boulogne, 13 août. Augereau à Dupont, Caen, 14 août. Jourdan à Dupont, Rouen, 21 août. Procès-verbal du maire de Morlaix, 1er sept. Loyson à Dupont, Dieppe, 6 septembre, Caffarelli à Dupont, Rennes, 20 sept. (Arch. Guerre.) Corresp. des préfets et rapports de police, 9, 17, 21 août, 8 sept., 15 oct., etc. (Arch. nat. F. 7, 3738, F. 7, 3773.)

nationales avait été proclamée trois fois : par l'Acte constitutionnel, par la Déclaration de Saint-Ouen, par l'article IX de la Charte. Mais les émigrés ne regardaient pas cette triple sanction comme irrévocable, et leurs propos et leurs menées alarmaient la masse des acquéreurs[1]. A Bordeaux, les royalistes avaient brûlé sur le théâtre l'Acte constitutionnel ; ils avaient tenté d'en faire autant à Nantes, et bien volontiers ils auraient aussi brûlé la Charte[2]. En Vendée et en Bretagne, les prêtres et les nobles annonçaient la restitution des biens confisqués, dénonçaient les acquéreurs et excitaient contre eux les anciens soldats des armées catholiques[3]. Une insurrection royaliste, préparée depuis l'hiver, devait éclater à la mi-avril[4]. Bien que la chute de l'empire eût rendu ce soulèvement sans objet, vingt mille paysans n'en prirent pas moins les armes. Organisés par paroisses, ils se tinrent prêts à se ruer sur les bleus au premier coup de tocsin. Sur la rive gauche de la Loire, nombre d'acquéreurs, parmi lesquels le maire de Montaigu, qui faillit être massacré, quittèrent les villages et se réfugièrent à Nantes. Dans cette ville même, on redoutait une attaque des chouans ; la gendarmerie et les cohortes urbaines restèrent sur pied toute la nuit du 3 au 4 mai[5]. Au mois de juil-

---

1. En juin 1815, Talleyrand écrivait encore au roi : « Il serait bon qu'il y eût une déclaration sur les biens nationaux et qu'elle s'exprimât d'une façon plus positive, plus absolue, plus rassurante encore que la Charte dont les dispositions n'ont pas suffi pour faire cesser les inquiétudes des acquéreurs. (*Corresp. avec Louis XVIII*, 481-482.)
2. Rapport général de police, 21 avril. (Arch. nat. F. 7, 3773.) Barante, *Souvenirs*, II, 57-58.
3. Moncey à Beugnot, 16 août. Rapport de police, 14 août. (Arch. nat. F. 7, 3773.) Dupont au roi, s. d. (première quinzaine de juin). Hamelinaye à Dupont, Laval, 27 juillet. (Arch. Guerre.)
4. Mme de la Rochejaquelein, *Mém.*, 463, 479. Cf. Préfet des Deux-Sèvres à Dupont, 4 juin. (Arch. Guerre.)
5. G^al C^t la Loire-Inférieure à Dupont, 5 mai. Préfet de Vendée à Gouverneur de la 12e D^on M^re, 7 mai. Ruty à Dupont, Angers, 11 mai. Dupont au roi, 10 mai. Préfet des Deux-Sèvres à Dupont, 4 juin. (Arch. Guerre.)

LES BIENS NATIONAUX   29

let, nouvelle alarme. Les blancs parcourent les campagnes, disant qu'il faut un autre roi « pour faire ce que celui-ci ne veut pas faire ». A Nantes, on craint que la Vendée ne se lève tout entière le jour de la Saint-Louis pour remettre les choses dans l'état où elles étaient avant 89 [1].

A Nîmes, les protestants, que les bons catholiques appelaient *les impurs*, s'attendent à une nouvelle Saint-Barthélemy [2]. En Provence et dans le Comtat, on parle de pendre tous les Nicolas, c'est-à-dire tous les anciens bonapartistes et républicains, et l'on signe des pétitions pour le retour d'Avignon aux États du Pape [3]. Dans la partie restée française du département du Mont-Blanc, prêtres et nobles, espérant sans doute la restitution de leurs biens sous le sceptre de la maison de Savoie, fomentent un mouvement séparatiste [4].

Au mois de juillet, les avocats Dard et Falconnet publièrent simultanément deux brochures, rédigées sous forme de consultation juridique et concluant à l'annulation des ventes nationales. Ces écrits déchaînèrent l'opinion à ce point que le gouvernement se vit contraint de faire arrêter les auteurs. Mais ils furent mis en liberté après quelques jours de prison préventive. Une pétition fut adressée à la Chambre. La signataire, une dame Mathée, exposait qu'après

Rapport général de police, 10 mai. Préfet du Morbihan à Beugnot, 25 mai. (Arch. nat. F. 7, 3200⁴, et F1ᵃ, 582.)
1. Préfet des Deux-Sèvres à Dupont 14 juin. Sous-préfet de Fougères à Dupont, 4 juillet. Dupont à Soult, 20 juillet. Lettre à Dupont d'un vieux soldat, Nantes, 14 août. (Arch. Guerre.) Préfet de la Loire-Inférieure à Montesquiou, 2 juillet. Préfet d'Ille-et-Vilaine à Montesquiou, 8 juillet. Rapport de police, Nantes, 10 août. (Arch. nat. F. 7, 3773.) Procès-verbaux du conseil des ministres, 14 oct. (Arch. nat. AF* V².)
2. Rapport de police, Nimes, 4 novembre. (Arch. nat. F. 7, 3739.) Cf. Préfet du Gard à Montesquiou, 28 fevr. (Arch. nat. F. 7, 3147). Durand, *Marseille et Nîmes en 1815*.
3. Rapport à Dupont, Avignon, 2 juillet. (Arch. Guerre.)
4. Marchand à Dupont, 31 août. (Arch. Guerre.)

avoir acquis et payé des biens d'émigrés, les publications de Dard et de Falconnet lui avaient inspiré des doutes sur la validité de ses acquisitions. En conséquence, elle demandait une loi qui fît cesser sa perplexité. La Chambre adopta un ordre du jour motivé où rappelant que la vente des biens d'émigrés ayant été sanctionnée par les constitutions de l'an III et de l'an VII, par la Déclaration de Saint-Ouen et enfin par la Charte constitutionnelle, elle concluait que « les craintes de la dame Mathée étaient sans fondement ». On apprit bientôt que la dame Mathée n'existait pas. C'était un groupe d'acquéreurs alarmés qui avait rédigé cette pétition afin d'obliger la Chambre à consacrer une fois de plus l'inviolabilité des ventes [1].

Les royalistes n'en continuèrent pas moins leur campagne pour la restitution de leurs biens. Chaque jour, des suppliques étaient présentées au roi, au comte d'Artois, à la duchesse d'Angoulême, par des émigrés et des députations de royalistes de province, reçus en audience privée. Pendant cet été de 1814, les abords des Tuileries avaient un aspect de carnaval. Les Parisiens, étonnés et moqueurs, voyaient défiler dans des défroques d'antan une navrante mascarade d'ancien régime et de guerre civile : marquis de l'autre siècle avec la perruque poudrée à ailes de pigeon, l'épée en verrou, le tricorne, le gilet de satin, l'habit de couleur à longues basques, orné de grosses épaulettes qu'ils s'arrogeaient le droit de porter avant la décision de la commission des grades ; capitaines des paroisses vendéennes, ayant le chapeau à la La Rochejaquelein et un sacré-cœur cousu sur le côté gauche de la poitrine ; Bre-

---

[1]. *Moniteur*, 28 juillet. *Journal des Débats*, 23 août. Rapp. de police, 12 août. (Arch. nat. F. 7, 3738.)

tons à longs cheveux, à veste brodée, à culottes bouffantes ; chouans du Maine, le torse dans un sarreau de toile rousse, les jambes dans des jambières de peaux de bique ; revenants du camp de Jalès avec l'uniforme des fédérés et la cocarde blanche ; fantômes de l'armée de Condé, en tenue bleu-de-ciel à parements orange et à tresses d'argent ; gentilshommes de Guyenne, portant le brassard blanc, et fanatiques du Comtat, décorés de rubans violets pour se distinguer des modérés à cocarde blanche[1]. C'est pendant une audience donnée aux députations provinciales que le duc de Berry, exprimant les regrets du roi d'être dans l'impossibilité de faire restituer les biens vendus, s'attira cette réponse du comte de S...-M... : « — Que Sa Majesté me donne deux compagnies de gardes du corps. Je parcourrai la France, et je me fais fort de contraindre tous les acquéreurs à nous rendre ce qu'ils nous ont pris[2]. »

V

Du jour où Louis XVIII eut donné la Charte, les royalistes déçus et mécontents mirent toutes leurs espérances dans les princes. Tandis que le roi se résignait à devenir constitutionnel, la famille royale conservait l'esprit de l'émigration. Le comte d'Artois qui, au lit de mort de sa maîtresse, madame de Polastron, avait passé du libertinage à la bigoterie, repoussait toute idée libérale. L'abbé Latil était son conseil et son maître. Sa Maison était compo-

---

1. Rapports de police, 16 juin, 6 juillet, 3 et 10 août, 30 janvier. (Arch. nat. F. 7, 3200⁴, et F. 7, 3738.) Rapport à Dupont, 2 juillet. (Arch. Guerre.) *Journal des Débats*, 25 mai, 21, 26 juin. Chateaubriand, *Mém.* VI, 320-321. *Apol. de Louis XVIII*, 12. Voir aussi les estampes et caricatures du temps.
En une seule journée, le 14 juin, la duchesse d'Angoulême reçut des députations de 85 communes du Finistère.
2. Rapport de police, 3 août. (Arch. nat. F. 7, 3738.)

sée de royalistes intraitables. Son état-major était immaculé : pas un des officiers n'avait servi dans les armées impériales. Au pavillon de Marsan, on eut pu se croire à Coblentz. Dans cette retraite, Monsieur s'apprenait à gouverner au milieu de ses courtisans qui formaient une sorte de ministère, appelé le Cabinet vert, avec bureau de grâces et de promotions et agence de contre-police dirigée par Monciel et La Maisonfort. Quand le comte d'Artois allait chez le roi, c'était pour l'accabler de conseils, d'objurgations et de reproches « fort peu respectueux ». Il le tourmentait pour les moindres choses. Des aigles et autres attributs impériaux étaient restés à l'intérieur des Tuileries. Monsieur s'en offusquait et pressait le roi avec aigreur de les faire disparaître. Un beau jour, Louis XVIII impatienté lui répondit : « — Si vous insistez davantage, je mets son buste sur ma cheminée. » Le comte d'Artois avait feint ou exagéré une indisposition pour ne point paraître à la séance royale où fut promulguée la Charte. Cette Charte détestée, abominable pacte entre la monarchie et la Révolution, il affectait dans ses discours de n'en jamais parler. Si encore il ne se fût compromis devant les Français que par cette omission ! Mais il lui échappait sans cesse des paroles imprudentes, promesses grosses d'alarmes et menaces à peine déguisées. Il disait à ses familiers, qui aussi légers que lui ébruitaient ces propos, qu'il y aurait de grands changements si Dieu l'appelait à régner. Il adressa ces paroles à la députation des anciens royalistes du camp de Jalès : « — Messieurs, jouissons du présent. Je vous réponds de l'avenir[1]. »

---

1. Procès-verbaux des conseils des ministres, 15 mai, 2 sept., 26 déc., etc. (Arch. nat. AF* V².) Rapport sur l'esprit public, 10 mai. Lettres de Monciel à Beugnot, 2 et 4 juillet. Rapports de police, 12 déc., 6 et 10 janv., 3 février, 3, 4 et 6 mars. (Arch. nat. F. 7, 3200⁴, et F. 7, 3739.) Mém. de

Les mêmes sentiments animaient la duchesse d'Angoulême, qui, en qualité de femme, les poussait jusqu'à l'exaltation. Elle était née pour être la plus noble et la meilleure des princesses, mais sa bonté naturelle n'avait pas résisté aux épreuves. Elle respirait la haine et la vengeance. Dans ses beaux yeux, qui restaient toujours rougis par les larmes, passaient des éclairs de colère si l'on parlait de quelque événement de la Révolution. Une voix forte, âpre, masculine, donnait à ses paroles un caractère de rudesse. Hallucinée par les fantômes décapités de son père et de sa mère, il lui semblait voir du sang aux mains de tous ceux qui avaient servi la république. Ses premiers mots quand on lui présentait un nouveau venu étaient : « — Vous étiez dans l'armée des Princes, dans les armées de l'Ouest ? Combien de temps y êtes-vous resté ? » Et personne ne fut aussi bien accueilli par elle que la fameuse Langevin, cette virago vendéenne qui se vantait d'avoir tué de sa main quatre cents patriotes, nommément son oncle, « lequel n'avait pas soufflé[1] ».

Esprit presque inculte et intelligence étroite, le duc d'Angoulême subissait l'ascendant de sa femme et de son père. Par le cœur comme par le bon sens, il valait mieux que le comte d'Artois, mais il n'avait hérité de lui ni les grandes façons, ni la dignité, ni l'élégance. Il était emprunté, gauche, dépourvu de toute grâce, certains tics le rendaient ridicule. Muet au conseil du roi, timide à la cour, il était partout ailleurs colère et brutal. Le Carpentier, chef du

---

Blacas. (Arch. des Aff. étr., 615.) Monciel à Dupont, 5 mai. (Arch. Guerre.) La Fayette à Jefferson, 14 août. (La Fayette, *Mém.*, V, 489.) Beugnot, *Mém.*, II, 126, 144-146. Hobhouse, *Lettres*, I, 60. Cf. Vitrolles, *Mém.*, II, 200.
1. Rapport sur l'esprit public, 10 mai. Rapp. de police, 10 déc., 19 janv. (Arch. nat. F. 7, 3200⁴, et F. 7, 3739.) Mémoire de Blacas. (Arch. Aff. étr., 615.) Marmont, *Mém.*, VII, 20. La Fayette, *Mém.*, V, 317-316.

bureau du personnel au ministère de la marine, ayant tardé à placer un de ses protégés, le prince, hors de soi, le prit rudement au collet [1].

Le duc de Berry préférait les catholiques aux voltairiens, les émigrés aux libéraux et la monarchie absolue au gouvernement parlementaire. Mais il aimait surtout les femmes, les chevaux, la chasse et le commandement des armées. Or, comme, sous le régime de 1814, il avait quinze cent mille livres d'apanage, autant de femmes et de chevaux qu'il en voulait, dix forêts pour chasser, des régiments à inspecter et des corps d'armée à faire manœuvrer, il supportait gaiement la maladie constitutionnelle, pardonnait de bon cœur à Louis XVIII de ne point chercher à la guérir par quelque remède héroïque, et, repoussant les théories du comte d'Artois, prenait à l'occasion le parti du roi contre les royalistes. Tandis que le duc d'Angoulême n'ouvrait point la bouche au conseil, le duc de Berry parlait sans cesse et toujours avec ardeur. Sa nature franche, primesautière et enthousiaste lui eût gagné l'opinion s'il ne se la fût aliénée par les accès de colère furieuse dont il donnait souvent le scandaleux spectacle. « C'était la colère de Jupiter, » dit Vitrolles. C'était plutôt la colère d'un portefaix. Un jour, le prince s'emporta au point d'arracher son épaulette à un major d'infanterie. Louis XVIII punit des arrêts son irascible neveu, manda aux Tuileries l'officier outragé et lui remit des épaulettes de colonel. « — Si le duc de Berry, dit-il, vous a enlevé votre épaulette, c'était pour vous donner celles-ci. » Dans des revues, dans des inspections, Berry s'oublia ainsi plus d'une fois. Et cependant, il avait la passion de l'armée. Il aimait les soldats et s'efforçait de se faire

---

1. Mémoire de Blacas. (Arch. Aff. étr., 615.) Rapport de police, 2 sept., 13 janv., 6 mars. (Arch. nat. F. 2738, et F. 7, 3739.) Hobhouse, *Lettres*, I, 82.

aimer d'eux en les traitant avec une brusquerie familière. Il les interpellait, les tutoyait, les prenait par l'oreille, goûtait leur soupe. Mais les soldats riaient dans leur moustache, disant que le prince faisait tout cela « pour singer l'empereur ». Même dans la population parisienne, on raillait un peu ces façons de Petit Caporal chez un homme qui n'avait encore remporté de victoires que sur le corps de ballet. A la suite d'un simulacre de combat donné entre Paris et Clichy, on fit une caricature représentant, d'un côté, Napoléon à Austerlitz, de l'autre, le duc de Berry à la barrière de Monceau, avec cette légende : « A ton tour, Paillasse ! [1] »

Autant peut-être pour trouver quelque repos par l'éloignement de sa famille que dans le dessein, comme on l'a dit, de « royaliser la France », Louis XVIII encouragea les princes à visiter les diverses provinces du royaume. En sa qualité de Grand Amiral, le duc d'Angoulême parcourut le littoral de la Manche et de l'Océan. Le duc de Berry, l'homme de guerre de la famille, inspecta les places fortes de la frontière du Nord et de l'Est. Le comte d'Artois se réserva les départements du Midi.

Dans l'Ouest, la présence du duc d'Angoulême exalta les esprits au lieu de les calmer. Des Vendéens ayant voulu élever devant Nantes, sur la rive gauche de la Loire, un arc de triomphe avec cette inscription : « Ici commence la Vendée, » des patriotes de la ville menacèrent d'élever sur la rive droite un autre arc de triomphe portant ces mots :

---

1. Mémoire de Blacas. (Arch. Aff. étrang., 615.) Procès-verbaux des conseils des ministres. (Arch. nat. AF* V².) Rapports de police, 29 sept., 8, 10, 11, 25 oct., 15 nov., 13, 28 juin, 6 mars. Note secrète sur la danseuse Virginie, s. d. (1814). Rapp. de Foudras, 31 déc. (Arch. nat. F. 7, 3738, F. 7, 3739, et F. 7, 3200⁴.) Beugnot à Talleyrand, 23 oct. (*Corresp. de Talleyrand avec Louis XVIII*, 464.) Hobhouse, *Lettres*, I, 82. Vitrolles, *Mém.*, II, 135.

« Ici échoua la Vendée. » Dans cette même ville de Nantes, le prince entendit des Vive l'empereur! parmi les acclamations. Quand il passa la Loire en barque, au bruit des salves d'artillerie, un homme dit à haute voix : « — Je voudrais que tous ces canons fussent chargés à mitraille. » A Rennes, il y eut des clameurs ; à Angers, il y eut des troubles ; à Vannes, la garde nationale refusa de fournir le piquet d'honneur, sous prétexte que le roi n'avait pas aboli les droits réunis. Enfin, mécontents du maintien de ces contributions, exaspérés contre les Anglais qu'ils accusaient de ruiner le commerce de la France, blessés dans leurs sentiments d'égalité par la morgue de la noblesse de Guyenne, les Bordelais firent au duc d'Angoulême un accueil moins chaleureux qu'il ne l'attendait[1].

Dans sa tournée militaire, le duc de Berry se montra comme de coutume dur, brusque, emporté, « incapable, dit un rapport de police, de maîtriser ses paroles ni même ses gestes ». Les nombreuses croix qu'il donna n'effacèrent pas le souvenir de ses outrages et de ses violences. Malgré de copieuses distributions d'eau-de-vie, ou peut-être à cause de ces distributions, dans mainte garnison, il fut salué par des cris de Vive l'empereur ! Des remparts de Bouchain, un coup à boulet au milieu des coups à blanc fut tiré sur sa voiture. Le projectile alla traverser à peu de distance la charrette d'un charbonnier. On commença une enquête qui n'aboutit pas[2].

Le bon Henri IV disait qu'il faut gagner ses en-

1. Corresp. des préfets et rapp. de police, 2, 9, 16, 23, 28 juillet, 3 et 9 août. (Arch. nat. F. 7, 3738, et F. 7, 3773.) Rapport à Dupont, Mayenne, 31 juillet. Dupont à Decaen, 23 août. (Arch. Guerre.) Pozzo di Borgo, *Corresp.* I, 26.

2. Corresp. des préfets et rapp. de police, 15 juillet, 6 août, 10, 18, 25 oct., 4 nov. (Arch. nat. F. 7, 3773, F. 7, 3738, et F. 7, 3739.) Général de Verdières à Dupont, 6 oct. (Arch. Guerre.)

nemis, quitte à désobliger ses amis. Le comte d'Artois fit le contraire. Dans toutes les villes où il s'arrêta, il combla les royalistes de faveurs, d'encouragements, de promesses, et il alarma les constitutionnels par ses paroles imprudentes et ses défis à l'opinion. Ici, il déplorait au sortir de table les concessions que le roi avait faites à l'esprit révolutionnaire ; là, il demandait à un préfet ou à un maire ce qu'il penserait d'une restitution des biens nationaux ; ailleurs, il refusait de recevoir des évêques jadis assermentés ; nulle part, il ne prononça le mot de Charte[1]. Cette omission préméditée était bien dangereuse dans ces temps où la France se passionnait pour la Charte, comme en 89 elle s'était passionnée pour la Déclaration des droits de l'homme. De Paris, l'impopularité des princes gagna les départements : ce fut le plus clair résultat de ce voyage de propagande.

Des parents du roi, un seul avait les sympathies de la bourgeoisie parisienne. Ce n'étaient naturellement ni le prince de Condé, ni son fils le duc de Bourbon, ces deux Epiménides à perruque poudrée que leur retour en France n'avait qu'à demi réveillés. C'était le duc d'Orléans, l'ancien membre du club des *Amis de la Constitution*, le soldat de Valmy et de Jemmapes. Mais celui-ci, Louis XVIII n'avait eu garde de l'envoyer dans les provinces comme son représentant. La cour le tenait en suspicion, le roi et les princes, qui sentaient en lui l'héritier présomptif de la Révolution, craignaient sa popularité renaissante. Les francs-maçons du Grand-Orient ne parlaient-ils pas déjà de l'élire grand-maître de la Loge ? Ses pa-

---

[1]. Corresp. des préfets et rapports de police, 23 août, 17, 18, 23 sept., 2 et 20 oct., 12 déc. (Arch. nat. F. 7, 3739, F. 7, 3773, F. 7, 3200[4].) Inspecteur général de gendarmerie à Dupont, Grenoble, 22 août. Ney à Dupont, Besançon, 30 oct. (Arch. Guerre.) Stribosch au baron de Luxheim, Lyon, 25 oct. (Arch. Aff. étr., 675.) La Fayette, *Mém.*, V, 323.

roles, sa correspondance, ses promenades, les visites qu'il recevait étaient épiées, surveillées, dénoncées. La police avait moralement établi une souricière au Palais-Royal. Nul n'y entrait ou n'en sortait sans être signalé. Le prince, cependant, avait l'attitude la plus correcte ; rien dans sa conduite ne pouvait motiver les soupçons des Tuileries. Il vivait familialement, lisant, étudiant, parcourant à pied les rues de ce Paris où il était si heureux de se retrouver. Il recevait, il est vrai, d'anciens officiers de Dumouriez et de Valence, des libéraux du Palais-Bourbon et des constitutionnels du Luxembourg, mais c'était plutôt par communauté d'esprit que pour se faire des créatures. S'il déplorait les maladresses des ministres, l'aveuglement du roi, les imprudences des princes, il prenait grand soin de ne les point censurer publiquement. Il se tenait en dehors de la politique, restait étranger au jeu des conspirateurs, dont il était néanmoins un des atouts, et décourageait par un froid accueil les intrigants qui tentaient de l'amener à eux. Talleyrand disait de lui : « — C'est un prince mou et sans caractère. » Et son compère Fouché ajoutait : « — Nous n'en ferons rien. Comment espérer prendre quelque empire sur un Bourbon qui n'a ni maîtresse ni confesseur [1] ! »

Le roi jouait de malheur avec sa famille. Le nom, le passé, la popularité du duc d'Orléans lui inspiraient des craintes ; le langage imprudent du comte d'Artois et du duc d'Angoulême et les brutalités du duc de Berry lui suscitaient sans cesse des difficultés et des embarras. Si paternelle que fût son affection

---

[1]. Mémoires manuscrits de Barras (communiqués par M. Georges Duruy). Rapp. de police, 18, 26, 29 juillet, 6, 9 août, 16, 23 sept., 2 oct., 28 déc., 7 janv., 4 et 6 mars. (Arch. nat. F7, 3738, F. 6, 3739.) Cf. La Fayette, *Mém.* V. 353. Duc d'Orléans, *Extrait de mon Journal* (préface de l'édition de Twickenham, 1816, non reproduite dans l'édition de 1849).

pour son frère et ses neveux, ce grand égoïste, qui aimait avant tout son repos, eût sans doute plus d'un mouvement d'humeur contre ces princes et leurs compromettants protégés, les émigrés et les chouans.

Louis XVIII aurait volontiers pris les avantages de la souveraineté sans en assumer les charges. Homme d'esprit, et, dans une certaine mesure, homme de bon sens, mais vieux avant l'âge, perclus par la goutte, craignant tout travail, fuyant toute contention et esquivant toute discussion, il regardait le trône de France autant comme un bon fauteuil que comme un poste d'honneur. Les séances du Conseil et les délibérations avec les ministres à département lui étaient insupportables. Ce roi d'Yvetot humaniste préférait lire du latin ou se faire conter par Blacas ou par Beugnot les petites intrigues, les scandales et les commérages de la cour et de la ville. Toujours hésitant entre les partis à prendre, il aimait qu'on lui présentât des solutions toutes faites : « Voyez donc à arranger cela » était son mot habituel. Incapable, bien plutôt par paresse d'esprit que faute de ressource, d'aller jusqu'au troisième raisonnement pour défendre son opinion, il n'avait que des velléités de gouverner. Sauf sur les questions où il estimait qu'était en cause sa dignité de Bourbon, il cédait facilement. Et même pour les choses qui lui tenaient à cœur comme roi de France, issu de la plus ancienne maison de l'Europe, il se payait d'arguments de casuiste afin de concilier sa fierté avec les exigences des temps. Ainsi, Louis XVIII avait admis les principes libéraux de la Charte parce que, jouet volontaire d'une illusion, il s'imaginait qu'il n'avait pas accepté cette Charte, et qu'au contraire c'était lui qui l'avait octroyée. Il souffrait que ses armées obéissent à des va-nu-pieds couturés de blessures et devenus maréchaux de France par cent combats, pourvu que ses gentilshommes de la chambre eussent trente-six quartiers. Plus soucieux des formes et des étiquettes que des choses, et plus jaloux de l'apparence du pouvoir que du pouvoir même, il se montrait fort accommodant envers ceux à qui il en déléguait temporairement l'exercice. Le régime constitutionnel de l'Angleterre, dont les avantages l'avaient frappé durant son exil, moins peut-être au point de vue de l'intérêt des peuples qu'à celui de la tranquillité des rois, lui avait appris que les ministres peuvent se perdre sans compromettre la personne du souverain. Moitié de gré, moitié de force, il venait de donner cette constitution aux Français, et il s'en remettait de bonne grâce à son ministère du soin de les gouverner[1].

Le malheur, c'est que ce ministère, composé en majorité d'hommes de mérite, n'avait ni communauté d'opinion, ni unité de pensée, ni solidarité de personnes. « Il y a des ministres et pas de ministère », écrivait Wellington à Castlereagh. Le conseil ne s'assemblait pas régulièrement ; c'était en audience privée que le roi donnait sa signature. Chaque ministre, même pour les affaires de son département qui pouvaient engager la politique générale du cabinet, décidait sans consulter ses collègues. L'ordonnance de Beugnot sur le repos du dimanche surprit Montesquiou et Louis autant qu'elle mécontenta la population parisienne. Chacun tirait tout à soi : l'un pour servir plus librement les intérêts de l'Etat, à l'encontre du parti de la cour ; l'autre afin de se concilier les princes et leurs créatures. Talleyrand et Louis tenaient pour la Charte. Dupont et Beugnot

---

[1]. Cf. Mémoire manuscrit de Blacas. Walterstoff au roi de Danemark, 1er déc. (Arch. Aff. étr., 615 et 675.) Hobhouse, *Lettres*, I, 59, 60, 75. La Fayette, *Mém.*, V, 348, 352. Marmont, *Mém.*, VII, 4 7-54, 68. Guizot, *Mém.*, I, 41. Vitrolles, *Mém.*, II, 227-229. Villèle, *Mém.*, I, 251-252.

en étaient aussi partisans, mais « ils cherchaient à plaire », comme dit Vitrolles, et s'ingéniaient à prévenir les désirs et à flatter les idées des familiers du château. Dambray, qui se vantait « d'avoir eu le bonheur de ne rien voir ni de ne rien connaître de la Révolution, restée ainsi pour lui comme non avenue » ; Ferrand, qui avait écrit : « Si la clémence est un plaisir, la justice est un devoir, » et que l'on appelait un « Marat blanc » ; Malouet, lui-même, un des plus ardents défenseurs à la Constituante des droits de la couronne, représentaient l'ancien régime. Ils croyaient la contre-révolution accomplie et regardaient le gouvernement parlementaire comme une transition entre l'empire et la monarchie absolue, qu'ils désignaient cependant, pour ne pas trop se compromettre, par l'euphémisme de « pouvoir concentré ». Royaliste de tradition, de tempérament et de sentiment, l'abbé de Montesquiou n'en voyait pas moins les choses comme elles étaient : les prétentions s'exaspérant chez les émigrés, l'opposition naissant dans la Chambre, la défiance persistant dans le pays. Il agissait donc avec une certaine modération, cherchant, « par une politique d'assoupissement », à calmer les impatiences et à rassurer les inquiétudes. M. de Blacas, que tous les partis ont accusé à l'envi, et qui était en effet le vrai conseil de Louis XVIII après avoir été le plus cher ami du comte de Lille, fut aussi un modéré par raison. Il voulait avant tout le repos du roi, car le repos du roi c'était la conservation de la faveur royale. S'il avait pu, il l'aurait tenu en chartre privée, de façon à lui éviter toute contention et tout ennui. Au moins s'efforçait-il de dissiper les inquiétudes que les discussions du conseil faisaient naître quelquefois — bien rarement ! — dans l'esprit de ce monarque d'une si imperturbable confiance. Il lui persuadait sans peine que toutes les difficultés s'arrangeraient, que tous les périls étaient chimères, et que « Bonaparte n'était plus qu'un cadavre enseveli dans une île ». S'il endormit ainsi son maître en une fausse sécurité, Blacas eut cependant le bon sens de voir que les royalistes ultra n'étaient pas les moins dangereux ennemis de la royauté et de mettre Louis XVIII en garde contre leurs projets insensés. Il engageait le roi à prodiguer grâces et faveurs aux émigrés, mais il le dissuadait de céder aux remontrances irritées du comte d'Artois et aux larmes de la duchesse d'Angoulême. Blacas estimait que pour contenter tout à fait le parti de Coblentz, il ne fallait pas cependant risquer de perdre la couronne [1].

Les favoris sont jalousés par les courtisans et les ministres, ils sont haïs d'instinct par les peuples. On a donc fait de Blacas le bouc émissaire de la première restauration. Un Mémoire signé de lui et dont plusieurs copies ont circulé en Belgique à la fin de 1815 est consacré à sa justification. A lire ces pages, Blacas, sans faire beaucoup de bien, aurait empêché de grands maux en s'opposant à des desseins monstrueux [2]. Ce qui

1. Cf. Blacas à Talleyrand, 4 décembre. Jaucourt au même, 20 sept., 1er et 4 octobre, 10 décembre. D'Hauterive au même, 14 novembre. (*Correspondance de Talleyrand et de Louis XVIII*, 161-166.) Mémoire de Blacas. Alexandre à comte de Grimoard, Paris, 29 nov. (Arch. Aff. étr., 615, 675.) Wellington à Castlereagh, 3 et 4 oct., 4 nov. (*Dispatchs*, Supplément, IX.) Villèle, *Mém.* I, 265-272. La Fayette, *Mém.* V, 330, 340-343. Vitrolles, *Mém.* II, 45, 197-199, 232. Marmont, *Mém.* VII, 24, 47. Guizot, *Mém.* I, 38-40. Mémoires manuscrits de Barras.

2. Ce curieux Mémoire est-il ou non apocryphe ? En tout cas, que l'auteur en fût Blacas lui-même ou quelqu'un de ses amis, il était bien renseigné. Dans ses *Souvenirs* (II, 41), le général Lamarque cite ce Mémoire comme authentique, et la copie qui en existe aux Archives des affaires étrangères (*France*, 615) est accompagnée de cette lettre de Minjaud au duc de Richelieu (16 déc. 1815) : « Le Mémoire de M. de Blacas qui circule en Belgique a fait très grand tort au roi et à la famille royale dans l'esprit des souverains... Ce maudit Mémoire fait tant de bruit à Bruxelles qu'il faudrait, ce me semble, faire insérer dans les journaux belges un article qui fit connaître au public la fausseté de celui qui l'a écrit. » — Remarquons la nuance :

est certain, c'est qu'il ne siégeait plus dans le conseil au second retour de Louis XVIII, quand des ministres, restés pourtant moins impopulaires que lui, inaugurèrent la politique de réaction. En vérité, peut-on condamner Blacas lorsque l'on compare la terreur de 1815 à l'anarchie paternelle de 1814?

VI

Cette anarchie paternelle, pour employer une seconde fois ce joli mot du temps, n'augmentait pas le nombre des royalistes. Après six mois de règne, Louis XVIII n'avait ramené à lui ni l'armée ni le peuple.

Pour l'armée, Louis XVIII est toujours le roi imposé par la Coalition, le protégé des Anglais et des Prussiens, l'émigré rentré en croupe derrière un Cosaque. Il rappelle la défaite et personnifie le démembrement. Les soldats le regardent comme étranger à leurs sentiments, à leurs traditions, à leur gloire. Il a renversé leur idole, proscrit leur drapeau et, par ses ordonnances datées de la dix-neuvième année de son règne, il insulte à leurs victoires[1]. Il les laisse sans solde régulière, en haillons, pieds nus[2]. Il déconsidère

---

Minjaud conseille de dire, non pas que ce Mémoire est apocryphe, mais qu'il est mensonger.

1. Rapport général sur les griefs de l'armée pendant la première restauration. (Arch. nat. F¹ᵉ I, 26.) Cf. la corresp. des préfets et les rapp. de police de mai 1814 à février 1815 (F. 7, 3738, 3739 et 3773) et la correspondance générale (Arch. Guerre) pendant cette même période.

2. « On ne paye pas la troupe. » Paroles de Dessoles au conseil des ministres, le 9 juin 1814 (Procès-verbaux, Arch. nat. AF. * V²). — Les chasseurs de France se plaignent de leur solde arriérée et de coucher sur la paille. » Grundler à Maison, 15 janv. (Arch. Guerre.) — « Beaucoup de chasseurs royaux sont nu-pieds et sans chemises. Il y a de quoi mécontenter le soldat. » Sous-préfet de Saint-Quentin à Clarke, 14 mars 1815 (Arch. Guerre) : — « La solde est en retard de 15 jours. » Préfet de Metz, 16 mars. 1815. (Arch. nat. F. 7, 3773.) — « Des militaires sont dénués de tout depuis juillet 1814. » Briche à Davout, Metz, 26 mars. Cf. Davout à Briche, 28 mars.

la Légion d'honneur en rétablissant les ordres du Saint-Esprit et de Saint-Louis, en la prodiguant par fournées presque quotidiennes[1], et en enlevant aux légionnaires le droit de vote dans les collèges électoraux[2]; il l'avilit en payant avec ce ruban, teint de leur sang, les plus infimes et les plus honteux services. Pour avoir livré Bordeaux à l'ennemi, Lynch reçoit le grand cordon que vingt Français seulement portaient sous l'empire; le grade de chevalier est conféré à un maître de poste de Bordeaux jadis accusé de faux, à un habitant du Calvados forçat libéré[3]. Non content d'atteindre les légionnaires dans leur juste fierté, le roi les frappe dans leurs intérêts en réduisant de moitié leur traitement annuel. Soit mépris, soit défiance, il ne veut pas de soldats français pour veiller à sa sûreté : ce sont des Suisses, des chouans, des émigrés, naguère à la solde de l'étranger, qui gardent les Tuileries.

(Arch. Guerre.) — « Le 14ᵉ léger est bien discipliné, mais les hommes sont affreusement tristes. Après le défilé, quelques soldats m'ont présenté leurs livrets et d'une voix basse m'ont demandé leur décompte. Depuis un temps infini, il n'a pas été fait de décompte à ces malheureux pour la masse de linge et chaussures. Cette masse s'élève pour chacun entre 65 et 150 fr. Une grande partie n'a pas reçu de pantalons depuis deux ans, et les mauvais pantalons de toile qu'ils ont ont été pris sur leur masse. Il y a un arriéré de solde depuis plus d'un an. Ces braves soldats disent : Qu'on nous laisse notre solde arriérée, mais qu'on nous donne notre masse et des pantalons. » Brune à Davout, Marseille, 16 mai 1815. (Arch. Guerre.)

1. En feuilletant le *Moniteur* de 1814, on trouve tous les deux ou trois numéros une liste de 20, de 100, de 300 nouveaux légionnaires. Parfois le *Moniteur* se borne à cette mention : « Le roi, par ordonnance de tel jour, a confirmé les 50 ou les 200 ou les 380 décorations données dans tel département par le comte d'Artois ou le duc d'Angoulême ou le duc de Berry. » — On a même prétendu que certains ministres trafiquaient des décorations. La croix de chevalier était tarifée 300 francs. (*La Lanterne magique de la restauration*, 40-41. Cf. Thibaudeau, *Consulat et Empire*, X. 140.)

2. D'après les sénatus-consultes des 28 floréal an XII et 22 février 1806, 30 légionnaires étaient adjoints à chaque collège électoral d'arrondissement. L'article XXXVIII de la Charte, en vertu duquel il fallait payer 300 fr. de contributions pour faire partie des collèges électoraux, avait par cela même enlevé aux légionnaires leurs droits d'électorat.

3. Décaen à Dupont, Bordeaux, 5 sept. (Arch. Guerre.) Rapp. de police, 13 août. (Arch. nat. F. 7, 3773.)

La formation de la Maison militaire n'était pas le moindre des griefs de l'armée. Non seulement ces six mille soldats d'antichambre, comme on les appelait[1], ayant tous au moins le grade de sous-lieutenant, irritaient les vrais officiers par leurs épaulettes si facilement obtenues ; mais, de plus, ils les menaçaient par leur intrusion prochaine dans les cadres des régiments[2]. L'ordonnance du 12 mai réservait les deux tiers des emplois vacants aux officiers à la demi-solde et le dernier tiers au choix du roi[3], c'est-à-dire aux vieux émigrés et aux jeunes royalistes de la Maison militaire. Pour les officiers en activité, l'avancement devenait donc à peu près nul, car ils pouvaient espérer tout au plus une promotion sur neuf vacances. La plupart risquaient de rester avec le même grade jusqu'à leur retraite. Quant aux sous-officiers, et partant aux soldats, ils se retrouvaient, non par le fait des lois, mais par la force des choses, dans l'état de servage perpétuel dont les avait affranchis la Révolution. Désormais, il leur était interdit d'aspirer à l'épaulette. Les élèves des écoles militaires et les gardes du corps, chevau-légers, mousquetaires noirs ou gris — ces pseudo-officiers auxquels la garnison de Paris, qui les détestait, refusait de porter les armes[4] — allaient suffire à toutes les sous-lieutenances.

Les désertions en masse s'étaient arrêtées ; les mutineries et les séditions des premiers jours de la royauté s'apaisaient peu à peu. Quelques gouverneurs de divisions militaires, jaloux d'affirmer et leur zèle royaliste et leur influence sur leurs subordonnés, vantaient même l'excellent esprit des trou-

1. Rapp. de police, 11 juillet. (Arch. nat. F. 7, 3738.)
2. Marmont, *Mém*. VII, 40-41, 44-46.
3. *Journal militaire*, 1814.
4. Rapport de police, 11 juillet. (Arch. nat. F. 7, 3738.) Fleury de Chaboulon, *Mém*. I, 38-39.

pes¹. C'est qu'ils prenaient le retour à la discipline pour une conversion et la soumission pour de la sympathie. L'armée s'était résignée à accepter les drapeaux blancs, décorés ou non de cravates brodées par la duchesse d'Angoulême. Mais ces étendards inconnus, qu'on lui remettait solennellement dans des cérémonies où tonnait le canon et où prêchaient les missionnaires², ne lui faisaient pas oublier les aigles. Plusieurs régiments éludèrent l'ordre de verser à l'artillerie les drapeaux de l'empire. De vieux soldats en brûlèrent la hampe et la soie, et burent les cendres dans du vin. L'aigle fut conservée à la caserne comme un palladium³.

Le soldat porte la cocarde blanche au shako, mais au fond du havre-sac il garde, ainsi qu'une relique, sa vieille cocarde tricolore. Il ne craint même pas de l'en sortir quand se présente une belle occasion. Le 27 juillet, à Riom, des soldats du 72ᵉ de ligne qui font la haie sur le passage de la duchesse d'Angoulême, ont la cocarde proscrite. Le 5 octobre, à la revue passée à Landau par le duc de Berry, presque toute une compagnie du 38ᵉ porte aussi cette cocarde, ce qui attire au capitaine une punition de trente jours de prison⁴. Les troupes sont au service de Louis XVIII, mais elles ont le culte de Napoléon et ne doutent pas de revoir « le Tondu » avec son petit chapeau et sa redingote grise⁵. Le refrain

---

1. Oudinot à Dupont, Fontainebleau, 28 juillet. Augereau au même, Lyon, 8 août. Soult au même, Rennes, 16 août. Jourdan au même, Rouen, 26 août. (Arch. Guerre.)
2. Correspondance générale, août-décembre. (Arch. Guerre.)
3. Interrogation de La Bédoyère (Dossier de La Bédoyère. Arch. Guerre.) D'Hauterive à Talleyrand, Paris, 14 nov. (Arch. Aff. étr., 680.)
L'ordre de fondre les aigles est du 14 oct. (Procès-verbaux de conseils des ministres. Arch. nat. AF. * V².)
4. Dupont à général Simmer, 26 août. Général de Verrières à Dupont, Landau, 6 oct. (Arch. Guerre).
5. Rapports de police et lettres des préfets, juillet-décembre. (Arch. nat. F. 7,

des étapes et des chambrées, c'est : « Il reviendra... » On annonce sans cesse dans les casernes que l'empereur a quitté l'île d'Elbe. Tantôt il est débarqué en France, tantôt il révolutionne l'Italie, tantôt il lève des troupes chez les Turcs. On dit encore qu'il arrive comme généralissime de l'armée autrichienne pour faire reconnaître les droits du roi de Rome [1].

Chaque jour dans quelque garnison, on entend : Vive l'empereur ! « Il faudrait sévir, écrit le 20 juin le comte de Champagne, commissaire du roi dans la 6ᵉ division militaire, contre les soldats qui profèrent des cris séditieux et insultent aux emblèmes royaux. Les exemples se multiplient au lieu de disparaître [2]. » En juillet, l'appel de onze heures du 1ᵉʳ chasseurs à cheval (régiment du roi) se termine régulièrement par des Vive l'empereur ! C'est aux mêmes cris que le 22 juillet des dragons défilent rue du Bac, que le 30 août s'assemblent les sapeurs-pompiers de la ville de Paris, que durant des mois, dans les provinces, des régiments prennent les armes, se rendent aux champs de manœuvres ou traversent les villes [3]. Le 8 juillet, les habitants de Hesdin répondent aux vivats des cuirassiers du 7ᵉ en criant : Vive le roi ! Les cavaliers furieux les dispersent à coups de plat de sabre. Le 22 juillet, un détachement d'infanterie, de passage à Orgon, apprend les insultes que l'empereur y a subies en allant à l'île d'Elbe. Les soldats commencent à saccager le

---

3738, 3739.) J. P. Brès à son oncle, Paris, 4 juillet. Duchesse d'Orléans au roi des Deux-Siciles, 17 nov. (Arch. Aff. étrang., 675.)

1. Corresp. des préfets et Rapports de police, 3, 9, 11, 16 juillet, 16 et 19 août, 25 oct. (Arch. nat. F. 7, 3738, F. 7, 3773.) Kellermann à Dupont, Strasbourg, 21 oct. Rapport au même, Paris, 23 nov. (Arch. Guerre.)

2. Rapport à Dupont, 20 juin. (Arch. Guerre.)

3. Lettres de préfets et rapports de police, 2, 3, 10, 11, 16, 23, 26 juillet, 10, 14, 15, 24, 30 août, 4 septembre, 4, 11, 24 octobre. (Arch. nat. F. 7, 3738 et 3773.) Beugnot à Dupont, 23 juillet. Rapports à Dupont, 26 juin, 16 et 23 juillet, 16 et 23 août, 29 sept., 8 oct., 8 nov. (Arch. Guerre.)

bourg. Les habitants s'arment, la poudre parle, le sang coule. Le 6 septembre, à Bordeaux, pendant une revue de départ, un bataillon se forme pour défiler. Au commandement : En avant! marche! les hommes font front, posent leurs armes à terre, et d'une seule voix crient: Vive l'empereur ! [1]

La vieille garde, fidèle comme elle l'avait toujours été, au devoir militaire, ne se laissait pas entraîner à ces actes d'indiscipline [2]. Mais sa tristesse profonde et continue décelait ses sentiments [3]. Les regrets et les rancunes que ces vieux soldats renfermaient stoïquement en eux-mêmes leur rongeaient le cœur. Dans les revues des différentes garnisons, le duc de Berry avait entendu, mêlés à de rares acclamations, plus d'un vivat séditieux [4]. A Metz et à Nancy, les grenadiers et les chasseurs gardèrent un silence farouche. Quelques-uns de ces vétérans réclamaient leur congé. Le prince interpella un chasseur décoré qui comptait vingt-huit ans de services : — « Tu n'as plus que deux ans à faire pour avoir ta retraite. Pourquoi veux-tu quitter l'armée? » — « Monseigneur, répondit le vieux soldat, c'est parce que notre père n'est plus là [5]. »

Le 15 août, on fête bruyamment la saint Napoléon

---

1. Lettres à Beugnot du Préfet du Nord. 8 juillet; du sous-préfet d'Arles, 24 juillet; du Préfet de la Gironde, 7 sept. (Arch. nat. F. 7, 3773 ; F. 7, 3738.)
2. Général Dumonceau à Dupont, Metz, 26 août. (Arch. Guerre.) — En avril, en mai, et en juin, la vieille garde avait bien crié comme les autres corps : Vive l'empereur! A bas Louis XVIII ! (Agenda du général Pelet.) Maison à Dupont. 28 juin. (Arch. Guerre.) Sous-préfet de Fontainebleau à Beugnot, 23 juin. (Arch. nat. F. 7, 3773). Mais elle était rentrée vite dans le devoir.
3. Procureur du roi à Beugnot, Fontainebleau, 5 juillet. (Arch. nat. F. 7, 3773.) Rapp. général sur l'esprit des troupes de la 16e division militaire. (Arch. Guerre, à la date du 24 mars 1815.)
4. Rapport général précité. Général de Verrières à Dupont, 6 octobre. (Arch. Guerre.) Rapports de police et lettres des préfets, 20, 21, 22 oct., 4 novembre. (Arch. nat. F. 7, 3739.)
5. Rapport général de police, 4 novembre. (Arch. nat. F. 7, 3739.)

dans les casernes de Cherbourg, de Brest, de Besançon, de Sarlat, de Montpellier, d'Arras, de Boulogne, de Landau, de Luxembourg. A Metz, les canonniers veulent tirer une salve; à Paris, les officiers boivent « au Tondu » chez Véry et autres restaurateurs; à Rouen, le quartier de cavalerie est illuminé[1]. Dix jours plus tard, pour la saint Louis, le ministre de la guerre et les municipalités s'efforcent d'exciter l'enthousiasme des troupes en ajoutant à l'ordinaire. A Paris, chaque soldat reçoit 80 centilitres de vin; à Belfort, une livre de pain, une livre de viande et un litre de vin; à Strasbourg, on donne de l'eau-de-vie[2]. La troupe mange bien et boit bien, mais ses sentiments n'en sont guère modifiés. Après avoir vidé nombre de futailles et assisté à un feu de joie en l'honneur du roi, la garnison de Périgueux brûle toutes les barriques vides en disant : « — Voilà un feu de joie pour l'empereur qui est b.... plus beau que l'autre[3]. » A Dôle, un royaliste orne sa demeure d'un grand transparent représentant une aigle abattue sous une fleur de lys, avec cette légende : *Aquila rapax sub humile flore cadit.* Bien que peu latinistes, les hussards comprennent. Ils brisent à coups de pierres le transparent et toutes les vitres de la maison. Le plus curieux, c'est que le préfet du Jura donne tort au royaliste « qui a offensé l'armée dans un symbole qui lui est cher[4] ». A Paris, les soldats choisissent tout justement le jour de la saint Louis pour effacer la nouvelle inscription placée

---

1. Jourdan à Dupont, 15 août. Rapport des bureaux au même, 23 août. (Arch. Guerre.) Corresp. des Préfets, 15, 16, 17 août. Rapp. général de police, 23 août. (Arch. nat. F. 7, 3738, F. 7, 3773. F. 7, 3203.)
2. Etat sommaire des distributions accordées par la ville de Paris (daté du 31 août). Rapport de Kellermann, 1er sept. Jourdan à Dupont, 26 août. (Arch. Guerre.) Rapport de police, 26 août. (Arch. nat. F. 7, 3773.)
3. Préfet de la Dordogne à Beugnot, 26 août. (Arch. nat. F. 7, 3773.)
4. Préfet du Jura à Beugnot, 26 août. (Arch. nat. F. 7, 3773.)

à l'entrée de la caserne de la Pépinière : « Les lys manquaient à nos lauriers[1] ».

Louis XVIII, ce gros homme rivé à son fauteuil, ce chef nominal des armées qui ne peut monter à cheval, est la risée des troupes. On le chansonne outrageusement, on insulte ses emblèmes, on soufflète son buste dans des repas de corps. Son nom devient synonyme des termes les plus grossiers[2]. A l'exercice à feu, les canonniers du 6ᵉ d'artillerie comptent les coups ainsi : « Seize!.. dix-sept!.. dix-huit! comme un cochon. » En jouant aux cartes, les soldats disent : cochon de trèfle, cochon de pique ; à l'écarté, ils marquent le cochon ; au piquet, ils annoncent : quinte au cochon[3].

Les prisonniers de guerre, qui étaient versés dans les corps à leur rapatriement et qui formèrent bientôt la majorité des présents sous les armes — d'Angleterre seulement, il revint 69.554 hommes[4] — se montraient les plus animés contre les Bourbons. « Loin d'être reconnaissants envers le souverain qui les rend à la liberté, écrivait le comte de Ferrière, commissaire extraordinaire dans les départements de l'Ouest, les prisonniers se déclarent ouvertement pour celui qui les a jetés dans les fers. » Le général comte de Langeron, émigré resté au service de la Russie, écrivait de son côté : « Nous vous renvoyons des prisonniers abominables. C'est une vraie peste[5]! » Dans

---

1. Rapport général de police, 18 septembre. (Arch. nat. F. 7, 3738.)
2. Comte de Champagne à Dupont, Lons-le-Saulnier, 18 juin. Rapport au même, Rouen, 25 juin. Rapport au même, Toulon, 16 juillet. Chevalier Durand au même, Besançon, 29 sept. Sous-préfet de Brest au commandant de place, 8 oct. (Arch. Guerre.) Rapp. de police, et corresp. des Préfets, 1ᵉʳ, 8 et 27 juillet, 25 août, 7 sept., 22 déc. (Arch. nat. F. 7, 3738, F. 7, 3773.)
3. Corresp. des préfets et rapports de police, 27 juillet, 29 août, 17 et 30 oct., 19 février. (Arch. nat. F. 7, 3738, F. 7, 3739, F. 7, 3773.)
4. Dupont au roi, 15 juillet. (Arch. Guerre.)
5. Ferrière à Dupont, 26 mai. (Arch. Guerre.) Langeron à Tocqueville, Dubno, 11 oct. (Arch. Aff. étrang., 675.)

toutes les villes, les préfets, les maires, les commandants de place redoutaient leur passage. Ils arrivaient en guenilles, pieds nus, à demi-morts de fatigue et de misère, mais soutenus par le désir de la vengeance et n'ayant rien perdu de leur culte pour Napoléon. Quelques-uns s'imaginaient même que tout ce qu'on leur avait conté de l'abdication était mensonger; ils croyaient retrouver leur empereur sur le trône [1]. Aux premières cocardes blanches qu'ils apercevaient, ils devenaient furieux. A Morlaix, le 26 mai, ils assaillirent des volontaires royaux et en tuèrent trente. Le 1er juin, deux mille cinq cents d'entre eux, passant à Montauban, arrachèrent les cocardes des royalistes. A Strasbourg, le 10 juillet, ils se mutinèrent au nombre de seize cents. A Blaye, le 16 août, ils contraignirent les habitants à crier avec eux : Vive l'empereur. A Saint-Malo, le 30 octobre, une rixe sanglante s'engagea entre des grenadiers du 74e et des marins débarqués des pontons anglais. Les matelots avaient provoqué les fantassins en leur disant : « — Vous avez vendu votre drapeau pour un verre d'eau-de-vie [2]. »

Dans la population, on entend les mêmes murmures et les mêmes clameurs. Sans doute, les soldats rentrés dans leurs foyers et les régiments en garnison ou au gîte d'étape entretiennent et avivent l'opposition antibourbonienne. Les soldats mettent dans l'âme de leurs frères du peuple leurs regrets et leurs souvenirs. « Une des principales causes de l'état de l'esprit

---

1. Lettres des préfets de Seine-Inférieure, Pas-de-Calais, Lot-et-Garonne, Bas-Rhin, Meurthe, Manche, etc., juin-juillet. (Arch. nat. F. 7, 3773.) Kellermann à Dupont, Strasbourg, 20 juillet. D'Eprémenil à Dupont, 8 novt Préfet de l'Orne à général Merlin, 8 déc. (Arch. Guerre.) Lefebvre au général de Lauberdière, 4 février. (Arch. Aff. étrang., 675.)

2. Ferrière à Dupont, 26 mai. Maire de Montauban (Ille-et-Vilaine) à Caffarelli, 1er juin. Kellermann à Dupont, Strasbourg, 10 juillet. Dupont à Donzelo. 16 août. (Arch. Guerre.) Rapp. de police, 30 oct. (Arch. nat. F. 7, 3773.)

public, écrit le préfet de Saône-et-Loire, est le passage continuel dans le pays des troupes et des soldats isolés, tous bonapartistes et injuriant le roi. Les cris de Vive l'empereur! sont répétés à chaque instant sur les routes et dans les cabarets, ce qui a la plus mauvaise influence sur les habitants. » Dans la Somme et le Pas-de-Calais, des soldats déchirent des caricatures contre l'empereur exposées par les marchands forains et la foule donne raison aux soldats. Le 2ᵉ d'artillerie à cheval traverse Tournus; les trompettes sonnent le refrain : *Il reviendra*. Les habitants sortent des maisons, et accompagnent la colonne, une lieue hors de la ville, en criant : Vive l'empereur[1]! Mais souvent aussi, ce sont des ouvriers, des paysans, de petits bourgeois qui excitent les soldats à l'indiscipline. Un rapport adressé à Dupont signale « des bonapartistes de la basse classe de Bordeaux, qui cherchent à embaucher les militaires ». Dans cette même ville, la foule ameutée à la sortie des théâtres crie : Vive l'armée! A bas les traîtres! Le colonel du 66ᵉ, en garnison à Rouen, se plaint que les hommes soient logés chez l'habitant, « où ils reçoivent en général de mauvais conseils, l'esprit de la ville n'étant pas très bon ». A Nancy, en plein bal, un bourgeois arrache la croix d'un officier sous prétexte qu'elle ne porte pas l'effigie de Napoléon. A Mézières, le colonel du 22ᵉ de ligne reçoit ce billet anonyme : « Gare aux mille et mille traîtres français! » A Paris, le 15 août, des ouvriers invitent des soldats à boire avec eux à la santé de l'empereur[2].

---

1. Préfet de Saône-et-Loire à Beugnot, 27 juillet. Préfet de la Somme au même, 25 juin. Rapport de police, 25 octobre. (Arch. nat. F. 7, 3773.)
2. Rapport à Dupont, Bordeaux, 5 septembre. Colonel du 66ᵉ au général commandant la place de Rouen, 4 janvier 1815. Colonel du 22ᵉ à Soult, 3 fév. (Arch. Guerre.) Bulletin de police générale, 6 juillet, 15 août, 30 janvier. (Arch. nat F. 7, 3738, F. 7, 3739.)

Il ne faut donc pas s'exagérer l'influence de l'esprit de l'armée sur celui de la population. Le peuple serait indifférent aux plaintes des soldats et hostile à leurs cris, si ces plaintes et ces cris ne répondaient à son propre mécontentement. L'armée française n'était pas une armée de mercenaires. Elle était sortie des entrailles de la nation, et il y avait communion de sentiments entre elle et la nation. Le peuple et l'armée avaient fait ensemble la Révolution. Leurs cœurs battaient aux mêmes souvenirs, tressaillaient des mêmes craintes, vibraient des mêmes colères.

L'état de l'opinion en province, la circulaire confidentielle du ministre de l'intérieur aux préfets suffirait à en donner l'idée. « Je vois par les renseignements qui me parviennent chaque jour, écrit Montesquiou, que les grands événements relatifs à la régénération politique de la France occasionnent encore sur plusieurs points des doutes et des incertitudes [1]. » En effet, dans les deux tiers des départements, les préfets et les commandants des divisions militaires signalent le mécontentement, l'esprit d'opposition, les cris et les actes séditieux [2], sauf chez la bourgeoisie, « qui est au roi, corps et âme [3] ». Dans le

---

1. Circulaire confidentielle, septembre 1814. (Arch. nat. F1c I, 14-23.)
2. Nommément dans ces départements : Ain, Aisne, Allier, Ardennes, Aube, Calvados, Cantal, Charente, Charente-Inférieure, Cher, Corrèze, Côte-d'Or, Côtes-du-Nord, Creuse, Dordogne, Doubs, Drôme, Eure-et-Loir, Gironde, Ille-et-Vilaine, Indre, Isère, Jura, Landes, Haute-Loire, Loire-Inférieure, Loiret, Lot-et-Garonne, Maine-et-Loire, Marne, Haute-Marne, Meurthe, Meuse, Morbihan, Moselle, Nièvre, Oise, Puy-de-Dôme, Bas-Rhin, Haut-Rhin, Haute-Saône, Saône-et-Loire, Seine, Seine-et-Marne, Seine-et-Oise, Tarn-et-Garonne, Vienne, Haute-Vienne, Vosges, Yonne. — Extraits de la corresp. des préfets, 25 juin au 1er décembre. (Arch. nat. F. 7, 3738, F. 7, 3773.) Correspondance générale, juin-novembre. (Arch. Guerre.)
Un rapport général du 25 juillet sur l'esprit public (Arch. nat. F. 7, 3738) résume ainsi l'état de l'opinion : « Bon esprit dans le Midi, mauvais dans le Nord. »
3. Préfet de l'Ain à Beugnot, 12 juillet. (Arch. nat. F. 7, 3773). — Nombre de préfets signalent le même fait en d'autres termes, mais il faut remarquer que la lettre précitée est du 12 juillet. Deux mois après, la bourgeoisie était devenue plus frondeuse.

Jura et dans les Ardennes, en juin et en juillet, les royalistes n'osent pas porter la cocarde blanche de peur des mauvais traitements des paysans qui ont gardé leurs cocardes tricolores [1]. Le tribunal de Ruffec acquitte des individus arrêtés pour avoir crié : Vive l'empereur ! Des maires refusent de prêter serment au roi [2]. En Alsace et en Lorraine, les paysans forcent les blessés russes et allemands qui regagnent les frontières à baragouiner : Vive Napoléon ! à bas les Bourbons [3] ! A Rouen le 4 juillet, à Reims le 23, à Caen pendant quinze jours de suite, à Bourg le 3 août, à Langon le 20, à Rethel le 10 septembre. à Saint-Saviol le 30, à Haguenau le 15 octobre, à Bar-sur-Ornain le 31, des bandes de populaires parcourent les rues, le soir, en criant : Vive l'empereur ! A Passavent (Haute-Saône), le 17 novembre, des paysans enlèvent le drapeau blanc du clocher et le mettent en lambeaux [4]. Le préfet de l'Ain rend, le 13 décembre, un arrêté commençant en ces termes : « Considérant que des hommes du peuple nous ont entouré en criant : Vive l'empereur ! à bas Louis XVIII [5] !... » Le 15 août, à Châlons, des maisons sont illuminées. On siffle, au théâtre de Rennes, *le Retour des Lys*, une pièce de circonstance que le parterre ne juge pas de circonstance ce jour-là. Dans plusieurs villages des Vosges, les paysans célèbrent la saint Napoléon comme à

---

1. Préfet du Jura à Beugnot, 3 juin. Préfet des Ardennes au même, 7 juil. (Arch. nat. F. 7, 3773.)
2. Préfet de la Charente à Beugnot, 26 octobre: Bulletin général de police, octobre. (Arch. nat. F. 7, 3773.) Rapport au roi sur la situation politique et militaire du royaume, 24 décembre. (Arch. Guerre.)
3. Streckeisen à Goltz, Bâle, 6 août. (Arch. Aff. étr., 675.) — Streckeisen ajoute : « En France, tous les hommes de quinze à quarante ans sont des misérables, bons à être envoyés à Cayenne ou à Botany-Bay. »
4. Extraits des lettres des préfets et rapports de police, aux dates. (Arch. nat. F. 7, 3738. F. 7, 3739, F. 7, 3773.) Général Meunier à Dupont, Caen, 8 août. (Arch. Guerre.)
5. Arrêté du préfet de l'Ain, 13 nov. (Arch. Guerre.)

l'ordinaire, par des danses et des feux de joie¹. Le 25 août, jour de la saint Louis, la musique de la garde nationale de Périgueux refuse de jouer au *Te Deum*. A Tournus, on brise l'écusson royal qui décore le balcon de l'Hôtel de Ville. Dans l'Isère, les paysans contraignent des gendarmes, qui d'ailleurs ne résistent que pour la forme, à crier avec eux : Vive l'empereur ! A Saint-Brieuc, une bande de forcenés envahit l'église au milieu de l'office en proférant ce même cri. A Auxerre, la foule promène un mannequin représentant Louis XVIII, affublé d'une jupe de femme ².

On colporte des chansons bonapartistes. Il circule des médailles, des pièces de monnaie à la double effigie de Napoléon et de Marie-Louise portant au revers : « Courage et espérance ». D'autres représentent une aigle endormie ayant en exergue : « Elle se réveillera ! » D'autres, un lion sommeillant, avec cette légende : « Le réveil sera terrible. » L'architecte, chargé d'élever à Calais la colonne commémorative du débarquement de Louis XVIII, reçoit une lettre anonyme où on lui conseille de faire cette colonne à roulettes, afin qu'elle puisse suivre le roi quand il partira de nouveau pour l'exil. On affiche des placards portant : « Amis du grand Napoléon, réjouissez-vous. Nous l'aurons sous peu de temps. Les royalistes tremblent. » « Vive l'empereur ! Il a été et il sera. » « Français, réveillez-vous ! Napoléon s'éveille³. » Les

---

1. Bulletins généraux de police, 17 et 23 août. (Arch. nat. F. 7, 3773.)
2. Souham à Dupont, Périgueux, 4 sept. (Arch. Guerre.) Bulletins généraux de police, 28 août, 3, 16 sept. (Arch. nat. F. 7, 3773, F. 7, 3738.)
3. Lettres de préfets et de maires et rapports de police, 29 juin, 14 et 17 août, 6 octobre, 17 novembre, 16, 17, 20 et 31 décembre. (Arch. nat. F. 7, 3773.) Sous-préfet de Brest au général commandant la place, 8 octobre. Rapport au roi sur la situation politique et militaire, 24 décembre. Soult à Caffarelli, 27 décembre. (Arch. Guerre.)
Parmi ces placards, il est curieux de citer celui-ci qui fut affiché à

paysans comme les ouvriers des villes croient au retour prochain de l'empereur, « qui est encore un Dieu pour bien des gens »[1]. Le bruit se répand le 12 juillet que Napoléon est en route; on dit qu'à Lyon, on a déjà quitté les cocardes blanches[2]. Un policier reproche à un marchand de tabac de n'avoir fait mettre qu'une légère couche de peinture sur les armes impériales qui décoraient sa boutique. « — Eh! répond l'homme en riant, comme ça, j'aurai moins de peine à les rétablir[3]. »

A côté des bonapartistes qui manifestent ouvertement leur opinion, qui parlent tout haut de Napoléon, qui annoncent sans cesse son retour, qui affichent des placards, qui chantent la Marseillaise, qui insultent les emblèmes royaux, qui crient: Vive l'empereur! au défilé des troupes et à la barbe des policiers, à côté des bonapartistes militants, il y a les bonapartistes timides, les bonapartistes secrets, les bonapartistes mystiques. Il y a ceux qui pensent toujours à

Bourges. (Rapport au roi sur la situation politique, 28 décembre. Arch. Guerre.)

PIÈCE NOUVELLE AU BÉNÉFICE DE L'ANGLETERRE

Directeur : Le Régent.	Les traitres : Marmont, Moncey et Cie.
Premier rôle : Napoléon.	
Jeune premier : Le prince Eugène.	Le niais : L'empereur d'Autriche.
Première doublure : Le duc de Berry.	Premier figurant : Le roi de Prusse.
Rôle à manteau : Louis XVIII.	Chœurs: suivant l'aigle a l'ile d'Elbe.
Son confident. (Le confesseur du roi ne l'a pas encore trouvé.)	Le souffleur : Chateaubriand.
	Le grand machiniste : Talleyrand.
Les tyrans : Ferdinand IV et Ferdinand VII.	Changements a vue : Les maréchaux de France.

1. Lettres de préfets et rapports de police, 10, 12, 23, 28, 30 juillet, 7, 11, 14, 20, 22, 25 août, 23 septembre, 15 et 30 novembre, 3 décembre, 5, 15, 25 fév. (Arch. nat. F. 7, 3738, F. 7, 3739, F. 7, 3773, F. 7, 3203.) Kellermann à Dupont, 21 octobre. Rapp. du commandant de gendarmerie de Vitré, 28 février. (Arch. Guerre.) Alfieri à Vallaise, Paris, 12 janv. Alexandre au comte de Grimoard, Paris, 19 janv. (Arch. Aff. étr., 675.)
2. Préfet de l'Ain à Beugnot, 12 juillet. (Arch. nat. F. 7, 3773.)
3. Rapport de police, 2 mars. (Arch. nat. F. 7, 3004.)

Napoléon, mais qui, soit crainte, soit jeu — car sous ce gouvernement que personne ne respecte, il y a peu de péril à exprimer ses opinions — ne prononcent jamais son nom. Quand ils s'attablent dans un café, ils boivent à *sa santé ;* quand ils s'abordent dans la rue, le premier dit : « — Croyez-vous en Jésus-Christ ? » Et le second répond : « — Oui, et en sa résurrection[1]. » Sur la pomme de leurs cannes, sur le couvercle de leur tabatière, sur le fourreau de leurs pipes, sous le chaton mobile de leurs bagues, il y a le profil de Napoléon. Ils ont des bonbonnières à ressort secret sur le double fond desquelles est peinte une aigle ; ils ont des statuettes de bronze représentant Louis XVIII avec cette inscription : *le Désiré ;* mais ces statuettes, d'un grossier travail, forment boîtes, et en les ouvrant on trouve un petit bronze de l'empereur finement ciselé. De même, on vend des tableaux à coulisses, intitulés *les Dynasties*, dont la planchette cachée porte les effigies impériales [2]. C'est en 1814 que grandit et s'exalte le culte domestique de l'empereur, ce culte qui ira croissant jusqu'en 1830 et que nous révèlent aujourd'hui des assiettes, des tasses, des pichets, des pots à tabac, des pelles, des pincettes, des bêches, des gaufriers, des fers à repasser, des marteaux, des tenailles, des chandeliers et une infinité d'objets usuels, où peinte sur la faïence, sculptée dans le bois, découpée dans la tôle, frappée sur le cuivre, gravée sur le fer, apparaît l'image de Napoléon [3]. Napoléon devient symbole, fétiche, dieu pénate.

L'opinion et les sentiments du peuple de Paris dif-

---

1. Rapport de police, 16 juillet et 6 septembre. (Arch. nat. F. 7, 3738.)
2. Lettres de préfets et rapports de police, 16 sept., 7 nov., 3 déc. 1814, 10, 25 févr., 11 mars 1815. (Arch. nat. F. 7, 3200⁴, F. 7, 3147, F. 7, 3053, F. 7, 3773.)
3. MM. Frédéric Masson, Germain Bapst, Paul Leroux, Antoine Guillois ont réuni plusieurs milliers de ces objets dans leurs musées napoléoniens. Les spécimens de ce fétichisme qui paraissent les plus anciens

fèrent peu de ceux qui règnent dans la population des campagnes et chez les ouvriers des grandes villes. « Je n'ai rien de bon à te dire, écrit le 4 juillet J. P. Brès à son oncle. L'amour des Parisiens pour le roi s'est tellement ralenti qu'à peine en reste-t-il une étincelle. » « — L'indisposition du peuple est si prononcée, dit Barras au duc d'Havré, que les bonapartistes peuvent rallier un grand nombre d'hommes et toute l'armée[1]. » La foule se presse aux devantures des marchands d'estampes où sont exposés les portraits de Napoléon, de Marie-Louise, de Napoléon II. On va voir au boulevard du Temple le cosmorama de l'île d'Elbe. La fonderie de Launay, place de la Fidélité, où a été transportée la statue de la colonne Vendôme, devient un lieu de pèlerinage. Rue Tiquetonne, un ex-maréchal des logis de hussards montre dans la lanterne magique Arcole, Austerlitz et Tilsitt. A la Comédie-Française, le parterre applaudit par trois fois cette phrase d'*Edouard en Ecosse* : « Il n'y a qu'un malhonnête homme qui puisse parler ainsi d'un héros. » Au Palais-Royal, un individu écrit avec un diamant : Vive l'empereur ! sur la glace d'une boutique ; des passants s'amusent à graver sous l'inscription : Approuvé, approuvé, approuvé[2]. Le 19 juillet, faubourg Saint-Martin, le 18 août, rue des Vieilles-Haudriettes, des ouvriers chantent des refrains révolutionnaires et des couplets bonapartistes. Le 17 septembre, Louis XVIII est salué boulevard du Mont-Parnasse

---

son des curettes à pipe, portant l'effigie de l'empereur très grossièrement gravée, dont se servaient les soldats au camp de Boulogne. On en retrouve encore parfois sur l'emplacement du camp.

1. J. P. Brès à son oncle, Paris, 4 juillet. (Arch. Affaires étr., 675.) Mémoires manuscrits de Barras. Rapp. général de police 27 sept. (Arch. nat. F. 7, 3738) : « Les mécontents royalistes attribuent à la mollesse de la police les progrès effrayants de l'opinion contre le gouvernement ».

2. Rapports de police, 6 août, 16, 24 oct. 10, 13 déc., 15, 24 janvier, 21, 29 février, 1er mars. (Arch. nat. F. 7, 3739 ; F. 7, 3200^2 ; F. 7, 3200^4.)

par quelques acclamations auxquelles la foule riposte en criant : Vive l'empereur [1] !

A Paris, d'ailleurs, le mécontentement se manifeste bien plus par les épigrammes et les sarcasmes que par les cris et les violences. On ne prend pas les choses au tragique. L'opposition est frondeuse et goguenarde. On attache des cocardes blanches à la queue des chiens. On plaisante le « Conseil d'en haut », que l'on appelle le Conseil du ciel ou le Conseil du Très-Haut. On surnomme les chevaliers du Lys les compagnons d'Ulysse, et les gardes du corps les gardes-dindons. On dit que Louis XVIII est un roi fainéant, qui ne s'inquiète que de sa messe, de son latin et de sa table. Les princes sont détestés : ils s'entourent « de vieilles ganaches, de calotins, de chouans et d'émigrés mendiants », regardent la Charte comme nulle et rêvent de sanglantes représailles. Les ministres sont méprisés : Blacas un plat valet, Talleyrand une girouette, Louis un agioteur, Dupont un concussionnaire. Berthier, qui a abandonné l'empereur, et Marmont, qui l'a livré, commandent l'un et l'autre une compagnie de gardes du corps. On appelle la compagnie Wagram la compagnie de Saint-Pierre, et la compagnie Raguse la compagnie de Judas [2]. Les émigrés, pauvres, quémandeurs et arrogants, sont un objet de risée. On les chansonne, on les caricature, on raille leur mise antique, on insulte à leur âge et à leur misère. Les colonels Jacqueminot et Duchamp et trois autres officiers donnent un jour cette comédie. Costumés et grimés en gentilshommes d'ancien régime, ils entrent chez Tortoni, et demandent pour eux cinq une seule côtelette de mouton qu'ils se par-

---

1. Rapports de police, 19 juillet, 16 août, 30 août, 17 septembre. Cf. Rapport du 20 janvier 1815. (Arch. nat. F. 7, 3738, F. 7, 3739.)
2. Rapports de police, 7 juillet, 15 et 31 août, 19, 28 sept., 30, 31 oc., 4 nov., 12 déc., 6, 13 janv. (Arch. nat. F. 7, 3738 ; F. 7, 3739.)

tagent gravement. Un dimanche d'août, un individu traverse l'église de Saint-Eustache, pendant l'office, avec un habit de marquis et un tablier de savetier[1].

VII

Le peuple et l'armée restaient donc hostiles à la royauté. Et non seulement Louis XVIII n'avait pu gagner leur respect et leur confiance, mais il n'avait pas réalisé les espérances que la noblesse, la bourgeoisie et le monde de la politique avaient fondées sur son gouvernement. Il avait ainsi perdu beaucoup des sympathies que ces classes presque tout entières s'étaient senties pour sa personne aux premiers jours de la Restauration.

Pour les royalistes de la veille, la royauté avec une charte constitutionnelle, deux chambres et un ministère formé en partie de bonapartistes ralliés et de libéraux impénitents, la royauté avec l'administration et la justice aux mains des fonctionnaires et des magistrats de l'empire, avec les grands commandements laissés aux lieutenants de Napoléon, avec des révolutionnaires nommés pairs de France et des régicides maintenus à la Cour de cassation, n'était pas la royauté. Louis était-il remonté sur le trône des Bourbons pour adopter les institutions de la République et de l'usurpateur, pour couvrir de son manteau fleurdelysé les crimes et les iniquités de vingt-cinq années? La modération du roi confondait toutes les idées des émigrés et décevait toutes leurs espérances. Ils avaient un gouvernement qu'ils

1. Mme de Wimpfen au baron de Stengel, Paris, 2 octobre. (Arch. Aff. étrang., 675.) Duchesse d'Abrantès, *Mém.* XVIII, 333. Rapp. de police, 10 et 31 août. (Arch. nat. F., 7, 3738.)

qualifiaient « d'anarchie révolutionnaire », tandis qu'ils attendaient « un gouvernement réparateur », c'est-à-dire : « une épuration générale », la destitution en masse des fonctionnaires, le licenciement de l'armée et sa reconstitution en régiments provinciaux commandés par les anciens condéens et les héros de la Vendée, l'abolition des divisions départementales, le rétablissement des provinces et de leurs anciennes franchises, la suppression des chambres, de la liberté de la presse, de la Légion d'honneur, la restauration des parlements, la dénonciation du Concordat, la restitution des biens d'église et des biens nationaux — avec ou sans indemnité aux acquéreurs, suffisamment indemnisés par vingt années d'usufruit — la simple tolérance des cultes dissidents sans salaire à leurs ministres, la réintégration des nobles dans la plupart de leurs privilèges, la réorganisation complète du clergé afin qu'il reprît son rang et son influence dans l'Etat[1]. En résumé, ce que voulaient les émigrés, c'était la royauté absolue, la contre-révolution, le rétablissement des trois ordres, le retour au régime de 1788. Villèle, dans une brochure adressée aux députés de son département, concluait ainsi : « Revenons à la constitution de nos pères, à celle qui rendit la France heureuse et florissante. Les parties de notre ancienne organisation qui ont souffert nous coûteront moins à réparer que les nou-

1. Lettres de Bombelles et du comte de Nolzières au roi, Vienne, mai 1814. Saint-Aignan à Blacas, Paris, 10 juin. Mémoire de Blacas. Lambert à Becquet, ancien chef de la congrégation des Pères de la foi, Châlons, 22 juillet. Alfieri à Vallaise, Paris, 8 déc. (Arch. Aff. étr., 646, 615, 675.) Corresp. des préfets et rapports de police, 18 mai, 22 mai, 29 juillet, 27 sept., 9 nov., 12 déc. (Arch. nat. F1a, 582, F. 7, 3773, F. 7, 3738, F. 7, 3739.) Villèle, *Observations sur le projet de Constitution*. Chabannes, *Lettres à Blacas*, 18, 28, 36, 42, 55, 62, 69-70, 73. *Mémoire de Carnot au roi*, 22, 26, 27, 32. *Troisième rapport de Fouché au roi*. Hobhouse, *Lettres* I, 90. Villèle, *Mém.*, I, 242-245, 248, 263-265. Vitrolles, *Mém.*, II, 230-237. Fiévée, *Corresp.*, I, 79-84.

velles institutions ne coûteraient à établir¹. » Et le marquis de Chabannes disait au roi : « — Quelques années d'un despotisme absolu, voilà quel sera le baume salutaire². » De plus exaltés encore demandaient que le retour à l'ancien régime fût inauguré par le bannissement d'un bon nombre de révolutionnaires et par le supplice ou tout au moins par la déportation des régicides³.

Or, non seulement le gouvernement de Louis XVIII allait à l'encontre des théories politiques des royalistes et de leurs vœux de représailles, mais il ne faisait rien ou presque rien pour eux-mêmes. L'admission dans la Maison militaire, où la solde était fort peu élevée, quelques pensions sur la cassette royale, quelques emplois dans l'armée, des centaines de croix de Saint-Louis et des milliers de décorations du Lys ne compensaient pas aux yeux des émigrés les places qu'on ne s'empressait pas de leur donner et les biens que la Charte défendait de leur restituer. Les plaintes et les récriminations s'élevaient autour du trône. « Des régicides, des factieux, de misérables bonapartistes, écrivait à Blacas le chevalier de Saint-Aignan, obtiennent des places, des dignités, des pensions, et je suis réduit à mendier aux portes du palais de mon souverain une récompense qui m'est due et que je ne devais attendre qu'autant de temps qu'il en aurait fallu pour s'enquérir et s'acquitter⁴. » Jusque dans la chapelle des Tuileries, on condamnait la faiblesse et l'égoïsme de Louis XVIII. On l'appelait, comme la petite cour

---

1. *Observations sur le projet de Constitution* (réimprimées dans les *Mém.* de Villèle, I, 309).
2. Marquis de Chabannes, *Lettres au comte de Blacas*, 55.
3. Mémoire de Blacas. (Arch. Aff. étrangères, 645.) Cf Carnot, *Mémoire au roi*, 27 et 98-101 (édition d'avril 1815). Comte de Barruel-Beauvert, *Lettres* III, 121.
4. Saint-Aignan à Blacas, 10 juin. (Arch. Aff. étr., 646.)

de Coblentz avait appelé le malheureux Louis XVI : le roi des Jacobins. « C'est à Hartwell, disaient les mécontents, qu'il a pris ces idées libérales. Il n'avait pas le droit de donner cette constitution abominable. Il s'est fait le complice des révolutionnaires en consacrant dans la Charte la spoliation de nos biens. Et quel droit peut avoir un roi de disposer du bien d'autrui ? Mais que lui importe, pourvu qu'il mange, qu'il devine des charades et qu'il écrive de petits billets [1] ! »

Ainsi parlaient ceux que l'on accusait d'être « plus royalistes que le roi ». Ils l'étaient, en effet, et non sans motif. La Charte n'empêchait pas Louis XVIII de vivre en roi, avec une liste civile de vingt-quatre millions, mais elle empêchait les émigrés de recouvrer leurs biens et leurs privilèges. On disait au faubourg Saint-Antoine : « Quand le roi a dîné, il croit son peuple heureux. [2] » On aurait dit non moins justement au faubourg Saint-Germain : « Le roi est rentré aux Tuileries, il croit que nous sommes rentrés dans nos châteaux. » Or, en fait de châteaux, beaucoup d'émigrés, qui avaient épuisé leurs dernières ressources pour venir à Paris, habitaient des mansardes. Au mois de décembre, plusieurs d'entre eux, dénués de tout et las d'espérer, retournèrent en Angleterre reprendre leurs modestes places de professeurs [3].

La bourgeoisie, devenue déjà quelque peu mécontente de ce qui se passait, était surtout inquiète de ce qui pouvait survenir. Le langage des journaux l'irritait, les propos des royalistes l'exaspéraient, leurs prétentions l'alarmaient. « On va maintenant jus-

---

[1]. Rapports de police, 29 juillet, 2, 27 sept., 9 nov. (Arch. nat. F. 7, 3738, F. 7, 3773.) Chabannes, *Lettres* 36, 91, 73. J. P. Brès à son oncle, Paris, 4 juillet. (Arch. Aff. étr., 675.) Wellington à Castlereagh, 4 oct. : « Les émigrés sont aussi irrités contre le roi que les jacobins et les bonapartistes. » (*Dispatchs*, Supplément IX.)

[2]. Rapport de police, 19 septembre. (Arch. nat. F. 7, 3738.)

[3]. Rapport de police, 2 janv. (Arch. nat. F. 7, 3739.)

qu'à faire un crime de ce qui a fait le plus d'honneur, écrivait Bondy à Suchet : aimer son pays, être bon Français, gémir sur les maux qui l'ont accablé[1]. »
« Qu'un noble devienne ministre ou officier, écrivait Barante à Montlosier, on trouve cela tout naturel ; mais ce qui révolte, c'est qu'un gentilhomme de campagne, qui a deux ou trois mille francs de rente, ne sait pas l'orthographe et n'est capable de rien, traite du haut en bas un propriétaire, un avocat, un médecin, est offensé qu'on lui demande des impôts et bientôt croira déroger en les payant[2]. » On aimait le roi, on croyait qu'il voulait sincèrement le maintien de la Charte, mais on doutait de sa fermeté ; on craignait qu'il ne se laissât à la fin dominer par sa famille et son entourage. Déjà diverses mesures, comme l'ordonnance sur l'observation des dimanches, le rétablissement des processions, la suspension de la liberté de la presse, semblaient des concessions bien promptes à l'esprit réactionnaire. On trouvait aussi que la *dix-neuvième année du règne*, la reconstitution de la Maison militaire, et le banquet de l'Hôtel de Ville, où le préfet de la Seine et les membres du conseil municipal « avaient eu l'honneur » de servir à table, serviette sous le bras, le roi et les princes, rappelaient un peu trop l'ancien régime[3]. On disait couramment dans la conversation : « Si les Bourbons maintiennent la Charte[4] ? » La garde nationale parisienne ressentait une profonde irritation d'avoir été relevée des postes intérieurs des Tuileries, et dans des conditions particulièrement offensantes. Un ordre du jour de Dessoles, annonçant en termes flatteurs pour

1. Bondy à Suchet, Lyon 16 juillet. (Arch. Aff. étr., 675.)
2. Barante à Montlosier, Nantes, 15 décembre. (Arch. Aff. étr., 675.)
3. Mennechet, *Lettres* I, 163, *Bulletin du Censeur*, 23-31 août.
4. La Fayette, *Mém.* V, 316. Rapport de Talleyrand au roi, juin 1815. (*Corresp. avec Louis XVIII*, 465.)

la garde nationale, les modifications apportées à son service, aurait paré à tout. On ne s'en avisa point. Un beau matin, les nouveaux gardes du corps vinrent purement et simplement occuper les postes, et, sans laisser même le temps aux miliciens de s'assembler pour prendre les armes, ils ôtèrent les fusils du râtelier et les jetèrent sous les banquettes[1].

Les politiques de profession, libéraux, bonapartistes et anciens révolutionnaires, s'évertuaient naturellement à agiter l'opinion. Comme ils se croyaient les plus menacés, les uns dans leurs principes, les autres dans leur personne[2] — cinquante-cinq de ces derniers avaient déjà été exclus de la Chambre des pairs — ils attaquaient pour se défendre. Ils censuraient tous les actes du gouvernement, commentaient les articles imprudents des journaux royalistes, dénonçaient les projets du parti de l'émigration, signalaient l'influence croissante du clergé, montraient la réaction près de triompher, argumentaient avec une subtilité de casuistes sur les infractions à la Charte. Durbach, Raynouard, Lambrechts, Bedoch, Dumolard, Flaugergues, Souques, Benjamin Constant, Comte, La Fayette déclaraient la liberté en péril[3]. Madame de Staël dogmatisait et « faisait rage

---

1. J. P. Brès à son oncle, Paris, 4 juillet. (Arch. Aff. étr., 675.) Lettre du général Berge, Paris, 19 juillet. (Arch. Guerre.) Comte, *Hist. de la Garde nationale de Paris*, 421-422. Rapports de police, 21 juillet, 31 août. (Arch. nat. F. 7, 3738.)
Cette grave maladresse est d'autant plus inexplicable que jusqu'à ce jour (25 juin) le gouvernement avait tout fait pour gagner la garde nationale. Le comte d'Artois avait pris l'uniforme de ce corps le jour de son entrée à Paris ; le roi avait confié à la milice, de préférence à la troupe, le service des Tuileries ; enfin les gardes nationaux avaient été décorés en masse de l'ordre du Lys avec un ruban spécial, liseré de bleu, et par surcroît nombre d'entre eux avaient reçu la Légion d'honneur.

2. Rapp. de Talleyrand au roi, juin 1815. (*Corresp. avec Louis XVIII*, 462-463.)

3. La Fayette, *Mém.*, V, 316, 331. Hobhouse, *Lettres*, II, 77, 85-87. *Le Censeur*, I, 58, 89, 91-93, 179, 304, et *Bulletins du Censeur*, juillet-septembre. Cf. Pozzo, *Corresp.* I, 24, 46, 58. Mme de Staël, *Considérations sur la Révolution*, III, 71, 80. B. Constant, *Mém. sur les Cent Jours*, 1, 19, 39.

constitutionnelle » au château de Clichy, où elle recevait à souper trois fois par semaine tout le personnel libéral[1]. Chez la duchesse de Saint-Leu, chez madame Hamelin, chez madame de Souza, les bonapartistes criblaient d'épigrammes la famille royale, les ministres, les émigrés, et ne cachaient pas leurs espérances renaissantes[2]. Mais les plus empressés à prédire la chute de Louis XVIII, les plus ardents à exalter les esprits, à provoquer l'agitation, à attiser les haines par leurs paroles et leurs écrits, c'étaient les anciens terroristes, Carnot, Fouché, Thibaudeau, Réal, Thuriot, Méhée, Pons de Verdun, Merlin, Villetard, Grégoire, Garat, Prieur de la Marne[3].

L'opposition était montée du fond à la surface. On n'en était plus à ces premiers temps de la restauration où les classes supérieures et moyennes se félicitaient unanimement du retour des Bourbons, où tous les journaux célébraient la bonté et la raison de Louis XVIII et escomptaient les bienfaits de son gouvernement réparateur, où l'on ne voyait aux devantures des marchands d'estampes que portraits du roi et caricatures de l'empereur, où il ne paraissait d'autres brochures que *les Sépulcres de la Grande Armée, Buonaparte aux prises avec sa conscience, la Vie de Nicolas, le Mea culpa de Buonaparte, le Corse dévoilé, Robespierre et Buonaparte, la Résurrection de Henri IV*. Maintenant les salons devenaient inquiets

---

1. Jaucourt à Talleyrand, 29 sept. et 3 décembre (*Corresp. de Talleyrand et de Louis XVIII*, 162-163, notes); N... à la comtesse d'Albany, 12 nov. (Arch. Aff. étr., 675.)
2. Rapports de police, 16 juillet, 12 août, 4 mars. (Arch. nat. F. 7, 3200⁴, F. 7, 3739.) La Fayette, *Mém.*, V, 489. Thibaudeau, X, 209. Pozzo, *Corresp.*, I, 33. Lettres de la reine Catherine, 7 août, 18 sept. (*Mém. du roi Jérôme*, VI, 452-463.)
3. Rapports de police, 29 juillet, 13 et 31 août, 23 sept., 16, 26 octobre, 10 février. (Arch. nat. F. 7, 3738, F. 7, 3739, F. 7, 3200⁴.) Fouché à Talleyrand, 25 sept. (*Corresp. de Talleyrand et de Louis XVIII*, 138, note.) Pozzo, *Corresp.*, I, 32, 62, 79.

et frondeurs. On parlait de coups d'État, d'une loi suspendant la liberté individuelle, d'émeutes, de conspirations militaires. Les étudiants, opposés à l'empereur sous l'empire, se rangeaient parmi les ennemis des Bourbons. L'Ecole polytechnique signa par ordre une adresse au roi, mais les élèves dirent : « Le cœur n'y est pour rien[1]. » Les passions, les espérances, les animosités des partis se reflétaient dans la presse. La *Quotidienne* — surnommée la *Nonne sanglante* — la *Gazette de France*, le *Journal des Mécontents*, le *Journal royal* soutenaient la politique violente et provocatrice des ultras. Le *Journal de Paris*, le *Journal général*, parfois le *Journal des Débats*[2] défendaient les idées libérales. Le *Censeur*, dont chaque livraison faisait événement, dénonçait avec autant d'élévation que d'âpreté les actes arbitraires et les tendances rétrogrades du gouvernement[3]. Le *Nain jaune*, d'une méchanceté diabolique, menait la guerre de personnalités. Il attaquait les ministres, les émigrés, les cléricaux, les écrivains royalistes, les transfuges, les flagorneurs, « les ventre-à-terre des antichambres »; il appelait les uns les chevaliers de l'Eteignoir, les autres les chevaliers de la Girouette[4]. On lisait partout le *Mémoire au roi*,

1. Rapp. de police, 24 juillet, 24, 29 sept., 6, 11, 31 oct. (Arch. nat. F. 7, 3738, F. 7, 3739.)
2. Notamment dans la question de liberté de la presse. Mais s'il se rangeait parfois du côté des libéraux, le *Journal des Débats* n'en continuait pas moins d'attaquer avec la dernière violence les hommes, les actes, les souvenirs de la Révolution. L'article signé A., du 29 septembre 1814, donne le ton du journal à cette époque.
3. Le *Censeur*, rédigé par Comte et Dunoyer et principal organe du parti libéral, paraissait par livraisons de 20 feuilles in-8, afin d'échapper à la censure préalable.
4. Le *Nain Jaune*, qui paraissait depuis cinq ans avec ce sous-titre : *Journal des arts, des sciences et de la littérature*, se transforma en journal semi-politique à la fin de 1814, sous l'inspiration, dit-on, des habitués du salon de l'ex-reine Hortense. Les rédacteurs du *Nain Jaune*, Cauchois-Lemaire, Bory-Saint-Vincent, Etienne, Jouy, Harel, Merle, étaient en effet bonapartistes, mais ils eurent soin de cacher leur drapeau, n'attaquèrent jamais le roi et

où, sous couleur de respectueuses représentations à Louis XVIII, Carnot traçait un tableau alarmant de l'état des esprits. Il se vendit, assure-t-on, six cent mille exemplaires de ce *Mémoire*, qui circulait clandestinement sous toutes les formes, manuscrit, imprimé et lithographié ; on en paya quelques-uns jusqu'à 250 francs [1]. Ce qu'on lisait encore, c'étaient la *Lettre à l'abbé de Montesquiou* et la *Dénonciation au roi des actes par lesquels les ministres de S. M. ont violé la Constitution*, les deux mordants pamphlets du septembriseur Méhée ; c'était une brochure qui, au moyen d'extraits du *Moniteur* de 89 et de 97, remémorait le rôle équivoque du comte de Provence dans le procès de Favras et traitait le roi de tartufe et d'intrigant [2]. Les marchands d'estampes n'exposaient plus de caricatures de Napoléon, et s'ils mettaient toujours en montre les portraits des Bourbons, ils y joignaient des portraits de l'empereur, de Marie-Louise et du roi de Rome [3]. On vendait secrètement des caricatures contre Louis XVIII. Le roi

prirent pour épigraphe : *Le Roi et la Charte*. Sous la protection de cette devise constitutionnelle, ils jetèrent impunément le ridicule sur les hommes et les tendances du ministère et du parti de l'émigration. On a dit qu'il ne déplaisait pas à Louis XVIII de voir ainsi maltraiter la faction des ultras, et qu'il envoyait même des nouvelles à la main à ce journal. D'après une note des Archives nationales (6 févr. F. 7, 3739), le roi répondit à des courtisans qui réclamaient la suppression du *Nain Jaune* : « — Non, c'est par ce journal que j'ai appris des choses qu'un roi ne doit point ignorer. »

1. Rapports de police, 17 septembre. (Arch. nat. F. 7, 3738.) Carnot, *Mém. du roi, Avis de l'éditeur*, édition de 1815.
Les incidents relatifs à ce célèbre *Mémoire*, d'abord destiné à la publicité, ensuite modifié pour être remis à Louis XVIII, puis publié à l'insu de l'auteur et désavoué par lui dans le *Journal des Débats* du 8 octobre, sont relatés exactement dans les *Mémoires de Carnot publiés par son fils* (II, 366-372). Ces pages sont absolument confirmées par la lettre de Carnot à Beugnot (25 juillet) et par le memorandum au roi de Carnot de Feulins (29 novembre) qui se trouvent aux Archives des Aff. étrangères, 646.

2. Cette brochure qui parut dans le courant de septembre fut saisie. L'auteur, l'imprimeur et le libraire furent condamnés à cinq ans de prison (*Quotidienne*, 15 nov.).

3. Rapport de police, 24 oct., 13 déc., 27 janv., 25 févr. (Arch. nat. F. 7, 3739, F. 7, 3168). Pozzo, *Corresp.*, I, 19-20. — De temps à autre, la police saisissait ces portraits, mais ils reparaissaient quelques jours après.

était représenté en croupe derrière un Cosaque, ou à côté de saint Antoine, sous la figure de son traditionnel compagnon[1].

A l'unanimité de l'opinion avait succédé la confusion des opinions. Les uns pensaient au comte d'Artois, d'autres au duc d'Orléans, d'autres à la république, d'autres à la régence, à Napoléon, au prince Eugène[2]. Mais royalistes, libéraux, jacobins, bonapartistes, tout le monde s'accordait à dire : « Cela ne peut pas durer[3]. »

VII

Dès la première quinzaine d'août, l'opposition s'était comptée à la Chambre des députés sur la question de la liberté de la presse. Après cinq séances fort animées, où les Parisiens passionnés pour cette discussion envahirent en foule les tribunes et l'hémicycle même[4], le projet du gouvernement portant rétablissement de la censure préalable ne fut voté que par 137 voix contre 80. Et les libéraux, paraît-il, espéraient une minorité plus nombreuse[5]. A la Chambre

---

1. Rapport de police, 18 juill., 21 août, 4 nov. (Arch. nat. F. 7, 3204, F. 7, 3738 et 3739.) *Journal d'un officier anglais.* (*Revue Britannique,* V, 82.) M. Frédéric Masson a dans ses collections un grand nombre de ces caricatures.
2. Rapports de police, 16, 18, 26 juillet, 6, 31 août. 9, 23 sept., 2, 16, 21 oct (Arch. nat. F. 7, 3738, F. 7, 3739.) Cf. Mémoire de Blacas. (Arch. Aff. étrangères, 615.) La Fayette, *Mém.*, V, 353-354. *Mém. de Fouché*, II, 300, 301, 330. Rovigo, *Mém.* VII, 321-323.
3. « Tous les partis semblent s'accorder dans ce refrain : Cela ne peut pas durer. » D'Hauterive à Talleyrand, 25 sept. (*Corresp. de Talleyrand et de Louis XVIII,* 139, note.) — « Tout le monde est mécontent et prêt à saisir l'occasion de faire n'importe quel changement. » Wellington à Castlereagh, Paris, 4 oct. (*Dispatchs,* Supplément. IX.) — « L'opinion n'a jamais été si mauvaise qu'en ce moment. On entend partout répéter : Les Bourbons ne tiendront pas deux mois. » Rapport de police, 9 nov. (Arch. nat. F. 7, 3739.) — « Tout le monde disait : Cela ne peut pas durer. » Mme de Staël, *Considérations sur la Révolution,* III, 80.
4. *Moniteur,* 6 août. Cf. Bulletin de police, 13 août. (Arch. nat. F. 7, 3738.)
5. La Fayette, *Mém.*, V, 468.

des pairs, le scrutin donna 42 voix pour le rejet et 80 voix pour l'adoption. Les débats furent plus vifs encore qu'au Palais-Bourbon. Lanjuinais, Boissy d'Anglas, Cornudet, le maréchal Macdonald, le général de Valence, les ducs de Brancas et de Praslin combattirent ardemment le projet que défendirent avec non moins d'ardeur les ducs de Brissac, de La Rochefoucauld, de La Force, le comte de Ségur et Clarke, duc de Feltre. Ce dernier, à l'indignation de plusieurs de ses collègues, termina sa péroraison en citant le vieil adage monarchique : qui veut le roi, si veut la loi [1].

Une discussion, sinon plus acerbe dans la forme, du moins plus grave et plus brûlante dans le fond, s'engagea peu de temps après sur le projet de loi relatif à la restitution des biens d'émigrés restés à l'Etat. En vertu de l'amnistie de l'an X, l'immense majorité des émigrés avait recouvré dès le consulat les biens non vendus, à l'exception toutefois des immeubles affectés aux services publics et des bois et forêts déclarés inaliénables par la loi du 2 nivôse an IV. C'étaient ces immeubles et ces forêts, d'une superficie totale d'environ 350.000 hectares, que Louis XVIII avait à cœur de faire restituer aux anciens propriétaires. Déjà même, par de simples ordonnances, le comte d'Artois et lui avaient rendu, en violation de la loi, plusieurs forêts à quelques personnes particulièrement privilégiées [2]. Nul parmi les députés ne songeait, d'ailleurs, à faire opposition sur ce point à la volonté royale. Malheureusement, le ministre d'Etat Ferrand,

---

1. *Le Censeur*, n° 10.
2. Ordonnances des 20 avril, 12, 18 et 29 mai, rendues en faveur des ducs de Noailles et d'Havré, du comte de Langeron, émigré au service de la Russie, des princes de Condé et de Poix, de la duchesse de Montbarey, du duc d'Orléans. etc., etc. (Arch. nat. F¹ᵃ. 585.) — Les Bourbons pouvaient d'ailleurs s'autoriser de précédents créés par Napoléon, qui avait restitué à plusieurs émigrés des biens déclarés inaliénables.

chargé de présenter à la Chambre le projet de loi, commença par lire un exposé des motifs où il avait accumulé les pires maladresses. Dans la pensée du gouvernement, la loi était un acte de réparation et de pacification. Ferrand y donna le caractère de la revendication et de la rancune. Non content d'alarmer les acquéreurs par des équivoques et des réticences[1], il parut insulter tous les Français en disant que les émigrés « avaient suivi la ligne droite[2] ». Ce discours provoqua l'indignation dans les Chambres et dans le pays[3]. Le général Girard dit le lendemain à l'un des questeurs : « — Quoi ! vous avez souffert qu'un méchant boiteux vînt insulter la nation et l'armée en disant que les émigrés ont suivi la ligne droite ! Ne deviez-vous pas le jeter à bas de la tribune[4] ! » Pour comble, huit jours après la séance, le roi commit l'insigne maladresse de donner à Ferrand le titre de comte[5]. Bedoch, rapporteur de la commission nommée pour l'examen du projet de loi, protesta sévèrement contre les paroles de Ferrand et demanda la censure du ministre[6]. La discussion tint neuf séances. Malgré les discours, véritablement pro-

---

1. « Dans les premiers moments, il faut être réservé alors qu'on voudrait s'abandonner à une extrême prodigalité... La loi reconnaît un droit de propriété qui existe toujours... Le roi regrette de ne pouvoir donner à cet acte de justice toute l'extension qui est au fond de son cœur... Vous trouverez toujours le roi prêt à saisir toutes les occasions, tous les moyens de restaurer la France entière... » *Moniteur*, 14 sept.

2. *Moniteur*, 14 septembre. — Les paroles de Ferrand allaient plus loin que sa pensée. En parlant des émigrés qui « avaient suivi la ligne droite » il opposait leur conduite non pas à la conduite de tous les Français, mais seulement à celle des partisans du roi demeurés en France pendant la Révolution.

3. « Le discours de Ferrand a produit partout le plus détestable effet. » Analyse de la corresp. des Préfets, 20 oct. Cf. Rapp. général, 3 févr. (Arch. nat. F. 7, 3739.) Wellington à Castlereagh, 4 nov. (*Dispatchs*, Supplément, IX.)

4. Rapport de police, 24 septembre. (Arch. nat. F. 7, 3738.) — C'est ce général Girard qui l'année suivante fut tué à la bataille de Ligny.

5. *Bulletin des Lois*, 27 sept.

6. *Moniteur*, 18 et 23 octobre.

vocateurs, de quelques royalistes[1], les libéraux gardèrent dans ces débats une extrême modération; mais la colère grondait au fond des cœurs. Le 4 novembre enfin, la loi amendée sur certains points de détail fut votée par cent soixante-huit voix contre vingt-trois[2]. Le projet passa à la Chambre des pairs à la presque unanimité. Macdonald demanda qu'il fut donné aussi une indemnité annuelle aux propriétaires dont les biens avaient été vendus et aux militaires qui avaient perdu leurs dotations à l'étranger. On commencerait par indemniser les plus nécessiteux. C'eût été un acte de justice en même temps qu'un moyen de tranquilliser les acquéreurs. Mais la proposition fut ajournée. Les grands seigneurs dépossédés y étaient hostiles. Ils voulaient davantage. « — Tout ou rien, » dit le duc de Fitz-James à Macdonald. « — Eh! bien, monsieur le duc, répondit le maréchal, cela veut dire : rien[3]. »

Les pétitions qui affluaient au Palais-Bourbon, pétitions contre l'observation des dimanches, contre les processions, contre le maintien des droits réunis, contre les écrits attaquant la validité des ventes nationales, contre la réduction du traitement de la Légion d'honneur, contre les abus de pouvoir des fonctionnaires et contre les prétentions des hobereaux[4], donnaient sans cesse aux députés du parti libéral l'occasion de censurer les actes et les tendances du gouverne-

---

1. Celui de M. de la Rigauderie, entre autres. (*Moniteur* du 26 octobre.) On assure d'ailleurs que sur l'ordre de Beugnot, qui craignait d'émouvoir l'opinion, les journaux ne reproduisirent ce discours qu'en en atténuant beaucoup les termes et les idées.
2. *Moniteur* du 25 octobre au 5 novembre.
3. Macdonald, *Souvenirs*, 227-229. Cf. *Journal des Débats*, 7 et 8 déc. — La motion de Macdonald était, comme on voit, la première idée du milliard des émigrés voté par les Chambres quelques années plus tard. L'empereur, du reste, avait eu aussi le projet de former « une masse » de tous les biens non vendus et de les distribuer proportionnellement aux émigrés rentrés. (Las Cases, III, 258-260.)
4. *Moniteur*, juillet-décembre.

ment. Leurs paroles, qui trouvaient toujours un écho dans l'opinion, imposèrent parfois aux ministres de Louis XVIII. C'est ainsi que demeura lettre morte l'antique préambule de l'ordonnance royale du 26 juillet sur la réorganisation de l'Ecole militaire : « Désirant faire jouir la noblesse du Royaume des avantages qui lui ont été accordés par l'Edit de notre aïeul du mois de janvier 1751... » C'est ainsi que resta comme non avenue l'ordonnance du 12 septembre sur la suppression des succursales de l'Hôtel des Invalides. C'est ainsi, enfin, que l'on renonça à l'exécution des articles XVII et XVIII de l'ordonnance du 19 juillet, supprimant les maisons d'éducation de la Légion d'honneur situées à Ecouen, à Paris, aux Barbeaux et aux Loges. Le roi, il est vrai, avait accordé dans sa munificence une pension de 250 francs aux jeunes filles chassées de leur asile. Mais un grand nombre d'entre elles étaient orphelines. Que pouvaient devenir ces malheureuses jetées tout à coup sur le pavé de Paris ? « — Voulez-vous donc, dit crûment Dumolard, que pour ne pas mourir de faim les filles des braves entrent dans des maisons de débauche[1] ? » Cette apostrophe provoqua les murmures pudibonds de la droite mais elle intimida les ministres. A l'exception du château d'Ecouen, que l'on restitua au vieux prince de Condé, les maisons de la Légion d'honneur furent conservées[2].

Louis XVIII prenait sans cesse de telles mesures qu'il s'empressait de retirer à la moindre opposition. Il se déconsidérait par ce jeu de menaces et de reculades, montrant tour à tour sur une même question sa légèreté et sa faiblesse. « — Pour mener la France, avait dit Bernadotte au comte d'Artois, il

1. *Moniteur*, 17 août.
2. Ordonnance royale du 27 septembre.

faut une main de fer dans un gant de velours¹. » Le roi avait une main de velours dans un gant de fer, qui blessait sans maîtriser.

L'opposition de la Chambre était d'ailleurs toute constitutionnelle. Comme l'écrivait La Fayette, les libéraux sentaient qu'ils ne pourraient combattre la monarchie sans l'appui des bonapartistes, et ils repoussaient cette alliance². On défendait la Charte contre les empiétements du pouvoir royal, on dénonçait à la tribune les actes arbitraires et les tendances rétrogrades du ministère, mais le roi n'était pas mis en cause. Quand ils parlaient de Louis XVIII, les orateurs les plus ardents de la gauche, Durbach, Bedoch, Dumolard, ne manquaient jamais de le nommer : Louis le Désiré, le meilleur des rois, le petit-fils de Henri IV, le père de ses sujets et même « le père des braves³ ». La loi qui fixait à vingt-cinq millions la liste civile du roi et à huit millions la dotation des princes de la famille royale fut adoptée à l'unanimité moins quatre voix⁴. Dans Paris, on trouva même que la Chambre s'était montrée fort généreuse, avec l'argent des contribuables, en votant ces trente-trois millions. « Napoléon, disait-on, se contentait de vingt-cinq millions, lui qui avait pourtant aussi une nombreuse famille et qui régnait sur un empire quatre fois plus étendu⁵ (sic). » C'est également à l'unanimité moins une voix que les députés votèrent une somme de trente millions destinés au paiement des dettes contractées par les Bourbons pendant

---

1. Marmont. *Mém.*, VII, 26.
2. La Fayette à Jefferson, 14 août 1814. (La Fayette, *Mém.*, V, 487, 489.)
3. *Moniteur* 17 août, 18, 23, 26 octobre, 9 novembre, etc.
4. *Moniteur*, 26 octobre.
5. Rapport de police, 27 et 29 juillet (Arch. nat. F. 7, 3738.) — La liste civile qui, conformément à la Charte, fut votée en octobre pour toute la durée du règne avait déjà été votée en juillet, lors de la discussion du budget, pour les années 1814 et 1815.

l'exil[1]. Sans doute, la France ne pouvait avoir un roi insolvable ; mais comme l'a remarqué Villèle, il aurait été plus habile de comprendre ces trente millions dans le très élastique arriéré de l'empire[2]. De cette façon, on eût évité d'apprendre au pays qu'une partie des centimes additionnels et des droits réunis allait être employée au paiement d'espions, de conspirateurs et d'agents de guerres civiles[3].

La Chambre des députés n'était donc ni hostile ni dangereuse, mais elle était défiante et ferme. En toute circonstance, elle avait affirmé son respect pour la Charte, sa haine de l'arbitraire, son esprit libéral. Elle avait appelé l'attention publique sur nombre de pétitions que les ministres eussent préféré voir oublier dans les bureaux ; elle avait réussi à faire rapporter certaines ordonnances ; elle avait résolument manifesté son opposition dans la discussion de la loi sur la censure des journaux et de la loi sur la réorganisation de la Cour de cassation. Aux yeux des bons royalistes, les représentants étaient donc des factieux, toujours prêts à faire des censures et des remontrances. Le 30 décembre, les Chambres furent prorogées pour quatre mois. Ce gouvernement qui avait supprimé la liberté de la presse n'était pas fâché de n'avoir plus à compter, pendant quelque temps, avec la liberté de la tribune.

1. *Moniteur*, 17 décembre.
2. Villèle, *Mém.*, I, 281.
3. Sur l'impression produite par le vote de ces 30 millions, voir le rapport de Fouché à l'empereur, du 12 avril 1815. (Arch. nat. AF. IV, 1934.)

CHAPITRE II

LE MINISTÈRE DU MARÉCHAL SOULT

I. Dandré à la Police et Soult à la Guerre. — L'ordre du 17 décembre 1814. — Le général Exelmans. — Les troubles de Rennes.
II. Les obsèques de Mademoiselle Raucourt. — L'anniversaire du 21 janvier.
III. Les généraux de l'empire et l'ancienne noblesse.
IV. L'appel des 60,000 hommes. — Imprudences de la noblesse et du clergé. — La France en février 1815.
V. Les conspirations orléano-bonapartistes.

I

Le 30 novembre 1814, une représentation de gala devait avoir lieu à l'Odéon. Vers cinq heures du soir, le maréchal Marmont, qui était de service aux Tuileries avec sa compagnie de gardes du corps [1], apprit l'existence d'un effroyable complot : cent cinquante officiers à la demi-solde, embusqués sur le terre-plein du Pont-Neuf, allaient se ruer contre l'escorte, arrêter les voitures et jeter dans la Seine le roi et toute sa famille [2]. Beugnot, directeur général de la police, connaissait vraisemblablement ce prétendu complot, dont parlaient depuis plusieurs jours les rapports de ses agents [3], mais soit qu'il ignorât la

1. Les six compagnies de gardes du corps étaient de service aux Tuileries chacune pendant six semaines consécutives. La 6ᵉ compagnie (compagnie Raguse) avait pris son service le 16 novembre.
2. Marmont, *Mém.* VII, 76. Wellington à Castlereagh, Paris, 5 déc. (*Dispatchs*, XII).
3. Rapp. de police, 27 nov. Cf. rapp. du 1ᵉʳ déc. (Arch. nat. F. 7, 3200⁴.)

date fixée par les conjurés pour ce coup de main, soit qu'il ne crût pas à cette conspiration, il n'avait pris aucune mesure particulière pour la sûreté de Louis XVIII.

Le duc de Raguse, lui, ne perdit pas cette occasion de faire parade de son zèle. Toujours fort glorieux du rôle de faiseur de roi qu'il avait rempli à Essonnes, il n'aurait pas été moins jaloux de celui de sauveur de roi. Le maréchal entra très agité chez Louis XVIII, lui révéla tout le complot et le supplia de ne point aller au théâtre.« —Mon cher maréchal, répondit spirituellement le roi, votre affaire est de me garder; la mienne est d'aller m'amuser à la comédie. » Aussitôt Marmont fit appeler le général Maison, gouverneur de Paris, et le général Dessoles, commandant de la garde nationale. En une heure, toutes les troupes furent consignées, tous les postes doublés. Dix mille hommes s'échelonnèrent des Tuileries au Luxembourg. Marmont escorta à cheval la voiture royale, avec ses gardes du corps armés jusqu'aux dents. Quant aux conspirateurs, si conspirateurs il y avait, ils étaient restés chez eux. Aucun incident tragique ne vint troubler la représentation de *la Petite ville*, de Picard. Le lendemain, on rit un peu de la grande prise d'armes de Marmont, mais Beugnot, regardé comme peu vigilant, n'en dut pas moins quitter son poste [1].

Le roi donna à Beugnot le portefeuille de la marine, sans titulaire depuis la mort de Malouet, et, sur l'avis du comte d'Artois, il mit Dandré à la police. Ancien constituant, promoteur de la loi martiale, émigré en 92, Dandré était rentré clandestine-

1. Ferrette au grand-duc de Bade, Paris, 3 déc. (Arch. Aff. étr., 675.) Wellington à Castlereagh, Paris, 5 déc. (*Dispatchs*, XII.) Jaucourt à Talleyrand, 3 déc. (*Corresp. de Talleyrand et de Louis XVIII*, 140, note.) Marmont. *Mém.*, VII, 76-77.

ment à Paris en 97, s'était mêlé aux conspirations de Clichy, puis avait été le conseil de Louis XVIII jusqu'en 1809.

En même temps qu'il déplaçait Beugnot, le roi remplaça Dupont. Avant son entrée dans le cabinet, Dupont était généralement méprisé par l'armée qui se souvenait de Baylen ; au ministère, il n'avait rien fait pour reconquérir son estime [1]. Il avait réduit les effectifs, mis dix mille officiers à la demi-solde, contresigné de scandaleuses nominations dans la Légion d'honneur ; il avait souffert la création des compagnies rouges, l'intrusion dans les cadres de chouans et d'émigrés, la réorganisation aristocratique de l'Ecole militaire, le licenciement des invalides, la suppression des maisons de la Légion d'honneur [2] ; enfin il n'avait pas su obtenir l'exécution de l'ordonnance royale du 1er juillet relative au paiement des sommes dues aux officiers, sous-officiers et soldats pour leur solde arriérée. D'un autre côté, malgré son inlassable complaisance envers les protégés des Tuileries, Dupont était attaqué par les royalistes. Ils lui reprochaient de manquer de fermeté, l'accusaient de ne point vouloir sévir et le rendaient responsable du mauvais esprit de l'armée. Louis XVIII hésitait néanmoins à se séparer d'un ministre de la guerre d'un commerce si facile, toujours prêt à devancer ses désirs, lorsque le 13 octobre une pétition qui dénonçait Dupont pour avoir prévariqué dans l'adjudication de fournitures de vivres [3] fut portée à la Chambre. Les députés votèrent l'ordre du jour, mais un ministre de

---

[1]. Blacas à Talleyrand, 4 déc. (*Corresp. de Talleyrand et de Louis XVIII*, 165.)

[2]. Comme on l'a vu, **1815**, I, 73, ces ordonnances furent rapportées ou modifiées, grâce à la Chambre des députés, mais elles n'en avaient pas moins été publiées sans que Dupont y eût fait opposition.

[3]. *Moniteur*, 14 octobre.

la guerre ne doit pas être soupçonné, surtout quand pèse sur lui le souvenir d'une capitulation en rase campagne, signée, a-t-on dit, pour sauver dans ses bagages personnels un million en or et en argent[1]. D'ailleurs, des nouvelles de Vienne, où se négociait une alliance entre la France, l'Autriche et l'Angleterre, faisaient prévoir, sinon la guerre, du moins la nécessité d'une mobilisation[2]. Il importait que le ministère fût en de meilleures mains. Dupont reçut comme dédommagement une pension de 40,000 francs et le gouvernement de la 22e division militaire.

Marmont espérait être appelé au ministère de la guerre. Il était bien en cour et très protégé par Vitrolles[3], mais il était encore plus décrié que Dupont. Les soldats disaient : « Si le maréchal Judas ose prendre un commandement en temps de guerre, son affaire sera bientôt faite. » Dans les salons comme dans les corps de garde, on contait que beaucoup de personnages déclinaient ses invitations à dîner, qu'à Châtillon des ouvriers avaient refusé de travailler pour lui, que la duchesse de Raguse, honteuse de porter un nom déshonoré, demandait le divorce[4]. Marmont étant impossible, Louis XVIII nomma un autre royaliste zélé, le maréchal Soult.

---

1. Extrait de la *Gazette de Madrid* du 9 octobre 1808, et note de l'empereur jointe à l'extrait. (Arch. Guerre, Armées d'Espagne.) — L'article XI de la capitulation de Baylen stipulait en effet que les officiers généraux conserveraient une voiture et un fourgon, « qui ne seraient soumis à aucun examen ». Mais est-ce une raison suffisante pour accuser Dupont ?
2. Talleyrand à Louis XVIII, Vienne, 17 et 25 novembre. (*Corresp. avec Louis XVIII.*) Cf. Dupont à Kellermann, 17 nov. (Arch. Guerre.)
3. Vitrolles, *Mém.*, II, 206-207. Cf. Jaucourt à Talleyrand, 29 novembre et 9 décembre (*Corresp. de Talleyrand avec Louis XVIII*, 140.) — Marmont n'avoue pas dans ses *Mémoires* qu'il convoitât le ministère, mais l'amertume avec laquelle il parle de Dupont et de Soult (VII, 75-77, 71-72, 79) trahit assez sa jalousie.
4. Rapports de police, 6 juillet, 3 août, 31 oct., 15 nov., 24 janvier. (Arch. nat. F. 7, 3738 et 3739.) Alexandre au comte de Grimoard, 19 janv. (Arch. Aff. étr., 675.) Cf. Marmont, *Mém.*, VII, 57-65

D'abord en disgrâce, Soult avait été relevé de son commandement et exclu de la Chambre des pairs. Ce n'était pas qu'il eût tardé à se retourner du côté du soleil levant, puisque le premier mai, à Toulouse, il proposa au duc d'Angoulême de marcher sur Paris, avec ses vieux soldats d'Espagne, « pour jeter par les fenêtres » les constituants trop libéraux du Sénat. Mais on l'accusait « d'avoir fait verser inutilement le sang français » en livrant la bataille de Toulouse, et on redoutait l'audacieuse ambition de ce capitaine qui avait rêvé la monarchie du Portugal et que les couronnes de ses camarades, Murat et Bernadotte, empêchaient de dormir [1]. Dans les derniers jours de juin, cependant, sur les instances du comte de Bruges, qui se porta garant de son dévouement, le maréchal fut nommé gouverneur de la 13ᵉ division militaire. A Rennes, il fit éclater son zèle pour la cause du roi et de la religion. Déjà, en écoutant à Notre-Dame le panégyrique de Louis XVI, il avait été tellement touché « que des larmes roulaient dans ses yeux [2] ». Après avoir publié une ardente proclamation royaliste [3], il s'occupa de faire offrir à Louis XVIII par les populations bretonnes, en don de joyeux avènement, une grosse somme d'argent [4]; puis il provoqua dans toute la France une souscription pour ériger un monument aux victimes de Quiberon. On blâma généralement ce projet, qui réveillait des souvenirs blessants pour tout le monde; mais la cour en sut gré au duc de Dalmatie, et si grands que fussent ses talents militaires et administratifs, le monument de Quiberon ne fut pas son moin-

---

1. Villèle, *Mém.*, I, 210, 247. Vitrolles, *Mém.*, II, 34.
2. Vitrolles, *Mém.*, II, 34-35.
3. *Journal des Débats*, 22 juillet.
4. Soult à sa femme, Rennes, 17 juillet. (Arch. Aff. étr., 675.)

dre titre aux yeux du roi quand il fallut remplacer Dupont[1].

La nomination de Soult fut accueillie avec confiance dans les premiers jours. Quoi qu'il vînt « de chouaner un peu en Bretagne », on attendait de lui plus de justice et d'ordre que de Dupont. Malheureusement, Soult n'avait pas seulement à bien servir les intérêts de l'armée, ce qui eût été cependant le meilleur moyen de bien servir le roi. Il était obligé de donner d'abord de nouveaux gages au parti qui l'avait fait ministre, et il ne suffisait pas pour cela de prendre un chapelain au ministère de la guerre, comme il s'en empressa[2]. Louis XVIII avait dit à Dupont, au cours de son audience de congé : « — Nous avons été trop bons, vous et moi. Il fallait de la sévérité[3]. » On voulait une main de fer, et l'on se flattait de l'avoir trouvée chez Soult qui s'était engagé vis-à-vis de son protecteur, le comte de Bruges, à rétablir promptement la discipline. Pour commencer, il résolut de bannir de Paris tous les officiers à la demi-solde, en assignant à chacun d'eux son lieu de naissance comme résidence[4]. Mais comprenant bien que cette mesure, vraiment révoltante, qui assimilait des officiers français aux forçats libérés, provoquerait la résistance, il s'avisa comme moyen d'intimidation de faire un exemple éclatant.

A la fin du mois de novembre, le docteur Andral, médecin de la cour de Naples, passant à Paris, le général Exelmans, ancien aide de camp de Murat, lui

---

[1]. Wellington à Castlereagh, 5 déc. (*Dispatchs*, XII.) Rapports de police, 24 nov., 5 déc. (Arch. nat. F. 7, 3739.) Alexandre à Grimoard, 29 nov. (Arch. Aff. étr., 676.) Marmont. *Mém.*, VII, 70-71. Lamarque, *Mém.*, I, 11.
[2]. Procès-verbaux du conseil des ministres, 2 janv. (Arch. nat. AF* V 2.)
[3]. Walterstorff à son gouvernement. Paris, 16 déc. (Arch. Aff. étr., 675.)
[4]. L'ordre de Soult porte la date du 17 décembre, mais, dès le 8, le bruit de la mesure projetée s'était répandu dans Paris. (Rapport de police, 9 déc. Arch. nat. F. 7, 3739.)

avait confié une lettre pour ce roi. La lettre fut saisie à Villejuif, le 27 novembre, dans les papiers de lord Oxford, grand admirateur de Napoléon et de Murat, à qui Andral l'avait confiée [1], et bien qu'elle ne contînt que des félicitations, des vœux et de vagues offres de service [2], on s'en émut aux Tuileries. Dupont, encore ministre, gronda amicalement Exelmans et l'engagea à se montrer plus circonspect à l'avenir [3]. L'affaire en était restée là, lorsque le surlendemain de la nomination de Soult, Exelmans fut de nouveau mandé au ministère. Soult le réprimanda durement pour sa lettre, et lui reprocha en outre d'avoir propagé le bruit d'un complot royaliste contre la vie d'une vingtaine de généraux de l'empire. « — J'ai correspondu non pas avec Napoléon, mais avec Murat, répondit Exelmans. Le

1. D'après la lettre même d'Exelmans : « Je profite de l'occasion de M. A... », cette lettre fut remise à Andral, mais d'après les lettres de Wellington à Liverpool, à Castlereagh, à lord Oxford, Paris 28 nov. (*Dispatchs*, XII et Supplément IX), elle fut saisie dans les papiers de lord Oxford.
À en croire une lettre de N. au prince de Laval, Paris, 13 déc. (Arch. Aff. étr., 675), la police aurait saisi en même temps une lettre de Mme de Staël à Murat, ainsi conçue : « Je vous adore non parce que vous êtes roi, non parce que vous êtes un héros, mais parce que vous êtes un vrai ami de la liberté. » Ajoutons, d'après un rapport de police du 26 déc. 1814 (Arch. nat. F. 7, 3739), que Dandré aurait rendu cette lettre à Mme de Staël en lui disant : « — Madame, faites ce que vous voudrez, écrivez, sortez de France, restez-y. On met si peu d'importance à ce que vous faites, à ce que vous dites, à ce que vous écrivez, que le gouvernement ne veut pas s'en occuper. Voilà ce que je suis chargé de vous dire de la part de Sa Majesté. »
2. «... Je vous félicite de l'arrangement de l'affaire de Naples... L'Europe est forcée de vous reconnaître, excepté, cependant, ceux qui ne sont nullement dangereux pour un souverain tel que vous.... Mais si les choses n'avaient pas pris pour V. M. une tournure aussi favorable, un millier de braves officiers, instruits à l'école et sous les yeux de V. M., seraient accourus à sa voix pour lui offrir leurs bras. » Exelmans à Murat, s. d. (20 nov. 1814) (Dossier d'Exelmans, Arch. Guerre). Exelmans avait écrit du même coup à Détrez, aide de camp de Murat, afin de lui réclamer sa solde arriérée. Pour des juges non prévenus, la lettre à Détrez n'était-elle pas le vrai motif de la correspondance d'Exelmans, et n'avait-il pas écrit à Murat uniquement parce qu'il écrivait à Détrez?
3. Exelmans à Louis XVIII, 20 déc. (Dossier d'Exelmans, Arch. Guerre). Pétition d'Exelmans à la Chambre (*Moniteur*, 25 déc.) Cf. Alfieri à Vallaise, Paris, 26 déc. (Arch. Aff. étr., 675).

roi de Naples est mon bienfaiteur, je ne puis être indifférent à ses succès ni à ses revers. Quant aux chouans que j'ai dénoncés, le fait est vrai ; mais je suis sur mes gardes. » Puis, s'animant, il montra deux pistolets qu'il portait sous son uniforme et dit : « — Je m'en servirai même dans votre antichambre si j'y suis forcé[1]. »

Trois jours plus tard, le 10 décembre, Exelmans fut relevé de ses fonctions d'inspecteur général de cavalerie et reçut une lettre de Soult, qui lui enjoignait de se rendre sur le champ à Bar-sur-Ornain, lieu de sa naissance, où il jouirait du traitement de demi-activité[2]. Exelmans était, en effet, né à Bar, mais il avait quitté cette ville depuis plus de vingt ans. Quand il ne faisait pas campagne, il habitait Paris ; il s'y était marié en 1808, ses enfants y étaient nés, et il y était locataire par bail d'une partie d'hôtel. Il écrivit au ministre, lui exposant ces raisons et l'assurant, d'ailleurs, qu'il s'empresserait d'obéir aux ordres du roi si l'état de grossesse avancée de madame Exelmans ne le retenait temporairement à Paris. Mais, averti par Maison que Soult ne voulait lui accorder aucun délai, il consulta ses amis, entre autres Macdonald, qui décida qu'Exelmans étant en non-activité et ayant son domicile à Paris, le ministre n'avait aucun droit de le reléguer à Bar-sur-Ornain[3].

1. Note sur Exelmans, s. d. (fin décembre) (Dossier d'Exelmans, Arch. Guerre). Cf. sur ce complot royaliste, Wellington à Castlereagh, Paris, 5 déc. (*Dispatchs*, XII.)

2. Soult à Exelmans, 10 déc. (*Moniteur*, 25 déc.) — Le terme de « demi-activité » est impropre. Soult aurait dû écrire : « de demi-solde », traitement accordé sous la restauration aux officiers mis en non-activité par suite de la réduction des cadres. Soult prétendit à tort qu'il y avait une distinction entre la demi-activité et la demi-solde et qu'Exelmans était en demi-activité. Exelmans avait été bel et bien mis en non-activité et à la demi-solde le 10 décembre 1814, ainsi que l'atteste la mention portée à cette date sur ses états de service. (Dossier d'Exelmans, Arch. Guerre.)

3. Exelmans à Soult, 11 déc. (Dossier d'Exelmans, Arch. Guerre.) Cf. *Le Censeur*, IV, 267-269.

Soult en jugeait autrement. Le 14 décembre, un officier et deux gendarmes se présentèrent chez Exelmans et lui signifièrent qu'ils étaient chargés de le garder à vue dans son logement jusqu'à nouvel ordre. Le général, exaspéré, écrivit de nouveau à Soult pour protester contre cette violence. Il termina sa lettre par cette phrase ironique, qui marquait sa résolution de rester à Paris : « Votre intention a été que je me rendisse chez moi ; je crois vous obéir en y restant[1]. »

On apprit bientôt la séquestration d'Exelmans. Il devint le héros du jour, non seulement pour les officiers de tout grade, qui craignaient eux-mêmes un pareil traitement, mais aussi pour les constitutionnels. Si ennemis qu'ils fussent des « sabreurs », les libéraux se déclarèrent ouvertement pour Exelmans puisque la liberté individuelle était menacée en lui. Madame de Staël écrivit au général un chaleureux billet, Lanjuinais fit prendre de ses nouvelles deux fois chaque jour, La Fayette lui offrit comme asile son château de Lagrange, Comte demanda à être son avocat si on le déférait au conseil de guerre. Visites, lettres, cartes se multiplièrent chez le prisonnier pour l'encourager à la résistance. Toute une semaine, Paris se passionna pour cette lutte entre le droit et l'arbitraire[2]. Mais Soult avait la raison du plus fort.

Dans la nuit du 19 au 20 décembre, un piquet de troupes vient occuper les abords de l'hôtel. Le matin, le lieutenant Dayglen, accompagné de six gendarmes, pénètre dans la chambre d'Exelmans. Celui-

---

[1]. Exelmans à Soult. 14 déc. Exelmans au roi. 20 déc. (Dossier d'Exelmans.)
[2]. Rapp. de police. 17. 18. 27 et 28 déc. (Arch. nat. F. 7. 3739). Alfieri à Vallaise. Paris. 26 déc. Ferrette au grand-duc de Bade. Paris. 6 janv. 1815 (Arch. Aff. etr., 675). La Fayette. *Mém.*, V, 332. Wellington à Castlereagh. Paris. 20 déc. (Castlereagh. *Letters and Dispatchs*. II.)

ci s'exalte et découvrant sa poitrine : « — Je sais que vous venez pour m'assassiner. Finissons-en ! je suis prêt. » Peu d'instants après, Grundler, commandant la place de Paris, étant entré à son tour, un autre accès reprend Exelmans. Il saisit un pistolet pour se brûler la cervelle, Grundler lui arrache l'arme des mains. Pendant ce temps, l'adjudant-commandant Laborde et une nuée d'agents de police fouillent les tiroirs, bouleversent les papiers, décachètent même une lettre adressée par madame Exelmans à son frère. La comtesse Exelmans, à qui l'on persuade que la désobéissance de son mari l'expose à une condamnation capitale, s'évanouit cinq fois. Impuissant à vaincre la résistance du général, qui persiste dans son refus de suivre les gendarmes, Grundler se retire en ordonnant qu'Exelmans soit mis au secret. La consigne fut si rigoureusement observée, qu'aucun des domestiques ni des autres locataires de l'hôtel ne put en sortir et que l'on refusa même d'y laisser entrer le médecin de la comtesse Exelmans. La nuit suivante, Exelmans s'évada par les jardins, laissant sur la table une lettre pour le roi et une pétition adressée à la Chambre[1]. Cette pétition fut lue dans la séance du 24 décembre, ainsi qu'une autre pétition de madame Exelmans dénonçant les mêmes faits. Après une violente discussion, qui retentit dans tout le pays, la Chambre vota le renvoi au gouvernement de la pétition de la comtesse Exelmans et l'ordre du jour sur celle du général, « un conseil de guerre étant saisi de l'affaire [2] ». En effet, Exelmans, traduit

---

1. Interrogatoire du lieutenant Dayglen, 21 déc. Exelmans au roi, 20 déc. Rapp. de Soult au roi, 30 déc. (Dossier d'Exelmans, Arch. Guerre.) Pétitions d'Exelmans et de madame Exelmans (*Moniteur*, 25 déc.). Rapport de police, 28 déc. (Arch. nat. F. 7, 3739.) Cf. *Le Censeur*, IV, 274-276.

2. *Moniteur*, 25 déc. — Le fils de La Fayette, capitaine à la suite, fut si indigné de la décision de la Chambre que le 25 décembre il envoya sa démission à Soult. (La Fayette, *Mém.*, V, 332.)

devant le conseil de guerre de la 16ᵉ division militaire sous la quintuple accusation de correspondance avec l'ennemi, d'espionnage, d'offense au roi, de désobéissance et de violation de serment[1], allait bientôt se constituer prisonnier à la citadelle de Lille.

Tandis que cette affaire agitait Paris, des scènes tumultueuses se passaient dans les départements du Nord-Ouest. Le nouveau ministre de la guerre avait sinon peut-être suggéré, du moins adopté d'enthousiasme, l'idée de donner des pensions « aux officiers et soldats des armées royales de l'Ouest, blessés pour la défense du trône[2] ». Dès la fin de décembre, des commissaires se rendirent sur les lieux afin de voir les intéressés et de dresser les listes de propositions. Dans la Vendée, pays de vraie guerre plutôt que de chouannerie, les opérations s'effectuèrent avec assez de calme[3]. Mais en Normandie et en Bretagne, les anciens soldats des bandes royalistes furent reçus par la foule ameutée aux cris de : Mort aux chouans[4] ! Il paraît, d'ailleurs, que ces survivants des guerres civiles ne payaient pas de mine. « Les hommes que j'ai vus, écrivait le vicomte de Ricé, préfet de l'Orne, ressemblent plus à des brigands qu'à des serviteurs dignes des bienfaits du roi. Leurs excès et leurs cruautés ont laissé les plus exécrables souvenirs dans le pays.

---

1. Acte d'accusation (Dossier d'Exelmans. Arch. Guerre).
2. Soult au général Rivaud, commandant à Nantes. 17 dec. (Arch. Guerre.) — D'après le *Censeur*, IV, 311, Soult aurait été le promoteur de cette mesure, mais il est vraisemblable que l'idée en existait déjà chez les familiers du comte d'Artois et même chez Louis XVIII.
Ces pensions devaient varier entre 2.400 fr. et 200 fr. pour les officiers et 600 et 50 fr. pour les soldats, selon la nature des services et des blessures. (Tarif des pensions. Arch. Guerre, à la date du 13 février 1815.)
3. Sauf cependant à Challans, où des paysans et le piquet de hussards chargé de maintenir l'ordre assaillirent les Vendeens. Maire de Challans à préfet de la Vendee, 23 janv. Prefet de la Vendee à Soult, 25 janv. (Arch. Guerre.)
4. Corresp. des Préfets, 11 janv., 25 fevr., 11 mars. (Arch. nat. F. 7, 3773.) N. au Comte de Girardin, 6 fev. (Arch. Aff. etr., 675.)

Les grades et pensions que l'on accorde à ces individus portent une atteinte funeste à l'opinion publique[1]. »

A Rennes, Soult avait désigné, comme commissaires du roi, Picquet Du Boisguy, Desol de Grisolles et Joseph Cadoudal, — la fleur de la chouannerie. Entre tous les chefs de bandes, Du Boisguy avait laissé un exécrable renom. Outre les massacres de bleus désarmés, les pillages de voitures publiques, les incendies de chaumières, les extorsions d'argent en chauffant plus que de raison les pieds des récalcitrants, on lui attribuait certaines gentillesses d'un goût autrement relevé. Il avait, disait-on, fait enterrer vifs le même jour une centaine de soldats républicains, et il avait violé deux de ses cousines, suspectes de tiédeur royaliste, après quoi il les avait livrées à ses hommes pour les violer à leur tour et les égorger ensuite. Et c'était ce personnage dont Soult contresignait la nomination au grade de maréchal-de-camp et qu'il choisissait comme représentant du roi ! Le jour de leur arrivée à Rennes, les commissaires, impatients de montrer leurs uniformes tout battant neufs, se rendirent au théâtre en grande tenue. A leur vue, les cris : A bas les assassins ! à la porte les assassins ! éclatent si violemment qu'ils sont contraints de quitter la salle. Les jours suivants, l'agitation s'accroît dans la ville et gagne les campagnes. « Non seulement l'exaltation est grande dans la population, écrit à Soult le préfet d'Ille-et-Vilaine, mais elle existe aussi chez les prêtres et chez les nobles qui sont indignés de la présence de Du Boisguy[2]. »

Le 10 janvier, jour indiqué pour la première séance de la commission, la foule se masse devant la pré-

---

1. Préfet de l'Orne à Montesquiou, 11 mars. (Arch. nat. F. 7, 3773.)
2. Rapport du préfet d'Ille-et-Vilaine à Soult, 6 janvier 1815. (Arch. Guerre. Rapp. de police, Rennes, 4 janv. (Arch. nat. F. 7, 3773.)

fecture. Les plus exaltés sont les étudiants en droit, les officiers à la demi-solde, enfin les paysans des environs, armés de bâtons, de faucilles, de vieux pistolets, et venus, disent-ils, « pour tuer Du Boisguy ». On crie : « A bas les chouans ! à mort les assassins ! Nous aurons la tête de Du Boisguy ! » Les anciens volontaires royaux, qui se rendent à la convocation, sont hués, insultés, frappés à coups de poing et à coups de bâton. Le neveu de l'ordonnateur général passe en voiture ; on le prend pour Du Boisguy, on arrête les chevaux. Le malheureux jeune homme est précipité sur le pavé, foulé aux pieds, grièvement blessé ; on va l'achever, lorsqu'il parvient à se faire reconnaître. Un bataillon du 11ᵉ léger, rangé devant la préfecture, assiste impassible à ces violences. Ne crie-t-on pas aux soldats qu'on veut leur enlever la solde d'un mois pour la donner aux chouans ? Vainement le préfet, le général Bigarré, commandant la subdivision, le colonel du 11ᵉ léger tentent de parlementer et disent que les commissaires ne font que remplir les instructions du roi. La foule répond que « c'est outrager le roi de supposer qu'il songe à récompenser des brigands et des assassins », et les clameurs menaçantes reprennent avec plus de force. Du Boisguy veut que l'on tire sur les émeutiers, mais Bigarré s'y oppose. Il sait que la troupe est travaillée par les mécontents, il craint qu'un ordre rigoureux « ne la provoque à faire cause commune avec le peuple ». Les attroupements se dispersent seulement vers huit heures du soir, à la nouvelle que Du Boisguy a quitté Rennes. Le commissaire du roi avait réussi à s'échapper furtivement, et il galopait déjà sur la route de Paris, escorté par des dragons[1].

1. Rapports à Soult de Bigarre, du préfet et du commissaire de police, Rennes, 11 janvier. Colonel de Pontbriand au même, Rennes, 12 janvier.

II

Louis XVIII avait proclamé l'oubli, il s'était donné comme le père de tous ses sujets, il rêvait une France réconciliée et unie sous son sceptre, et lui et ses ministres semblaient prendre constamment à tâche d'évoquer un passé sanglant, de réveiller les rancunes, de rallumer les colères, de faire deux Frances de la France et de les armer l'une contre l'autre. Etait-ce toujours faiblesse pour les anciens défenseurs de la royauté? N'était-ce pas aussi inconscience des choses et aveuglement? C'était bien souvent fatalité de la situation. Même les décisions que le roi n'aurait pu ne pas prendre sans manquer au devoir étaient regardées par toute une classe de citoyens comme blessantes et provocatrices. Il fut arrêté que le 21 janvier les cendres de Louis XVI, de Marie-Antoinette et de madame Elisabeth seraient solennellement portées à Saint-Denis, et que l'on poserait la première pierre de deux monuments à la mémoire du roi-martyr, l'un place Louis XV, l'autre au ci-devant cimetière de la Madeleine. Des services funèbres devaient être le même jour célébrés à Notre-Dame et dans toutes les églises du royaume ; il y aurait vacance dans les cours et tribunaux, relâche dans les théâtres. Frère et successeur de Louis XVI, Louis XVIII ne pouvait pas laisser les ossements du roi pour ainsi dire sans sépulture. Il ne pouvait pas non plus les faire porter clandestinement à Saint-Denis dans un fourgon des pompes

---

Du Boisguy au même, Paris, 13 janv. Préfet à Dandré, Rennes, 17 janvier. Colonel Tholosé à Soult, Rennes, 17 janv. (Arch. Guerre.)
Des poursuites commencées à l'occasion des troubles de Rennes furent abandonnées au mois de février, « afin de ne pas affliger un grand nombre d'honorables familles ». Soult à Dandré, 25 janvier. Dambray à Soult, 25 fév. (Arch. Guerre.)

funèbres. Les services dans les églises, l'appareil du cortège, la magnificence du catafalque étaient conformes au cérémonial. Enfin, qu'un roi de la maison de Bourbon eût la pensée d'ériger un monument à la mémoire de Louis XVI, cela n'avait rien que d'assez naturel. Malheureusement, comme le service célébré pour Cadoudal, comme la souscription de Quiberon, comme les pensions données aux chouans, comme « la ligne droite » imaginée par Ferrand, comme tant d'autres mesures et paroles « réparatrices », ces cérémonies dites expiatoires prenaient un caractère offensant et même menaçant pour tous les Français qui avaient fait ou servi la Révolution et pour tous ceux qui en avaient profité [1]. C'étaient ces autels à la vengeance dont a parlé Tacite.

Un bruit sinistre se répandit dans Paris à l'annonce de la cérémonie du 21 janvier. Les royalistes, disait-on, comptaient célébrer cet anniversaire par le massacre « de tous les hommes de sang ». La nuit, des troupes d'assassins soldés, des bandes de chouans fanatiques, qu'on allait faire venir de Bretagne, se porteraient chez les anciens terroristes et les égorgeraient. Le coup serait attribué à l'indignation du « bon peuple de Paris », provoqué par une fausse émeute que la police organiserait dans la journée au passage du cortège funèbre. Depuis un mois, on dressait des listes de proscription et l'on s'occupait du recrutement des bandes de meurtriers. MM. de Vergennes, le comte d'Escars étaient dans le secret, et c'était pour concerter cette tuerie que tous les chefs

---

[1]. « On prêche sans cesse l'oubli et chaque jour on s'efforce de classer les Français en amis et en ennemis. » D'Hauterive à Talleyrand. (*Corresp. de Talleyrand avec Louis XVIII*, 463, note.) « — Qui veut pardonner doit faire oublier. Or, on cherche à tout rappeler. Voilà ce qui inquiète pour l'avenir et fait croire qu'il y aura proscription contre une classe de citoyens. » Rapp. général sur l'esprit public, 13 janv. (Arch. nat. F. 7, 3739.)

vendéens s'étaient réunis à Paris au milieu de décembre. On ajoutait même que le projet avait été soumis au roi qui, malgré les ardentes sollicitations des princes et surtout de la duchesse d'Angoulême, particulièrement exaltée, l'avait repoussé avec horreur. Mais on agirait sans lui. Le 7 janvier, la nouvelle que le roi allait passer trois semaines à Trianon. le 8 janvier, l'annonce du départ de presque toute la garnison de Paris, accréditèrent ces rumeurs. On disait que les chefs du complot avaient réussi à éloigner le roi et les troupes afin de rester les maîtres. L'alarme devint grande, principalement parmi les citoyens que leur rôle dans la révolution semblait désigner comme premières victimes. Plusieurs quittèrent Paris, d'autres prirent des dispositions pour se défendre chez eux [1].

Dans le parti royaliste, l'approche du 21 janvier troublait les esprits. Les ultras parlaient de faire venir les régicides à Saint-Denis, nu-pieds et torches en main. Ils s'indignaient que Wellington donnât un bal le 18 janvier et demandaient qu'un deuil public fût imposé quatre jours avant et quatre jours après la cérémonie [2]. Leurs journaux célébraient à l'envi le grand acte d'expiation qui allait s'accomplir et déclamaient contre les régicides. Le *Journal royal* posait

[1]. Rapports de police, 10, 12 déc., 6, 9, 10, 11, 13, 19 janv. (Arch. nat. F. 7, 3200⁴, F. 7, 3739, F. 7, 3688²⁴.) Lettre de Descoutures, citée dans les *Mém. sur Carnot*, II, 398-399. Barère, *Mém.* III, 205. Cf. Thibaudeau, X, 158. Dossier de Stévenot (Arch. Guerre). Memoire de Blacas (Arch. Aff. étr., 615.) Dufey (de l'Yonne), 41 42. Wellington à Castlereagh, 5 déc. (*Dispatchs*, XII.) C'était en raison des nouvelles du congrès de Vienne et pour augmenter les forces aux frontières que Soult avait ordonné le départ de dix régiments. D'ailleurs sur la réclamation de Maison, qui demanda à conserver des troupes « pour assurer la sécurité de Paris », l'exécution de cet ordre fut ajourné. (Soult à Maison et Maison à Soult, 8, 9 et 11 janvier. Arch. Guerre.) De même, la nouvelle du départ du roi pour Trianon, donnée par les journaux officieux, fut démentie le surlendemain par les mêmes journaux. Mais l'alarme n'en avait pas moins été portée dans la population.

[2]. Rapp. de police, 9 et 11 janvier. (Arch. nat. F. 7, 3739.) N. à N., Paris, 23 janv. (Arch. Aff. étr., 675).

cette question : « Une loi a défendu de rechercher ou d'inquiéter qui que ce soit pour des votes, des opinions ou même des faits relatifs à la Révolution. Mais la Charte ne parle que de *faits* et d'*opinions* et non de *crimes*. On demande donc si un coupable peut se prévaloir, pour éluder le jugement de ses *crimes*, d'une amnistie générale pour des *faits*[1] ? »

On était dans l'attente anxieuse du jour anniversaire, lorsque survint un incident qui exaspéra l'opinion déjà très excitée. Le 15 janvier, Mlle Raucourt mourut presque subitement. Cette tragédienne fameuse avait mené dans sa jeunesse une existence fort peu édifiante, mais en vieillissant elle s'était donnée à Dieu. Elle quêtait à Saint-Roch, y offrait le pain bénit, et sa bourse s'ouvrait souvent pour les pauvres de la paroisse comme pour les frais du culte. Le curé de Saint-Roch, l'abbé Marduel, touché de sa conversion, ne dédaignait point, paraît-il, de la visiter et même de dîner chez elle. Ce fut seulement quand elle entra en agonie qu'il se souvint qu'elle était comédienne. Il refusa, dit-on, de lui envoyer un prêtre, et il opposa à la demande d'un service à l'église la défense du chapitre métropolitain d'accorder les prières ecclésiastiques à une excommuniée. Les camarades et les amis de la Raucourt se résignèrent à conduire le corps directement au cimetière.

Mais la chose s'était ébruitée. Le 17 janvier, à l'heure fixée pour le départ de la maison mortuaire, la rue du Helder se trouve pleine de monde. La foule, où les invités sont en très petit nombre, profère des menaces contre les prêtres et déclare qu'il faut forcer le curé à célébrer le service funèbre. Au débouché de la rue, comme le char tourne à gauche afin de suivre les boulevards, une ving-

---

1. *Journal royal*, 15 janvier 1815.

taine d'individus se jettent à la tête des chevaux et leur font prendre le chemin de Saint-Roch. Les portes de l'église sont fermées. Quelques personnes entrent par la petite porte de la rue Saint-Roch, pénètrent dans la sacristie et conjurent l'abbé Marduel de céder au vœu populaire. Le prêtre demeure inébranlable. Au dehors, la foule toujours grossissante — il y a maintenant cinq ou six mille hommes massés dans la rue Saint-Honoré et les rues adjacentes — s'apprête à enfoncer la porte. Une escouade de gendarmerie, envoyée par la préfecture de police, se retire sans faire de résistance. Inquiets des suites de ce tumulte, les comédiens donnent secrètement aux voitures l'ordre de gagner le cimetière. Mais au premier mouvement, on arrête le char et on coupe les traits des chevaux. On crie : Les prêtres à la lanterne ! A mort Marduel ! Quelqu'un dit : « — Puisque nous ne pouvons entrer à Saint-Roch, portons le corps dans la chapelle des Tuileries. » Cependant, la porte cède sous une suprême poussée. On envahit l'église, le cercueil est porté en triomphe par mille bras jusque dans le chœur dont les grilles sont tordues et renversées. Si l'on n'a pas l'officiant, on a du moins le sanctuaire. On allume les cierges et les lustres. L'église, sans prêtre et bruyante comme un club, resplendit ainsi qu'au jour de Pâques. Enfin, un commissaire de police sort de la sacristie et annonce « qu'il a requis le clergé de Saint-Roch de rendre à mademoiselle Raucourt les honneurs du service divin ». Quand les piquets de troupes, envoyés un peu tardivement par Maison pour contenir le peuple, arrivèrent devant l'église, le service était commencé et l'ordre rétabli[1].

1. Rapport de Maison à Soult, 17 janvier (Arch. Guerre). Rapp. de police, 18, 19, 20 janvier (Arch. nat. F., 7, 3739.) Le *Censeur*, IV, 286-293. Cf.

Sur l'injontion de la police, aucun journal ne parla du tumulte de Saint-Roch, mais tout Paris s'en occupa. Tandis que les royalistes ultras criaient au scandale, les neuf dixièmes des Parisiens s'indignaient contre l'intolérance des prêtres, disaient que depuis le retour des Bourbons le clergé s'imaginait pouvoir faire rétrograder la France de deux siècles, et qu'il amènerait ainsi une nouvelle révolution. Pendant plusieurs jours on cria : A bas les calotins! au passage des ecclésiastiques. Quelques-uns furent assaillis à coups de boules de neige. D'abord le peuple avait su gré à Louis XVIII de sa conduite dans l'affaire Raucourt ; il y avait même eu des Vive le roi ! à Saint-Roch quand le commissaire de police était venu annoncer la célébration du service. On croyait que l'ordre émanait des Tuileries. Cette bonne opinion ne dura pas. Le bruit se répandit que le refus de la cérémonie religieuse avait été concerté par le roi, son grand-aumônier et l'abbé Marduel, et que le monarque n'avait cédé qu'à la crainte d'une émeute[1]. Tout cela était faux[2], mais dans la lutte des passions et des intérêts politiques, il n'y a pas de vérité. C'est ce qui se dit qui est vrai.

Les Parisiens se trouvaient donc assez mal disposés à prendre le deuil le 21 janvier. Ils manifestèrent leurs sentiments par une attitude peu recueillie

---

Jaucourt à Talleyrand, 20 janvier. (*Correspondance de Talleyrand et de Louis XVIII*, 262-263. note.) Wellington à Castlereagh, Paris, 19 janvier. (*Dispatchs*, Supplément, IX.)

1. Rapports de police, 18, 19, 20, 29 janvier. (Arch. nat. F. 7. 3739.)

2. La vérité, c'est que le roi, consulté le 16, avait repondu qu'il ne trouvait nullement mauvais que Mlle Raucourt reçût les prières de l'Eglise, mais « qu'il ne voulait pas donner d'ordres au clergé ». La vérité aussi, c'est que, le 17, le roi ne fut même pas informé de ce qui se passait devant Saint-Roch, et que ce fut le commissaire de police qui, de sa propre autorité, requit le curé de faire célébrer le service (Jaucourt à Talleyrand, 20 janv. *Corresp. de Talleyrand avec Louis XVIII*, 262-263, note). Wellington à Castlereagh, 19 janv. (*Dispatchs*, Supplément, IX.)

au passage du cortège. Sur le boulevard des Italiens, un des chevaux s'étant abattu, la foule se prit à rire. Le duc d'Orléans, qui mit alors la tête à la portière de sa voiture, fut hué par un groupe de royalistes en souvenir de son père, le régicide Philippe-Egalité. Rue du faubourg Saint-Denis, une draperie du char, qui était fort élevé, s'engagea dans un réverbère. On cria : A la lanterne! Les troupes qui faisaient la haie ne paraissaient pas plus émues. Quelques soldats fredonnaient : *Bon voyage, monsieur Dumollet*[1] ! A Saint-Denis, l'abbé de Boulogne, évêque de Troyes, prononça l'oraison funèbre. Il avait pris pour texte les paroles de David : *Gardez-vous de le tuer, car qui pourra porter la main sur l'oint du Seigneur et être sauvé ?* (On voit dans quel esprit d'apaisement était conçu le sermon.) La chaire évangélique retentit d'anathèmes et d'appels à la vengeance, si bien qu'au sortir de l'église, le maréchal Oudinot, qui avait tenu un des cordons du poêle, dit tout haut : « — Il va falloir maintenant, par expiation, nous couper tous le cou les uns aux autres[2]. »

La nuit se passa sans événements. Rien ne vint confirmer les appréhensions d'une nouvelle Saint-Barthélemy, qui couraient dans Paris depuis trois semaines. Naturellement, il se trouva des gens pour déclarer que c'était l'attitude menaçante du peuple aux obsèques de la Raucourt qui avait intimidé les royalistes[3].

1. N. à N., Paris, 23 janvier (Arch. Aff. étr., 675). Rapp. de police, 20 janv. (Arch. nat. F. 7, 3739.) Cf. Rovigo, *Mém.*, VII, 341.
2. Rapp de police, 27 janv. (Arch. nat. F. 7, 3739.) — La prédication de l'abbé de Boulogne était d'une si grande violence que les journaux reçurent l'ordre de ne la point reproduire textuellement. L'analyse qu'en donne *La Quotidienne* du 22 janvier est déjà suffisamment caractéristique. Dans nombre d'autres églises de Paris et des départements, on prononça en chaire des sermons non moins véhéments. Le curé de Saint-Germain-l'Auxerrois dit: « Jurez de poursuivre sans relâche les scélérats qui ont commis ce crime ». Rapp. de police, 23 janv. (Arch. nat. F. 7, 3739.)
3. Rapp. de police, 9 fév. (Arch. nat. F. 7, 3739.) Barère, *Mém.* III, 20

A vrai dire, il est impossible de croire qu'un pareil projet ait jamais été sérieusement discuté, que l'on ait arrêté le plan d'un massacre et qu'on en ait fixé la date. Mais peut-on affirmer que des rêves de vengeance ne hantaient pas certains fanatiques, que ceux-ci ne se communiquaient pas leurs idées, que des propositions dans ce sens ne furent pas soumises aux princes, qui les repoussèrent sans trop s'indigner? Peut-on affirmer, enfin, que quelques chenapans, pareils à Maubreuil, ne s'occupèrent pas de recruter des hommes prêts à toutes les besognes pour le jour où se présenterait l'occasion de les employer? Dans le Mémoire de Blacas, dans une lettre d'Alexandre au comte de Grimoard, il est question de projets sanguinaires agités aux Tuileries [1]. L'affaire du colonel Stevenot, accusé d'enrôlements clandestins, et dont l'arrestation fit tant de bruit au mois de février, fut étouffée de crainte de révélations compromettantes [2]. On dressa des guet-apens

---

1. Mémoire de Blacas. Alexandre à Grimoard, Paris 29 novembre 1814 (Arch. Aff. étr., 615 et 676). — Sur le Mémoire de Blacas, voir **1815**, I,... note...

2. Stevenot, d'abord commissaire de section à Paris, fut condamné le 27 septembre 1792, pour spoliation d'effets, à 12 ans de fer avec exposition. Il s'évada deux ans plus tard du bagne de Brest, entra sous le nom de Richard dans l'armée vendéenne où il devint colonel et chevalier de Saint-Louis. Revenu à Paris en 1814, il reprit, on ne sait pourquoi, son nom de Stevenot, et en qualité d'ancien colonel, il sollicita le grade de maréchal-de-camp. (Son nom porté sur la liste des propositions ne fut radié qu'au mois de mars, après son arrestation.) En attendant, il s'occupa de recruter dans les cabarets des volontaires pour une légion royale, « destinée, disait-il, à s'opposer aux machinations ourdies par les jacobins et les bonapartistes ». Sans peut-être avoir consulté la cour, Dandré le fit arrêter le 25 février. Des journaux trop pressés annoncèrent cette arrestation dès le 26, ce qui produisit une grande agitation. On se trouva fort embarrassé de ce prévenu, qui prétendait n'avoir agi que d'après les ordres du comte d'Artois, du duc de Berry et de M. d'Escars. On pensait déjà à l'aider à s'échapper quand on découvrit que ce colonel était un forçat évadé. Il était facile de le réintégrer au bagne sans autre forme de procès. En attendant qu'il fût statué sur son sort, on l'écroua à la Force, puis, Louis XVIII se disposant à laisser Paris à Napoléon, on le mit en liberté le 19 mars. En décembre 1816, il fut question de l'arrêter de nouveau, mais le ministre de la police Decazes écrivit « qu'il serait dangereux d'envoyer Stevenot devant les tri-

contre le duc de Bassano et contre Savary. Des gardes
du corps assaillirent à coups de sabre, en plein jardin
du Palais-Royal, le capitaine de gendarmerie Plusdorff parce qu'il avait coopéré, étant maréchal-des-
logis, à l'arrestation du duc d'Enghien[1]. Exelmans
dénonça à Soult un complot de royalistes que Wellington avait, de son côté, mentionné dans une lettre
à lord Castlereagh[2]. Enfin Carnot — Carnot qui
n'était pas apparemment homme à s'effrayer pour
rien — resta debout et armé toute la nuit du 21 au
22 janvier. Ransonnet, l'avocat Descoutures et une
dizaine d'officiers supérieurs en retraite ou à la demi-
solde, qui s'étaient donné rendez-vous dans la maison de la rue Saint-Louis, dont l'escalier fut barricadé,
veillèrent avec lui, disposés à une défense énergique[3].
Tant d'indices et de témoignages prouvent que si ces
craintes d'assassinats, propagées avec une persistance
singulière par la rumeur publique, étaient fort exagé-
rées pour la nuit même du 21 janvier, elles n'étaient
point, d'une façon générale, tout à fait imaginaires.

III

Les tumultueuses obsèques de mademoiselle Raucourt et l'émotion provoquée par l'anniversaire du

---

bunaux, car il citerait le nom des princes. » On se décida donc à le gracier
en 1817. Douze ans plus tard, sur la présentation de plusieurs pièces, entre autres d'une lettre du comte de la Fruglaye, ancien général vendéen,
qui affirma que Stévenot n'avait agi, en 1814 et 1815, que d'après les ordres des princes, ce personnage fut solennellement réhabilité (arrêt de la
cour du 14 juillet 1829) et, peu de jours après, il fut admis à la retraite
comme maréchal-de-camp. (Dossier de Stévenot. Arch. Guerre. Rapports
de police, 4 et 6 mars. Arch. nat. F. 7, 3739.)

1. Note de Bassano. (Ernouf, *Maret, duc de Bassano*, 643.) Rovigo, *Mém.*, VII,
321. Rapp. de police, 13 juillet 1814 (Arch. nat. F. 7, 3200⁴).

2. Note sur Exelmans. (Dossier d'Exelmans. Arch. Guerre.) Wellington à
Castlereagh, Paris, 5 déc. (*Dispatchs*, XII.) Cf. Maréchal Lefebvre à Davout,
25 mars (Cité par Martel, II, 195) : « Pendant dix mois on a vécu sous
le poignard des chouans. »

3. Lettres de Descoutures à Sadi Carnot, s. d. (*Mém. sur Carnot*, II, 398.)

21 janvier n'avaient pas fait oublier l'affaire d'Exelmans. Un mémoire justificatif, rédigé par Comte en forme de réquisitoire contre Soult, venait de paraître dans le *Censeur*, dont un tirage à part se distribuait gratuitement chez le portier du général [1]. Le 25 janvier, on apprit qu'Exelmans avait été acquitté à l'unanimité par le conseil de guerre, et qu'à la sortie de l'audience le peuple de Lille, qui passait cependant pour très royaliste, l'avait porté en triomphe [2]. Cette nouvelle fit une grande sensation dans Paris et dans la France entière. L'opposition représenta l'arrêt du conseil de guerre comme « une victoire d'avant-poste ». Le *Censeur*, le seul des journaux qui donna les plaidoiries, fut lu avec avidité. Les lettres de félicitations parvinrent par centaines à Exelmans et à Comte, son vigoureux défenseur. La duchesse de Raguse, qui ne manquait aucune occasion d'afficher son bonapartisme, se fit présenter le général Fressinet, autre conseil d'Exelmans, et l'embrassa en plein salon [3]. Pour les royalistes, qui espéraient une condamnation sévère (le duc de Berry avait demandé au roi qu'il s'engageât à ne point faire grâce [4]), ils dissimulèrent leur confusion en faisant célébrer dans les journaux l'indépendance de la justice sous le descendant de saint Louis. « Au temps de Buona-

---

1. Rapp. de police, 13 janv. (Arch. nat. F. 7, 3739.)
2. Dossier d'Exelmans. (Arch. Guerre.) Préfet du Nord à Beugnot, 27 janv. (Arch. nat. F. 7, 3739.)
Exelmans comparut le 23 janvier devant le premier conseil de guerre permanent de la 16e division militaire, présidé par Drouet d'Erlon. Parmi les juges, il y avait les généraux Teste et Dubreton. Le rapporteur déclara qu'un seul des cinq chefs d'accusation, celui de désobéissance, lui paraissait digne de quelque attention ; encore conclut-il sur ce point, comme sur les quatre autres, à l'acquittement du général.
3. Rapp. de police, 23, 24, 30 janv., 3 et 6 fév. (Arch. nat. F. 7, 3739.)
4. Procès-verbaux du conseil des ministres, 26 déc. (Arch. nat. AF* V*.)
Le roi qui était encore dans sa période débonnaire répondit très bien à l'ardent duc de Berry : — « Mon neveu, n'allons pas plus vite que la justice. »

parte, dit le *Journal des Débats*, les choses eussent tourné d'une autre façon. » Mais la cour avait beau paraître triompher de cette défaite, elle n'en voulait pas moins au maréchal Soult, qui offrit sa démission. On lui reprochait son zèle maladroit. Il n'aurait pas dû traduire Exelmans devant un conseil de guerre « s'il n'était pas sûr des généraux [1] » !

« Sûr des généraux », on n'avait pu jamais l'être au point d'attendre d'eux un arrêt inique. Mais il était vrai de dire que l'enthousiasme pour les Bourbons qu'ils avaient manifesté aux premiers jours de la restauration s'était refroidi. Tous les officiers généraux qui possédaient des dotations en pays étranger les avaient perdues. Un grand nombre d'entre eux avaient été mis à la demi-solde. Plusieurs, comme Exelmans, avaient été maltraités, outragés. La croix de Saint Louis, conférée au général Milhaud, lui fut enlevée parce qu'il était régicide [2]. — On aurait pu se rappeler son vote à la Convention avant de le décorer. — Davout, injurieusement accusé d'avoir enlevé les fonds de la Banque de Hambourg, fut relevé de son commandement, exclu de la Chambre des pairs, relégué à Savigny-sur-Orge. Il demandait à passer devant un conseil d'enquête ; on lui refusa ce moyen de se justifier comme si l'on voulût laisser courir la calomnie [3]. Vandamme subit un affront aux Tuileries. Comme il se présentait avec des officiers de son grade à l'audience publique du roi, un huissier l'invita tout haut à se retirer. Le surlendemain, il reçut l'ordre

---

1. Rapp. de police, 4 février. (Arch. nat. F. 7, 3739.) N. au comte de Girardin, Paris, 6 février (Arch. Aff. étr., 675.)
2. Dossier de Milhaud. (Arch. Guerre.)
3. Davout, *Mém. au roi*, 2, 3, et lettre de Dupont citée dans l'Appendice. Mme de Blocqueville, *le Maréchal Davout*, IV, 124 — Talleyrand avait souffert que « la recherche et la restitution des fonds de la Banque de Hambourg » fussent mentionnées par des articles spéciaux de la convention du 13 avril et du traité du 30 mai !

de Dupont de s'éloigner de Paris dans les vingt-quatre heures et de se rendre dans ses propriétés de Cassel [1]. Le duc de Berry brutalisa des officiers [2]. Pour une question de préséance, le duc de la Force traita comme un tambour le général Laplane [3]. La solidarité militaire faisait ressentir à tous les injustices et les outrages subis par quelques-uns. « — Je détestais Bonaparte, disait le général Chouart, mais les Bourbons me le font aimer [4]. »

Même les officiers généraux qui étaient le plus en faveur, qui avaient un commandement, la pairie, leurs entrées au Château, qui voyaient toutes leurs vanités satisfaites, souffraient dans leur fierté. D'abord ils s'étaient trouvés très flattés d'approcher le roi, d'être reçus « dans une vraie cour », de frayer avec « de vrais princes », de troquer leurs titres de maréchaux d'empire et de généraux de division contre ceux de maréchaux de France et de lieutenants-généraux des armées du roi. Sans qu'ils se l'avouassent, car on sent ces choses-là, mais on ne se les avoue pas, il leur semblait être désencanaillés. Marmont nous apprend que Louis XVIII avait plus de majesté que Napoléon. D'autres maréchaux pensaient vraisemblablement comme Marmont, et ils étaient tout fiers de servir un homme si majestueux. Mais cette première heure d'éblouissement avait été courte. Les chefs de l'armée ne tardèrent pas à s'apercevoir qu'aux Tuileries ils n'étaient plus chez eux. Leur présence était seulement tolérée. On plaisantait la Lé-

---

1. Wellington à Castlereagh, Paris, 4 oct. (*Dispatchs*, Supplément, IX.) Vandamme à Marmont, 10 oct. (Arch. Guerre.)
En traitant ainsi un général français, le roi servait les haines allemandes que Vandamme avait provoquées dans ses divers commandements d'outre-Rhin par son excessive sévérité.
2. Rapp. de police, 23, 24, 29 oct., 24 nov., 13, 28 janvier. (Arch. nat. F. 7, 3739.) Cf. Vitrolles, *Mém.*, II, 135.
3. Rapp. à Soult, 8 fév. (Arch. Guerre.)
4. Rapp. de police, 2 déc. (Arch. nat. F. 7, 3739.)

gion d'honneur, les ducs et les comtes « jadis va-nu-pieds », les généraux dont les pères avaient tanné du cuir ou cerclé des tonneaux. Les journaux rappelaient en raillant que Murat (ils avaient pour mot d'ordre de ne pas l'appeler le roi de Naples) était fils d'un aubergiste. A la cour, le dédain perçait sous la politesse affectée des grands seigneurs. On daignait les considérer comme des héros, ces soldats illustres, mais cela n'empêchait pas de les regarder comme des parvenus. Ils avaient gagné des batailles, mais « ils n'étaient pas nés », et s'ils avaient versé leur sang, ce n'était pas du sang bleu. Plusieurs étaient pairs de France, mais les nobles ne tenaient pas « ces anoblis » pour leurs égaux. « — Quel dommage, disait amicalement un vieux duc à un maréchal de France, quel dommage que vous n'ayez pas, comme un de nous, ce qui ne se donne pas[1]! »

Les femmes des dignitaires de l'empire qui, bien qu'elles ne fussent pas toutes d'ex-vivandières comme la maréchale duchesse de Dantzig, avaient pour la plupart une modeste origine souffraient plus encore que leurs maris de ces blessures d'amour-propre. La duchesse d'Angoulême ne les appelait que par leur nom patronymique : « — Vous êtes madame Junot ? » dit-elle à la duchesse d'Abrantès. Le cercle féminin de la cour les mettait dans une quarantaine à peine dissimulée. Elles entendaient ces propos : « — Quelle est donc cette dame ? — Je ne connais pas ces femmes-là, c'est une maréchale. » La maréchale Ney était fille de madame Auguié, cette femme de chambre de Marie-Antoinette qui devint folle en apprenant le supplice de la Reine et se suicida. La du-

---

[1]. Rapp. de police, 19 déc.; 2, 6, 12 janv., 1ᵉʳ fév. (Arch. nat. F. 7, 3739.) La Fayette, *Mém.*, V, 315. Lavallette, *Mém.*, II, 130-131. Mollien, *Mém.*, IV, 177.

chesse d'Angoulême lui témoignait donc beaucoup de sympathie, mais de cette sympathie un peu hautaine et très familière que l'on reporte d'un vieux serviteur sur son enfant. Elle affectait d'oublier en public comme en privé que la petite Auguié était devenue duchesse d'Elchingen et princesse de la Moskowa. Rien n'était plus pénible à la maréchale que de paraître à ces Tuileries où elle avait été reçue naguère avec tant d'honneur et d'où elle ne sortait plus maintenant que la rougeur au front et des larmes dans les yeux. Ney, qui aimait passionnément sa femme, était exaspéré. « — Vous êtes bien heureux, dit-il un jour à Lavallette, de vous être mis à l'écart. Vous n'avez à subir ni insultes ni injustices. » Puis, s'emportant, comme il lui arrivait trop souvent : « — Ces gens-ci ne connaissent rien. Ils ne savent pas ce que c'est que Ney. Faudra-t-il le leur apprendre[1] ! »

IV

Tandis que le mécontentement gagnait un grand nombre d'officiers généraux, il augmentait parmi les cadres et surtout chez les officiers à la demi-solde. On détestait Soult plus qu'on n'avait jamais détesté Dupont. « Soult s'est vendu aux Bourbons » était le cri de l'armée[2]. Sans doute, si des influences et des préoccupations extra-militaires ne l'avaient dominé, le duc de Dalmatie eût été un bon ministre. Il

---

1. La Fayette, *Mém.*, V, 315-316. Lavallette, *Mém.*, II, 131-133. Duchesse d'Abrantès, *Mém.*, XVIII, 300. Déposition de Bourmont. (*Procès de Ney*, II, 126.) — Dans l'intérêt de la défense, Berryer nia devant la Chambre des pairs les humiliations subies aux Tuileries par la maréchale Ney. (*Procès de Ney*, II, 300.) Mais le fait était en quelque sorte de notoriété publique. Thiers (XIX, 173) assure qu'un ancien colonel de la garde lui dit avoir lu ces mots dans une lettre écrite par Ney à sa femme après sa défection : « Maintenant, tu ne pleureras plus en sortant des Tuileries. »
2. Rapp. de police, 2, 24 janv. (Arch. nat. F. 7, 3739.)

s'en faut que tout fût à blâmer dans son administration. Il pressa le rappel des soldats en congé, opération assez mal mise en train par son prédécesseur ; il s'occupa de l'approvisionnement des places fortes, de l'instruction des troupes, qui était fort négligée, de la liquidation de la solde arriérée, d'un plan de concentration. Enfin, il demanda à plusieurs reprises la suppression des compagnies rouges, et, afin d'arrêter les scandaleuses nominations de légionnaires, il obtint du roi une ordonnance réglant les conditions d'admissibilité et d'avancement dans la Légion d'honneur[1]. Mais on était moins reconnaissant à Soult de ces mesures qu'on ne lui en voulait pour son arbitraire, sa courtisanerie et ses défis au sentiment national. Il avait interdit le séjour de Paris aux officiers sans emploi, traité odieusement Exelmans, donné des pensions aux Vendéens, mis à la demi-solde sept cents officiers de plus[2], fait une promotion de généraux entièrement composée d'émigrés et de chouans[3]. Il

---

1. Circulaires et lettres de Soult du 6 décembre 1814 au 20 février 1815. (Arch. Guerre.) Rapports de police, 25 janv., 2, 3, 8, fév., 2 et 6 mars. (Arch. nat. F. 7, 3739.) Zappelin au roi de Wurtemberg, Paris, 10 décembre 1814 : « Depuis la nomination de Soult on travaille beaucoup au Ministère de la Guerre. » (Arch. Aff. étr., 675.)

L'ordonnance royale du 17 février sur la Légion d'honneur est encore en vigueur aujourd'hui, sauf quelques modifications. Soult l'obtint du roi en lui montrant une liste de 200 nouveaux légionnaires et en lui disant : — « Sire, que donneriez-vous donc le jour d'une bataille ? » (Rapp. de police, 14 janv.) (Arch. nat. F. 7, 3739.)

2. Ordonnance royale du 16 décembre, 1814 (*Journal militaire*). Cf. situations générales des 15 sept. 1814 et 15 janvier 1815. (Arch. Guerre.)

L'ordonnance du 16 déc., rendue sur la proposition de Soult et portant qu'à dater du 1er janvier 1815 « les officiers généraux et officiers de tout grade qui ne seront pas employés ne pourront recevoir que le traitement de demi-solde », a trompé plusieurs historiens. Ils ont attribué à Soult la mise à la demi-solde de *tous* les officiers excédant le complet. Or, comme on l'a vu (**1815**, I, 8), cette mesure avait été prescrite par l'ordonnance royale du 12 mai et mise à exécution dès le mois de juillet. Seulement, un certain nombre d'officiers avaient été, par tolérance ou négligence, maintenus à la solde entière quoique sans emploi. C'est cet état de choses qui fit cesser l'ordonnance du 16 décembre.

3. Promotion du 30 décembre 1814 : Picquet Du Boisguy, de Frotté, de

avait osé dire au général Travot : « — Je ne vous emploierai qu'après que vous aurez rendu vos biens d'émigrés [1]. » Il venait enfin de porter l'irritation au comble en provoquant dans les régiments une souscription à peu près obligatoire pour ériger un monument à Louis XVI [2] et en faisant nommer grand-chancelier de la Légion d'honneur le comte de Bruges, qui n'avait jamais commandé qu'un régiment noir à la solde de l'Angleterre. Puis, malgré les promesses et les circulaires du duc de Dalmatie, la solde arriérée restait impayée. Chaque jour d'audience publique, les officiers à la demi-solde, qui s'autorisaient de l'acquittement d'Exelmans pour rester à Paris en dépit de l'ordre du 17 décembre, arrivaient en foule rue Saint-Dominique. Un jeudi de février, ils étaient plusieurs milliers. Leurs femmes braillaient : « Les gens qui ne manquent de rien veulent nous faire crier : Vive le roi ! Nous crierons : Vive celui qui nous fera vivre et meurent tous ceux qui nous font crever de faim ! » Soult apostropha des officiers qui portaient encore des boutons à l'aigle : « — Quand le gouvernement nous aura payé ce qu'il nous doit, répliqua l'un d'eux, nous serons assez riches pour faire changer nos boutons. Jusque là nous les garderons, car ils nous rappellent notre ancienne prospérité [3]. »

Les nouvelles du congrès de Vienne avaient déterminé Louis XVIII à rappeler 60,000 hommes sous les drapeaux. Ce fut parmi les 100,000 déserteurs des classes 1814 et antérieures, portés comme « rentrés

Malartic, d'Andigné, de La Prévallaye, Chatelain, dit Tranquille, de Rohan-Chabot, etc.
1. Jaucourt à Talleyrand, 11 févr. *(Corresp. de Talleyrand et de Louis XVIII*, 482, note.)
2. Soult au roi, 28 février. (Arch. Guerre.)
Rapports de police, 3, 8 février, 3 mars. (Arch. nat. F. 7, 3739.)

dans leurs foyers sans permission », que l'on résolut de lever ce contingent[1]. Ces hommes, il fallait s'y attendre, ne se prêtèrent pas de bon gré à leur réincorporation. Seuls, les individus qui avaient quelque motif de réforme à faire valoir se présentèrent aux revues d'appel. Ceux que l'autorité militaire retenait comme bons pour le service s'insurgeaient et bousculaient les gendarmes aux cris de: Vive l'empereur![2]. Les recrues de la Gironde disaient : « Avec la paix nous aimons mieux le roi, mais pour faire la guerre nous voulons Napoléon, qui marchera à notre tête. » A Avesnes, les rappelés allumèrent une sorte de bûcher et y placèrent le buste de Louis XVIII. A Trévoux, à Bellay, à Sancerre, ils parcoururent les rues, battant la caisse, criant: Vive l'empereur! et maltraitant les passants qui portaient la cocarde blanche. A Saint-Florent, ils insultèrent une procession, par des chansons obscènes, des blasphèmes et des bordées d'injures contre le curé et le roi. Dans l'Isère, les maires aidaient les insoumis à se cacher. Les deux tiers des anciens soldats désertaient en route. Le 76e reçut 15 hommes au lieu de 160, le 45e, 116 au lieu de 535[3]. A la fin de février, sur les 60,000 rappelés, 35,000 à peine avaient rejoint les corps[4].

Cet appel alarma la population en venant confir-

[1]. Ordonnance royale du 3 novembre. (*Journal militaire.*) Circulaire de Dupont, 3 nov. (Arch. Guerre.) — De peur d'inquiéter la population, on ne voulut pas rappeler les militaires que les régiments avaient envoyés en congé régulier au mois de juillet. Rapport de Davout à Napoléon, s. d. (du 25 au 27 mars 1815). (Arch. nat. AF. IV, 1936.)

[2]. Corresp. des préfets, déc. 1814-janv. 1815. (Arch. nat. F. 3739, et F. 7, 3773.) Correspondance générale, déc. 1814-fév. 1815. (Arch. Guerre.)

[3]. Corresp. des préfets, 6, 8, 22 et 26 déc., 11 janv. Rapp. de police 15 déc. (Arch. nat. F. 7, 3773. F. 7, 3739.) Soult à Durutte, 28 déc. Marchant à Soult, 22 déc. Moncey à Soult, 26 déc. Colonel du 76e à Bourmont, 13 déc. Colonel du 45e à Pinoteau, 14 fév. (Arch. Guerre.)

[4]. Rapport de Davout à Napoléon, s. d. (du 25 au 27 mars 1815) (Arch. nat. AF, IV, 1936.)

mer les bruits de guerre. Or, la France rebelle à la guerre en 1814, quand il s'agissait de défendre les frontières mêmes de la patrie, voulait encore moins prendre les armes en 1815 pour conserver une province au roi de Saxe et pour rendre Naples au roi des Deux-Siciles. La croyance à un conflit était générale; déjà l'on s'en apercevait à la stagnation des affaires, au ralentissement des commandes, à l'arrêt des travaux [1]. Mais le fisc n'y perdait rien. Malgré l'atroce misère du pays, résultat de l'invasion et d'une mauvaise récolte, les amendes, les saisies, les ventes, les garnisaires se multipliaient. « Le commerce est tourmenté, écrivait le comte d'Hauterive à Talleyrand, les manufactures sont paralysées, les propriétaires sont chargés d'impôts que l'on exige avec une barbare rigidité, même dans les pays où les Alliés n'ont laissé que la misère. Les droits réunis et le monopole sur les tabacs s'exercent comme sous Bonaparte, et même avec un peu plus de rigueur [2]. »

1. Rapport sur l'esprit public, 11 et 28 nov. 1814, 5 janv. 1815. Dumonceau à Soult, Mézières, 8 déc. Kellermann à Suchet, Strasbourg, 22 déc. (Arch. Guerre.) Corresp. des préfets, et rapp. de police, janvier et février (Arch. nat. F. 7, 3739, et F. 7, 3773.) Alexandre à comte de Grimoard, Paris, 19 janv. (Arch. Aff. étr., 676.) — A la vérité, la rente montait. Après avoir atteint le cours de 79 fr. à la fin d'août et avoir oscillé d'octobre à janvier entre 72 et 74 francs, elle était en février à 78. Mais on accusait le baron Louis « de faire la hausse de la rente par des moyens ruineux ». (Rapp. de police, 25 janvier. Arch. nat. F. 7, 3739.) Thiers (XVIII, 502-503) reconnaît que Louis cherchait à imposer à l'étranger par la hausse de la rente. De fait, les actions de la Banque n'avaient pas monté dans la même proportion. Elles étaient à 1175 fr. à la fin d'août; à 1190 en décembre; à 1180 en février.

2. D'Hauterive à Talleyrand, Paris, 18 octobre 1814. (Corresp. de Talleyrand et de Louis XVIII, 19, note.) Arrêté du préfet de l'Indre, 21 janv. Soult à Amey, 4 février. Baron Louis à Soult, 7 février. Amey à Soult, 18 fév., etc. (Arch. Guerre). Rapports généraux de police (13 janvier) : « Les poursuites pour les droits réunis sont aussi rigoureuses que sous l'empire. » — (4 mars) : « La rigueur excessive pour la rentrée des impôts, l'envoi de garnisaires, etc., mécontentent tous les départements... La satisfaction des rentiers pour la hausse à la Bourse ne compense pas le mécontentement des départements... Les instructions du baron Louis sont tellement impitoyables qu'il en sera question aux Chambres. » (Arch. nat. F. 7, 3739.)

Aux craintes de guerre, au chômage, aux exécutions brutales des agents du fisc s'ajoutaient les provocations et les menaces des nobles de province. Loin d'être satisfaits par la restitution de leurs biens restés à l'Etat, ils semblaient plus ardents à recouvrer leurs biens vendus. Les journaux royalistes annoncèrent mensongèrement que le maréchal Berthier, ne voulant point conserver un bien mal acquis, avait remis au roi les titres de propriété de son château de Grosbois. Un habitant de Rennes, acquéreur pendant la révolution d'une maison estimée 25,000 francs, offrit à l'ancien propriétaire 5,000 francs pour ratifier la vente. Celui-ci s'indigna, prétendant que bientôt la maison lui serait rendue sans bourse déliée. Des émigrés disaient qu'ils ne donneraient pas désormais à moitié prix la propriété de leurs biens confisqués. Inquiets d'avoir à payer leur fermage aux anciens possesseurs, certains paysans se précautionnaient en refusant de le payer aux propriétaires. Dans la Creuse, un officier de dragons, en congé de semestre, se trouvant à la chasse avec le maire de la commune, acquéreur de ses biens, le provoqua en duel. A Salon (Bouches-du-Rhône) le comte de D.... entre avec quelques bons compagnons chez un individu qui a acheté sa ferme et l'en chasse à coups de bâton. Dans l'Isère, un émigré vient chez un paysan et l'accuse de lui avoir volé sa maison et ses terres. Le paysan réplique qu'il les a bel et bien payées ; l'émigré le frappe avec sa canne, l'autre saisit une serpe et l'abat à ses pieds. Le parquet refusa de poursuivre, considérant que tous les torts étaient à l'ancien possesseur. Mais les biens nationaux n'en demeuraient pas moins frappés de discrédit. Si quelque ferme ou quelque maison ayant cette tache originelle étaient mises en vente, les enchères atteignaient à peine à la moitié ou au tiers de sa valeur. A Paris même ces immeubles ne trouvaient parfois acquéreurs à aucun prix [1].

Le clergé provincial n'était pas moins aveuglé que la noblesse. « Les prêtres deviennent insupportables, écrivait le 22 février le préfet de la Nièvre [2]. » En Auvergne, on réimprima l'ancien catéchisme de Clermont avec l'article relatif à la dîme [3]. En Alsace, le clergé se montrait si intolérant que les protestants avaient des craintes pour le libre exercice de leur culte [4]. Dans tout l'Ouest, les prêtres tonnaient en chaire contre les acquéreurs, les menaçant de la damnation éternelle [1]. « Il faut rendre les biens volés, disaient-ils. Les ordonnances du roi de France qui reconnaissent la légitimité de ces ventes sont nulles aux yeux du roi des rois... Ceux qui ne restitueront pas les biens des émigrés auront le sort de Jézabel : ils seront dévorés par les chiens. » Au confessionnal, au chevet des moribonds, ils proféraient les mêmes menaces et les mêmes anathèmes. Ils refusaient les derniers sacrements aux acquéreurs et, parfois, ils réussissaient, en évoquant le tableau des flammes de l'enfer, à extorquer des restitutions *in-extremis*. « Ces gens-là, écrivait, le 3 février, le lieutenant de gen-

---

1. Corresp. des préfets, 2 et 3 déc. 1814, 27 et 28 janv. 1815. Rapp. de police, 18 mai, 12 déc. 1814. (Arch. nat. F. 7, 3773, F. 7, 3739, F. 7, 3147.) *Corresp. de Talleyrand avec Louis XVIII*, 482, note.) Hobhouse, *Lettres*, I, 91-93. Dufey de l'Yonne, *l'Empire et la France*, 23-24. *Des Bourbons*, 38-39. Tholozé à Soult, Rennes, 18 janv. (Arch. Guerre.)
Ce fut pour combattre cet état de choses que Saint-Simon publia en février 1815 le prospectus d'un ouvrage périodique ayant pour titre : *Le Défenseur des propriétaires des biens nationaux, ou recherches sur les causes du discrédit où sont tombées les propriétés nationales et sur les moyens d'élever ces propriétés à la même valeur que les propriétés patrimoniales*. — Un autre écrit intitulé : *Avis aux propriétaires de biens nationaux*, et qui avait aussi pour objet une ligue défensive des acquéreurs, circula en décembre 1814 dans les départements de l'Ouest. Rapp. s. d. (Arch. nat. F. 7, 3200⁴.)
2. Fiévée, *Corresp.* II, 33.
3. Préfet du Puy-de-Dôme à Montesquiou, 20 mars. (Arch. nat. F. 7, 304 4ᵃ.)
4. Suchet à Soult, Strasbourg, 15 février. (Arch. Guerre.)

darmerie de Saint-Pol de Léon, feraient douter de la bonté du roi [1]. »

Tout cela ne popularisait pas le gouvernement de Louis XVIII. En février, le Paris des boulevards fronde, le Paris des faubourgs gronde Dans les salons, on lit le *Nain jaune*; dans les rues, on chante la Marseillaise [2]. En province, où l'on a hué les députés ministériels et porté en triomphe les députés de l'opposition, les opinions sont plus surexcitées. La noblesse est ultra royaliste. La bourgeoisie est libérale. Elle regarde la Charte comme une chose sacrée, jalouse les nobles, déblatère contre les prêtres. Un notaire d'Evaux (Creuse) dit publiquement : — « Il faudra bien que Louis XVIII fasse comme nous voudrons, sinon nous le traiterons comme Louis XVI. » Quant au peuple, la plupart des préfets signalent chez lui la persistance de l'esprit de 89 et des souvenirs bonapartistes. L'Ouest est ardemment divisé. « Pour la garde nationale, écrit le 12 janvier à Montesquiou le comte de Beaumont, préfet de la Vendée, les maires royalistes ne veulent y inscrire que ceux qui ont chouané, les maires patriotes ne veulent y enrôler aucun brigand *(sic)*. » A Hericy, près Melun, le premier jeudi de mars, on promène avec des rires et des huées deux mannequins représentant le roi et un curé. Dans vingt départements, on profère des cris séditieux, on outrage les images de Louis XVIII, on enlève les drapeaux blancs des clochers et les armes

---

1. Corresp. des préfets, février et mars. (Arch. nat. F. 7, 3773, F. 7, 3044a, F. 7, 3147.) D'Erlon à Soult, Lille, 7 février. Teste à d'Erlon, Arras, 11 fév. Rapp. du lieutenant de gendarmerie de Saint-Pol-de-Léon, 3 février. (Arch. Guerre.) Cf. Jaucourt à Talleyrand, 11 fév. (*Corresp. de Talleyrand et de Louis XVIII*, 481. note.) La Fayette, *Mém.*, V, 316-317. Fiévée, *Corresp.* II, 31-33. — « L'abbé de Montesquiou, dit Hobhouse (*Lettres* I, 93-95), a soustrait près de trois cents pétitions où des individus se plaignaient de ce que les prêtres leur avaient refusé l'absolution parce qu'ils étaient acquéreurs de biens nationaux.

2. Rapports de police du 10 janv. au 4 mars. (Arch Nat. F. 7, 3200⁴.)

royales des enseignes des boutiques. Et le colonel Tholozé écrit à Soult : « On ne saurait mettre trop de douceur dans la répression sous peine de malheur. » Sur les routes du Mans à Angers, d'Orléans à Bourges, de Montpellier à Rodez, de Guéret à Aurillac, les réfractaires unis aux contribuables en fuite arrêtent les diligences, pillent les caisses publiques, détroussent les voyageurs, fusillent avec les gendarmes. Dans les environs de Sarlat, il y a 2,000 paysans en armes [1].

Mais aux Tuileries, on ne s'inquiète pas. Si le roi lit chaque jour les rapports de police et les lettres ouvertes par le Cabinet noir [2], c'est pour y chercher son amusement et non pour en faire son profit. Au reste, il sait que personnellement il est plutôt populaire, du moins à Paris, et que l'on attribue à ses bons parents et à ses ministres tous les abus et toutes les injustices [3]. Il a bien quelque désir de voir Napo-

1. Corresp. des préfets, et rapports de police, du 25 décembre 1814 au 4 mars 1815. (Arch. nat. F. 7, 3773, F. 7, 3739, F. 7, 3200 [4], F. 7, 3147.) Colonel Marmier à Rapp, Bourges, 31 déc. Lefebvre au comte de Lauberdière Lons-le-Saulnier, 4 février. (Arch. Aff. etr., 675.) Rapport sur la situation politique et militaire du royaume, 24 déc. Rapport à Soult, Périgueux, 3 janvier. Roger de Damas à Soult, Lyon, 4 janv. Soult à Gazan, 8 janv. Colonel Tholosé à Soult, Rennes, 18 janv. Soult à Damas, 20 janv. Ney à Soult, 20 janvier. Commandant de gendarmerie de Vitré à Soult, 26 févr. (Arch. Guerre.)

2. Aux Archives des Affaires étrangères le volume 675-676, qui contient 293 pièces, est exclusivement formé de copies de lettres décachetées par la police. Il y a là non seulement des lettres de Français, généraux, magistrats, préfets et personnages connus comme Mme de Staël, Alexandre, Brès, etc., mais même des lettres confidentielles que les ministres étrangers accrédités près la cour des Tuileries adressaient à leur souverain ou à leur département. Sous la restauration, les diplomates jouissaient de toutes les immunités, sauf du secret des lettres.

3. De l'ensemble des rapports de police de juin 1814 à fin février 1815 (Arch. nat. F. 7, 3200 [4], F. 7, 3738, F. 7, 3739) il ressort que, d'une façon générale, mais avec de nombreuses exceptions, le roi était aimé à Paris, et sa personne exempte des critiques qu'on adressait au gouvernement. Sans doute, dans quelques quartiers excentriques et même, deux ou trois fois, dans le jardin des Tuileries, il fut hué, mais bien plus souvent il était acclamé. Au théâtre, par exemple. il était toujours accueilli par des vivats, auxquels se mêlaient parfois quelques cris : à bas les calotins ! Sans doute, aussi, on plaisantait son obésité, sa faiblesse, son indolence ;

léon déporté aux Açores par les puissances[1], mais la pensée de son terrible prédécesseur ne l'effraye pas plus que ne l'inquiètent les murmures du peuple, les imprudences de la noblesse et le mécontentement de la bourgeoisie. « Il ne tiendrait qu'à moi de ne pas avoir un instant de repos, écrit-il à Talleyrand, et cependant mon sommeil est aussi paisible que dans ma jeunesse... Je sais qu'il existe de la fermentation, mais je ne m'en inquiète point. Un peu plus tôt ou un peu plus tard, je verrai se dissiper ces nuages[2]. »

Pour les princes, ils n'ignoraient pas ce que la France pensait et disait d'eux, mais ils bravaient l'impopularité, et peut-être même le comte d'Artois s'en faisait-il gloire. Vers la fin de février, on intriguait beaucoup au pavillon de Marsan. On cherchait à ruiner l'influence de Blacas qui, plutôt par prudence que par sentiment, soutenait la politique modérée, et l'on espérait mettre bientôt à la raison tous les frondeurs et tous les mécontents en formant un ministère de vrais royalistes où le comte de Bruges aurait la guerre et Hyde de Neuville la police[3]. Selon d'autres témoignages plus ou moins véridiques, on pensait même à contraindre le roi à révoquer la Charte et à rappeler les Parlements ; s'il s'y refusait, on devait l'enfermer comme un simple mérovingien et l'obliger

---

on le caricaturait ; mais cela n'empêchait pas de vanter sa bonté, réelle ou imaginaire. En province, il en allait tout autrement. (Nous parlons toujours d'une façon générale et sans tenir compte des exceptions.) Là, comme on souffrait davantage des rigoureuses mesures du baron Louis, des vexations des nobles, des menées des prêtres, et comme on craignait la dîme et l'invalidation des ventes nationales, on envoyait au diable les ministres, les princes et « le bon roi ».

1. Louis XVIII à Talleyrand, 21 oct. et 10 déc. (*Correspondance de Talleyrand et de Louis XVIII.*)

2. Louis XVIII à Talleyrand, 4 déc. 1814. (*Corresp. de Talleyrand et de Louis XVIII.*) — En février et même en mars 1815, le roi n'avait rien perdu de sa quiétude, témoin sa lettre du 9 mars dans la *Corresp.* précitée.

3. Rapp. de police, 4 février, 2, 4 et 6 mars. (Arch. nat. F. 7, 3739, F. 7, 3200⁴.) Cf. Vitrolles, *Mém.* II, 242-35.

à abdiquer en faveur de son frère[1]. En attendant, on obtenait de Louis XVIII « l'élimination » de la cour de cassation et de l'Institut des ex-conventionnels et autres personnes mal pensantes. Le premier président Muraire, le procureur général Merlin et dix conseillers furent exclus par l'ordonnance du 17 février, et peu de temps après les journaux annoncèrent, comme la chose la plus naturelle du monde, que le roi avait pourvu au remplacement des académiciens Monge, Carnot, Napoléon Bonaparte, Guiton-Morveau, Cambacérès, Merlin, Rœderer, Lucien Bonaparte, Maury, Siéyès, Joseph Bonaparte, Grégoire, Garat et Lakanal[2]. Tandis que Montesquiou recommandait dans les conseils du roi et s'efforçait d'appliquer dans son administration « la politique d'assoupissement », Louis XVIII, cédant aux prières et aux objurgations de sa famille, irritait sans cesse l'opinion par des futilités de ce genre. Qu'importait donc à la solidité du trône que Lakanal et Monge fussent de l'Institut et que Napoléon figurât dans l'*Almanach royal* comme membre de la section de mécanique ?

V.

Cependant, les mécontents menaçaient de passer des paroles aux actes. Dans les divers partis, les meneurs

---

1. Mémoires de Blacas. (Arch. Aff. étr., 615.) Dufey de l'Yonne, *l'Europe et la France*, 44-45.

2. *Journal des Débats, Gazette de France, Quotidienne*, etc., 25 février, 8, 9, 10 mars. Cf. Jaucourt à Talleyrand, 4 mars. (Arch. Aff. étr., 680.) — L'ordonnance fut signée le 5 mars, mais les événements qui survinrent engagèrent le gouvernement à en ajourner la publication dans le *Moniteur*. Elle y parut seulement un an plus tard, le 21 mars 1816, mais la liste se trouva augmentée de cinq personnes : le duc de Bassano, Arnault, Regnaud de Saint-Jean-d'Angely, Étienne et le grand peintre Louis David. Ce dernier, d'ailleurs, eut été certainement radié, dès 1814, par une ordonnance projetée sur la quatrième classe (Beaux-Arts) qui devait être distincte de l'Institut et reprendre son ancien nom d'Académie royale de peinture.

s'agitaient. Un sous-préfet démissionnaire, Fleury de Chaboulon, partait pour l'île d'Elbe afin d'exposer à celui qu'il appelait toujours l'empereur la situation troublée du pays [1]. Rovigo disait à Jaucourt : « — Nous reverrons Bonaparte, et ce sera bien la faute des Bourbons [2]. » Et Barras disait au comte de Blacas : « — Je vais m'occuper de réaliser quelques fonds qui me permettront de m'expatrier si le tyran de ma patrie réussit à la remettre sous le joug [3]. » Plusieurs députés constitutionnels étaient revenus à Paris sous l'influence de l'exaltation de la province, déterminés à obtenir ou à conquérir des garanties sérieuses contre l'arbitraire des ministres et les revendications des émigrés. Le parti libéral se préparait à une lutte vigoureuse au cours de la prochaine session, et, s'il le fallait, à un nouveau 14 juillet [4]. Plus impatients et doutant un peu de l'énergie des constitutionnels, les bonapartistes et les jacobins voulaient au contraire profiter de l'absence des Chambres pour un coup de force. Le complot ourdi depuis plus de six mois, et que l'on avait tour à tour ajourné, abandonné, et enfin repris et modifié, se tramait à nouveau. Fouché en était le principal chef. Après avoir tenté ainsi que plusieurs autres sénateurs évincés d'entrer à la Chambre des pairs, après avoir offert vingt fois ses services et son dévouement aux Bourbons, après avoir eu des entre-

---

[1]. Lavallette, *Mém.*, II, 140-141. Ernouf, *Maret, duc de Bassano*, 644. Fleury de Chaboulon, *Mém.*, I, 92-93.

[2]. D'Hauterive à Talleyrand, 14 février. (*Corresp. de Talleyrand et de Louis XVIII*, 261.)

[3]. Mémoires manuscrits de Barras (communiqués par M. Georges Duruy).

[4]. La Fayette, *Mém.*, V, 353-354. Rapport de police, 6 février, 4 mars. (Arch. nat. F. 7, 3739.) Cf. Lettre précitée d'Hauterive à Talleyrand. Jaucourt à Talleyrand, 25 janvier. (*Corresp. de Talleyrand et de Louis XVIII*, 263.) Jaucourt à Talleyrand, 4 mars : « Il faut que vous soyez ici au moins quinze jours avant les Chambres. Ce sera bien peu, mais ce sera encore beaucoup. » (Arch. des Aff. étr., 680.)

vues sans nombre avec Vitrolles, avec Blacas, avec Malouet, avec Beurnonville, avec le duc d'Havré[1], ce Scapin tragique pensait à renverser le roi puisque le roi tardait à le faire ministre.

Dès le mois de juillet 1814, Fouché avait conçu le projet de remplacer Louis XVIII par le duc d'Orléans, qui, fils d'un régicide et soldat de la Révolution en 92, aurait pour lui, pensait-il, les libéraux, les jacobins et même les bonapartistes. Il s'en ouvrit à Talleyrand, alors assez mécontent de la tournure des choses et du peu de cas que l'on faisait de ses conseils sur la politique intérieure[2]. Talleyrand parla discrètement au duc d'Orléans, mais celui-ci l'écouta avec froideur, et, sans nommer personne, il rapporta, dit-on, l'entretien au roi[3]. Le prince se dérobant, les deux compères revinrent à l'idée d'une régence, ce rêve qui les avait hantés pendant la dernière campagne de Napoléon[4]. Un complot fut formé ou plutôt ébauché avec la connivence de plusieurs officiers généraux, d'anciens révolutionnaires et de meneurs du faubourg Saint-Antoine. Les moyens d'exécution consistaient en un mouvement sur les Tuileries d'une partie de la garnison de Paris, appuyée par les faubourgs en armes. Le but était la proclamation de Napoléon II, avec Marie-Louise régente et le prince Eugène, Talleyrand, Fouché et Davout membres du conseil de régence[5]. Avant

---

1. Rap. de police, 19 et 26 juillet, 22 août 1814, 6 mars 1815. (Arch. nat. F. 7, 3738 ; F. 7, 3200⁴.) *Mém. de Fouché*, II, 292, 293, 331. Pozzo di Borgo, *Corresp.*, I, 10, 21. Montholon, *Récits*, II, 202. Cf. Vitrolles. *Mém.*, II, 3, 10-11.
2. Rapp. de police, 18, 26, 29 juillet, 6 août, 23 sept. 1814. (Arch. nat. F. 7, 3738.) Mémoires manuscrits de Barras. Rovigo, *Mém.*, VII, 321. La Fayette, *Mém.*, V, 353. Cf. Pozzo, *Corresp.*, I, 10.
3. Talleyrand avait donné à Louis XVIII de sages conseils qui n'avaient pas été écoutés. Voir sa lettre au roi du 21 août 1814. (Arch. Aff. étr., 646.)
4. **1814**, 439-440, et les références aux notes.
5. Journal de la reine Catherine de Wurtemberg, 7 août 1814. (*Mém. du roi Jérôme*, VI, 452-453.) Rapp. de police, 7 et 12 août, 18 sept., 19 oct. et 27 nov. (Arch. nat. F. 7, 3739, et F. 7, 3200⁴). Cf. Rovigo, *Mém.*, VII, 321-323.

d'agir, il fallait connaître les sentiments de Marie-Louise, du prince Eugène, de la cour de Vienne. Il fallait surtout que Napoléon fût éloigné de l'Europe, car on craignait qu'il n'eût pas assez d'abnégation pour ne point vouloir profiter personnellement de cette révolution. Marie-Louise se trouvait alors aux eaux d'Aix, en Savoie ; on lui dépêcha Corvisart et Isabey. Fouché écrivit à Eugène, et, le 16 septembre, Talleyrand, désigné par le roi comme son plénipotentiaire au congrès, partit pour Vienne [1]. Tout en y défendant « les principes du droit des gens » il allait travailler à faire déporter Napoléon dans quelque île de l'Océan [2]. Ce n'était point que le prince de Bénévent se fût entièrement livré à Fouché et à ses complices, mais dans cette circonstance comme dans tant d'autres, cet homme à double face agissait à deux fins. En poursuivant l'enlèvement de Napoléon, il servait Louis XVIII, et il secondait en même temps, sans se compromettre, le parti qui se préparait à le renverser. « Double intrigue, dit Barras, intrigue perpétuelle de Talleyrand comme de Fouché [3] ! »

Mém. de Fouché, II. 300-301. Mémoires manuscrits de Barras. Chateaubriand, *Mém.*, VI, 352. Guizot, *Mém.*, I, 56-57. Hyde de Neuville, *Mém.*, II, 45, 47. Rapport au ministre de la guerre (cité par Chénier, *Hist. de Davout*, 415). Dépositions de Capelle (*Procès de Ney*, II, 148), de Vaulchier et du maire de Dôle. (Dossier de Ney, Arch. Guerré.) — Sur les rapports constants de Talleyrand, avant son départ pour Vienne, et de Fouché, qui habitait le château de Ferrières, mais qui venait très souvent à Paris, voir le rapport de police du 13 août (Arch. nat. F. 7, 3200 [4]).

D'après le Journal de la reine Catherine, Laffitte, Carnot et Ney devaient faire partie aussi du conseil de régence, mais très vraisemblablement ces trois personnages n'avaient pas donné leur acquiescement à ce projet, et peut-être même l'ignoraient-ils. Mais on se proposait de les proclamer, une fois la révolution accomplie.

1. Journal de la reine Catherine. Rovigo, *Mém.*, VII, 321, 346-347. Chateaubriand, *Mém.*, VI, 352. *Mém.*, *de Fouché*, II, 300-301. Cf. Méneval, *Souv.*, II, 168, III, 391, Bausset, *Mém.*, III, 47, et la note de police du 7 mars 1815 (Arch. nat. F.7, 2300 [4]).

2. Talleyrand à Louis XVIII. Vienne 21 oct., 25 nov. et 7 déc. (*Corresp. de Talleyrand et de Louis XVIII*.) Lavallette, *Mém.*, II, 139. Rovigo, *Mém.*, VII, 321, 332-333. Cf. Hyde de Neuville, *Mém.*, II, 16, 18, 22.

3. Mémoires manuscrits de Barras.

Fouché, au demeurant, rêvait pour l'empereur un exil plus sûr. L'un de ses affidés fit proposer à Louis XVIII de donner son assentiment à l'assassinat de Bonaparte. L'assassin, paraît-il, était trouvé, mais les conspirateurs voulaient pouvoir accuser plus tard de ce crime le gouvernement royal. Le roi, qui comptait sur les puissances pour le débarrasser de « l'homme de l'île d'Elbe », s'indigna et repoussa le projet[1]. Fouché, d'ailleurs, n'avait pas cessé de correspondre avec Talleyrand ; il lui écrivait tantôt directement, tantôt sous le couvert de Dalberg qui avait été adjoint au prince comme second plénipotentiaire. Ce fut sur les instances de Dalberg que Metternich consentit à entrer en correspondance secrète avec Fouché[2]. Partisan déterminé des Bourbons et absolument hostile à l'idée d'une régence, Metternich était fort éloigné de prêter la main aux machinations de Fouché et de Talleyrand. Sans doute, la raison qui l'engagea à écrire au duc d'Otrante fut de se renseigner sur la véritable opinion des Français, dont on était assez préoccupé à Vienne[3].

En attendant que le congrès décidât du sort de Napoléon, Fouché s'était retiré dans son château de Ferrières, mais les révolutionnaires et les officiers qu'il avait facilement associés à ses projets ne cessaient pas leurs conciliabules. C'est ainsi qu'en octobre et en novembre, le bruit d'une conjuration

---

1. Rovigo, *Mém.*, VII, 321. Cf. VI, 364.
2. Rovigo, VII, 334-336. Meneval, II, 220. Cf. Fouché à Talleyrand, Ferrières, 25 sept. (*Corresp. de Talleyrand et de Louis XVIII*, 138-139). — La lettre ou une des lettres de Metternich à Fouché lui posait ces trois questions : « Qu'arriverait-il : 1° si l'empereur reparaissait en France ? 2° si le roi de Rome se présentait à la frontière appuyé d'un corps autrichien ? 3° si rien de tout cela n'arrivait, mais qu'une révolution se fît toute seule ? » Fouché répondit : « Dans le premier cas, tout dépendrait d'un régiment ; s'il passait du côté de Bonaparte, l'armée suivrait. Dans le second cas, toute la France se déclarerait pour le roi de Rome. Dans le troisième cas, la revolution se ferait en faveur du duc d'Orléans. »
3. Talleyrand à Louis XVIII, Vienne, 25 nov. (*Corresp. avec Louis XVIII*.)

militaire se répandit partout[1]. A la fin d'octobre, on arrêta une trentaine d'officiers à la demi-solde et quelques gardes du corps, soupçonnés à tort ou à raison de comploter l'assassinat du roi et des princes[2]. Ces rumeurs émurent les cabinets européens. Le czar questionna Talleyrand[3]. Lord Liverpool se montrait déterminé à rappeler Wellington, de peur que s'il restait à Paris les chefs de la conjuration ne le gardassent comme otage. « Il n'est pas douteux, écrivait-il le 4 novembre, qu'un mouvement ne menace d'éclater à Paris. Dans cette prévision, le roi doit prendre des précautions. La principale serait que les membres de la famille royale ne restassent pas tous ensemble à Paris, car le but des conspirateurs étant d'en finir avec la dynastie, ils ne tenteront rien si les Bourbons sont dispersés. Le salut d'un seul sera la sauvegarde de tous[4]. »

L'alarme était grande aussi dans l'entourage du roi[5]. On a vu que le soir du 30 novembre Marmont mit toute la garnison de Paris sous les armes[6]. Ce déploiement de forces parut excessif, mais les appréhensions de Marmont n'étaient pas tout à fait chimériques. Son erreur fut de croire que la date de l'exécution du complot était fixée, alors que les conjurés discutaient encore leur plan et leurs moyens d'action.

1. Rapp. de police, 13, 16, 19, 23, 26 oct., 17, 21, 27 nov., 1er, 2, 7 déc. (Arch. nat. F. 7, 3739, 3773 et 3200⁴). Ministre de Danemark à son gouvernement, 14 nov. (Arch. Aff. étr., 675). Rapp. à Dupont, 23 nov. (Arch. Guerre.) Talleyrand à Louis XVIII, 25 nov. (Corresp. avec Louis XVIII.) Wellington à Castlereagh, 4 oct. Liverpool à Castlereagh, 2 nov. (Wellington, Dispatchs, Supplément, IX.)
2. Wellington à Castlereagh, Paris, 3 nov. (Dispatchs, Supplément, IX.) Ministre de Danemark à son gouvernement, 14 nov. (Arch. Aff. étr., 675.)
3. Lettre précitée de Talleyrand à Louis XVIII, 25 nov.
4. Liverpool à Castlereagh, Londres, 2 nov. à Wellington, 4 nov. (Wellington, Dispatchs, Supplément, IX.)
5. Jaucourt à Talleyrand, Paris, 29 nov. (Corresp. de Talleyrand et de Louis XVIII, 140.)
6. **1815**, I, 76.

Deux mois plus tard, le procès d'Exelmans et le langage des royalistes le 21 janvier ayant avivé les colères, et l'émeute de Saint-Roch, dont quelques révolutionnaires regrettèrent de n'avoir pas profité[1], ayant montré que le peuple était facile à soulever, les conspirateurs résolurent de brusquer les choses, quitte à se passer de Fouché. Celui-ci, averti, revint en hâte à Paris. Il tint plusieurs conférences avec Thibaudeau, Davout, Merlin, Regnaud, Drouet d'Erlon, les frères Lallemand et autres. Bassano, Rovigo, Lavallette, Réal, Oudot, Thuriot, Garat, Grégoire, Siéyès, Prieur de la Marne, Gauthier, les généraux Lefebvre-Desnoëttes, Turreau, Chouart, Frégeville, Merlin (fils du régicide), César Delaville, Chastel, Berton connaissaient aussi le complot ; mais si les uns y étaient positivement affiliés, les autres le désapprouvaient et refusèrent de s'y associer[2]. Fouché aurait voulu enrôler Carnot dont le *Mémoire au roi* avait raffermi la popularité. Mais l'ancien membre du comité de Salut public avait trop de défiance

[1]. Rapp. de police. 20 janv. (Arch. nat. F. 7, 3739.)
[2]. Cf. Lavallette, *Mém.*, II, 135, 138-142. *Rovigo*, *Mém.*, VII. 337-339. 347. La Fayette, *Mém.*, V, 354. Hyde de Neuville, *Mém.*, II. 45. 48. Thibaudeau. X. 206-210. *Mém. de Fouché*, II, 303-304. Note de Foudras. 10 février. Rapp. de police, 12. 13 et 31 août, 23 sept., 26 oct., 23, 30 nov., 2, 16 déc. 18, 4, 26, 27 févr., 4. 6 mars 1815. (Arch. nat. F. 7. 3200 4, et F. 7, 3739.) Dossiers d'Exelmans, de Drouet d'Erlon et de Lefebvre-Desnoëttes (Arch. Guerre).
D'après certains indices nous pouvons avancer, sans prétendre cependant l'affirmer, que les généraux Lanusse, Flahaut, Corbineau, Girardin, Exelmans, Fressinet, Lacroix, Labriche, Sebastiani, Defrance, et, parmi les civils, le duc de Cadore, Gaillard, Lecomte, Villetard, Lamarque, Ginou de Fermon, Pous de Verdun, Lambrechts, Génevois, etc., connaissaient également le complot.
Le général Quesnel, selon une tradition rapportée dans le *Supplément* de la *Biographie Michaud*, fut aussi affilié à la conspiration. Soupçonné par ses complices de vouloir révéler leur secret, il aurait été jeté dans la Seine au sortir d'une des réunions. En effet, le 4 mars, on trouva le corps de Quesnel flottant sur la Seine entre Boulogne et Saint-Cloud, et cette mort mystérieuse causa une grande sensation dans Paris. (Rapp. de police, 4 mars. Arch. nat. F. 7, 3739. *Journal des Débats*, 7 mars.) Mais ni au dossier de Quesnel, aux Archives de la Guerre, ni dans les rapports de police des Archives nationales, il n'existe aucune pièce de nature à faire la lumière sur les causes de ce suicide ou de cet assassinat.

contre les bonapartistes et de mépris pour le duc d'Otrante. Il se confina dans sa petite maison du Marais[1]. Au dernier moment, Davout déclara qu'il renonçait à prendre part à la conspiration[2]. On se résigna à agir sans lui. Il fut décidé que sur un mot envoyé de Paris, toutes les troupes stationnées dans la 16e. division militaire, que pourrait entraîner Drouet d'Erlon, se mettraient en marche. Elles rallieraient, en route, les garnisons intermédiaires et, pénétrant dans Paris par différentes barrières, elles déboucheraient à l'improviste devant les Tuileries où les rejoindraient les officiers à la demi-solde et le peuple des faubourgs. On comptait que la garnison de Paris n'engagerait pas un combat pour le roi, et Fouché garantissait au moins la neutralité de la garde nationale. Il n'y aurait donc à vaincre, pensait-on, que la résistance peu redoutable des gardes du corps et des mousquetaires de service[3].

Le plus curieux, c'est que l'on avait arrêté ce beau plan avant de se mettre d'accord sur le but même de la conspiration. La régence, qui eût satisfait à peu près tout le monde, devenait impossible puisque François Ier et ses conseillers ne paraissaient nullement disposés à laisser sortir d'Autriche le petit roi de Rome, et que, d'ailleurs, Napoléon était encore à l'île d'Elbe.

1. *Mém. sur Carnot*, II, 400. Thibaudeau, X, 207.
2. Lavallette, *Mém.*, II, 141-142. Cf. les références de la note 5. **1815**, I, 114. — Dans *la Correspondance du maréchal Davout*, les lettres s'arrêtent au 6 nov. 1813 pour ne reprendre que le 31 mars 1815. Il ne faut donc chercher là aucun renseignement sur Davout pendant la première restauration. De même, Mme de Blocqueville (*Le Maréchal Davout*), E. Montégut (*Le Maréchal Davout*) et, sauf dans une note qui s'accorde avec l'assertion de Lavallette, Gab. de Chénier (*Histoire de Davout*) passent plus que rapidement sur cette période de la vie du maréchal. Il n'en est pas moins indéniable que le prince d'Eckmühl a été mêlé aux conspirations de 1814-1815.
3. Rovigo, *Mém.*, VII, 337-339. Thibaudeau, X. 208. La Fayette, *Mém.*, V, 354-355. *Mém. de Fouché*, II, 303-304. Dossiers de Lallemand, de Lefebvre-Desnoëttes et de Drouet d'Erlon. (Arch. Guerre.)

Les bonapartistes proposaient donc de proclamer purement et simplement l'empereur et de l'envoyer chercher sur un aviso de l'État. Les patriotes, au nombre desquels on comptait Fouché, les régicides et plusieurs généraux repoussaient l'idée du rappel de l'empereur. Ils voulaient contraindre Louis XVIII, le sabre sur la gorge, à prendre son ministère parmi eux, et, s'il s'y refusait, « forcer » le duc d'Orléans à accepter le pouvoir. Quant au roi et aux princes, on les garderait comme otages, ou « on les expédierait dans la mêlée, sauf à déplorer ensuite cet accident ». Dans la difficulté de s'entendre et dans la nécessité d'agir, on passa outre aux discussions. Une haine commune réunissait ces hommes si profondément divisés. L'important pour eux était de renverser les Bourbons. On verrait après. Le général Chouart, ancien maréchal-des-logis aux cuirassiers, résumait le sentiment de tous en disant dans son langage de corps de garde : « — Moi, tout ça m'est bien égal pourvu que le gros cochon s'en aille [1]. »

La noblesse aigrie contre Louis XVIII et attendant impatiemment que la Providence ouvrît ou fermât les yeux à ce roi jacobin, la bourgeoisie déçue, jalouse et frondeuse, encore plus inquiète de l'avenir que mécontente du présent, et disant en songeant à la santé précaire de Louis XVIII et aux principes absolutistes de son successeur désigné : « Dieu conserve le roi [2] ! », le peuple alarmé et irrité, les casernes

---

[1]. La Fayette, *Mém.*, V. 354, 355. Thibaudeau, IX. 208-209. Rovigo. *Mém.*, VII, 343, 347-348. Lavallette, *Mém.*, 141-142. Hyde de Neuville, *Mém.*, II, 45-46. *Mém. de Fouché*, II, 303-304. Montholon, *Récits*, II, 202. Rapp. de police, 23 sept., 1er, 4 et 6 mars. (Arch. nat. F. 7. 3738, F. 7, 3739, et F. 7, 3200 4.) Cf. Ginguée à La Harpe, 1er juin. (Arch. Aff. étrang., 1802).

[2]. « L'inquiétude et l'anxiété se glissent partout depuis que le roi (Louis XVIII souffrait alors d'une violente attaque de goutte) ne quitte plus ses appartements. On fait de sinistres prédictions. On dit que si le roi mourait, les princes impopulaires ne se soutiendraient pas huit jours. » — « Toutes les idées se portent sur le futur et sur le peu de stabilité d'un

pleines de murmures et de menaces, les libéraux se préparant à une opposition vigoureuse, les bonapartistes et les jacobins ourdissant un vaste complot dont l'avortement presque certain allait fatalement amener une répression sanguinaire, courber le pays sous le régime de l'état de siège et des cours prévôtales et assurer le triomphe du parti des émigrés, telle était la situation à la fin de février 1815, quand Napoléon quitta l'île d'Elbe avec onze cents hommes et quatre pièces de canon pour conquérir la France.

état de choses qui repose sur une mauvaise santé... Même les pairs, qui sont constitutionnels de bonne foi, sont tout à fait opposés à Monsieur, tant on redoute l'empire que le clergé prendrait sur lui et les revendications des émigrés... Monsieur devrait prendre à tâche de ramener l'opinion publique. » — « Dieu conserve le roi » est le cri général. Rapports de police, 2, 4 et 6 mars. (Arch. nat. F. 7, 3739.)

CHAPITRE III

LE CONGRÈS DE VIENNE

I. Les suspicions contre la France. — La première période du congrès. — Les conflits d'intérêts.
II. Le « Congrès dansant ». Le Traité secret du 3 janvier 1815.
III. Marie-Louise et Parme. — Murat et Naples. — Projets de déporter Napoléon dans une île de l'Océan.

I

Par le traité de paix du 30 mai 1814, la France avait renoncé à ses droits de souveraineté ou de protection sur trente-deux millions d'individus[1]. Restait aux puissances alliées à se partager comme un bétail humain cette multitude de peuples. Ce fut l'œuvre du congrès de Vienne.

La France fut admise au congrès, mais d'abord pour la forme seulement. L'article 1er secret du traité de Paris : « Les dispositions à faire des territoires cédés seront réglées sur les bases arrêtées par les puissances alliées *entre elles*, » était pour les représentants du roi de France une obligation et un engagement de ratifier d'avance toutes les décisions des autres plé-

---

[1]. Exactement 31,751,639 ainsi répartis : Départements belges, hollandais, suisses, allemands et italiens : 13,690,880. Duché de Lucques et Piombino : 179,000. Royaume d'Italie : 6,703,200. Provinces Illyriennes et Sept-Iles : 1,943,418. Francfort, Berg, Erfurt, Neuchâtel, Poméranie suédoise, etc. : 1,290,805. Westphalie : 1,928,799. Duché de Varsovie : 3,929,626. Saxe : 2,085,911. (Procès-verbaux des séances de la commission de statistique des 24, 25 et 28 déc. 1814 et 19 janv. 1815.)

nipotentiaires. On a dit que Talleyrand en signant avec trop d'empressement la convention du 23 avril, qui démunissait la France de cinquante places fortes qu'elle avait comme gages, s'était désarmé pour les conférences de Paris, et qu'en signant sans faire assez de résistance le traité du 30 mai, il s'était désarmé pour le congrès de Vienne. Mais, au mois d'avril, la France vaincue et envahie, les Alliés maîtres de Paris, le pays divisé, une partie de l'armée révoltée, le roi en Angleterre, Talleyrand pouvait-il se refuser à signer un armistice? Et au mois de mai, quand le tiers du territoire était encore occupé et que la garde impériale russe manœuvrait aux Champs-Elysées, pouvait-il ne pas acquiescer aux conditions des puissances alliées, conditions implicitement contenues dans l'armistice du 23 avril? Pouvait-il, contre la volonté des puissances, ajourner à six mois la signature de la paix [1]?

Cette paix, les Alliés regrettèrent même de l'avoir faite trop clémente [2], et non contents que la délimitation des frontières françaises fût définitivement réglée par le traité du 30 mai, et que par le même traité Talleyrand eût renoncé à intervenir dans la discussion future sur le partage des territoires cédés, ils signèrent à Londres, le 29 juin, une nouvelle convention aux termes de laquelle ils s'engageaient à rester en armes « afin de protéger les arrangements susmentionnés jusqu'au moment où l'état de l'Europe se trouverait complètement raffermi [3] ». Telles étaient en-

---

[1]. Talleyrand n'en a pas moins tort d'écrire dans ses *Mémoires* (II, 174) : « J'ai le droit de rappeler avec orgueil les conditions obtenues par moi. » Il a tort aussi (*Mém.*, II, 201) de prétendre qu'il n'apposa pas sa signature aux articles secrets du traité de Paris, car il est bien facile de vérifier que ces articles ont été signés par lui.
[2]. Talleyrand à Louis XVIII, 25 nov. *(Corresp. avec Louis XVIII.)*
[3]. Convention de Londres du 29 juin 1814. Cf. Talleyrand à Louis XVIII, Londres, juillet 1814 : « ... Il résulte de cette convention que la France

core les suspicions et les craintes qu'inspirait la grande vaincue !

Mais les puissances, ainsi armées contre la France, l'étaient aussi les unes contre les autres. Talleyrand comprit que ce nouveau pacte ne tiendrait pas devant la division des intérêts, et que grâce à la discorde qui devait régner au congrès, la France sortirait du rôle humiliant auquel on la voulait réduire. Au service de Napoléon, Talleyrand avait représenté la force ; passé au service de Louis XVIII, il s'avisa de représenter le droit ou plutôt « la légitimité », mot nouveau, que, dit-on, lui-même venait de créer [1]. Une ligne de conduite ayant pour base ce mot talismanique ne pouvait qu'être approuvée par le roi ; il y donna un plein assentiment. Après avoir fait rédiger des instructions en ce sens par son fidèle La Besnadière [2], Talleyrand quitta Paris, beaucoup plus d'accord avec Louis XVIII sur la politique étrangère que sur la politique intérieure.

A Vienne, où il arriva le 23 septembre, Talleyrand fut reçu avec honneur, mais avec défiance. La veille, les plénipotentiaires de l'Autriche, de la Grande-Bretagne, de la Russie et de la Prusse avaient décidé qu'ils n'entreraient en conférences avec le représentant de la France qu'à mesure qu'ils se seraient mis d'accord entre eux sur la distribution des pays rendus disponibles par la dernière guerre [3]. Cette

---

n'aura à jouer aucun rôle au congrès, ou encore que les Alliés sont encore prêts à nous attaquer. » (Arch. Aff. étrangères, 672.)

1. « Talleyrand a eu assez d'esprit pour sentir qu'en changeant de maître il devait changer de moyens. On ne l'entend prêcher que légitimité, modération, justice ! » N. à Mme de Staël-Holstein, Vienne, 27 nov. (Arch. Aff. étr., 675).

2. Talleyrand, *Mém.*, II, 204-207. Cf. Instructions du roi Louis XVIII à son ambassade au congrès de Vienne, 10 sept. 1814. (Arch. Aff. étr., 677.) — Toute la conduite de Talleyrand au congrès de Vienne est résumée d'avance dans cette pièce.

3. Protocole de la conférence du 22 septembre.

résolution semblait une concession puisque, en se tenant à la lettre du traité de Paris, les Alliés pouvaient obliger la France à ratifier d'avance tout ce qu'ils arrêteraient, et qu'au lieu de cela ils lui reconnaissaient le droit de discuter leurs décisions. Mais, en réalité, cette concession était illusoire. La France n'avait la possibilité d'exercer quelque action qu'en intervenant dans la discussion entre les puissances co-partageantes. Une fois celles-ci d'accord entre elles, il était évident que les objections du plénipotentiaire français resteraient sans effet. Talleyrand, à qui le protocole de la conférence du 22 septembre fut communiqué le 30, dans une réunion chez Metternich, protesta donc hautement contre les intentions des puissances. Il releva le mot *Alliés*, employé plusieurs fois dans cette pièce, et conclut que les représentants des huit puissances signataires du traité de Paris (et non pas seulement ceux des quatre puissances qui se qualifiaient d'alliées) devaient s'occuper sans délai des questions préliminaires à décider par le congrès, pour que l'on pût promptement le réunir et les lui soumettre. La discussion fut vive, on se sépara fort animé. Rentré chez lui, Talleyrand, pour donner plus de force à ses paroles, en fit l'objet d'une Note qu'il communiqua aux plénipotentiaires des huit puissances [1].

De là, grande irritation et grand scandale chez les Alliés. Castlereagh accusa Talleyrand d'avoir manqué aux usages diplomatiques en répondant par une Note officielle à une communication officieuse et confidentielle [2]. Humboldt qualifia la Note de « brandon jeté parmi les membres du congrès »; Nesselrode dit que

---

1. Talleyrand à Louis XVIII, Vienne, 4 oct. *(Corresp. avec Louis XVIII*, 10-18). Cf. Note de Talleyrand aux plénipotentiaires (Angeberg, I, 264). Gentz, *Corresp.*, I, 108. Talleyrand, *Mém.*, II, 279-281.
2. « *Talleyrand's incongruities* », Castlereagh à Wellington, 9 oct. (*Letters and Dispatchs*, II).

la politique de la France était de désunir les signataires du traité de Chaumont, et Hardenberg que les Français prétendaient toujours la rive gauche du Rhin et la Belgique, et qu'ils voulaient la guerre. « — Je serais d'avis, conclut Metternich, de régler nos affaires à nous tout seuls[1]. »

La suspicion à l'égard de Talleyrand devint extrême. Il avait beau protester de son désintéressement, déclarer que la France avait renoncé à tout agrandissement illégitime comme lui-même avait renoncé à sa dotation et à son titre de prince de Bénévent (à Vienne, Talleyrand ne prit plus, sur ses cartes de visites et dans les actes du congrès, que le titre de prince de Talleyrand, et la chose fut remarquée), on ne l'en soupçonnait pas moins de professer ces principes pour mieux cacher ses desseins. Il continua d'être invité à toutes les fêtes mais, en tant que plénipotentiaire, il fut tenu à l'écart, presque en quarantaine. Les souverains et les ministres des petits États qui regardant Talleyrand comme un défenseur, le voyaient en particulier, reçurent des blâmes. « — Voyez-vous le prince de Talleyrand ? » demanda un jour le roi de Bavière au ministre de Portugal. « — Quelquefois, Sire. » « — Et moi aussi, reprit le roi. Je voudrais bien le voir plus souvent mais je n'ose pas[2]. »

Pour l'attribution d'une grande partie des territoires, les Alliés étaient d'accord. Dès les conférences de Paris, ils avaient arrêté en principe le retour du Piémont au roi de Sardaigne, de la haute Italie et des provinces Illyriennes à l'Autriche, du Hanovre à l'Angleterre, et de la Hollande, augmentée de la Belgi-

---

[1]. Talleyrand à Louis XVIII, 9 oct. *(Corresp. avec Louis XVIII.)* Gentz, *Corresp.*, I, 157. Mémoire (rédigé par La Besnadière) sur la conduite de l'ambassade de France à Vienne. (Arch. Aff. étr., 672.)

[2]. *Mémoire de Gentz sur le congrès de Vienne* (Metternich, *Mém.*, 482-483). Mémoire de La Besnadière (Arch. Aff. étr., 672. Gentz, *Corresp.*, I, 99.

que, à la maison d'Orange. Les provinces Rhénanes devaient échoir à la Prusse et à la Bavière. Mais de peur de mettre la discorde entre eux, les vainqueurs avaient jusqu'alors évité même de faire allusion à certaines autres questions. Le moment était venu de les aborder. Les plus graves étaient celle du grand-duché de Varsovie et celle de la Saxe. Le czar exigeait le duché de Varsovie. Il pensait à y réunir les provinces polonaises de son empire et à en former, sous le nom de royaume de Pologne, un Etat feudataire, doté d'institutions libérales et administré par les seuls nationaux. Alexandre eût été alors empereur de Russie et roi de Pologne. La Prusse convoitait la Saxe qu'on parlait d'enlever à Frédéric-Auguste pour le punir d'avoir été le dernier allié de Napoléon.

L'Autriche et l'Angleterre étaient opposées aux prétentions des deux cours du Nord. Non seulement l'Autriche répugnait à céder au czar les districts galiciens compris dans le duché de Varsovie, mais elle redoutait la puissance de la Russie et la fortune de la Prusse. Elle ne pouvait donc consentir que la Russie s'avançât en Europe ni que la Prusse, qui menaçait déjà ses frontières à l'est, vînt menacer sa frontière du nord par l'occupation de la Saxe. L'Angleterre, dont la politique tendait à affaiblir la France [2] et à empêcher la Russie de se fortifier, était décidée à donner la Saxe à la Prusse, afin précisément d'élever contre la Russie la barrière d'un Etat compact, puissant et belliqueux ; mais elle ne voulait en aucune façon que

---

1. Tel avait été du moins le projet d'Alexandre pendant les campagnes de 1813 et de 1814 et jusqu'après la paix de Paris. Mais à Vienne, il ne voulait plus ériger en royaume que le seul duché de Varsovie, sans y joindre les provinces polonaises de la Russie.
2. L'Angleterre était en train d'obtenir ce résultat par la fondation du royaume des Pays-Bas et l'attribution à la Prusse des provinces Rhénanes. Castlereagh dévoile sans ambages sa politique anti-française dans sa lettre à Wellington, du 1er octobre. (*Letters and Dispatchs*, II.)

le czar conservât la totalité du duché de Varsovie. Des négociations secrètes entamées avec la Prusse pour la détacher de la Russie, sous la promesse d'avoir la Saxe, échouèrent. Loin de réussir à rompre l'union des deux souverains, Castlereagh ne fit que la rendre plus solide en provoquant une explication cordiale entre Alexandre et Frédéric-Guillaume. « Les Quatre », comme on appelait, à Vienne, l'Autriche, l'Angleterre, la Prusse et la Russie, se trouvèrent ainsi former deux partis, très animés l'un contre l'autre et résolus à ne se faire aucune concession, dût-il résulter de leur dissentiment une nouvelle guerre européenne[1].

Il importait peu à la France que le duché de Varsovie restât à la Russie et que la Prusse eût la Saxe. Les intérêts français étaient sur le Rhin et sur la Meuse et non sur la Vistule et sur l'Elbe. Talleyrand en jugea autrement. Dès avant son départ de Paris, il avait justement pressenti que l'antagonisme des puissances allait donner à la France une situation importante dans le congrès; mais il s'était buté à l'idée que la France ne pourrait ni ne devrait en retirer aucun avantage matériel. Il voulait seulement lui rendre son rang parmi les grandes puissances. A ces fins, Talleyrand pensa qu'il lui fallait faire abnégation complète et n'intervenir que pour défendre le faible contre le fort, le droit historique contre le droit de conquête et la légitimité contre l'usurpation. Il s'était tracé ce rôle, il le jugeait glorieux, il voulut le jouer jusqu'au bout. La conséquence fut qu'il se rangea avec ardeur du parti de l'Angleterre et de l'Autriche. Il était donné ainsi à Talleyrand de concilier ce qu'il croyait être les intérêts de la France avec les principes nouveaux qu'il

---

1. Gentz, *Corresp.*, I, 79, 80, 86, 87, 93. Mémoires précités de Gentz et de La Besnadière. Talleyrand à Louis XVIII, 4, 9, 17, 25, 31 oct., 6 et 12 nov. (*Corresp. avec Louis XVIII.*) Cf. Castlereagh à Wellington, 25 oct. (*Letters and Dispatchs*. II).

affectait de professer. Partisan d'une alliance entre l'Angleterre, l'Autriche et la France, qui, à ses yeux. eût assuré aux trois plus vieilles monarchies la suprématie en Europe et amené à bref délai le détrônement de Murat, il devait soutenir la politique des cabinets de Londres et de Vienne. Apôtre du droit, il ne pouvait admettre que la Prusse spoliât le roi de Saxe, qui était d'ailleurs cousin germain de Louis XVIII, ni que la Russie gardât la Pologne entière au mépris des anciens traités.

En croisant si ouvertement les vues de la Russie, l'ambassadeur du roi très chrétien manquait peut-être d'à-propos, il manquait en tout cas de gratitude. Plus tard, quand il eut perdu la faveur des Bourbons, Talleyrand aimait à dire dans son salon vert de la rue Saint-Florentin : « C'est ici que la Restauration s'est faite. » Il aurait pu ajouter : « ... grâce à l'empereur Alexandre. » Devant Paris, le czar était devenu le généralissime des armées coalisées ; à Paris, il avait été l'arbitre des destinées de la France. Le 31 mars et encore le 5 avril, il pouvait, à son choix, traiter avec Napoléon Ier, reconnaître Napoléon II avec la régence de Marie-Louise, ou encore, comme il y avait pensé pendant la campagne, faire plébisciter par les Français leur futur gouvernement. S'il n'eût prêté les mains à la Restauration, jamais les Bourbons ne fussent rentrés aux Tuileries. Non seulement Louis XVIII devait sa couronne à Alexandre, mais Paris lui devait sa sauvegarde le jour de l'entrée des Alliés ; la France vaincue lui devait une légère extension de frontières ; le trésor épuisé, la réduction à vingt-cinq millions des trois cent seize millions d'indemnités et de contributions de guerre, demandés par les Coalisés et principalement par la Prusse[1]. Or, com-

1. Lettre de Beugnot au roi (13 mai), renvoyée à Talleyrand et transmise

ment le roi et son premier ministre Talleyrand avaient-ils reconnu et reconnaissaient-ils encore ces bons offices ? Le roi, en déclarant publiquement au prince-régent d'Angleterre que « c'était à lui, après Dieu, qu'il devait sa couronne » ; en conférant à ce prince le cordon bleu et en oubliant de l'offrir au czar ; en affectant aux Tuileries de prendre le pas sur Alexandre, alors que Napoléon était allé sur le radeau de Tilsitt au-devant du souverain russe ; en déclinant la proposition d'un mariage entre le duc de Berry et la grande-duchesse Anne ; — le ministre, en combattant tous les desseins de la Russie, en méprisant ses ouvertures, en s'alliant à ses ennemis. Alexandre, qui eut à Vienne plusieurs entretiens avec Talleyrand, lui rappela qu'il avait cependant rendu quelques services à la France. Talleyrand ne s'émut ni des reproches ni des menaces du czar, et il affecta même de ne pas entendre ses insinuations. C'est ainsi qu'il laissa tomber sans daigner y répondre ces paroles d'Alexandre : « — Les complaisances que la France aura pour moi sur la Saxe et la Pologne seront la mesure de celles que j'aurai moi-même pour elle sur tout ce qui peut l'intéresser[1]. »

Jamais Castlereagh ni Metternich ne devaient tenir un pareil langage à l'ambassadeur de France. Auprès des cabinets de Londres et de Vienne, dont il soutenait si ardemment la politique et pour qui il déclinait les ouvertures de la Russie, Talleyrand ne trouvait que froideur et défiance, éloignement et dédain. Castlereagh ne croyait point à son désintéressement. Il lui dit un jour : « — Ah ! s'il ne vous était resté aucune vue sur la rive gauche du Rhin ! » Pour Metternich,

---

par lui, à Nesselrode, le 16 mai, pour être communiquée au czar. Note du général Dulauloy, 28 mai. Lettre de Frédéric-Guillaume à Lottum, 16 juin. (Arch. Aff. étr., 646.)

[1]. Talleyrand à Louis XVIII, 4, 25 oct., 17 nov. (*Corresp. avec Louis XVIII.*)

il lui répugnait de s'allier à une nation qui avait fait la Révolution, perturbé et ensanglanté l'Europe. Il repoussait comme monstrueuse l'idée que même les intérêts allemands pussent l'engager à rappeler en Allemagne une armée qui y avait laissé de si terribles souvenirs. Il doutait en outre de l'avantage d'une alliance avec la France au point de vue militaire. D'après les lettres écrites de Paris par Wellington et le baron de Vincent, non seulement le gouvernement n'avait ni force ni prestige, mais l'armée était désorganisée, sans matériel et réduite au plus faible effectif. Un diplomate autrichien disait au duc de Dalberg : « — Vous nous paraissez des chiens qui aboient fort, mais qui ne mordront point ». Le roi de Bavière ayant parlé à Metternich d'une alliance éventuelle avec la France, celui-ci répondit : « — La France n'a pas d'armée. » Talleyrand, qui n'ignorait pas ces propos, fit sentir dans ses lettres à Louis XVIII la nécessité de prendre une attitude militaire. Ce fut alors que le roi ordonna la levée de 60,000 hommes qui provoqua tant de mécontentement chez les rappelés et de si vives inquiétudes de guerre dans la population [1].

II

Cependant le congrès s'était ouvert le 3 novembre ou plutôt, à dater de ce jour, il avait été censé ouvert. Tout se faisait en dehors du congrès qui ne fut assemblé que pour signer l'acte final. C'était dans

[1]. Talleyrand à Louis XVIII, 17, 19, 31 oct., 25 nov. Louis XVIII à Talleyrand, 21, 27 oct. (*Corresp. avec Louis XVIII.*) Lettre des plénipotentiaires français au département, 16 oct. (*ibid.*, 58), Wellington à Castlereagh, Paris, 25 oct. (*Dispatchs*, Supplement, IX.) Mémoire de Gentz. (Metternich, *Mém.*, II. 480-483.) Gentz, *Corresp.*, I, 159, 157. Mémoire de La Besnadière sur la mission à Vienne. (Arch. Aff. étr., 672.)

les comités et les commissions, dans les visites de souverain à souverain, dans les audiences privées, dans les entretiens intimes des ministres que les questions se débattaient. Les choses n'en allaient pas plus vite, car outre qu'une entente était difficile, le congrès se doublait d'un décaméron. On n'avait point encore vu — même à Erfurt — et vraisemblablement on ne reverra jamais pareille réunion de souverains et de grands personnages. Il y avait à Vienne la très nombreuse famille impériale d'Autriche, l'empereur et l'impératrice de Russie, le roi de Prusse, le roi et la reine de Bavière, les rois de Danemark et de Wurtemberg, les princes héréditaires de l'Allemagne, tous les diplomates de l'Europe, puis le prince Eugène (Beauharnais), le prince Radziwill, le prince Schwarzenberg, le prince de Ligne, le prince de Lambesc, les plus illustres représentants de la noblesse autrichienne et hongroise, et une foule de curieux et de visiteurs, titrés, gradés, chamarrés, portant couronne ou tortis, grosses épaulettes et grands cordons. Il fallait amuser cette cohue d'altesses, et la cour d'Autriche ne faillissait pas à cette obligation. Metternich, que les plénipotentiaires avaient désigné comme président du congrès et que l'empereur François avait prié de lui servir de maître de cérémonies, n'était pas moins occupé par le programme des fêtes que par l'ordre des délibérations.

Chaque jour, c'était une revue, une chasse, un carrousel, une course en traîneau, un grand dîner, une représentation de gala, un raout, des tableaux vivants, un bal ou une redoute masquée. « Nous sommes sur les dents, écrivait au comte de Mun une grande dame de Vienne, des fatigues de notre congrès et des peines que nous nous donnons pour amuser nos hôtes royaux. Ils sont aimables, mais ils nous font

passer la vie la plus excédante de corps et d'esprit. »
« Les empereurs dansent, écrivait-on encore, les rois dansent, Metternich danse, Castlereagh danse, tout le monde danse. Seul le prince de Talleyrand ne danse pas, mais il joue au whist. » Dans Vienne en fêtes, devenue une nouvelle Capoue, on menait de front les plaisirs et les affaires, la diplomatie politique et la diplomatie galante. Les commérages n'intéressaient pas moins que les protocoles. Avec qui le czar avait-il dansé? Quelle était sa divinité du jour, quelle serait celle du lendemain? Quel nom lord Castlereagh avait-il encore inscrit sur sa liste des *mille e tre?* Quelle grande dame, travestie en grisette, avait si longuement causé avec le roi de Wurtemberg? Quelle autre, vêtue d'un domino noir, avait si bien intrigué le roi de Prusse? On s'occupait autant de ces graves questions que du sort de la Saxe [1].

Cette communauté de plaisirs, qui semblait devoir disposer chacun à la conciliation, n'amenait pourtant pas l'entente. Selon le mot du prince de Ligne, le congrès dansait et ne marchait pas. Le lendemain d'un bal à l'Augarten où l'on s'était fait vis-à-vis dans un quadrille, d'une réception au palais impérial où l'on s'était trouvé partner au whist, d'une fête chez Metternich où l'on avait soupé côte à côte à l'une de ces tables rondes que traversait au centre un très gros oranger, formant surtout et velarium, on reprenait les discussions avec autant de roideur et d'âpreté que la veille. Aucun des intéressés ne croyant à la possibilité d'une guerre, car l'Europe n'avait pas fait l'effort immense de détrôner Napoléon pour recommencer à combattre, on se montrait intraitable. Tout le monde

---

[1]. Lettres de Vienne : De Salmon à la comtesse de La Motte, 24 nov. N. à Mme de Staël-Holstein, 27 nov. Maréchale de Bellegarde au baron de Vincent, 31 déc. N. à Mme Julie Feray, 4 janv. N. au marquis d'Avaray, 18 janv. Mme N. au comte de Mun, 28 janv. (Arch. Aff. étr., 675.)

parlait de recourir aux armes, mais personne ne le voulait. Dans les deux partis, on cherchait sans y réussir à s'effrayer mutuellement. Des deux côtés, on faisait blanc de son épée dans la quasi certitude que l'on n'aurait pas à s'en servir [1].

L'union intime de la Russie et de la Prusse, leur attitude de plus en plus arrogante, les mouvements de leurs armées, ne laissaient pas cependant d'inquiéter Metternich et Castlereagh. Vers la fin de novembre, ils commencèrent à songer sérieusement [2] à l'alliance française qu'ils avaient jusque-là repoussée avec tant de défiance, de révolte et de mépris. Le plan d'une campagne à laquelle devaient coopérer cent mille Français fut même préparé par Schwarzenberg sans que l'on en instruisît Talleyrand. On était certain de son concours. Ses avances aux cabinets de Vienne et de Londres avaient été telles qu'elles équivalaient à un blanc-seing. Peu de temps après, la Prusse ayant déclaré qu'elle regardait comme une insulte la Note de Metternich, du 10 décembre, les ministres d'Autriche et d'Angleterre se décidèrent à entrer franchement en pourparlers avec Talleyrand. L'entente fut facile puisque — Talleyrand s'en vante dans ses lettres à Louis XVIII — la France ne demandait rien que la permission de verser son sang pour le roi... de Saxe. Mais dès ce moment, la France reprit son rang parmi les puissances, et le prince de

---

1. Talleyrand à Louis XVIII, 12, 17 oct., 4 janv. (*Corresp. avec Louis XVIII*.) Gentz, *Corresp.*, I, 87. Mémoire de Gentz sur le congrès de Vienne. Liverpool à Castlereagh, Londres, 2 nov. (*Dispatchs of Wellington*, Supplement, IX.) N. à d'Avaray, Vienne, 18 janv. (Arch. Aff. étr., 675).

2. Dès la fin d'octobre, Castlereagh avait admis l'hypothèse de l'alliance française, mais comme pis-aller. (Castlereagh à Wellington, 25 oct., *Dispatchs of Wellington*, Supplement, IX.) Il rêvait une alliance entre l'Angleterre, l'Autriche, la Prusse, les petits Etats d'Allemagne et les Pays-Bas, dont les forces réunies devaient imposer à la France et à la Russie. Mais la fidélité du roi de Prusse à son amitié déférente pour le czar fit échouer ces plans.

Talleyrand se retrouva respecté et écouté comme au temps où il représentait Napoléon, vainqueur de l'Europe [1].

C'était le double but que s'était proposé le plénipotentiaire de Louis XVIII. Il triomphait, et, abusé, aveuglé, par ce triomphe tout relatif, il ne vit pas les vrais intérêts de la France quand, le 30 décembre, la Prusse offrit de dédommager le roi de Saxe de la perte de son royaume en lui abandonnant le tiers des territoires qu'en vertu du traité de Paris elle occupait sur la rive gauche du Rhin. Ce nouvel Etat devait être formé du Luxembourg et d'une partie des provinces Rhénanes, avec Trèves et Bonn [2].

Les instructions que Talleyrand s'était fait dicter lui prescrivaient de ne laisser acquérir par la Prusse ni Luxembourg ni Mayence. Or la proposition du cabinet prussien — proposition qui avait d'ailleurs été suggérée par le czar dans une dernière pensée bienveillante pour la France [3] — le mettait à même d'obtenir bien davantage : l'éloignement de la Prusse de notre frontière de l'Est et la constitution à cette frontière d'un Etat de sept cent mille anciens sujets français, la plupart catholiques, sous le sceptre d'un roi également catholique, allié de la France et cousin germain de Louis XVIII. Mais cet arrangement étant contraire au droit historique et aux principes de la légitimité, Talleyrand repoussa d'un cœur léger la proposition

---

1. Castlereagh à Wellington, 21 nov. (*Letters and Dispatchs*, II.) Castlereagh à Liverpool, 17, 18 et 25 déc. *(Dispatchs of Wellington*, Supplément, IX.) Talleyrand à Louis XVIII, 25 nov., 7, 15, 28 déc., 4 janv. (*Corresp. avec Louis XVIII.)* Gentz, *Corresp.*, I, 123-124, 153, 157. Mémoire de Gentz sur le congrès de Vienne. (Metternich, *Mém.*, II, 474, sq.) Mémoire de La Besnadière sur la mission à Vienne. (Arch. Aff. étr., 672.)

2. Note de Hardenberg à Metternich, 29 déc. Projet de convention proposé par les plénipotentiaires de Russie, 30 déc. Protocole de la conférence du 30 déc. (d'Angeberg, 1863-1873). Cf. Talleyrand à Louis XVIII, 6 janv. *(Corresp. avec Louis XVIII).* Castlereagh à Liverpool, 2, 3 et 5 janv. *(Dispatchs of Wellington,* Supplément, IX).

3. Talleyrand à Louis XVIII, 6 janv. *(Corresp. avec Louis XVIII.)*

de la Prusse¹, comme il avait repoussé deux mois auparavant les ouvertures de la Russie².

Cet arrangement était surtout contraire aux intérêts de l'Autriche, qui redoutait le contact de la Prusse au nord de la Bohême, et aux vues hostiles de l'Angleterre qui voulait tourner la pointe de l'épée prussienne contre la frontière de France³. De crainte sans doute que Talleyrand ne réfléchît mieux et ne donnât son assentiment à la proposition de Hardenberg⁴, Castlereagh et Metternich s'empressèrent, le 3 janvier, de lui faire signer un traité d'alliance. Il y était expressément stipulé que les trois puissances ne pensant point à un agrandissement et entendant seulement « compléter les dispositions du traité de Paris », ce traité, si la guerre éclatait, « aurait force pour régler, à la paix, la nature, l'étendue et les frontières de leurs possessions respectives⁵ ». Ainsi, l'Autriche et l'Angleterre qui, en vertu du traité de Paris, auraient recouvré toutes leurs possessions, agrandi leur empire et refait à leur convenance la carte de l'Europe, daigneraient ne rien demander de plus. Et la France qui, par ce même traité, aurait perdu tout ce qu'elle pouvait perdre devrait aussi se déclarer satisfaite. La France était seulement admise à l'honneur de combattre pour la sécurité de l'Autriche et le triomphe de la politique anglaise. En vérité, le prince de Talleyrand avait-il tant à se glorifier d'avoir signé cette convention ?

1. Talleyrand à Louis XVIII, 6 janv. Cf. Louis XVIII à Talleyrand, 15 janv. *(Corresp.* précitée.)
2. Talleyrand à Louis XVIII, 4 et 25 oct., 17 nov. *(Corresp.* précitée.)
3. « Je suis toujours porté à reprendre la politique que M. Pitt avait fortement à cœur et qui consiste à mettre la Prusse en contact avec la France sur la rive gauche du Rhin. » Castlereagh à Wellington, Vienne, 1ᵉʳ oct. *(Letters and Dispatchs*, II.)
4. Comparez les lettres de Castlereagh à Liverpool du 25 décembre, avec celles des 2, 3 et 5 janv. *(Dispatchs of Wellington*, Supplement, IX.)
5. Traité secret d'alliance, 3 janv. Préambule, Article X.

Le traité du 3 janvier fut tenu secret, mais l'attitude plus ferme de Metternich et de Castlereagh, l'admission de Talleyrand dans le comité des quatre puissances, devenu « le comité des Cinq [1] », et de son coadjuteur, le duc de Dalberg, dans la commission de statistique, enfin certaines indiscrétions donnèrent des soupçons à la Russie et à la Prusse et les disposèrent à céder [2]. Comme l'avait prévu Talleyrand, il suffisait « de montrer la guerre pour n'avoir point à la faire ». Alexandre offrit de ne garder qu'une partie du duché de Varsovie, Frédéric-Guillaume consentit à ne prendre que la moitié de la Saxe. Après de longs pourparlers, « les Cinq » s'accordèrent sur ces bases. Au milieu de février 1815, la question de la Pologne et de la Saxe était résolue, et l'on annonçait comme très prochaine la clôture du congrès [3].

III

Enfin, l'empereur d'Autriche allait donc voir partir « ses chers hôtes ! » Très flatté d'abord que le congrès se tînt à Vienne, il pensait depuis longtemps déjà que la présence dans sa capitale de tant de têtes couronnées était importune et fort coûteuse. Pour divertir les souverains on avait épuisé tous les genres de fêtes, si bien qu'au moment de mourir le vieux prince de Ligne disait gaiement : « — Je prépare aux membres du congrès un nouvel amu-

---

1. Talleyrand ne fut admis dans ce comité, qui formait en réalité tout le congrès, que le 7 janvier.
2. Mémoire de Gentz sur le congrès de Vienne, 12 février. (Metternich, *Mém.*, 486, 492.) Cf. Talleyrand à Louis XVIII, 1er février, 8 février. (*Corresp. avec Louis XVIII.*) Müffling à Low, Aix-la-Chapelle, 29 janv. (*Dispatchs of Wellington*, Supplément, IX.)
3. Mémoire de Gentz précité. Talleyrand à Louis XVIII, 15 fév. (*Corresp.* précitée.) Wellington à Castlereagh, Vienne, 25 février. (*Dispatchs*, XII.)

sement : les funérailles d'un feld-maréchal, chevalier de la Toison d'Or. Cela sera fort imposant. » La cour d'Autriche se trouvait à bout d'invention et plus encore à court d'argent. Les dépenses s'élevaient en moyenne à deux cent vingt mille florins par jour. « — Voici les occupations des souverains, disait-on à Vienne : l'empereur de Russie aime, le roi de Danemark boit, le roi de Wurtemberg mange, le roi de Prusse pense, le roi de Bavière parle, et l'empereur d'Autriche paye [1]. »

Avant la séparation du congrès, il restait encore à résoudre plusieurs questions, dont trois intéressaient tout particulièrement le prince de Talleyrand : la souveraineté de Parme, le détrônement de Murat, la déportation de Napoléon.

L'article V du traité de Fontainebleau portait que les duchés de Parme, Plaisance et Guastalla seraient donnés en toute propriété et souveraineté à l'impératrice Marie-Louise pour passer à son fils et à sa descendance en ligne directe. Il semblait qu'il n'y eût point à revenir sur les stipulations d'un traité signé par les représentants de l'Autriche, de la Prusse et de la Russie, ratifié, quant à ce point spécial, par le représentant de l'Angleterre, et garanti deux fois par les représentants de la France, le 11 avril, au nom du gouvernement provisoire, et le 30 mai, au nom du roi Louis XVIII. Tel n'était pas l'avis de Talleyrand, qui apparemment n'attachait pas plus d'importance à la signature d'autrui qu'à la sienne propre. D'accord avec l'ambassadeur d'Espagne, il s'efforça de faire restituer cette principauté à l'infante Marie-Louise d'Espagne, veuve du prince Louis de Parme. Ces né-

---

1. Talleyrand à Louis XVIII, 6 nov. Bausset, *Mém.*, IV, 124. Colonel de Berger à N., Teschen, 8 janv. N. au comte de La Fare, Vienne, 22 oct. (Arch. Aff. étr., 675.)

gociations furent même au moment de réussir. On parlait de donner comme dédommagement à l'ex-impératrice, soit le duché de Lucques, soit la légation de Ravenne, soit les îles Ioniennes, soit encore des fiefs en Bohême d'un revenu considérable. Metternich, l'empereur d'Autriche lui-même, qui dans une de ses coutumières aberrations prétendait « que sa délicatesse et sa qualité de père lui imposaient le devoir de n'exercer aucune influence sur la décision du congrès à l'égard de sa fille », ne s'opposaient pas à l'un ou à l'autre de ces arrangements [1].

Marie-Louise désirait beaucoup régner à Parme, mais le sénat européen n'avait cure de la consulter. Abandonnée par ceux qui auraient dû être ses protecteurs naturels, cette jeune femme sans volonté et sans énergie se serait soumise à l'arrêt du congrès si elle n'eût trouvé dans sa retraite de Schönbrunn l'appui zélé et intéressé du général Neipperg. Ce personnage, devenu depuis tantôt six mois le chambellan et le grand-écuyer de l'ex-impératrice, avait déjà gagné sa confiance, sinon davantage. Il prit sa cause à cœur comme si elle eût été la sienne propre et fit auprès de l'empereur d'Autriche, de Metternich, de Castlereagh de nombreuses démarches qui restèrent sans résultat. Neipperg conseilla alors à Marie-Louise d'invoquer la protection du czar. Moins soucieux que Talleyrand des principes de la légitimité mais plus que lui respectueux des traités, l'empereur de Russie accueillit cette supplique avec faveur, rendit plusieurs visites à Marie-Louise et l'assura qu'elle aurait Parme. Son intervention fut

---

[1]. Talleyrand à Louis XVIII, 13 oct., 19 janv., 15 févr. (*Corresp. avec Louis XVIII.*) Mémoire de Gentz. (Metternich, *Mém.*, II, 482, 498.) Rapport de Meneval à Napoléon, Paris, 18 mai 1815. (Arch. Aff. étr., 1802.) — Ce volumineux rapport a été reproduit avec de nombreuses suppressions et quelques adjonctions dans les *Souvenirs de Meneval*, II, 140 à 330.

toute puissante. Le cabinet de Vienne, se sentant soutenu par la Russie, changea d'attitude et fit entendre qu'il n'admettrait plus même aucune discussion sur cette question « qui devait être considérée comme résolue [1] ». Mais il fut décidé en même temps que le fils de Marie-Louise n'hériterait pas de sa mère la souveraineté des duchés, et qu'il serait élevé en Autriche. Comme prix du trône de Parme, on exigeait de Marie-Louise qu'elle abandonnât son enfant. Cet odieux marché, la femme de Napoléon eut la faiblesse de l'accepter [2].

Contraint de céder sur la question de Parme, Talleyrand se montrait intraitable sur celle de Naples. Il était acharné à la perte de Murat, dont Louis XVIII regardait le maintien sur le trône comme un scandale et un danger. « C'est le *delenda Carthago* », écrivait le roi, qui ne cessait de stimuler le zèle de Talleyrand contre cet usurpateur [3]. Dans le congrès, Murat avait peu de sympathies. Comme le disait M. de Signeul, on ne prenait pas au sérieux « cet ex-garçon de café qui avait mis la royauté dans des bottes de maroquin rouge [4] ». Malheureusement pour Ferdinand IV, qui s'appelait toujours roi des Deux-Siciles mais qui ne régnait plus que sur une seule, l'Autriche avait signé avec Murat, le 11 janvier 1814, un traité d'alliance par lequel elle lui garantissait la souveraineté pleine et entière de ses Etats d'Italie. Murat avait tenu ses engagements en com-

---

1. Rapport de Meneval à Napoléon. Paris, 18 mai. (Arch. Aff. étr., 1802.) Meneval, *Souvenirs*, II, 213-216-218. Talleyrand à Louis XVIII, 15 et 26 févr. Louis XVIII à Talleyrand, 3 mars. (*Corresp. de Talleyrand et de Louis XVIII.*) Cf. *Corresp. de Marie-Louise*, 178.

2. Meneval, *Souvenirs*, II, 233, 235, 236, 238. Cf. Louis XVIII à Talleyrand, 3 mars, et Instructions du même au même, 5 mars. (*Corresp.* précitée).

3. Louis XVIII à Talleyrand, 10 déc. et 11 fevr. Cf. 13 oct., 22 nov., 7 janv., etc. (*Corresp. avec Louis XVIII.*) Castlereagh à Wellington, 25 oct. (*Letters and Dispatchs*, II.)

4. Rapp. du 2 fevr. 1815. (Arch. nat. F. 7, 3.739.)

battant l'armée française. En manquant maintenant aux siens, le cabinet de Vienne eût mis le roi de Naples dans la situation vraiment pitoyable d'avoir trahi pour l'honneur.

Metternich opposait donc le traité du 11 janvier aux véhémentes représentations de Talleyrand. En vain, pour lever ses scrupules, celui-ci énonçait cette maxime, digne d'Escobar, que « l'acte par lequel on garantit à quelqu'un ce qui n'est pas à lui est un acte nul », le ministre autrichien ne semblait pas se laisser ébranler[1]. Irrité de cette résistance, Talleyrand en arriva à écrire que Metternich défendait si vivement Murat par un regain d'amour pour sa femme Caroline Bonaparte, dont il avait été l'amant[2]. Metternich pensait bien à autre chose! S'il soutenait Murat, c'était uniquement pour sauvegarder les intérêts de l'Autriche. Dans l'éventualité d'une guerre contre la Prusse et la Russie, l'Autriche avait dû à peu près dégarnir l'Italie afin de concentrer toutes ses forces en Bohême et en Galicie. Or l'Italie était mécontente, agitée, peuplée de conspirateurs qui, croyait-on, n'attendaient pour agir qu'un signal de Murat. Lui-même avait son armée prête à entrer en campagne. « Il connaissait, disait-il, les projets sinistres de certaines puissances, et il était déterminé à les prévenir en soulevant l'Italie et en se faisant proclamer chef de la confédération. Quel que fût le résultat de sa prise d'armes, du moins il mourrait roi et l'épée à la main. » L'Autriche se trouvant ainsi exposée à deux attaques simultanées, au nord et au

---

1. Mémoire de Gentz. (Metternich, *Mém.*, II, 499, 501.) Talleyrand à Louis XVIII, 4 oct., 6 nov., 30 nov., 15 déc., 1er févr. (*Corresp. avec Louis XVIII.*) Cf. Instructions du roi à son ambassade au congrès. (Arch. Aff. étr., 677.)

2. Talleyrand à Louis XVIII, 25 nov. (*Corresp.* précitée). Cf. Lettre de Vienne au département, novembre 1814 (Arch. Aff. étr., 684), et Mme de Rémusat, *Mém.*, III, 48.

sud de son empire, Metternich cherchait à temporiser. Mais il espérait bien, lorsqu'il serait délivré de toute crainte du côté de la Russie, trouver quelque prétexte pour rompre l'importun traité avec Naples [1].

Ce prétexte, Murat le fournit lui-même par l'envoi d'une Note mettant Talleyrand en demeure de s'expliquer sur les intentions de la France à son égard, et signifiant à Metternich qu'en cas de guerre avec cette puissance, les troupes napolitaines seraient forcées d'entrer dans les duchés. Cette Note arriva mal à propos. En décembre 1814, au milieu des débats sur la Saxe, elle eût intimidé l'Autriche; à la fin de février 1815, ces débats étant clos, Metternich riposta par la déclaration que l'empereur, son maître, regarderait comme un *casus belli* toute violation du territoire italien. En même temps, des ordres furent donnés pour l'envoi de cent cinquante mille hommes en Italie, et lord Castlereagh, de passage à Paris, et le baron de Vincent entrèrent directement en pourparlers avec Louis XVIII au sujet d'une action commune contre Murat. Le 5 mars, le roi transmit à Talleyrand la note de Vincent et un contre-projet, en lui mandant d'avoir à insister « sur la fixation d'une époque prochaine pour l'exécution du plan concerté ». Si donc Murat régnait encore à Naples, ses jours de royauté étaient désormais comptés [2].

Napoléon était également menacé. « On montre une intention assez arrêtée d'éloigner Bonaparte de l'île d'Elbe », écrivait Talleyrand à Louis XVIII. Les

---

1. Mémoire de Gentz, précité. Lettre de Vienne au département, novembre. (Arch. Aff. étr., 684.) Les ambassadeurs au département, 6 nov. (Talleyrand, *Mém.*, II, 423). Talleyrand à Louis XVIII, 24 févr. (*Corresp.* précitée.)
2. Talleyrand à Louis XVIII, 24 et 26 févr. Louis XVIII à Talleyrand, 3 et 5 mars. (*Corresp. avec Louis XVIII.*) Cf. La lettre de Ruffo, ministre de Ferdinand IV, à Talleyrand, Vienne, 28 avril 1815 (Arch. Aff. étr., 684), et la lettre de Wellington à Castlereagh, Vienne, 25 févr. (*Dispatchs*, XII) : « Je regarde l'affaire de Murat comme réglée. »

uns proposaient de le transférer à Sainte-Lucie ou à Sainte-Hélène, les autres dans l'une des Açores. On parlait partout de ce projet[1]. « L'excellente idée des Açores », selon le mot de Louis XVIII, avait l'assentiment de Castlereagh[2], et sans nul doute celui de l'empereur d'Autriche qui avait été le premier à déplorer que son gendre ne fût pas envoyé « bien loin de l'Europe[3] ». Seul dans le congrès, le czar était peut-être disposé à prendre la défense de Napoléon, croyant à juste titre la Russie et les autres puissances engagées envers le vaincu par le traité de Fontainebleau. Encore Alexandre aurait cédé assez vite aux considérations d'intérêt général qui allaient être invoquées. Il semble, en tout cas, que l'enlèvement de Napoléon était subordonné à l'exécution du plan contre le roi de Naples. En même temps que l'on eût expulsé Murat on eût fait le coup sur l'île d'Elbe. La prétendue connivence de Napoléon avec son beau-frère dans les conspirations italiennes eût servi de prétexte pour déchirer la seule page encore intacte du traité de Fontainebleau[4].

1. Talleyrand à Louis XVIII, 13 oct. et 7 déc. Cf. Louis XVIII à Talleyrand 21 oct. (*Corresp. de Talleyrand avec Louis XVIII.*) Lettre de Dupont, 8 oct. (*Corresp.* précitée, 72.) N. au comte Dumoustiers, Londres, 8 déc. John Adye à sa femme, Porto-Ferrajo, 22 janv. Rapp. de Mariotti, Livourne, 4 oct. (Arch. Aff. étrang., 675 et 1800). Corresp. anglaise, 26 oct. Lettre d'Allen, 27 oct. (Arch. nat. F.7, 3.739). Note de lord Liverpool. (*Dispatchs of Wellington*, Supplément, IX, 555.) Blacas à Castlereagh, 4 mars. (Castlereagh, *Letters and Dispatchs*, II.) Ordre du jour de Dessoles. (*Moniteur*, 8 mars.) La Fayette, *Mém.* V, 345. Joseph de Maistre à Vallaise, Saint-Pétersbourg, 21 fév. (*Corresp.* V.)
2. Talleyrand à Louis XVIII, 13 oct. Louis XVIII à Talleyrand, 21 oct. (*Corresp. de Talleyrand et de Louis XVIII.*)
3. François Ier à Metternich, Troyes, 12 avril 1814 : « Plût à Dieu qu'on envoyât Napoléon bien loin... A l'île d'Elbe, Napoléon reste trop près de la France et de l'Europe. » (Metternich, *Mém.*, II, 473.)
4. Talleyrand à Louis XVIII, Vienne, 7 déc. (*Corresp. avec Louis XVIII*) : « ... La conclusion est : il faut se hâter de se débarrasser de l'homme de l'île d'Elbe et de Murat. Mon opinion fructifie. » — Joseph de Maistre à Vallaise, Saint-Pétersbourg, 21 fév. (*Corresp.* V) : « J'espère que l'auguste assemblée aura pourvu (avant de se séparer) à la transportation absolument nécessaire de Napoléon. Il faut l'anéantir moralement. »
L'ordre du jour de Dessoles aux Gardes nationales de France (*Moniteur*,

Au congrès de Vienne, Talleyrand représenta la France avec une dignité qui touchait à la grandeur. « Il parle comme un ministre de Louis XIV, » disait-on de lui, non sans une pointe d'ironie. La politique de ce « ministre de Louis XIV », qui n'était que le ministre de Louis XVIII, fut-elle aussi habile que son attitude fut haute? Sans doute, comme Talleyrand prit soin de s'en vanter lui-même, il fit rendre à la France, vaincue, démembrée et admise par grâce au congrès, sa place dans le grand conseil de l'Europe ; il concourut à la rupture de la quadruple alliance ; il aida à rééditier le trône de Frédéric-Auguste et il sut ébranler celui de Murat. Mais quand on se rappelle qu'il s'aliéna la Russie pour se rapprocher de nos pires ennemies d'alors, l'Angleterre et l'Autriche, qu'il sacrifia à la restauration du roi de Saxe et au partage du duché de Varsovie la neutralisation de la rive gauche du Rhin et peut-être une extension de frontières vers la Belgique, qu'il conclut enfin le traité léonin du 3 janvier 1815, aux termes duquel l'armée française était tenue de combattre dans l'unique intérêt de l'empire d'Autriche, on est bien près de penser que si Talleyrand fit jouer un rôle à la France, ce fut un rôle de dupe.

8 mars 1815) porte : « Des mesures avaient été adoptées au congrès de Vienne pour éloigner davantage Bonaparte. » Vraisemblablement, Dessoles s'exprimait si affirmativement pour prouver que Napoléon était au ban de l'Europe. Mais nous n'avons trouvé ni dans les actes du congrès, ni dans les correspondances de Gentz, Talleyrand, Castlereagh, Metternich, Wellington, etc., aucun indice que des mesures aient été arrêtées au congrès contre Napoléon. Il n'en est pas moins démontré d'ailleurs, par les documents cités dans les notes précédentes, que si ces mesures n'étaient point prises, on était au moment de les prendre.

Sur la prétendue participation de Napoléon aux conspirations de l'Italie ou plutôt sur les craintes qu'on en avait, Cf. Wellington à Cooke, 20 sept. ; à Liverpool, 25 déc. et 5 janv. ; Castlereagh à Liverpool, 18 déc. (Wellington, *Dispatchs*, XII, et Supplement, XI). Chevalier Tinseau à Castlereagh, 27 nov. (*Letters and Disp. of Castlereagh*, II). Talleyrand à Louis XVIII, 17 nov., 7 déc., 15 févr. Louis XVIII à Talleyrand, 22 nov. (*Corresp. avec Louis XVIII*). Rapp. du consul de Livourne, 15 nov., 12 déc., 24 janv. (Arch. Aff. étr., 1800).

CHAPITRE IV

L'ILE D'ELBE

I. Napoléon souverain de l'île d'Elbe.
II. Les violations du traité de Fontainebleau. — Le cabinet autrichien Marie-Louise et le comte Neipperg. — Non-paiement par le gouvernement français de la rente de deux millions. — Menaces de déportation et d'assassinat.
III. Projets incertains de Napoléon. — Arrivée à l'île d'Elbe de Fleury de Chaboulon. — Détermination soudaine de Napoléon.
IV. Le départ de l'île d'Elbe.
V. Retour à Porto-Ferrajo du commissaire anglais. — Discours de lord Castlereagh au Parlement.

I

En France, on parlait sans cesse du prochain retour de l'empereur. A l'île d'Elbe, nul ne semblait y songer. Napoléon causait, écrivait, agissait comme s'il eût accepté en philosophe sa nouvelle destinée. « — Mariez-vous ici, disait-il à Drouot, car désirant vous conserver auprès de moi, je tiens à vous voir contracter des liens qui vous attachent pour toujours à l'île d'Elbe[1]. » Rien dans ses conversations, rapportées par Peyrusse, par Foresi, par Campbell, par Koller, par Vincent, par Litta, par lord Ebrington[2],

---

1. Interrogatoire de Drouot (*Procès de Drouot*, 14).
2. Peyrusse, trésorier général à l'île d'Elbe ; — Vincent Foresi, Elbois, fournisseur des vivres ; — le colonel Campbell, commissaire anglais ; — le général Koller, commissaire autrichien ; — le colonel Vincent (plus tard général), inspecteur du génie, à l'île d'Elbe, au service de la France ; il quitta l'île vers le 10 juin 1814. — Le Milanais Litta et lord Ebrington vinrent voir l'empereur à Porto-Ferrajo en décembre 1814.

rien dans sa conduite ne trahit une arrière pensée ; et à lire sa nombreuse correspondance de Porto-Ferrajo, où il n'est question que de l'administration, des finances, des routes, des bâtiments et des fortifications de l'île[1], il semble que Napoléon comptait user le reste de sa vie dans cet empire de huit mille hectares.

Débarqué le 4 mai, aux acclamations des habitants[2], dès le 7, Napoléon avait parcouru à cheval l'île tout entière, visité les mines et les salines, inspecté les ouvrages de défense, et il s'occupait d'organiser ses nouveaux États[3]. Son indicible activité, si péniblement contenue pendant le séjour à Fontainebleau, trouva son emploi à cette œuvre dont au temps de sa puissance il eût chargé un garde champêtre.

Sous la domination française, l'île d'Elbe formait une sous-préfecture du département de la Méditerranée (chef-lieu : Livourne). Napoléon transforma le sous-préfet Balbi en intendant de l'île, fit Drouot gouverneur et institua son trésorier des voyages,

1. Napoléon, *Corresp.*, 21.566 à 21.680. — Sur ces 114 lettres, il n'en est que 15 qui n'aient point rapport à l'administration de l'île d'Elbe, et parmi celles-ci, 4 seulement, datées d'ailleurs des 16, 22 et 26 février, sont relatives aux préparatifs de l'expédition. Dans les 11 autres, il est question de Marie-Louise, de Madame mère, de la princesse Borghèse, de Murat ; on n'y trouve pas un mot qui puisse faire soupçonner un projet de départ.
Il faut remarquer aussi que tous les rapports adressés de l'île d'Elbe, ou de Livourne, à Paris par les agents secrets représentent Napoléon, au moins jusqu'en décembre 1814, comme résigné à rester dans l'île.

2. A la nouvelle de la chute de l'empire, les Elbois auraient voulu se donner aux Anglais. Le pavillon britannique fut arboré sur quelques points de l'île ; la garnison française se retira à Porto-Ferrajo et à Porto-Longone. Dans plusieurs villages, on brûla Napoléon en effigie. Mais l'annonce de sa prochaine arrivée pacifia tout. Quand il débarqua, la foule des Elbois se pressait sur son passage. Les maisons étaient pavoisées, les rues jonchées de verdure. (Cf. Papi, *Commentarii della Revoluzione*, VI. 163. Campbell, *Napoléon at Elba*, 62. *Relation du commissaire autrichien Koller*, 51-53. Peyrusse, *Mémorial*, 234-235. E. Foresi, *Napoleone all'isola dell'Elba*, 20-23.) Rapports de l'amiral Lhermitte et du capitaine de vaisseau Moncabrie, Toulon, 24 mai et 13 juin (Arch. de la Marine, Bb, 415).

3. Campbell, 216-217. Peyrusse, 234-236. Foresi, 27-28. Napoléon, *Corresp.*, 21.566. Extrait de la correspondance du général Duval. 27 mai. (Arch. Aff. étr., 675.)

Peyrusse, trésorier général et payeur général. Ainsi, Balbi avait l'intérieur, Drouot la guerre, Peyrusse les finances. Avec le grand-maréchal du palais, Bertrand, qui était comme le ministre d'État, ils formaient le conseil de ce royaume lilliputien. Napoléon créa une cour d'appel, car depuis 1808 le tribunal ressortissait à la cour de Florence. Il nomma un inspecteur des ponts-et-chaussées, un directeur des domaines, un inspecteur aux revues, un fournisseur des vivres. Pons de l'Hérault, directeur des mines de l'île, en conserva l'administration. Cambronne eut le commandement de Porto-Ferrajo [1].

Trois bataillons du 35e de ligne et un du régiment colonial italien tenaient garnison dans l'île avant l'arrivée de Napoléon. Il fit savoir qu'il accepterait les sous-officiers et soldats qui voudraient rester à son service et constitua ainsi le noyau d'un bataillon désigné sous le nom de 1er bataillon ou Bataillon de chasseurs ou Bataillon Corse ; il fut complété à 400 fusils, au moyen d'hommes recrutés en Toscane et surtout en Corse [2]. Un deuxième bataillon, dit Bataillon franc ou Bataillon de l'île, d'un effectif de 400 hommes, fut organisé avec les miliciens elbois [3]. Napoléon attendait en outre un escadron de chevau-légers polonais licenciés du service de France et le détachement de la vieille garde que le traité de Fontainebleau l'autorisait à avoir à l'île d'Elbe. Ces troupes débarquèrent le 28 mai. Les grenadiers et chasseurs formèrent un bataillon de 607 hommes (officiers compris), appelé le Bataillon Napoléon. Les Polonais, qui comptaient parmi eux quelques

---

1. Napoléon, *Corresp.*, 21.566, 21.567, 21.568, 21.676, etc. Peyrusse, 236-237. Foresi, 28, 31.
2. Napoléon, *Corresp.*, 21.566, 21.568. Koller, 53-54. Campbell, 199. Situation des troupes stationnées à l'île d'Elbe au 1er février 1814. (Arch. Guerre.)
3. Napoléon, *Corresp.*, 21.568.

mamelucks et chasseurs à cheval de la garde, furent répartis en deux compagnies, l'une à cheval, de 22 hommes, l'autre à pied, de 96 hommes, celle-ci destinée au service des pièces. Le chef de bataillon Mallet, promu colonel, eut le commandement des grenadiers et chasseurs ; le major Jermanowski, celui des deux compagnies polonaises. 43 canonniers de la garde, 21 marins de la garde, un peloton de vétérans, trois brigades de gendarmerie complétaient cette petite armée, forte d'environ 1600 hommes [1]. Les soldats conservèrent l'uniforme français mais ils prirent la cocarde elboise, blanche et rouge, semée d'abeilles d'or, — « des abeilles qui piqueront un jour », écrivait un grenadier [2]. Napoléon avait adopté pour ses nouvelles armes un ancien écusson de l'île, datant de Cosme Ier : d'argent à la

---

[1]. Napoléon, *Corresp.*, 21.568, 21.569, 21.619, 21.649. Contrôles nominatifs du Bataillon Napoléon et de l'Escadron Napoléon (cités par Fieffé, *Napoléon et la garde*, 119-126). Etats des services des officiers du bataillon Napoléon. (Arch. nat., AF*. IV, 1706.) Rapports du capitaine de vaisseau de Moncabrie, 13 juin, et de l'amiral Lhermitte, Toulon, 3 sept. (Arch. de la Marine. Bb 415). — Les effectifs cités dans *l'île d'Elbe et les Cent Jours* (*Corresp. de Napoléon*, XXX, 16), ainsi que beaucoup d'autres détails sur le séjour à l'île d'Elbe, sont erronés.

Aux termes de l'article XVII du traité de Fontainebleau, Napoléon était autorisé à emmener dans sa nouvelle résidence 400 hommes de bonne volonté. Mais les grenadiers et chasseurs s'étant présentés en plus grand nombre, les généraux Petit et Cambronne avaient cédé à leurs prières et les avaient désignés pour partir. A Savone, où ils s'embarquèrent, le commandant de la flottille anglaise chargée de les transporter n'avait fait nulle observation. Le fait, connu peu après, donna lieu à un échange de lettres entre Talleyrand, Dupont et Malouet. (Arch. Guerre, 2, 21 et 22 juin.) Quant aux Polonais, Napoléon s'était entendu à Fontainebleau avec Jermanowski, pour en recruter un escadron de 80 hommes destiné à l'île d'Elbe, et un autre de 40, qui devait former la garde de Marie-Louise à Parme. Les premiers s'embarquèrent à Savone avec les grenadiers, les autres allèrent d'abord à Parme, mais comme ils n'y trouvèrent pas l'impératrice et que l'on refusa de leur donner leur solde, Napoléon les fit venir aussi à l'île d'Elbe. (Rapp. de Bertrand à Caulaincourt, Paris, 1er juin 1815. Arch. Aff. étr., 1802.) L'empereur se trouva avoir ainsi plus de soldats qu'il ne croyait. D'après sa note du 10 mai (*Corresp.*, 21.568) il est clair qu'il attendait seulement 400 grenadiers et chasseurs et 80 Polonais.

[2]. Vraincourt, grenadier à la 5e compagnie du Bataillon Napoléon, à Mme Chervin à Verdun, Porto-Ferrajo, 1er déc. (Arch. Aff. étr., 675.)

bande de gueules chargée de trois abeilles d'or[1].

Le brick *l'Inconstant*, de 16 canons, cédé par la France en vertu du traité de Fontainebleau, l'espéronade *la Caroline*, armée d'un canon de fonte, les deux felouques *l'Abeille* et *la Mouche*, appartenant aux mines de Rio, le demi-chebec *l'Etoile*, acheté par l'empereur 8,822 francs, et un grand canot constituèrent la marine de guerre. L'enseigne de vaisseau Taillade, qui s'était marié à Porto-Longone et qui fut promu lieutenant, eut le commandement de cette flottille montée par 129 hommes d'équipage[2].

« Ce sera l'île du Repos, » avait dit Napoléon en débarquant[3]. Or, au moins pendant les six premiers mois, il déploya une activité presque fébrile. Obéissant à son génie organisateur qui le poussait à mettre sa marque partout où il passait, il voulut transformer l'île d'Elbe. Il réorganisa la douane, l'octroi, l'enregistrement, leva les droits d'entrée sur les blés, sauf sur ceux à consommer dans Porto-Ferrajo, afferma à nouveau les salines et les madragues. Il établit un lazaret, réunit l'hospice à l'hôpital militaire, construisit un théâtre, augmenta les fortifications, répara les casernes, planta de la vigne, s'occupa de l'acclimatation des vers à soie, encouragea les défrichements en distribuant des terres, assainit et embellit la ville, qui fut pavée, pourvue d'eau et entourée d'allées de mûriers. A deux lieues marines au sud-est de l'île se trouve l'îlot de Pianosa. L'empereur en prit possession, le fortifia et y mit une garnison de trente hommes avec cinq bou-

---

1. Corresp. du général Duval, 27 mai. (Arch. Aff. étr., 675.) — Le nouveau pavillon fut arboré le 9 mai dans toutes les communes de l'île (Napoléon, *Corresp.*, 21.566.)
2. État des dépenses pour les bâtiments de S. M., Porto-Ferrajo, 26 sept. Rapp. de l'amiral Lhermitte, 2 juin et 3 sept. (Arch. de la Marine, Bb 415). Napoléon, *Corresp.*, 21.570, 21.571, 21.596, 21.601, 21.605, 21.631. Rapport de Mariotti, Livourne, 28 sept. 1814 (Arch. Aff. étr., 1800).
3. Extrait de la corresp. du général Duval, 27 mai. (Arch. Aff. étr., 675.)

ches à feu. C'était un poste militaire, mais l'empereur projetait aussi de peupler cet îlot et de le fertiliser par de grands travaux d'irrigation. Le plan d'un village fut même dressé, et Napoléon nomma le curé de la future paroisse. « — L'Europe, dit-il en riant, va m'accuser d'avoir déjà fait une conquête ! » Dans l'île, les routes étaient rares et mauvaises. Il les fit réparer, élargir et en fit ouvrir cinq nouvelles. Il établit une rampe carrossable à la place de l'escalier accédant au sommet de Porto-Ferrajo. Les gens du pays et les soldats de la garde étaient employés à ces divers travaux[1]. « Le grand plaisir de Bonaparte, lit-on dans les rapports adressés de l'île d'Elbe à Paris, est d'ouvrir les chemins. Il aime les hommes utiles et a admirablement traité un maître jardinier et un maître maçon vêtus sordidement. Il ne les lâchait plus et les accablait de questions. Il emploie ses soldats à démolir des murs. Ils ne sont pas contents et disent qu'ils ne veulent pas faire le métier de maçon. Il les appelle grognards et malgré tout les fait travailler[2]. »

En effet, les grognards grognaient un peu, car ces Français s'ennuyaient sur ce rocher italien dont ils disaient : « C'est un fameux refuge pour un renard. » Mais ils prenaient leur mal en patience grâce à leur idolâtrie pour le Petit Caporal. L'empereur passait parfois six heures de suite au quartier, touchant les literies, goûtant la soupe, le pain, le vin, causant familièrement avec les hommes, et se montrant toujours, selon sa coutume, « sévère pour les officiers et bienveillant

---

1. Napoléon, *Corresp.*, 21.566, 21.567, 21.577, 21.582, 21.583, 21.586, 21.594, 21.596, 21.604, 21.618, 21.636, 21.673 Cf. Peyrusse, Campbell, Foresi, etc., et le *Mémorial de l'île d'Elbe* du général Vincent, dans les *Mémoires de Tous*, III.
2. Rapport de Moncabrié, Toulon, 13 juin (Arch. de la Marine, Bb, 415) Rapport anonyme, 17 sept. (Arch. Guerre.)

pour les hommes[1] ». Il avait acquis des vignes dans l'île. En voyant les raisins mûrir, il dit à Peyrusse : « — Mes grognards les vendangeront avant moi. » Les soldats n'y manquèrent pas. Quand ils savaient qu'une vigne était à l'empereur, ils la regardaient comme à eux et y maraudaient sans scrupule. Un jour, l'empereur rencontra cinq ou six grenadiers qui regagnaient la caserne Saint-François avec une provision de raisin : « — D'où venez-vous ainsi ? » dit-il en affectant un air sévère. « — Sire, nous revenons de Saint-Cloud. » Le mot courut la garnison, et les soldats n'appelèrent plus que Saint-Cloud le petit domaine de San-Martino[2].

Chaque jour, l'empereur faisait de longues courses à cheval, des promenades en mer, de rudes ascensions. « On dirait, écrit Campbell, que Napoléon veut réaliser le mouvement perpétuel. Il prend plaisir à fatiguer tous ceux qui l'accompagnent dans ses excursions. Je ne crois pas qu'il lui soit possible de s'asseoir pour écrire, tant que sa santé lui permettra les exercices du corps. Hier, après une promenade à pied par un soleil ardent, qui a duré de cinq heures du matin à trois heures de l'après-midi, et après avoir visité les frégates et les transports, il est monté à cheval pendant trois heures encore — *pour se défatiguer*, m'a-t-il dit ensuite[3]. » Ainsi, Napoléon ne pense pas à tenir sa promesse de Fontainebleau aux soldats de la vieille garde « d'écrire les grandes choses qu'ils ont faites ensemble ». Cela sera l'œuvre du prisonnier de Sainte-Hélène. Le souverain de l'île d'Elbe est encore trop homme d'action pour écrire autre

---

[1]. Rapport précité, 17 sept. (Arch. Guerre.) Rapport de Ducourneau, timonier de *l'Antilope*, transmis par le maire de Bordeaux, novembre (Arch. nat. F. 7, 3.773). Campbell, 247, 249. Général Vincent, *Mém. de Tous*, III, 199.
[2]. Peyrusse, 363. Monier, l' de grenadiers, *Une année de Napoléon*, 73-74.
[3]. Campbell, *Napoléon at Elba*, 243.

chose que des ordres. Il commande, il organise, il construit, il inspecte, il marche, il monte à cheval, cherchant à s'étourdir et à oublier dans cette agitation incessante qui lui donne l'illusion de l'action.

Ce besoin de mouvement, cette difficulté de tenir en place expliquent la multitude des habitations de l'empereur à l'île d'Elbe. Descendu à l'Hôtel de Ville, il avait aussitôt choisi comme résidence la *Palazzina* des *Mulini*, située dans la ville haute, entre le fort Stella et le fort Falcone. Cette maisonnette fut réparée, surélevée d'un étage et augmentée au rez-de-chaussée d'une grande pièce pouvant servir à la fois de salle de spectacle et de galerie de fêtes. En même temps, l'empereur fit aménager à son usage le « château » de Porto-Longone. Pourvu à la ville, il s'occupa de sa résidence d'été. Il acheta dans une jolie vallée une grange appelée San-Martino, qui fut tant bien que mal transformée en maison de campagne. Le salon fut décoré de peintures à fresques, représentant des vues d'Egypte dans la manière de Hubert Robert. L'empereur voulut aussi un pied-à-terre près des mines de Rio. Puis au cours d'une excursion au mont Capanña, le point le plus élevé de l'île (800 mètres d'altitude), il s'arrêta sous une châtaigneraie séculaire, non loin de la petite église de la Madone de Marciana. Séduit par le site, il ordonna d'y construire un bâtiment fort simple mais assez vaste, composé de cinq pièces d'enfilade et d'une cuisine en retour. Il y habita du 23 août au 4 septembre. Le 18 septembre, il acquit l'isthme du cap Stella, au sud de l'île, pour en faire un parc de chasse qui devait être fermé à sa base par un mur de trois cents toises sur cinq pieds de hauteur[1].

---

[1]. Napoléon, *Corresp.*, 21.578, 21.584, 21.596, 21.615, 21.625, 21.640, 21.648. Cf. Foresi, *Napol. all'isola dell'Elba*, 22, 31, 40, 61. Peyrusse, *Mémorial*, 250.

Les nominations et décrets faits par Napoléon portaient : « Napoléon empereur et souverain de l'île d'Elbe, avons décrété et décrétons.....¹. » Il avait une armée, une flotte, des domaines. Il se crut obligé d'avoir aussi une cour. Il adjoignit au grand-maréchal, deux fourriers du Palais, quatre chambellans et six officiers d'ordonnance elbois. Chaque soir, aux Mulini, on jouait au reversi. Parfois il y avait cercle, et le colonel Campbell était choqué dans sa fierté aristocratique de reconnaître parmi les cinquante ou soixante femmes présentes une couturière de Porto-Ferrajo qui avait raccommodé ses uniformes. La troupe du nouveau théâtre se composait de comédiens amateurs, dames de l'île ou de passage et officiers de la garde ; la musique des grenadiers faisait l'orchestre. En janvier et en février, il y eut six grands bals, dont trois masqués, au palais et au théâtre. L'empereur avait réglé lui-même l'ordonnance de ces réceptions dans les plus petits détails. « Les invitations, écrivait-il, doivent s'étendre sur toute l'île sans cependant qu'il y ait plus de deux cents personnes, maximum de ce que peut contenir la salle. En supposant qu'il y ait plus de deux cents personnes à inviter dans l'île, il faudrait faire deux séries... Les invitations seront faites pour neuf heures. Il y aura des rafraîchissements sans glaces, vu la difficulté de s'en procurer. Il y aura un buffet qui sera servi à minuit. Il ne faudrait pas que tout cela coûtât plus de mille francs². »

Madame mère, puis la princesse Pauline avaient

Campbell, *Napol. at Elba*, 305. Marcelin Pellet, *Napol. à l'île d'Elbe*, 104.
 1. Peyrusse (Appendice, 21-29) cite nombre de décrets ainsi rédigés. — En décembre seulement Napoléon écrivit à Drouot : « Vous effacerez cette formule de souverain de l'île d'Elbe qui est ridicule ». (*Corresp.*, 21.658.)
 2. Napoléon, *Corresp.*, 21.665. Peyrusse, 263. Général Vincent, 183-187. Campbell, 216,231. Rapports de l'agent de Mariotti, 3, 25, déc. 6 janv., 19 févr., cités par Pellet, d'après les archives du consulat de Livourne.

rejoint l'empereur, la première le 2 août, la seconde le 30 octobre¹. Ces deux princesses, le grand-maréchal et madame Bertrand, Drouot, Cambronne, le colonel Mallet, le major Jermanowski, le directeur des domaines Lapi et sir Neil Campbell, le commissaire anglais, formaient la société habituelle de Napoléon. De nombreux visiteurs venaient sans cesse rompre la monotonie d'un commerce continu avec les mêmes personnes. C'étaient des officiers de l'escadre anglaise de la Méditerranée, des gentilshommes italiens comme le comte Litta, des pairs d'Angleterre comme lord Douglas, lord Ebrington, lord Bentinck, des touristes de tous les pays comme le Norwégien Kundbzow et le conseiller d'Etat prussien Klamproth. C'était aussi une foule d'aventuriers des deux sexes, inventeurs de villages en bois pour la colonisation de la Pianosa, conspirateurs de Gênes, de Milan, de Bologne, offrant de faire insurger l'Italie, intrigants porteurs de nouvelles pour l'empereur et prêts à l'espionner au profit de qui les voudrait payer, comtesses jersiaises, grandes dames romaines, belles phanariotes, aussi jalouses d'obtenir les faveurs de Napoléon que s'il fût encore aux Tuileries². Afin de rendre son île hospitalière, Napoléon donna l'ordre d'établir à Porto-Ferrajo

---

1. Napoléon, *Corresp.*, 21.611. Rapp. de Mariotti, Livourne, 6 août. (Arch. Aff. étr., 1800.) — Dès le 17 mai, l'empereur avait envoyé la frégate *the Undaunted* chercher Pauline à Fréjus, mais la princesse était déjà partie pour Naples depuis quelques jours. (Campbell. 83. 89.) Pauline vint de Naples à l'île d'Elbe, le 1ᵉʳ juin, et en repartit le surlendemain. (Général Vincent, 203.) — Elle y revint en octobre, sur le brick *l'Inconstant*. Peyrusse, 261. Cf. Napoleon, *Corresp.*, 21.633, et lettre du grenadier Vraincourt. Porto-Ferrajo, 1ᵉʳ décembre : « La princesse Borghèse nous aime comme ses yeux. C'est nous qui l'avons été chercher à Naples. Murat nous a très bien reçus et fait des cadeaux. » (Arch. Aff. étr., 675.)

2. Peyrusse, 253, 263. Rapport de. Mariotti, Livourne, 9 août. (Arch. Aff. étr., 1809). *Conversations de lord Ebrington* (*Revue britannique*. 1827). Rapports de l'agent de Mariotti, 1ᵉʳ, 2, 3, 4, 5, 7, 26, 27 déc., 16 et 18 févr. (cités par Pellet). Campbell à Mariotti, 26 déc. (citée *ibid*.). Adye à sa femme. Porto-Ferrajo, 22 janv. (Arch. Aff. étr., 675.) Rapp. de l'amiral Lhermitte, 3 sept. (Arch. de la Marine, Bb 415).

« une bonne auberge avec une vingtaine de lits de maître[1] ». Ce n'était pas trop, car dans un de ses rapports, l'espion que Mariotti, consul général de France à Livourne, entretenait à l'île d'Elbe signalait pour un seul jour l'arrivée de cent passagers[2].

Dans cette multitude de visiteurs, les Français, généralement d'humeur peu voyageuse et retenus en outre par la difficulté d'obtenir et même de faire viser des passe-ports pour l'île d'Elbe, étaient les moins nombreux. Il venait surtout des Italiens et des Anglais, les premiers par intérêt, les seconds pour satisfaire un sentiment de curiosité admirative. « Les Anglais, écrivait Mariotti, ont une vive admiration pour Napoléon. Ils ont acheté à Florence tous ses bustes en albâtre. Tous les capitaines anglais ont son portrait dans leur cabine[3] ». L'empereur tenait l'Angleterre pour la plus redoutable des ennemies de la France. De là était née sa haine ardente contre cette puissance. Mais ce sentiment, par sa violence même, impliquait qu'il reconnaissait la grandeur, la force et l'énergie terrible et superbe du peuple anglais. Napoléon était le moins vindicatif des hommes. Empereur, il avait combattu les Anglais par tous les moyens et avec un sauvage acharnement. A l'île d'Elbe, il ne songeait pas à leur garder rancune d'avoir précipité sa chute, et la curiosité, l'admiration, les hommages des citoyens de la nation qu'il regardait comme la première du monde, après la France, flattaient son juste orgueil. Les Anglais étaient donc les bienvenus. Il les invitait à sa table et leur rendait en-

1. Napoléon, *Coresp.*, 21.644.
2. Rapport à Mariotti, Porto-Ferrajo, 5 déc. (Cité par Marcellin Pellet.)
3. Rapport de Mariotti, Livourne, 9 août (Arch. Aff. étr., 1800). Cf. X..., duc et pair, à Mme d'Arbouville, Aix, 17 août : « ... Les Anglais qui abondent dans l'île ont pour lui la curiosité la plus stupide. Aussi il fait tous les frais pour les Anglais... Cet imbécile de Campbell est tout à fait captivé. » (Arch. Aff. étr., 675.)

cens pour encens. Il vantait leur marine, leur armée, leur parlement, leurs orateurs et leurs hommes d'Etat ; il exaltait « leur aristocratie respectable et puissante », la fermeté et la conscience de leurs politiques « qui ne changent jamais d'opinion », se proclamait sujet anglais « puisqu'il habitait une île et que l'Angleterre possédait toutes les îles ». Il demandait à Campbell une grammaire anglaise, s'inquiétait s'il ne serait pas lapidé par le *mob* de White-Chapel au cas où il viendrait à Londres, et se montrait disposé à accepter comme pis-aller de finir ses jours en Angleterre. Il appelait son canot de plaisance : *Usher*, du nom de « son bon ami le capitaine de *l'Undaunted* », et, le 4 juin, il assista à bord d'un bâtiment anglais à une fête donnée pour l'anniversaire de la naissance de Georges III [1].

Le colonel Campbell était admis dans l'intimité de l'empereur. Cet officier, l'un des quatre commissaires chargés de conduire Napoléon de Fontainebleau à Fréjus, avait été spécialement désigné, avec le général autrichien Koller, pour le suivre jusqu'à l'île d'Elbe « afin de lui faciliter les moyens d'installation [2] ». Koller quitta l'île d'Elbe le 14 mai. Une dizaine de jours après, Campbell fit savoir au grand-maréchal qu'il était prêt à partir « si Napoléon ou tout autre attribuait son séjour dans l'île à quelque motif inavoué ». Aux termes du traité de Fontainebleau, l'empereur devait être libre et maître dans son île, et Campbell n'avait point pour mission — du moins pour mission

---

[1]. Campbell, 173, 180, 225, 241, 247, 329. *Sktech of a conversation with Napoleon at Elba*, 13, 24, 45. *Conversations de lord Ebrington* (*Revue britannique*, 1827). Général Vincent, 203. X.., duc et pair, à Mme d'Arbouville, Aix, 17 août. (Arch. Aff. étr., 675.) Rapport de l'agent de Mariotti, 2, 6 déc., 16 févr. (cités par Pellet). Extraits de rapports, 25 juillet, 3 nov. (Arch. nat. F. 7, 3.738).

[2]. Ce sont les propres paroles de Campbell au préfet du Var. (Rapport de Bouthillier, s. d., classé par erreur à la date du 28 février. Arch. nat., 3.044².)

officielle — de le surveiller. Bertrand ayant répondu à Campbell que l'empereur « croyait sa présence encore utile, indispensable même et toujours agréable », le commissaire anglais ne se contenta pas de ces paroles. Il exigea un écrit. En conséquence, Bertrand lui adressa le 27 mai une Note se terminant par ces mots : « Je ne puis que réitérer au colonel Campbell combien sa personne et sa puissance sont agréables à l'empereur Napoléon. » C'est ainsi que Campbell resta à l'île d'Elbe où, désormais assuré de n'être plus suspect à Napoléon, il ne manqua pas d'informer le *Foreign Office*, avec la plus grande conscience, de toutes ses actions et de toutes ses paroles[1].

L'insistance de l'empereur à retenir Campbell s'explique par plusieurs raisons. Il se sentait abandonné dans son île, privé de toute relation diplomatique avec l'Europe. Or, telle ou telle circonstance pouvait survenir où il eût besoin d'un intermédiaire auprès des puissances. Campbell était dans sa pensée désigné pour remplir ce rôle. En outre, l'empereur appréhendait quelque entreprise contre l'île et contre lui-même, soit des corsaires barbaresques, soit de l'Espagne, qui n'avait pas été appelée à ratifier le traité de Fontainebleau, soit du gouvernement français qui, encore qu'il l'eût ratifié, était bien capable de ne point l'exécuter. La présence d'un commissaire anglais lui paraissait une sauvegarde. Sans doute, pour s'assurer cette intervention éventuelle, il s'astreignait à une

1. Campbell, 241-242, 273. — A l'appui de son récit, Campbell donne le texte de la lettre de Bertrand et cite une dépêche de Castlereagh, du 15 juin, « l'invitant à se considérer comme résident anglais à l'île d'Elbe sans prendre d'autre titre officiel que celui qui lui a déjà été reconnu (c'est-à-dire de commissaire anglais) et à communiquer comme par le passé avec le département des Affaires étrangères. » Castlereagh avait d'ailleurs écrit à Campbell le 16 avril « qu'il résiderait dans l'île jusqu'à nouvel ordre si Napoléon jugeait que la présence d'un officier anglais pût lui être de quelque utilité pour défendre l'île et sa personne contre toute attaque ou insulte ».

surveillance de tous les instants ; mais ne savait-il pas qu'à défaut d'un soldat comme Campbell, il y aurait dix agents secrets pour l'espionner. En acceptant de bonne grâce un surveillant plus ou moins officiel, en le priant même de rester auprès de lui, il prenait le meilleur moyen pour calmer les défiances des Alliés.

II

Pendant les premiers mois, Napoléon crut à la venue de l'impératrice et de son fils. Il comptait que Marie-Louise habiterait tour à tour Parme et l'île d'Elbe [1]. L'hypothèse d'une séparation n'ayant même pas été énoncée au cours des négociations de Fontainebleau, il semblait implicitement convenu que l'abdication ne pouvait, sous aucun prétexte, priver l'empereur de ses droits d'époux et de père. Des appartements furent préparés pour Marie-Louise au palais des Mulini, et l'empereur indiqua ce sujet au peintre chargé de décorer l'un des plafonds de San-Martino : « deux pigeons attachés à un même lien dont le nœud se resserre à mesure qu'ils s'éloignent [2]. » Il donna l'ordre de ne point tirer les feux d'artifice, du 15 août, et de les conserver pour l'arrivée de l'impératrice qu'il attendait dans les premiers jours de septembre [3]. Cette croyance était partagée par l'entourage de l'empereur et par tous les Elbois [4], si bien

1. Napoléon, *Corresp.*, 21.560, 21.562, 21.569, 21.604. Bertrand à Meneval, 29 avril, 9 août (lettres citées par Meneval, *Souvenirs*, II, 156, 161). Général Vincent, *Mémor. de l'île d'Elbe*, 168.
2. Napoléon, *Corresp.*, 21.597. Marcellin Pelet, *Napoléon à l'île d'Elbe*, 105. — Ce madrigal peint existe encore dans la villa de San-Martino.
3. Napoléon, *Corresp.*, 21.599, 21.604.
4. Bertrand à Meneval, 27 mai, 25 juin, 9 août (Meneval, II, *Souv.*, 158, 159, 161). Peyrusse, *Mémorial*, 258. Campbell, *Napoléon at Elba*, 272, 302. Marchand à sa sœur, Porto-Ferrajo, 3 juillet. (Arch. Aff. étr., 675.)

qu'une jeune femme accompagnée d'un enfant de quatre ou cinq ans ayant débarqué mystérieusement le 1er septembre dans la baie de Marciana et étant restée deux jours enfermée à la Madone avec l'empereur, personne ne douta que ce ne fût Marie-Louise. Les habitants préparèrent des illuminations, les canonniers attendaient l'ordre de tirer une salve. « Ce fut un rêve, dit Peyrusse. L'empereur revint seul de Porto-Ferrajo. Il avait reçu la visite de la comtesse Walewska[1]. »

A Fontainebleau, l'empereur, se plaignant aux commissaires alliés de n'avoir pas déjà Marie-Louise auprès de lui, disait qu'il était sûr qu'elle aussi désirait le rejoindre[2]. C'était vrai. A ce moment Marie-Louise comptait suivre la destinée de Napoléon. « — Ma place est auprès de l'empereur, disait-elle. Je veux le rejoindre. Je me trouverai bien partout où je serai avec lui[3]. » Mais déjà les puissances avaient disposé d'elle et de son fils. Napoléon était encore trop populaire en France pour qu'on ne voulût pas supprimer sa dynastie. A l'île d'Elbe, le fils de Marie-Louise serait le prince impérial; à Vienne, on ferait de lui, s'il vivait, un duc autrichien ou un évêque[4]. Dès le 8 avril, le comte Schouvaloff, commissaire des Alliés, fut envoyé à Blois bien moins pour protéger l'impératrice que pour s'assurer de sa personne[5].

Par un reste de respect humain, l'empereur d'Autriche, c'est-à-dire Metternich, son tout-puissant

1. Peyrusse, 259. Campbell, 302-303. Rapport de Mariotti, Livourne, 13 sept. (Arch. Aff. étr., 1800.) — Le 29 septembre, l'amiral Lhermitte annonçait gravement au ministre de la marine que l'archiduchesse Marie-Louise, accompagnée de son fils, avait débarqué incognito à l'île d'Elbe. (Arch. de la Marine, Bb 415.)
2. Campbell, *Napoléon at Elba*, 178.
3. Relation du colonel Galbois (citée par Bausset, *Mém.*, II, 276-277.) Cf. Meneval, *Souv.*, II, 93-94.
4. C'était l'idée de l'impératrice d'Autriche en 1814. (Meneval, II, 209.)
5. Rapport de Meneval (Arch. Aff. étr., 1802). Cf. Bausset, *Mém.*, II, 284-285.

conseiller, recula devant le scandale d'une séparation ou d'un divorce imposés. Il préférait amener Marie-Louise à abandonner Napoléon d'elle-même. Afin d'éviter une première révolte de sa part, qui eût traversé ce beau projet, on prit garde de ne point lui signifier tout de suite qu'elle ne reverrait pas son mari. On temporisa, on mit en avant divers prétextes, on usa graduellement le peu de volonté qui pouvait être en elle. Corvisart lui avait conseillé les eaux d'Aix. Quand il vint la voir à Rambouillet, l'empereur d'Autriche persuada qu'au lieu d'aller directement à Parme ou à l'île d'Elbe, elle ferait bien de se rendre d'abord à Vienne, près de sa famille, et d'y attendre la saison des eaux[1]. Après avoir beaucoup pleuré, Marie-Louise partit pour l'Autriche. Mais pendant ce voyage et pendant son premier séjour à Schönbrunn, elle écrivit plusieurs fois à Napoléon[2], et dès la fin de mai elle réclama l'exécution de la promesse qui lui avait été faite d'aller aux eaux d'Aix, et, de là, à Parme et à l'île d'Elbe[3]. On l'invita à différer son départ jusqu'au retour de l'empereur d'Autriche. La reine Caroline des Deux-Siciles, la grand'mère de Marie-Louise, se trouvait alors à Vienne. Bien qu'elle eût voué une haine ardente à Napoléon, elle était indignée de ces manœuvres : « — Quand on est mariée, c'est pour la vie, disait-elle. Si j'étais à la place de Marie-Louise, j'atta-

---

1. Rapport de Meneval à Napoléon (Arch. Aff. étr., 1802). Meneval II, 118-119. Cf. 72. Voir aussi les *Mémoires de la générale Durand*, 211-212, et la lettre de Bausset à Mounier, Rambouillet, 14 avril 1814 (citée par d'Hérisson, *Le Cabinet noir*, 297-300), où il est question de la « niaiserie sentimentale de l'impératrice ».
2. Meneval, II, 129, 153. Lettres de Bertrand à Meneval, Porto-Ferrajo, 25 juin et 3 juillet (citées par Meneval, II, 158-160).
3. Rapport de Meneval à Napoléon. (Arch. Aff. étr., 1802.) Cf. Bailli de Ferrette au grand-duc de Bade, Paris, 23 juin : « La duchesse de Montebello de retour à Paris a laissé à Vienne Marie-Louise plus entichée et plus amoureuse que jamais de Bonaparte, qu'elle prétend aller rejoindre cet été, après avoir été aux eaux d'Aix. » (Arch. Aff. étr., 673.)

cherais les draps de mon lit à une fenêtre et je m'échapperais[1]. » Mais Marie-Louise ne savait que pleurer.

Au mois de juin, l'empereur d'Autriche ne crut pas pouvoir refuser plus longtemps le voyage à Aix. Toutefois, comme on se défiait encore des sentiments de Marie-Louise, il fut décidé qu'elle laisserait son fils à Schönbrunn et qu'elle aurait auprès d'elle un chambellan autrichien pour lui servir de conseil. François Ier, qui ne pensait pas à mal, avait désigné le vieux prince Esterhazzy ; mais Metternich, mieux avisé, choisit le général comte Neipperg[2].

« Neipperg, dit Meneval, avait pour mission de faire oublier à l'Impératrice la France, et par conséquent l'Empereur »[3]. Il y réussit bien, prenant à la lettre, sans nul scrupule, ses instructions secrètes « de pousser les choses jusqu'où elles pourraient aller[4] ».

— Et que m'ordonnez-vous, seigneur, présentement ?
— De plaire à cette femme et d'être son amant.

Ce n'était pas cependant que Neipperg parût destiné à ce rôle par ses avantages physiques. Agé de quarante-deux ans, d'une taille moyenne, les cheveux blonds et rares, le visage sillonné de rides, le teint rouge et hâlé, il avait eu l'œil crevé par un coup de feu et portait sur le front un bandeau noir pour cacher cette cicatrice. Mais ce soldat qui ne s'était pas épargné à la guerre — cette blessure et trois ou quatre autres l'attestaient — était en même temps un di-

1. Rapport de Meneval, à Napoléon. (Arch. Aff. étr., 1802.)
2. Meneval, *Souvenirs*, II, 151, 433.
3. Meneval, II, 216.
4. Meneval, II, 442. Meneval dit encore (365) : « L'empereur d'Autriche qui, dans des circonstances ordinaires, aurait recommandé à Marie-Louise de garder la fidélité à son époux, lui conseilla l'oubli de ses liens. » Selon l'auteur de *Maria Luise und der Herzog von Reichstadt* (144, 154-155, 189), Metternich aurait pensé dès le lendemain de l'abdication à faire de Neipperg l'amant de Marie-Louise.

plomate et un homme de cour. Ministre à Naples en 1813, c'était lui qui avait entraîné Murat à s'allier avec l'Autriche. Dans le monde, qu'il aimait et dont il avait l'usage, il comptait de nombreuses bonnes fortunes. Soigné de sa personne, fort élégant dans son uniforme de hussard hongrois, il possédait au suprême degré la distinction et le charme des manières. Il composait son attitude de gravité et de bienveillance, parlait avec grâce, d'une voix mâle, chaude, caressante, et se montrait empressé à plaire. Il était cavalier remarquable et excellent musicien[1].

Quand Neipperg se présenta à Marie-Louise, à deux postes d'Aix, il lui fit une impression déplaisante qu'elle ne dissimula pas. Pendant les premiers temps elle ne le vit qu'en audience officielle, réservant son intimité pour Meneval, Bausset, mesdames de Brignoles et Hurault de Sorbée, qui faisaient partie de sa suite, et pour les Français qui venaient en assez grand nombre lui rendre visite dans cette ville restée française. Elle reçut la duchesse de Montebello, Corvisart, Isabey, Talma, le comte de Cussy, d'autres encore, et très vraisemblablement on lui fit des ouvertures pour une restauration de Napoléon II avec elle comme régente[2]. Ces propositions ne pouvaient qu'effrayer Marie-Louise, qui, sans aucun doute, répondit aux émissaires de Paris de façon à leur ôter tout espoir. Elle n'envisageait plus qu'avec effroi les grandeurs, les émotions et les dangers du trône impérial. Tous

---

1. Meneval, *Souvenirs*, II, 166-167, 420, 432-435. *Maria-Luise und der Herzog von Reichstadt*, 149 155, 156.
2. Rapport de Meneval à Napoléon (Arch. Aff. étr., 1802). Meneval, II, 167-168, 192. Bausset, II, 46-47. Lettres au duc de Maillé et autres personnages, Aix et Chambéry, 20, 25 juillet, 17 août, 8 sept. (Arch. Aff. étr., 675.) Cf. les paroles du duc de Berry au conseil des ministres du 5 août : « Marie-Louise se conduit à Aix de la manière la plus ridicule. Elle ne prend pas les eaux et est entourée d'officiers français. Il faut écrire à l'empereur d'Autriche pour la rappeler. » (Arch. nat., AF* V².) — Sur les propositions d'une régence faites à Marie-Louise, voir **1815**, I, 114-115.

ses désirs tendaient maintenant à la modeste souveraineté de Parme où elle vivrait bourgeoisement, selon ses goûts, élevant son fils et allant chaque année passer plusieurs mois avec son mari. Le 15 août, elle écrivit à Meneval : « Comment puis-je être gaie, quand je suis obligée de passer cette fête, si solennelle pour moi, loin des deux personnes qui me sont les plus chères [1] ? » Pendant le séjour à Aix, plusieurs lettres furent échangées entre Marie-Louise et l'empereur, et elle reçut même un envoyé de lui, Hurault de Sorbée, capitaine au Bataillon Napoléon et mari d'une de ses dames d'annonce [2]. Elle espérait bien ne pas retourner dans « son exil de Schönbrunn », selon son expression, et sa saison d'eaux s'avançant, elle écrivit à l'empereur d'Autriche de l'autoriser à se rendre à Parme. Metternich, puis François Ier répondirent que les circonstances politiques ne permettant pas encore qu'elle prît possession du duché, elle devait revenir à Schönbrunn pour y attendre la clôture du congrès. Marie-Louise se résigna [3].

D'ailleurs, en l'absence de Meneval, Neipperg était parvenu à faire revenir l'impératrice de ses préventions et avait peu à peu gagné sa confiance et son amitié. Les nouveaux sentiments de Marie-Louise prirent plus de force encore pendant son voyage d'Aix à Vienne, que Neipperg sut faire durer tout le mois de septembre et dont il profita pour se trouver sans cesse auprès de la jeune femme. Si en arrivant à Schönbrunn, Neipperg n'était pas encore l'amant de

---

1. Lettre de Marie-Louise, Aix, 15 août 1814 (citée par Meneval, II, 182).
2. Napoléon, *Corresp.*, 21.611. Meneval, II, 192, 199-200. — D'après Meneval, le capitaine Hurault était chargé par Napoléon d'amener Marie-Louise à l'île d'Elbe. Celle-ci refusa de partir de peur de mécontenter l'empereur d'Autriche.
3. Rapport de Meneval à Napoléon. (Arch. Aff. étr., 1802.) Lettres de Marie-Louise et de Metternich, 4, 7, 15, 20 août, citées par Meneval, II. 178-188. Mme H. à l'abbé de Gordin, Chambéry, 8 sept. (Arch. Aff. étr., 675.)

Marie-Louise, il avait porté le trouble dans son cœur et était maître de sa pensée. L'intrigant Autrichien devait achever deux mois plus tard cette très agréable et très profitable conquête en s'employant ardemment à faire obtenir à l'ex-impératrice, par l'intervention du czar, la souveraineté des états de Parme[1].

C'est d'Aix que Marie-Louise envoya ses dernières lettres à Napoléon[2]. Pendant son voyage à travers la Suisse et le Tyrol, elle n'eut point l'occasion de lui écrire — grâce à Neipperg, elle n'en eut peut-être pas le désir — et quand elle fut de retour à Schönbrunn, Metternich lui arracha la promesse de cesser personnellement toute correspondance avec l'île d'Elbe et même de remettre, sans les lire, à son père l'empereur d'Autriche, les lettres qu'elle pourrait recevoir de Napoléon[3]. Marie-Louise s'était transformée sous l'influence de l'homme à qui l'avait livrée la politique autrichienne. Bientôt, elle allait consentir à vendre son fils pour un duché. Elle allait avoir l'impudence de dire à Metternich, afin qu'il le répétât au congrès, qu'elle n'accepterait pas la souveraineté de Lucquès parce

---

1. Meneval, II, 168, 192, 192, 197, 203, 205. *Maria-Luise und Herzog von Reichstadt*, 155-157, 162-166. Cf. *Corresp. de Marie-Louise avec la comtesse de Crenneville*, 11 avril, 10 mai, 18 déc. 1815. — Sur le zèle de Neipperg pour faire obtenir à Marie-Louise le duché de Parme, voir **1815**, I, 139-140.
— Comment Mounier, dans des Mémoires inédits (cités par d'Hérisson, *le Cabinet noir*, 267), ose-t-il dire : « Quand l'impératrice partit de Rambouillet sous la garde de Neipperg, dès la première nuit, elle coucha avec lui. »
1° Marie-Louise, de Rambouillet à Schönbrunn, fut «sous la garde», non de Neipperg, mais du général major Kinski ; 2° quand Neipperg se présenta à Marie-Louise, le 17 juillet, à Carrouge, c'était la seconde fois qu'elle le voyait. Elle l'avait vu une première fois à Prague en 1812, où il faisait le service de chambellan. (Meneval, II, 166. Bausset, III, 46.)

2. La dernière lettre que Marie-Louise ait écrite à Napoléon est du 31 juillet ; elle la confia à Bausset qui la fit passer à l'île d'Elbe par un prétendu colporteur italien. L'empereur la reçut le 10 août. (Napoléon, *Corresp.*, 21.624, 21.651. Bausset, II, 48. Meneval, II, 220.)

3. Rapport de Meneval à Napoléon. (Arch. Aff. étr., 602.) — C'est ainsi que la lettre de Napoléon du 10 octobre (Meneval dit à tort du 20 novembre, voir *Corresp. de Napoléon*, 21.651), envoyée par l'entremise du grand-duc de Toscane, fut décachetée par l'empereur d'Autriche et communiquée aux membres du congrès.

que, à Lucques, elle serait trop près de Napoléon[1].

Informé par Meneval de la contrainte imposée à Marie-Louise, l'empereur ne put plus douter des intentions de la cour de Vienne que déjà les obstacles mis à sa correspondance avec sa femme lui avaient fait soupçonner[2]. A plusieurs reprises, il se plaignit avec amertume à Campbell de la conduite inhumaine de l'empereur d'Autriche : « — Ma femme ne m'écrit plus, dit-il d'une voix tremblante d'émotion qui impressionna le commissaire anglais. Mon fils m'est enlevé comme jadis les enfants des vaincus pour orner le triomphe des vainqueurs. On ne peut citer dans les temps modernes l'exemple d'une pareille barbarie[3]. » Telle était cependant chez l'empereur la ténacité des illusions qu'il ne désespérait pas. Il demanda à Campbell d'écrire à Castlereagh afin de savoir si les puissances et surtout l'Angleterre « si juste et si libérale » étaient d'accord avec l'Autriche pour le séparer de son fils et de sa femme. Il voulut faire parvenir une lettre à Marie-Louise par l'intermédiaire de lord Burghers. Des journaux ayant annoncé, au commencement de décembre, un prétendu voyage du général autrichien Koller à l'île d'Elbe, il crut que cet officier avait pour mission de lui parler de Marie-Louise. Le 28 décembre, dans une lettre à Bertrand sur des détails d'aménagement, Napoléon se laissait aller à écrire encore : « Si l'impératrice et le roi de Rome venaient ici[4]. »

1. Talleyrand à Louis XVIII, 15 fév. 1815 (*Corresp. de Talleyrand pendant le congrès de Vienne*). Meneval, II, 233, 236, 238. Cf. la lettre de Vienne analysée dans les *Mém.* de Lavallette (II, 178) : «... L'impératrice, livrée à X..., ne prend plus même le soin de cacher son goût bizarre pour cet homme qui est autant maître de son esprit que de sa personne. »
2. Napoléon, *Corresp.*, 21.604, 21.651. Rapport de Meneval à Napoléon, 18 mai 1815. Rapport de Bertrand à Caulaincourt, 1er juin 1815. (Arch. Aff. étr., 1802.)
3. Campbell, *Napoléon at Elba*, 297-298, 327-328, 331.
4. Napoléon, *Corresp.*, 21.661. Campbell, 298, 321, 328, 336.

Aux chagrins de l'empereur s'ajoutaient des soucis d'un autre ordre. L'article III du traité de Fontainebleau portait qu'il serait donné à Napoléon un revenu annuel de deux millions de francs en rentes sur le grand-livre de France. Or, le cabinet des Tuileries ne paraissait nullement disposé à tenir cet engagement. Dans le courant de février, le czar et lord Castlereagh firent même à ce sujet de sérieuses représentations au prince de Talleyrand. Celui-ci répondit avec son imperturbable sérénité, qu'absent de Paris depuis cinq mois, il ignorait ce qui s'y passait et que d'ailleurs, vu l'agitation de l'Italie, « il pourrait y avoir danger à fournir des moyens d'intrigue aux personnes disposées à en former[1] ». Cependant, les revenus de l'île d'Elbe étant insuffisants[2], Napoléon ne pouvait

1. Wellington à Castlereagh, Paris, 15 sept. (*Dispatchs.* XII.) Talleyrand à Louis XVIII, Vienne, 15 fév. Cf. Louis XVIII à Talleyrand, 3 mars et 7 mars. (*Corresp. avec Louis XVIII*). — Le rappel à l'exécution d'une clause secondaire du traité étonne de la part de Castlereagh qui se préparait à en violer odieusement la clause principale en se prêtant à la déportation de Napoléon. C'est toujours la question de forme. Castlereagh s'autorisait de la *raison d'Etat* pour enlever Napoléon, mais jusque-là il ne jugeait pas que la France eût aucun motif de ne point exécuter le traité.

2. Les budgets de l'île d'Elbe pour 1814 et 1815 existent dans la *Correspondance* de Napoléon (21.581, 21.582, 21.662) et dans le *Mémorial* de Peyrusse (240-244, 263 et Annexes). Mais comme tous les budgets de prévision, ces budgets étaient sujets à des variations en cours d'exercice. Pour établir le bilan de Napoléon à l'île d'Elbe, nous avons donc pris, non les budgets, mais le livre de caisse de Peyrusse, reproduit dans les Annexes (122 à 155) de son *Mémorial*. — On sait que Peyrusse, trésorier de l'empereur, fut chargé d'encaisser toutes les recettes et de payer toutes les dépenses depuis le 11 avril 1814 jusqu'au 20 mars 1815. — Nous avons naturellement retranché du compte de Peyrusse toutes les dépenses antérieures au 4 mai et postérieures au 26 février. Nous avons pu ainsi établir exactement l'état des recettes et des dépenses de l'empereur à l'île d'Elbe depuis le 4 mai 1814, jour de son arrivée, jusqu'au 26 février 1815, jour de son départ. Nous donnons ces chiffres :

RECETTES ORDINAIRES : Solde en caisse . . . . 13.596 fr.
Arriéré des contributions. 2.282
Timbre, enregistrement, douanes. . . 38.164
Contributions foncières. 18.984
DOMAINE : Mines, salines, madragues, etc. 528.734
Vente de farine et divers. 4.549
Vente d'approvisionnements de guerre (pour mémoire).

606.309

se passer de la rente qui lui était assurée par le traité du 11 avril. Jusqu'ici, il avait pourvu aux dépenses avec l'argent sauvé des griffes du gouvernement provisoire. Mais ce petit trésor — reste du fameux trésor des Tuileries économisé sur la liste civile et dont les huit dixièmes avaient été employés à des dépenses de guerre — n'était pas inépuisable. Des 3,800,000 francs qu'avait l'empereur à son arrivée dans l'île[1], la moitié était dépensée quand il s'embarqua pour la France[2], et bien avant le mois de février, il avait prévu que dans un temps donné son trésor serait vide[3].

DÉPENSES

ADMINISTRATION DE L'ÎLE. Traitements, frais de bureaux, clergé, postes, assistance publique, travaux publics, etc...	145.732 fr.
ARMÉE ET MARINE.	1.446.309
MAISON DE L'EMPEREUR. Traitement des officiers, gages des employés, cuisine, écurie, toilette, cassette gratifications, bibliothèque, bals et receptions, Palais impériaux (construction, aménagement, mobilier, jardin, 250.000 fr.). .	840.845
	2.432.886 fr.

1. Le 11 avril 1814, quand Peyrusse fut nommé trésorier, il y avait en caisse à Fontainebleau.	489.913 fr.
Le 12 avril, Peyrusse reçut à Orléans des mains de La Bouillerie 6.000.000 dont il fit charger, dans les fourgons de l'impératrice, 3.419.998. Il apporta donc à Fontainebleau. .	2.580.002
Les 18 et 19 avril, il reçut de Rambouillet sur l'argent remis à l'impératrice	911.000
	3.980.915 fr.
Du 11 avril au 4 mai, date de l'arrivée à l'île d'Elbe, il fut dépensé en gratifications, frais de chancellerie, frais de voyage, etc.	149.837 fr

Le trésor ne montait donc plus au 4 mai qu'à 3.831.078 fr.
Cf. Livre de caisse de Peyrusse (*Mémor.*, Annexes). Meneval, *Souvenirs*, II, 95-101. États du Trésor. (Arch. nat., AF. IV, 1933.)

2. L'avant veille de son embarquement, il restait à l'empereur environ 2.004.000 fr. — Nous donnerons au chapitre V du livre II le décompte des dépenses de la traversée de l'île d'Elbe au golfe Jouan et du voyage de Cannes à Paris.

3. Campbell écrit dans son Journal, à la date du 13 octobre : « Napoléon paraît très agité par le besoin d'argent. » — On voit néanmoins par les comptes précités que l'empereur n'était pas à court d'argent et qu'il n'en était pas réduit, comme il l'a prétendu (Rapport du conseil d'État du 3 avril inséré dans le *Moniteur* du 13 avril) à recourir aux banquiers de Gênes et de Rome. Peyrusse, trésorier de l'empereur, était bien,

De l'ensemble des rapports secrets, envoyés de Porto-Ferrajo à Paris et à Vienne, il ressortait que Napoléon resterait dans son île tant qu'il aurait de l'argent pour y vivre[1]. L'inexécution par Louis XVIII des engagements pris envers l'empereur n'était donc pas seulement un manque de foi[2] ; c'était une imprudence. A la vérité, le gouvernement français avait toute raison de croire qu'avant que Bonaparte eût épuisé ses dernières ressources, il serait pourvu à son sort d'une façon définitive.

en effet, en rapport avec ces banquiers, mais c'était afin de négocier des traites qu'il recevait en paiement pour le minerai de Rio.

1. Rapport sur la situation de l'Italie et de l'île d'Elbe, 19 sept. (Arch. Guerre). Extrait de lettres, 31 janv. (Arch. nat., F. 7, 3739.) Campbell, 344. Cf. Rapport de Jordan, Rome, 4 août. (Arch. Aff. étr., 1800.)

2. Aux termes du traité du 11 avril (Art. VI et IX), la France devait servir en outre une rente annuelle de 2,500,000 fr. aux membres de la famille impériale et acquitter, jusqu'à concurrence de 2,000,000 de fr., les donations et gratifications de l'empereur à des officiers de la garde et à des personnes de sa Maison et de celle de l'impératrice. Le gouvernement des Bourbons regarda ces clauses comme également nulles, et non seulement il ne paya rien, mais le conseil des ministres adopta la proposition du général Beurnonville, ministre d'Etat, de mettre sous séquestre tous les biens appartenant aux Bonapartes. (Procès-verbaux des séances du conseil des ministres, 5 septembre. Arch. nat. AF * V². Cf. la Décision du 18 décembre 1814, publiée dans le *Moniteur* du 11 avril 1815. A en croire La Fayette (*Mém.*, V, 364), si la mesure ne fut pas appliquée, c'est que les bureaux de la Chambre des pairs la repoussèrent à une assez grande majorité.

Or il faut remarquer :

1° Que ces sommes étaient représentées en tout ou en partie par les fonds appartenant à Napoléon et placés sur le Grand-Livre, à la Banque de France, en actions des canaux, dont, par l'article IX du traité, il avait ratifié le retour au domaine de la couronne ;

2° Que dix millions du trésor privé de l'empereur (économies sur la liste civile que l'empereur s'était expressément reservées par l'article XI du traité) avaient été indûment saisis — pour ne pas dire davantage — par les ordres du gouvernement provisoire, le 13 avril, à Orléans, et que ces dix millions, après avoir été quelque peu écornés par les familiers du comte d'Artois, avaient défrayé les premières dépenses de l'administration royale ;

3° Que le traité de Fontainebleau avait rendu à Louis XVIII le trône de France, avec 25 millions de liste civile pour lui et 6 millions pour sa famille, sans compter les 30 millions qui lui furent donnés pour payer ses dettes contractées en exil ;

4° Que les clauses de ce traité dont l'exécution concernait la France avaient été garanties, le 11 avril, par une déclaration officielle des membres du gouvernement provisoire, et le 30 mai par une déclaration officielle de Talleyrand au nom de Louis XVIII.

A Vienne, Talleyrand et Castlereagh s'entendaient pour la déportation de Napoléon dans une île de l'Océan[1]. Ce projet n'était un secret pour personne. On en parlait dans les salons, dans les journaux, dans les lettres particulières. Louis XVIII devait abandonner sans trop de déplaisir son Horace ou son Virgile pour lire ces extraits de correspondance de Londres que le Cabinet noir lui communiquait : « Le sort de Buonaparte est décidé. On va l'envoyer à Sainte-Lucie. Il est dommage qu'on ne l'envoie pas à Botany Bay. » « Ce n'est pas à la Trinité, comme le disent les journaux, que l'on transportera l'Ogre corse, parce que l'île est salubre et assez jolie, tandis que le climat de Sainte-Lucie purgera bientôt le monde de notre ami Buonaparte[2]. » Sans doute, l'exécution de cette mesure de salut public était ajournée à la clôture du congrès, et, de plus, le czar n'y avait pas donné encore son assentiment. Mais au cas où il le refuserait, et où l'Angleterre, la France et l'Autriche ne passeraient pas outre à ses représentations, plus d'un moyen resterait pour mettre l'empereur en lieu sûr. Il était question de l'envoi à l'île d'Elbe d'une escadre espagnole, l'Espagne prétextant qu'elle était encore en état de guerre avec Napoléon puisqu'elle n'avait pas ratifié le traité de Fontainebleau[3]. Au défaut de l'Espagne, les corsaires algériens pouvaient se charger, pour un bon prix à forfait, d'opérer une descente dans l'île. Déjà même le dey d'Alger avait signifié au consul d'Angleterre « qu'ordre était donné à tous ses croiseurs de saisir

1. Voir **1815**, I, 143 et les notes.
2. Extraits de lettres d'Angleterre, 26 et 27 oct., 4 nov., 6 mars. (Arch. nat. F. 7, 3739.) Cf. N. à comte Dumoustiers, Londres, 8 déc. (Arch. Aff. étr., 675).
3. Mariotti, consul de Livourne, au département, Livourne, 23 août, 24 janvier. (Arch. Aff. étr., 1800.) Lettre du préfet de Corse, 3 février. (Arch. nat. F. 7, 3147.)

les bâtiments naviguant sous le pavillon de l'île d'Elbe, ainsi que la personne du souverain de cette île, si l'occasion se présentait de s'emparer de lui[1]. »

D'autres projets étaient à l'étude. Mariotti, nommé par Talleyrand consul de France à Livourne, s'efforçait de bien mériter de son puissant protecteur. Il cherchait à gagner le lieutenant Taillade, commandant le brick *l'Inconstant*. « Napoléon, écrivait, le 28 septembre, Mariotti à Talleyrand, va souvent à la Pianosa. On m'a assuré que n'ayant pas de logement dans cette île, il couche à bord. Il sera facile à Taillade de l'enlever et de le mener à l'île Sainte-Marguerite[2]. »

La prison aurait été bien, la tombe eût été mieux. Plus d'un pensait, en France et ailleurs, que « c'était une très grande faute d'avoir laissé vivre Bonaparte », et on ne pourrait être tranquille « tant que cet

---

1. Déclaration du dey d'Alger à Mac-Donnel, transmise à l'amiral Hallowel et par celui-ci à Campbell, le 31 août. (Campbell, *Napol. at Elba*, 202). Cf. Campbell à Castlereagh, 17 sept. (Supplément aux *Dispatchs of Wellington*, IX.) Une phrase assez ambiguë de Campbell pourrait faire croire que le gouvernement français n'était pas étranger à la déclaration du dey. — Dès Fontainebleau et pendant tout son séjour à l'île d'Elbe, l'empereur redouta les insultes des Barbaresques. C'était surtout pour se protéger contre ces corsaires qu'il avait tout de suite porté son armée à seize cents hommes et augmente les fortifications de l'île. Au mois d'août, le bruit se répandit en France que les Algériens avaient tenté une descente dans l'île d'Elbe. Cf. Napoléon, *Corresp.*, 21.634, Campbell, 179, 292, 299. Mariotti au département. Livourne, 23 août. Lettres à Mme d'Arbouville, Aix. 17 août (Arch. Aff. étr., 1800, 675).

2. Mariotti à N. (Talleyrand), Livourne, 28 sept. 1814. (Arch. Aff. étr., 1800.)
Cette lettre ne porte pas de suscription, mais les expressions qu'emploie Mariotti : « Monseigneur, Votre Altesse, » ne permettent pas de douter qu'elle ne fût adressée à Talleyrand. On ne peut douter non plus, d'après le texte de cette lettre, que Mariotti en cherchant à attenter à la liberté de l'empereur ne fût d'accord avec Talleyrand : «... Tous les renseignements que j'ai reçus de Porto-Ferrajo et que j'ai eu l'honneur de porter à la connaissance de votre Altesse *ne présentent pas beaucoup de facilités a faire enlever Napoléon*. Les précautions qu'il a prises sont des obstacles qui me mettent dans l'impossibilité *de rien tenter contre lui, à présent*, avec quelques probabilités de succès. *Je ne perds pas courage*, et en attendant je proposerai à V. A. un *plan qui réussira peut-être plus facilement que les autres*..... Je ferai tout ce qui dépendra de moi pour prouver à S. M. mon zèle et ma fidélité et *pour mériter la confiance dont vous m'honorez*. »

homme n'aurait pas six pieds de terre sur la tête[1] ». Au mois d'avril, l'assassinat de l'empereur concerté à l'hôtel Talleyrand avait manqué par la faute de Maubreuil[2], mais il était loisible de réitérer l'entreprise. A Rome, des moines fanatiques se tenaient prêts à aller poignarder Napoléon[3]. Le 12 juin, le colonel de C. de B. écrivait de Toulon au comte d'Artois pour lui proposer de faire assassiner Buonaparte par des gendarmes de l'île d'Elbe avec lesquels il avait noué des intelligences[4]. Enfin, il y a des soupçons que Bruslart,

1. Géraud, *Journal intime*, 121. N..., duc et pair, à madame d'Arbouville, Aix, 17 août. (Arch. Aff. étr., 675.)
2. Les 2 et 3 avril 1814, l'assassinat de Napoléon à Fontainebleau fut concerté à l'hôtel Talleyrand entre Roux-Laborie, secrétaire du gouvernement provisoire, et Maubreuil. La défection probable de Marmont, annoncée à Paris dès le soir du 3 avril, fit abandonner ce projet qui paraissait désormais inutile. Mais on se ravisa les 16 et 17 avril, la mort de Napoléon étant préférable à son exil. Maubreuil quitta donc Paris dans la nuit du 17 au 18 avril, muni de saufs-conduits et d'ordres de réquisition signés: Dupont. Anglès, Bourrienne, Sacken et Brokenhausen, mettant toutes les autorités civiles et militaires, françaises et étrangères, à sa disposition « *pour une mission secrète de la plus haute importance* ». Plus tard, les royalistes prétendirent que le but de cette mission était « la reprise des diamants de la couronne et de fonds appartenant à l'Etat ». Or, les diamants de la couronne, que d'ailleurs Napoléon ne songeait pas à emporter, et les fonds du trésor privé avaient été repris à Orléans dès le 13 avril. Le but réel de cette mission était donc bel et bien l'assassinat de l'empereur sur la route du Midi. Mais Maubreuil, soit qu'il fût pris de scrupules, soit qu'il reculât devant les difficultés et les périls de l'entreprise, soit encore qu'il préférât le vol au meurtre, ne suivit pas Napoléon et se contenta d'arrêter près de Montereau les voitures de la princesse Catherine de Wurtemberg, femme de Jérôme, et de lui voler son or et ses diamants. Sur la plainte du czar, Maubreuil fut arrêté aux Tuileries le 25 avril et laissé au secret jusqu'au mois de mars 1815. Le 10 octobre, lors de son transfèrement de la Conciergerie à la prison de l'Abbaye, des amis, ou des protecteurs restés inconnus bousculèrent les gendarmes et mirent Maubreuil à même de s'évader. Mais il refusa, disant qu'il voulait être jugé. (Il prétendit toujours qu'il avait rapporté intacte aux Tuileries la cassette de la princesse Catherine et qu'il n'était persécuté que pour avoir manqué le coup contre Napoléon.) Le 19 mars, Louis XVIII, avant de quitter les Tuileries, donna l'ordre de mettre en liberté le comte de Maubreuil.
Cf. Interrogatoire de Maubreuil, lettres, dépositions, etc. (Arch. Guerre, dossier de Maubreuil, et Corresp. générale à la date du 3 décembre 1814 et du 1er mars 1815.) Vitrolles, *Mém.*, II, 69-96. Talleyrand, *Mém.*, III, 319-322. H. Houssaye, *les Mémoires de Talleyrand* (article du *Journal des Débats* du 16 août 1891, et **1815**, 588-590.)
3. Rapports de Mariotti, Livourne, 23 sept., 14 févr. (Arch. Aff. étr., 1800).
4. Le colonel comte de C. de B., adjoint au commissaire extraordinaire

l'ancien chouan nommé maréchal de camp par Dupont, s'était donné cette mission libératrice en venant prendre le commandement de la Corse¹.

Napoléon, qui pressentait ces trames, en avait l'esprit anxieux et le cœur ulcéré. Il ne se lassait pas de questionner Campbell : — « Avez-vous des nouvelles du congrès ?... Croyez-vous qu'on pense à me déporter ?... On ne trouvera rien qui puisse

dans la 23ᵉ division militaire, au comte d'Artois, Toulon, 12 juin 1814. (Arch. nat., AF. IV, 1934.) — Nous donnons seulement les initiales du signataire parce que nous trouvons au moins inutile de déshonorer un nom bien porté aujourd'hui.

1. Exaspéré par l'exécution de Frotté, Bruslart aurait écrit jadis au premier consul qu'il périrait de sa main (W. Scott, *Vie de Napol.*, XVI, 90). Quoi qu'il en soit, quand Napoléon apprit à l'île d'Elbe que Bruslart était nommé commandant de la Corse, il ne douta pas que cet homme n'y vint avec des desseins homicides (Campbell, 328. Rapport de Mariotti, 24 janv. Arch. Aff. étr., 1800). — D'après une note confidentielle annexée à la lettre précitée du colonel C. de B. (Arch. nat. AF. IV, 1934), ce serait en effet pour assassiner l'empereur que Bruslart aurait été nommé en Corse, « nomination qui a étonné tout le monde, même les émigrés ». Une lettre d'une dame Cervoni, patriote corse activement mêlée au mouvement bonapartiste de mars 1815, rapporte aussi que vers le milieu de janvier elle empêcha avec des hommes à elle et un nommé Sandreschi, ex-chef de bataillon, l'embarquement à Alissio des émissaires de Bruslart. (Lettre de Corse, 9 mai 1815. Arch. nat. F. 7, 3774.) On lit enfin dans la relation du lieutenant colonel Laborde, qui était à l'île d'Elbe adjudant-major au Bataillon Napoléon, qu'un assassin envoyé par Bruslart arriva à Porto-Ferrajo. Il fut soupçonné, reconnu, maltraité par la foule qui voulut l'écharper ; des grenadiers le dégagèrent et Napoléon lui fit grâce. (*Napoléon et la garde, relation du voyage de Fontainebleau à l'île d'Elbe et de l'île d'Elbe à Paris*, p. 43.) A signaler encore la lettre de Giraud, chancelier du consulat de Civitta-Vecchia, 13 février 1815 (Arch. Aff. étr., Rome, 946) ; la lettre du roi Joseph au général Lamarque, 9 septembre 1830 (*Mém.*, X, 340) ; la proclamation de Napoléon à l'armée de Corse 26 février (Arch. Guerre) ; sa lettre à Davout du 22 mai 1815 et la note de Davout annexée (Arch. Guerre) ; ses ordres d'arrêter Bruslart (*Corresp.*, 21.701, 21.890) ; enfin les termes méprisants dans lesquels Masséna ordonna de mettre en liberté Bruslart qui, échappé de Corse après le 20 mars, venait d'être arrêté à Toulon. (Rapp. du lieutenant de police de Toulon, 21 mai. Arch. nat. F. 7, 3774.) Il faut citer cependant, à la décharge de Bruslart, la lettre de son aide de camp Dehouel au comte de Marans, aide de camp du duc de Bourbon, Bastia, 10 mars 1815 (Arch. nat. AF. IV, 1938) : « ... Buonaparte avait pensé que M. de Bruslart voulait le faire assassiner ou empoisonner. Ce soupçon avait fort affligé M. de Bruslart. » Dehouel ajoute d'ailleurs : « Si l'on eût écouté les avis du général aux ministres, on aurait évité ce qui arrive. Mais on l'a abreuvé de refus de toute sorte dans ce qu'il demandait pour le bien de sa mission. » — La mission de Bruslart était-elle donc, non pas de faire assassiner Napoléon, mais, comme le prétend M. de Martel (*Les historiens fantaisistes*, II, 194), de le faire enlever de l'île d'Elbe ?

me compromettre chez les conspirateurs italiens.... On veut me faire assassiner ! » Pendant une promenade avec Bertrand, Drouot et Campbell, il s'arrêta soudain et s'écria, comme se parlant à lui-même : « — Je suis un soldat. Qu'on m'assassine, j'ouvrirai ma poitrine, mais je ne veux pas être déporté. » Un autre jour, il dit au commissaire anglais : « — Qu'on sache bien que jamais je ne consentirai à me laisser enlever. Il faudra faire brèche à mes fortifications[1]. » Toutes les précautions étaient prises, en effet, contre une tentative d'assassinat ou un coup de main sur l'île. Les nouveaux débarqués devaient présenter leurs passeports à la Santé, puis à la Place, subir un interrogatoire, indiquer un répondant dans l'île ; ceux qui paraissaient le moins du monde suspects étaient rembarqués ou restaient sous la surveillance de la petite police elboise. Au mois de décembre, époque où l'empereur reçut un mystérieux visiteur qui lui apportait des nouvelles du congrès et où trois frégates françaises, *la Néreide*, *la Fleur de Lys* et *la Melpomène*, vinrent croiser dans les eaux de l'île, Porto-Ferrajo fut mis pour ainsi dire en état de siège. Les forts furent armés et approvisionnés, les garnisons augmentées, les canonniers exercés au tir à boulets rouges ; il y eut pour consigne de commencer le feu sur les navires de guerre s'ils entraient dans la rade en nombre supérieur à trois[2]. Les paisibles habitants de l'île d'Elbe

---

1. Note à lord Liverpool, Rome 9 février. (Supplément aux *Dispatchs of Wellington*, IX.) Campbell, 318, 328, 330, 352. Rapports de Mariotti, Livourne, 23 août, 28 sept., 1er novembre, 16 déc., 24 janv., 14 et 24 févr. (Arch. Aff. étr., 1800.) — La même crainte existait dans l'entourage de l'empereur. (John Aye à sa femme, Porto-Ferrajo, 22 janv. Arch. Aff. étr., 675.)
2. Napoléon, *Corresp.*, 21656, 21660. Peyrusse, 263. Rapports à Mariotti, Porto-Ferrajo, 23 nov., 4, 5, 30, 31 déc., 1er, 6 et 9 janv., 18 févr. (cités par Pellet, Appendice). Rapports de Mariotti, Livourne, 28 déc., 26 janv. (Arch. Aff. étr., 1800.) Cf. Rapports et ordres de l'amiral Lhermitte, Toulon, 7, 20 et 21 déc. (Arch. de la Marine, Bb 415.)

redoutaient un bombardement. Ils désiraient d'ailleurs que Napoléon restât leur souverain, car ses façons simples et accueillantes pour les humbles, la vie nouvelle qu'il avait donnée à l'île, les travaux qu'il y avait faits, les nombreux visiteurs qu'il y attirait, enfin tout l'argent qu'il y dépensait le rendaient populaire. « Le pays, dit Foresi, non sans quelque hyperbole, avait pris l'aspect d'une île fortunée [1]. »

A l'île d'Elbe, Napoléon ne cesse de répéter : « Je veux désormais vivre comme un juge de paix... L'empereur est mort, je ne suis plus rien... Je ne pense à rien en dehors de ma petite île. Je n'existe plus pour le monde. Rien ne m'intéresse maintenant que ma famille, ma maisonnette, mes vaches et mes mulets [2]. » A supposer que sa résignation soit sincère, son ambition morte, son âme rassérénée, et qu'il prenne au sérieux sa nouvelle devise inscrite dans la salle à manger de San-Martino : *Napoleo ubicumque felix*, il faut reconnaître que l'on fait tout pour réveiller en lui le lion endormi. Louis XVIII le laisse sans argent, l'empereur d'Autriche séquestre son fils, Metternich livre sa femme à un rufian de cour, Castlereagh veut le déporter, Talleyrand complote de le jeter dans une oubliette, d'autres songent à l'assassiner.

Est-ce à dire que si l'on avait servi à Napoléon la rente stipulée, qu'on lui eût rendu sa femme et son fils et qu'on eût assuré sa sécurité, il n'aurait pas tenté l'héroïque et fatale aventure qui aboutit à

---

1. Foresi. *Napol. all isola dell'Elba.* 26 ; Cf. 23, 24. Rapports précités de l'agent de Mariotti, 5, 27 déc., 2 janv., 26 et 27 févr. Peyrusse. 234, 235, 255. Lieutenant-colonel Laborde, *Napol. et la garde à l'île d'Elbe*, 40-43.
2. Campbell à Castlereagh. Porto-Ferrajo, 17 sept. (*Dispatchs of Wellington*, Supplément. IX.) *Sketch of a conversation with Napol. at Elba*, 27. Campbell *Napol. at Elba*, 179, 239, 299, 317, cf. 305. Rapport sur l'île d'Elbe du 17 sept. (Arch. Guerre). Rapport de Jordan, Rome, 14 août. (Arch. Aff. étr., 1800.)

Waterloo? Il est possible, après tout, que dans ces conditions l'empereur fût resté dans sa retraite, mais combien l'hypothèse est invraisemblable! Les diverses violations du traité de Fontainebleau dont il eut à souffrir et celles, plus graves encore, que tout l'engageait à redouter lui servirent de prétexte pour son expédition. Mais elles n'en furent que les causes secondaires. La cause déterminante fut l'état de la France sous la restauration[1]. La cause première, ce fut que le petit souverain de l'île d'Elbe s'appelait Napoléon, et qu'il avait quarante-cinq ans.

III

Les visiteurs français et les lettres de France étaient rares à l'île d'Elbe, les polices du littoral s'opposant au passage de ceux-là et la poste interceptant celles-ci[2].

1. Napoléon s'est contredit en donnant, après l'événement, les motifs de son départ de l'île d'Elbe. Dans ses *Notes sur les Mémoires de Fleury de Chaboulon* (Napol., *Mém.*, II, 298) et dans le *Mémorial* (III, 411, VI, 485) il prétend qu'il y fut déterminé par la crainte d'être déporté, l'inexécution du traité de Fontainebleau et les dispositions des esprits en France. Mais dans ses notes sur le *Manuscrit venu de Sainte-Hélène* (Napol., *Corresp.*, XXXI, 225) il assure que les infractions au traité et les menaces de déportation « n'eurent aucune influence sur ses résolutions ».

2. Cf. Corresp. ministérielle, juillet 1814 à février 1815 (Arch. de la marine, Bb 415). Rapport de Mariotti, Livourne, 11 février. Rapport de Bertrand à Caulaincourt sur le séjour de Nap. à l'île d'Elbe, Paris, 1er juin 1815 (Arch. Aff. étr., 1800-1802.). F. de Chaboulon, *Mém.* 1, 95-98, 105-112. — « Le consul de Livourne a bien fait de refuser des passeports pour l'île d'Elbe », Talleyrand à Jaucourt, 12 oct. (Arch. Aff. étr., 680.) — « On a refusé deux fois à un certain Charpentier, ex-jardinier de la princesse Borghèse, un passeport pour l'île d'Elbe. Il en a demandé un pour Naples qu'on lui a refusé aussi, puis un pour Marseille également refusé. Un autre individu, nommé Hazebruck, en a sollicité un pour Marseille. On le lui a accordé, mais pour le faire arrêter en route. » Rapport de police générale, Paris, 1er nov. (Arch. nat. F. 7, 3688²⁴).

On mettait tant d'entraves à la correspondance non seulement entre la France et l'île d'Elbe, mais entre la France et la Toscane, voisine de l'île d'Elbe, que des lettres envoyées par le ministre des affaires étrangères au consul français de Livourne mirent vingt jours à lui parvenir. La police sarde les avait retenues. Mariotti au département, Livourne, 11 févr. (Arch. Aff. étr., 1880.)

Mais l'empereur lisait les journaux de Paris et de Londres, le *Nain jaune*, le *Censeur*, le *Morning Chronicle*, si hostile aux Bourbons; il faisait causer, dans les nombreuses audiences qu'il leur accordait, les Italiens et surtout les Anglais, dont il prisait davantage le jugement. Il se trouvait ainsi assez bien renseigné sur les fautes du gouvernement et l'état des esprits. Par Colonna d'Istria, agent de Murat qui avait un ministre à Vienne, par un certain Cipriani, maître Jacques employé à l'office et à la police, qui allait sans cesse aux nouvelles à Florence, par Campbell lui-même, il connaissait les intrigues et les divisions des puissances[1]. Louis XVIII discrédité, la France mécontente, l'Europe désunie et prête à s'entre-combattre, l'occasion était propice pour tenter une dernière fois la fortune. Il semble, en effet, que vers le mois de décembre, Napoléon commença à avoir la hantise d'un prochain départ. Campbell, jusque-là reçu avec empressement aux *Mulini*, crut s'apercevoir que l'empereur se dérobait à ses visites sous divers prétextes, comme s'il eût voulu échapper à sa surveillance. Le commissaire anglais en instruisit Castlereagh et ajouta que Napoléon ne lui avait pas dissimulé qu'il pourrait être rappelé en France par les circonstances. « Mais, concluait Campbell, je n'en persiste pas moins dans mon opinion que si Napoléon reçoit la rente stipulée dans les traités, il restera ici parfaitement tranquille à moins d'un événement extraordinaire en Italie ou en France[2]. »

1. Campbell, 259, 283, 329, 343, 345-346. Lettre de Campbell à Mariotti, 26 déc., et rapports de Mariotti, 2 et 7 déc. (cités par Pellet). Campbell à Bailler, 21 oct. (Arch. Aff. étr., 675.) Rapport de l'amiral Lhermitte, Toulon, 29 sept. (Arch. de la Marine, Bb 415.) Montholon, *Récits*. II, 261, 262.) — C'est à l'un de ces visiteurs anglais que Napoléon dit un jour : « Le roi de France est bien mal entouré. Il n'a autour de lui que des traîtres qui m'ont trahi. Pourquoi ne le trahiraient-ils pas aussi ? » Rapport du 25 juillet (Arch. nat. F. 7, 3738.)

2. Campbell, *Napoléon at Elba*, 343, 345.

C'est dans ce même mois de décembre que Napoléon eut avec un sapeur de grenadiers cette courte conversation qui fit impression chez ses familiers : « — Eh bien, grognard, tu t'ennuies? — Non, sire, mais je ne m'amuse pas trop, toujours. — Tu as tort, il faut prendre le temps comme il vient. » Et lui mettant une pièce d'or dans la main, il s'éloigna en chantonnant : *Ça ne durera pas toujours.* Au mois de janvier, on put remarquer aussi que Napoléon ne tenait plus le même langage à ses soldats. En octobre, il avait dit tristement à ceux d'entre eux qui demandaient leur congé : « — Vous voulez m'abandonner parce que je suis malheureux.... Que ceux qui veulent partir partent. Je ne retiens personne. » Maintenant, il répondait aux mêmes demandes : « — Patientez. Nous passerons ce peu de jours d'hiver le moins mal que nous pourrons. Puis nous songerons à passer le printemps d'une autre façon [1]. »

Mais ces paroles, bien qu'il ne lui en eût pas encore échappé de pareilles, sont de bien vagues présomptions des desseins de l'empereur. Si, dès la fin de 1814, il songea vraisemblablement à ce grand projet, jusqu'à la mi-février 1815 il ne s'en ouvrit à personne et ne prit aucune mesure préparatoire. Ni les officiers et les serviteurs de Napoléon, ni le colonel Campbell et les espions aux aguets à l'île d'Elbe ne soupçonnèrent rien. La réconciliation, d'ailleurs

---

1. Peyrusse, 254. Rapports de Mariotti, 1er nov. 1814 et 24 janv. 1815 (Arch. Aff. étr., 1800). — Il y a encore la phrase amphibologique de Napoléon dans sa conversation avec Litta (2 déc.) : « Avant de partir, j'aurai le plaisir de vous revoir. » Selon un rapport du 1er déc. de l'agent de Mariotti. Napoléon aurait dit aussi à Drouot en plein cercle. — « Eh ! bien, général, qu'en pensez-vous? Serait-il trop tôt de sortir de l'île pendant le carnaval ? » Mais ce racontage nous paraît implicitement contredit par la lettre de Drouot que nous citons dans la note suivante.

2. Peyrusse, ni Foresi, ni Campbell ne signalent aucune conférence, aucun préparatif. Drouot et Cambronne ont témoigné ne s'être douté de rien. Je premier jusqu'au 16 ou 17 février, le second jusqu'au 22. (*Procès de Drouot*, 15. *Procès de Cambronne*, 7.) — Le 4 février 1815, Drouot écrivait à un

peu cordiale de part et d'autre, de Napoléon et de Murat, la correspondance entretenue assez régulièrement avec Naples, les allées et venues constantes d'Italiens plus ou moins suspects entre le continent et l'île, des rapports sur les *ventes* de Bologne, de Reggio, de Gênes, de Milan, où l'on préparait, disait-on, un soulèvement général de l'Italie aux cris : Liberté et Napoléon ! inspiraient bien quelques craintes, pour le printemps, d'un débarquement de l'empereur sur le littoral de la Toscane ou des Légations¹. Mais la faiblesse de ses ressources en hommes et en argent, l'impossibilité presque absolue où il se trouvait de communiquer avec Paris ou Toulon rendaient invraisemblable qu'il méditât sérieusement une entreprise contre Louis XVIII². Le 14 février, Mariotti écrivait en toute quiétude : « Napoléon reste enfermé dans ses appartements sans voir personne ; cela tient à ce qu'il craint les assassins envoyés de France et d'Italie. » Dehouel, aide de camp de Bruslart, constatait aussi « que Buonaparte paraissait fort tranquille depuis

ami intime : «... Il ne m'est pas arrivé une seule fois de regretter le parti que j'ai pris. Si c'était à recommencer, j'agirais comme j'ai fait. Je ne prévois plus pour moi de plaisirs bien vifs, mais je vivrai dans le calme et la tranquillité de l'âme. L'étude est pour moi d'une grande ressource. » (Lettre au capitaine Planat, citée par Girod de l'Ain, *Le général Drouot*, 78.) Pour qui connaît le caractère de Drouot, il est certain que le général n'aurait pas écrit ces lignes s'il avait cru s'embarquer trois semaines plus tard.
1. Campbell, 226, 234, 258, 268, 275, 289, 303, 343. Rapports de Mariotti, 12 déc., 24 janv. (Arch. Aff. étr., 1800). Rapports à Mariotti, 1ᵉʳ, 2, 5, 7, 27, 28, 31 déc., 6 janv., 20, 22 févr. (cités par Pellet, Appendice). Cf. Bagnano, *La vérité sur les Cent Jours principalement par rapport à la renaissance projetée de l'Empire romain*, 4-20, 22-52, 55-75, etc. — Il s'agissait de la reconstitution de l'empire romain avec Napoléon empereur à Rome, quatre vice-empereurs dans les principales villes de l'Italie et un parlement libéral. Napoléon était certainement au courant de ces projets. Peut-être même les encourageait-il pour entretenir dans la péninsule une agitation qui pouvait seconder ses desseins sur la France. Mais il est bien peu probable qu'il ait jamais songé à prendre part de sa personne à cette révolution.
2. Dans es instructions secrètes de l'amiral Lhermitte aux commandants des frégates en croisière autour de l'île d'Elbe, il n'est question que d'empêcher le débarquement de l'empereur sur les côtes d'Italie. (Arch. de la Marine, Bb 415, à la date du 20 décembre.)

longtemps et semblait seulement s'inquiéter des projets des frégates anglaises et françaises en croisière autour de l'île. » Quand, le 16 février, le colonel Campbell s'embarqua afin d'aller passer huit jours à Florence, il était bien loin de se douter qu'il eût vu Napoléon pour la dernière fois [1].

Le commissaire anglais, il est vrai, ignorait le 16 février que le 12 ou le 13, un Français déguisé en matelot eût abordé dans l'île sur une petite felouque de Lerici. C'était Fleury de Chaboulon [2].

1. Rapport de Mariotti, Livourne, 14 févr. (Arch. Aff. étr., 1806). Dehouel, aide de camp de Bruslart à comte de Marens, Bastia, 10 mars. (Arch. nat. AF. IV, 1938). Campbell, *Napoléon at Elba*, 362.

2. Fleury de Chaboulon, 106-107, 113-114. Cf. Rapport de l'agent de Mariotti. Porto-Ferrajo, 18 février (cité par Pellet, Appendice) : « Il est arrivé il y a quelques jours un personnage distingué, déguisé en marin, transporté par une felouque de Lérici. Il est reparti après avoir eu plusieurs conférences secrètes avec l'empereur. Cette visite a très visiblement réjoui Napoléon. »
On a cru jusqu'ici que Fleury n'avait débarqué que le 22 février. Nous ignorons absolument sur quel témoignage s'est formée cette opinion. Napoléon (*L'île d'Elbe et les Cents Jours, Corresp.* XXXI, 12) dit que la visite de Fleury eut lieu en février, mais il ne précise pas le jour. Fleury n'indique pas non plus la date de son arrivée et dit seulement qu'il entra au port dans la soirée. Mais le rapport de l'espion italien, qui confirme sur tous les points le récit de Fleury, le complète sur ce point particulier. Ces mots datés du 18 février : « ... a débarqué il y a quelques jours » marquent bien que Fleury a débarqué le 12 ou le 13, c'est-à-dire cinq ou six jours auparavant. Si son arrivée avait eu lieu le 16, l'espion aurait évidemment écrit : il y a deux jours ou avant-hier. (D'ailleurs la supposition du 16 est inadmissible, car dans ce cas Fleury, qui arriva à l'île d'Elbe passé 6 heures du soir et qui y resta 48 heures, n'aurait pu en être reparti le 18 à l'heure où l'espion écrivait son rapport.) Si, au contraire, la venue de Fleury avait eu lieu antérieurement au 10 février, l'espion aurait mis : il y a huit jours ou il y a quinze jours. Mais l'agent de Mariotti a écrit : « il y a quelques jours ». Nous le répétons : *Quelques jours*, cela veut dire quatre, cinq ou six jours. D'autre part, c'est du 16 février, c'est-à-dire du lendemain ou du surlendemain des audiences de Fleury que sont datés les premiers ordres de Napoléon touchant des préparatifs de départ (*Correspondance*, 21674, 21675) ; et Drouot témoigne aussi (Interrogatoire, *Procès de Drouot*, 15, 53) que ce fut seulement dans la seconde quinzaine de février que l'empereur lui confia ses nouveaux desseins.
Ainsi Fleury débarque le 12 ou le 13 dans la soirée. Le lendemain 13 ou 14, et le surlendemain 14 ou 15, il voit successivement l'empereur. Le soir du 14 ou du 15, il quitte l'île, et le 16 Napoléon donne ses premiers ordres pour le départ. Il est difficile de croire à une coïncidence fortuite entre les audiences de Fleury des 14 et 15 février et l'ordre de Napoléon du 16 de radouber le brick et de noliser des bâtiments. Bien plutôt, il faut admet-

Auditeur au Conseil d'Etat, sous-préfet de Château-Salins jusqu'en janvier 1814, puis nommé sous-préfet de Reims quand cette ville fut reprise aux Russes, Fleury de Chaboulon avait donné sa démission au retour des Bourbons. Resté fervent admirateur de Napoléon, il résolut, au commencement de 1815, d'aller à l'île d'Elbe, sans peut-être avoir d'abord d'autre pensée que de revoir son ancien souverain ou d'être employé auprès de lui. Mais les défections étaient alors si générales que le plus entier dévouement passé ne répondait pas de la fidélité présente. Malgré sa belle conduite pendant la campagne de 1814, où il avait gagné la croix et mérité d'être appelé par Ney « l'intrépide sous-préfet », Fleury pouvait craindre que l'empereur ne le reçût point ou ne le reçût qu'avec défiance. Il s'adressa au duc de Bassano qu'il connaissait personnellement. C'était vers le milieu de janvier, au moment où les craintes d'une guerre d'intérêt dynastique, l'arbitraire de Soult, l'annonce des cérémonies expiatoires pour l'anniversaire de la mort de Louis XVI, l'équipée du curé de saint Roch, les prétendus projets de représailles des royalistes avaient porté l'irritation au plus haut degré, et où le complot ébauché par Fouché, Thibaudeau, Davoust,

---

tre que les nouvelles apportées par Fleury de Chaboulon déterminèrent Napoléon à quitter l'île ou du moins hâtèrent son départ.

Fleury de Chaboulon avait bien affirmé que ses paroles avaient eu cette action décisive sur Napoléon, mais sa prétention paraissait mal fondée puisqu'on le croyait débarqué à Porto-Ferrajo seulement le 22 février, et que les premiers ordres relatifs au départ sont du 16 février. Maintenant que grâce au rapport de l'agent de Mariotti nous avons pu fixer l'arrivée de Fleury au 12 ou au 13 février, la chose ne paraît plus douteuse.

Disons à ce propos que M. Marcellin Pellet, qui ne paraît pas soupçonner l'importance du document découvert par lui et qui est desireux sans doute de mettre le témoignage de l'espion italien d'accord avec la tradition, sans fondement, de l'arrivée de Fleury le 22 février, assure dans une note que le paragraphe en question du rapport du 18 février a dû être transposé par erreur et doit être placé dans un rapport subséquent. Cette assertion est inadmissible puisque les rapports de l'agent de Mariotti existent aux archives du consulat de Livourne en originaux et non en copies.

les régicides et les généraux mécontents commençait à prendre corps. Il est facile de comprendre qu'au cours des deux entretiens que Fleury eut avec Bassano, le jeune sous-préfet et le vieux ministre parlant tour à tour de Napoléon et de Louis XVIII s'exaltèrent mutuellement. Les paroles de feu de Fleury ravivent la flamme au cœur de Bassano, le plus dévoué comme aussi le plus aveugle des serviteurs de Napoléon. Le duc se laisse arracher, pour servir de mot de passe, un secret que lui seul et l'empereur connaissent, et il autorise Fleury à répéter de sa part à Napoléon toute leur conversation. « — Mais, conclut Fleury, si l'empereur me demande : Est-ce le moment pour moi de revenir en France ? » Bassano hésite un instant, puis il dit : « — Je ne puis prendre sur moi de donner un si grave conseil. Exposez la situation à l'empereur. Il décidera dans sa sagesse ce qui lui reste à faire. » (Ce n'était là qu'une réticence qui ne suffit pas à dégager la responsabilité du duc de Bassano.) Fleury de Chaboulon se mit aussitôt en route. Après avoir surmonté des difficultés sans nombre, il arriva à l'île d'Elbe le 12 ou le 13 février dans la soirée. Reçu le lendemain par l'empereur, il se fit reconnaître comme envoyé de Bassano, puis il dit tout ce qu'il savait, tout ce qu'il supposait, tout ce qu'il espérait[1].

Jusqu'alors, les seuls Français qui eussent débarqué à Porto-Ferrajo étaient, à quelques exceptions près[2],

1. Fleury de Chaboulon, I, 91-127. Cf. Rapport précité de l'agent de Mariotti, Porto-Ferrajo, 18 février. Ernouf, *Maret, duc de Bassano*, 644. Lavallette, *Mém.*, II, 140-141. Montholon, *Récits*, II, 262, 368.
 On sait que Fleury de Chaboulon se dissimule dans son récit du voyage à l'île d'Elbe sous le nom d'un prétendu colonel Z..., censé tué à Waterloo et qui n'a jamais existé.
2. L'agent de Mariotti (Rapports précités des 27 déc. et 17 févr.) cite encore, parmi les Français débarqués, un avocat nommé Lamilit, bonapartiste expansif, trop bavard pour avoir été choisi comme émissaire secret, et le capitaine de frégate Chautard, qui fut nommé en janvier au commandement du brick *l'Inconstant*. D'après la préface du livre de Chautard fils (*Napoléon et la Démocratie*, ouvrage déclamatoire sans intérêt

des officiers en réforme ou en demi-solde venus pour solliciter du service dans la garde [1]. Ils n'avaient aucune mission politique, et les renseignements qu'ils donnaient sur l'esprit de tel ou tel régiment ou de telle ou telle province étaient suspects d'exagération. Les lettres de France ne contenaient que des demandes d'engagement dans l'armée elboise, des compliments de nouvelle année et des avis anonymes, dont à tort ou à raison l'empereur faisait peu de cas [2]. Sans doute, Napoléon savait ce qui se passait et ce qui se disait en France, mais il le savait imparfaitement. Qu'étaient-ce que les articles des journaux, les racontages des officiers réformés, les conversations des touristes anglais auprès du rapport complet, précis et authentique de Fleury de Chaboulon ! Fleury révéla, en outre, à l'empereur l'existence d'un complot et les projets des conjurés d'établir la régence. « — Une régence ! dit-il avec humeur. Pourquoi faire ? Suis-je donc mort [3] ! »

Napoléon, cela est certain, projetait de rentrer en France. S'il n'avait pas vécu avec cette pensée depuis plus ou moins de temps, les récits de Fleury de Chaboulon, et même les paroles de Bassano qui lui furent redites par le jeune homme n'auraient pas suffi à

historique), le capitaine Chautard se rendit à l'île d'Elbe à la suite de l'avortement d'une conspiration à Toulon. C'est une légende que détruit l'examen du dossier de Chautard. (Arch. de la Marine.) Mis à la retraite au mois d'août 1814, cet officier n'était sous le coup d'aucune poursuite quand il vint à l'île d'Elbe pour y chercher un emploi.

D'après Laborde (*Napol. et la garde à l'île d'Elbe*, 65) et Montholon (*Récits*, II, 40) un certain Dumoulin, riche gantier de Grenoble, serait aussi venu à l'île d'Elbe en octobre ou novembre et aurait renseigné l'empereur sur l'esprit du Dauphiné. Quant aux prétendues missions du médecin Renoult, le procès de Rovigo a démontré qu'elles sont absolument imaginaires. Rovigo, *Mém.*, VIII, 303 et 307-308.

1. Napoléon, *Corresp.*, 21607. Cf. *Œuvres de Sainte-Hélène* (*Corresp.* XXXI, 16) et Monier, lieutenant de grenadiers, *Une année de la vie de Napol.*, 72-73.
2. *Procès de Lavallette*, 13. Rapport à Mariotti, Porto-Ferrajo, 26 déc. Napoléon, *L'île d'Elbe et les Cents Jours* (*Corresp.* XXXI, 21).
3. Fleury de Chaboulon, I, 126. Cf. 141.

l'entraîner dans une pareille aventure. Mais si l'empereur méditait ces desseins, l'exécution n'en était pas arrêtée dans son esprit. Peut-être hésitait-il encore. Les renseignements de Fleury de Chaboulon le déterminèrent à brusquer son départ.

Le lendemain, l'empereur eut un second entretien avec Fleury. Il ne lui cacha pas qu'il avait fixé ses résolutions, mais il s'abstint de révéler son plan de campagne et la date très prochaine de son embarquement. Fleury quitta l'île le soir même. Une felouque affrétée par ordre de l'empereur le conduisit à Naples où il devait se faire donner un passeport pour la France[1].

1. Fleury de Chaboulon, I, 127-150, 152-157. Cf. Napoléon, *L'île d'Elbe et les Cents Jours*. (*Corresp.* XXXI, 32-34.) Montholon, *Récits*, II, 262.
D'après Napoléon, il renvoya Fleury en France afin de prévenir de son prochain débarquement les personnages connus pour leur attachement à sa personne et les engager à se cacher de façon à ne point servir d'otages aux Bourbons. D'après Fleury, il aurait été chargé d'une tout autre mission. Il devait engager les bonapartistes et les patriotes à agir dès qu'ils apprendraient le débarquement de Napoléon afin d'assaillir les royalistes de deux côtés à la fois. Il devait, en outre, envoyer à l'île d'Elbe des renseignements sur l'esprit des officiers des régiments en garnison dans le Sud-Est de la France.
Il est difficile d'admettre que Fleury pût avoir le temps de rentrer à Paris par Naples, de conférer avec les bonapartistes, de prendre des informations sur l'esprit des garnisons du Midi et de les transmettre à l'île d'Elbe, tout cela avant le départ de Napoléon qui devait avoir lieu, dit Fleury, « le 1er avril ou plus tôt ». A son retour en France, le 8 mars, Fleury fut un peu dépité d'apprendre que l'Empereur y avait débarqué le 1er mars. Il accusa, à part lui, « de l'avoir trompé ». Napoléon lui donna, dit-il, cette explication : « — A peine fûtes-vous parti que je regrettai mon imprudence de vous avoir renvoyé sur le continent, car les renseignements que vous deviez prendre, les lettres que vous deviez m'écrire, les conférences que vous deviez avoir pouvaient éveiller les soupçons. C'est pourquoi je me suis décidé à partir de suite. » Fleury put se payer de ces paroles, mais il est plus présumable que l'empereur avait fait ces réflexions avant le départ de son jeune confident et que ne voulant pas, pour un motif ou pour un autre, qu'il restât à l'île d'Elbe, il lui avait donné le change en le chargeant de prétendues missions qu'il ne lui laisserait pas le temps de remplir. Napoléon voulait être en France avant que Fleury ne pût y être lui-même.
Quant à croire que Napoléon comptait rester à l'île d'Elbe jusque vers le 1er avril, mais que le lendemain du départ de Fleury, l'arrivée de Colonna d'Istria qui apporta la nouvelle de la prétendue clôture du congrès de Vienne le décida à partir tout de suite, cela n'est guère possible. Montholon dit bien : « L'arrivée de Fleury coïncida avec celle de Colonna. La

Dès le 16 février, lendemain ou surlendemain du départ de Fleury, Napoléon s'occupa de préparer son expédition. Il envoya coup sur coup à Drouot l'ordre de noliser deux bâtiments de Rio et l'ordre de faire radouber le brick, de le faire peindre comme un navire anglais, de le réarmer, de l'approvisionner, de le munir d'autant de chaloupes qu'il en pourrait porter et de le tenir prêt à prendre la mer le 24 ou le 25 février[1]. Toutefois, afin de ne pas éveiller de soupçons, même dans l'esprit du fidèle Drouot, l'empereur rédigea ces ordres de façon à dérouter toutes les conjectures. « Les bâtiments de Rio, écrivit-il, seront employés, l'un à embarquer du bois pour Porto-Ferrajo, l'autre à évacuer de Porto-Longone tout ce qu'il y a pour ici. » Quoi de plus naturel ! On avait besoin de bois pour les constructions et l'on avait commencé depuis un mois d'évacuer sur Porto-Ferrajo une partie des munitions de Porto-Longone. « Le brick, écrivit-il encore, sera approvisionné pour cent vingt hommes pendant trois mois. » Que pouvait-on penser ? S'agissait-il donc d'une évasion en Amérique ? car pour aller seulement de l'île d'Elbe en Italie ou en France, il ne fallait pas trois mois de vivres. C'est également afin de donner le change sur ses projets que l'empereur écrit à Bertrand, le 19 février, qu'il ira passer les mois de juin et de juillet à la Marciana[2]. Le 22 février, quand il demande à Foresi de lui pro-

décision fut instantanée. » Mais nous savons par le Livre de caisse de Peyrusse (*Mémorial*, Annexes, 134) que Colonna était de retour à l'île d'Elbe le 11 février, c'est-à-dire avant l'arrivée de Fleury qui n'y débarqua que le 12 ou le 13.

1. Napoléon à Drouot (16 février). *Corresp.*, 21674, 21675.
2. Napoléon, *Corresp.* 21677. — Deux autres lettres à Bertrand des 19 et 22 février (*Corresp.*, 21676 et 21678) relatives à l'adjudication de routes ont-elles aussi été écrites pour donner le change ? C'est plus douteux. L'homme qui à Moscou s'occupait du règlement de la Comédie-Française pouvait bien, trois jours avant son départ de l'île d'Elbe, prescrire l'achèvement d'un tronçon de route.

curer des bateaux de transport, le 23 quand il ordonne à Peyrusse d'emballer l'or dans des caisses et de ne plus faire de paiement pour l'île qu'en monnaie d'argent, Napoléon s'efforce encore de ne point livrer son secret[1].

Ce secret, seul Drouot, et peut-être Madame mère[2] le possédaient depuis quelques jours. Après ses ordres du 16 février, évidemment rédigés avec la préoccupation de cacher son dessein à Drouot, l'empereur s'était ravisé. Soit qu'il eût scrupule de manquer de confiance envers un homme de cette trempe, soit qu'à la veille d'une si aventureuse entreprise, il sentît le besoin d'y être encouragé, le 18 ou le 19 il s'ouvrit au général. « — Drouot, lui dit-il, je suis regretté et demandé par toute la France. Dans peu de jours, je quitterai l'île pour obéir au vœu de la nation. » A cette confidence, l'empereur vit s'assombrir le visage de Drouot. Celui qu'il appelait « le Sage » avait eu la soudaine vision de la guerre civile et de l'occupation étrangère. Si pénible qu'il fût de discuter avec l'empereur, Drouot n'hésita pas à lui représenter les périls de cette tentative ; peut-être même osat-il lui exposer les considérations d'ordre moral qui devaient l'en détourner. Mais quels appels à sa raison et à son cœur pouvaient faire fléchir la volonté de Napoléon ! Depuis le jour où Drouot connut ce fatal secret jusqu'à l'heure de l'embarquement, il demeura soucieux et profondément triste. Il exécuta en fidèle et obéissant subordonné tous les ordres de l'empereur relatifs à l'expédition, mais sans cesser de le conjurer d'abandonner son projet. Drouot dit plus tard, et plusieurs témoignages ont confirmé ses pa-

1. Foresi, *Napoleone all'isola dell'Elba*. 71-72. Peyrusse, *Mémor.*, 269-270. Cf. Las Cases, VI, 186. « Napoléon garda le secret jusqu'au dernier moment. »
2. Foresi, *Napoleone all' isola dell' Elba*, 72.

roles : « J'ai fait ce qui était humainement possible pour empêcher cette entreprise[1]. »

Le hâtif radoub du brick, l'embarquement sur ce navire de vivres et de munitions, le retour de la Pianosa des chevaux appartenant aux lanciers polonais, la distribution à chaque fantassin de deux paires de souliers commencent, cependant, vers le 20[2] ou le 21 février, à faire jaser les soldats et les habitants. On dit qu'une division napolitaine est entrée en Toscane et que l'empereur se prépare à l'aller rejoindre. On commente les paroles d'un certain Charles Albert, négociant de Marseille ou prétendu tel, qui, débarqué le 19 février, court les cercles d'officiers et les cafés de Porto-Ferrajo, répétant à qui veut l'entendre, même à l'agent de Mariotti, que sauf les riches et les émigrés, tout le monde en France désire l'empereur, que le roi est devenu odieux et « qu'il suffira du chapeau de Napoléon planté sur la côte de Provence pour attirer tous les Français[1] ». Ce Charles Albert, d'ailleurs, bien qu'il eût été reçu par Napoléon et qu'il fût fort bavard, n'en disait pas davantage. C'est apparemment qu'il ne savait rien de plus. Ce n'était pas un Fleury de Chaboulon, et l'empereur

---

1. Interrogatoire de Drouot. Dépositions de Lacour, ex-commissaire des guerres à l'île d'Elbe, de Mme Deschamps, femme d'un fourrier du Palais. et de Peyrusse. (*Procès de Drouot*. 3-6, 14, 15, 16, 53.)

2. D'après l'éditeur du *Manuscrit de l'île d'Elbe*. Napoléon aurait passé la journée du 20 février et la matinée du 22 à dicter cet opuscule, qui est le résumé politique de l'histoire des vingt dernières années et qui conclut à la légitimité de la IVe dynastie. Ce manifeste (un peu sérieux et un peu long pour un manifeste !) devait, paraît-il, être publié comme le développement des proclamations de l'empereur au peuple français. Las Cases (*Mémor.*, VI. 129-166) cite à peu près la moitié de cet écrit qu'il déclare authentique. Quoi qu'il en soit, il ne fut pas imprimé en 1815. En 1818, après le succès du livre de Lullin de Chateauvieux : le *Manuscrit de Sainte-Hélène*, O'Meara l'édita sous le titre de : *Manuscrit de l'île d'Elbe*.

3. Rapports à Mariotti précités, Porto-Ferrajo, 19, 20, 21, 22, 23 fév. Cf. Peyrusse, *Mémor*. 270, et Rapport du secrétaire de la princesse Borghèse (cité par Helfert, *Murat und seine letzten Kämpfe*. 171).

s'était borné à écouter ses dithyrambes bonapartistes sans lui faire aucune confidence [1].

IV

Pour s'embarquer, l'empereur comptait profiter de l'éloignement du commissaire anglais Campbell. Celui-ci était parti le 16 février, et son absence devait se prolonger dix ou douze jours [2]. Le départ était donc fixé dans l'esprit de l'empereur au 26 février au plus tard et tout se préparait en conséquence lorsque, durant la nuit du 23 au 24, la frégate anglaise *la Perdrix* vint mouiller à Porto-Ferrajo. C'est le plus fatal des contretemps. A la vérité, le capitaine Adye est sans défiance. Avec les marins de la garde et deux ou trois compagnies de grenadiers, on peut aborder la frégate à l'ancre dans la rade et désarmer l'équipage avant qu'il ait le temps de se mettre en défense. Ce coup de main donnera même un bon bâtiment pour la traversée. Mais l'empereur a trop d'illusions sur les sentiments de la nation anglaise pour commencer son entreprise par un *casus belli* avec l'Angleterre. Il est déconcerté, inquiet, hésitant, ne pouvant se résoudre à un guet-apens qui cependant sera peut-être nécessaire. Enfin, Bertrand lui apprend vers midi que le capitaine Adye, dont il vient de recevoir la visite aux

---

[1]. Dans un rapport non daté (du 24 ou du 25 février, l'agent de Mariotti écrit : « Je crois que le Français Charles Albert a hâté le départ qui aura lieu au premier jour. » Cette supposition, mal fondée, était cependant fort naturelle de la part de l'espion. Charles Albert arrive le 19 ; c'est le 20 ou le 21 que les préparatifs de départ commencent à être visibles. Donc, Charles Albert a décidé Napoléon. Mais si l'agent de Mariotti avait connu les ordres de l'Empereur du 16 février, antérieurs de trois jours à l'arrivée de Charles Albert et postérieurs d'un jour au départ de Fleury de Chaboulon, il aurait compris que Napoléon avait arrêté ses résolutions avant de voir Charles Albert.

[2]. Campbell, 358. Foresi, 72. Cf. Peyrusse, 271.

Mulini, est au moment de prendre la mer[1]. A peine *la Perdrix* a-t-elle levé l'ancre que l'embargo est mis sur tous les bâtiments ; des courriers sont expédiés sur les différents points de l'île pour défendre de laisser embarquer personne, même les pêcheurs ; la police refuse de délivrer tout passe-port et la Santé tout billet d'expédition. Le soir, les autorités civiles se rendent au palais. Le président du tribunal exprime à l'empereur ses félicitations et ses regrets : ses félicitations de lui « voir reprendre le chemin de la gloire », ses regrets de « le voir quitter l'île où il laissera de si grands souvenirs ». Napoléon est songeur, préoccupé. On l'entend murmurer, à mieux dire on l'entend penser tout haut : « Ah ! la France ! la France[2] ! »

Le lendemain, 25 février, les préparatifs de départ continuent. On embarque les quatre pièces de campagne à bord de *l'Inconstant*. L'embargo est rigoureusement maintenu, la police oblige même les insulaires et étrangers munis de passe-ports à les déposer temporairement au bureau central. Les soldats du bataillon corse, où l'on craint des désertions, sont consignés ; les grenadiers font des patrouilles dans les rues et des rondes sur la côte. On parle sans mystère du prochain départ. Sur le port, on dit que l'empereur va en France ; dans les cafés on dit qu'il va en Italie. Pour les habitants, c'est une désolation. Chacun regrette la garnison et la petite cour. Les femmes pensent à ces réceptions des Mulini où elles étaient extrêmement flattées d'être admises et qui ne reprendront plus ; quelques-unes pleurent un amant ou un fiancé. Les marchands de Porto-Ferrajo, qui ont si

---

1. Rapport du capitaine Adye (cité par Campbell. 363-364. note). Rapport à Mariotti, Porto-Ferrajo, 24 février (cité par Pellet, Appendice). Peyrusse, 271-272.
2. Rapports précités à Mariotti, Porto-Ferrajo, 24 et 25 fev. Cf. Monier, lieutenant de grenadiers, *Une année de Napoléon*, 98.

largement profité de la présence des Français, sont d'autant plus affligés que les officiers et les soldats laissent de nombreuses dettes. Naturellement, la troupe est joyeuse. « Les militaires, dit l'agent de Mariotti, font la roue sous leur uniforme et appellent les combats dans l'espérance d'en sortir au moins maréchaux [1]. »

On remarqua ce jour-là que, contre son habitude, l'empereur resta enfermé au palais [2]. Il s'occupait de rédiger trois proclamations, les deux premières adressées par lui au Peuple français et à l'Armée, la troisième prétendûment adressée par la garde impériale aux généraux, officiers et soldats de l'armée. Les trois pièces furent imprimées secrètement dans la soirée ou dans la nuit [3]. Écrites avec l'emphase que

1. Rapports à Mariotti, Porto-Ferrojo, 25 février. Cf. Rapport au même, Porto-Ferrajo, s. d. (24 ou 25 févr.) (cités par Pellet, Appendice, 112, 161-163). — D'après Monier, lieutenant de grenadiers (*Une année de Napoléon*) et le colonel Laborde (*Napol. et la garde à l'île d'Elbe*), les officiers ne furent avertis du départ que le 26. — Avertis officiellement, oui. Mais cela ne veut pas dire qu'ils ne s'en doutaient pas la veille et l'avant-veille. L'agent de Mariotti en témoigne, et des rapports rédigés au jour le jour sont plus exacts sur les points de détail que des souvenirs écrits plus ou moins longtemps après les événements.
2. Rapport précité à Mariotti, Porto-Ferrajo, 25 févr.
3. Napoléon, *Correspondance*, 21681, 21682, 21683.
Dans la *Correspondance*, ces proclamations prétendues improvisées pendant la traversée et prétendues imprimées pour la première fois à Gap, le 6 mars, portent : Golfe Jouan, 1er mars. Or, nous avons découvert aux Archives des Affaires étrangères (*Papiers des Bonaparte*, 1801), les premiers exemplaires imprimés de ces trois proclamations. Ils ne portent pas la mention de golfe Jouan ni de 1er mars, et on lit au bas : *A Porto-Ferrajo, chez Broglia, imprimeur du gouvernement*. — Nous reviendrons sur ce point de détail (**1815**, I, 203-205).
Le même jour, ou dans la matinée du lendemain, Napoléon rédigea aussi quatre décrets relatifs à la Corse : — destitution de « l'infâme Brusart », nominations d'officiers généraux, etc. — et deux proclamations : l'une à l'armée de Corse, l'autre au peuple de Corse. (Copies certifiées par le général Bruny, nommé commandant militaire de Bastia, Archives de la guerre, carton de la correspondance de Napoléon.) Ces divers écrits furent emportés par les émissaires qui, trois jours après l'embarquement de l'empereur, partirent pour révolutionner la Corse. (Rapport à Mariotti, 1er mars.) La proclamation à l'armée de Corse finissait ainsi : « Arrachez ces couleurs que pendant vingt ans nous avons combattues. Arborez le pavillon tricolore, c'est celui de la nation, c'est celui de la victoire. »

Napoléon, si simple et si précis dans ses lettres et ses admirables commentaires, semblait, pour ses harangues, avoir hérité des orateurs de la Convention, ces proclamations enflammées étaient grossièrement mais superbement éloquentes. Rien de mieux conçu pour frapper les esprits, pour attiser les colères contre les Bourbons, pour réveiller dans l'âme de la France les souvenirs de l'égalité républicaine et de la gloire impériale. L'empereur commençait par attribuer ses revers à la trahison. Sans Augereau et sans Marmont, les Alliés auraient trouvé leur tombeau sur le sol français. Il donnait ensuite pour raison à son abdication l'intérêt de la Patrie. Mais les Bourbons imposés par l'étranger *n'avaient rien appris ni rien oublié.* Ils voulaient substituer le droit féodal au droit populaire. Les biens et la gloire des Français n'avaient point de pires ennemis que ces hommes qui regardaient comme rebelles les vieux soldats de la révolution et de l'empire. Bientôt, il faudrait avoir porté les armes contre sa patrie pour prétendre aux récompenses, il faudrait une naissance conforme aux préjugés pour devenir officier. Les patriotes auraient les charges ; les émigrés, la fortune et les honneurs. « Français, disait-il au peuple, j'ai entendu dans mon exil vos plaintes et vos vœux : vous réclamiez le gouvernement de votre choix qui est seul légitime. J'ai traversé les mers. J'arrive reprendre mes droits qui sont les vôtres. » « Soldats, disait-il à l'armée, venez vous ranger sous les drapeaux de votre chef. Son existence ne se compose que de la vôtre ; ses droits ne sont que ceux du peuple et les vôtres... La victoire marchera au pas de charge. L'aigle, avec les couleurs nationales, volera de clocher en clocher jusqu'aux tours de Notre-Dame. »

Le 26 février, tout le monde était dans l'attente du départ, mais sans qu'on sût encore s'il aurait lieu ce jour-là. C'était un dimanche. A neuf heures, l'empereur entendit la messe. L'office terminé, il passa une revue, fit manœuvrer le bataillon corse, puis remonta aux Mulini. Vers onze heures, Cambronne avertit les adjudants-majors que les troupes mangeraient la soupe à quatre heures et s'embarqueraient à cinq. A midi, le bataillon franc et la garde nationale relevèrent les postes occupés par la vieille garde [1].

L'empereur ne pouvant disposer que d'un petit nombre de bâtiments s'était résigné à embarquer seulement des chevaux pour l'artillerie et l'état-major et à laisser à l'île d'Elbe ceux de sa cavalerie, dont les hommes seraient remontés en France [2]. Mais malgré ce sacrifice, Napoléon n'avait pas une flottille suffisante pour embarquer tout son monde. Par bonheur, l'état de la mer avait contraint une polacre d'Agde, *le Saint-Esprit*, jaugeant 194 tonneaux, à relâcher le 18 février à Porto-Ferrajo. Ce bâtiment n'ayant pu appareiller le 24, à cause de l'embargo, se trouvait encore dans la rade. A deux heures, Jermanowski, sur l'ordre de l'empereur, aborde le *Saint-Esprit* avec vingt hommes. Le capitaine ne fait aucune résistance, seulement il commence à crier comme un brûlé quand il voit les Polonais jeter toutes ses marchandises à la mer. Le trésorier Peyrusse arrive pour le calmer. Il était chargé par l'empereur de solder incontinent la cargaison en

---

1. Rapport précité à Mariotti, Porto-Ferrajo, 26 févr. (cité par Pellet, Appendice, 165). Lieutenant-colonel Laborde, *Napol. et la garde de l'île d'Elbe*, 47-48. Las Cases, *Mémor.*, II, 301.

2. Napoléon (*L'île d'Elbe et les Cent Jours, Corresp.*, XXXI, 96) dit qu'on emmena 34 chevaux dont 8 de selle. Mais d'après Peyrusse (*Mémorial*, 279) et le rapport du secrétaire de la princesse Borghèse (cité par Helfert, *Joachim Murat und letzten Kämpfe*), il semble qu'on embarqua seulement un cheval pour l'empereur et un très petit nombre de chevaux d'artillerie. Selon Hobhouse même (*Lettres*, I, 113-114), qui prétend tenir ses renseignements de Jermanowski, il n'y aurait eu en tout que quatre chevaux embarqués, et les chevaux pour l'artillerie auraient été achetés à Cannes.

beaux rouleaux d'or. Mais d'interminables débats s'engagent entre le capitaine et le trésorier, celui-là demandant le plus cher possible de ses marchandises, celui-ci cherchant à les payer au meilleur compte, chicanant sur tout et exigeant chaque facture. La longue absence de Peyrusse impatiente l'empereur ; il saute dans un canot et monte à bord du *Saint-Esprit*. D'un revers de main, comme il en avait l'habitude aux Tuileries, il fait voler tous les papiers étendus sur la table. « — *Peyrousse*, dit-il (il prononçait les noms propres à l'italienne), vous n'êtes qu'un paperassier. Payez au capitaine tout ce qu'il demandera. » Peyrusse s'incline et donne aussitôt vingt-cinq mille francs pour la cargaison détruite [1].

A peine l'empereur a-t-il regagné le palais des Mulini, que la générale bat. Les troupes s'élancent des casernes, la foule s'amasse sur le port, chaloupes et canots sillonnent la rade [2]. Pendant l'embarquement, Napoléon reçoit, aux Mulini, les membres de la junte, qu'il vient de nommer, et le directeur des domaines Lapi, promu gouverneur et général. Une compagnie du bataillon franc et un détachement de garde nationale forment le cercle. Napoléon prononce une courte harangue : « — Je vous confie, dit-il, la défense de la place... Je ne puis vous donner une plus grande preuve de confiance que de laisser ma mère et ma sœur à votre garde [3]. » Sa physionomie est calme, son regard assuré, mais la tristesse et l'inquiétude règnent autour de lui. Drouot et Bertrand

---

1. Peyrusse, *Mémorial*, 272-273. 1ᵉʳ interrogatoire du capitaine de la polacre *le Saint-Esprit*, Antibes, 2 mars. (Arch. Guerre.)
2. Rapport à Mariotti, précité. Porto-Ferrajo, 26 févr. Peyrusse, 274. Lieutenant-colonel Laborde, *Napol. et la garde à l'île d'Elbe*. 48. 2ᵉ interrogatoire du capitaine du *Saint-Esprit*. Antibes, 3 mars. (Arch. Guerre.)
3. Proclamation de Lapi, Porto-Ferrajo, s. d. (27 févr.) (Arch. Aff. étr., 1801.) Rapport de Mariotti, Porto-Ferrajo, 26 févr. (cité par Pellet, *Napoléon à l'île d'Elbe*, Appendice). Rapport du secrétaire de la princesse Borghèse (cité par Helfert, *Murat und seine letzten Kampfe*, 172-174).

sont soucieux, Madame mère et la princesse Borghèse versent des larmes, madame Bertrand étouffe ses sanglots. Sept heures sonnent. L'empereur embrasse une dernière fois sa mère et sa sœur et descend vers le port dans une petite voiture dont les chevaux vont au pas et que suivent à pied Drouot, Bertrand, Peyrusse, Pons, le docteur Fourreau-Beauregard, Rathery, Marchand, les fourriers du palais et les magistrats de l'île. La ville a été spontanément illuminée. A la lueur des lampions et des lanternes de couleur, la population entière, massée sur la marine, sur les remparts, sur les toits en terrasse, peut encore voir l'empereur. Il porte sa tenue de campagne, la redingote grise déjà légendaire. *Viva l'imperatore! Evviva Napoleone!* mille cris éclatent lorsqu'il s'embarque sur l'espéronade *la Caroline*, qui va le conduire à bord de *l'Inconstant*. On suit des yeux le fanal du petit bâtiment. Bientôt un coup de canon tiré du brick pour donner au convoi le signal d'appareiller annonce l'arrivée de Napoléon[1].

Il ne fait pas une haleine de vent. La flottille, composée du brick *l'Inconstant*, de l'espéronade *la Caroline*, de la polacre *le Saint-Esprit*, des chebecs *l'Etoile* et *le Saint-Joseph* et de deux grosses felouques, reste plusieurs heures au mouillage. La lune qui s'est levée éclaire la rade. C'est une de ces radieuses nuits méditerranéennes, sans brume et sans nuages, où les montagnes, les arbres, les maisons se modèlent avec leurs plans distincts, leur relief et leurs couleurs, où la mer brasille et s'argente sous le bleu profond du ciel étoilé. De Porto-Ferrajo on aperçoit le brick impérial toujours immobile. Enfin, un peu

---

1. Rapport précité du secrétaire de la princesse Borghèse. Rapport précité à Mariotti, Porto-Ferrajo, 26 févr. Peyrusse, 275. Foresi, 74. Napoléon, *L'île d'Elbe et les Cent Jours*, (*Corresp.* XXXI, 36-37.) Laborde, 29. 1er et 2e interrogatoires du capitaine du *Saint-Esprit*, Antibes, 2 et 3 mars. (Arch. Guerre.)

après minuit, une légère brise commençant à souffler, on voit les bâtiments se couvrir de toiles et voguer lentement vers la haute mer[1].

V

Le colonel Campbell avait quitté l'île d'Elbe le 16 février, sans la moindre défiance ; mais dans les derniers jours de son excursion à Florence, où, dit-on, il était attiré par les faveurs d'une belle dame, des lettres de Porto-Ferrajo troublèrent sa félicité et sa quiétude. Il revint en hâte à Livourne pour prendre passage sur *la Perdrix*. Ce bâtiment étant arrivé le 26 dans l'après-midi, Campbell s'embarqua à huit heures du soir, à l'heure même où Napoléon montait à bord de *l'Inconstant*. Campbell comptait partir sur-le-champ. Mais le manque de vent, qui retint à l'ancre plusieurs heures la flottille impériale en rade de Porto-Ferrajo, retint également la frégate anglaise dans le port de Livourne. Au reste, le capitaine Adye était très rassurant. Il n'avait, disait-il, rien remarqué d'insolite à Porto-Ferrajo qu'il avait quitté l'avant-veille : les sodats de la garde s'occupaient à planter des arbres, et la veille encore, il avait vu des eaux de Palmayola les mâts de *l'Inconstant* dans le port. La frégate appareilla dans la nuit. Mais le peu de vent qu'il y avait étant contraire à la marche du

---

[1]. Rapport à Mariotti, Porto-Ferrajo, 26 févr. cité par Pellet, Appendice). 1er et 2e interrogatoires du capitaine du *Saint-Esprit*, Antibes, 2 et 3 mars. (Arch. Guerre.) Napoléon. *L'île d'Elbe et les Cent Jours* (Corresp., XXXI, 95-96.) Etat des dépenses du voyage de l'île d'Elbe, dans Peyrusse. Annexes, 305-308.

D'après l'agent de Mariotti et le capitaine du *Saint-Esprit*, la flottille n'aurait compté que six bâtiments, mais d'après le livre de caisse de Peyrusse, les *Œuvres de Sainte-Hélène*, et le rapport du secrétaire de la princesse Borghèse (cité par Helfert, *Murat und seine letzten Kämpfe*, 172-174), il y en avait sept.

navire, on devait sans cesse courir des bordées. Le soir du 27, on était seulement au nord de Capraja. Le 28, à 8 heures du matin, la frégate s'approcha à quelques milles du port, mais un calme plat qui survint alors la mit dans l'impossibilité d'avancer. Campbell, impatient, descendit dans un canot pour gagner Porto-Ferrajo à la rame. Il avait, dit-il, le pressentiment non pas qu'il ne trouverait plus Napoléon, mais qu'il le surprendrait au milieu de ses préparatifs de départ. Il craignait même d'être arrêté, et dans cette prévision, il convint avec Adye que s'il n'était pas de retour à bord au bout de deux heures, le capitaine se rendrait aussitôt à Piombino d'où il enverrait un officier à lord Burghesh à Florence [1].

D'abord mal impressionné de ne point voir le brick dans le port, Campbell en débarquant remarqua avec stupeur que des miliciens gardaient les postes ordinairement occupés par les grenadiers. Comme il se rendait chez le général Bertrand, il rencontra un touriste anglais qui, tout en marchant, le mit au fait des événements. Campbell annonça à madame Bertrand, espérant par ce stratagème obtenir d'elle quelque révélation, que Napoléon et ses compagnons étaient prisonniers. Bien que très troublée par cette nouvelle, la générale eut la présence d'esprit de ne point dévoiler le but de l'expédition. De Madame mère et de la princesse Borghèse, qu'il interrogea ensuite, Campbell n'apprit rien non plus. Son dépit engendrant sa colère, il menaça Pauline qui dut lui rappeler qu'il parlait à une femme. L'ex-intendant des domaines Lapi, devenu un foudre de guerre depuis sa nomination de général et de gouverneur, le reçut en souriant et lui déclara qu'il ne rendrait l'île aux Anglais ou à

1. Campbell, *Napoleon at Elba*, 372-377. Rapport du capitaine Adye, cité *ibid.*, 363-364, note.

la Toscane qu'après en avoir reçu l'ordre de celui qui l'avait confiée à sa garde [1]. La frégate *la Perdrix* étant enfin parvenue à entrer dans la rade, Campbell se rembarqua au milieu de l'après-midi. Des renseignements vagues et contradictoires donnés par les habitants de l'île — selon les uns Napoléon allait débarquer à Fréjus où Masséna l'attendait avec 40.000 hommes; selon d'autres, Naples était le but de son expédition [2] — un seul avait quelque valeur. c'était que *l'Inconstant* avait été perdu de vue, la veille, au nord de Capraja. Campbell en conclut que l'empereur se dirigeait vers les côtes de France ou du Piémont. Il envoya incontinent ces graves nouvelles au gouverneur de Livourne, puis il fit appareiller pour donner la chasse à la flottille impériale [3].

Le matin du 1er mars, Campbell eut un moment d'espoir en apercevant une voile entre le cap Corse et Capraja. C'était la frégate française *la Fleur de Lys*, et loin que le capitaine Garat qui la commandait pût renseigner les Anglais, il ignorait l'évasion de l'empereur. Campbell l'en instruisit et lui conseilla de mettre le cap sur Antibes. Avant de cingler lui-même vers les côtes de France, le colonel voulut faire le tour de Capraja. Il pensait que Napoléon avait peut-être arrêté sa flottille dans quelque anse de cette île pour fondre de là sur Livourne [4].

Campbell était d'autant plus mortifié de l'évasion de l'empereur qu'il avait la presque certitude qu'on

---

[1]. Campbell, 373-377. Rapport à Mariotti, Porto-Ferrajo, 28 févr. (cité par Pellet, Appendice). Rapport du secrétaire de la princesse Borghèse (cité par Helfert, *Murat und seine letzten Kämpfe*, 173-175). Récit de Campbell, rapporté par le préfet du Var, mars, s. d. (Arch. nat. F. 7. 3044².)

[2]. Rapport précité à Mariotti, Porto-Ferrajo, 28 févr.

[3]. Campbell à gouverneur de Livourne, à bord de la frégate *the Partridge*, 28 févr. (Arch. nat. AF. IV, 1589.) Cf. Consul anglais de Livourne à Burghesh, à Castlereagh, etc. Livourne. 1er mars. (Arch. Aff. étr., 676.)

[4]. Campbell, *Napol. at Elba*, 383-387. Rapport justificatif de Garat, commandant la *Fleur de Lys*, cité, *ibid.*

l'accuserait de l'avoir favorisée. Depuis longtemps, les nombreuses visites que les touristes anglais et les officiers de la marine britannique faisaient à Napoléon, les sympathies qu'il leur témoignait et l'intimité où il admettait Campbell avaient inspiré d'absurdes soupçons sur les desseins de l'Angleterre. On disait que le cabinet de Londres se réservait de replacer Napoléon sur le trône le jour où Louis XVIII manifesterait quelque velléité d'indépendance à l'égard du gouvernement anglais. Une caricature, publiée à Augsbourg au mois d'octobre, montrait Castlereagh tenant Napoléon par le cou et disant aux membres du congrès : « Si vous ne faites pas ce que je veux, je le lâche. » A Porto-Ferrajo, l'agent de Mariotti se laissait conter, trois jours avant l'embarquement, par un adjudant-major que les Anglais étaient parfaitement d'accord avec Napoléon « pour qu'il allât faire la guerre aux Bourbons[1] ». L'évasion de l'île d'Elbe, qui parut extraordinaire bien qu'en réalité on n'eût pu l'empêcher qu'en gardant à vue Napoléon comme on le fit plus tard à Sainte-Hélène, vint donner à ces soupçons une apparence de vérité. En Provence, en Piémont, en Toscane, on crut très sérieusement que le commissaire anglais avait reçu des ordres du *Foreign office* pour laisser Napoléon s'évader[2].

C'était bien l'idée la plus chimérique qui pût hanter des imaginations troublées. L'Angleterre, à force d'argent et de sang, avait enfin abattu Napoléon ; elle avait la paix, et cette paix était telle qu'elle la

[1]. Campbell, 253, 360, 379. Rapport précité à Mariotti, Porto-Ferrajo, 23 févr. N. à la baronne de Flachs-Lünden, Neubourg, 14 oct. 1814. (Arch. Aff. étr., 675.) Dans ce volume, formé de copies de lettres ouvertes par le Cabinet noir, nombre de pièces relatent cette même croyance.

[2]. Campbell, 360, 279. Hyde de Neuville, *Mém.*, II, 36. — Hyde de Neuville ne mentionne cette opinion que pour la combattre et rendre témoignage à Campbell.

voulait ; elle voyait aux Tuileries un prince dont depuis quinze ans, seule entre les puissances, elle s'était rappelé les droits ; ce roi déclarait publiquement qu'il devait sa couronne au prince régent ; le ministre des affaires étrangères de France était, comme son souverain, inféodé à la politique anglaise ; pour sauvegarder le nouvel ordre de choses, Castlereagh conspirait avec Talleyrand la déportation de Napoléon. Et c'est alors que l'Angleterre aurait remis l'épée dans la main du perturbateur de l'Europe ! Quant à croire comme Ciampi[1] que le cabinet anglais agit ainsi précisément pour tendre un piège à l'empereur et avoir l'occasion d'en finir avec lui, ce serait prêter à Castlereagh le machiavélisme de Gribouille. On ne joue pas un pareil jeu avec un Napoléon, et d'ailleurs les pourparlers engagés à Vienne afin de déporter l'empereur prouvent qu'il n'était pas besoin d'une nouvelle guerre pour l'envoyer à Sainte-Hélène. En vérité, il ne serait pas plus absurde de prétendre que Louis XVIII, qui avait trois frégates dans les eaux de l'île d'Elbe, favorisa, lui aussi, l'évasion de Napoléon afin d'y trouver le prétexte de ne pas lui payer la rente de deux millions stipulée par les traités.

A Londres, on avait trop de bon sens pour suspecter le ministère, mais on l'accusa de négligence. Castlereagh prit la parole à la Chambre des communes : « Le colonel Campbell, dit-il, et les commandants des navires anglais étaient chargés de surveiller Napoléon et non de le garder. Les puissances alliées n'ont jamais eu l'intention d'établir un blocus pour empêcher Napoléon de courir une nouvelle aventure. L'auraient-elles voulu, elles ne l'auraient pu, car les meilleures autorités estiment que vu les variations

---

1. Extrait des Mémoires manuscrits de Sébastien Ciampi, cité par Pellet. Annexes, 289-290. — Cette opinion saugrenue a encore des défenseurs !

des vents, il était matériellement impossible de tirer une ligne de circonvallation autour de l'île d'Elbe[1]. » Lord Castlereagh se contenta de donner ces explications. A juste titre, il jugeait inutile de défendre l'Angleterre contre les ridicules soupçons de connivence avec l'empereur dont on s'entretenait au bord de la Méditerranée. Les faits parlaient assez haut pour démentir ce paradoxe absurde. La déclaration officielle de Somerset à Jaucourt que le gouvernement britannique provoquerait la formation d'une nouvelle coalition au profit de Louis XVIII[2], l'empressement de Wellington à signer le manifeste, du 13 mars[3], le départ de Paris du personnel de l'ambassade anglaise, le refus du *Foreign office* de recevoir aucune communication du duc de Vicence, le message du prince régent du 5 avril, l'activité déployée dans l'armement de la flotte et l'envoi de toutes les troupes disponibles sur le continent témoignaient que bien loin d'avoir favorisé l'évasion de Napoléon, le cabinet tory regardait cet événement comme une calamité.

1. Séance du 7 avril. (*Parliamentary Debates*, XXX, 426, sq.)
2. Somerset à Jaucourt, Paris, 17 mars (Arch. Aff. étr., 646) : « Il m'a été dit d'assurer S. M. T. C. que le prince régent ne perdra pas de temps pour inviter les autres puissances à combattre Bonaparte. »
3. Wellington à Wellesley, Vienne, 12 mars (copie aux Arch. Aff. étr., 1801) : « Si nous apprenons que le roi de France n'est pas assez fort pour venir à bout tout seul de Bonaparte, nous mettrons en mouvement toutes les forces de l'Europe, et si même il (Napoléon) réussit à s'établir en France, nous parviendrons certainement à le renverser. »

LIVRE II

LE VOL DE L'AIGLE

CHAPITRE I
LE GOLFE JOUAN

I. La traversée.
II. Le débarquement au golfe Jouan. — Résistance d'Antibes. — Haltes à Cannes et Grasse (1er et 2 mars 1815). — La route des Alpes.
III. Mesures de Masséna. — Marche sur Sisteron de la garnison de Marseille et des volontaires royaux. — Napoléon à Digne, à Sisteron, à Gap et à Corps (4, 5 et 6 mars).
IV. La nouvelle aux Tuileries (5 mars).

I

Trois frégates françaises et un brick de guerre croisaient entre l'île d'Elbe et la Corse, la frégate *the Partridge* était en rade de Livourne, d'autres vaisseaux anglais de la station de Gênes pouvaient se trouver dans ces parages. En naviguant de conserve, la flottille impériale eut trop risqué d'éveiller l'attention. Avant le départ, Napoléon avait donc fait tenir à chaque capitaine l'ordre secret de se diriger isolément vers le golfe Jouan [1].

Dans la matinée du 27 février, le brick *l'Inconstant*, séparé des autres bâtiments, n'était encore qu'à la hauteur de Capraja, au centre même de la croisière, et le vent mollissait. Au nord, on apercevait la frégate

[1] Peyrusse, *Mémorial*, 275.

anglaise *la Perdrix* venant de Livourne ; au sud, *la Fleur de Lys* louvoyait entre Capraja et le cap Corse. Chautard, qui avait remplacé dans le commandement du brick le lieutenant Taillade, mis à la tête des marins de la garde, ouvrit l'avis de retourner à Porto-Ferrajo. L'empereur refusa. On fit force de voiles, et afin d'alléger la marche du bâtiment on coula bas un canot à la traîne. Vers quatre heures *l'Inconstant* avait doublé le cap Corse, quand la vigie signala à bâbord un bâtiment de guerre arrivant droit, vent arrière. L'empereur commanda le branle-bas. « — Laissons-le approcher, dit-il, et s'il attaque, à l'abordage ! » Les sabords furent enlevés, les pièces chargées, mais on ne bastingua point. Après quelques instants, Taillade reconnut le brick *le Zéphyr* qu'il avait souvent croisé à bord de *l'Inconstant* dans cette région de la Méditerranée et que commandait un de ses anciens camarades, le capitaine Andrieux. L'empereur, qui était bien loin de vouloir un combat, ordonna aux grenadiers d'enlever leurs grands bonnets à poil et de se coucher sur le pont. On attendit. Les deux bricks passèrent bord à bord. Accoutumé à voir dans ces parages le pavillon elbois, le capitaine Andrieux ne montrait aucune disposition hostile. Sur l'ordre de l'empereur, Taillade prit le porte-voix et héla le commandant du *Zéphyr*. « — Où allez vous? » cria Taillade, répétant les paroles que lui soufflait Napoléon. « — A Livourne. Et vous ? » « — A Gênes. Avez-vous des commissions ? » « — Non. Et comment se porte le grand homme ? » « — A merveille ! » Les deux bâtiments s'éloignèrent[1].

On aperçut encore le lendemain, au point du jour,

1. Pons à Masséna, Marseille, 7 mars (Arch. Guerre). Peyrusse, *Mémor.*, 275-276. Lieutenant-colonel Laborde, *Napol. et la garde à l'île d'Elbe*, 53. Cf. Monier, lieutenant de grenadiers, *Une année de la vie de Napoléon*, 101-104. Relation officielle (*Moniteur*, 23 mars 1815).

un vaisseau de 74, mais ce navire qui avait le cap sur la Sardaigne disparut bientôt à l'horizon. L'empereur, tout joyeux d'avoir échappé aux croisières, s'écria : « — C'est une journée d'Austerlitz. » Mis en belle humeur, il commença à parler ouvertement du but de son expédition. A Peyrusse, que tourmentait le mal de mer, il dit gaiement : « — Allons, monsieur le Trésorier, un peu d'eau de Seine vous guérira. » En causant avec le colonel Mallet et plusieurs autres officiers, il avoua combien son entreprise était hardie. « — Aucun exemple historique, dit-il, ne peut m'engager à la tenter. Mais j'ai mis en ligne de compte l'étonnement des populations, la situation de l'esprit public, les ressentiments de toute espèce, l'amour de mes soldats, enfin les éléments napoléonistes qui germent encore en France. Je compte sur la stupeur et l'irréflexion, sur l'entraînement des esprits soudainement frappés par une entreprise audacieuse et inattendue. Mille projets se forment, la réflexion est incomplète. J'arriverai sans que rien ait été organisé contre moi. » Puis, montrant du doigt Drouot qui se promenait seul et sombre à l'avant, il reprit : « — Je sais bien que si j'avais voulu croire le *Sage*, je ne serais pas parti, mais il y avait encore plus de dangers à rester à Porto-Ferrajo [1]. »

Les soldats et les officiers subalternes étaient joyeux, mais l'état-major et les employés civils doutaient du succès. Drouot, on l'a vu, avait tout fait pour détourner l'empereur de cette aventure. Cambronne lui-même n'était pas enthousiaste, à en juger du moins par la façon dont il s'était dérobé aux premières confidences de Napoléon. « — Où allons-nous, Cambronne? » avait dit celui-ci, après avoir donné l'ordre

---

1. Déposition de Peyrusse, (*Procès de Drouot*, 6). Peyrusse, *Mémor.*, 276-278. Cf. Pons à Masséna, Marseille, 7 mars (Arch. Guerre).

de tenir les troupes prêtes à partir. Et au lieu du mot : A Paris ! qu'attendait certainement l'empereur, Cambronne avait répondu : « — Je n'ai jamais cherché à pénétrer les secrets de mon souverain. Je vous suis tout dévoué[1]. » Pons de l'Hérault, Peyrusse, le colonel Mallet questionnaient l'empereur avec inquiétude sur ses moyens d'action. Pour leur donner confiance, Napoléon finit par dire : « — Une révolution a éclaté à Paris, un gouvernement provisoire est établi. Je compte sur toute l'armée. J'ai reçu des adresses de plusieurs régiments. » Après avoir débité ces mensonges, il clôt l'entretien par cette prédiction qui allait devenir une vérité : « — J'arriverai à Paris sans tirer un coup de fusil[2]. »

Entre midi et une heure, l'empereur qui s'était retiré quelques instants dans sa cabine remonta sur le pont. Il tenait dans la main les manuscrits de ses deux proclamations au Peuple français et à l'Armée et de la proclamation des soldats de la garde à leurs camarades de l'armée. Les fourriers assemblèrent tous les grenadiers qui savaient écrire et leur dictèrent ces manifestes. Quand on eut achevé les copies, une vingtaine d'officiers et de sous-officiers furent invités à descendre dans la cabine de l'empereur pour signer la proclamation à l'armée[3]. On a vu que contrairement à la version du *Mémorial*, suivie par tous les historiens, l'empereur avait rédigé ces trois proclamations le 25 février et les avait fait secrètement imprimer à Porto-Ferrajo[4]. La prévoyance, qui est une

---

1. Interrogatoire de Cambronne (*Procès de Cambronne*, 11).
2. Pons à Masséna, Marseille, 7 mars (Arch. Guerre). Cf. Peyrusse, 276.
3. Interrogatoire de Cambronne (*Procès de Cambronne*, 14). Interrogatoire de Drouot (*Procès de Drouot*, 24). Peyrusse, 276, 284. Laborde, 57. Monier, 105. Las Cases, VI, 196.
4. Nous avons dit (**1815**, I, 189) que ces trois proclamations existent, en placards imprimés, aux Archives des Affaires étrangères (Papiers des Bonapartes, 1801), sans indication de lieu ni de date, mais avec la mention : *Porto Ferrajo, chez Broglia, imprimeur du Gouvernement*.

des parties essentielles de l'art de la guerre, était trop grande chez Napoléon pour qu'il s'embarquât sans proclamations imprimées. Comment les paysans, les soldats, les ouvriers, qui connaissaient à peine leurs lettres, auraient-ils déchiffré des proclamations manuscrites ? Et Napoléon savait-il où et quand il pourrait les faire imprimer en France ? Si pendant la traversée, il fit copier ses deux proclamations au Peuple et à l'Armée, dont existaient déjà des exemplaires imprimés, c'est vraisemblablement qu'on en avait tiré trop peu. Mais pour la proclamation de la garde, Napoléon, il semble, avait un autre motif. Le placard imprimé à Porto-Ferrajo portait la signature de vingt-quatre officiers et sous-officiers de la vieille garde. Le temps avait manqué pour les faire signer avant l'impression, et d'ailleurs Napoléon ne voulait pas encore révéler le but de son expédition. Il fallait bien cependant que cette pièce, qui était censée émaner de la garde, fût connue d'elle et portât quelques signatures authentiques. De là l'idée de la dictée sur le pont de *l'Inconstant*, stratagème qui permit de faire signer l'adresse par les officiers sans leur apprendre qu'on avait pris leur signature avant de la leur demander. En outre, cette proclamation était d'une extrême violence. On y lisait : « Camarades, foulez aux pieds la cocarde blanche, elle est le signe de la honte ! » et encore : « Soldats de la grande nation, soldats du grand Napoléon, continuerez-vous à l'être d'un prince qui vingt ans fut l'ennemi de la France ? » Les capitaines et les sergents auraient néanmoins signé sans scrupules. Mais Cambronne et Drouot eussent peut-être hésité. Un an plus tard, devant le conseil de guerre, tous deux reconnurent avoir signé une proclamation à l'Armée rédigée par Napoléon à bord de *l'Inconstant*, mais l'un et l'autre nièrent que la proclamation qu'on leur présentait fût celle qu'ils eussent signée[1]. C'est que la proclamation copiée par les grenadiers pendant la traversée contenait seulement les trois derniers paragraphes de la véritable proclamation, de celle qui, d'abord imprimée à Porto-Ferrajo, fut réimprimée à Digne et à Gap et enfin reproduite dans le *Moniteur* du 21 mars[2].

Le vent ayant fraîchi, le brick marchait assez vite. On découvrit les cimes des Alpes. Alors l'empereur annonça au capitaine Chautard et au lieutenant Taillade qu'il leur donnait la Légion d'honneur. En même temps, il mit à l'ordre qu'il décorait tous les officiers et soldats qui l'avaient suivi à l'île d'Elbe et qui comptaient quatre ans de service dans la garde. Chautard fit découper un pavillon rouge servant aux signaux et distribua ces lambeaux d'étamine aux nouveaux légionnaires qui les attachèrent incontinent à leur capote. « Ils étaient d'ailleurs peu nombreux, dit l'adjudant-major Laborde, car presque tous ces braves avaient déjà reçu la croix sur les champs de bataille[3]. »

Vers neuf heures du soir, les vigies signalèrent les feux de plusieurs bâtiments. C'était la flottille qui ralliait. L'empereur averti monta sur le pont pour s'en assurer, puis il rentra dans sa cabine finir une partie d'échecs qu'il avait commencée avec Bertrand[4]. Ce soir-là, le grand-maréchal aurait été mal avisé et même un peu cruel s'il n'avait joué de façon que son roi fût fait échec et mat par Napoléon.

1. Interrogatoire de Drouot (*Procès de Drouot*, 28-29). Interrogatoire de Cambronne (*Procès de Cambronne*, 15-16).
2. La proclamation dictée à bord du brick est très vraisemblablement celle que cite Fleury de Chaboulon (I, 170-171) et qui commence seulement à la phrase : « Soldats! la générale bat et nous marchons !... » Cf. avec la proclamation donnée d'après le *Moniteur* du 21 mars dans la *Correspondance de Napol.* (21683), dont le texte est conforme, sauf quelques mots, à la proclamation primitive imprimée à Porto-Ferrajo.
3. Peyrusse, 277-278. Laborde, 75-76. Monier, 104-105.
4. Peyrusse, 278.

II

Le 1er mars, au point du jour, la flottille était à la hauteur du cap d'Antibes. L'empereur parut sur le pont de *l'Inconstant*, la cocarde tricolore au chapeau. D'après ses ordres, les soldats quittèrent leur cocarde pour la cocarde nationale. On amena le pavillon de l'île d'Elbe, et le pavillon aux trois couleurs, hissé en même temps à la corne du brick et des autres bâtiments, fut salué par une grande acclamation [1].

A une heure après midi, le convoi mouilla au golfe Jouan [2]. Auparavant, l'empereur avait détaché dans un canot le capitaine Lamouret avec vingt grenadiers et chasseurs, un lieutenant et un tambour, pour s'assurer de la batterie rase de la Gabelle [3] qu'il savait exister sur ce point. Ce petit ouvrage était désarmé. Les grenadiers débarquèrent sans opposition, gagnèrent la route de Cannes à Antibes et vinrent se poster en observation sur les hauteurs voisines de cette petite place de guerre. Un capitaine à la suite, nommé Bertrand, s'acheminait presque en même temps vers Antibes, vêtu d'habits civils et porteur de proclamations. Drouot, qui était débarqué peu après Lamouret avec un autre détachement, avait envoyé cet officier pour entraîner la garnison à se prononcer et pour se faire donner des passeports en blanc. Le capitaine Bertrand, arrêté à ses premiers pas dans la ville par un sous-officier auquel il fai-

---

[1]. Peyrusse, *Mémor.*, 279. Laborde, *Napol. à l'île d'Elbe*, 76.
[2]. Interrogatoire du capitaine de la polacre *le Saint-Esprit*, Antibes, 2 mars (Arch. Guerre).
[3]. Il y avait une autre batterie, dite de la Fourcade, mais l'empereur la jugeait sans doute trop éloignée du lieu projeté du débarquement pour s'en préoccuper. D'ailleurs, cet ouvrage était également désarmé.

sait des ouvertures, est conduit chez le major du 87e. Celui-ci prévient incontinent le colonel Cunéo d'Ornano, commandant d'armes, qui après avoir lu les proclamations et interrogé l'émissaire le maintient en arrestation. A ce moment, on l'avertit qu'un détachement de grenadiers de l'île d'Elbe se présente à la Porte-Royale et demande à entrer dans la citadelle. C'étaient les vingt hommes de Lamouret. Soit qu'il agît de sa propre initiative, comme l'a dit Napoléon dans la relation du *Moniteur*, soit, comme l'a dit Peyrusse dans son *Mémorial*, qu'il en eût reçu l'ordre de l'empereur sur le brick, il s'était déterminé à soulever la garnison. Cunéo d'Ornano accourt fort troublé, car les soldats du 87e sont à l'exercice avec des pierres en bois à leurs fusils, et les hommes du poste eux-mêmes n'ont pas de cartouches. Il s'avise d'un stratagème. Après avoir parlementé quelques instants avec Lamouret, de façon à donner le temps d'exécuter ses ordres, il le laisse entrer, lui et sa petite troupe. Mais à peine ont-ils franchi l'enceinte que le pont-levis se relève derrière eux. Le détachement pris comme dans une souricière se trouve en présence d'un bataillon l'arme au bras. Il y a cependant des velléités de résistance chez les grognards, tandis que dans la ligne, émue à l'apparition des bonnets à poil, souffle un esprit de révolte. La disproportion des forces, d'une part, et, d'autre part, l'accoutumance de la discipline l'emportent cependant. Les grenadiers se résignent à se laisser conduire au quartier de la Courtine, où ils déposent leurs fusils qui sont aussitôt enlevés par ordre de l'adjudant de place [1].

[1]. Rapports de Cunéo d'Ornano à Soult, et aux généraux Corsin et Abbé, Antibes. 1er et 2 mars. (Arch. Guerre.) Cunéo d'Ornano, *Napol. au golfe Jouan*, 25-27, 36-42, 49. Récit de Corsin rapporté par Campbell (*Napol. at Elba*, 390). — Le général Corsin, commandant la subdivision d'Antibes, était allé le 1er mars en partie de plaisir à l'île Sainte-Marguerite.

Pendant cette aventure, les onze cents hommes[1] formant la petite armée impériale opéraient leur débarquement. La flottille s'approcha le plus près possible de la côte et l'on mit les chaloupes à la mer. Sans vouloir attendre le retour des embarcations, nombre de soldats gagnèrent le rivage avec de l'eau jusqu'à la ceinture. On atterrit au fond du golfe Jouan, près de la tour de la Gabelle, vieille construction d'où la batterie rase avait pris son nom[2]. A quatre heures, il restait encore à débarquer le trésor, les bagages, les canons et les chevaux ; mais toutes les troupes avaient pris terre et s'établissaient au bivouac dans une olivette située entre la mer et la route de Cannes à Antibes[3]. Napoléon, qui avait quitté le brick l'un des derniers, s'assit sur son fauteuil de campagne, près des feux allumés par les soldats. Son premier soin en

---

1. 607 grenadiers et chasseurs de la vieille garde ; 118 chevau-légers polonais ; 21 marins de la garde ; 43 canonniers ; 400 chasseurs corses et environ 30 officiers sans troupe qui étaient venus à Porto-Ferrajo demander du service.
Ce total de 1219 officiers et soldats est le chiffre de l'effectif (Voir l'effectif de l'armée à l'île d'Elbe, **1815**, I.147-148, mais il faut en rabattre. On peut évaluer à une vingtaine les grenadiers et les Polonais qui avaient pris leur congé de novembre 1814 à février 1815. Il y avait eu des désertions chez les chasseurs corses, qui d'ailleurs n'avaient jamais été 406 hommes présents sous les armes. Enfin, il parait qu'un certain nombre de canonniers étaient restés à Porto-Ferrajo. D'après des documents du consulat de Livourne, M. Marcellin Pellet (168, note) affirme qu'on n'était que 900 au départ de l'île d'Elbe. Mais Laborde (80) dit : 1.000 à 1.100 ; Cambronne (*Procès*. 33), 1.200 ; Las Cases (VI, 186), 1.000 à 1.200 ; et Bouthillier, préfet du Var (Lettre du 3 mars, Arch. Guerre), 1.000.
2. Rapport du capitaine de la polacre *le Saint-Esprit*, Antibes, 2 mars (Arch. Guerre). Laborde, 76.
Le débarquement s'effectua entre les deux points déterminés aujourd'hui par la petite gare du golfe Jouan et la villa de M. Roux, laquelle est construite sur l'emplacement de tour de la Gabelle qui a été démolie.
3. Rapport du capitaine du *Saint-Esprit*. Rapport de Cunéo d'Ornano (Arch. Guerre). Laborde, 76. Peyrusse. 279-280. Monier, 106-107.
Un gros olivier sous lequel, d'après la tradition locale, Napoléon s'était assoupi quelques instants, a été abattu quand on a élargi le chemin qui mène de la mer à la grande route. La colonne commémorative dont la première pierre fut posée le 6 mai 1815 par les officiers du 87e de ligne (Général de Civray à Brune, Antibes, 7 mai, Arch. Guerre) et qui existe encore aujourd'hui sur le bord de la route se trouve ainsi précisément en face, à environ 30 mètres, de l'endroit où s'élevait l'olivier légendaire.

débarquant avait été d'envoyer Cambronne à Cannes, avec quarante chasseurs et grenadiers, pour arrêter le passage de tous les courriers et réquisitionner contre argent les chevaux et les mulets qu'il pourrait trouver. « — Cambronne, dit-il, je vous confie l'avant-garde de ma plus belle campagne. Vous ne tirerez pas un seul coup de fusil. Songez que je veux reprendre ma couronne sans verser une goutte de sang[1]. »

Les historiens ont représenté Napoléon, dans sa halte au golfe Jouan, les yeux sur ses cartes, hésitant entre deux itinéraires et pesant les avantages et les dangers de chacun. Pour se déterminer, l'empereur n'avait pas attendu l'heure de son débarquement. Il connaissait trop bien la carte politique de la France, il se rappelait avec trop d'amertume les menaces, les insultes, les humiliations subies à Orange, à Avignon, à Orgon, les dangers évités à Saint-Canat et à Aix, pour songer à gagner Lyon par la grande route. Dans les contrées ultra-royalistes de la Provence, il avait à craindre les gardes nationales et les paysans en armes ameutés au son du tocsin et des tambours de village. Sans doute, de telles bandes ne fussent point aisément venues à bout de onze cents vieux soldats commandés par Napoléon, mais les troupes de Marseille et de Toulon, encadrées au milieu des volontaires royaux, pouvaient être entraînées à combattre. A supposer qu'une première rencontre eût quand même été la victoire, en tout cas c'eût été la bataille, et l'empereur ne voulait point de bataille. Dans les Alpes, il n'avait pas à en appréhender. L'esprit des montagnards de la Provence orientale et surtout des Dauphinois différait absolument de celui des

[1]. Interrogatoire de Cambronne (*Procès de Cambronne*, 28). Cf. Laborde. 77. Peyrusse, 280. General Morangiès à Abbé, Draguignan, 2 mars (Arch. Guerre).

riverains de la Méditerranée et du Rhône; puis ces populations peu nombreuses, disséminées, communiquant difficilement entre elles à cause des obstacles naturels et du manque de chemins, ne pouvaient guère être averties et rassemblées. Dès l'île d'Elbe, Napoléon s'était décidé à marcher par les sentiers escarpés des Alpes, et le 28 février, à bord de *l'Inconstant*, il avait annoncé qu'il se dirigerait d'abord sur Grenoble [1].

Ce n'est pas qu'à Grenoble l'empereur eût des intelligences dans la garnison ni qu'un mouvement populaire fût préparé. Mais il savait que le plus grand mécontentement régnait dans cette ville et dans tout le Dauphiné, où les paysans, fermement attachés aux principes de la Révolution, irrités de l'arrogance de la noblesse de clocher et tremblant pour leurs droits et pour leurs biens, étaient hostiles à la royauté [2]. Le chirurgien de la garde Émery, originaire de Grenoble, était passé par cette ville en rejoignant son bataillon à l'île d'Elbe. Il avait donné des renseignements à l'empereur, et son rapport avait été confirmé par les lettres ou peut-être même par les paroles d'un de ses amis, riche gantier de Grenoble, nommé Jean Dumoulin, qui, a-t-on dit, vint voir Napoléon en octobre ou en novembre 1814 [3]. Le fait est qu'en arrivant à Castellane, dans la matinée du 3 mars, l'empereur exigea du maire trois passeports en blanc et en fit remplir un au nom du chirurgien de la garde Émery, prétendu

---

1. Pons à Masséna, Marseille, 7 mars. (Arch. Guerre.)
2. Relation de Berriat Saint-Prix, écrite à Grenoble en mai 1815 et publiée en 1861, sous le titre de: *Napoléon à Grenoble*, 6-14. Cf. sur les sentiments de Grenoble : lettres du Préfet de l'Isère et rapports de police, 21 mai, 25 août, 27 janv, etc. (Arch. nat., F¹ᵃ 582,F. 7. 3738. F. 7, 3739.)
3. Berriat Saint-Prix, 24-25. Cf. Laborde, 65, et Montholon, II, 40, qui mentionnent tous deux la visite de Dumoulin, « quelques mois avant le départ de l'empereur ». Berriat Saint-Prix dit seulement que Dumoulin correspondait avec Émery en cachant ses lettres dans des paquets de gants expédiés à Porto-Ferrajo.

en congé. « — Prends les devants, lui dit-il. Va à Grenoble et dis que j'arrive[1]. »

Après être resté assis quelques instants près du feu de bivouac, l'empereur vint sur la route et causa avec des rouliers et des paysans et avec deux soldats du 87ᵉ qui avaient déserté pour le rejoindre. On apprit ainsi que les grenadiers de Lamouret étaient retenus prisonniers dans la citadelle d'Antibes. Sur l'ordre de Napoléon, le capitaine Casabianca, officier sans troupe, puis un officier de santé nommé Muraoud partirent pour Antibes afin de les réclamer. Ils ne réussirent qu'à se faire arrêter. Ne voyant pas revenir les parlementaires, l'adjudant-major Laborde tenta une dernière démarche. Mais à l'avancée, une sentinelle lui cria : « — Retirez-vous, mon officier, ou je fais feu sur vous. » Il rebroussa chemin[2]. Quelqu'un ayant dit alors qu'il fallait enlever Antibes de vive force afin de prévenir le mauvais effet que produiraient la résistance de cette place et l'emprisonnement des grenadiers, l'empereur répliqua : « — Les moments sont trop précieux. Il faut voler. Le meilleur moyen de remédier au mauvais effet de l'affaire d'Antibes, c'est de marcher plus vite que la nouvelle.... Vous jugez bien mal de l'étendue de mon entreprise ! Si la moitié de mes soldats se trouvaient prisonniers à Antibes, je les laisserais de même. S'ils y étaient tous, je marcherais seul[3]. » En effet, il importait peu

---

[1]. Préfet des Basses-Alpes à Soult, s. d. (7 mars) (Arch. Guerre). Interrogatoire d'Émery. (Dossier de Marchand. Arch. Guerre.)

[2]. Laborde, 67. Monier, 107. Cunéo d'Ornano, 49, 52.
Dans la nuit, Casabianca et plusieurs grenadiers tentèrent de s'évader. Casabianca se blessa grièvement en tombant du rempart, un des soldats fut atteint d'un coup de feu, les autres furent repris. Le surlendemain, on envoya sous bonne escorte tous les prisonniers à Toulon, où ils furent jetés dans les casemates du fort Lamalgue, en attendant leur comparution devant le conseil de guerre. Rapport de Cunéo d'Ornano, Antibes, 3 mars (Arch. Guerre). Récit de Corsin, rapporté par Campbell, 370.

[3]. Las Cases, VI, 187-188. Montholon, II, 39-40, 189.

au succès de cette grande entreprise que la colonne fût diminuée d'une vingtaine de soldats. Napoléon avait emmené toutes les troupes de l'île d'Elbe, mais il aurait eu cinq cents hommes au lieu de onze cents qu'il ne se fût pas moins embarqué. Il lui fallait une escorte pour imposer aux gendarmes et non une armée pour livrer bataille.

Vers minuit, les hommes ayant nettoyé leurs armes, mangé la soupe et reçu leur solde pour quinze jours, la colonne fut formée et gagna Cannes par un magnifique clair de lune [1]. A Cannes, on avait cru d'abord à un débarquement de corsaires algériens. Les habitants s'étaient même barricadés. L'arrivée de l'avant-garde de Cambronne dissipa ces craintes tout en en provoquant de nouvelles. La foule se pressait autour des grenadiers et les questionnait avec plus d'anxiété que de sympathie [2]. Seuls les enfants étaient tout joyeux. Au passage du détachement, les bonnets à poil avaient éveillé leur attention en projetant une ombre insolite sur les vitres dépolies de l'école, et les gamins bravant pensums et férule s'étaient précipités hors de la classe [3]. Sans perdre de temps, Cambronne réquisitionna argent en main des vivres, des chevaux et des mulets. Comme il discutait avec le maître de poste et avec le maire, royaliste convaincu qui eût mieux aimé voir le dey d'Alger lui-même qu'un général de Buonaparte, une berline armoriée déboucha de la route d'Aix. C'était le duc de Valentinois qui se rendait dans sa principauté de Monaco. Cambronne l'obligea à descendre de voiture et le

---

[1]. Peyrusse, 280. Laborde, 78. Cf. Relation du *Moniteur*, 23 mars.
[2]. Peyrusse, 281. Cf. Récit de Corsin rapporté par Campbell, 390.
[3]. Détail donné par un de ces écoliers survivants, M. A. Sardou, commentateur de Rabelais et père de M. Victorien Sardou. — Cambronne arriva à Cannes vers 5 heures (Lettre du général Morangiès. Draguignan, 2 mars, Arch. Guerre), conséquemment avant le coucher du soleil.

consigna jusqu'à nouvel ordre à l'Hôtel de la Poste[1].

Les troupes, qui n'arrivèrent que passé une heure du matin, firent halte à une demi-portée de fusil des premières maisons, non loin de l'embranchement de la route de Grasse[2]. Cette belle nuit était glaciale. L'empereur ordonna d'allumer un feu de sarments en attendant les distributions. Malgré l'heure avancée, toute la population accourut pour voir Napoléon. On fit cercle autour de lui. Il dut même pour se dégager, car on le touchait presque, appeler des grenadiers auxquels il recommanda d'agir avec douceur. « — N'inquiétez pas le peuple, dit-il. » Et il continua à se chauffer, attisant le feu du bout de sa botte[3].

« Le peuple de Cannes, lit-on dans la relation du *Moniteur*, reçut l'empereur avec des sentiments qui furent le premier présage du succès de l'expédition. » D'après d'autres témoignages, il y avait dans la foule moins d'enthousiasme que de curiosité et d'inquiétude. On prétend même qu'un boucher du nom de Bertrand, embusqué à sa fenêtre, coucha l'empereur en joue, et qu'il aurait tiré si un voisin, épouvanté des représailles terribles qui suivraient cet assassinat, ne lui eût arraché l'arme des mains. Vraisemblablement, le seul encouragement que Napoléon reçut à Cannes lui fut donné par le courrier du duc de Valentinois. Cet homme assura que la Provence une fois traversée, tout le monde serait pour l'empereur. Le prince fut aussi amené au bivouac. « — Venez-vous avec nous, Monaco ? demanda l'empereur en riant. « — Mais, sire, je vais chez moi. » « — Et moi aussi, » répondit Napoléon. Après une

---

1. Interrogatoire de Cambronne (*Procès*, 31). Lettre du marquis de Rivière, s. l. n. d. (Marseille, 4 ou 5 mars 1815.) (Arch. Aff. étr., 680.)
2. La rue du Bivouac s'ouvre aujourd'hui à l'endroit où fut établi ce bivouac.
3. Lettre précitée du marquis de Rivière (Arch. Aff. étr., 680).

halte d'environ deux heures, la colonne se remit en marche et prit la route de Grasse sans entrer dans Cannes[1].

A Grasse, distant de cinq lieues, le bruit d'une descente de corsaires s'était répandu comme à Cannes, mais le maire, le marquis de Gourdon, avait été bientôt plus exactement renseigné. En l'absence du sous-préfet, il réunit dans la nuit le conseil municipal et manda le général Gazan qui depuis peu de temps à la demi-solde s'était retiré dans sa ville natale. A la mairie, on parlait d'armer la population et de s'opposer au passage de l'usurpateur s'il voulait marcher par Grasse. Gazan, qui n'était pas suspect, car dès dix heures du soir il avait envoyé une dépêche au maréchal Soult pour lui apprendre cette grave nouvelle, commença par s'enquérir de l'état de l'armement. Sur la réponse du maire, que l'on avait trente fusils dont cinq seulement pouvaient faire feu et pas une cartouche, Gazan conseilla à ce foudre de guerre de se tenir tranquille[2].

D'ailleurs, on ignorait encore si Napoléon prendrait la route de Grasse ou la route d'Aix. Un homme envoyé aux nouvelles à Cannes rencontra l'avant-garde à mi-chemin. Cambronne, devinant un espion, l'interpella : « — Vous m'avez l'air bien fatigué, mon ami. N'allez pas plus loin. Je vais vous dire tout ce que vous cherchez à savoir. » Cela fait, le général pressa le pas et devançant son peloton entra tout seul à Grasse. On se mit aux fenêtres ; quinze cents personnes —

---

1. Cf. Lettre précitée du marquis de Rivière. Peyrusse, 281. Laborde. 77. Monier, 106. Montholon, II, 39. Traditions locales rapportées par M. Stephen Liégeard, *La côte d'Azur*, 162.

2. Gazan au maire de Grasse, 15 août ; au ministre de la guerre. 19 août. (Dossier de Gazan, Arch. Guerre.) Cf. Bouthillier au ministre de la guerre. 15 déc. (*ibid*). — La lettre de Gazan à Soult, Grasse, 30 février (*sic*), 10 heures du soir, existe également au dossier de Gazan. Tel était le trouble du général qui l'a datée : 30 février au lieu de : 1er mars.

« beaucoup de vieilles têtes et de rubans blancs », dit pittoresquement Cambronne — furent bientôt réunies sur le cours et sur la place du Clavecin. Le maire demanda à Cambronne au nom de quel souverain il faisait des réquisitions ; et celui-ci ayant répondu que c'était au nom de Napoléon, il répliqua : — « Nous avons notre souverain et nous l'aimons. » — « Monsieur le maire, reprit Cambronne, je ne viens pas pour faire de la politique avec vous, mais pour demander des rations parce que ma colonne sera ici dans un instant. » Bon gré mal gré, le maire s'exécuta. « Rien pourtant, dit plus tard Cambronne devant le conseil de guerre, n'était si facile que de me tuer, seul au milieu de toute la population. Il ne suffit pas de dire : j'aime le roi. Il fallait le montrer. » Apprenant que le général Gazan se trouvait à Grasse, Cambronne demanda à le voir ; mais Gazan avait fui comme à l'approche d'une bande de pestiférés [1].

Napoléon s'avançait fort lentement, inquiet de ce qui pouvait se passer dans cette ville de douze mille habitants. Près du village de Mouan, il s'arrêta en entendant des cloches et ne reprit sa marche qu'après avoir interrogé un roulier qui lui répondit que l'on sonnait pour un enterrement. Arrivé en vue de Grasse et instruit de l'agitation qui y régnait, il contourna la ville au lieu de la traverser et fit la grand'halte à environ une demi-lieue plus loin, sur le plateau de Roccavignon [2]. D'ailleurs, il n'y avait pas que des royalistes à Grasse. Nombre de gens gravirent le plateau, apportant du vin pour les soldats et des fleurs pour l'empereur. La floraison des violettes était venue à propos. Un vieil officier aveugle se fit conduire par sa femme et de-

---

1. Interrogatoire de Cambronne (*Procès*, 35-36, 39). Lettre précitée de Gazan (Dossier de Gazan. Arch. Guerre).
2. A la côte, 544. — Dans le pays on appelle aujourd'hui ce plateau : le plateau Napoléon.

manda à l'empereur la permission de lui baiser la main. Napoléon l'embrassa. C'est au bivouac de Grasse qu'il réentendit pour la première fois les Vive l'empereur ! des Français [1].

De Cannes à Grasse, la colonne avait pris un chemin carrossable, d'ailleurs en fort mauvais état, qui servait à la poste. A Grasse, ce chemin s'arrêtait. Sur une étendue de vingt-cinq lieues, jusqu'à Digne où aboutissait la route de Grenoble, on n'allait plus trouver qu'un sentier de montagne [2]. Napoléon réfléchit que le transport des canons, à supposer qu'on pût l'effectuer, retarderait infiniment sa marche. Il se décida à abandonner son artillerie avec d'autant moins de regret qu'il l'avait amenée pour imposer et non pour s'en servir. Il savait bien que s'il en était réduit à subir le feu de l'armée française, ce ne seraient pas quelques boulets qui le sauveraient. Les quatre pièces furent laissées à la garde de la municipalité de Grasse qui les envoya à Antibes comme un trophée. On laissa de même la berline réquisitionnée pour le trésor pendant la halte au golfe Jouan ; Peyrusse chargea sur des mulets les sacs d'or et les papiers de la trésorerie [3].

La seconde moitié de l'étape fut très pénible. On marchait au bord de précipices, par des sentiers escarpés et couverts de neige où un seul homme pouvait passer de front. « Notre petite colonne, dit Laborde, tenait l'espace qu'auraient occupé vingt mille hommes sur une route. » Les lanciers démontés avan-

---

1. Peyrusse, 281-282 Laborde, 79. Préfet des Basses-Alpes à Soult, Digne, 7 mars (Arch. Guerre). Cf. Rapport du préfet maritime de Toulon, du 5 mars (*Journal des Débats*, 10 mars).

2. Dès 1802, Bonaparte avait ordonné que l'on rendît carrossable la route de Grasse à Digne, marquée sur la carte de Cassini. Mais ses instructions n'avaient pas été exécutées. Pendant l'empire et toute la restauration, Castellane ne figure pas comme relai dans les Livres de Poste et Itinéraires.

3. Rapport précité du préfet maritime de Toulon, 5 mars. Peyrusse, 279-280, 282. Laborde, 80.

çaient avec une peine et une fatigue extrêmes, embarrassés par leurs pantalons basanés, leurs éperons, leurs grands sabres, leurs lances, et portant en outre selle et brides sur les épaules. Le petit nombre des cavaliers que l'on avait pu remonter à Cannes avec des chevaux réquisitionnés, et à Grasse avec les attelages de l'artillerie n'étaient guère plus enviables, car pendant ce périlleux trajet ils devaient marcher à côté de leurs chevaux. L'empereur cheminait aussi à pied, un bâton à la main. Il tomba plusieurs fois. Un grenadier dit : « — Il ne faut pas que Jean de l'Epée (c'était un des sobriquets du Petit Caporal) se donne une entorse ; il faut qu'auparavant il soit redevenu Jean de Paris. » Après avoir repris haleine à Saint-Vallier, on atteignit, vers huit heures du soir, le petit village de Sernon, à 1373 mètres d'altitude. La colonne avait fait un peu plus de cinquante kilomètres en vingt heures. En pays de montagne, une telle marche tenait du prodige. Mais Napoléon, qui voulait toujours frapper les imaginations, écrivit dans la relation du *Moniteur* qu'il avait fait vingt lieues dans la première journée [1].

Le 3 mars, entre dix heures et midi, l'empereur arriva à Castellane. Les autorités avaient été prévenues le matin par une lettre du maire de Sernon, qui annonçait la présence dans sa commune « de l'empereur Bonaparte avec une armée », et par ce laconique billet de Cambronne au sous-préfet : « Monsieur, je vous prie de donner des ordres pour fournir de suite 5,000 rations de pain, 5,000 de viande, 5,000 de vin, 40 charrettes à quatre colliers ou 200 mulets de bât. S. M. sera à dix heures à Castellane. — Baron Cambronne, général de brigade, major de la garde

---

[1]. Laborde, 80-81. Peyrusse, 282-283. Monier, 108-109. Cf. *Moniteur*, 23 mars.

impériale[1]. » Quelque peu troublés, car c'était la première nouvelle qu'ils eussent du débarquement de l'empereur, le sous-préfet et le maire crurent devoir satisfaire à cette réquisition. Ils se mirent en mesure de fournir les cinq mille rations et le plus grand nombre possible de mulets et de charrettes[2]. L'empereur les remercia, obtint des passeports en blanc qu'il fit remplir aux noms du chirurgien Emery, qui partit pour Grenoble, et de Pons, qui partit pour Marseille, puis il annonça au sous-préfet qu'il le nommerait préfet dès son retour à Paris. On se remit en route et l'on prit gîte à Barrème fort avant dans la nuit. Cette nouvelle étape de 46 kilomètres à travers les Alpes ne fut ni moins pénible ni moins périlleuse que celle de la veille. Il neigeait à gros flocons. Un des mulets du trésorier Peyrusse tomba dans un précipice et se tua. Il portait 300,000 francs en or. On ne put retrouver que 263,000 francs. Les caisses s'étaient brisées, et près de deux mille napoléons avaient roulé au torrent ou se trouvaient éparpillés dans des creux de rocher[3].

III

La première nouvelle du débarquement au golfe Jouan avait été apportée dans la nuit du 1ᵉʳ mars au maire de Fréjus par le brigadier de gendarmerie

---

1. Maire de Sernon à maire de Castellane, 2 mars. Cambronne au sous-préfet de Castellane, 2 mars. (Arch. Guerre.)
2. Il est fort peu probable qu'on ait fourni la totalité des mulets demandés, car nous savons par le Livre de caisse de Peyrusse (Annexes 308) qu'on n'acheta pendant tout le voyage que vingt mulets. Peyrusse, il est vrai, porte dans ses comptes des frais de transport. Sans doute un certain nombre de mulets furent seulement loués pour chaque étape et renvoyés ensuite avec leurs conducteurs.
3. Préfet des Basses-Alpes à préfet de l'Isère, 4 mars; à Soult, 7 mars (Arch. Guerre). Peyrusse, 283-284. Interrogatoire d'Émery. (Dossier de Marchand, Arch. Guerre.)

de Cannes qui, à l'arrivée de Cambronne et de son avant-garde, à cinq heures du soir, était parti au triple galop. Un gendarme de Fréjus transmit cet avis au chef d'escadron de Draguignan; ce dernier réveilla à deux heures du matin le général Morangiès pour le lui communiquer. Mais contrairement à ce qui arrive d'ordinaire, la nouvelle, en passant de bouche en bouche, avait perdu de sa gravité. Tandis que le brigadier de Cannes avait annoncé à Fréjus « le débarquement des troupes de l'île d'Elbe », sans parler d'ailleurs de Napoléon, le gendarme de Fréjus dit seulement à Draguignan que « cinquante hommes de la garde de l'ex-empereur étaient arrivés de l'île d'Elbe [1] ». C'est cette dernière information que Morangiès fit parvenir à Toulon, au général Abbé, lequel envoya copie de la lettre à Masséna à Marseille, en l'accompagnant de ce rassurant commentaire : « Le préfet maritime me dit qu'il est avisé que des grenadiers de l'île d'Elbe ont eu des congés pour revenir en France dans leur famille. C'est ce que je puis présumer » [2]. Masséna reçut le message le 3 mars à neuf heures du matin et ne crut pas que pour surveiller cinquante hommes il fallût mettre en mouvement la garnison de Marseille. Il instruisit de l'incident le ministre de la guerre, terminant sa lettre par ces mots : « Quant à moi, je suis de l'avis du préfet maritime que ce n'est qu'un débarquement de quelques hommes ennuyés de rester à l'île d'Elbe [3]. » Au mois de janvier, en effet, sept grenadiers munis de congés définitifs avaient débarqué à Toulon et avaient dit qu'un très grand nombre de

---

1. Cf. Morangiès à Abbé, Draguignan, 2 mars dans la nuit (Arch. Guerre). et le même au même, Draguignan, 2 mars, 6 heures du matin (cité par Masséna, *Mém.*, 57).
2. Abbé à Masséna, Toulon, 2 mars (cit. par Masséna, *Mém.*, 58-59).
3. Masséna à Soult, Marseille, 3 mars. (Arch. Guerre.) Cf. Masséna, *Mém.*, 4-7.

leurs camarades étaient sur le point de quitter Porto-Ferrajo[1].

Mais le prince d'Essling n'allait pas tarder à être mieux informé. Le comte de Bouthillier, préfet du Var, et le général Morangiès, ne doutant pas que le détachement de l'île d'Elbe ne prit la grande route de Provence et décidés à lui barrer le passage, s'étaient rendus à Fréjus le 2 mars au matin et y avaient concentré environ trois cents soldats, gendarmes et gardes nationaux. Dans la soirée, ils apprirent par un rapport des gendarmes envoyés en reconnaissance du côté de Cannes que Napoléon lui-même avait débarqué, avec un millier d'hommes et du canon, et qu'il marchait sur Grenoble. Bouthillier transmit la nouvelle à Masséna qui reçut l'estafette le 3 mars à neuf heures du soir[2]. Le point le plus rapproché de Marseille sur la route que suivait l'empereur était Sisteron, dont la vieille citadelle, d'ailleurs dépourvue de garnison, commandait le passage de la Durance. Masséna expédia incontinent une nouvelle dépêche à Paris[3] et, sans attendre au lendemain, il donna l'ordre au général Miollis de prendre le 83ᵉ de ligne et six compagnies du 58ᵉ (presque toute la garnison) pour se porter en hâte sur Sisteron. La tête de colonne quitta Marseille à trois heures du matin. Le surlendemain, 600 volontaires de la garde nationale se mirent en route à la suite de la ligne. L'état de santé du maréchal lui interdisait de commander l'expédition en personne. Au reste, il connaissait trop la rapidité des marches de Napoléon pour croire que la garnison de Marseille arriverait à

---

1. Préfet du Var à Soult, 12 janv. et 13 janv. Chef d'état-major de la 8ᵉ division militaire à Soult, Marseille, 7 fév. (Arch. Guerre.)
2. Bouthillier à Massena, Fréjus, 3 mars. (Cité par Massena. *Mém.*, 10-11.)
3. C'est cette dépêche, arrivée à Paris (on ne s'explique pas comment) avant la précédente, qui donna l'alarme aux Tuileries. Vitrolles, *Mém.*, II, 284-285.

temps. Sisteron, situé à près de trente-neuf-lieues de poste de Cannes, n'était qu'à trente-six lieues de Marseille, mais les troupes de l'île d'Elbe avaient sur celles de Masséna une avance de deux journées. Le seul espoir du prince d'Essling était que les mauvais chemins de la montagne ou des combats partiels livrés par les gardes nationales des Basses-Alpes retarderaient la marche de Napoléon [1].

En même temps que Bouthillier avait averti Masséna, il avait aussi envoyé une estafette au préfet des Basses-Alpes. Celui-ci, prévenu également dans la soirée du 3 mars par des rapports de la gendarmerie, conféra avec le général Loverdo qui commandait le département. La garnison de Digne ne se composait que de 132 hommes d'une fidélité douteuse. Huit jours auparavant, quelques soldats ayant été punis de prison pour des cris de Vive l'empereur ! Loverdo n'avait pas jugé prudent de maintenir la punition. Il craignait une mutinerie, les soldats disant qu'on devait les mettre tous en prison puisqu'ils étaient tous prêts à crier : Vive l'empereur ! comme leurs camarades. Néanmoins, Loverdo et le préfet Duval montrèrent d'abord quelques velléités de résistance. Un ordre de concentration fut expédié à toutes les brigades de gendarmerie, et l'on décida de convoquer la garde nationale et d'armer la population. Mais les notables accoururent à la préfecture. « — Nous vous conjurons, gémirent-ils, de ne commettre aucune hostilité contre Buonaparte afin d'éviter les derniers désastres à la ville. » Cette déclaration sans ambages leva les scrupules du préfet et du général, qui d'ailleurs ne tenaient pas beaucoup à soutenir un siège. Duval mit les caisses publiques en sûreté et se retira dans un village des environs, de façon à re-

1. Masséna, *Mém.*, 11-17. Cf. Miollis à Masséna, Aix, 5 mars, cit. *ibid.*, 64-65.

prendre son poste aussitôt après le passage de la colonne. Afin d'éviter tout contact, Loverdo porta ses troupes au delà de la Durance, sur la route d'Aix [1].

Ce jour-là, 4 mars, l'empereur qui avait été salué par les acclamations de la foule au départ de Barrême entra à Digne dans l'après-midi et s'arrêta quelques heures à l'auberge du Petit-Paris. Accueilli d'abord très froidement, il gagna les habitants par une harangue. Pendant cette halte, Drouot fit imprimer ou plutôt réimprimer les proclamations, qui commençaient à s'épuiser, et Bertrand écrivit au général Loverdo et au commandant du bataillon du 87e pour les engager à se joindre avec leurs troupes « aux braves de la garde impériale ». Ces invitations restèrent sans effet. Du golfe Jouan à la Durance, Napoléon fit seulement quatre recrues : deux soldats de la garnison d'Antibes, un tanneur de Grasse et un gendarme [2].

Tant que l'on avait suivi les sentiers des Alpes, on avait cheminé à peu près sans ordre, tantôt en groupes épars, tantôt en file indienne. A la sortie de Digne, qu'un embranchement reliait à la grande route de Grenoble, l'empereur divisa sa petite armée en trois échelons. En tête marchait le colonel Mallet avec les trois compagnies de chasseurs à pied de la vieille garde, les marins et les lanciers polonais montés ou non montés (la plupart trouvèrent des chevaux entre Digne et La Mure). Les trois compagnies de grenadiers, sous les ordres du capitaine Loubers, les canonniers et une trentaine d'officiers sans troupe ve-

---

1. Loverdo à Masséna, Digne, 3 mars; au même, Digne, 4 mars, 5 heures du matin; au même, 20 mars. Préfet des Basses-Alpes à préfet de l'Isère, Digne, 4 mars; à Soult, Digne, 7 mars. (Arch. Guerre.)
2. Rapp. de Digne, 8 mars. (Arch. nat. F. 7, 3147.) Peyrusse, 284. Laborde, 82. Fabry, 21, 32, 37, 39. Lettres de Bertrand cit., par Massena (*Mém.*, 70-71). Cf. **1815**, I, 211.

naient ensuite. C'était dans ce groupe que se trouvaient l'empereur, l'état-major et le trésor. Les trois cents fusiliers du bataillon corse (commandant Guasco) fermaient la marche. Cambronne avec un peloton de chasseurs et de grenadiers continuait à faire l'extrême avant-garde ou plutôt « le logement ».[1]

Le soir du 4 mars, la colonne prit gîte à Malijaï, à vingt kilomètres de Digne, tout près de la Durance[2]. L'avant-garde de Cambronne marcha sans s'arrêter pendant cinq lieues encore, l'empereur voulant s'assurer de Sisteron avant que l'on pû s'y établir militairement ou en faire sauter le pont. Les troupes de Marseille, en effet, doublaient les étapes à cette intention, et Loverdo, en quittant Digne, avait lui aussi eu l'idée de se poster à Sisteron. Mais il manquait de poudre pour faire sauter le pont. Puis il ne croyait pas avec cent trente-deux fantassins, dans une vieille forteresse armée de canons sans affûts, pouvoir disputer le passage à une colonne que l'on évaluait, dit-il, à deux ou trois mille hommes. Enfin, il y avait sur la rive gauche de la Durance de grands amas de bois au moyen desquels les marins de la garde auraient rapidement construit des radeaux[3]. C'étaient de bonnes raisons ; peut-être étaient-ce en même temps de bons prétextes. Comme presque tous les officiers généraux maintenus en activité, Loverdo était exaspéré de la tentative de Na-

1. Laborde, 83. Cf. Rapport de Loverdo à Masséna, 20 mars. (Arch. Guerre.)
2. Rapport de Loverdo précité. Journal des séjours de l'empereur. (Arch. nat., AF* IV, 347.)
3. Loverdo à Masséna, Digne, 4 mars. Préfet des Basses-Alpes à Soult, Digne, 7 mars. (Arch. Guerre.)
Masséna dit aussi (*Mém.*, 24-25) : « En supposant le pont barré ou coupé, Bonaparte n'avait qu'à côtoyer la Durance en amont, l'espace de trois ou quatre lieues, pour la traverser à gué... Le point essentiel à défendre était la route en avant du pont de Sisteron ; mais dans ce cas, Bonaparte eût pris le chemin qui conduit à Gap par les montagnes. Il n'est pas plus long que l'autre ni plus difficile que celui déjà parcouru depuis Grasse. »

poléon et souhaitait de tout son cœur que l'on mît fin à « cette équipée fabuleuse ». Mais la perspective de se trouver en face de l'empereur pour lui faire tirer des coups de fusils n'avait rien qui séduisît ses anciens généraux. Tous auraient préféré qu'un de leurs camarades se chargeât de cette corvée peu agréable en soi et que l'esprit au moins incertain des troupes rendait difficile.

Sisteron ne fut donc pas occupé. Cambronne y entra le 5 mars, à une heure du matin, avec ses quarante grognards. Le maire refusa le paiement des rations à fournir aux troupes, et lui et le sous-préfet se crurent obligés d'aller à la rencontre de Napoléon qui arriva avant midi. En voyant la décoration du Lys sur la poitrine du maire, l'empereur lui dit : « — Otez cela pendant que je serai ici, car mes soldats pourraient vous insulter. » Il s'arrêta à l'auberge du Bras d'Or, où il s'entretint de nouveau avec ces deux fonctionnaires. Interrogé sur l'impression que produisait son retour en France, le sous-préfet répondit : « — La surprise est le sentiment qui prime tous les autres. » « — Mais aurait-on plaisir à me revoir sur le trône ? » « — Je crois que oui, si l'on ne craignait pas de voir revenir avec vous la conscription et tous les fléaux. » « — Je sais, reprit l'empereur, qu'il a été fait bien des sottises. Mais je viens tout réparer. Mon peuple sera heureux. » Il quitta Sisteron aux cris de : Vive l'empereur ! poussés par la foule qui formait la haie sur son passage. Une ouvrière s'approcha de Napoléon et lui remit un drapeau tricolore qu'elle avait confectionné en moins d'une heure. Plusieurs officiers à la demi-solde, un ancien tambour, un ingénieur militaire et son fils se joignirent à la colonne [1].

---

[1]. Rapport de Loverdo à Masséna, cité par Masséna, *Mém.*, 69. Interrogatoire de Cambronne. (*Procès de Cambronne*, 34.) Peyrusse, 284. Laborde,

Le soir, l'empereur coucha à Gap, d'où le préfet et le général Rostollant s'étaient retirés, et le lendemain, 6 mars, il passa la nuit à Corps, distant d'une marche de Grenoble [1].

IV

En 1815, le télégraphe aérien s'arrêtait à Lyon. La dépêche que Masséna avait adressée de Marseille, dans la soirée du 3 mars, au ministre de la guerre, fut donc portée par un courrier jusqu'à Lyon et n'arriva à Paris que le 5 mars vers midi. Emu de la gravité de la nouvelle, Chappe prit sur lui d'apporter cette dépêche à Vitrolles, au cabinet du roi, au lieu de la transmettre au maréchal Soult [2]. Vitrolles présenta la dépêche toute cachetée à Louis XVIII qui la lut plusieurs fois de suite et la jeta sur sa table en disant avec le plus grand calme : « — C'est Bonaparte qui est débarqué sur les côtes de Provence. Il faut porter cette lettre au ministre de la guerre. Il verra ce qu'il y aura à faire. » Vi-

---

82. Fabry, *Itinéraire de Bonaparte de l'île d'Elbe à Sainte-Hélène*, 39-43. — Fabry, dont le récit est assez exact quant aux faits, mais très partial dans les commentaires dont il les accompagne, dit que le sous-préfet avait été contraint par Cambronne d'aller au devant de l'empereur ; que ce fut « une populace soudoyée » qui acclama Napoléon, et que la femme avait confectionné le drapeau *par ordre*.

1. Laborde, 82. Peyrusse, 286. Journal des séjours de l'empereur. (Arch. nat., AF°. IV, 347.)

2. C'est du moins ce que l'on peut inférer du récit de Vitrolles (II. 283-285), à moins d'admettre qu'en même temps qu'il écrivait à Soult, Masséna avait aussi envoyé directement une dépêche à Louis XVIII. Mais Masséna n'en fait pas mention dans son *Mémoire*. — Il est singulier, d'ailleurs, que cette seconde dépêche, expédiée le 3 mars passé 9 heures du soir, soit arrivée à Paris avant la première expédiée le même jour vers midi et qui annonçait seulement un débarquement de quelques soldats de l'île d'Elbe. (Voir **1815**, I,...) Quant à la lettre que, le 3 mars, le préfet du Var avait adressée de Fréjus directement à Paris par Aix, en même temps qu'il écrivait à Masséna, le courrier qui la portait s'était cassé la cuisse entre Aix et Lyon. (Barante, *Souv.*, II, 100.)

trolles, fort agité, courut rue Saint-Dominique. Sur le Pont-Royal, il se croisa avec Soult qui venait à pied aux Tuileries pour une réunion chez M. de Blacas. Le maréchal se montra incrédule. « — Le débarquement, dit-il, n'a aucune certitude. Il faudrait en attendre la confirmation. » Le comte d'Artois, lui non plus, ne fut nullement troublé. A la stupéfaction de Vitrolles, il alla entendre les vêpres aussitôt après que le roi lui eût révélé cette grave nouvelle [1].

Cependant, comme d'autres dépêches vinrent bientôt corroborer celle de Masséna [2], le conseil des ministres se réunit dans la soirée. Soult exposa que Talleyrand ayant écrit de Vienne pour demander la formation d'un corps d'observation sur la frontière italienne, afin de tenir en respect Murat et les révolutionnaires de la péninsule, trente mille hommes s'acheminaient vers les Alpes [3]. Le ministre de la guerre se faisait donc fort d'opposer sous peu de jours une véritable armée aux onze cents soldats de Bonaparte. On se félicita de cette heureuse conjoncture, et il fut décidé que le comte d'Artois se rendrait à Lyon pour prendre le commandement des troupes réunies et à réunir dans le Lyonnais, le Dauphiné et la Franche-Comté. Il aurait ses deux fils comme lieutenants : le duc de Berry à l'aile gauche ; le duc d'Angoulême à l'aile droite, qui serait formée avec les garnisons des 9e, 10e et 11e divisions militaires. On espérait du même coup en finir avec Bonaparte et donner aux princes l'occasion d'un succès

1. Vitrolles, *Mém.*, II, 283-289.
2. Duc d'Orléans, *Extrait de mon Journal* (Twickenham, 1816, in-8), 2. Sesmaisons à Barante, Paris, 7 mars. (Barante, *Sour.*, II, 100.)
3. Talleyrand à Louis XVIII, Vienne, 24 févr. (*Corresp. avec Louis XVIII*, 298.) Cf. Vitrolles, *Mém.*, II, 293. Soult, *Mém.*, 16-18. Rapp. de Soult au roi, en date du 3 mars, sur la mise en mouvement des troupes devant être réunies au nombre de 29,650 sur la frontière des Alpes. (Arch. Guerre.)

personnel. Toutefois Soult et quelques-uns de ses collègues du ministère, qui connaissaient l'impopularité dans l'armée de Monsieur et de ses fils et qui doutaient un peu de leurs capacités militaires, proposèrent qu'un maréchal de France fût adjoint à chacun des princes. Le conseil désigna pour ces commandements en second Gouvion Saint-Cyr, Macdonald et Ney. On n'ignorait pas l'irritation de Ney contre la cour, mais on estimait qu'après s'être si brutalement compromis envers l'ex-empereur à Fontainebleau, il devait craindre son ressentiment et ferait tout pour l'empêcher de ressaisir le pouvoir. Au sortir de la séance, Soult informa par écrit les trois maréchaux de la mission dont le roi les chargeait et prit toutes les mesures nécessaires à la rapide concentration des troupes. Le comte d'Artois partit à minuit pour Lyon [1].

Les idées libérales du duc d'Orléans, ses relations avec les constitutionnels, les vues que les patriotes et certains généraux avaient sur lui le rendaient suspect aux Tuileries. Dans cette crise, on ne voulait pas lui donner un corps d'armée et on voulait moins encore qu'il restât à Paris. Sur les instances du comte d'Artois, inspiré par Vitrolles, le roi décida que le duc d'Orléans serait employé à Lyon sous les ordres de Monsieur; il le manda à onze heures du soir dans son cabinet pour l'en avertir. Augurant mal de l'esprit des troupes et très peu flatté de servir d'aide de camp à son cousin, le duc d'Orléans tenta en vain d'obtenir quelque autre commandement à Paris ou ailleurs. Il dut suivre le comte d'Artois [2].

Le lendemain matin, 6 mars, il y eut de nouveau

1. Soult à duc de Berry, Ney, Gouvion, Macdonald, Suchet, etc., etc., 5 mars. (Arch. Guerre.) Vitrolles, *Mém.*, II, 291-297. Soult, *Mém.*, 18. Jaucourt à Talleyrand, 8 mars. (Arch. Aff. étrang., 680.)
2. Duc d'Orléans, 1-7. Vitrolles, II, 293, 295-297.

conseil aux Tuileries. On délibéra sur la convocation immédiate des Chambres qui avaient été prorogées jusqu'au 1ᵉʳ mai. Le roi, Blacas, le chancelier Dambray n'en étaient point partisans, et Soult, qui redoutait l'action des corps politiques dans un moment de trouble, s'y montra également hostile. Mais Jaucourt, Louis, Montesquiou, Vitrolles lui-même comprenaient qu'en présence de Napoléon, qui faisait appel aux principes de la Révolution, le roi devait donner des preuves de sa constitutionnalité, et qu'il serait vraiment bien maladroit à lui de se priver du grand appui moral des représentants du pays, alors que parmi eux il ne se trouvait pas un seul bonapartiste. Ces raisons prévalurent; Louis XVIII signa l'ordonnance de convocation. Dans la même séance, on rédigea une autre ordonnance royale qui déclarait Bonaparte traître et rebelle et enjoignait à tout militaire, garde national ou simple citoyen, « de lui courir sus » [1].

Ces deux ordonnances furent publiées dans le *Moniteur* du 7 mars et reproduites par les journaux du lendemain. Dans le *Journal des Débats*, un entrefilet furibond y servait de commentaire : « Bonaparte s'est évadé de l'île d'Elbe. Cet homme tout couvert du sang des générations vient disputer au nom de l'usurpation et des massacres la douce autorité du roi de France. Il ose mettre le pied sur une terre qui l'a réprouvé à jamais…. Dieu permettra que le lâche guerrier de Fontainebleau meure de la mort des traîtres [2]. » Le conseil municipal de Paris, la cour de cassation, la cour royale, le général Maison, le maréchal Jourdan, Dessoles, major général des gardes nationales du royaume, rédigèrent des proclamations con-

---

1. Jaucourt à Talleyrand, 8 mars. (Arch. Aff. étr., 680.) Vitrolles, II, 293-294. *Moniteur*, 7 mars.
2. *Journal des Débats*, 8 mars.

çues dans le même esprit, et Soult adressa cet ordre du jour à l'armée : « Cet homme qui abdiqua un pouvoir usurpé dont il avait fait un si fatal usage, Bonaparte, est descendu sur le sol français qu'il ne devait plus revoir. Que veut-il? La guerre civile. Que cherche-t-il? Des traîtres. Les trouverait-il parmi les soldats qu'il a trompés et sacrifiés tant de fois? au sein de ces familles que son nom seul remplit encore d'effroi?... Cet homme n'est plus qu'un aventurier, que son dernier acte de démence achève de faire connaître [1]. »

Louis XVIII avait les chambres, la presse, les corps constitués, les officiers généraux. La résistance de la citadelle d'Antibes lui faisait croire qu'il avait les soldats. Il comptait sur la garnison de Grenoble, sur l'armée de Lyon, sur les gardes nationales. Puis il avait sa maison militaire, les Suisses et les compagnies rouges, les gardes du corps et les gardes de la porte! Il ne craignait rien. C'est avec une sérénité qui n'avait rien d'affecté qu'il dit le 7 mars, en recevant les ambassadeurs et ministres étrangers : « — Messieurs, je vous prie de mander à vos cours que vous m'avez vu n'étant nullement inquiet. Je suis persuadé que ceci n'altérera pas plus la tranquillité de l'Europe que celle de mon âme [2] ». Beaucoup de gens pensaient comme le roi. Le comte de Sesmaisons écrivait précisément ce jour là au baron de Barante : « Rien d'alarmant. On ne conçoit pas cette folie... Les mesures sont prises et sont bonnes. Je ne doute pas que tout ne soit fini dans huit jours [3]. »

1. *Moniteur*, 8, 9, 10, 12 mars.
2. Louis XVIII à Talleyrand, 7 mars. (*Corresp. de Tall. et de Louis XVIII*, 316-318.) — Ce qui prouve bien que le roi avait parlé sincèrement aux ambassadeurs, c'est que dans cette lettre, où il cite ces paroles, il ajoute : «... J'ai pris sur le champ les mesures propres à faire repentir Bonaparte de son audacieuse entreprise, et je compte avec confiance sur leur succès. »
3. Sesmaisons à Barante, Paris, 7 mars. (Barante, *Souv.*, II, 99-100.)

Quoique les royalistes du Midi fussent mieux à même de juger les choses, ils ne perdaient pas non plus espoir. La colonne du général Miollis n'était arrivée à Sisteron que quarante heures après le passage de Napoléon, mais on comptait bien que repoussé par la garnison de Grenoble il allait rétrograder, et l'on se préparait à lui couper la retraite. Miollis porta à Gap le 83ᵉ et un bataillon du 58ᵉ ; Loverdo tenait la ligne de la Durance avec trois compagnies du 87ᵉ, les 400 volontaires de Marseille et 600 gardes nationaux du Var, de Manosque et d'Aix ; Mouton-Duvernet occupait les débouchés des Hautes-Alpes, du côté de la Drôme [1]. « Bonaparte est dans la souricière, disait Masséna. Ce sera la fin de sa folle équipée [2]. » Les volontaires, les gardes nationaux et même certains officiers de la ligne étaient fort animés. Un capitaine du 83ᵉ écrivait à un ami : «... Nous avons manqué le monstre à Sisteron, le colonel avait promis cinquante louis au soldat qui le tuerait [3]. »

1. Miollis à Masséna, Gap, 9 mars. Loverdo à Masséna, Digne, 9 mars. Colonel Ferru à Soult, Sisteron, 8 mars. Mouton à Soult, s. l., 7 mars. (Arch Guerre.)
2. Masséna au marquis de Rivière, Marseille, 9 mars. (Arch. Guerre.) Cf. *Journal des Débats*, 12 mars.
3. Buquet, capitaine au 83ᵉ, à Desrosiers, Marseille, 17 mars. (Arch. nat. F. 7, 3774.)

CHAPITRE II

GRENOBLE ET LYON

I. Mesures de défense du général Marchand, commandant à Grenoble.
II. Le défilé de Laffray.
III. L'entrée de Napoléon à Grenoble (7 mars).
IV. Le comte d'Artois et le maréchal Macdonald à Lyon. — L'entrée de Napoléon à Lyon (10 mars).

I

La marche, d'abord presque furtive de Napoléon et qui n'avait réussi que par la rapidité, allait devenir le vol de l'aigle. Dans la Provence orientale, les populations s'étaient montrées en général indifférentes ou sourdement hostiles. Dès les confins du Dauphiné l'opinion change. Les paysans accourent au-devant de l'empereur et après s'être assurés, en regardant l'effigie des pièces de cinq francs, que « c'est bien lui tout de même », ils l'acclament et lui souhaitent victoire. A Sisteron, la foule crie : Vive l'empereur! A Gap, le préfet Harmand et le général Rostollant tentent vainement de se mettre en défense ; devant l'opposition menaçante du peuple, ils se retirent à Embrun avec la garnison. A Saint-Bonnet, les habitants effrayés pour l'empereur du petit nombre de ses soldats veulent sonner le tocsin, afin de prévenir les paysans des villages environnants qui l'accompagneront en masse. « — Non, dit l'empereur ; vos sentiments sont pour moi un sûr garant des sentiments de mes soldats. Ceux que je rencontrerai se rangeront de mon côté. Plus ils seront, plus mon succès sera assuré. Restez donc tranquilles chez vous[1]. »

Le 6 mars, pendant que Napoléon s'arrêtait à Corps pour y coucher, Cambronne avec ses quarante chasseurs de la vieille garde et un peloton de Polonais montés poussa jusqu'à La Mure, où il arriva vers minuit. A l'Hôtel de Ville, l'adjudant-major Laborde, chargé du logement, se rencontra avec un adjudant-major du 5ᵉ de ligne qui venait de Grenoble et s'occupait du même objet. Laborde l'interpella : « — Je vois que nous portons une cocarde difffférente. Mais, répondez-moi avec la franchise d'un soldat. Sommes-nous amis ou ennemis ? » « — Deux vieux compagnons d'armes seront toujours amis, » dit l'officier en tendant la main à Laborde. « — Alors, faisons le logement ensemble. » Le capitaine du 5ᵉ feignit d'accepter la proposition, mais il s'esquiva presque aussitôt pour aller informer son chef. Laborde rapporta l'incident à Cambronne, qui apprit en même temps qu'une troupe d'infanterie venait de prendre position à cinq cents mètres de La Mure, sur une hauteur appelée la Pontine. Cambronne envoya un de ses officiers au commandant pour l'engager à pactiser avec la garde. Ce chef de bataillon, nommé Delessart, ayant refusé de recevoir l'émissaire, Cambronne lui-même s'achemina vers la Pontine, mais un officier commandant un petit poste lui intima l'ordre

---

[1]. Peyrusse, *Mémorial*, 284-286. Laborde, *Napol. à l'île d'Elbe*, 82. Fabry, *Itinéraire de Buonaparte de l'île d'Elbe à Sainte-Hélène*, 40-46. Montholon, *Récits*, II, 42. Cf. Relation du retour de l'île d'Elbe. (*Moniteur*, 23 mars.) Napoléon, *L'île d'Elbe et les Cent Jours* (*Corresp.*, XXXI, 48-49). Proclamation de Napoléon Ga , 6 mars *(Journal du Rhône,* 13 mars).

de s'éloigner ; autrement, on ferait feu sur lui. Le général revint à La Mure, et afin d'éviter toute surprise, il posta une grand'garde à l'entrée du village, et au lieu de loger ses hommes il les établit au bivouac sur la place. Cela fait, il entrait à l'auberge et commençait à souper quand un paysan vint l'avertir que le 5e de ligne se mettait en mouvement, sans doute pour tourner La Mure et se porter au pont de Ponthaut, sur la route de Corps [1].

L'occupation de Ponthaut, forte position sur la rivière de la Bonne, encaissée à cet endroit entre deux escarpements, aurait eu pour résultat de couper l'avant-garde de Cambronne du gros de la colonne impériale, et d'arrêter cette colonne dans sa marche vers Grenoble. Cambronne remit son souper au lendemain, rassembla sa petite troupe et, rétrogradant de plus d'une lieue, la porta incontinent à Ponthaut. Une estafette fut envoyée à l'empereur, car Cambronne était inquiet. L'attitude du 5e de ligne, qui semblait disposé à agir comme le 87e à Antibes, faisait mal augurer des sentiments de la garnison de Grenoble [2].

Grenoble, siège de la 7e division militaire, avait alors comme commandant le général Marchand. Marchand était Grenoblois. Avocat sous Louis XVI, il avait quitté sa ville natale en 1791, capitaine élu au 4e bataillon des volontaires de l'Isère, et il y était rentré à la fin de 1813, général de division, grand-aigle et comte de l'empire, doté de 80,000 livres de rentes. Son empressement à se rallier aux

---

1. Déposition du chef de bataillon Delessart, du 5e de ligne. Récit du capitaine Randon, aide de camp du général Marchand, dans la Relation de Marchand des événements de Grenoble. (Dossier de Marchand. Arch. Guerre.) Laborde, 86-91. Berriat-Saint-Prix, *Napoléon à Grenoble* (Relation écrite en 1815 et publiée en 1861), 66-73.
2. Laborde, 86-91, Cf. Napoléon, *L'île d'Elbe et les Cent Jours*, 50.

Bourbons, au mois d'avril 1814, lui valut d'être maintenu dans le commandement de Grenoble mais lui aliéna ses soldats. En 1815, beaucoup d'entre eux gardaient encore le souvenir irrité de ce qu'ils appelaient sa défection [1]. Les sentiments des casernes étaient partagés par la ville où régnait contre les Bourbons une hostilité quasi générale. Louis XVIII n'avait pour lui, à Grenoble et dans toutes les campagnes du Dauphiné, que la noblesse et le clergé. La bourgeoisie était presque entièrement composée de libéraux avancés, de la nuance du Dauphinois Dumolard. Quant aux ouvriers, aux petits commerçants, aux cultivateurs, ils étaient tous pour l'empereur [2]. Sans véritable autorité sur ses troupes et entouré d'une population hostile, le général Marchand fut très troublé en apprenant dans la soirée du 4 mars, par une lettre du préfet du Var, le débarquement de Napoléon et sa marche sur Gap et Grenoble [3]. Le préfet de l'Isère, le célèbre mathématicien Fourier, se trouvait aussi dans une situation embarrassante. Jadis protégé par Bonaparte, ex-membre de l'Institut d'Egypte, il avait été nommé dès 1801 à la préfecture de Grenoble et il y était resté sous la Restauration. Comme le général Marchand, les serments qu'il avait si souvent jurés à l'empereur le gênaient, non vis-à-vis de lui-même mais devant l'opinion publique, pour tenir ceux qu'il venait de prêter au roi. Fourier et Marchand, néanmoins, se résignèrent à garder loyalement leur nouvelle foi royaliste. Le préfet s'occupa de rédiger une proclamation contre

---

1. Relation de Marchand et interrogatoires du même (Dossier de Marchand. Arch. Guerre).
2. Berriat-Saint-Prix, 6-14. Cf. Lettres du préfet de l'Isère et rapports de police, 13 avril, 21 mai, 25 août, 9 nov. 1814 et 27 janv. 1815. (Arch. nat. F. 1a 582; F. 7, 3738, F. 7, 3739.)
3. Relation et interrogatoires de Marchand. Déposition du préfet Fourier (Dossier de Marchand. Arch. Guerre).

l'usurpateur, et le général expédia l'ordre au 7ᵉ et au 11ᵉ de ligne, à Chambéry, et au 4ᵉ de hussards, à Vienne, de se rendre à grandes journées à Grenoble pour y renforcer la garnison qui se composait du 5ᵉ de ligne, du 4ᵉ d'artillerie à pied, du 3ᵉ régiment du génie et d'un escadron du train[1].

Le lendemain, 5 mars, à huit heures du matin, Marchand convoqua chez lui les officiers généraux, le commissaire ordonnateur et les colonels et majors des régiments. Tous ayant protesté de leur fidélité, on délibéra si l'on marcherait contre Bonaparte ou si on l'attendrait derrière les remparts de Grenoble. On s'arrêta au premier parti, et il fut décidé qu'on ne se mettrait en mouvement que le lendemain[2], car auparavant il serait prudent d'assembler les troupes pour leur faire prêter un nouveau serment. Marchand voulait naturellement passer cette revue, mais les chefs de corps eurent la franchise de lui objecter qu'il vaudrait mieux qu'ils vissent les troupes eux-mêmes, car « son empressement à proclamer la déchéance de Napoléon avait affaibli son influence sur elles[3] ».

Bien que le préfet, d'accord avec Marchand, eût résolu de tenir secrète le plus longtemps possible la fatale nouvelle, le bruit de la marche de Napoléon se répandit à Grenoble dans cette matinée du 5 mars. On avait si souvent annoncé le retour de l'empereur que tout d'abord on n'y ajouta pas foi. Mais l'air abattu de plusieurs royalistes que Fourier avait mis dans la confidence et qui ne pouvaient dissimuler

---

1. Relation et interrogatoires de Marchand. Déposition de Fourier. Rapport du colonel Gérin et du major Etchegoyen (Dossier de Marchand, Arch. Guerre). Cf. Berriat-Saint-Prix, 15, 20, 23. Déposition du général Devilliers, commandant la brigade de Chambéry *(Procès de La Bédoyère*, 96*).*

2. Lettre de Marchand au commissaire ordonnateur, 5 mars. (Dossier de Marchand. Arch. Guerre.)

3. Relation et interrogatoires de Marchand. (Dossier de Marchand.)

leur inquiétude, fut remarqué. On recueillit des renseignements. Dans l'après-midi, personne ne doutait plus. Le préfet se décida alors à faire officiellement connaître l'événement par une proclamation qui fut affichée à l'Hôtel de Ville vers cinq heures du soir. La foule s'attroupa, et déjà un individu avait crié : Vive l'empereur ! quand son arrestation immédiate imposa aux manifestants [1].

A cette heure même, le chirurgien de la garde Emery entrait secrètement dans Grenoble. Voyageant à cheval, il avait gagné en deux jours deux marches sur la colonne, bien qu'il eût été arrêté comme suspect par la gendarmerie de Digne et de Gap. Mais grâce à ses relations personnelles et à des sympathies politiques, il était parvenu à s'évader et à se procurer un nouveau cheval. Le 5 mars, il rencontra entre La Mure et Grenoble le général Mouton-Duvernet. Le général, venu de Valence à Grenoble afin de se concerter avec Marchand, se rendait à Gap où il comptait arriver à temps pour organiser la résistance. Il interrogea Emery qui s'empressa de le renseigner exactement sur la marche de Napoléon, en ajoutant toutefois que la garnison d'Antibes avait passé de son côté et que Masséna se mettait en mouvement dans le dessein de se joindre à lui. « — Pour moi, termina Emery, je retourne dans ma famille, à Grenoble. » Mouton était en voiture avec un seul aide de camp ; il ne pouvait rien contre un homme à cheval. Il laissa donc Emery continuer sa route, mais il envoya incontinent un courrier à Marchand pour l'aviser de l'arrivée de cet émissaire et l'engager à le faire arrêter. A La Mure, Mouton apprit que l'empereur devait être déjà à Gap dont la garnison

---

1. Déposition de Fourier. (Dossier de Marchand. Arch. Guerre.) Cf. Berriat-Saint-Prix, 19-23.

s'était repliée sur Embrun. Il n'y avait plus possibilité de défendre les passages des Hautes-Alpes. Mouton rebroussa chemin pour rentrer à Valence, et en passant à Grenoble, il s'informa auprès de Marchand si l'on avait arrêté Emery. Mais le chirurgien qui avait pénétré furtivement dans la ville s'était caché chez un de ses amis, sans doute chez le gantier Dumoulin. La police le chercha en vain ; et le lendemain on colportait dans Grenoble des proclamations de l'empereur [1].

Marchand comptait toujours se porter avec la garnison contre les « brigands de Bonaparte », comme disait le préfet Fourier [2] ; mais dans une seconde réunion qui eut lieu le matin du 6 mars, les chefs de corps, si ardents la veille, lui représentèrent que les soldats, particulièrement ceux du 3e du génie et du 4e d'artillerie, régiment où Bonaparte avait servi comme lieutenant avant la Révolution, paraissaient hésitants. « — Les hommes, dirent-ils, ont mis peu d'enthousiasme à prêter de nouveau serment, et il serait imprudent de s'aventurer en rase campagne avec des troupes aussi peu sûres ». De fait, en lisant l'ordre du jour de Marchand, qui portait que la troupe de Bonaparte comptait seulement un millier d'hommes, des soldats avaient dit : « — Et nous ! On ne nous compte donc pas ? » D'autres avaient effacé au crayon la signature du général pour la remplacer par un mot immonde, et sur les remparts on signalait ce colloque entre canonniers. « — Nous serions bien c..... de faire du mal à un homme qui

---

1. Mouton à Marchand, La Mure, 5 mars ; à Soult, La Mure, 5 mars. Interrogatoire de Mouton.*(Procès de Mouton*, 57-58, 69.) Interrogatoire d'Emery et déposition de Fourier. (Dossier de Marchand.) Cf. Fabry, 36, 45-46. Berriat-Saint-Prix, 31. Mouton à Soult, 7 mars, et déposition du général Bouchu (Dossier de Mouton. Arch. Guerre).
2. Dépêche de Fourier citée par le *Journal des Débats* du 9 mars.

ne nous a fait que du bien. » « — B.... d'imbécile! ce n'est pas de son côté que nous tirerons, c'est de l'autre [1]. »

En apprenant les dispositions des troupes, Marchand résolut de s'enfermer dans Grenoble où la défection serait en tout cas plus difficile. Des ordres furent donnés pour mettre la place en état de défense, et l'on commença à réparer les embrasures, à hisser les canons sur les remparts (47 pièces étaient en batterie le lendemain matin) et à planter des palanques aux avancées des portes de Bonne et de Très-Cloîtres [2]. Le général, voulant cependant se donner le plus de temps possible, envoya à La Mure une compagnie du génie et un bataillon du 5e de ligne afin de faire sauter le pont de Ponthaut [3].

Ces troupes défilèrent aux vivats des royalistes, mais à cause de l'hésitation de Marchand, qui avait balancé longtemps à faire partir la ligne et qui ne s'y était décidé que sur l'assurance du chef de bataillon Delessart qu'il répondait de ses hommes, tous vieux soldats bien disciplinés, la compagnie du génie quitta Grenoble plusieurs heures avant le bataillon du 5e. Les sapeurs marchèrent en désordre. Quelques-uns ôtèrent la cocarde de leur shako, il y eut des cris de Vive l'empereur! Arrivé à La Mure, le chef du détachement informa le maire, M. Génevois, de l'objet de sa mission. Celui-ci était bonapartiste, du moins sa réponse peut le donner à penser. Il dit très haut, de façon à être entendu par la troupe, qu'il

---

[1]. Relation et interrogatoires de Marchand. Déposition de Gérin, de Gaignat, de Tournadre, de Gruau et de Lemps. (Dossier de Marchand. Arch. Guerre.)

[2]. Relation et interrogatoires de Marchand. Déposition du colonel Gerin. (Dossier de Marchand.)

[3]. Ordres de Marchand, 6 mars. Relation et interrogatoires de Marchand. Dépositions du colonel Roussille et du chef de bataillon Delessart (Dossier de Marchand. Arch. Guerre).

serait absurde de faire sauter un pont dont la destruction n'arrêterait pas la marche de Napoléon, puisqu'il existait un gué à peu de distance, et causerait le plus grand préjudice à la commune et à tout le canton. Devant ces paroles, sourdement approuvées par les sapeurs qui ne demandaient qu'un prétexte pour ne pas obéir, l'officier n'insista pas, et en attendant la venue du commandant du 5ᵉ, il logea ses hommes à La Mure[1]. Le bataillon de la ligne arriva vers minuit; mais Delessart, instruit de la présence de « l'avant-garde ennemie » et voulant éviter le contact, s'arrêta à la Pontine. De peur d'une surprise, il fit charger les armes et, peu après, il rallia les sapeurs et replia tout son monde au bourg de Laffray, à trois lieues de La Mure[2]. C'est cette marche en retraite que Cambronne prit pour un mouvement tournant et qui l'engagea à évacuer lui-même le village.

II

Cambronne réoccupa La Mure le 7 mars dans la matinée. La population entourait les soldats, les questionnant et manifestant son impatience de voir l'empereur. Il ne tarda pas à arriver avec son état-major et un peloton de chevau-légers polonais. Il traversa La Mure en saluant très amicalement à droite et à gauche la foule qui l'acclamait, et mit pied à terre à cent pas des maisons, sur un petit mamelon que longeait la route. Plus de quinze cents personnes le

---

[1]. Berriat-Saint-Prix, 32; 36-37, 38-39, 63-64. — Dans sa relation, Marchand ne parle pas de ces incidents qui ont cependant leur intérêt et sur lesquels Berriat-Saint-Prix donne les détails les plus précis.

[2]. Déposition de Delessart. Interrogatoires de Marchand. Récit du capitaine Randon dans la relation de Marchand (Dossier de Marchand. Arch. Guerre). Cf. Berriat-Saint-Prix, 65, 70-71, 74-75.

suivirent, toujours criant. Un piquet de chasseurs à pied les maintint en cercle autour de l'empereur. Pendant cette halte, il s'entretint longtemps avec le maire et les conseillers municipaux, les interrogeant sur l'esprit du pays, ses productions, ses besoins et aussi sur leur position personnelle. Il faisait un soleil ardent. Un caporal apporta du vin dans un seau pour les hommes du piquet. Quand tous eurent bu, l'empereur fit signe au caporal, et prenant le verre dont s'étaient servi ses grognards, il but à son tour[1]. — Par ces traits-là, Napoléon ensorcelait les soldats.

On se remit en marche vers onze heures, les Polonais en tête, puis les chasseurs de la vieille garde, les uns à pied, les autres sur des charrettes qu'avaient offertes les habitants, enfin l'empereur en calèche, son cheval mené en main. Le gros de la colonne, venant de Corps, n'avait pas encore rallié. A une lieue et demie de Laffray, la route resserrée entre les lacs et une chaîne de collines de cent vingt mètres d'altitude moyenne, forme une sorte de long défilé. Soudain, les chasseurs virent revenir sur eux, bride abattue, les lanciers polonais. Aussitôt, ils sautent à bas des charrettes, se rassemblent, chargent leurs armes. L'empereur descend de sa calèche et monte à cheval, puis, dépassant les fantassins, il pousse vers Laffray avec les lanciers. Après un temps de galop, il s'arrête. Une troupe d'infanterie est rangée en bataille en avant du village, au débouché du défilé[2].

C'était le bataillon du 5e de ligne et la compagnie du génie. Pendant sa retraite de nuit, des scrupules étaient venus au commandant Delessart. Les cir-

---

1. Berriat-Saint-Prix, 77-79. Cf. Laborde. 91.
2. Berriat-Saint-Prix, 79. Cf. Laborde, 91. Déposition de Delessart. (Dossier de Marchand. Arch. Guerre.) Cf. Napoléon, *L'île d'Elbe et les Cent Jours.* (*Corresp.*, XXXI, 51.)

constances l'ayant empêché d'exécuter l'ordre de retarder la marche de Napoléon en faisant sauter le pont de Ponthaut, pouvait-il rentrer à Grenoble sans prévenir le général Marchand et sans lui demander de nouvelles instructions[1]? La bonne contenance de ses hommes, dont pas un seul n'était resté en arrière, et la position avantageuse de Laffray, où l'on pouvait difficilement le tourner, avaient déterminé Delessart à occuper le débouché du défilé. Il espérait y imposer aux rebelles assez de temps pour recevoir la réponse de Marchand aux deux dépêches qu'il lui avait expédiées dans la nuit et dans la matinée. Entre midi et une heure arriva un aide de camp du général, le capitaine Randon. Mais parti de Grenoble avant que les dépêches de Delessart n'y fussent parvenues, il n'apportait aucun ordre nouveau. Marchand l'avait envoyé uniquement pour avoir des nouvelles. Cet officier de dix-neuf ans, propre neveu de

---

1. L'hypothèse que le pont serait occupé avant l'arrivée du bataillon n'était pas prévue dans les ordres de Marchand, et Delessart devait être d'autant plus embarrassé que ces ordres étaient, à ce qu'il semble, peu précis et même contradictoires. Dans sa relation comme dans ses interrogatoires, Marchand assure que Delessart « avait l'ordre de faire sauter le pont, d'en rendre les abords infranchissables, d'en occuper la rive pour empêcher d'établir un passage, et de repousser la force par la force ». Un de ces ordres écrits (il en existe deux à la date du 6 mars, et il est présumable que Marchand avait donné en outre des instructions verbales) porte que « le 5ᵉ de ligne *doit protéger* les travailleurs qui feront sauter le pont *au moment où les troupes de Bonaparte se présenteront* ». Mais dans le second ordre, il est dit seulement : « Le bataillon se repliera sur Grenoble *aussitôt après avoir fait sauter le pont* ». De la déposition embarrassée et confuse de Delessart, il semble ressortir qu'il avait seulement l'ordre de faire sauter le pont et de se replier sur Grenoble. Mais si l'ordre était de se replier sur Grenoble en évitant à tout prix le contact, pourquoi Delessart crut-il devoir occuper Laffray en attendant de nouvelles instructions? Il n'avait qu'à rentrer purement et simplement à Grenoble. Marchand, dans sa relation, n'a pas blâmé Delessart pour cette occupation de Laffray. C'est une présomption que ses ordres laissaient au commandant une grande part d'initiative. Puis, s'il s'agissait seulement de faire sauter le pont sans en garder ensuite les abords, pourquoi Marchand aurait-il envoyé un bataillon d'infanterie? Les sapeurs du génie suffisaient. Ajoutons enfin que dans son acte d'accusation le chef de bataillon Pretet, rapporteur, conclut que les instructions de Marchand étaient de s'opposer par la force, s'il était besoin, au passage de Bonaparte.

Marchand et qui devint maréchal de France et ministre de la guerre sous le second empire, était d'ailleurs très animé contre Bonaparte. « — Il n'y a pas de doute, dit-il, il faudra faire tirer dessus. » Il resta avec Delessart, qui établit son bataillon en avant du village, la compagnie de voltigeurs déployée en première ligne [1].

Le commandant reconnut Napoléon à sa redingote grise et le vit descendre de cheval. L'empereur paraissait fort agité. Il se promenait à grands pas sur la route, puis s'arrêtait et observait le bataillon avec sa lunette. Un grand nombre de paysans l'avaient suivi. Quelques-uns s'approchèrent des voltigeurs et leur tendirent des proclamations. Mais les soldats restaient fixes à leurs rangs. Menacés par Delessart, ces émissaires s'éloignèrent. Peu après, un officier de la garde, ancien camarade du commandant, vint pour parlementer. Sans vouloir écouter ses exhortations ni ses promesses, Delessart lui dit : « — Je suis déterminé à faire mon devoir, et si vous ne vous retirez sur le champ, je vous fais arrêter. » « — Mais, enfin, tirerez-vous ? » « — Je ferai mon devoir », répéta le commandant ; et comme l'officier semblait vouloir s'approcher des troupes pour les haranguer, il porta la main à la poignée de son épée. Le capitaine d'artillerie Raoul, aide de camp de l'empereur, arriva alors à cheval jusque devant le front du bataillon et cria : « — L'empereur va marcher vers vous. Si vous faites feu, le premier coup de fusil sera pour lui. Vous en répondrez devant la France. » Muets et immobiles comme une rangée de statues, les soldats paraissaient insensibles.

---

1. Déposition de Delessart et de Clemen. Relation et interrogatoires d Marchand. Déposition de Tournadre, citée dans l'acte d'accusation. (Dossier de Marchand. Arch. Guerre.)

Cependant, les lanciers polonais s'ébranlèrent, et à cent mètres derrière le peloton des cavaliers, on aperçut les longues capotes bleues et les bonnets à poil de la vieille garde. Un flottement se produisit dans les rangs du 5ᵉ de ligne. Le commandant regarda ses hommes : l'épouvante était sur leur visage.

« — Bataillon ! demi-tour à droite... Marche ! » se hâta-t-il de commander, car si depuis une minute la résistance lui semblait impossible, il espérait encore éviter la défection. Il dit à l'aide de camp de Marchand : « — Comment engager le combat avec des hommes qui tremblent de tous leurs membres et qui sont pâles comme la mort ! » Les Polonais approchaient. Il fit presser le pas, mais déjà les chevaux soufflaient au dos des voltigeurs. Delessart ne voulant pas du moins que son bataillon fût entamé par derrière, commanda :

« — Halte ! Face en tête. » Et faisant croiser la baïonnette, il reporta en avant sa troupe qui obéit machinalement. Les lanciers sachant bien qu'ils ne devaient charger à aucun prix tournèrent bride et se replièrent à la droite de la vieille garde.

Alors l'empereur ordonna au colonel Mallet de faire mettre à ses hommes l'arme sous le bras gauche. Le colonel ayant objecté qu'il y aurait danger à aborder pour ainsi dire désarmé une troupe dont les dispositions étaient suspectes et dont la première décharge serait meurtrière, l'empereur reprit :

« — Mallet, faites ce que je vous dis. »

Et seul à la tête de ses vieux chasseurs, portant l'arme basse, il marcha vers le 5ᵉ de ligne.

« — Le voilà !... Feu ! » s'écria hors de lui le capitaine Randon.

Les malheureux soldats étaient livides. Leurs jambes vacillaient, les fusils tremblaient dans leurs mains crispées.

A portée de pistolet, Napoléon s'arrêta. « — Soldats du 5ᵉ, dit-il d'une voix forte et calme, reconnaissez-moi. » Puis avançant encore de deux ou trois pas et entr'ouvrant sa redingote : « — S'il est parmi vous un soldat qui veuille tuer son empereur, il peut le faire. Je viens m'offrir à vos coups. »

L'épreuve est trop dure pour des soldats. Un grand cri de : Vive l'empereur ! si longtemps comprimé, jaillit de toutes les poitrines. Les rangs sont rompus, les cocardes blanches jonchent la route, les shakos sont agités à la pointe des baïonnettes, les soldats se précipitent vers leur empereur, l'entourent, l'acclament, s'agenouillent à ses pieds, et touchent en idolâtres ses bottes, son épée et les pans de sa redingote. Grâce au tumulte, le capitaine Randon, que son ordre de faire feu a désigné à la colère des troupes, éperonne son cheval et s'enfuit. Le commandant Delessart, humilié, désespéré, et cependant profondément ému, remet en fondant en larmes son épée à l'empereur qui l'embrasse pour le consoler[1].

---

1. Relation du général Marchand d'après le récit de son aide de camp Randon. Interrogatoires de Marchand. Dépositions de Delessart, de Clemen, de Dausse et de Bella. Acte d'accusation. (Dossier de Marchand. Arch. Guerre.)

Cf. Laborde, 92-93. Peyrusse, 286. *Moniteur*, 23 mars. Napoléon, *L'île d'Elbe et les Cent Jours*. (*Corresp*, XXXI, 51-52.) Montholon, II. 42-43. — D'après Las Cases (VI, 192-193), l'empereur s'approcha sans mot dire du bataillon et « saisissant *rudement* par la moustache » un vieux soldat lui dit : « — Auras-tu bien le cœur de tuer ton empereur ? » Celui-ci, faisant sonner la baguette dans son fusil pour montrer qu'il n'était pas chargé, répondit : « — Tiens, regarde si j'aurais pu te faire beaucoup de mal ; tous les autres sont de même. » Mais Napoléon et Montholon rapportent que ce mot fut dit un peu plus tard, quand les soldats ayant rompu les rangs entourèrent Napoléon. En effet, l'empereur ne se serait pas hasardé, avant de prononcer la moindre parole, à porter *rudement* la main au visage d'un vieux soldat. — Dans ses *Mémoires* (I, 10-14) le maréchal Randon rapporte l'affaire de Laffray à peu près comme il l'avait contée au général Marchand, mais son récit, écrit trente et un ans après l'événement, est plus arrangé, plus long, moins vif et moins frappant que celui fait le jour même de vive

Les soldats ayant repris leurs rangs, l'empereur se plaça face au bataillon et dit : « — Soldats, je viens à vous avec une poignée de braves, parce que je compte sur le peuple et sur vous. Le trône des Bourbons est illégitime puisqu'il n'a pas été élevé par la nation. Vos pères sont menacés du retour des dîmes, des privilèges et des droits féodaux... N'est-il pas vrai, citoyens ? » « — Oui ! Oui ! » crièrent les paysans de La Mure, de Laffray et des villages voisins, que la curiosité et leurs sympathies pour Napoléon avaient amenés sur le terrain de la rencontre ; et les acclamations du peuple se mêlèrent à celles de la troupe[1]. A ce moment, un cavalier en tenue de capitaine de la garde nationale, avec une énorme cocarde tricolore, arriva au galop, et mettant pied à terre, il dit à l'empereur : « — Sire, je suis le gantier Jean Dumoulin. Je viens apporter à Votre Majesté cent mille francs et mon bras ». « — Remontez à cheval, dit l'empereur en souriant. J'accepte vos services[2]. »

La colonne renforcée du bataillon du 5ᵉ de ligne, qui demanda à former l'avant-garde, et des sapeurs du génie, se remit en marche. L'adjudant-major Laborde la précédait avec un peloton de lanciers et les fourriers de la garde. Il ne doutait plus de rien et comptait faire le logement à Grenoble avant l'arrivée de l'empereur. Dans les villages que l'on traversait, les paysans criaient : Vive l'empereur ! et nombre d'en-

---

voix. Il reconnaît avec quelque embarras, non point avoir ordonné de tirer, mais avoir excité Delessart (qu'il appelle Desessarts) à commander le feu. Nous suivons dans ce récit sa première version au général Marchand, confirmée par les dépositions de Dausse, de Bella, de Laborde et tenue pour exacte par le rapporteur au conseil de guerre. — Rastoul, *le maréchal Randon* (13-14), cite d'ailleurs cette parole du comte de Chambord : « Le capitaine Randon est le seul qui ait fait pleinement son devoir. » Et nous savons aussi que pendant le second empire, le prince Napoléon, qui gardait rancune au maréchal Randon de sa conduite à Laffray, le traitait avec une extrême froideur.

1. Laborde, 94. Cf. Relation du *Moniteur*, 23 mars.
2. Laborde, 96. Berriat-Saint-Prix, 81.

tre eux accompagnaient les soldats. Les habitants de Vizille se montrèrent particulièrement enthousiastes. « C'est ici qu'est née la révolution, disaient-ils ; c'est nous qui les premiers avons osé réclamer les droits des hommes. C'est encore ici que ressuscite la liberté et que la France recouvre son honneur [1]. »

III

La plus grande agitation régnait à Grenoble. Dans la matinée, le peuple chantait victoire. On se passait des copies des proclamations de l'empereur ; on disait que dix mille hommes de troupes royales s'étaient réunies à lui ; qu'il avait l'appui de l'Autriche ; que le bataillon du 5e, envoyé à La Mure, avait pris la cocarde tricolore. Sans faire encore acte d'insubordination, les soldats de la garnison ne cachaient pas leurs sentiments dès que les officiers s'éloignaient. La nuit précédente, les sapeurs du génie avaient illuminé leur caserne. Les royalistes, si ardents la veille, si empressés auprès du général et du préfet pour les exciter à la résistance, étaient atterrés. Ils avaient presque tous quitté la cocarde blanche et le ruban du Lys, et « montraient, dit Berriat-Saint-Prix, une urbanité bien opposée à leur morgue ordinaire ». Mais le préfet ayant fait afficher une dépêche de Lyon qui annonçait l'arrivée du comte d'Artois avec une armée de 40,000 hommes, et le général ayant communiqué aux troupes la lettre où le commandant Delessart louait l'attitude ferme de son bataillon, un revirement se produisit. En vain les soldats incrédules dirent que cette lettre avait été fabriquée à Grenoble, les royalistes triomphèrent. L'inspecteur

---

1. Laborde, 97. Berriat-Saint-Prix, 82 Relation du *Moniteur*, 23 mars.

aux revues Rostang, qui sortait de chez Marchand, dit à un ami : « — Le général est un homme d'honneur. Tout va bien. Le b...... de Corse sera fusillé ce soir. » Les cocardes blanches reparurent comme par enchantement. Une patrouille de la garde nationale à cheval — corps qui avait été formé, en septembre 1814, pour servir d'escorte d'honneur au comte d'Artois — parada dans les rues. On porta, au poste de la place Grenette, des fusils destinés à armer les volontaires royaux de la cohorte urbaine. Cette milice n'existait plus que sur les contrôles ; les gardes paraissaient si hostiles au gouvernement des Bourbons qu'on leur avait fait rendre leurs armes, sous prétexte de réparation [1].

Vers midi, l'escadron du 4º de hussards venant de Vienne et la brigade d'infanterie de Chambéry entrèrent dans Grenoble. Le général Marchand suspectait un peu les hussards qui l'année précédente avaient crié : Vive l'empereur ! à une revue du comte d'Artois. Mais il comptait sur les deux régiments de ligne, et principalement sur le 7º que commandait le comte Charles de La Bédoyère. Sorti des gendarmes d'ordonnance, devenu aide de camp de Lannes, puis du prince Eugène, nommé colonel du 112º de ligne en 1813, et malgré ses vingt-huit ans, proposé deux fois pour le grade de général pendant la campagne de France [2], La Bédoyère était un des plus brillants officiers de l'armée. Il avait épousé à la fin de 1813

---

[1]. Interrogatoires de Marchand. Dépositions de Gérin et de Vallier. (Dossier de Marchand. Arch. Guerre.) Berriat-Saint-Prix, 21, 35-36, 39, 40, 47.

[2]. Dossier de La Bédoyère (Arch. Guerre). — Ces deux propositions, du 22 janvier et du 21 février 1814, sont rédigées en ces termes par le général Gérard : « Le colonel de La Bédoyère est l'un des plus dignes d'être promu au grade de général. Il a toutes les qualités nécessaires pour commander une brigade avec distinction et communiquer à sa troupe l'élan et la bravoure dont il est lui-même animé. C'est pour le bien du service seul que je demande ce grade, car je n'ai connu le colonel de La Bédoyère que sur le champ de bataille. »

Mlle de Chastellux, petite-fille du marquis de Durfort-Civrac, alliance qui lui valut au mois d'octobre 1814, après la suppression du 112° de ligne, le commandement du 7°. Il avait demandé spécialement ce régiment parce que les 1ᵉʳ et 4ᵉ bataillons de l'ancien 112° y étaient versés. Mais les trois blessures et les beaux états de services de La Bédoyère lui permettaient de ne point considérer ce commandement comme une faveur. D'abord rallié sincèrement aux Bourbons, il avait senti bientôt son royalisme décroître. La politique gauche et vexatoire du ministère l'avait rangé parmi les mécontents [1]. Quand le général de Villiers lui apprit à Chambéry le débarquement de l'usurpateur, il en fut si troublé qu'il n'hésita pas à dire au général que l'on devrait différer d'un jour ou deux le départ de la brigade, afin de ne pas se trouver dans une situation embarrassante. Villiers n'ayant pas tenu compte de cet avis, il obéit et conduisit son régiment à Grenoble [2]. La brigade s'arrêta sur la place d'Armes. Après avoir passé en revue les deux régiments, Marchand leur fit distribuer des cartouches et les posta lui-même sur les remparts du front sud-est, face à la route de La Mure [3].

Quelques heures passèrent. L'agitation du peuple, l'attitude des troupes de la garnison et de son propre régiment et les propos des canonniers avaient achevé de déterminer La Bédoyère dont la fidélité était déjà fort ébranlée [4]. Soudain, il tire son épée et s'écrie :

1. Interrogatoire de La Bédoyère. (*Procès de La Bédoyère*, 36-37.)
2. Déposition du général de Villiers. (Dossier de La Bédoyère. Arch Guerre.)
3. Relation de Marchand. Déposition du colonel Gérin (Dossier de Marchand). Déposition d'Andru, avocat à Grenoble. (Dossier de La Bédoyère.)
4. Marchand assure dans sa relation précitée que ayant harangué les officiers après la revue, il reçut de La Bédoyère l'assurance que « son régiment serait fidèle à l'honneur ». Si ce propos, qui n'a pas été confirmé devant le conseil de guerre par le général de Villiers (celui-ci dit au contraire que La Bédoyère lui fit remarquer à son arrivée à Grenoble que les

« — A moi ! soldats du 7ᵉ. A moi ! mes braves camarades. Je vais vous montrer notre chemin. En avant ! Qui m'aime me suive ! » Les tambours battent la charge, les compagnies s'assemblent tumultueusement aux cris : « Le 7ᵉ à la porte de Bonne ! » Tout le régiment vociférant : Vive l'empereur ! s'engouffre sous la voûte comme un torrent et traverse le faubourg au pas accéléré. A deux ou trois cents mètres des dernières maisons, La Bédoyère commande : Halte ! Il fait former le carré et présenter les armes. Puis, tirant de sa poche l'ancienne aigle du régiment, sacrée par les victoires, il la montre à la troupe. Les soldats acclament l'aigle, le colonel, l'empereur, et reprennent leur marche furieuse, l'aigle portée sur une branche de saule brillant au soleil [1].

Averti par un adjudant de place, Marchand a

mesures de défense ne lui paraissaient pas sérieuses), fut en effet tenu, c'est que le jeune colonel déguisait sa pensée ou épiloguait bien mal à propos sur les mots, car, dès Chambéry, il semble qu'il était très ébranlé.

Berriat-Saint-Prix (51) dit qu'après la revue, un repas eut lieu entre les officiers, où La Bédoyère déclara qu'il fallait se réunir à l'empereur. Peut-être y a-t-il confusion entre ce repas de Grenoble et un repas de corps à Chambéry, le 5 mars, où La Bédoyère porta dans les termes les plus équivoques un toast au roi. (Déposition de Randon de Saint-Marul, Dossier de La Bédoyère.)

1. Interrogatoire de La Bédoyère. Dépositions des généraux d'Agoult et de Villiers, d'Audru, de Decroix, de Randon de Saint-Marul (Dossier de La Bédoyère). Interrogatoires de Marchand. Dépositions de Roussille et de Gérin (Dossier de Marchand. Arch. Guerre).

Devant le conseil de guerre, le capitaine rapporteur Viotti se fonda sur ce que cette aigle avait été apportée de Chambéry pour établir la préméditation de La Bédoyère. « Cette aigle, répondit l'accusé, était conservée au régiment comme une relique. Au départ de Chambéry, je la fis mettre dans une caisse et placer dans ma voiture. Quand je quittai Grenoble, le 7 mars, je fis chercher ma voiture et y trouvant l'aigle je la présentai aux troupes. »

La défense est embarrassée. Il est peu vraisemblable que La Bédoyère, troublé au point de partir sans son cheval, ait pensé dans ce moment-là à se faire suivre par sa voiture. Bien plutôt, le colonel passa à son logement avant d'aller au rempart et déjà déterminé à rejoindre l'empereur, il ôta l'aigle de la caisse et la mit dans la poche de sa capote. — C'est sans doute la synonymie de *caisse* (coffre) et de *caisse* (tambour) qui a créé la légende que La Bédoyère creva un tambour et en tira une aigle. Dans un autre tambour, il y aurait eu « trois boisseaux de cocardes tricolores ». Ce fait, qui tient de la prestidigitation, a été nié par La Bédoyère.

couru à la porte de Bonne. Il y trouve le colonel Roussille, du 5ᵉ de ligne, qui lui confirme la défection de La Bédoyère. « — Ce coquin-là, ajoute-t-il, avait séduit mes grenadiers ; si je n'avais pas été ici, il les aurait emmenés. » Marchand s'informe du général de Villiers. On lui apprend qu'il s'est mis à la poursuite de La Bédoyère. Le général, en effet, galope vers Vizille, monté sur le propre cheval de La Bédoyère, qu'une ordonnance amenait à celui-ci et qu'il a pris d'autorité. Il rencontre d'abord une arrière-garde d'une soixantaine d'hommes et réussit à leur faire faire demi-tour en disant qu'il va donner contre-ordre à la colonne. Deux kilomètres plus loin, il rejoint La Bédoyère. Il commence par lui parler en camarade, le gronde amicalement, le supplie, puis le somme de revenir sur ses pas. La Bédoyère reste inébranlable et répond par les mots : Patrie et Empereur, aux mots : Patrie et Roi qu'invoque son général. Villiers tente de haranguer les troupes ; sa voix est couverte par les Vive l'empereur ! Le régiment continue sa marche à la rencontre de la vieille garde, tandis que le général retourne désespéré à Grenoble [1].

Le départ tumultueux du 7ᵉ de ligne y a exalté la garnison. Marchand a beau faire fermer les portes de la ville, nombre de soldats profitent d'une dégradation à l'une des courtines du front est pour s'échapper avec armes et bagages ; on les voit courir par petits pelotons sur la route de Vizille. En passant devant les troupes, Marchand entend murmurer des Vive l'empereur ! Il s'arrête et regarde sévèrement

---

[1]. Déposition du général de Villiers. (Dossier de La Bédoyère.) Interrogatoires de Marchand. Dépositions de Roussille et de Dausse (Dossier de Marchand. Arch. Guerre).

Le 7ᵉ de ligne se joignit à la colonne impériale entre Tavernolles et Brié, à deux lieues de Grenoble.

les soldats qui se mettent à rire. Des royalistes essaient de gagner les canonniers en leur portant sur les remparts du vin et de la viande. Ils en sont pour leurs frais de saucissons. Les canonniers acceptent les vivres de bonne grâce et mangent et boivent en criant : Vive l'empereur [1]! Au milieu de ce grand désarroi, l'aide de camp Randon arrive, son cheval blanc d'écume, et apprend à Marchand ce qui s'est passé à Laffray. Le général pense à sacrifier la place pour sauver la garnison et le matériel. Il se résigne à évacuer Grenoble, et espérant que Napoléon n'y arrivera que le lendemain, il fixe le départ à deux heures du matin[2]. C'est attendre bien longtemps, mais de toute façon il est trop tard. Le général se résolût-il à faire partir ses troupes dans l'instant qu'il ne le pourrait plus. La nuit est venue et Napoléon approche.

Un peu avant sept heures, le général Marchand entend « de véritables hurlements ». D'une fenêtre de son hôtel qui domine les remparts, il voit ce spectacle inouï : face à la porte de Bonne, plus de deux mille paysans armés de fourches et de vieux fusils, et portant des torches qui flamboient dans la nuit, s'avancent à droite et à gauche des soldats de Napoléon. Arrêtée par les palanques du chemin couvert, cette foule tumultueuse se masse sur les glacis et dans le vaste terrain de la zone militaire, vociférant à pleine gorge : Vive l'empereur ! Vive l'empereur ! Des bastions et des courtines, canonniers et fantassins répondent par les mêmes cris que répète avec fureur le peuple de Grenoble qui se presse dans la rue militaire, la rue des Halles, la rue

1. Relation et interrogatoires de Marchand. Déposition de Gaignat. (Dossier de Marchand. Arch. Guerre.) Berriat-Saint-Prix, 53.
2. Relation et interrogatoires de Marchand. Dépositions de Gérin et de Dausse (Dossier de Marchand. Arch. Guerre).

Derrière-Saint-André. Au delà et en deçà des remparts, toutes les voix se confondent dans une seule clameur, retentissante et continue [1].

L'officier d'ordonnance Raoul, avec deux lanciers, s'approche de la barrière qui ferme la palissade du chemin couvert, laissé sans défenseurs de peur de désertions, et crie : « — Ouvrez ! au nom de l'empereur. » Le colonel Roussille, auquel est confié le commandement de la porte de Bonne, fait avertir Marchand. « — Dites au colonel de répondre par des coups de fusil », s'écrie celui-ci ; et il accourt sur les remparts. Il y a là deux mille hommes dont les gibernes regorgent de cartouches ; il y a vingt bouches à feu et des gargousses à mitraille. Il suffit peut-être d'un seul coup de fusil pour disperser les assaillants, il suffit d'une seule canonnade pour les foudroyer. Mais le général Marchand a beau haranguer les soldats, les conjurer de défendre la ville et d'apprêter leurs armes, à toutes ses paroles ils répondent : Vive l'empereur ! Il comprend qu'ils n'obéiront pas ; et soit crainte pour sa personne au milieu de cette soldatesque et de cette populace, « qui manifestent à l'envi l'esprit de rébellion avec la plus féroce énergie [2] », soit, comme il le prétend, « parce que c'est une faute de donner un ordre quand on est sûr qu'il ne sera pas exécuté », il n'ose pas donner positivement l'ordre de faire feu. Un seul espoir lui reste. Il s'adresse à un lieutenant d'artillerie qu'il connaît comme un royaliste éprouvé, M. de Saint-Genis : « — Si les hommes ne veulent point tirer, les officiers ne tireront-ils pas ? « — Mon général, répond le lieutenant.

---

1. Relation et interrogatoires de Marchand. Dépositions de Roussille, de Dausse, de Gérin, de Gaignat (Dossier de Marchand. Arch. Guerre).
2. Expressions du colonel Gérin du 4ᵉ d'artillerie. Il ajoute dans sa déposition (Dossier de Marchand) : « Nous étions environnés de traîtres et d'une populace en délire. »

nous serions hachés sur les pièces. Nos canonniers nous ont prévenus [1]. »

Depuis tantôt une heure, la foule qui s'est grossie des habitants du faubourg Saint-Joseph et du faubourg de Très-Cloîtres, attend toute frémissante la soumission de Marchand. On n'y tient plus. Paysans, ouvriers, soldats se ruent contre la palissade de l'avancée, renversent ou arrachent les palanques et atteignent la porte de ville. L'obstacle est plus sérieux. Cette vieille porte massive, garnie de fer, défie les haches et les pics. Les cris : Ouvrez ! Ouvrez ! se mêlent à ceux de Vive l'empereur ! On s'interpelle du bord du fossé à la crête du parapet. « — Sont-elles bonnes, vos prunes, dit un chasseur aux canonniers ? » — « Oui, mais il n'y a pas de risque que nous vous en envoyons. » Une cantinière chante :

> Bon ! Bon !
> Napoléon
> Va rentrer dans sa maison !

Les soldats entonnent sur les bastions la chanson des casernes :

> Nous allons voir le grand Napoléon,
> Le vainqueur de toutes les nations !

Des enragés descendent avec des cordes le long du rempart, au risque de se rompre les os, et courent embrasser leurs camarades de la garde [2].

L'empereur irrité de cette résistance, toute passive mais trop longue, se fraie passage à travers la foule

---

1. Relation et interrogatoires de Marchand. Dépositions de Roussille, de Dausse, de Gaignat, de Gérin (Dossier de Marchand. Arch. Guerre).
2. Relation et interrogatoires de Marchand. Déposition de Roussille. (Dossier de Marchand.) Peyrusse, 291. Berriat-Saint-Prix, 39.

et accompagné du bouillant La Bédoyère, il s'avance jusqu'au guichet. « — Je vous donne l'ordre d'ouvrir, dit-il avec autorité ». « — Je ne reçois d'ordres que du général, riposta Roussille ». « — Je le destitue ». « — Je connais mon devoir, je n'obéirai qu'au général. » Exaspéré, fou de colère, La Bédoyère crie aux soldats de Roussille : « — Arrachez-lui ses épaulettes ! » Le tumulte est à son comble. Les soldats enfermés dans la place vocifèrent, tentent de briser la porte à coups de crosses, mais n'osent pas pourtant toucher leurs officiers. D'ailleurs cette violence serait inutile : les clefs sont aux mains du général Marchand qui rentré dans son hôtel se prépare à quitter Grenoble. Les charrons du faubourg Saint-Joseph vont accélérer sa fuite. Ils apportent un énorme madrier et, sous les coups de ce bélier manœuvré en mesure par vingt bras vigoureux, le bois éclate, les poutres se disjoignent. Marchand avertit en hâte les chefs de corps qui parviennent à rassembler deux ou trois cents hommes de toute arme, et à la tête de cette petite troupe, il s'échappe par la porte Saint-Laurent, tandis que le commandant de place Bourgade arrive avec les clefs à la porte de Bonne [1].

La résistance a duré deux heures. Le colonel Roussille se décide à ouvrir la porte, qui est d'ailleurs au moment de céder. C'est une nouvelle explosion de cris. Les soldats sont dans le délire. A ses premiers pas dans Grenoble, l'empereur manque d'être étouffé entre le double flot de soldats et de peuple qui se précipite à sa rencontre et qui se rue à sa suite. Napoléon est porté en triomphe à travers la ville soudain illuminée. Les habitants veulent le

---

1. Relation et interrogatoires de Marchand. Dépositions de Roussille et de Gérin (Dossier de Marchand). Procès-verbal d'évacuation du commissaire ordonnateur. Grenoble, 7 mars, 9 h. 1/2 soir (Arch. Guerre). Peyrusse, 291. Laborde, 102. Déposition de Maximi (Dossier de La Bédoyère).

mener à la préfecture ; ce n'est que sur ses ordres réitérés qu'ils le conduisent à l'hôtel des Trois-Dauphins, tenu par un de ses anciens guides de l'armée d'Italie. A peine y est-il entré qu'une grande clameur accompagnée d'applaudissements furieux retentit dans la rue Montorge. Un groupe d'ouvriers vient déposer sous le balcon des débris de la porte de Bonne. « — A défaut des clefs de ta bonne ville de Grenoble, disent-ils à l'empereur, nous t'en apportons la porte [1]. »

L'empereur resta trente-six heures à Grenoble. Après avoir fait quatre-vingts lieues en six jours, lui et sa garde avaient besoin d'un peu de repos. D'ailleurs, il n'était plus nécessaire de tant se presser. Une grande ville et cinq régiments s'étant déclarés, la partie était pour ainsi dire gagnée. « Jusqu'à Grenoble, disait Napoléon à Sainte-Hélène, j'étais aventurier ; à Grenoble, j'étais prince [2]. » Le 8 mars, Napoléon reçut le conseil municipal, la Cour, les tribunaux, le clergé, l'académie. Il retint longtemps les professeurs de la faculté de droit, mettant de la coquetterie à discuter avec eux de questions juridiques et les laissant étonnés de sa justesse d'esprit [3]. A ces diverses députations, il fit la même profession de foi : « Mes droits ne sont que ceux du peuple. — Nous devons oublier que nous avons été les maîtres de l'Europe. — Tout ce que des individus ont fait, écrit ou dit depuis la prise de Paris, je l'ignorerai toujours [4]. » Ces audiences terminées, il passa en revue la garnison de Grenoble dont les régiments venaient de

---

1. Procès-verbal du commissaire ordonnateur, Grenoble, 7 mars. Déposition de Roussille (Dossier de Marchand).. Récit de Mlle Badin, Grenoble, 8 mars (Arch. Aff. étr., 676). *Journal de l'Isère*, 9 mars. Peyrusse, 291. Laborde. 103. Fabry, 62-63. Relation du *Moniteur*, 23 mars.
2. Montholon, II. 45. Cf. Las Cases, VI, 196.
3. Berriat-Saint-Prix, 83.
4. *Journal de l'Isère*, 9 mars.

lui envoyer des adresses, les uns de leur propre initiative, les autres sur l'invitation de Bertrand[1]. Les plus anciens chefs de bataillon commandaient le 2ᵉ du génie, le 4ᵉ d'artillerie et le 11ᵉ de ligne, en remplacement des colonels et des majors qui avaient suivi le général Marchand. La Bédoyère et Roussille étaient restés à la tête du 7ᵉ et du 5ᵉ de ligne. Roussille, qui avait si obstinément refusé d'ouvrir les portes de Grenoble, s'était trouvé prisonnier lors de l'entrée tumultueuse des troupes et avait dit alors à l'empereur : « — Mon régiment m'a abandonné, mais moi je ne l'abandonnerai pas », et Napoléon l'avait maintenu dans son commandement. Pendant la revue, le peuple massé sur la place Grenette accompagnait les batteries de tambours par la Marseillaise et les cris : Vive l'empereur ! A bas les Bourbons ! Vive la liberté ! Tous les soldats portaient la cocarde tricolore — de vieilles cocardes fanées et usées qu'ils avaient prises au fond de leurs havresacs et dans la coiffe de leurs shakos — et, en défilant devant l'empereur, ils criaient : « C'est celle d'Austerlitz !... C'est celle de Friedland !... Je l'avais à Marengo[2] ! »

IV

Aussitôt après la revue, les régiments de la garnison de Grenoble (le 4ᵉ de hussards et le 7ᵉ de ligne formant tête de colonne, sous le commandement de Cambronne) se mirent en route pour Lyon[3]. Un

---

1. Interrogatoire de La Bédoyère (*Procès*, 108-109).
2. Peyrusse, 292. Laborde, 105. Las Cases, VI, 195. Relation du *Moniteur*, 23 mars. Fabry, 64. — Les soldats parlaient naturellement par métonymie. Ils voulaient dire : nous avions une cocarde pareille à Austerlitz, à Friedland, à Marengo. On ne gardait pas dix ans la même coiffure, et en tout cas, les bicornes portés par la ligne à Marengo avaient été depuis longtemps remplacés par des shakos.
3. Interrogatoire de Cambronne (*Procès de Cambronne*, 28). Peyrusse, 292.

autre que Napoléon eut hésité à faire marcher à l'avant-garde, de préférence aux fidèles grognards, des soldats qui avaient changé de drapeau la veille. Mais Napoléon connaissait trop l'esprit de l'armée pour en avoir la défiance. La grâce même qu'il faisait à ses nouvelles recrues en les plaçant en première ligne était le meilleur moyen d'affermir leur dévouement et d'exalter leur enthousiasme. En outre, au point de vue de l'effet moral, l'empereur avait grand avantage à montrer d'abord aux populations et aux troupes envoyées pour le combattre, non point les grenadiers de l'île d'Elbe mais les soldats qui venaient de se rallier à lui. Ceux-ci étaient les preuves vivantes de son récent triomphe.

Sur la route de Lyon, l'empereur et la vieille garde furent sans cesse escortés par une foule de paysans. Les habitants de chaque village accompagnaient la colonne jusqu'au village suivant où les remplaçait un nouveau flot de peuple. En entrant à Bourgoin, dans la nuit du 9 mars, on apprit que le comte d'Artois avait concentré une armée à Lyon et qu'on avait fait sauter les ponts Morand et de la Guillotière. L'empereur, qui doutait peu des sentiments des Lyonnais, doutait moins encore des dispositions de l'armée. Il accueillit ces nouvelles avec incrédulité. Cependant il donna l'ordre à Bertrand de réunir des bateaux à Miribel afin de passer le Rhône en amont de Lyon, si contre toute prévision on voulait lui en disputer le passage dans cette ville[1].

Le comte d'Artois était en effet arrivé à Lyon, espérant bien que les canons de Grenoble auraient raison de Bonaparte et déterminé, en tout cas, à l'arrêter sur la rive gauche du Rhône. Le malheur, c'est que Grenoble avait ouvert ses portes et que le prince ne

1. Peyrusse, 294. Laborde, 112. Fabry, 69. Relation du *Moniteur*, 23 mars.

pouvait pas défendre Lyon à lui tout seul. Or, les 30,000 hommes qui, d'après les ordres de Soult, devaient s'y concentrer n'y étaient pas arrivés[1], et la garnison, formée des 20ᵉ et 24ᵉ de ligne et du 13ᵉ de dragons, paraissait peu disposée à combattre. Pour la garde nationale, d'un effectif de 6,000 hommes sur le papier, elle ne comptait que 1,500 fusils dans le rang, et sauf les gardes à cheval, les miliciens étaient d'opinion partagée. Enfin, le matériel d'artillerie consistait en deux pièces hors de service. Le comte d'Artois persista néanmoins dans ses projets de résistance. Une barricade fut ébauchée à la tête du pont de la Guillotière. On avait pensé à faire sauter ce pont, mais outre que la poudre manquait pour établir une fougasse, on craignait que le peuple, dont plusieurs rapports signalaient la sourde hostilité, ne s'opposât par la force à cette destruction[2]. Le 8 mars, la garde nationale et les troupes prirent les armes pour une revue. « —Mes amis, dit le comte d'Artois aux miliciens, il me faut seulement mille hommes de bonne volonté, et je réponds de la ville. » Un certain nombre de volontaires s'inscrivirent sur un registre. Le comte d'Artois passa alors devant le front de l'infanterie. Il avait pris soin de faire distribuer le matin un écu à chaque soldat[3]. Quelques vivats partirent des rangs, détonnant pour ainsi dire dans le morne silence qui régnait parmi les troupes et la foule. Le gouverneur de Lyon, le comte Roger de Damas, dont le royalisme n'était pas suspect, se hâta de dire au prince : « — Ces cris isolés ne me persuadent pas. Voyez donc, Monsieur, la

---

1. Ordres de Soult, 6 mars (Arch. Guerre).
2. Préfet du Rhône à Vitrolles, 8 mars (Arch. Aff. étr., 646). Vitrolles, *Mém.*, 298, 302, 303. Duc d'Orléans, *Extrait de mon Journal*, 11, 12, 14. Fabry 71, 77. Guerre, *Campagnes de Lyon en 1814-1815*, 182.
3. Duc d'Orléans, 12.

compagnie d'élite des dragons vous fait littéralement la grimace[1]. »

Le jour suivant, comme le comte d'Artois venait de faire afficher une proclamation à l'armée et une autre « aux braves Lyonnais de la garde nationale », il fut rejoint par le duc d'Orléans. Monsieur lui exposa la situation sans en rien cacher, et même avec une certaine bonne humeur où entrait moins de courage raisonné que de légèreté d'esprit. Le duc d'Orléans vit tout de suite qu'il n'y avait aucune chance de défendre Lyon. « — Cette affaire-ci, dit-il, ne saurait être longue. Il me semble qu'il ne vous reste d'autre chose à faire que de tâcher d'emmener les troupes et de vous replier. » Le comte d'Artois se récria. Quelle impression produirait en France l'abandon de la seconde ville du royaume ! En tout cas, avant de prendre ce parti, il voulait attendre Macdonald[2]. Ce maréchal avait d'abord été désigné comme lieutenant du duc d'Angoulême, mais Gouvion-Saint-Cyr, adjoint au comte d'Artois, tardant à venir et Macdonald, pour se rendre de Bourges à Nîmes, devant passer par Nevers et Lyon, Monsieur avait fait écrire au duc de Tarente de s'arrêter dans cette dernière ville[3]. Macdonald arriva à neuf heures du soir. On délibéra jusqu'à minuit. Les chefs de corps ayant déclaré qu'ils ne répondaient pas de faire tirer leurs hommes, l'évacuation de Lyon s'imposait à tous les esprits. Moins timoré, Macdonald proposa de tenter une dernière épreuve. Il fut résolu que le lendemain matin il passerait les troupes en revue, « leur parlerait leur langue » et essaierait de les ramener au devoir[4].

[1]. Duc d'Orléans, 11. Cf. Vitrolles, II, 303. Fabry, 71. Guerre, 187-188.
[2]. Duc d'Orléans, 9-11.
[3]. Macdonald au duc d'Angoulême, Bourges, 6 mars (Registre de Macdonald). Comte d'Escars à Macdonald, Lyon, 9 mars. (Arch. Guerre.)
[4]. Duc d'Orléans, 13-15. Macdonald, *Souvenirs*, 332-334. Cf. Macdonald à Soult, Lyon, 10 mars, 11 h. matin (Arch. Guerre).

Pendant cette délibération, on tenait des conciliabules dans les casernes et dans les cabarets des faubourgs. Le lendemain, 10 mars, les voltigeurs donnés comme garde d'honneur au duc d'Orléans avaient jeté leurs cocardes blanches dans la boue, et quand le prince sortit, le poste ne daigna pas prendre les armes[1]. Peu d'instants avant la revue, fixée à six heures du matin, le général Brayer vint prévenir Macdonald que les troupes seraient heureuses de le voir, mais qu'elles se refusaient à être passées en revue par le comte d'Artois. « — Les officiers, ajouta-t-il, sont aussi exaltés que les soldats. On a porté si peu d'intérêt à l'armée, commis tant d'injustices, prodigué tant de grades aux chouans et aux émigrés ! Quant à moi, je ferai mon devoir jusqu'à la fin, mais je pense comme eux[2]. »

Le maréchal accourut à l'archevêché, fort embarrassé d'exposer le cas au comte d'Artois. Il s'en tira en insinuant que la présence de Monsieur contraindrait les troupes à dissimuler leurs vrais sentiments tandis qu'il y avait nécessité de les bien connaître. La proposition de Macdonald de passer d'abord la revue seul et d'y appeler le prince dès que le moment paraîtrait opportun ayant été approuvée, il se rendit place Bellecour. Les soldats le saluèrent par de nombreux : Vive le maréchal ! mais à ces cris succéda

---

[1]. Duc d'Orléans, *Mon Journal*, 14-15, 17. Cf. Macdonald, *Souvenirs*, 334.

[2]. Macdonald, *Souvenirs*, 334-335. — D'après les *Œuvres de Sainte-Hélène* (*Corresp.*, XXXL, 60) et les *Récits* de Montholon (II, 88), Brayer avait, depuis deux jours déjà, l'intention de faire défection ; il avait même chargé son aide de camp Saint-Yon, envoyé le 7 mars à Grenoble pour en ramener de l'artillerie, de dire à Napoléon qu'il pouvait compter sur la garnison de Lyon. La chose est possible, bien qu'il semble douteux que Brayer, avant même de connaître les événements de Grenoble, ait confié une pareille mission à son aide de camp. D'autre part, si Napoléon était renseigné à ce point sur les dispositions de la garnison de Lyon, pourquoi fit-il réunir des bateaux à Miribel ? — Le 18 septembre 1816, Brayer fut condamné à mort par contumace pour sa conduite à Lyon, mais il n'existe pas de pièce à son dossier qui témoigne que la mission de son aide de camp ait été incriminée.

un silence de glace quand il commença son allocution royaliste. Désireux que le comte d'Artois fût du moins convaincu de ses efforts, il l'envoya chercher par un aide de camp. Ce n'était pas une fête à quoi il le conviait! Après avoir passé devant le front des régiments, qui sombres et menaçants gardaient un implacable mutisme, et s'être acharné vainement pendant plusieurs minutes à obtenir un malheureux : Vive le roi! d'un sapeur de dragons, le prince « rouge de colère », dit Macdonald, ordonna de renvoyer les troupes sans les faire défiler. Il rentra par les quais. Tout le peuple de Lyon était massé le long du Rhône, attendant l'empereur, que l'on disait déjà près de la Guillotière. De cette foule, pas un cri ne s'éleva pour saluer le frère du roi de France. A l'archevêché, Monsieur fut rejoint par Macdonald, qui lui conseilla de partir sur-le-champ et le conduisit à sa chaise de poste [1].

Le duc d'Orléans avait quitté la ville deux heures auparavant; il croisa en route le général Simmer qui, d'après les instructions de Monsieur, se rendait à Lyon avec le 72ᵉ de ligne. Dans les circonstances, il fallait éviter que ce régiment continuât sa marche. Le duc d'Orléans donna l'ordre au général de rétrograder sur Roanne, mais celui-ci répondit que ses hommes étaient fatigués et qu'il allait les cantonner dans le prochain village. Comprenant au ton et à la

---

[1]. Macdonald à Soult, Lyon, 10 mars, 11 h. du matin (Arch. Guerre). Macdonald, *Souv.*, 335-340. Fabry, 78. Duc d'Orléans, 17. Préfet du Rhône à Vitrolles, 10 mars (Arch. Aff. étr., 646).
 La relation du *Moniteur* (23 mars) rapporte ainsi l'anecdote du sapeur de dragons : « Allons, camarade, lui dit le comte d'Artois, crie donc : Vive le roi ! — Non, Monsieur, un ancien soldat ne combattra pas contre son père. » Le récit de Macdonald, vraisemblablement plus exact, nous paraît tout autrement caractéristique : « Le prince s'approcha d'un vieux sapeur décoré, lui parla avec bonté, le loua de son courage dont il portait la preuve sur sa poitrine. Le dragon, que je vois encore, les yeux fixes, la bouche béante, resta impassible. Son colonel, plusieurs officiers qui criaient avec nous : Vive le roi ! l'appelèrent par son nom, l'exhortèrent, le pressèrent, il resta inébranlable. »

mine de Simmer quelles étaient ses intentions, le prince n'insista pas. Sa voiture allait repartir, lorsque le général en ouvrit brusquement la portière. « — Monseigneur, dit-il, je ne sais si je vous reverrai jamais, mais je veux vous assurer que mes camarades et moi, nous nous souvenons de votre accueil au Palais-Royal, et que jamais, dans aucun cas, nous ne vous confondrons avec ces b....... d'émigrés qui ont perdu les princes, vos parents[1]. »

A Lyon, cependant, Macdonald, s'illusionnant comme à la Trebbia, n'avait pas encore perdu tout espoir de résistance. Il savait que ses soldats ne feraient pas feu les premiers, mais il comptait qu'ils riposteraient si l'on tirait sur eux. Il ne lui fallait que vingt hommes déterminés qui, par dévouement au roi ou appât d'argent et de récompenses, consentissent à se vêtir en gardes nationaux et à engager le combat. Il les demanda au maire, le comte de Farges. Grande fut sa stupéfaction quand celui-ci, qui était un royaliste fervent, répondit que dans tout Lyon il ne trouverait pas un seul homme pour cela[2]. Macdonald, résolu à faire prendre des fusils aux officiers de son état-major et à tirer lui-même le premier coup de feu, vint sur les quais du Rhône qu'occupaient les troupes. Arrivé vers deux heures près du pont de la Guillotière, il entendit un grand tumulte sur la rive gauche. Les hussards de Napoléon débouchaient du faubourg précédés d'une foule de paysans et de canuts qui agitaient des mouchoirs au bout de grands bâtons en criant : Vive l'empereur ! Vive la liberté ! Le pont

---

1. Duc d'Orléans, *Mon Journal*, 17-19. — Macdonald (*Souv.*, 340) dit par erreur que le duc d'Orléans ne partit que quelques minutes avant Monsieur. La lettre adressée de Roanne par le duc d'Orléans au comte d'Artois prouve qu'il avait quitté Lyon plusieurs heures avant le frère du roi.
2. Macdonald, *Souvenirs*, 342-344.

était encombré par une colonne d'infanterie. Pour se porter plus facilement à la barricade, Macdonald mit pied à terre. Mais à peine avait-il franchi le quart du chemin que déjà la barricade était démolie par les canuts et les hussards avec l'aide des soldats de la garnison; les deux troupes fraternisaient en poussant « des cris prodigieux » de : Vive l'empereur! Macdonald n'eut que le temps de sauter en selle. Il s'enfuit au grand galop, poursuivi trois lieues durant par des hussards jaloux de l'amener à Napoléon[1]. « J'ai quitté Lyon, écrivit-il au ministre de la guerre, ou plutôt je m'en suis échappé après avoir été témoin de la défection de toute la garnison qui a passé sous les drapeaux de Napoléon aux cris de : Vive l'empereur! cris répétés du faubourg de la Guillotière aux quais de Lyon par la multitude de peuple qui se pressait sur les deux rives du Rhône[2]. »

La population et la troupe, espérant à tout instant voir apparaître Napoléon, restèrent sur les quais jusqu'à la nuit. Vers neuf heures, des acclamations qui s'élevèrent du faubourg et qui gagnèrent de bouche en bouche les ponts et la rive droite du Rhône apprirent à tout Lyon l'arrivée de l'empereur. Pour atteindre l'archevêché, où il vint occuper les appartements quittés le matin par le frère du roi, il dut, dit

---

1. Macdonald à Clarke, 13 mars. Digeon au même, 13 mars. Terray à Heudelet, 12 mars. (Arch. Guerre.) Macdonald, *Souv.*, 344-348. Duc d'Orléans, *Mon Journal*, 17-18. Fabry, 78-79. Cf. Lord Fitz-Roy Sommerset à Wellington, 14 mars. (*Dispatchs of Wellington*, Supplément, IX.)
D'après le récit du duc d'Orléans, que celui-ci assure tenir du duc de Tarente lui-même et qui ne diffère d'ailleurs que dans quelques détails des *Souvenirs de Macdonald*, le maréchal serait allé jusqu'à la barricade, mais au lieu de tirer sur les hussards, comme il assure qu'il y était décidé, il les aurait harangués. Les hussards, tout en démolissant la barricade, lui auraient répondu : « — Tout cela est bel et bon, monsieur le maréchal, mais vous qui êtes un si brave homme, vous devriez bien quitter les Bourbons et venir avec nous. Nous vous mènerions à l'empereur qui serait bien content de vous voir. »
2. Macdonald à Clarke, 13 mars. (Arch. Guerre.)

un témoin oculaire, « passer sur la foule¹ ». Après avoir accompagné l'empereur à l'archevêché, le peuple se répandit dans la ville, portant des torches et chantant la Marseillaise. Les canuts s'arrêtaient devant les maisons des royalistes pour lancer des pierres aux fenêtres. Place Bellecour, on saccagea le Café Bourbon signalé comme lieu de réunion des émigrés. Toute la nuit, les rues retentirent de vivats enthousiastes et d'imprécations menaçantes. Aux : Vive l'empereur ! se mêlaient les cris : A bas les prêtres ! Mort aux royalistes ! A l'échafaud les Bourbons ! On se serait cru à la veille d'un second 93².

1. Colonel Mathieu, chef d'état-major de la 19ᵉ division militaire, à général Rey, Lyon, 11 mars (Arch. Guerre).
2. Laborde, 109, Fabry, 80-82. Guerre, *Lyon en 1814-1815*, 194-195. Fleury de Chaboulon, 1, 204, 212-213, 226. — Napoléon *(Notes sur l'ouvrage de Fleury de Chaboulon)* a nié que ses braves Lyonnais aient poussé d'autres cris que ceux de : Vive l'empereur ! Il voulait n'avoir été applaudi à Lyon que par des mains gantées.

CHAPITRE III

LA CONSPIRATION MILITAIRE DU NORD

I. L'opinion à Paris et dans les départements. — Les hommes politiques. — La bourgeoisie. — Le peuple. L'armée. — Les troubles et les séditions.
II. La conspiration militaire du Nord (7 mars-11 mars).
II. La démission du maréchal Soult (11 mars). — Rentrée de Clarke au ministère de la guerre. — La Déclaration des puissances (13 mars).

I

Le retour de Napoléon commençait à agiter toute la France. Pendant deux jours, le gouvernement avait tenu la nouvelle secrète, et c'était seulement le 7 mars que la publication dans le *Moniteur* des ordonnances du roi l'avait annoncée officiellement [1]. Mais dès le 6 mars, on connaissait l'événement dans les cercles politiques et dans le monde des affaires [2]. Ce jour-là, la rente tomba de 78,75 à 75,50 ; le lendemain, il y eut une baisse de quatre francs [3].

M. de Blacas n'en écrivit pas moins le 8 mars au comte d'Artois : « Je me félicite d'avoir à vous ins-

---

[1]. Proclamation du roi convoquant les Chambres. Ordonnance royale sur les mesures de sûreté générale. *Moniteur*, 7 mars.
[2]. Sesmaisons à Barante, 6 mars (Barante, *Souv.* II, 99. Lavallette, *Mém.*, II, 143. Rapport de police, 7 mars) (Arch. nat., F. 7. 3200⁴).
[3]. Cours du samedi 4 mars : 78,75 ; du lundi 6 mars : 75,50 ; du mardi 7 mars : 71,25. — « Panique à la Bourse, dit un rapport de police ; personne ne veut acheter. » (Arch. nat., F. 7, 3168.)

truire des excellentes dispositions de Paris et de la sensation favorable qu'y a produite la nouvelle du débarquement de Buonaparte. Tous les cœurs sont au roi et tous les bras se lèveront pour le défendre[1]. » Cette lettre, qui semble paradoxale, contenait pourtant une grande part de vérité. Le débarquement au golfe Jouan qui trouva peu d'incrédules, tant on était persuadé que Napoléon ne terminerait pas sa vie dans l'île de Sancho Pança[2], provoqua la stupeur et la colère parmi les classes moyennes et eut pour effet immédiat une réaction en faveur du roi. Depuis six mois, la bourgeoisie, libérale et frondeuse, ne cessait de censurer tous les actes des ministres, de crier à l'arbitraire et aux idées gothiques, de railler le comte d'Artois sur son confesseur, le duc de Berry sur ses maîtresses, le roi sur son gros ventre et son grand appétit, et elle attendait avec impatience la réunion des Chambres « dans l'espoir que la session serait chaude[3] ». Mais aux nouvelles du Midi, elle vit apparaître derrière Napoléon le spectre de la guerre et se reprit soudain d'une amour passionnée pour les Bourbons dont « le gouvernement sans gloire et sans honneur lui assurait du moins le repos[4] ». La garde nationale, oubliant l'offense que lui avaient faite les gardes du corps, cria d'une seule voix et d'un seul cœur : Vive le roi ! à la revue du 9 mars[5]. Un individu ayant risqué un Vive l'empe-

1. Blacas au comte d'Artois, 8 mars. (Arch. Aff. étr., 646.)
2. Sur la croyance au retour de Napoléon pendant toute la première restauration, voir **1815**, I, 46-47, 55-57, 113 et *passim*.
3. Analyse des rapports, 26 fév. (Arch. F., 7. 3147.)
4. A. de Maupeou au Préfet de la Seine-Inférieure, Paris, 11 mars. Rougemont à Watteville, Paris, 10 mars. Ministre des Provinces-Unies à son gouvernement, Paris, 13 mars. (Arch. Aff. étr., 675.) Rapport de Maison à Clarke, 13 mars (Arch. Guerre). Rapports et notes de police, 7, 8, 9, 10, 13 mars. (Arch. nat. F. 7, 3168, F. 7, 3200 4.) Benoist à Barante, 12 mars. (Barante, *Souv.*, 103.)
5. Rapports de police, 9 mars. (Arch. nat. F. 7. 3168, F. 7, 3200 4.) Rougemont à Watteville, Paris, 10 mars. (Arch. Aff. étr., 675.)

reur! dans le jardin des Tuileries fut assommé à coups de parapluies et laissé mort sur la place[1]. De bons bourgeois, comparant, en des heures de colère patriotique, l'humiliation de la France à sa gloire passée, avaient été jusqu'à souhaiter le retour de l'empereur. Maintenant ils voyaient avec effroi se réaliser pour eux la fable de la Mort et du Bûcheron. Ils regrettaient leurs vœux imprudents, maudissaient leur idole et étaient les premiers à approuver ces catilinaires des journaux[2] : « L'homme dont le nom rappelle aux Français douze années de la tyrannie la plus dure et la plus humiliante a osé rompre son ban et remettre le pied sur le sol de notre patrie dans une entreprise de flibustier. Il ne peut manquer d'y trouver bientôt le supplice des traîtres et des rebelles. » « Ce Teutatès peut-il donc espérer en cette armée dont il se disait le père et qui le nommait son bourreau, et qu'il laissait périr pour se débarrasser de ses murmures ! » «... S'il a préféré, il y a un an, aux dangers d'une mort glorieuse l'ignominie de l'exil, c'était pour revenir rallumer le flambeau de la guerre civile avec mille bandits... Mais les paysans assomment de toute part les brigands qui l'accompagnent. Il ne lui reste d'autre ressource que la fuite. Puisse la Providence, lassée de ses crimes, tromper les vils calculs de sa lâcheté et l'abandonner à la vengeance des lois[3] ! »

Elus au suffrage à deux degrés, les députés représentaient l'opinion de la bourgeoisie. Comme elles, ils s'étaient montrés hostiles pendant la précédente session aux tendances réactionnaires du ca-

---

[1]. Maison à Clarke, 13 mars (Arch. Guerre). Duc d'Orléans, *Mon Journal*, 34.
[2]. Benjamin Constant. *Lettres sur les Cent Jours*, 86. Rapports de police, 9 mars (Arch. nat. F. 7, 3168 ; F. 7, 3200⁴).
[3]. *Journal des Débats, Journal général*, 8 et 9 mars. — *La Quotidienne* et le *Journal royal* parlent sur le même ton.

binet ; comme elle, ils épousèrent la cause des Bourbons à la nouvelle du débarquement de Napoléon. Les libéraux des deux Chambres, des journaux, des salons politiques de Mme de Staël et de Mme de Rumford oubliaient les fautes du passé et les craintes de l'avenir pour ne voir que le danger présent [1]. D'ailleurs, la convocation anticipée du parlement leur semblait le gage d'une nouvelle politique. Par cette mesure habile, que Jaucourt, Louis, Vitrolles, Montesquiou n'avaient pas sans peine obtenue du roi, le gouvernement se rallia les plus défiants [2]. Pendant la courte session de mars, ni Dumolard, ni Durbach, ni Bedoch ne prononcèrent une parole propre à amener la désunion. La Fayette vint de La Grange pour défendre la charte et le roi parut aux Tuileries avec la cocarde blanche au chapeau, et se tint prêt à accepter le commandement de la garde nationale ; du reste on ne le lui offrit point, Louis XVIII y avait trop de répugnance [3]. Benjamin Constant publia dans le *Journal de Paris* un appel à tous les Français, « prêts à courir aux armes pour défendre leur roi, leur constitution et leur patrie [4] ». Saint-Simon, qui s'occupait de former une ligue pour la défense des propriétaires de domaines nationaux, brocha une *Profession de foi au sujet de l'invasion de Napoléon Bonaparte* dont la conclusion était : « Napoléon ne sera jamais qu'un tyran, et l'on veut nous ravir un roi avec lequel notre liberté est venue et dont notre liberté a besoin. » Comte, l'adversaire dé-

---

[1]. Ministre des Provinces-Unies à son gouvernement, Paris, 15 mars (Arch. Aff. étr., 675). Benoist à Barante, 12 mars (Barante, *Souv.*, II, 103). Benjamin Constant, *Lettres*, I, 68-72. La Fayette, *Mém.*, V, 356, 365. Villemain, *Souvenirs*, II, 5-6, 10, 16. Vitrolles, *Mém.*, II, 293, 303.
[2]. Jaucourt à Talleyrand, 8 mars. (Arch. Aff. étr., 680.) Vitrolles, II, 294. Villemain, II, 6.
[3]. La Fayette, *Mém.*, v. 372-373. Villemain, *Souv.*, II, 8. Benjamin Constant, *Lettres*, I, 70.
[4]. *Journal de Paris*, 11 mars.

claré de la politique des Bourbons, l'avocat d'Exelmans, le rédacteur du tant redouté *Censeur*, Comte, que le *Journal des Débats* déclarait digne d'être déporté à Botany-Bay [1], écrivit à la hâte une brochure qui parut le 15 mars sous ce titre : *De l'impossibilité d'établir un gouvernement constitutionnel sous un chef militaire et particulièrement sous Napoléon* [2].

Les patriotes — c'est ainsi qu'on appelait le parti des anciens terroristes — ne se retournèrent pas vers les Bourbons à l'exemple des constitutionnels, mais leur mécontentement ou plutôt leur dépit fut extrême. Ils rêvaient, et quelques-uns même fomentaient une révolution qui les eût portés au pouvoir en déférant une souveraineté purement nominale soit à Marie-Louise, soit au duc d'Orléans, soit, au pis-aller, à Napoléon, contre lequel ils eussent pris des sûretés. Le retour imprévu de l'empereur traversait ces plans, d'ailleurs fort chimériques, et ne laissait aux patriotes que la perspective de l'affermissement de la royauté ou de la restauration de l'empire, restauration accomplie sans leur aide et par la seule magie du nom de Napoléon [3].

Même les bonapartistes de sentiment ou d'intérêt, les anciens ministres, les ex-fonctionnaires, les familiers de la cour impériale, les confidents de l'empe-

---

1. *Journal des Débats*, 10 mars. — La livraison du *Censeur*, très violent comme de coutume, avait paru le 5 mars, et le rédacteur des *Débats* en faisait la vive critique le 10 mars, sans connaître encore le revirement politique qui s'était produit chez Comte.
2. Une autre brochure : *Le Cri de la France*, portait ceci : « Que nous veux-tu ? Si ce sont nos débats politiques qui ont pu te faire penser que l'opinion de la France était contraire à son gouvernement, apprends que ces discussions sont inhérentes à tout gouvernement qui n'est pas despotique et qu'elles en font la force et la sûreté. »
3. Rovigo, *Mém.*, VII, 369-370. Lavallette, *Mém.*, V, 353-354, 360. Benj. Constant, *Lettres*, I, 74-75. *Mém. de Fouché*, II, 303-306. Lettres de Fouché à Mme de Custine, 9, 10, 12 mars. (Citées par Bardoux, *Mme de Custine*, 215-219.)

reur n'étaient point satisfaits. Ils auguraient mal de ce coup de tête, ils craignaient que l'entreprise n'avortât tragiquement en perdant à jamais leur cause et en les compromettant de la plus terrible façon. Les gazettes les dénonçaient comme complices de cette tentative criminelle, le public réclamait leur arrestation. Ils tremblaient pour l'empereur et un peu aussi pour eux-mêmes. « — Quelle extravagance ! dit Caulaincourt à Lavallette. Quoi! débarquer sans troupes!... Il sera pris. Il ne fera pas deux lieues en France. Il est perdu [1] ! »

Les maréchaux de France, fort amis d'un repos glorieusement gagné, et presque tous les officiers généraux en activité étaient exaspérés. Ils en voulaient à Napoléon de les mettre dans l'alternative de lui faire tirer des coups de fusil ou de trahir leurs nouveaux serments. Comme pour s'exalter eux-mêmes au devoir, ils adressaient au roi des protestations enflammées et à leurs soldats des ordres du jour furibonds. « Par son entreprise ridicule, disait Jourdan, Buonaparte est un ennemi public. » « Buonaparte n'est plus qu'un aventurier, disait Soult, et son dernier acte de démence achève de le faire connaître. » « Buonaparte, disait Maison, a perdu les provinces que la valeur française avait conquises avant qu'il ne fût connu dans nos rangs ; il a ouvert la France et la capitale même à l'étranger. Il n'est aucun de nous qui ne se sente animé contre lui de la plus profonde indignation. » « Soldats, disait Quiot, Buonaparte, altéré de votre sang, vient rallumer le flambeau de la guerre civile. » « Buonaparte, disait Pacthod, a conçu un projet criminel et insensé qui le rend

1. Mollien, *Mém.*, IV, 185. Lavallette, *Mém.*, II, 144. Benj. Constant, *Lettres*, I, 83-85. Rapports de police, 13 et 14 mars (Arch. nat. F. 7, 3168. et F. 7, 3200 4). — Sur les dénonciations contre les ex-fonctionnaires de l'empire, voir le *Journal des Débats* du 9 mars.

odieux à tout être doué de raison. » « Buonaparte, disait Rey, n'a pas su mourir en soldat... C'est un brigand insensé. » « Buonaparte ! disait Curto, si je me trouvais en face de lui, je lui percerais le cœur de mon épée [1]. »

Le maréchal Ney, bien que boudant la cour depuis quatre ou cinq mois, étonna et charma les royalistes par son langage véhément. Il se trouvait dans sa terre des Coudreaux lorsqu'un ordre de Soult l'appela à Besançon. (On avait décidé en conseil de lui donner le commandement de l'aile gauche de l'armée royale [2].) Il passa par Paris où il apprit les nouvelles, de la bouche de son notaire. « — Quel malheur ! s'écria-t-il, en s'appuyant la tête sur le marbre d'une cheminée. Quelle chose affreuse ! Que va-t-on faire ? qui opposer à cet homme là [3] ? » Le 7 mars, il se présenta aux Tuileries. Troublé par les événements, ému de l'accueil de Louis XVIII, qui avait, quand il le voulait, une séduction sans pareille, emporté par la fougue de son caractère, tout de premier mouvement, l'infortuné maréchal baisa la main du roi et lui dit : « — Sire, j'espère bien venir à bout de le ramener dans une cage de fer [4]. »

[1]. Ordres du jour et lettres de Jourdan, Maison, Soult, Quiot, Pacthod, Rey, Curto, Dumonceau, Dessoles, Oudinot, Victor, Masséna, Decaen, etc., etc., du 7 au 18 mars (Arch. Guerre, plusieurs reproduits dans le *Moniteur*). Cf. Benjamin Constant, *Lettres*, I, 76-78, et Fagell au comte de Nagell, Paris 13 mars (Arch. Aff. étr., 675.)

[2]. Soult à Ney, 5 mars (Arch. Guerre). Interrogatoire de Ney. (*Procès de Ney*, II, 104.)

[3]. Dépositions du notaire Batardy à l'instruction et devant les pairs (*Procès de Ney*, II, 167-168. Cf. Dossier de Ney, Arch. Guerre.) Cf. Déposition de Ségur et interrogatoires de Ney (Dossier).

[4]. Dépositions du duc de Duras et du prince de Poix à l'instruction et devant les pairs (*Procès de Ney*, II, 112-114, et dossier de Ney, Arch. Guerre). — Ces deux personnages assistaient à l'audience du 7 mars.

Barante (*Souvenirs*, II, 105) conte que le roi, qui avait le sentiment des convenances, dit à mi-voix après le départ de Ney : « — Je ne lui en demandais pas tant ! »

Au début de la séance du 4 décembre, Ney assura avoir dit qu'« en hasar-

Le peuple et la garnison de Paris semblaient hésiter encore à se déclarer. L'opinion des faubourgs, où l'on continuait à travailler sans paraître s'inquiéter des événements, était impénétrable. Les soldats, sombres et silencieux, restaient sourds aux flatteries et aux vivats des royalistes comme aux insinuations des partisans de Napoléon. Sauf le 1er de ligne, caserné à l'Ecole militaire, qui dans la nuit du 8 au 9 mars avait crié : Vive l'empereur ! en faisant sauter ses paillasses en l'air, les troupes n'étaient l'objet d'aucune plainte[1]. Depuis le retour des Bourbons, elles n'avaient jamais été si tranquilles. A la revue du 9 mars, où chaque homme reçut cinq francs de gratification, on entendit même quelques Vive le roi[2] ! Seuls les officiers à la demi-solde montraient de la joie. Ils se serraient les mains, s'embrassaient, péroraient sur les promenades, haranguaient les soldats, couraient la ville avec le triomphe dans le regard et dans le sourire[3].

Tels étaient les sentiments de Paris. Il y avait pourtant, à peu près dans toutes les classes, bien des dissidences à l'opinion générale. Des rapports de police signalaient une grande irritation contre Bo-

dant une entreprise si folle, Napoléon mériterait d'être enfermé dans une cage de fer », mais ne pas s'être chargé, lui, de l'exécution. » — Dussé-je être passé par les armes et déchiré en lambeaux, reprit-il, je ne me rappelle pas l'avoir dit. » Mais, au cours de cette séance, le duc de Duras et le prince de Poix ayant répété leurs déclarations, Ney se rétracta en ces termes : — « Je croyais avoir dit que Bonaparte méritait d'être mis dans une cage de fer et non que je voulusse l'y mettre. Il se pourrait cependant que dans le trouble où j'étais, ce mot me fût échappé. Je n'ai aucune raison de mettre en défiance les assertions de M. le duc de Duras. » (*Procès de Ney*, I. 113, et Dossier de Ney, Arch. Guerre.) — Ainsi, il ne saurait subsister de doutes sur ces paroles trop fameuses.

1. Rapports de police, 8, 9, 10 et 14 mars. (Arch. nat. F. 7, 3168, et F. 7, 3200 4.) Rapport de Maison, 13 mars (Arch. Guerre). Fagell au comte de Nagell, 14 mars (Arch. Aff. étr., 675).

2. Rougemont à Watteville, 10 mars. Blacas à Clarke, 12 mars. (Arch. Aff. étr., 675 et 646.)

3. Rapports de police, 7, 8 et 9 mars (Arch. nat. F. 7, 3168, et F. 7, 3200 4).

naparte chez les ébénistes du faubourg Saint-Antoine, mais, d'après d'autres rapports, les maçons du quai de Gèvres assuraient « qu'ils feraient leur affaire » aux gardes nationaux qui prendraient les armes pour le roi. Des affiches de l'ordonnance royale furent lacérées. Rue du Lycée, un rassemblement d'ouvriers et de soldats cria: Vive l'empereur! Des gens à mine sinistre avaient acheté des fusils chez les revendeurs du Temple. La ville était agitée. Des attroupements se formaient sur les quais, sur les places, où les exaltés des deux partis exposaient leur opinion avec une égale exagération. Les uns disaient : « Buonaparte est pris ou tué... C'est la Providence qui l'a livré. On n'entendra plus parler de lui. » Les autres ripostaient : « L'empereur est à Grenoble. Il est à Lyon... Comment douter de son succès? Tout est combiné d'avance. Il a l'armée, il a le peuple, il a l'assentiment du congrès. Autrement son entreprise serait une folie... Vous allez voir M. de Talleyrand ramener l'impératrice et le roi de Rome. » Les portraits de l'empereur et de son fils foisonnaient aux étalages. Les crieurs de journaux annonçaient malicieusement : « L'ordonnance de Louis XVIII contre l'empereur Napoléon... L'insurrection à Lyon... Les progrès de Bonaparte. » Les rubans du Lys disparaissaient peu à peu des redingotes et des uniformes ; nombre d'officiers ne portaient plus que la Légion d'honneur. Le colonel du 4ᵉ léger déclarait que nonobstant ses serments il ferait présenter les armes quand il apercevrait la redingote grise. Avant même de connaître l'entrée à Grenoble, sept généraux quittèrent Paris pour rejoindre Napoléon. Jusque dans les compagnies rouges, il y avait des gens pour prendre sans regret leur parti de l'événement. Le 8 mars, une dizaine de mousquetaires décommandèrent leurs uniformes en disant gaiement au tailleur Sandoz : « — Bientôt nous en ferons faire d'autres [1]. »

Les hommes politiques et les beaux esprits n'étaient point non plus tout à fait unanimes à condamner l'entreprise de l'empereur. Si le duc de Vicence tremblait, Lavallette et Rovigo se réjouissaient, et la reine Hortense pleurait de joie [2]. La rédaction du *Censeur* s'indignait, mais on riait tout bas au *Nain jaune* [3]. Fouché éprouvait un violent dépit mais Merlin faisait des vœux pour le triomphe de Napoléon. Tout en déclarant que Louis XVIII pourait encore sauver la royauté s'il prenait un ministère franchement constitutionnel, Carnot sentait battre son cœur de soldat et de patriote à la nouvelle que les trois couleurs brillaient à Lyon [4]. Barras converti au royalisme, Barras, le haineux contempteur de « l'empereur corse », avoue son émotion « en voyant s'avancer sans obstacle, devant la France stupéfaite d'admiration, le soldat de Toulon et de vendémiaire, le général en chef des armées de la République [5] ». Dans son vivant tableau d'une soirée chez madame de Rumford, à ces jours de trouble, Villemain montre Sismondi et François Arago réa-

1. Rapports de police du 7 au 14 mars (Arch. nat. F. 7, 3168, F. 7, 3200 ⁴, et F. 7, 3062 ⁴). Rougemont à Watteville, Paris, 10 mars. Blacas à Clarke. 14 mars. (Arch. Aff. étr., 675 et 645.) Comte de Pradel à Clarke, Paris, 12 et 13 mars. Blacas aux commandants de compagnie des gardes du corps, 12 mars (Arch. Guerre).
2. Lavallette, *Mém.*, II, 144.
3. Voir le *Nain jaune*, du 25 mars — L'article du 10 mars avait été imposé par la police.
4. Carnot, *Exposé de ma conduite politique*, 18-21. Cf. *Mém. sur Carnot*, II. 401-404. — Dans ces *Mémoires* rédigés par le fils de Carnot, qui avait quatorze ans en 1815 et qui traduit bien la pensée de l'ex-conventionnel, il est dit : « Je ne saurais mieux comparer l'attente anxieuse qui dominait les esprits qu'en la comparant au sentiment qu'on éprouve quand on suit de l'œil un chasseur sur un sentier bordé de précipices. » Or, on ne suit pas de l'œil le chasseur avec l'espoir de le voir tomber. »
5. Mémoires manuscrits de Barras (communiqués par M. Georges Duruy).

gissant contre le pessimisme de La Fayette, de Benjamin Constant, de Lemercier, de Lameth, de Maine de Biran, et proclamant que « le despotisme militaire avec l'indépendance de la patrie est encore préférable au protectorat étranger [1] ».

La province s'était émue plus que Paris des prétendus projets de restitution des biens nationaux, et elle subissait depuis dix mois la morgue des royalistes et l'ingérence des prêtres [2], dont on se moquait rue Saint-Denis. Aussi n'y eut-il pas dans les départements le revirement d'opinion pour la royauté qui se manifesta avec tant de force chez la majorité de la population parisienne. La moitié de la France était pour l'empereur. On connaît l'élan du Dauphiné et du Lyonnais, où les royalistes sentant leur faiblesse n'osèrent pas bouger. Le Bourbonnais, le Limousin, la Saintonge, l'Aunis, la Franche-Comté orientale, le Nivernais, la Bourgogne, l'Orléanais, la Champagne, l'Ile-de-France, la Lorraine, le quart de la Normandie, la moitié de la Bretagne et les deux tiers de l'Alsace auraient fait le même accueil au glorieux évadé de l'île d'Elbe [3]. Presque partout, sans doute,

---

[1]. Villemain, *Souvenirs*, II, 2, 8, 10, 16, 13, 16.

[2]. « Le roi serait entouré de tous les Français sans l'acharnement du peuple contre une classe privilégiée. » Général Fabre à Clarke, Saint-Brieuc, 16 mars (Arch. Guerre). « — Ce qui fait le plus grand tort au gouvernement, c'est la prétention de certains nobles de rentrer dans leurs biens et l'annonce du retour des idées proscrites par la Révolution. » Commissaire de police de Brest, 13 mars. (Arch. nat. F., 7, 3147.) « — L'esprit n'est pas pour le roi. Les prêtres ont fait le plus grand mal en voulant rétablir la dîme et en prêchant la restitution des biens nationaux. » Rapport au général Hulot, Metz, s. d. (18 mars) (Arch. Guerre). « — Le mauvais esprit tient à l'imprudence des anciens nobles qui ont fait craindre au peuple le rétablissement des droits féodaux. » Préfet du Puy-de-Dôme, 20 mars (Arch. nat. F. 7, 3774). — Cf. Lettres du préfet de la Vendée (28 janv.), du maire de Nîmes (11 fév.), du préfet de Nantes (17 fév.), du préfet de la Nièvre (22 fév.), du commissaire de police de Besançon (18 fév.), du préfet de l'Hérault (19 fév.), etc., etc. (Arch. nat. F. 7, 3147), qui toutes sont remplies des mêmes plaintes contre l'attitude imprudente de la noblesse et du clergé.

[3]. Corresp. des préfets du 7 au 20 mars. (Arch. nat. F. 7, 3147, et F. 7, 3774). — Nous parlons, cela s'entend, d'une façon générale. Deux départements limitrophes étaient parfois d'opinion contraire. Par exemple, le Jura

les gens riches réprouvaient son entreprise, car outre qu'il était de bon ton d'être royaliste constitutionnel, le retour de l'empereur semblait devoir provoquer la guerre. Néanmoins, la bourgeoisie provinciale n'eut pas pour les Bourbons le regain d'enthousiasme des Parisiens, car elle gardait au cœur les blessures de sa vanité froissée par le nouvel ordre de choses. Sous l'empire, elle occupait le premier rang; sous la Restauration, elle se croyait tombée au second [1]. Pour la grande masse du peuple, — ces travailleurs de la glèbe et des ateliers que le baron de Vitrolles appelait « la lie de la population » parce qu'ils n'étaient pas royalistes, — elle saluait dans le drapeau tricolore le signe d'un second affranchissement. La joie eût été absolue chez les paysans s'il ne s'y fût mêlé la crainte d'une seconde invasion. Ainsi, dans l'Aube, on vendit les bestiaux à vil prix et l'on enfouit l'argent. Mais la haine de l'ancien régime, le contentement de relever la tête, le plaisir envieux de voir les vaines colères et la mine déconfite des seigneurs de village l'emportaient sur toutes les appréhensions [2].

était tout bonapartiste et le Doubs tout royaliste. Dans un même département, tel arrondissement tenait pour le roi, tel autre pour l'empereur. Ainsi dans l'Aisne, les arrondissements de Laon et de Château-Thierry étaient beaucoup plus exaltés pour Napoléon que ceux de Soissons, de Vervins et surtout que celui de Saint-Quentin.

1. Sur ce sentiment de la bourgeoisie provinciale, voir le rapport de Lynch, maire de Bordeaux. (Rollac, *Exposé fidèle des faits*, Appendice. 207.) Berryat Saint-Prix, *Napoléon à Grenoble*, 10 ; et la correspondance des préfets (Arch. nat. F. 7, 3774, et F. 7, 3147), notamment la lettre du sous-préfet de Brest du 15 mars : « Si le peuple est enchanté, la bourgeoisie est assez contente, » et la lettre du préfet de Tarbes, 10 mars : «... La classe aisée se réjouit. »

2. Corresp. des Préfets du 7 au 20 mars. (Arch. nat. F. 7, 3147, et F. 7, 3174.) Lettres des officiers généraux commandant les départements, et des officiers de gendarmerie, du 7 au 20 mars. (Arch. Guerre.) Benjamin Constant, *Lettres*, I, 86 : — « Toutes les classes agissantes sont contre les Bourbons. » A. de Maupeou à S. de Girardin, 10 mars : — « On ne peut nier que Bonaparte ait un parti durable en France. » Walterstoff à Schimmelmann, Paris, 13 mars : — « Le peuple se déclare partout pour Bonaparte ». Fagell à Nagell, Paris, 16 mars (Arch. Aff. étr., 675).

Même dans les contrées où dominait le royalisme : la Provence, le Languedoc, la Guyenne, l'Anjou, la Touraine, la Normandie, le Maine, la Picardie, les Flandres, il y avait un parti bonapartiste nombreux et ardent. A Boulogne, on criait : Vive l'empereur ! sur le port. « Les honnêtes gens frémissent, ceux qui n'ont rien à perdre se réjouissent, » écrivait le préfet du Haut-Rhin. « La basse classe a très mauvais esprit, » écrivait le préfet de Rouen. « Je crains la guerre civile, vu l'exaltation des deux partis, » écrivait le préfet de l'Hérault. A Nîmes, où la question politique se compliquait de la question religieuse, les protestants étaient contre le roi. A Toulouse, on affichait des placards bonapartistes dans les églises et l'on sifflait au théâtre l'air de *Vive Henri IV !* Dans le Maine-et-Loire, les jacobins s'agitaient. A Caen, le duc d'Aumont irrité du cri populaire : « Napoléon abattra la fierté de l'avilissante noblesse ! » s'en prit aux commissaires de police et en révoqua quatre le même jour [1].

Partout dans les départements, les opinions avaient un caractère d'exaltation inconnu à Paris. Les Parisiens se bornaient à exprimer leurs vœux et à discuter. En province, c'étaient des attroupements séditieux, des vociférations, des injures, des menaces, des actes de fanatisme et de rébellion. A Montauban, on brûle solennellement le buste de Napoléon dans un feu de joie [2]. A Versailles, on affiche ce placard : « Eglise à vendre, Louis XVIII à pendre et à dégraisser pour en faire des lampions pour l'arrivée de Napoléon. [3] » Tandis que les portefaix de Marseille demandent des

---

[1]. Corresp. des Préfets, du 7 au 19 mars. Rapport de Moncey, 18 mars. (Arch. nat. F. 7, 3147, et F. 7, 3737.) Général Ambert à Soult, Montpellier, 6 mars. Clarke à d'André, 17 mars (Arch. Guerre).
[2]. Préfet de Montauban à Montesquiou, 14 mars. (Arch. nat. F. 7, 3773.)
[3] Rapport de police, 9 mars (Arch. nat. F. 7, 3044 a).

armes pour « assommer la bête féroce », cinq mille ouvriers de Saint-Etienne s'ameutent devant l'hôtel du préfet en vociférant : « Vive l'empereur ! », et la manufacture de Charleville retentit des mêmes clameurs [1]. Les notables de Blois ouvrent une souscription publique pour l'assassinat de Bonaparte. M. de M. s'inscrit pour 25,000 francs, M. S.-G. pour 10,000, M. C. pour 6,000 [2]. Mais à Provins, à Brest, à Saint-Brieuc, on lacère les ordonnances royales aux cris de : Vive l'Empereur ! A Metz, ce mot est charbonné sur toutes les murailles [3], et à Nancy, Mme Azaïs, bonapartiste plus exaltée encore que son mari, compose ces stances dont les copies courent dans la ville dès le 11 mars [4] :

>Reviens ! Reviens ! C'est le cri de la France,
>Pour terminer sa honte et sa souffrance.

Dans un banquet royaliste donné à Rennes, le fils du premier président dit à haute voix : « — Je voudrais voir le roi et tous ses chouans f... [5] » A Lille, on insulte les officiers, on crie : « A bas les revenants de Moscou ! » On parle d'appeler dans la ville les troupes anglaises cantonnées sur la frontière [6]. A Dijon, le 11 mars, jour de l'arrivée du 8ᵉ de chasseurs, en marche vers Lyon, six hommes, la cocarde tricolore au chapeau, se postent sur la place Saint-Etienne,

---

1. Lettres de Masséna, 7 mars ; de Rivière, 11 mars (Arch. Guerre) ; du préfet de la Loire, 15 mars ; du préfet des Ardennes, 19 mars (Arch. nat. F. 7, 3740, et F. 7, 3774).
2. Copie de la pièce originale, s. d. (du 15 au 18 mars) (Arch. nat. F. 7, 3774).
3. Lettre du sous-préfet de Provins, 11 mars ; du commissaire de police de Brest, 13 mars ; du préfet de Metz, 8 mars. (Arch. nat. F. 7, 3147.) Général Fabre à Clarke, Saint-Brieuc, 14 et 16 mars. (Arch. Guerre.)
4. Azaïs, *Napoléon et la France*, Appendice, II. 1.
. Lettre du préfet de Rennes, 11 mars. (Arch. nat. F. 7, 3147.)
6. Général Dufour à Clarke, Lille, 15 mars. (Arch. Guerre.)

adossés à la palissade d'un théâtre en construction. L'un de ces hommes, fils d'un forgeron et grand-prix de Rome, s'appelait François Rude. Quand le premier peloton passa, les frôlant presque dans son mouvement de conversion, ils crièrent : Vive l'empereur ! Les chasseurs restèrent impassibles. Quand le deuxième peloton passa, ils crièrent : Vive l'empereur ! Les chasseurs continuèrent silencieusement leur marche. Le troisième peloton s'avançant, ils crièrent encore : Vive l'empereur ! Alors les cavaliers lancèrent le même cri qui se répercuta du centre à la tête et à la queue de la colonne comme l'écho du tonnerre dans les montagnes [1].

Le 11 mars, un convoi d'artillerie dirigé d'Auxonne sur Lyon d'après les ordres du comte d'Artois [2] prend gîte à Chalon-sur-Saône. Les habitants, qui ignorent encore que Lyon est au pouvoir de Napoléon, s'assemblent le lendemain matin autour du parc et décident « qu'il ne faut pas que ces canons aillent tirer sur l'empereur ». On s'oppose au départ de l'artillerie, le rappel bat, la garde nationale sort en armes pour prêter main forte à la foule. Comme on pense, les conducteurs et les canonniers ne résistent pas ; ils s'empressent de remettre les chevaux au piquet. Sur ces entrefaites arrive le général Rouelle. Il veut ramener les pièces à Auxonne puisque l'insurrection a éclaté à Lyon, et il parvient à les faire ratteler, malgré l'opposition des Chalonais qui veulent maintenant « conserver les canons

---

[1]. *Rude, sa vie, ses œuvres* (par le docteur Legrand), 19-21. Le docteur Legrand qui tenait cette anecdote de Rude, mais qui était naturellement peu renseigné sur les numéros des régiments, dit : « Le 5ᵉ ou le 6ᵉ hussards. » C'était le 8ᵉ chasseurs stationné à Gray et dont deux escadrons avaient été dirigés sur Lyon (Registre des mouvements, 1814-1815. Arch. Guerre). Il y a beaucoup d'autres erreurs dans les détails historiques dont Legrand accompagne cette anecdote.

[2]. Duc d'Orléans, *Extrait de mon Journal*, 10.

pour l'empereur ». Le convoi se met en marche, mais à cinq cents mètres de Chalon, la foule furieuse le rejoint et force les conducteurs à rentrer dans la ville où elle dételle les chevaux et détache les avant-trains. En même temps, le drapeau blanc de l'hôpital est abattu et remplacé par le drapeau tricolore, aux cris : Les royalistes à la lanterne ! « Je n'ai eu qu'à me sauver, » dit le général Rouelle en terminant son rapport[1]. Le 13 mars, Villefranche, Bourg, Autun, Tournus, Roanne, Dijon sont en pleine insurrection [2].

Soit que l'opposition ardente du peuple des provinces influât sur les troupes, soit parce que les officiers et les soldats, qui se sentent isolés, sans cohésion et sans force dans les grandes cités, parlent en maîtres et prennent le haut du pavé dans les petites villes, les garnisons des départements donnaient beaucoup plus d'inquiétude que celle de Paris. En dépit des premiers rapports des généraux et des chefs de corps, dont l'optimisme alla bientôt diminuant, l'esprit des troupes était moins que douteux. Dans les casernes de Besançon, de Mézières, de Sarreguemines, d'Amiens, du Havre, de Saint-Brieuc, de Brest, de Fontainebleau, d'Auch, la nouvelle du débarquement est saluée par des Vive l'empereur ! On arrache et on foule aux pieds les cocardes blanches[3]. « La masse des régiments est calme, écrit de Rouen le maréchal Jourdan, mais je ne sais trop quelle conduite tiendraient les soldats si leur

---

1. Rouelle à Heudelet, commandant à Dijon, Chalon, 12 mars, et Dijon, 13 mars. Heudelet à Clarke, 13 mars. (Arch. Guerre).
2. Général Rouelle à Heudelet, Chalon, 12 mars. Général de Coëtlosquet à Clarke, Nevers, 14 mars. Général Heudelet à Clarke, Dijon, 13 mars (Arch. Guerre). Lettre de Ney, 12 mars. Dépositions du préfet de l'Ain et de Heudelet. (*Procès de Ney*, II, 146, 150, 189, 245.)
3. Correspondance des préfets, du 8 au 13 mars. (Arch. nat. F. 7, 3447, F.7,

fidélité était mise à une épreuve sérieuse ¹. » A Metz, les grenadiers de l'ex-garde, persévérant à donner l'exemple de la discipline, se défendent de toute manifestation, mais leur visage de plus en plus maussade et farouche, les grosses larmes qui roulent sur les moustaches grises à la nouvelle que Napoléon a été tué font trembler le préfet, M. de Vaublanc. « Il est de toute nécessité, écrit-il, le 10 mars, que le duc de Reggio reste ici. Autrement, malgré l'éloge qu'il a fait du bon esprit des grenadiers royaux, il y aurait de grandes craintes. Il faut la présence du maréchal pour les maintenir ². » A Versailles, on redoute une sédition militaire ; à Périgueux, les soldats désertent ; à Nantes, un officier quitte son corps, en disant : « — Il faut que j'arrive à temps pour avoir un morceau des Bourbons ³. » Du 10 au 13 mars, les 23ᵉ, 36ᵉ, 39ᵉ, 72ᵉ et 76ᵉ de ligne et le 3ᵉ de hussards se rebellent entre Moulins et Bourg et vont grossir l'armée impériale ⁴. « Il n'y a point à espérer la moindre résistance, écrit le 11 mars M. de Maupeou au préfet de Rouen, Stanislas de Girardin. Les chefs qui agiraient autrement seraient victimes. » De son côté, le chargé d'affaires des Provinces-Unies mande le 12 mars à son gouvernement : « Il paraît certain que les régi-

---

3044², et F. 7, 3773.) Blacas à Clarke, 17 mars (les faits cités se rapportent au 12). (Arch. Aff. étrang., 646.) Sous-préfet de Fontainebleau à général Borrel, 9 mars. (Arch. Guerre.)

1. Jourdan à Soult, 11 mars (Arch. Guerre).
2. Préfet de la Moselle à Dandré. Metz, 10 mars (Arch. Guerre) ; à Montesquiou, 13 mars (Arch. nat. F. 7, 3147).
3. Général commandant la subdivision de Versailles à Maison, 10 mars. Colonel du 41ᵉ à Soult, Périgueux, 11 mars (Arch. Guerre). Préfet de Nantes à Montesquiou, 10 mars (Arch. nat. F. 7, 3147).
4. Ordre de marche de Napoléon, Lyon, 12 mars (Correspondance de Napoléon, Arch. Guerre). Commandant des dépôts de la Nièvre à Clarke, 13 mars. Général Vialanes au même, 19 mars. Ney à Davout, 24 mars. Colonel du 36ᵉ au même, 27 mars (Arch. Guerre). Déposition de Capelle. Préfet de Bourg (*Procès de Ney*, II, 146) (Les faits cités se rapportent aux 10, 11, 12 et 13 mars). Le colonel du 3ᵉ hussards, fils du maréchal Moncey, fut abandonné par son régiment ainsi que le colonel du 39ᵉ.

ments ne résisteront pas à la vue de Napoléon et qu'à cet égard on a été dans de grandes illusions [1]. »

II

Le roi et la cour persistaient dans ces illusions. Un incident qui venait de se produire dans le nord de la France avait atténué en une certaine mesure l'impression des événements de Grenoble et de Lyon.

On a vu que vers la fin de février, Fouché, Thibaudeau et plusieurs généraux avaient concerté un mouvement militaire sur Paris, conspiration qui, du moins dans l'idée de Fouché, n'était nullement destinée à rendre l'empire à Napoléon [2]. Le débarquement au golfe Jouan dont le duc d'Otrante, qui avait des intelligences partout, apprit la nouvelle le dimanche 5 mars, quelques heures après Louis XVIII lui-même, le dépita au plus haut point. Mais il n'était pas homme à voir s'accomplir les événements sans chercher à en tirer parti. De Cannes à Paris, la distance est longue ; Fouché crut avoir le temps d'agir. En précipitant le mouvement, en établissant un gouvernement provisoire, en convoquant la Chambre des députés (mesure que le duc d'Otrante ignorait que Louis XVIII allait avoir l'à-propos de prendre), en faisant appel aux gardes nationales et à tout le pays, il espérait pouvoir s'opposer à la rentrée de l'empereur dans Paris.

---

[1]. Maupeou à Girardin, 11 mars. Fagell à Nagell, 13 mars. (Arch. Aff. étr., 679.) — Dans une autre lettre (14 mars), Fagell écrivait encore : « Les maréchaux et presque tous les généraux sont fidèles au roi, mais non les soldats qui aiment Bonaparte et dont les serments de fidélité s'évanouissent devant son prestige.... Les troupes manifestent le meilleur esprit jusqu'au moment où elles se trouvent en position d'agir, et alors elles refusent ».

[2]. **1815**, I, 113-120.

Si, au contraire, l'opinion bonapartiste entraînant l'armée et le peuple, le complot tournait en faveur de Napoléon, Fouché paraîtrait avoir travaillé pour lui. Quoiqu'il arrivât, le duc d'Otrante serait avec les vainqueurs et profiterait de la situation [1].

Le 5 mars, dans la soirée, Fouché fit donc venir le général Lallemand qui se trouvait à Paris sans permission régulière [2], et tout en ne lui révélant rien du retour de l'empereur, il le persuada que la cour avait des soupçons et qu'il fallait exécuter le mouvement sur-le-champ afin de prévenir des mesures répressives. Lallemand partit dans la nuit même pour Lille, où l'un des principaux conjurés, Drouet d'Erlon, commandait les troupes sous les ordres supérieurs de Mortier, gouverneur de la 16ᵉ division militaire [3]. Le 7 mars, Drouet profitant de l'absence de Mortier expédia aux différents régiments stationnés dans la région l'ordre de se rendre incontinent à Paris [4]. Ces instructions étaient rédigées de façon à laisser croire aux chefs de corps non affiliés à la conspiration que le mouvement s'opérait en vertu d'un ordre régulier du ministre de la guerre. C'était seulement pendant les étapes que l'on devait les désabuser et entraîner

---

1. Notes de Rovigo, citées dans le supplément de la *Correspondance de Wellington*, IX, 632-633. La Fayette, *Mém.*, V, 354-355, 360. Thibaudeau, X 235-236. Montholon, *Récits*, II, 187, 202, 368.
2. Colonel Rapatel à Maison, Laon, 11 mars (Arch. Guerre). — Lallemand avait quitté Laon, siège de son commandement, le 1ᵉʳ mars.
3. Rovigo, *Mém.*, VII, 371. Cf. Montholon, *Récits*, II, 187, 368, et Pion des Loches, *Mes Campagnes*, 425, 440.
4 Clarke au roi, 13 mars (Arch. Guerre). Chef du bureau de la justice militaire à Clarke, 19 avril 1816. Rapporteur au 1ᵉʳ Conseil de guerre à Clarke, 4 juillet 1816. D'Espinois à Clarke, 10 avril 1816 (Dossier de Drouet. Arch. Guerre).
Nous savons que ces ordres furent envoyés le 7 mars, puisque le 8 mars Soult était informé de la trahison de Drouet et écrivait à Mortier : « Je suis informé que le comte Drouet cherche à embaucher les soldats du roi au nom de l'infâme usurpateur Buonaparte. Je vous ordonne de prendre des mesures pour l'arrestation de Drouet. Dès que ce misérable sera arrêté, vous le ferez traduire devant un conseil de guerre et vous veillerez à ce qu'il soit fusillé dans les vingt-quatre heures. » Paris, 8 mars. (Arch. Guerre.)

les soldats à la rébellion [1]. Plusieurs régiments se mirent en marche le 8 et le 9 mars. Mais le retour soudain de Mortier déconcerta Drouet qui s'empressa, le 8 mars, de révoquer ses ordres de la veille et du matin. Les troupes qui n'avaient pas encore commencé leur mouvement restèrent dans les garnisons ; celles qui étaient déjà en route rétrogradèrent. On vit ainsi rentrer à Arras les cuirassiers royaux (ex-grenadiers à cheval) trois jours après leur départ [2].

Seuls les chasseurs royaux (ex-chasseurs à cheval de la garde) n'eurent pas avis du contre-ordre, leur

---

[1]. Rapport du général Lion, Ham, 12 mars, lu le 13 mars à la Chambre des députés. Sous-préfet de Saint-Quentin à Clarke, 14 mars (Arch. Guerre). Préfet de l'Aisne à Montesquiou, 12 mars (Arch. nat. F. 7, 3146). — D'Erlon avait même donné les ordres au nom de Mortier.

[2]. Rovigo, *Mém.*, VII, 371. Cf. Duc d'Orléans, *Mon Journal*, 28-30. Pion des Loches, *Mes Campagnes*, 410. Benoist à Barante, Paris 12 mars (Barante, *Souv.*, II, 104).

Le duc d'Orléans croit que Drouet n'était pas coupable et avait voulu envoyer à Paris des troupes au secours du roi (dès le 7 mars!), mais il ne donne à l'appui de cette opinion que des conjectures qui sont en contradiction avec les faits et avec tous les témoignages. Drouet, lors de son arrestation, prétendit aussi n'avoir agi que dans l'intérêt du roi et persuada même de son innocence le bon maréchal Mortier, (Clarke au roi, 13 mars. Arch. Guerre). Après les Cent Jours, il protesta encore contre les soupçons qui avaient motivé son arrestation (Drouet à Gouvion Saint-Cyr, 18 juillet. Dossier de Drouet). Il prétextait l'ordre postérieur du ministre (ordre envoyé le 9 mars et reçu le 10) de diriger sur Paris un certain nombre de régiments, pour dire qu'il n'avait fait que devancer les instructions du gouvernement. Cette mauvaise défense ne saurait être prise au sérieux.

En 1816, Drouet fut condamné à mort par contumace « pour avoir, de sa propre autorité, fait mouvoir des troupes hors de son commandement et avoir trahi le roi et attaqué la France à main armée ». Mais aucune pièce ne fut produite à ce procès, non plus d'ailleurs qu'aux procès des frères Lallemand et de Lefebvre-Desnoëttes (sauf à celui-ci deux dépositions écrites que le général d'Aboville et le major Lainé donnèrent seulement en 1816). Une lettre du chef du bureau de la justice militaire à Clarke, du 19 avril 1816 (Arch. Guerre, dossier de Drouet) nous apprend que toutes les pièces relatives au complot de ces généraux, que l'on avait réunies avant le 20 mars pour leur procès, furent brûlées pendant les Cent Jours.

Si l'on réfléchit que Fouché avait été l'instigateur de cette tentative, qu'il fut ministre de la police au retour de Napoléon et qu'il pensait dès lors à être ministre de Louis XVIII, on s'explique la destruction de ces pièces.

ardent général Lefebvre-Desnoëttes n'ayant vraisemblablement pas voulu en tenir compte. Les chasseurs quittèrent Cambrai le 9 mars avec un détachement du 21ᵉ de ligne et vinrent coucher à La Fère [1]. Le plan était de s'emparer de l'arsenal. Dans la matinée du 10, Lefebvre-Desnoëttes, Lallemand, arrivé de Laon, et son frère, le général d'artillerie Dominique Lallemand, employé à La Fère à rendre les comptes de l'artillerie de la garde dont il avait été chef d'état-major pendant la campagne de France [2], tentèrent de gagner à leur projet le général d'Aboville, le major Pion des Loches et les officiers du 2ᵉ d'artillerie à pied. Ces ouvertures ayant été mal accueillies, ils voulurent du moins entraîner une partie des soldats et haranguèrent les quatre compagnies que le major avait postées à la Porte de Laon. Au commandement de Dominique Lallemand, les canonniers avaient déjà fait par le flanc droit, lorsque les représentations énergiques du chef de bataillon Bosquette les rappela au devoir. Un seul homme se joignit à la colonne qui s'éloigna en criant : Vive l'empereur ! et en jetant sur la route cocardes blanches et décorations du Lys. A quelque distance de la ville, les chasseurs rencontrèrent un convoi de dix bouches à feu qui se rendait de Vincennes à La Fère. Ils décidèrent sans peine ce détachement à marcher avec eux. Arrivés à Chauny dans l'après-midi, les soldats brisèrent les enseignes portant les armes royales et contraignirent les habitants de crier : Vive l'empereur ! mais les généraux ne parvinrent pas à ébranler la fidélité du 2ᵉ escadron des dragons royaux, en garnison dans cette

1. Rapport du général Lion, Ham, 12 mars, lu le 13 mars à la Chambre des députés. Rapport des sous-préfets de St-Quentin et de Senlis, 11, 12 et 13 mars. (Arch. nat. F. 7, 3147.)
2. Dossiers des généraux Lallemand (Arch. Guerre). Lainé, qui avait fait sa carrière dans la cavalerie, s'appelait François-Antoine.

ville. La colonne coucha le 10 mars à Noyon et en repartit le lendemain de grand matin [1].

Compiègne allait être le terme de cette aventureuse promenade militaire. Prévenu de l'approche des rebelles, le major Lainé, du 7e de chasseurs, fit sonner la générale. Comme les hommes bridaient leurs chevaux, plusieurs officiers envoyés en parlementaires par Lefebvre-Desnoëttes se présentèrent à l'entrée du quartier. Lainé les somma de se retirer, et l'un d'eux ayant voulu passer par la grille entr'ouverte, le major le repoussa en le frappant du poing et ferma la grille. « — Le général Desnoëttes vous fera pendre ! » s'écria l'officier furieux. « — Dites à votre général, riposta Lainé, que s'il me fait son prisonnier je lui demande l'honneur d'être fusillé, car je le traiterai de même s'il tombe entre mes mains. » Les officiers s'éloignèrent ; mais bien que pendant cette scène, les chasseurs du 7e n'eussent manifesté aucune disposition hostile, le colonel, M. de Talhouet, jugea prudent ne point attendre la troupe révoltée. Il emmena incontinent son régiment à Senlis [2]. Les chasseurs royaux entrèrent dans Compiègne sans résistance, et comme à Chauny, à Guise et à Noyon, ils brisèrent les enseignes décorées de fleurs de lys, maltraitèrent les habitants qui refusaient d'acclamer Napoléon et dirent qu'ils allaient coucher au Louvre [3].

L'attitude des canonniers de La Fère et des dragons de Chauny et le brusque départ des chasseurs de

---

[1]. Déposition écrite du général d'Aboville (*Procès de Lefebvre-Desnoëttes*, 8-12, Pion des Loches, *Mes Campagnes*, 421-436). Rapport précité du général Lion. Rapport de Moncey, 11 mars. Chef d'escadrons Lepage à colonel Guichard, Chauny, 10 mars. Colonel Guichard à général de Saint-Alphonse, Soissons, 11 et 12 mars (Arch. Guerre).

[2]. Déposition écrite du major Lainé (*Procès de Lefebvre-Desnoëttes*, 6-8. Rapport de Moncey, 11 mars (Arch. Guerre).

[3]. Rapport de Moncey, 11 mars. Sous-préfet de Compiègne à Soult, 11 mars (Arch. Guerre).

Compiègne commençaient cependant à faire réfléchir les officiers. Au lieu d'agir de concert avec douze ou quinze mille hommes qui devaient rallier chemin faisant, comme l'avait annoncé Lefebvre-Desnoëttes, le régiment continuait à courir les grandes routes seul avec un escadron de dragons, un bataillon de ligne et une batterie d'artillerie. Le général Lion, major, et les chefs d'escadrons déclarèrent à Lefebvre-Desnoëttes qu'ils se refusaient désormais à le suivre et qu'ils n'avaient plus qu'à implorer la clémence du roi. Desnoëttes, désespérant aussi du mouvement sur Paris, proposa de se jeter en partisans vers Lyon. Sa proposition ayant été repoussée, il prit des vêtements civils et sortit de Compiègne dans la nuit ainsi que les frères Lallemand, le colonel Marin, ex-chef d'escadrons de l'artillerie de la garde, et quelques officiers. Le lendemain, les différents corps se mirent en route séparément pour regagner leurs garnisons [1]. Le général Lion, que Napoléon avait appelé jadis : « Mon lion du 2ᵉ chasseurs [2] », adressa de Ham un rapport au ministre ; il y présentait les choses sous l'aspect le moins défavorable pour lui et ses officiers et soldats, affirmant qu'ils avaient été abusés et protestant de leur fidélité au roi [3].

On était dans un moment à accepter sans y regarder de trop près les actes de repentir, fussent-ils tardifs ou suspects. Le général Lion fut nommé au commandement des chasseurs royaux en remplace-

---

[1]. Rapport du général Lion, Ham, 12 mars, lu à la Chambre des députés le 13 mars. Sous-préfet de Compiègne à Maison, 12 mars. Colonel Guichard à Maison, Soissons, 12 mars. Sous-préfet de Saint-Quentin à Clarke, 14 mars (Arch. Guerre).

[2]. Dupuy, *Souvenirs militaires*, 113.

[3]. Rapport précité du général Lion. — Pour un fidèle soldat du roi, le général Lion avait singulièrement tardé à s'enquérir auprès de Lefebvre-Desnoëttes du but de ce mouvement et il avait toléré chez les chasseurs des cris, des violences et autres manifestations qui cadraient peu avec ses prétendus sentiments royalistes.

ment de Lefebvre-Desnoëttes, et sur la proposition du ministre de l'intérieur, la Chambre vota que les garnisons de Lille, de La Fère et de Cambrai avaient bien mérité du roi et de la patrie, et qu'il leur serait décerné une récompense nationale [1].

Les frères Lallemand, arrêtés dans leur fuite par la gendarmerie, furent conduits à la citadelle de Laon [2]. Le comte d'Erlon avait déjà été écroué à Lille en attendant l'instruction de son procès [3]. Lefebvre-Desnoëttes trouva asile chez le général Rigau, commandant la subdivision de Châlons [4]. Pour Fouché, qui avait prudemment attendu des nouvelles du mouvement avant de le seconder à Paris, il apprit dès le 10 mars qu'une seule fraction des garnisons du Nord s'était mise en marche. Il se désintéressa d'une tentative désormais condamnée, et afin de détourner les soupçons, il afficha un royalisme ardent qui lui valut bientôt d'être reçu par le comte d'Artois [5].

---

1. Séance du 14 mars. — Le gouvernement n'ignorait pas que la garnison de Cambrai, ces chasseurs qui avaient crié : Vive l'empereur ! arraché les fleurs de lys de leurs sabretaches et brisé les écussons royaux aux devantures des boutiques étaient loin « d'avoir bien mérité du roi », mais il tenait à le faire croire.

2. Procès-verbal d'arrestation, Marolle 12 mars (Arch. Guerre). Ordre de Davout au préfet de Laon de mettre en liberté les généraux Lallemand, Paris, 21 mars (Dossiers des généraux Lallemand).

3. Clarke à Louis XVIII, Paris, 13 mars. Ordre de Davout d'élargir Drouet et de lui rendre son commandement. Paris. 20 mars (Arch. Guerre).

4. Rapport du commandant Viotti au Conseil de guerre (*Procès de Lefebvre-Desnoëttes*, 15). Dépositions diverses (*Procès de Rigau*, 6).

5. Rovigo, *Mém.*, VII, 373. — Comme on verra plus loin, Fouché eut cette audience le 15 mars, mais de graves soupçons pesaient sur lui ; un mandat d'arrêt fut lancé ce même jour et il n'y échappa qu'en se cachant.

De deux lettres adressées le 9 et le 10 mars à Mme de Custine, où Fouché manifeste des sentiments royalistes et exprime des doutes sur la réalité du débarquement, M. Bardoux (*Mme de Custine*, 215-217) croit pouvoir inférer que le duc d'Otrante n'était pour rien dans le mouvement militaire. « Fouché, dit-il, ne ment pas à Mme de Custine. »

Or, 1° Fouché n'était pas assez imprudent pour confier par écrit, même à Mme de Custine, le secret d'une conspiration où il risquait sa tête ; 2° il est certain qu'en écrivant le 10 mars — le 10 mars, trois jours après la publication de l'ordonnance du roi convoquant les Chambres, trois jours après la prise de Grenoble, et quand tous les journaux étaient pleins de

III

Cette pitoyable échauffourée, la conduite relativement bonne des troupes, dont les plus compromises n'avaient fait en somme qu'obéir à leurs chefs et étaient rentrées sans opposition dans les garnisons, rendirent quelque confiance. Les optimistes s'imaginèrent qu'après cette épreuve on pouvait compter sur l'armée. Quant aux régiments de Grenoble et de Lyon, on expliquait leur défection par la trahison de Soult qui avait choisi les corps les plus mal notés pour les envoyer d'avance sur le chemin que devait suivre Napoléon. On allait même jusqu'à prétendre que toutes ses mesures comme ministre, l'obligation de séjour imposée aux officiers à la demi-solde, le procès d'Exelmans, les grades prodigués aux émigrés et aux chouans, Soult les avait prises afin d'exaspérer l'armée[1]. Ces absurdités trouvèrent créance jusque dans le Conseil. Soult rappela à ses collègues qu'il avait rassemblé des troupes sur la frontière des Alpes d'après les ordres du roi, et que cette concentration, suggérée par M. de Talleyrand, avait pour but d'imposer à Murat et aux Italiens. Mais

détails sur le débarquement ! — « que rien ne prouve que Bonaparte ait réellement quitté l'île d'Elbe », Fouché mentait bel et bien à Mme de Custine.

En outre, deux autres lettres de Fouché à Mme de Custine, des 16 et 18 mars (également citées par M. Bardoux, 226, 228), où il dit, à propos du mandat d'arrêt lancé contre lui : « ... On me reproche d'avoir trouvé mon nom sur les listes de quelques misérables... Croiriez-vous que j'ai été présenté comme un homme qui voulait ouvrir les routes du trône à Bonaparte ! » sont des preuves que le gouvernement regardait Fouché comme ayant trempé dans la conspiration de Drouet. — Nous avons déjà dit (**1815**, I, 284, note 2) les raisons pourquoi les origines et les trames de cette conspiration resteront toujours un peu obscures.

1. Rapports de police, 7, 8 et 13 mars (Arch. nat. F. 7, 3168, et F. 7 3200⁴). Ministre de Danemark à son gouvernement, Paris, 13 mars (Arch. Aff. étr., 675). Soult, *Mém. justificatif*, 4-19. Benj. Constant, *Mém.*, I, 89-90.

la Chambre, à qui le maréchal ne pouvait ni ne devait communiquer ce secret diplomatique, gardait ses suspicions. On parlait dans les bureaux de dénoncer publiquement la conduite du ministre de la guerre. Soult fut indigné. Le 11 mars, il entra brusquement chez le roi et lui dit : « Sire, je remets entre les mains de Votre Majesté ma démission et mon épée, et je la prie de me donner des juges. » « — J'accepte votre démission, répondit Louis XVIII, mais gardez votre épée qui, j'en suis convaincu, ne sera jamais tirée que pour le service du roi. » Soult sortit fièrement et en arrivant sur le palier du grand escalier, encombré de courtisans, il leva son chapeau et cria par trois fois : Vive le roi! Vive le roi! Vive le roi [1] !

Le général Clarke, duc de Feltre, qui s'était signalé à la Chambre des pairs par son fanatisme royaliste, fut nommé à la place de Soult. On crut faire un coup de maître en prenant, pour organiser la résistance contre Napoléon, son ancien ministre de la guerre. Depuis un an, les pamphlétaires et les journalistes déniaient si formellement à Buonaparte toute intelligence militaire qu'il n'était douteux pour personne que ce ne fût son ministre qui eût conçu jadis ses plans de campagne.

Clarke ne fit que poursuivre l'exécution des mesures prescrites par Soult. Toutes les garnisons furent mises en mouvement. Celles du midi reçurent l'ordre de se concentrer entre Nîmes et Marseille sous le commandement du duc d'Angoulême. Celles du centre se réunirent à Tours sous le commandement de Dupont. Celles de l'est devaient seconder les opérations du maréchal Ney en Franche-Comté et en Bourgogne.

---

[1]. Exposé de la conduite de Soult (dossier de Soult, Arch. nat. F. 7, 6683). Soult, *Mémoire justificatif*, 18-20. Vitrolles, *Mém.*, II, 314-318.

Enfin, celles du nord et de l'ouest furent dirigées sur Melun où se formait une armée de réserve commandée par le duc de Berry. On commença d'établir dans cette ville des approvisionnements pour 60,000 hommes pendant deux mois, et l'on forma un équipage de campagne de 150 bouches à feu et de 400 voitures[1].

Comme si toute l'armée française à l'effectif de paix n'était pas assez nombreuse pour résister aux mille grognards de Napoléon, on appela les réserves. Par ordonnance royale du 9 mars, il fut enjoint à tous les officiers, sous-officiers et soldats en congé limité de rejoindre leurs corps sous trois jours, et à tous les hommes en congé illimité de se rendre dans le plus bref délai au chef-lieu de leur département pour y être organisés en bataillons, escadrons et batteries de réserve. Les officiers à la demi-solde qui ne pourraient trouver place dans les nouveaux cadres seraient réunis en bataillons ou compagnies sous la dénomination de gardes du roi. Ce n'est pas tout. Une seconde ordonnance du même jour prescrivit l'organisation immédiate des trois millions (sic) de gardes nationales pour la garde des places et la sûreté intérieure ainsi que la levée, parmi ces gardes nationales, de bataillons et d'escadrons de volontaires destinés à combattre en ligne avec l'armée[2].

Les députés qui s'étaient réunis dès le 7 mars au Palais-Bourbon, au nombre de soixante-neuf, avaient ouvert officiellement la session le 10 mars par le vote d'une adresse au roi. Les paroles n'en étaient pas moins sincères que celles de l'adresse de la chambre des pairs votée dans la soirée de la veille[3]. Le parle-

---

[1]. Lettres et ordres de Soult, 7, 8, 9, 10 et 11 mars; de Clarke, 12 et 13 mars (Arch. Guerre). Rapport de Davout à Napoléon, 22 mars (Arch. nat. AF IV, 3940).
[2]. Ordonnances du roi du 9 mars (*Moniteur*, 12 mars).
[3]. *Journal des Débats*, 10 et 11 mars.

ment montrait un zèle ardent pour le roi qu'il identifiait maintenant avec la constitution[1]. Louis XVIII, il est vrai, ne publiait plus une ordonnance ou une proclamation sans y parler de « la liberté de son peuple », et de la Charte, « son ouvrage libre et personnel, la règle régulière de sa conduite depuis une année, la loi fixant à jamais les destinées des Français [2] ». Afin d'avoir dans chaque département un foyer de résistance constitutionnelle, le roi, sur l'avis de Montesquiou, convoqua le 11 mars les conseils généraux en réunion extraordinaire. Par ordonnance du même jour, fut remise en vigueur la loi du 4 nivôse an IV, punissant de mort les embaucheurs et déclarant coupable d'embauchage tout individu qui aurait distribué quelque écrit des rebelles, et tout soldat ou citoyen qui, appelé à défendre la patrie, abandonnerait ses drapeaux ou ne les rejoindrait pas[3].

A l'exemple de Clarke et de Montesquiou, M. de Jaucourt, qui en l'absence de Talleyrand avait le portefeuille des Affaires étrangères, ne restait pas inactif. En recevant, le 7 mars, le corps diplomatique, Louis XVIII avait eu la dignité de ne faire aucune allusion à l'aide qu'il pourrait être forcé de demander aux puissances étrangères. Or, le même jour 7 mars, Jaucourt, oubliant qu'il était Français, adressa cette circulaire aux ministres accrédités à Paris. « ... Le roi est persuadé que les puissances, naguères alliées non contre la France mais contre Bonaparte, s'empresseraient au besoin de joindre leurs forces aux siennes pour réprimer et pour venger toute atteinte aux principes de la légitimité et de la justice[4]. »

1. La Fayette, *Mém.*, V, 265-367. Vitrolles, *Mém.*, II, 302-304.
2. Ordonnances des 9 et 11 mars, réponse à l'adresse de la Chambre des députés, etc., etc.
3. Ordonnance du 11 mars (*Moniteur*, 13 mars. *Journal des Débats*, 14 mars).
4. Circulaire aux ministres étrangers, Paris, 7 mars (Arch. Aff. étr., 680).

À Vienne, Talleyrand s'employa avec un égal patriotisme à former contre la France une septième coalition. Mais la circulaire de M. de Jaucourt et les démarches du prince de Talleyrand étaient, hélas ! superflues. Les souverains n'étaient que trop disposés à reprendre les armes. L'évasion de Napoléon provoqua en eux la crainte et la colère. Les nouvelles infortunes de leur bon frère Louis XVIII n'étaient pas leur seul souci : ils voyaient au delà, pensaient à l'épée d'Austerlitz et croyaient déjà sentir trembler leur propre trône. Alexandre, qui avait imposé sa volonté pour que l'île d'Elbe fût donnée à Napoléon et qui, pendant ces derniers trois mois, l'avait vraisemblablement protégé contre toute mesure arbitraire, se montrait le plus ardent. Il accusait sa magnanimité, se jugeait responsable devant l'Europe et jurait de faire tuer jusqu'à son dernier homme et de dépenser jusqu'à son dernier rouble dans cette guerre renaissante. L'autocrate, qui avait ses heures de mysticisme, en fit, dit-on, un serment solennel sur les Livres Saints [1]. Frédéric-Guillaume, toujours prêt à emboîter le pas au czar et qui épousait les passions gallophobes de Stein et de Gœrres, l'empereur d'Autriche qui voulait « assurer le repos au monde » — et surtout à soi-même — le roi de Bavière, Wellington, Metternich étaient également animés et résolus. La première nouvelle de l'évasion, envoyée par le

---

[1]. Meneval à Caulaincourt, Vienne, 8 avril. (Arch. Aff. étr., 1801.) Cf. Nesselrode à Butiakin, Vienne, 22 mars. (*Corresp. de Talleyrand avec Louis XVIII*, 335, note.) Nesselrode à Castlereagh, Vienne, 2 avril (*Letters and Dispatchs of Castlereagh*, II, 296-297) : « ... C'est pour nous le cas de *last shilling, last drop of blood.* »

Quoiqu'on en ait dit, il est peu probable que dans cette circonstance Pozzo ait influencé le czar. Pozzo, qui soutenait ardemment la cause des Bourbons, se trouvait en effet à Vienne, mais son rapport sur la Pologne, où il avait combattu sans ménagements des projets chers à Alexandre, lui avait fait perdre de son crédit. Le czar le tenait un peu à l'écart, et il semble qu'il entra dans la nouvelle coalition sans même le consulter.

consul général d'Autriche à Gênes, arriva à Vienne dans la nuit du 6 au 7 mars. Dès le lendemain, les souverains s'étaient concertés, et des aides de camp couraient dans toutes les directions pour hâter la concentration des armées autrichiennes et pour porter aux différents corps russes et prussiens l'ordre de revenir sur leurs pas. Les ministres d'Alexandre et de Frédéric-Guillaume estimaient qu'en attendant que selon le mot de Pozzo di Borgo « Napoléon fût branché à un arbre », il y avait avantage à faire vivre leurs soldats sur l'Allemagne [1].

Au milieu de tous ces potentats émus et troublés, Talleyrand conserva d'abord son impassibilité coutumière. Il disait que cet événement pourrait avoir des résultats heureux si l'on savait en tirer parti ; qu'un coup de désespoir — et cette aventure en était un — n'avait jamais réussi ; que Bonaparte finirait décidément par une farce. Il insinuait que sans l'inconcevable faiblesse de l'Europe, cet homme néfaste aurait été mis depuis longtemps dans l'impossibilité de nuire. Le calme de Talleyrand était d'ailleurs justifié par la croyance où il se complaisait que Napoléon se jetterait dans le nord de l'Italie. « Toute entreprise de sa part sur la France, écrivait-il le 7 mars à Louis XVIII, serait celle d'un bandit. C'est ainsi qu'il devrait être traité, et toute mesure permise contre les brigands devrait être employée contre lui [2]. » Or, le 9 mars, on apprit à Vienne que Napoléon avait débarqué au golfe Jouan. Talleyrand sortit de

1. Metternich, *Mém.*, I, 204-206. Talleyrand à Louis XVIII, 7 et 12 mars (*Corresp. avec Louis XVIII*). Wellington à Castlereagh, 12 mars (*Dispatchs of Wellington*, XII). Wellington à Wellesley, Vienne, 12 mars. Meneval à Caulaincourt, Vienne, 8 avril. Vaudreuil à Jaucourt, Berlin, 18 mars (Arch. Aff. étr., 680, 1801, et *Prusse*, 253).
2. Talleyrand à Louis XVIII, Vienne, 7 mars (*Corresp. avec Louis XVIII*, 219-321) ; à Jaucourt, 7 mars (Arch. Aff. étr., 680). Metternich, *Mém.*, I, 205-206. Cf. Villemain, *Souv.*, II, 82-83, et *Gazette d'Augsbourg*, 22 mars 1815.

son rôle passif. Il fit rédiger incontinent par La Besnardière, son âme damnée, un projet de Déclaration que d'accord avec Metternich il soumit au congrès[1]. « Je suis persuadé, écrivit-il à Jaucourt, que l'entreprise de Bonaparte n'aura aucune suite fâcheuse et qu'il ne sera pas nécessaire de recourir aux puissances étrangères. Mais il est toujours prudent de ne négliger aucune précaution. La proclamation aura d'ailleurs l'effet d'intimider les partisans de Bonaparte en leur ôtant tout espoir qu'il puisse réussir[2]. » Les membres du congrès étaient tout disposés à accéder à la proposition de l'ambassadeur de France. Talleyrand crut néanmoins devoir attiser le feu par la communication d'un Mémoire secret, « chef-d'œuvre de raisonnement et de sophisme », où le même La Besnardière avait récapitulé tous les bouleversements européens dus à Napoléon, montré son esprit vindicatif et tracé un effrayant tableau de sa puissance future[3].

La Déclaration fut signée le 13 mars par les plénipotentiaires des huit puissances. Ce manifeste ou plutôt cet arrêt de proscription, unique pour le fond et la forme entre tous les actes diplomatiques[4], portait : « ... Quoique intimement persuadés que la France entière, se ralliant autour de son souverain légitime, fera rentrer dans le néant cette dernière tentative d'un délire criminel et impuissant, les souverains de l'Europe déclarent que si contre tout

---

1. Talleyrand à Louis XVIII, Vienne 12 mars (*Corresp.* précitée, 326-327); à Jaucourt, 12 mars et 14 mars (Arch. Aff. étr., 680). Cf. Wellington à Welesley, Vienne, 12 mars (copie aux Arch. Aff. étr., 1801).
2. Talleyrand à Jaucourt, 12 mars (Arch. Aff. étr., 680).
3. Note de Dubois, directeur des archives des Affaires étrangères, 20 juin 1838. (Arch. Aff. étr., 680).
4. Dans sa lettre à Jaucourt, du 12 mars (Ach. Aff. étr., 680), Talleyrand lui fait remarquer avec satisfaction « que cette Déclaration est très forte, que jamais il n'y a eu une pièce de cette force ».

calcul, il pouvait résulter de cet événement un danger quelconque, ils seraient prêts à donner au roi de France et à la nation française les secours nécessaires pour rétablir la tranquillité... Les puissances déclarent qu'en rompant la convention qui l'avait établi à l'île d'Elbe, Napoléon Bonaparte a détruit le seul titre légal auquel son existence se trouvait attaché, qu'en reparaissant en France il s'est placé hors des relations civiles et sociales, et que, comme ennemi et perturbateur du repos du monde, il s'est livré à la vindicte publique. »

CHAPITRE IV

LE MARÉCHAL NEY

I. Napoléon empereur à Lyon.
II. La défection du maréchal Ney.
III. Napoléon à Autun, à Avallon, à Auxerre (15, 16 et 17 mars). — Entrevue de Ney et de Napoléon. — Napoléon à Pont-sur-Yonne (19 mars).

I

A Lyon, Bonaparte agit comme s'il était redevenu l'empereur. Il harangue le peuple, passe l'armée en revue, reçoit le conseil municipal, la cour, le clergé, les facultés, les députations des ateliers, nomme et destitue les fonctionnaires, décore un garde national pour avoir, seul entre tous, escorté le comte d'Artois jusqu'aux portes de la ville, pourvoit aux commandements vacants dans les 7e et 19e divisions militaires[1], et, par décrets, il proscrit le drapeau royal et la cocarde blanche, abolit la noblesse et les titres féodaux, supprime les ordres de Saint-Louis et du Saint-Esprit, licencie les régiments suisses et la Maison du roi, annule toutes les nominations faites dans l'armée et la Légion d'hon-

[1]. Guerre, *Lyon en 1814 et 1815*, 197-199. Fabry, *Itinéraire de Buonaparte*. 82-86. Fleury de Chaboulon, *Mém.*, I, 204-205. (Fleury revenu de Naples par Turin, où il avait appris le débarquement de l'empereur, arriva à Lyon le 10 mars.) — Guerre (189-190) fait remarquer que si le comte d'Artois n'eut pas d'escorte de garde nationale à son départ, c'est que l'ordre n'en avait point été donné.

neur, ainsi que tous les changements opérés dans les cours et tribunaux, rétablit le drapeau tricolore, rend obligatoire le port de la cocarde nationale, restitue aux légionnaires leur traitement et leurs droits électoraux, abroge les ordonnances qui dépouillent les communes et les hospices, met le séquestre sur les biens formant l'apanage des princes de la famille des Bourbons et bannit du territoire français tous les émigrés rentrés depuis l'invasion. Par un onzième décret rendu le même jour, 13 mars, il abolit la Chambre des pairs, « composée en partie de personnes qui ont porté les armes contre la France et qui ont intérêt au rétablissement des droits féodaux et à l'annulation des ventes nationales » ; il dissout la Chambre des députés « dont les pouvoirs sont expirés et dont la plupart des membres se sont rendus indignes de la confiance de la nation en adhérant au rétablissement de la noblesse, en faisant payer par la France des dettes contractées à l'étranger pour tramer des coalitions et en violant les droits du peuple » ; il convoque à Paris, en assemblée extraordinaire du Champ de mai, les collèges électoraux de l'empire [1].

Napoléon procède avec la rapidité, la résolution et la vigueur de la Convention. Le roi l'a mis hors la loi ; il anéantit l'autorité royale. Les paysans et les ouvriers ont salué en lui le restaurateur des droits du peuple, le souverain de la Révolution ; il rend les décrets du 13 mars qui répondent au sentiment populaire. Sous l'influence des masses exaltées du Dauphiné et du Lyonnais, il s'inspire de l'esprit de 93.

C'est sur les pas et devant la demeure de l'empereur une acclamation continue qui ne cesse qu'à son

---

1. Ces onze décrets, datés du 13 mars, furent d'abord publiés dans le *Journal du Rhône*, puis reproduits dans le *Moniteur* des 21 et 22 mars. — D'après Fabry (*Itinéraire*, 87), le baron Vouty, premier président de la Cour de Lyon, collabora avec Napoléon pour les considérants des décrets.

départ, le 13 mars, au delà du faubourg de Vaise jusqu'où l'accompagne la foule des Lyonnais. A Villefranche des arbres de la liberté s'élèvent sur les places, les maisons sont pavoisées aux couleurs de la nation et décorées d'aigles en papier doré. Dans cette petite ville qui ne comptait pas, en 1815, plus de quatre mille habitants, il y avait soixante mille paysans venus des environs pour voir l'empereur. A dix lieues à la ronde tous les villages étaient désertés. L'écrivain royaliste Fabry conte que deux paysans achetèrent à l'aubergiste, pour les garder comme reliques, les os du poulet mangé par l'empereur à son déjeuner[1]. De Villefranche, Napoléon alla coucher à Mâcon. Le préfet Germain et le maire en étaient partis dès l'avant-veille, au milieu des huées de la populace. La réception enthousiaste des Mâconnais n'empêcha pas l'empereur de leur reprocher d'avoir, l'année précédente, rendu la ville à un peloton d'Autrichiens. « — Vous n'avez point soutenu l'honneur des Bourguignons. » « — Sire, répondit un conseiller municipal, nous étions mal dirigés ; vous nous aviez donné un mauvais maire. » « — C'est bien possible, repliqua l'empereur : nous avons tous fait des sottises. Il faut les oublier et ne plus nous occuper que du salut et du bonheur de la France[2]. »

En arrivant, le lendemain 14 mars, à Tournus et à Chalon, où flottaient depuis le 12 les drapeaux tricolores[3], les premiers mots de l'empereur furent pour féliciter les habitants de leur vaillante conduite pendant l'invasion. « — Je n'ai point oublié, dit-il,

---

1. Fabry, *Itinéraire de Buonap.*, 88-89. Laborde, *Relation de l'île d'Elbe*, 115. Peyrusse, *Mémorial de l'île d'Elbe*, 296.
2. Fleury de Chaboulon, II, 227-228. Fabry, 89-91. *Relation du Moniteur*, 23 mars.
3. Rapports du général Rouelle, 12 et 13 mars. Rapport du vicomte de Saillan, 14 mars. (Arch. Guerre.)

que vous avez quarante jours résisté à l'ennemi, et bravement défendu le passage de la Saône. » Sur son désir de connaître celui d'entre eux qui dans ces circonstances s'était particulièrement distingué, la foule nomma le maire de Saint-Jean-de-Losne. « — Je le décore, dit l'empereur. C'est pour des braves comme lui et comme vous que j'ai institué la Légion d'honneur et non pour les émigrés pensionnés par vos ennemis. » Il décida en outre que les villes de Tournus, de Chalon et de Saint-Jean-de-Losne porteraient désormais dans leurs armes l'aigle de la Légion [1].

L'empereur avait su à Lyon l'arrivée du maréchal Ney en Franche-Comté. Selon Rovigo, c'était de tous les maréchaux celui que Napoléon craignait le plus. L'empereur, assure au contraire Fleury de Chaboulon, apprit avec plaisir que le commandement des troupes destinées à agir les premières contre lui avait été confié à Ney. Ces deux sentiments opposés ne sont pas inconciliables. Napoléon connaissant l'extrême violence du maréchal pouvait redouter de lui quelque coup de tête, mais il avait plus à espérer de sa nature impressionnable et spontanée que de la fermeté d'un Macdonald ou d'un Suchet. Quoi qu'il en soit, l'empereur dépêcha avant son départ de Lyon plusieurs émissaires au maréchal Ney, ainsi d'ailleurs qu'à différents généraux [2]. La fascination qu'il avait exercée sur le bataillon de Laffray, la conduite de la garnison de Grenoble, l'élan de la garnison de Lyon ne laissaient plus de doute à l'empereur sur les sentiments des troupes. Il savait que les chefs les plus aimés n'entraîneraient au pis-aller contre lui qu'un très petit nombre de leurs soldats. Lui-même, sans compter le

1. F. de Chaboulon, II. 230-231. Fabry, 91. *Relation du Moniteur*, 23 mars. *Bulletin des Lois*, 25 mai.
2. Interrogatoire de Ney. (*Procès*, II, 101-102.) F. de Chaboulon, II, 224. Rovigo, VII, 369. Las Cases, VI, 199.

peuple de Lyon et des milliers de paysans, avait déjà un vrai corps d'armée : les troupes de l'île d'Elbe, un fort bataillon d'officiers à la demi-solde, dix régiments de ligne, trois de cavalerie, un du génie et un d'artillerie, avec trente pièces de campagne [1]. Rien ne semblait pouvoir désormais arrêter son triomphe, mais une tentative désespérée du maréchal Ney pouvait l'ensanglanter.

II

Ney était arrivé le 10 mars à Besançon, siège de son commandement, sous l'impression de ses paroles au roi qu'il ramènerait Bonaparte dans une cage de fer. Cette expression lui paraissait même si heureuse qu'il la répéta au sous-préfet de Poligny, et celui-ci ayant objecté que mieux vaudrait le ramener mort dans un tombereau, le maréchal reprit : « — Non, vous ne connaissez pas Paris. Il faut que les Parisiens voient [2]. » Il disait encore : « — C'est bien heureux que l'homme de l'île d'Elbe ait tenté sa folle entreprise, car ce sera le dernier acte de sa tragédie, le dénouement de la *Napoléonade*. » Toutes ses paroles respiraient l'exaltation et même la haine : « — Je fais mon affaire de Bonaparte, répétait-il. Nous allons attaquer la bête fauve [3]. »

La difficulté était d'avoir une meute. La garnison

---

[1]. 5e, 7e et 11e de ligne, 4e de hussards, 3e du génie, 4e d'artillerie (garnison de Grenoble); 20e et 24e de ligne et 13e de dragons (garnison de Lyon); 23e, 36e, 39e, 72e et 76e de ligne, 3e de hussards (ces troupes, dirigées primitivement sur Lyon pour y former l'armée du comte d'Artois, puis rappelées en arrière, rejoignirent l'empereur du 11 au 13 mars, les unes à Lyon, les autres entre cette ville et Mâcon. Voir. **1815**, I, 281).

[2]. Dépositions du sous-préfet de Poligny. (*Procès de Ney*, II, 180.)

[3]. Dépositions du colonel de Saint-Amour, du général Durand, du marquis de Saurans, du comte de Scey, de Grivel, de Bourcier, de Cayrol. (*Procès de Ney*, II, 115, 151, 157, 172-173, 180, 183, et dossier de Ney, Arch. Guerre.)

de Besançon, dont le général de Bourmont avait fait filer tous les disponibles vers Lyon, par Lons-le-Saunier, ne comptait plus que quatre à cinq cents hommes des dépôts, la plupart d'une fidélité suspecte. « Les soldats, dit l'adjudant-commandant de Préchamp, pouvaient être maintenus si on les laissait dans les casernes, mais une fois en route et en contact avec les populations, ils étaient perdus [1]. » En outre, Ney se trouvait sans instructions précises. Il avait dû d'abord être le lieutenant du duc de Berri, mais le duc de Berri était resté à Paris. Maintenant, il devait prendre les ordres du comte d'Artois. Il lui écrivit que, jugeant sa présence inutile à Besançon, il le priait de l'appeler à Lyon pour l'employer à l'avant-garde de son armée [2]. Cette lettre demeura naturellement sans réponse, le comte d'Artois n'étant plus à Lyon et n'ayant plus d'armée.

Au manque de nouvelles allaient succéder les mauvaises nouvelles. Le duc de Maillé, premier gentilhomme de Monsieur, arriva le soir du 10 mars à Besançon où il croyait trouver le duc de Berri. Il avait quitté Lyon la veille, et il n'apportait aucun ordre au maréchal. Il lui apprit seulement la défection de Grenoble et la retraite projetée du comte d'Artois vers Roanne. Ney pensa d'abord à partir pour Roanne afin d'y rejoindre Monsieur, mais il s'arrêta à une résolution plus militaire qui consistait à réunir ses troupes à Lons-le-Saunier. Là, il serait au centre des opérations et pourrait déboucher par Bourg, selon les circonstances, sur le flanc ou sur les derrières de Napoléon. Après avoir conjuré le duc de Maillé, à qui il exposa son nou-

---

1. Déposition de Préchamp. (*Procès de Ney*, II, 178.)
2. Ney au comte d'Artois, Besançon, 10 mars. (*Procès de Ney*, II, 233-234.) — Ce même jour Ney fit part au ministre de la Guerre de ses incertitudes et des difficultés de sa situation (Ney à Soult, Besançon, 10 mars, 4 h. après-midi. Dossier de Ney, Arch. Guerre).

veau plan, de lui faire envoyer néanmoins des instructions du comte d'Artois, il donna des ordres pour le départ des dépôts de Besançon, instruisit Soult de ses dispositions et quitta la ville le 11 mars en compagnie de Bourmont [1]. Ce général, ancien vendéen, était le meilleur lieutenant que Ney pût avoir pour cette campagne. Il allait s'en adjoindre un second, moins bourbonien mais plus anti-bonapartiste encore, le général Lecourbe, qui malgré ses beaux services avait été rayé des cadres après le procès de Moreau. Lecourbe, réintégré dans son grade par Louis XVIII et chargé d'une inspection générale, habitait le Jura. De sa propre autorité, Ney le nomma au commandement de la subdivision [2]. Dès son arrivée à Lons-le-Saunier, dans la nuit du 11 au 12, le maréchal fit appeler le préfet, le marquis de Vaulchier, et se concerta avec lui. Dans la matinée, il vit les chefs de corps et les chefs de services, dépêcha des estafettes pour hâter la concentration de ses troupes et écrivit une nouvelle lettre à Soult, l'informant que dès qu'il aurait de l'artillerie, il se porterait à Bourg afin de manœuvrer vers Mâcon [3].

Ney savait que le comte d'Artois avait quitté Lyon, mais il ignorait encore si Napoléon y était entré. Dans la soirée, il l'apprit d'un négociant nommé Boulouze, qui avait fui, le 11 au matin, le tumulte de Lyon. Boulouze lui dépeignit l'enthousiasme furieux des soldats et du peuple en voyant la redingote grise. « — Quand Bonaparte a passé les troupes en revue sur la place Bellecour, ajouta-t-il, il a dit :

1. Dépositions du duc de Maillé, du marquis de Saurans et du colonel de Préchamp. (*Procès*, II, 168-169, 170-171, 178.) Ney à Soult, Besançon 11 mars, 9 h. matin. (Dossier de Ney, Arch. Guerre.)
2. Rapport de Clarke au roi, Paris, 13 mars. (Arch. Guerre.)
3. Dépositions de Vaulchier, du major de La Génetière, etc. (*Procès de Ney*, II, 142-143, 153-154.) Ney à Soult, Lons-le-Saunier, 12 mars Dossier de Ney, Arch. Guerre).

Mes amis, nous allons à Paris les mains dans les poches. Tout est préparé pour mon passage. » En même temps, Boulouze montra au maréchal la proclamation à l'armée, datée du golfe Jouan. Le maréchal la parcourut sans avoir l'air d'y attacher d'importance et la mit dans sa poche. Sur l'observation de Boulouze que Bonaparte prétendait avoir l'appui de l'Autriche, il s'indigna : « — Allons donc ! c'est encore sa jactance ordinaire ! » Enthousiasmé par l'assurance de Ney, le bon Boulouze s'écria : « — Ah ! monsieur le maréchal, vous avez été déjà le sauveur de la France en forçant Napoléon d'abdiquer ; vous le serez deux fois. » Le mot plut à Ney qui le répéta en d'autres termes devant le major de La Génetière : « — Si je pouvais faire triompher le roi, je serais le libérateur de la patrie [1]. »

Resté seul, le maréchal a relu la proclamation de Napoléon. Cette fois, il en est si frappé qu'il ne peut s'empêcher de la montrer au préfet du Jura et au marquis de Saurans, aide de camp du comte d'Artois, qui entrent chez lui à ce moment-là. « — On n'écrit plus comme ça, dit-il... Le roi devrait écrire ainsi. C'est comme ça qu'on parle aux soldats et qu'on les émeut. » Et allant d'un bout à l'autre de son cabinet, il répète à haute voix : « La victoire marchera au pas de charge. L'aigle, avec les couleurs nationales, volera de clocher en clocher, jusqu'aux tours de Notre-Dame [2]. » Puis s'emportant selon son habitude, il commence à incriminer la conduite du comte d'Artois à Lyon, — du comte d'Artois « qui n'a jamais daigné faire monter un maréchal de France dans sa voiture », et qui le laisse sans troupes et sans

---

[1]. Déposition de Boulouze et de La Génetière (Dossier de Ney, Arch. Guerre).

[2]. Déposition de Saurans (*Procès de Ney*, II, 171. Cf. la même déposition au dossier de Ney, Arch. Guerre).

ordres. Il blâme le roi d'avoir refusé l'année précédente de conserver la vieille garde auprès de lui, il accuse le parti des émigrés et rappelle les humiliations subies à la cour par la princesse de la Moskowa. D'ailleurs, il ne traite pas mieux Napoléon. « — Cet enragé-là, dit-il, ne me pardonnera jamais son abdication. Il pourrait bien me faire couper la tête avant six mois ! » Malgré ses plaintes contre les Bourbons, Ney demeure aussi résolu, aussi animé : « — Le premier soldat qui bouge, s'écrie-t-il, je lui passe mon sabre au travers du corps ; la garde lui servira d'emplâtre... Mais le soldat marche toujours au canon, et Vavasseur, mon aide de camp, sait s'en servir à merveille [1]. »

Le lendemain, 13 mars, le maréchal fait venir cent mille cartouches de Besançon, presse l'arrivée de son artillerie, ordonne de conduire en prison un officier qui a crié Vive l'Empereur ! envoie aux nouvelles, à Mâcon, des gendarmes déguisés et des royalistes de bonne volonté [2]. Il écrit à Suchet : « J'espère que nous verrons la fin de cette folle entreprise [3] », et en étudiant ses effectifs, si inférieurs à ceux de Napoléon (Ney avait tout au plus 6,000 hommes, échelonnés de Besançon à Bourg, sur une ligne de trente-trois lieues [4], et Napoléon en avait 14,000 dans la main [5]), il dit à Bourmont : « — Nous serons en plus petit nombre, mais nous le frotterons. » Et

[1]. Dépositions de Vaulchier, de Saurans et de Bourmont (*Procès de Ney*, II, 142-143, 171-173, 225, et dossier de Ney, Arch. Guerre).
[2]. Dépositions de F. de Richemont et de Bourmont et interrogatoire de Ney. (*Procès*, II, 119, 136-137, et dossier de Ney, Arch. Guerre.)
[3]. Ney à Suchet, Lons-le-Saunier, 13 mars. (Arch. Guerre.)
[4]. Ney à Soult et à Clarke. Lons-le-Saunier, 12 et 13 mars (Dossier de Ney, Arch. Guerre) : division Lecourbe, 15ᵉ léger (1.000 h.), 76ᵉ (1000), 3ᵉ hussards (300 h.), 8ᵉ chasseurs (300). Division Bourmont : 60ᵉ, 77ᵉ, 81ᵉ (3,000), 6ᵉ hussards et 5ᵉ dragons (600). Total : 6200 hommes. — Encore, Ney croyait-il avoir ces 6,200 hommes, mais il ne les avait plus, puisque, le 13 mars, le 76ᵉ et le 3ᵉ de hussards étaient déjà en marche pour rejoindre Napoléon.
[5]. Voir **1815**, I, 281-301.

sur l'observation de Bourmont que les troupes ne sont pas sûres, il réplique : « — Je prendrai un fusil, je tirerai le premier coup, et tout le monde marchera [1] ! »

Cependant les nouvelles se succèdent de plus en plus accablantes. Non seulement Lyon, mais toutes les villes du Rhône, de l'Ain, de Saône-et-Loire sont en pleine insurrection. Chalon, où Ney a mandé au général Heudelet de concentrer ses troupes, a proclamé Napoléon ; Mâcon, où il compte déboucher, a arboré le drapeau tricolore. Sur les routes de Dôle, de Poligny et de Besançon, ses propres soldats crient : Vive l'Empereur ! Dans les casernes de Lons-le-Saunier, la rébellion menace ; à Saint-Amour, le 15º léger est prêt à la défection [2]. Enfin, dans la soirée, Capelle, préfet de Bourg, arrive à demi-mort de peur. Les habitants l'ont chassé, et le 76º de ligne, qui formait à Bourg la tête de colonne du corps de Ney, a passé à Napoléon. Capelle est dans l'épouvante de l'effervescence populaire. « — C'est, dit-il, une rechute de la Révolution. » Il ne pense pas que le maréchal puisse se hasarder à attaquer Bonaparte et lui conseille soit de rejoindre Masséna pour marcher sur les derrières de Napoléon, soit de gagner Chambéry, car les Suisses sont tous disposés à venir au secours du roi. A ces mots, le cœur vraiment français de Ney se révolte. « — Si les étrangers mettaient le pied en France, s'écrie-t-il, ce serait alors que tous les Français se déclareraient pour Bonaparte [3] ! »

---

1. Dépositions de Bourmont, de Capelle et du duc de Maillé. (*Procès*, 131, 147, 169, et dossier de Ney. Arch. Guerre.) Cf. le premier interrogatoire de Ney (*ibid*) : « ... Je prendrai le fusil du premier grenadier pour m'en servir et donner l'exemple aux autres. »
2. Dépositions de Bourmont, Vaulchier, Saurans, Saint-Amour, Heudelet. (*Procès de Ney*, II, 124, 135, 143, 171-172, 175, 189-190.) Sous-préfet de Chalon à Vaulchier, 12 mars. Ney à Clarke, 13 mars. (Dossier de Ney, Arch. Guerre.)
3. Déposition de Capelle (*Procès de Ney*, 146-149, et dossier de Ney).

La fidélité du maréchal n'était pas encore ébranlée mais déjà le trouble était en lui. Il dit à Capelle que le roi n'avait plus qu'à se faire porter sur un brancard à la tête des troupes pour ranimer les courages[1]. Ce fut peu après la visite du préfet de l'Ain que les émissaires de Lyon s'introduisirent à l'Hôtel de la Pomme d'Or où Ney avait pris son logement. Ils lui remirent une lettre de Bertrand, écrite sous l'inspiration sinon sous la dictée de Napoléon, et qui portait que l'empereur n'avait point fait une tentative d'écolier, qu'il était sûr de réussir quoi qu'on pût faire, que tout était arrangé, que partout la population et l'armée se déclaraient contre les Bourbons, et que lui, Ney, serait responsable devant la France de la guerre civile et du sang inutilement répandu[2]. A cette lettre étaient joints un ordre de marche[3] et ce billet autographe de l'empereur : « Mon cousin, mon major général vous expédie l'ordre de marche. Je ne doute pas qu'au moment où vous aurez appris mon arrivée à Lyon vous n'ayez fait reprendre à vos troupes le drapeau tricolore. Exé-

1. Déposition de Capelle (*Procès de Ney*, II, 147).
2. Interrogatoire de Ney (*Procès*, II, 106). Cf. Fleury de Chaboulon, *Mém.*, I, 224. Rovigo, *Mém.*, VII, 363-364.
Cette lettre n'a pas été produite au procès. Ney dit que la princesse de la Moskowa la brûla avec d'autres papiers le jour de son arrestation. Au témoignage de Ney, cette lettre portait en outre que l'évasion de l'île d'Elbe avait été favorisée par l'Angleterre, d'accord avec l'Autriche, pour rétablir l'empereur. Très probablement, en parlant ainsi devant les pairs, le maréchal confondait le texte même de la lettre et les commentaires dont l'accompagnèrent ceux qui la lui remirent. Il est peu vraisemblable que Bertrand ait osé écrire et signer de son nom un pareil mensonge. Qu'il ait conseillé à ses émissaires d'insinuer à Ney que l'empereur agissait avec l'assentiment de l'Europe, et que ceux-ci aient renchéri encore sur ses instructions, cela est possible, probable même, mais qu'il l'ait écrit, on aura peine à le croire. C'est ainsi — nous le disons une fois pour toutes — que l'évasion de l'île d'Elbe ayant paru impossible à tous sans la connivence des Anglais, et le bruit de cette complicité s'étant, par conséquent, répandu même dans l'entourage de l'empereur, Napoléon ne fit rien, bien au contraire, à son arrivée en France pour l'empêcher de s'accréditer, mais dans aucun écrit, dans aucun discours il n'y fit la moindre allusion.
3. Interrogatoire de Ney. (*Procès*, II, 139.)

cutez les ordres de Bertrand et venez me rejoindre à Chalon. Je vous recevrai comme le lendemain de la bataille de la Moskowa¹. » Les messagers apportaient en outre une proclamation aux troupes de la 6ᵉ division militaire, proclamation dictée par l'empereur et déjà revêtue de la signature du maréchal². Ney questionna les émissaires. C'étaient des officiers de la garde qu'il connaissait personnellement. Ils étaient entrés à Lons-le-Saunier en vêtements bourgeois, et le maréchal refusa généreusement de révéler leurs noms pendant son procès³. Ils rapportèrent avec mille détails tout ce qu'ils avaient vu et tout ce qu'ils avaient entendu dire : la France était dans l'enthousiasme, le drapeau tricolore flottait sur toutes les villes, il n'y aurait de résistance nulle part, le roi avait déjà quitté Paris, l'Europe favorisait le rétablissement de l'empire, Marie-Louise et le prince impérial allaient revenir de Vienne, l'escadre anglaise avait eu des ordres pour livrer passage à Napoléon⁴.

Ces lettres, ces paroles que confirmaient trop, du moins en ce qui regardait la France, les rapports faits à Ney par les plus sincères royalistes, le duc de Maillé, les préfets de l'Ain et du Jura, le colonel de Saint-Amour, le major de La Génetière, perturbèrent l'esprit du maréchal. Ce fut une nuit de fièvre. Peut-être se livra-t-il au fond de sa conscience un tumul-

---

1. Napoléon, *Corresp.*, 21689. — Il est assez singulier qu'il n'ait pas été question de ce billet devant la Chambre des pairs quand, à l'instruction, Ney avait reconnu l'avoir reçu. (Dossier de Ney. Arch. Guerre.)
2. C'est du moins ce qu'affirmèrent formellement au procès Ney et son défenseur Berryer, et ce que le procureur général Bellart ne crut pas utile ou possible de nier. — On a vu (**1815**, I. 204) que cette façon de disposer par avance de la signature des gens était assez dans les habitudes de l'empereur. Au dire de Ney, il en avait déjà agi ainsi en 1812 avec lui-même et avec Davout et Eugène.
3. Interrogatoire de Ney (*Procès*, II, 106, 138, et dossier de Ney).
4. Interrogatoire de Ney (*Procès*, II, 106-107 Cf. 137, et dossier de Ney. Arch. Guerre). — Sur les propos relatifs à la connivence de l'Angleterre, voir **1815**, I, 307, note 2.

tueux et pénible combat. Peut-être passa-t-il par toutes les angoisses de l'irrésolution. Il est plus probable qu'entraîné par sa nature fougueuse, il prit vite son parti et se jeta dans l'abîme comme il s'élançait naguère à la gueule des canons. Dominé par une situation fatale, il la subit non sans douleur, mais sans résistance. Ses serments s'évanouirent devant la vision de la France ensanglantée par une guerre civile dont lui seul aurait donné le signal[1] : « — J'étais dans la tempête, répétait-il au cours de son procès. J'ai perdu la tête[2]. »

Au reste, Ney eût-il voulu tenir sa promesse au roi de combattre Bonaparte — et il le voulut fermement jusque dans la soirée du 13 mars — qu'il eût été dans l'impossibilité matérielle de le faire. Si le commandant Delessart n'avait pu défendre le défilé de Laffray, si le général Marchand n'avait pu défendre les remparts de Grenoble, si Macdonald n'avait pu défendre le pont de la Guillotière, à plus forte raison Ney n'aurait pu se faire obéir de ses soldats quand huit jours s'étaient passés depuis ces vaines tentatives de résistance, quand le bataillon de l'île d'Elbe était devenu une armée et alors qu'il s'agissait, non plus d'attendre l'ennemi dans de bonnes positions, mais de le joindre à marches forcées et de l'attaquer. A supposer même — hypothèse inadmissible[3] —

---

1. « J'ai eu tort, mais j'ai eu peur de la guerre civile. J'aurais marché sur quarante mille cadavres avant d'arriver à Bonaparte. » — « J'ai préféré ma patrie à tout. » etc., etc. Interrogatoire de Ney (*Procès*, II, 134, 139, et dossier de Ney, Arch. Guerre).
2. Interrogatoires de Ney (*Procès*, II, 173-174, et dossier de Ney).
3. « Mes quatre malheureux bataillons m'auraient pulvérisé plutôt que de me suivre. » Interrogatoire de Ney. — « Le maréchal ne pouvait plus rien après l'insurrection des troupes de Saint-Amour. » Déposition de Bourmont. — « J'ai proposé au maréchal de ne pas attaquer. » Déposition de Capelle. — « Que voulez-vous qu'on fasse si les soldats ne veulent pas se battre ? » Paroles de Lecourbe citées dans la déposition du comte de Faverney. — « Il aurait été impossible de tirer aucun parti des troupes pour le service du roi. » Déposition de Prechamp. — « Avec les quatre régiments

que Ney eût réussi, malgré la défection, la débandade et la révolte, à mener le quart ou le tiers de ses troupes à la poursuite de l'armée impériale, qu'il eût atteint cette armée qui avait plus d'une marche d'avance[1] et que, donnant l'exemple en prenant un fusil et en engageant le feu, il eût entraîné ses soldats à combattre leurs camarades, qu'en fût-il résulté? Une lutte odieuse et inutile, la défaite et la dispersion du petit corps de Ney par les impériaux quatre ou cinq fois plus nombreux, peut-être l'égorgement de ses soldats en fuite par les paysans bourguignons exaspérés. Et qui sait si la postérité, qui a absous de son parjure le héros de tant de victoires et l'intrépide général de la retraite de Russie, aurait pu oublier qu'il avait fait tirer sur des soldats français!

On a insinué que rassuré sur l'accueil de Napoléon depuis que celui-ci lui avait écrit : « Je vous recevrai comme le lendemain de la Moskowa. » Ney avait trahi par ambition et par rancune des humiliations subies aux Tuileries. C'est faux. La vérité, c'est que le brave des braves tremblait à l'idée de la bataille ; la vérité, c'est que dominé par les événements et prisonnier de ses soldats, il était dans l'impossibilité d'agir ; la vérité, il l'a dite dans un cri de douloureuse éloquence : « Je ne puis pourtant pas arrêter l'eau de la mer avec les mains[2] ! »

Le matin du 14 mars, Ney manda chez lui Lecourbe et Bourmont. Il dit et il crut que c'était pour leur demander conseil. Illusion! C'était pour les con-

---

incomplets qu'avait le maréchal, il était impossible de s'opposer aux progrès de Bonaparte. » Déposition du général Heudelet. (*Procès de Ney*, II, 134, 135, 147, 123, 190, et dossier de Ney, Arch. Guerre.)

1. Ney n'aurait pu mettre ses troupes en mouvement que le 15 au matin, quand il aurait eu son artillerie. Or, le 15 au matin, Napoléon se mettait lui-même en marche de Chalon sur Autun.
2. Déposition de Capelle (*Procès de Ney*, II, 117).

vaincre de la nécessité du parti qu'il avait pris et pour se donner raison à ses propres yeux par l'adhésion qu'il espérait obtenir de ses lieutenants. Il leur répéta les paroles des envoyés de Napoléon sur la force irrésistible du courant bonapartiste et sur la connivence de l'Autriche et de l'Angleterre ; puis, soit qu'un rapprochement s'opérât dans son esprit entre les propos des émissaires et les révélations que peut-être on lui avait faites jadis à Paris du complot des patriotes et des généraux, soit que les émissaires eux-mêmes lui eussent appris l'existence de cette conjuration, il ajouta : « — C'est une affaire arrangée. Il y a trois mois que nous sommes tous d'accord, vous le sauriez si vous aviez été à Paris. Le roi n'ayant pas tenu ses promesses, on a décidé de le détrôner. On avait pensé d'abord au duc d'Orléans, mais les bonapartistes l'ont emporté. On a envoyé un commissaire à l'île d'Elbe pour poser des conditions à l'empereur. Le ministre de la guerre lui-même est dans la conjuration. A cette heure-ci, le roi doit avoir quitté Paris ; sinon, il sera enlevé, mais on ne lui fera aucun mal. Tout se passera très tranquillement[1]. » Lecourbe, qui détestait l'empereur, et Bour-

1. Dépositions de Bourmont, de Vaulchier, de Capelle ; déposition (écrite) de Lecourbe (*Procès de Ney*, II, 123-126, 144, 148, 141). Déposition de Vaulchier et de Capelle à l'instruction. (Dossier de Ney, Arch. Guerre.)
Au lieu de reconnaître ces paroles en disant — ce qui était la vérité — qu'il les avait répétées à l'aveugle pour entraîner Lecourbe et Bourmont, Ney en nia la plus grande partie. Il craignait, et non sans raison, qu'on ne prît acte de son aveu pour conclure que, dès son départ de Paris, il avait prémédité sa défection.
Quant à la question de savoir si Ney connaissait la conspiration orléano-bonapartiste par des confidences antérieures (nul n'ignorait, en décembre 1814, son humeur contre la cour et on put lui faire des ouvertures) ou seulement par les rapports des émissaires de Lyon (Fleury de Chaboulon était dans cette ville pendant le séjour de l'empereur et il avait pu parler de son voyage à l'île d'Elbe et des projets de Fouché), il est impossible d'y répondre. Quoi qu'il en soit, Ney contribua par ces propos à accréditer la fausse opinion qu'il existait une entente entre l'île d'Elbe et les conspirateurs de Paris.

mont, royaliste de cœur comme de tradition, se récrièrent. Bourmont rappela respectueusement mais fermement au maréchal qu'il avait reçu et accepté du roi la mission de combattre Bonaparte. Lecourbe fut plus violent. « — Comment voulez-vous que je serve ce b... là ? Il ne m'a fait que du mal et le roi ne m'a fait que du bien. Puis, je suis au service du roi, et, voyez-vous, monsieur le maréchal, moi j'ai de l'honneur. »

Cravaché par ces paroles, Ney s'emporta, et au lieu d'exposer les vrais mobiles de sa résolution, c'est-à-dire l'impossibilité de faire marcher les troupes et ses scrupules de commencer la guerre civile, il épancha sa colère en récriminations contre les Bourbons : « — Et moi aussi j'ai de l'honneur ! c'est pourquoi je ne veux plus être humilié. Je ne veux plus que ma femme rentre chez moi, les larmes aux yeux des humiliations qu'elle a reçues. Le roi ne veut pas de nous, c'est évident. Ce n'est qu'avec un homme de l'armée comme Bonaparte que l'armée pourra avoir de la considération. » Et, prenant sur la table l'ordre du jour rédigé par l'empereur sous son nom, il le passa aux deux généraux en disant : « — Tenez, voici ce que je veux lire aux troupes. » Après une nouvelle discussion, Lecourbe et Bourmont, non moins convaincus en réalité que le maréchal de la difficulté de se faire obéir des soldats, se résignèrent à suivre leur chef dans sa défection. Sur l'ordre de Ney, Bourmont prescrivit aux troupes de se réunir à une heure sur la place d'Armes, et peu d'instants avant la revue, lui et Lecourbe vinrent prendre le maréchal à l'Hôtel de la Pomme d'Or pour l'accompagner sur le terrain. Tous deux savaient le motif de la prise d'armes : en s'y montrant aux côtés du prince de la Moskowa, ils sanc-

tionnèrent sa défection et en prirent leur part[1].
Les troupes composées de quatre bataillons (60° et 77° de ligne) et de six escadrons (8° de chasseurs et 5° de dragons) formaient le carré. Le maréchal et les généraux Bourmont et Lecourbe, entourés de leurs états-majors, se placèrent contre l'une des faces. Les tambours ouvrirent un ban. « A ce moment, dit un témoin, je regardai les soldats. Tous étaient mornes et pâles. Je pressentais le retour d'une de ces journées de la Révolution où les officiers furent victimes de leurs soldats ! [2] » Ney tira son épée, et de sa voix forte et claire, il lut : « Officiers, sous-officiers et soldats, la cause des Bourbons est à jamais perdue.... » Un grand cri de : Vive l'empereur ! cri de joie, cri de délivrance, s'élevant des quatre faces

1. Interrogatoire de Ney, déposition de Bourmont, déposition (écrite) de Lecourbe (*Procès*, II, 108-109, 126-131, 141, et dossier de Ney, Arch Guerre).
La conversation de l'Hôtel de la Pomme d'Or est à peu près le seul point du procès où l'interrogatoire de Ney et les dépositions des témoins soient en désaccord. Suivant Ney, Lecourbe et Bourmont l'approuvèrent tout de suite et sans discussion. Selon ces deux généraux, ils s'opposèrent tant qu'ils le purent à sa détermination. C'est plus probable. S'ils eussent accueilli d'enthousiasme les ouvertures de Ney, Napoléon, après avoir appris du maréchal à Auxerre les détails de cette conversation, ne lui eût pas donné l'ordre de faire arrêter Bourmont et Lecourbe avec les autres opposants, Delort, Jarry, Capelle, Vaulchier. Mais il n'en est pas moins vrai qu'après avoir d'abord résisté à Ney, ses deux divisionnaires prirent très facilement leur parti de se faire ses complices. Autrement, loin de le venir prendre à l'hôtel et de l'accompagner à la revue, ils eussent purement et simplement quitté la ville entre dix heures et midi. Bourmont prétend qu'il alla à la revue par curiosité, « afin de voir l'effet que la proclamation produirait sur les troupes » et aussi de crainte d'être arrêté. Voilà de pauvres raisons. Bourmont ne pouvait douter des sentiments des troupes, et on verra plus loin comment le colonel Dubalen resta fidèle au roi sans s'inquiéter de savoir s'il serait arrêté.— Barante (*Souv.*, II, 105-106) dit qu'il tient de Bourmont lui-même que celui-ci et Lecourbe, voyant l'impossibilité de résister, en raison de l'esprit des troupes, approuvèrent la résolution de Ney. Ajoutons enfin qu'un fragment de lettre annexé à un dossier de Ney qui se trouve aux Arch. nationales (F. 7,6683) porte : « Les allégations de M. Ney contre M. de Bourmont sont malheureusement trop fondées. J'ai en main des preuves de sa culpabilité momentanée. »
2. Déposition du colonel de Prechamp (*Procès*, II, 178-179, et dossier de Ney, Arch. Guerre). Cf. au dossier le premier interrogatoire de Ney : « Les soldats menaçaient de me tuer. »

du carré, interrompit le maréchal¹. Il reprit : « La dynastie légitime que la nation française a adoptée va remonter sur le trône : c'est à l'empereur Napoléon qu'il appartient seul de régner sur notre beau pays... Soldats, je vous ai souvent menés à la victoire ; maintenant je vais vous mener à la phalange immortelle que l'empereur conduit à Paris... » La lecture s'acheva au milieu des acclamations. Tous les soldats s'embrassaient. Exalté par l'enthousiasme général, Ney se jeta dans les bras des officiers qui l'entouraient, puis, se mêlant à la troupe, il donna l'accolade aux soldats. « Il parcourait les rangs comme un homme en délire, embrassant jusqu'aux fifres et aux tambours₂. »

Seuls quelques officiers supérieurs, indignés et consternés, résistèrent à l'entraînement. Le colonel Dubalen, commandant le 60ᵉ de ligne, aborda Ney au milieu de ses embrassades. « — Monsieur le maréchal, dit-il, mes serments au roi ne me permettent pas de changer de cause. Je vous donne ma démission. »
« — Je ne l'accepte point, s'écria Ney, mais vous êtes libre de vous retirer. Partez vite, et surtout ne vous faites point maltraiter par vos hommes³. »

Le soir, pendant que les soldats et le peuple fra-

---

1. Déposition du major de La Genetière (*Procès*, II, 154, et dossier de Ney).
2. Interrogatoire de Ney, dépositions de Bourmont, Vaulchier, La Genetière, Gay, Beauregard, etc. (*Procès*, II, 127, 129, 137, 146, 155, et dossier de Ney, Arch. Guerre.)
3. Interrogatoires de Ney, dépositions de Bourmont et de La Genetière (*Procès*, II, 111, 135, 138, 155, et dossier de Ney, Arch. Guerre).

Dubalen, se regardant comme délié de ses serments par le départ du roi, reprit après le 20 mars le commandement de son régiment. Il fut tué le 16 juin à la bataille de Ligny.

Les généraux de Bourmont, Delort, Jarry et Bessières, l'aide de camp Clouet, le major de La Genetière et l'ordonnateur Cayrol abandonnèrent Ney le 15 mars. De même les préfets Vaulchier et Capelle refusèrent, malgré les instances du maréchal, d'administrer les départements au nom de Bonaparte. Pour Lecourbe, il ne suivit pas non plus Ney à Auxerre, mais il prit la cocarde tricolore, ne dit pas qu'il ne servirait pas l'empereur et accepta — avec joie, j'ai des raisons pour le dire — le commandement du

ternisaient en chantant et en buvant, brisaient les enseignes décorées de fleurs de lys et saccageaient un café parce qu'il s'appelait le café Bourbon[1], le prince de la Moskowa réunit à dîner son état-major, les généraux et les officiers supérieurs. Le repas fut bruyant, animé, plein de gaîté. Un seul homme était silencieux et sombre. C'était le maréchal[2]. Son exaltation tombée, il entendait la voix de sa conscience. « Depuis cette malheureuse proclamation, dit-il plus tard, je ne désirais que la mort. J'ai eu bien des fois envie de me brûler la cervelle[3]. » Le héros devait vivre désormais avec l'esprit troublé et ne recouvrer sa sérénité que devant le peloton d'exécution.

III

Dès le lendemain matin, 15 mars, Ney mit ses troupes en marche sur Dôle et Dijon, conformément aux ordres du général Bertrand[4]. A la même heure l'empereur quittait Chalon. Il vint coucher à Autun. Depuis trois jours, la discorde régnait dans la ville. Le 11, le sous-préfet s'était enfui. Le 12, le lieutenant de gendarmerie, secondé par ses hommes et

corps d'observation du Jura. (Déposition du comte de Villars, dossier de Ney, Arch. Guerre. Napoléon, *Corresp.*, 21,733. Lecourbe à Davout, Paris, 7 avril. Arch. nat. AF., IV, 1939.)
1. Dépositions de Bourmont, Grivel, La Génetière, Vaulchier (*Procès*, II, 111, 127, 152, 155, 182, et dossier de Ney).
2. Interrogatoires de Ney. (*Procès*, II, 129, et dossier de Ney.)
3. Interrogatoires de Ney (dossier de Ney, Arch. Guerre).
4. Interrogatoires de Ney, déposition de La Génetière (*Procès*, II, 109, 132, et dossier de Ney, Arch. Guerre). — Bertrand avait d'abord donné l'ordre de marcher sur Bourg et Mâcon, mais dans la soirée du 14, Ney avait reçu un nouvel ordre indiquant Dijon comme point de direction.
Dans *L'île d'Elbe et les Cent Jours* (*Corresp.*, XXXI, 70 73). Napoléon prétend qu'il hésita d'abord à faire venir Ney. Mais ce récit est, en général, peu véridique. Entre autres erreurs, il est dit que la lettre : « Je vous recevrai comme le lendemain de la Moskowa. » fut écrite à Auxerre, alors que dans la *Correspondance* (21689) cette lettre est datée de Lyon et que, d'après sa rédaction, elle ne put en effet avoir été écrite qu'à Lyon.

les ouvriers tanneurs, avait arboré le drapeau tricolore, promené dans les rues, et jusque dans l'église, un buste de Napoléon, et chassé de la mairie le conseil municipal où dominait l'opinion royaliste. Mais le 13, le maire d'Autun, vieillard plein d'énergie malgré ses quatre-vingts ans, convoqua la garde nationale, arma les royalistes, et imposant au populaire, fit rétablir le drapeau blanc. Les choses en étaient là lorsque se présenta l'avant-garde impériale. C'étaient les dragons du 13e, le régiment de Lyon. Ils désarmèrent les gardes nationaux et auraient sabré le maire et les royalistes les plus compromis sans l'intervention du général Brayer, qui arriva fort à propos : « — De quel droit, dit l'empereur au maire, vous êtes-vous permis de menacer les citoyens parce qu'ils portaient les couleurs nationales? Comment avez-vous osé vous mettre en rébellion contre moi? Je vous casse... Vous vous êtes laissé mener par les prêtres et les nobles qui voulaient rétablir la dîme et les droits féodaux. J'en ferai justice. Je les lanternerai... » Et s'arrêtant, assourdi par les acclamations de la foule qui se pressait devant l'Hôtel de la Poste, il reprit : « — Mon pouvoir est plus légitime que celui des Bourbons, car je le tiens de ce peuple dont vous entendez les cris [1]. » Le 16 mars, l'empereur entra à Avallon. Là aussi le conseil municipal était royaliste, mais il n'avait pu empêcher l'immense majorité des citoyens de prendre la cocarde tricolore à l'approche de Napoléon [2].

Désormais, l'entraînement populaire devient ir-

---

[1]. Général Heudelet à Clarke, Dijon, 13 mars. Général Coetlosquet à Clarke, Nevers, 14 mars. Rapport du vicomte de Saillan sur la situation de la 18e division militaire, 14 mars. Sous-préfet de Château-Chinon à Coetlosquet, 15 mars. (Arch. Guerre.) Fabry, 94-99. Déposition de Heudelet (*Procès de Ney*, II, 190-191). Cf. Napoléon, *L'Ile d'Elbe et les Cent Jours* (Corresp., XXXI, 73).
[2]. Fleury de Chaboulon, II, 235-238. Fabry, 100-101.

résistible. La rébellion s'étend à vingt lieues à la ronde, des bords du Doubs aux rives de la Loire. Les trois couleurs flottent à Arbois, à Poligny, à Dôle, à Beaune, à Auxonne, à Dijon¹. A Nevers, une émeute éclate dans la nuit du 14 au 15 mars². A Clamecy, le général en demi-solde Allix assemble le peuple sur la place de la mairie, lit au milieu des vivats les proclamations du golfe Jouan et déclare qu'il prend le commandement de la ville au nom de l'empereur. « — Je vous adjure, dit-il en terminant, d'arborer sur-le-champ la cocarde nationale et de regarder comme ennemis ceux qui ne la porteront point³. » A Auxerre, où l'empereur arrive le 17 mars, le préfet Gamot l'attend à l'entrée de la ville avec les autorités et toute la population ; le 14ᵉ de ligne (colonel Bugeaud) lui présente les armes ; dans le grand salon de la préfecture, il trouve les bustes de l'impératrice et du prince impérial et son portrait en pied, en costume du sacre⁴.

C'est à Auxerre que le maréchal Ney rejoignit l'empereur. Bien que la proclamation de Lons-le-Saunier pût effacer les paroles de Fontainebleau, cette entrevue ne laissait pas d'être embarrassante pour le prince de la Moskowa. Napoléon le mit à son aise dès

1. Heudelet à Clarke, Dijon, 13 mars. (Arch. Guerre.) Interrogatoires de Ney et déposition du comte de Villars. (*Procès*, II, 112, et dossier de Ney.)
2. Capitaine de gendarmerie de la Nièvre à Moncey, 15 mars. (Arch. Guerre.) Préfet de la Nièvre à Carnot, 27 mars. (Arch. nat. F. 7, 3147.)
3. Rapport du lieutenant de gendarmerie de Clamecy, Varzy, 17 mars. (Arch. Guerre.) — Cet officier, ne se sentant pas en forces pour résister à 3,000 insurgés, se replia avec ses gendarmes
4. Fabry, 121. Fleury de Chaboulon, I, 238, 246. — Gamot était le beau-frère de Ney, ayant épousé la sœur de la maréchale.
Pendant huit jours, Bugeaud, dirigé d'Orléans sur Moulins, avait réussi par des miracles d'énergie à maintenir son régiment dans le devoir, mais à Avallon, le général Girard, précédant l'empereur, avait entraîné les hommes et le colonel à la défection et avait donné l'ordre au 14ᵉ de rétrograder sur Auxerre (Fabry, 100. Bugeaud à préfet du Loiret, Montargis, 10 mars, et à Clarke, Avallon, 11 mars. Boudin à Clarke, Auxerre, 12 et 14 mars. Arch. Guerre).

qu'il entra. « — Embrassez-moi, mon cher maréchal, lui dit-il. Je suis heureux de vous voir et je n'ai besoin ni d'explications ni de justification. » Ney crut cependant devoir s'excuser, et tout en ayant le tact de ne point prononcer le nom de Fontainebleau, il dit que sa conduite passée et présente n'avait jamais été inspirée que par l'amour de la patrie. Puis, recouvrant vite son assurance, il reprit : « — Je vous aime bien, Sire, mais la patrie avant tout ! avant tout !... Votre Majesté est sûre que nous la soutiendrons, car avec de la justice on fait des Français tout ce que l'on veut... Mais il ne faut plus songer aux conquêtes, il ne faut plus songer qu'au bonheur de la France. » L'empereur l'interrompit en disant que lui aussi était un patriote, qu'il était revenu de l'île d'Elbe dans le seul intérêt du pays et qu'il donnerait aux Français tout ce qu'ils attendaient de lui. Il appela Ney « le brave des braves », et changeant de conversation, il le questionna sur l'esprit de ses troupes et sur les sentiments des habitants du Jura, du Doubs et de la Côte-d'Or[1]. Le lendemain, Ney regagna Dijon avec l'ordre de conduire ses troupes à Paris par Joigny et Melun[2].

Depuis plusieurs jours, l'empereur et son état-

---

1. Fleury de Chaboulon, I, 241-243. Cf. Premier et deuxième interrogatoires de Ney. (Dossier. Arch. Guerre.)
Dans les *Notes sur les Mémoires de Fleury*, l'empereur dit que cette conversation est rapportée inexactement. Il est possible que Fleury n'ait point rapporté les termes mêmes de cet entretien, mais il en a certainement donné le sens.
Une pièce produite au procès (*Procès de Ney*, II, 284-285) prête au maréchal Ney un langage tout autrement violent. « Je ne suis pas venu vous rejoindre, aurait-il dit, par attachement ou considération pour votre personne. Vous avez été le tyran de ma patrie, vous avez porté le deuil dans toutes les familles, vous avez troublé la paix du monde. Jurez-moi, puisque le sort vous ramène, que vous ne vous occuperez à l'avenir qu'à réparer les maux que vous avez causés à la France, que vous ferez le bonheur du peuple, etc., etc. » — La version de Fleury est plus vraisemblable.
2. Second interrogatoire de Ney (dossier de Ney, Arch. Guerre). Cf. Ney à Davout, Paris, 23 mars. (Arch. Guerre.)

major recevaient indirectement et directement des nouvelles de Paris. Il y avait les journaux ; il y avait les dépêches ministérielles et les lettres privées que Fleury de Chaboulon rendait aux courriers de la malle après les avoir lues sans scrupule ; il y avait les rapports verbaux des officiers à la demi-solde venus au-devant de l'armée impériale[1]. L'un d'eux ayant sans doute dépeint l'état de Paris comme plus agité qu'il ne l'était réellement, l'empereur appréhenda quelque émeute dont le succès, à son avis, n'eût pas avancé son retour et dont la répression eût été funeste à tous les points de vue. Un parent de Bassano occupait à Dijon les fonctions d'inspecteur des droits réunis. L'empereur envoya l'ordre à Ney d'écrire sur-le-champ au duc de Bassano pour qu'il arrêtât tout mouvement à Paris, et de lui faire passer sa lettre par les soins de ce parent[2].

La correspondance des royalistes décachetée à l'état-major impérial révélait des complots contre la vie de l'empereur. Dans plusieurs lettres, il était question de vendéens et de gardes du corps qui s'étaient mis en route pour l'assassiner, déguisés en femmes et en soldats de la garde[3]. Il est certain, en effet, que des souscriptions furent ouvertes publiquement au profit de l'homme qui tuerait Napoléon[4], et que plusieurs individus s'offrirent à remplir cette mission[5]. Il y eut aussi les forçats du bagne de Cher-

---

1. Fleury de Chaboulon, I, 229, 245-246.
2. Second interrogatoire de Ney (dossier de Ney, Arch. Guerre).
3. Fleury de Chaboulon, I, 245-246.
4. Souscription ouverte à Blois, du 15 au 18 mars. (Copie de la pièce originale avec signatures. Arch nat. F. 7. 3774.)
5. Lettres au ministre de l'intérieur, Strasbourg, 15 mars; Redon, 18 mars; Lille, 21 mars; Rennes, 22 mars, etc., etc. (Arch. nat. F. 7, 3147). — Le plus curieux, c'est que plusieurs de ces lettres n'arrivèrent à Paris qu'après le retour de l'empereur. Carnot en eut connaissance. Les signataires ne furent pas inquiétés. L'un d'eux, vérificateur des douanes à Redon, écrivait: « Je suis prêt à assassiner Bonaparte pour gagner *la récompense promise.* »

bourg qui adressèrent une supplique au duc de Berry pour être employés contre l'usurpateur[1]. La Fayette prétend même qu'un ministre lui dit : « — Si Bonaparte était passé où nous l'attendions, c'en était fait de lui », et que le principal agent du guet-apens fut emprisonné pendant les Cent Jours[2]. Quoi qu'il en soit, les officiers de l'entourage de l'empereur étaient inquiets et faisaient bonne garde. Lui-même se montrait plus attristé qu'alarmé des complots annoncés contre sa personne. Il les méprisait et se mêlait aux rassemblements populaires sans crainte des assassins[3]. Mais le bruit de ces projets homicides se répandit dans l'armée. Déjà fort irrités par l'ordonnance royale du 6 mars qui les mettait hors la loi et par le langage des journaux qui les traitaient de bandits, les soldats devinrent furieux. Ils parlaient d'exterminer les chouans et les gardes du corps que l'on disait massés en avant de Fontainebleau. Instruit de l'exaspération des troupes, l'empereur écrivit au général Girard qui allait commander l'avantgarde : « On m'assure que vos troupes ont résolu de faire main basse sur les royalistes. Vous ne rencontrerez que des Français. Je vous défends de tirer un seul coup de fusil. Calmez vos soldats ; démentez les bruits qui les exaspèrent ; dites-leur que je ne voudrais pas rentrer dans ma capitale à leur tête si leurs armes étaient teintes du sang français[4]. »

1. Sous-préfet de Cherbourg à Montesquiou, s. d. (du 12 au 18 mars) (Arch. nat. F. 7, 3774).
2. La Fayette, *Mém.*, V, 359-360.
3. Fleury de Chaboulon, I, 246-248.
4. Fleury de Chaboulon (I, 250-251) cite cette lettre, qu'il dit avoir écrite lui-même sous la dictée de l'empereur et dont une copie existe aux Archives de la Guerre (carton de la correspondance de Napoléon). Mais celui-ci, dans ses Notes sur les *Mémoires* de Chaboulon, s'insurge contre la phrase : « Je vous défends de tirer un seul coup de fusil. » Il dit : « Ainsi, si 200 volontaires royaux avaient tenu ferme, le général Girard devait se rendre puisqu'il ne devait pas tirer un coup de fusil, et Napoléon, s'il trou-

« Ils grognaient mais le suivaient toujours, » a inscrit Raffet au bas d'une grandiose estampe. Les vieux soldats ne grognaient plus. Ils étaient dans l'enthousiasme. L'un d'eux écrivait à un camarade du village : « — Au nom de l'empereur, Alexandre Gauvilier te souhaite le bonjour. Nous ne faisons que rafraîchir et nous marchons à grandes journées sur Paris où l'aigle et le drapeau tricolore flotteront bientôt sur la tour Notre-Dame. Je souhaite le bonjour à tout le monde. Embrasse pour moi tous ceux qui crient du fond du cœur : Vive Napoléon[1] ! »

Quelle que fût l'ardeur des soldats, l'empereur voulait leur épargner de trop grandes fatigues. A Auxerre, il fit embarquer une partie de son infanterie sur des barques et des chalands[2]. Pour que les troupes transportées par eau se tinssent à peu près à la hauteur de celles qui suivaient la route, il fallait nécessairement naviguer le jour et la nuit. En arrivant à Pont-sur-Yonne, dans la soirée du 19 mars, l'empereur vit un certain nombre de bateaux qui s'y étaient garés. Il témoigna son étonnement aux patrons. « — Est-ce que vous avez peur de vous mouiller ? » leur dit-il en plaisantant. Ceux-ci, connaissant les dangers de cette navigation, auraient sans doute passé outre

---

vait de la résistance, devait retourner à l'île d'Elbe ? » Comme dans toutes les Notes sur ce livre, qui ne sont qu'une suite de boutades paradoxales, Napoléon joue sur les mots d'une façon indigne d'un si grand esprit. Il est bien clair que si l'empereur a écrit : « Je vous défends de tirer un seul coup de fusil », cela ne voulait point dire qu'on devait se laisser fusiller sans riposter et battre en retraite à la moindre résistance. Cela signifiait que Girard ne devait point engager le feu le premier et qu'il devait employer tous les moyens pour éviter l'effusion du sang. C'est ce que l'empereur avait recommandé à Cambronne en débarquant au golfe Jouan, c'est ce dont lui-même avait donné l'exemple en abordant le 5ᵉ de ligne à Laffray.

1. Lettre saisie, datée d'Autun, 15 mars. (Arch. Guerre.) — L'original porte : *flottera* pour *flotteront* et *crie* pour *crient*.
2. Peyrusse, *Mémor.*, 299. Napoléon, *L'île d'Elbe et les Cent Jours* (*Corresp.*, XXXI, 74). — Déjà plusieurs régiments avaient été transportés sur la Saône de Lyon à Chalon.

à l'observation de l'empereur mais, malheureusement, quelques soldats répétèrent le propos à leurs camarades qui contraignirent les mariniers à se remettre en route. Au milieu de la nuit, on entendit sur l'Yonne un cri surhumain de : Vive l'empereur ! Puis tout rentra dans le silence. Le lendemain, les épaves d'un bateau qui s'était brisé contre une arche de pont furent trouvées flottant à la dérive. Au moment de mourir, les soldats avaient salué leur empereur d'une suprême acclamation[1].

---

1. Fabry. *Itinér. de Buonaparte*, 134-135. Cf. les *Cahiers*. de Coignet (389), qui parle de bateaux submergés, et le rapport du colonel du 76ᵉ à Davout. 30 avril (Arch. Guerre), où cet officier rappelle que trente-trois hommes de son régiment furent noyés à Pont-sur-Yonne.

Le royaliste Fabry cite ce fait comme une preuve de « la férocité » de Napoléon et de la sauvage idolâtrie de ses soldats.

CHAPITRE V

LE DÉPART DU ROI ET LA RENTRÉE DE L'EMPEREUR

I. Les dernières mesures de résistance. — La séance royale du 16 mars.
II. La royauté aux abois.
III. Le départ de Louis XVIII.
IV. Le 20 mars.
V. Du retour de l'île d'Elbe.

I

La monarchie croula comme un château de cartes. Toutes les mesures prises contre Napoléon restaient lettre morte ou tournaient contre le gouvernement. L'envoi de troupes dans le Lyonnais, la Franche-Comté, le Bourbonnais, pour barrer la route à l'usurpateur, avait eu comme seul résultat de lui constituer une armée, si bien qu'après la défection de Ney on trouva ce placard manuscrit attaché à la grille de la colonne Vendôme : « Napoléon à Louis XVIII : Mon bon frère, il est inutile de m'envoyer encore des soldats. J'en ai assez.[1] » Les conseils généraux convoqués le 11 mars ne purent, à quelques exceptions près, se réunir que passé le 18[2]; au reste, la rapidité des évé-

---

1. Note de police, 19 mars. (Arch. nat. F. 7, 3200⁴.)
2. Correspondance des préfets, du 14 au 23 mars. (Arch. nat. F¹ᵃ, 587.)

nements eût rendu inefficaces leurs délibérations et leurs arrêtés. L'ordonnance royale du 9 mars sur la levée de trois millions de gardes nationales, ordonnance qui semblait plutôt un manifeste, un épouvantail qu'une mesure pratique[1], ne reçut même point un commencement d'exécution. Les préfets et les généraux reculaient sans doute devant la tâche d'organiser et d'armer une pareille masse d'hommes en si peu de temps[2]. Ils se bornèrent à publier l'appel aux volontaires et à s'occuper de leur organisation. Dans certains départements, les volontaires se présentèrent en assez grand nombre : 1.500 dans le Maine-et-Loire et la Mayenne, 800 dans la Vendée et la Loire-Inférieure, 600 dans le Nord, 200 dans la Seine-Inférieure, 200 dans le Calvados, 150 dans le Loir-et-Cher, 180 dans le Pas-de-Calais. Mais d'autres départements, la Meurthe, par exemple, ne donnèrent point un seul homme. La totalité des volontaires, non compris ceux de Paris et du Midi, ne dépassa pas 7,000[3], et tous n'étaient point, paraît-il, d'un

---

1. Vitrolles (*Mém.*, II, 330) remarque que dans cette ordonnance il n'était indiqué « aucun moyen d'exécution possible ».

2. Dans les 200,000 pièces que nous avons vues tant aux Archives nationales qu'aux Archives de la Guerre, nous n'en avons trouvé que *deux* où il fût question de l'exécution de l'ordonnance du 9 mars en ce qui concernait les gardes nationaux non volontaires. L'une est une lettre du général Fabre, commandant à Saint-Brieuc, à Clarke, portant que « à cause de l'antagonisme de la noblesse et du peuple, il est impossible de former la garde nationale ». (Arch. Guerre, 16 mars.) L'autre est une lettre du duc de Bourbon qui écrit d'Angers, le 18 mars, qu'il a dirigé sur Blois 10.000 gardes nationaux. (Arch. Guerre, 18 mars.) Mais il faut remarquer : 1° que ces 10,000 gardes nationaux étaient tout au plus 1500 ; 2° que c'étaient des volontaires ; 3° que bien loin d'être partis le 18, comme l'annonçait le duc de Bourbon, ils ne devaient partir que le 27 et finirent par rester à Angers. (D'Autichamp à Clarke, Angers, 20 mars. Arch. Guerre. D'Autichamp. *Campagne de Vendée*, 25-26). — Quant au décret impérial du 21 mars (*Bulletin des Lois*, n° 3) il porte dissolution des gardes nationales mobilisées et des volontaires et non des gardes sédentaires qui n'avaient pas été organisées.

3. Correspondance des préfets, 15 au 20 mars. (Arch. nat. F. 7, 3773 ; F. 7, 3774 ; F. 7, 3147, et F. 7, 3740.) Correspondance générale du 14 au 20 mars. (Arch. Guerre.)

royalisme éprouvé. Il y avait des ouvriers et des tâcherons sans ouvrage, la plupart anciens soldats, qui inspiraient plus d'inquiétudes que de confiance [1]. En outre, on ne pouvait en un jour organiser, armer, équiper et faire arriver les volontaires à Paris. Les premiers détachements partirent de Caen le 16 mars, de Lille et d'Arras le 17, de Rouen le 18 [2].

La population parisienne donna dans les premiers jours deux bataillons de volontaires [3]. Il n'y avait pas de quoi justifier les paroles de Blanquart de Bailleul à la Chambre : « On est embarrassé du nombre prodigieux de volontaires qui se présentent [4]. » L'École de droit s'engagea en masse et forma un bataillon de 1.200 hommes, bientôt réduit à 750 [5]. Des étudiants en médecine, des élèves de l'École normale et autres jeunes gens formèrent un deuxième bataillon. Tous deux furent placés sous le commandement de l'octogénaire Voménil. Il y eut encore en formation trois ou quatre autres corps, notamment une compagnie de cavaliers dont l'uniforme fut déterminé dans les plus minutieux détails par décision ministérielle du 16 mars, et une compagnie, dite des gardes du roi, composée d'officiers de vaisseaux en non activité ou en retraite ; parmi ceux-ci se trou-

---

1. D'Autichamp, *Campagne de 1815 dans la Vendée*, 4.
2. Préfets du Calvados, du Pas-de-Calais et du Nord à Clarke, 16 et 17 mars. Commissaire ordonnateur de la 15e division militaire au même, Rouen, 18 mars. (Arch. Guerre.) — D'après une note de police du 31 mars (Arch. nat. F. 7, 3205) les 800 volontaires de la Vendée et de la Loire-Inférieure, formant un bataillon dit *bataillon des Vendéens*, arrivèrent à Paris le soir du 19 mars.
3. Vitrolles (II, 304) prétend « qu'on aurait pu trouver des centaines de mille de volontaires (*sic*), qu'il s'en présenta beaucoup, mais qu'on ne sut pas les employer et qu'on en forma seulement trois bataillons qui allèrent à Vincennes ». Or il n'alla à Vincennes que deux bataillons. (Guillemin, *Le Patriotisme des volontaires royaux*, 17. Rapport de Merlin sur la capitulation de Vincennes, 21 mars. Arch. Guerre.)
4. *Moniteur*, 16 mars.
5. Guillemin, *Le Patriotisme des volontaires*, 3, 5, 21, 22. Rapport sur la capitulation de Vincennes, 21 mars. (Arch. Guerre.)

vaient de vieux amiraux, survivants de Quiberon [1]. On voulut enrôler quarante élèves de l'École polytechnique, connus pour leurs sentiments royalistes, mais ils déclarèrent qu'ils ne partiraient que si leurs camarades partaient avec eux. Les appels réitérés des journaux ne réussirent point à faire prendre les armes aux rhétoriciens des ci-devant lycées : « — Laissons, dirent-ils, aux tonsurés de l'abbé Liautard (les élèves du collège Stanislas) le soin de défendre le roi et faisons des thèmes et des versions [2]. » Le 15 et le 16 mars, les volontaires de l'École de droit firent plusieurs promenades militaires dans Paris, vêtus de costumes à la Henri IV et portant un drapeau offert par les dames du faubourg Saint-Germain [3] ; le 17, ils vinrent caserner à Vincennes. Mais leurs forces n'égalaient pas leur bon vouloir. Le marquis de Puyvert, gouverneur du château, écrivit à Maison : « J'espère qu'on renverra demain au moins la moitié des volontaires, car ce sont des marmots incapables de tenir un fusil [4]. »

Le 16 mars, le comte d'Artois passa une grande revue des douze légions de la garde nationale parisienne. On se flattait que les volontaires se présenteraient en nombre. Dessolles avait publié un ordre du jour portant que le prince inviterait à sortir des rangs pour former, sous ses ordres, la légion Colonel-général, tous les citoyens à qui leur âge et leur situation permettraient « de se livrer à l'impulsion de leur patriotisme » [5]. Partout les gardes accueillirent le

---

1. *Journal des Débats*, 17 mars. Laborde, *Quarante-huit heures de garde au château des Tuileries*, 12.
2. Barry, *Cahier d'un rhétoricien de 1815*, 14-15, 20.
3. Guillemin, 6, 7, 17-18, 23. — Le 18 mars, ce costume au moins suranné fut remplacé par l'uniforme des troupes de ligne avec un énorme plumet blanc au shako.
4. Puyvert à Maison, Vincennes, 17 mars. (Arch. Guerre.)
5. *Moniteur*, 16 mars. — Le Conseil municipal publia de son côté un chaleureux appel aux armes contresigné par Chabrol.

comte d'Artois aux cris répétés de : Vive le Roi ! Abusé par ces acclamations, le prince s'écria en passant devant le front de la 1⁷ᵉ légion massée sur la place Vendôme : « — Mes enfants, pas de confusion. Ne sortez des rangs que les uns après les autres. » Or dans cette légion, un seul volontaire se présenta, le vieux Dupont de Nemours. A la vérité, dans la 2ᵉ légion, la compagnie Decazes donna à elle seule 80 volontaires. Mais l'immense majorité des gardes nationaux était plus disposée à crier : Vive le roi ! qu'à se battre pour lui. La légion Colonel-général ne réunit que trois ou quatre compagnies qui ne furent même pas dirigées sur l'armée[1].

Le rappel sous les drapeaux des militaires en congé, qui s'élevaient à plus de cent vingt mille, resta à peu près sans effet. Dans plusieurs divisions militaires, on ajourna la convocation de peur d'exciter le mécontentement. Dans les départements où l'on voulut exécuter l'ordonnance du 9 mars, il fallut recourir à des notifications individuelles ; encore très peu d'hommes y obéirent-ils. Dans l'Aisne, le nombre des sous-officiers et soldats qui se présentèrent ne fut que de 102, et dans le Cher de 6 seulement[2]. Les officiers à la demi-solde, rappelés tous à l'activité, se montrèrent plus empressés. Par cette mesure, qui lui fut très reprochée, Soult espérait rattacher à la cause royale dix ou douze mille mécontents. Restait à savoir si cette réintégration trop tardive dans les cadres suffirait à désarmer les pires ennemis du gouvernement, et s'ils n'allaient point profiter de leur réunion en bataillons d'officiers pour passer du côté de l'empereur à la première

---

1. La Fayette, *Mém.*, V, 376. Lamarque, *Souv.*. I, 25. Vitrolles, *Mém.*, II, 349. Laborde, *Quarante-huit heures de garde aux Tuileries*, 9. *Moniteur*, 17 mars. *Journal des Débats*, 17 mars.
2. Correspondance générale, du 13 au 20 mars. (Arch. Guerre.)

rencontre et pour entraîner les hésitants de l'armée. Il est évident qu'un certain nombre d'officiers se rendirent à l'appel tout simplement pour retrouver un emploi et leur solde entière. Quelques-uns même obéirent à leur royalisme ou à leur haine contre Napoléon. « Quoique perclus de blessures, écrivait de Tarbes le colonel Faure, je demande à reprendre du service et à combattre Bonaparte qui n'a pas su mourir en soldat. Mon fils, qui a dix-sept ans et qui est au collège, me suivra pour défendre le roi ! [1] » Mais presque tous les officiers à la demi-solde se firent incorporer dans le dessein bien arrêté d'aider à la restauration de l'empereur. Loin d'être une force pour l'armée royale, ces bataillons d'officiers étaient un danger. Le duc de Berry, qui ne s'y trompait pas, fit rétrograder à Saint-Denis le bataillon envoyé aux avant-postes de Melun [2].

Le roi ne trouvait de défenseurs ni dans l'armée toujours hostile, ni dans le peuple qui partageait les sentiments de l'armée, ni dans les classes bourgeoises qui, toutes royalistes qu'elles étaient soudain redevenues, se bornaient à témoigner leur dévouement par des vœux et des protestations. Onze cents municipalités envoyèrent des adresses au roi, mais dans ces mêmes communes, chacun se dérobait à prendre les armes. « Les gens aisés sont pour le roi, écrivait le 15 mars le colonel du 6e lanciers, mais nul ne veut payer de sa personne. J'ai voulu faire partir quelques hommes en état de servir ; les uns se disent trop jeunes, les autres trop vieux [3]. » Le préfet des Deux-

---

1. Colonel Faure à Clarke. Tarbes, 18 mars. (Arch. Guerre.)
2. Belliard à Clarke, Melun, 17 mars. (Arch. Guerre.) Cf. Sur les officiers à la demi-solde pendant ces événements : duc d'Aumont à Clarke, Caen, 12 mars ; général d'Henin au même, Chartres, 15 mars. (Arch. Guerre.) Commissaire de police de Varennes à Dandré, 10 mars. Correspondance des préfets, du 10 au 20 mars. (Arch. nat. F. 7, 3147, et F1a, 587.)
3. Galbois à Clarke, Joigny, 15 mars. (Arch. Guerre.)

Sèvres et le préfet de la Haute-Garonne terminaient l'un et l'autre par ces mots leurs rapports du 18 mars : « Plus le danger s'accroît, plus le zèle diminue [1]. » C'était dans toute la France l'impression dominante.

Seule la Chambre ne perdait pas courage. Cette assemblée honnie au pavillon de Marsan, suspecte au pavillon de Flore, qui n'avait été convoquée qu'à contre-cœur et dont Blacas écrivait : « qu'elle ne resterait pas longtemps en session [2] », cette assemblée était devenue le plus ferme appui du trône. Et parmi les députés, c'étaient les constitutionnels et les libéraux, les anciens opposants, qui se montraient les plus dévoués, les plus résolus, les plus ardents [3]. A la vérité, le bourbonisme subit qui les animait n'était point absolument désintéressé. Ils travaillaient à la fois pour la cause royale et pour le triomphe de leurs principes politiques. Ils espéraient que dominé par les circonstances, et voulant provoquer un grand mouvement d'opinion, le roi renverrait le ministère pour le remplacer par un cabinet franchement constitutionnel. En même temps, de nouveaux députés nommés exceptionnellement par décret et choisis parmi les membres de l'ancienne assemblée constituante viendraient fortifier, à la Chambre, le parti libéral, et La Fayette serait appelé au commandement en chef des gardes nationales [4]. L'abbé de Montesquiou, tout disposé à céder le pouvoir dans ces circonstances critiques, se rallia aux projets des constitutionnels. Il les soumit au conseil, proposant

---

[1]. Correspondance des préfets, 18 mars. (Arch. nat. F. 7, 3740, et F. 7, 3774.)
[2]. Blacas au comte d'Artois, 8 mars. (Arch. Aff. étr., 646.)
[3]. La Fayette, *Mém.*, V, 365. Benjamin Constant, *Mém. sur les Cent Jours*, II, 69, 71. Vitrolles, *Mém.*, II, 303.
[4]. Vitrolles, *Mém.*, II, 327. Benj. Constant, *Mém.*, II, 71, 88. La Fayette. *Mém*, V, 372-373. Hobhouse, *Lettres*, I, 164-175.

de se retirer avec ses collègues « pour environner le roi d'hommes qui, comme MM. Lainé, Voyer d'Argenson, Lally-Tollendal, ayant donné des gages à l'opinion populaire pourraient l'enchaîner au profit de la royauté ». Les paroles de Montesquiou ne persuadèrent ni le roi ni les autres ministres. On jugea la mesure comme au moins trop tardive, car on était au 15 mars, et Bonaparte devait avoir dépassé Mâcon [1]. La Fayette n'en resta pas moins convaincu que si Louis XVIII se fût résigné à former alors un cabinet constitutionnel, la monarchie eût évité l'épreuve humiliante et dangereuse d'une seconde émigration. L'illusion touchait à l'aveuglement. Trois mois plus tôt, peut-être un ministère libéral aurait-il réussi à rassurer les intérêts et à pacifier les esprits. Mais au milieu de mars, lorsque la France tressaillait à la voix de l'empereur, un changement de ministère n'aurait produit aucune impression sur le peuple ni sur l'armée. Quant aux classes moyennes et aux politiques de profession, la terreur de Napoléon avait suffi pour les rejeter temporairement du côté des Bourbons. Ils se rallièrent à la cause du roi avec autant d'ardeur et de sincérité que si le ministère eût été composé d'hommes de leur parti [2].

Tout en jugeant inopportun de changer de ministère au milieu de cette crise, le roi, conseillé vraisemblablement par Montesquiou et peut-être par Blacas, voulut affirmer d'une façon éclatante son union avec le parlement [3]. Le matin du 16 mars,

---

1. Vitrolles, *Mém.*, II, 327-328.
2. Vitrolles, *Mém.*, II, 303. Benjamin Constant, *Mém. sur les Cent Jours*, l. 71. Hobhouse, *Lettres*, I, 65. — Le 18 mars, alors que tout espoir d'un changement ministériel s'était évanoui, la Chambre vota l'urgence pour un projet de loi déclarant nationale la guerre contre Napoléon (*Moniteur*, 19 mars), et le 19 mars, Benjamin Constant, bien que déçu dans son espoir du renvoi du cabinet, n'en publia pas moins dans le *Journal des Débats* sa fameuse philippique contre l'empereur.
3. Vitrolles, *Mém.*, II, 332.

les bureaux des deux Chambres furent avertis qu'il y aurait séance royale dans l'après-midi. Le bruit s'en répandit rapidement dans Paris, et une foule énorme se porta sur les quais. Le roi monta en voiture à trois heures avec le comte d'Artois, le duc de Berry et le duc d'Orléans. Pour la première fois, Louis XVIII portait la plaque de la Légion d'honneur. « — Vous la voyez, monsieur », dit-il au duc d'Orléans. « — Oui, Sire, répliqua celui-ci, je la vois avec plaisir, mais j'aurais préféré la voir plus tôt [1]. » Pendant le trajet des Tuileries au Palais-Bourbon, un assez grand nombre d'acclamations se firent entendre, mais sans trouver d'écho chez les soldats qui formaient la haie et à qui on avait distribué de l'argent et une ration d'eau-de-vie. Quelques vivats s'étant cependant élevés des rangs, le duc de Berry s'écria : « — Ah! comme ils se battront bien ! Il y en a qui rechigneront un peu, mais la masse les entraînera [2]. » Absorbé par la récitation mentale de son discours (après l'avoir écrit de sa main, il l'avait appris par cœur) le roi ne remarquait ni les manifestations sympathiques de la foule ni la mine refrognée des soldats [3]. Le canon tonna ; le roi, introduit par les présidents et les bureaux des deux Chambres, entra au bruit des acclamations. Le silence rétabli, il dit : « ... J'ai travaillé au bonheur de mon peuple. Pourrais-je à soixante ans mieux terminer ma carrière qu'en mourant pour sa défense. Je ne crains donc rien pour moi, mais je crains pour la France. Celui qui vient allumer parmi nous la torche de la guerre civile y apporte aussi le fléau de la guerre étrangère ; il veut mettre notre patrie sous son joug de fer ;

1. Duc d'Orléans, *Mon Journal*, 51-52.
2. Duc d'Orléans, *Mon Journal*, 53.
3. Duc d'Orléans, 53. Cf. Vitrolles, *Mém.*, II, 232.

vient enfin détruire cette Charte constitutionnelle que je vous ai donnée, cette Charte mon plus beau titre aux yeux de la postérité, cette Charte que tous les Français chérissent et que je jure ici de maintenir. Rallions-nous donc autour d'elle, qu'elle soit notre étendard sacré... que le concours des deux Chambres donne à l'autorité toute la force nécessaire, et cette guerre vraiment nationale prouvera, par son heureuse issue, ce que peut un grand peuple uni par l'amour de son roi et de la loi fondamentale de l'État[1]. » Cette ardente profession de foi constitutionnelle, bien imaginée pour entraîner l'assemblée, produisit un très grand effet. Tout le monde se leva, criant : Vive le roi ! Mourir pour le roi ! Le roi à la vie à la mort[2] ! Dans les tribunes, l'émotion se mêlait à l'enthousiasme : « les yeux se mouillaient à la vue de ce patriarche des souverains, venant déclarer qu'il ne pouvait mieux terminer sa carrière qu'en mourant pour la défense de son peuple ». On rapprochait de cette déclaration le propos sublime tenu, disait-on, par le vieux monarque : « Quoi qu'il arrive, je ne quitterai pas mon fauteuil. La victime sera plus grande que le bourreau. » Et personne ne pouvant suspecter la parole royale, on était transporté[3].

Au milieu de cette ovation, le comte d'Artois, exécutant un coup de théâtre convenu d'avance ou obéissant à une inspiration soudaine, s'approcha du roi et le salua comme pour lui adresser quelques mots. On fit silence. « — Sire, dit-il, que Votre Majesté me permette d'exprimer ici, en mon nom et au nom de ma famille, combien nous partageons du

1. *Moniteur*, 17 mars.
2. La Fayette, *Mém.*, VI, 377. Vitrolles, *Mém.*, II, 333. Duc d'Orléans, *Mon Journal*, 53. Chateaubriand, *Mém.*, VI, 367-368.
3. Chateaubriand, *Mém.*, VI, 368. Duc d'Orléans, *Mon Journal*, 47.

fond du cœur les sentiments et les principes qui animent le roi. » Puis se tournant vers l'assemblée : « — Nous jurons sur l'honneur de vivre et de mourir fidèles à notre roi et à la Charte constitutionnelle qui assure le bonheur des Français. » Le duc de Berry et le duc d'Orléans, et même le vieux prince de Condé, l'ancien commandant des régiments d'émigrés, se levèrent à leur tour et dirent : Je le jure. Le roi tendit sa main au comte d'Artois qui la baisa, puis il lui ouvrit les bras. C'était la première fois que Monsieur daignait en public prononcer le mot : Charte ; mais à cette heure d'enthousiasme, on crut à la sincérité de sa conversion. Ces paroles, ces serments, l'accolade émouvante des deux frères provoquèrent de nouvelles acclamations qui ne s'arrêtèrent qu'après le départ du roi[1].

Le président Lainé, ayant repris le fauteuil, prononça un long discours, d'une éloquence un peu déclamatoire, rempli d'éloges pour le roi et de lieux communs contre l'usurpateur. Il termina par un appel à l'union et au patriotisme : « — Que les hommes de tous les partis, dit-il, oublient leurs ressentiments pour ne se souvenir que de leur qualité de Français. Nous réglerons nos différends après, mais aujourd'hui réunissons tous nos efforts contre l'ennemi commun[2]. » En décembre 1813, alors que l'Europe ameutée franchissait les Pyrénées, les Alpes et le Rhin, Lainé avait tenu un langage moins conciliant et moins patriotique[3]. Mais pour Lainé, l'ennemi ce n'était pas « l'habit rouge », le Cosaque, le Prussien. L'ennemi, c'était Napoléon.

1. *Moniteur*, 17 mars. Duc d'Orléans, 33. Vitrolles, II, 333. Chateaubriand, VI, 358.
2. *Moniteur*, 17 mars.
3. Rapport de Lainé du 28 décembre 1813 au nom de la commission du corps législatif.

II

L'appui des libéraux, dont le néo-royalisme s'était manifesté à la première nouvelle du débarquement de Napoléon, fortifia la cause de Louis XVIII en y ralliant toute la bourgeoisie. Mais ce n'était là qu'une force morale, un appui purement théorique. S'illusionnant sur les qualités d'action des classes moyennes, le roi crut à la toute puissance de leur concours et s'efforça de le conserver. L'emploi fréquent du mot : Charte dans ses ordonnances, la séance royale, le discours qu'il y prononça furent autant de gages donnés au parti libéral. Mais en même temps, dans la crainte d'inspirer des soupçons sur sa constitutionnalité, il se défendit de faire appel au dévouement plus actif, quoique sans doute non moins inefficace, des royalistes de tradition. C'est ainsi que le duc de Bourbon fut envoyé à Angers sans instructions précises et sans pouvoirs définis [1], et que d'Autichamp ayant proposé le 14 mars de soulever l'Anjou et le Haut-Poitou, Clarke lui répondit : « Vous devez seulement former douze bataillons composés par moitié d'anciens royalistes et d'autres sujets du roi, et commandés par le plus d'officiers possible ayant servi dans les troupes de ligne. On maintiendra dans ces bataillons, qui prendront le nom de bataillons nationaux de Maine-et-Loire, la plus stricte discipline ; autrement, ils feraient plus de mal que de bien à la cause du roi [2]. » Louis XVIII et ses ministres redoutaient l'effet que pourraient produire sur l'opinion non

---

1. Vitrolles, II, 326. D'Autichamp, *Camp. de Vendée*. 2.3. — Arrivé le 14 mars à Angers, le duc de Bourbon ne reçut que le 18 ses pouvoirs de gouverneur général des provinces de l'Ouest.

2. D'Autichamp. *Mém. sur la Campagne de Vendée*. 2. 4. 5.

seulement l'indiscipline et les violences des chouans, mais même la simple réorganisation d'une nouvelle armée catholique et royale. De là, le projet de Clarke de légions mixtes commandées par des officiers de la ligne et portant le nom de bataillons nationaux. Blacas l'avait dit à Vitrolles : « — Ce serait un grand malheur si le roi n'avait d'appui que des chouans [1]. »

L'attitude du ministère et les avances du roi au parti constitutionnel irritaient fort les royalistes. Ils encombraient les Tuileries, questionnant, s'indignant, déblatérant contre les ministres, contre le roi lui-même. Ils parlaient de pendre M. de Blacas, de pendre l'abbé de Montesquiou, « de pendre tout le monde ! » Les femmes déclaraient qu'elles ne recevraient plus dans leurs salons les jeunes gens qui ne se seraient pas engagés ; à quoi un sceptique répliqua : « — Et continueront-elles à les recevoir dans leur chambre à coucher ? » Chateaubriand vit de belles dames se trouver mal de colère. Un autre témoin nous les montre frénétiques comme des bacchantes, tenant des propos de tricoteuses, parlant dans la galerie de Diane de fouetter la duchesse de Duras parce qu'elle n'avait point paru au château depuis vingt-quatre heures [2]. L'abattement alternait avec l'exaltation. Dès le 10 mars, beaucoup de royalistes avaient quitté Paris. Le passage continu des berlines et des chaises de poste sur la route de Rouen faisait penser à une nouvelle émigration. « Les royalistes, dit Benjamin Constant, affichaient le découragement et proclamaient l'épouvante. » Ils di-

---

[1]. D'Autichamp, 8, 9. Vitrolles, II, 305. Cf. 325. — Barante, qui était alors préfet de Nantes, explique (*Souvenirs*, II, 112-113) que si le duc de Bourbon avait soulevé les chouans, aussitôt les villes et les bourgs se seraient déclarés contre le roi ; mais que, d'un autre côté, en se bornant à faire appel à tous les citoyens, il glaça le zèle des anciens chefs vendéens.

[2]. N. au comte de Brosses, préfet de la Haute-Vienne, Paris, 15 mars. (Arch. Aff. étr., 675.) Chateaubriand, *Mém.*, VI, 377. *Cahier d'un rhétoricien de 1815*, 24.

saient que tout était perdu parce qu'on n'avait pas suivi leurs conseils[1].

Ces conseils, c'était d'organiser la chouannerie dans toute la France[2] ; c'était aussi de combattre Bonaparte et les bonapartistes avec les armes de Bonaparte et des jacobins : la dictature, la suspension de la liberté individuelle, les arrestations en masse, les cours martiales, la Terreur[3]. En nommant à la guerre et à la police deux anciennes créatures de l'empereur, Clarke et Bourrienne, Louis XVIII avait bien, dans une certaine mesure, accédé aux avis des royalistes. Mais il s'était arrêté là, et on l'accusait, maintenant qu'il avait les instruments, d'hésiter à s'en servir. D'ailleurs, Bourrienne n'était qu'un comparse. On aurait voulu un premier rôle comme Fouché. Qu'il eût voté la mort du roi, qu'il se fût montré à Lyon aussi sanguinaire que Carrier à Nantes, peu importait ; ce n'était plus le moment d'y regarder de si près !

L'attention des royalistes se fixait sur Fouché avec d'autant plus de raison que celui-ci, qui craignait d'être impliqué dans la conspiration militaire du Nord dont il avait été l'instigateur[4], s'efforçait de détourner les soupçons en manifestant partout son attachement pour le roi et en proclamant qu'il répondait du succès si on l'appelait au ministère[5]. Son plan, qui consistait à faire nommer le duc d'Orléans lieutenant général du royaume et à confier

---

1. Benjamin Constant, *Mém. sur les Cent Jours*, 107-108. *Cahier d'un rhétoricien de 1815*, 6. Préfet de Rouen à Montesquiou, 12 mars. (Arch. nat. F. 7, 3147.)
2. Vitrolles, *Mém.*, II, 305, 323.
3. Benjamin Constant, *Mém.*, II, 104-105.
4. Voir **1815**. I, 119, 282-283, 288.
5. *Mém. de Fouché*, II, 308-309. Cf. lettres de Fouché à Mme de Custine, Paris, 9, 10 et 12 mars, citées par Bardoux, *Mme de Custine*, 213-217. — Sur le bruit de la nomination de Fouché à la police, voir la lettre de Benoist du 14 mars, citée par Barante (*Souv.*, II, 108).

le gouvernement au parti patriote[1], ne pouvait agréer ni au roi, ni à son frère, ni à personne dans le cabinet et à la cour ; mais comme il le gardait secret et déclarait qu'il ne le révélerait qu'après sa nomination de ministre, il tenait les espérances en éveil. L'abbé de Montesquiou lui fit secrètement demander des avis ; Dandré eut une entrevue avec lui[2]. Le comte d'Artois lui-même voulut le voir. Dans la soirée du 15 mars, le comte de Malartic amena Fouché au prince. L'entretien dura de dix heures à minuit. Il semble que Monsieur lui offrit, de la part du roi, le ministère de la police. Fouché refusa sans hésiter. Il n'était point l'homme des causes compromises, et il jugeait que la cause de Louis XVIII était perdue, au moins dans le présent. Il tenta de faire comprendre au prince le véritable état des choses et il le quitta, dit-on, sur ce mot : « — Monseigneur, sauvez le roi, je me charge de sauver la monarchie[3]. » Mais cette promesse, qu'il allait accomplir d'une façon si imprévue, en devenant ministre de Napoléon, ne pouvait suffire à convaincre le comte d'Artois de sa sincérité. Le duc d'Otrante était véhémentement soupçonné d'être complice de Drouet et de Lefebvre-Desnoëttes. En refusant le ministère, que peut-être on ne lui avait offert que pour le mettre au pied du mur, il confirmait ces soupçons. Dans la nuit même, Bourrienne reçut l'ordre écrit d'arrêter Fouché, et avec lui Davout, Rovigo, Réal, Bassano, Lavallette,

---

1. *Mém. de Fouché*, II, 308.
2. Vitrolles, *Mém.*, II, 308. Lettres de Fouché à Mme de Custine, 14 et 18 mars, citées par Bardoux, 223-228. Note de Dumouriez s. d., d'après le récit de Dambray (*Dispatchs of Castlereagh*, II, 337-338). Cf. Rapport de police, 6 mars (Arch. nat. F. 7, 3738).
3. Lettres de Fouché à Mme de Custine, 16 mars, citées par Bardoux, Mme *de Custine*, 225. Cf. Rovigo, *Mém.*, VII, 373. *Mém. de Fouché*, II, 309-310, et la note de Dumouriez d'après le récit de Dambray. (*Dispatchs of Castlereagh*, II, 337-338.)

Flahaut, Exelmans et dix-sept autres personnages suspects de bonapartisme militant ou d'affiliation à la conspiration du Nord[1].

Le lendemain, 16 mars, à dix heures du matin, Bourrienne envoya l'inspecteur Foudras et ses agents à l'hôtel de Fouché, rue d'Artois. Le duc d'Otrante ne se troubla point. Il reçut Foudras dans son salon, lut l'ordre d'arrestation et dit : « — Ce mandat n'est pas régulier. Je vais protester. » Fouché imposait aux gens de police autant que Napoléon à ses grenadiers. Ils le laissèrent entrer, sans le suivre, dans son cabinet de travail. Fouché descendit dans le jardin par un escalier dérobé, appliqua une échelle contre le mur du jardin voisin, dépendant de l'hôtel de la reine Hortense, gagna la rue et alla se réfugier chez l'un de ses amis, un ancien oratorien, nommé Gaillard, qu'il avait fait nommer naguère conseiller à la cour de Paris[2].

Bourrienne, qui estimait que l'emprisonnement de vingt-cinq personnes ne changerait rien à l'état des choses et pourrait amener des représailles après le retour de l'empereur, ne voulait pas ces arrestations. C'était pour ne point paraître désobéir

---

1. *Mém. de Bourrienne*, X, 226-227. Lettres précitées de Fouché à Mme de Custine, 16 mars et 18 mars. *Mém. de Fouché*, 310. Cf. Rapp. de police, 7 et 15 mars. (Arch. nat. F. 7, 3204.)
Les autres noms portés sur la liste étaient Joseph Thurot, Lecomte, Gaillard, Hinguerlot, Le Maire, le peintre Gérard, Méjean, Etienne, Legrand, Mounier, Norvins, Bouvier-Dumollard, Duviquet, Patris, Sieyès, Pierre-Pierre et Arnault. — L'auteur des *Mémoires de Bourrienne* (X, 223-226) cite la liste avec l'orthographe fantaisiste de M. de Blacas.

2. Lettre précitée de Fouché à Madame de Custine, 16 mars. *Mém. de Fouché*, II, 318-312. *Mém. de Bourrienne*, X, 226-227. Cf. Lettre de Montlosier datée par erreur du 15 mars (il faut 17 mars, car la tentative d'arrestation de Fouché eut lieu le 16 au matin), citée par Barante (*Souv.*, II, 109-110).
L'auteur des *Mémoires de Fouché* se trompe en disant que le duc d'Otrante se réfugia dans l'hôtel de la reine Hortense, laquelle lui tendit ses bras. Il est vrai que les deux hôtels, situés tous deux rue d'Artois, étaient mitoyens, mais Hortense, comme on le verra plus loin, avait alors quitté sa demeure, et Fouché ne fit qu'y passer.

trop ouvertement aux ordres du roi qu'il s'était mis en mesure d'arrêter Fouché, porté le premier sur la liste. Le coup manqué, il s'en tint là. Ni Davout, ni Rovigo, ni Exelmans, ni aucun autre ne fut l'objet des poursuites de la police. On se contenta de les surveiller [1]. Au demeurant, ils se tinrent tout à fait tranquilles et la plupart même se cachèrent. On ne les revit que le 20 mars. Carnot, quoique non porté sur la liste de M. de Blacas, craignait d'être arrêté; il quitta la rue Saint-Louis et trouva chez un ami un asile dont il ne sortit qu'après le départ du roi. Lavallette se réfugia dans les communs de l'hôtel de la reine Hortense qui, elle-même, était allée habiter secrètement chez une vieille créole de la Martinique [2].

A la séance royale, Louis XVIII avait fait couler des larmes en déclarant qu'il mourrait pour la défense de son peuple; mais la veille de cette cérémonie, il avait répondu au duc d'Orléans, qui lui demandait ce qu'il ferait au cas où Bonaparte arriverait aux portes de Paris : « — Il ne faut pas seulement faire cette supposition-là ! [3] » La question, cependant, se posait et s'imposait, et au défaut du roi qui affectait une complète sécurité pour cacher sa détermination bien arrêtée de gagner la frontière à l'approche de Napoléon, chaque membre du conseil présentait son projet. Vitrolles voulait que le roi se retirât à La Rochelle avec les ministres, les deux chambres, la maison militaire, toute l'artillerie de Vincennes et les munitions nécessaires et cinquante ou soixante millions que le trésor et la liste civile pourraient facilement réaliser. A La Rochelle, disait-il, une ordon-

---

1. *Mém. de Bourrienne*, X, 227-228. Cf. 219, 221, 223.
2. Lavallette, *Mém.*, II, 150. *Mém. sur Carnot*, II, 403.
3. Duc d'Orléans, *Extrait de mon Journal*, 45.

nance licencierait l'armée, et avec les volontaires et les gardes nationales, on organiserait la guerre civile dans le Midi, l'Ouest et le Nord de la France. Au pis-aller, le roi aurait la ressource de gagner l'Angleterre sur un vaisseau de la marine royale. Beugnot et Dessolles n'étaient pas éloignés de souscrire à ce projet, bien qu'ils le jugeassent « un peu gigantesque », mais Clarke, Blacas, Louis et surtout Montesquiou le condamnèrent absolument. Une telle idée, dirent-ils, n'aurait d'autre effet que de perdre le roi en lui donnant une couleur vendéenne. « — Jamais le roi de la Vendée, s'écria Montesquiou, ne redeviendrait roi de France. Il n'y a qu'un ministre chouan pour proposer au roi de courir une pareille aventure[1]. » Montesquiou aurait pu ajouter que le temps et les moyens manquaient pour organiser cette vaste résistance, et qu'à l'heure présente une ordonnance de licenciement aurait sur les soldats précisément l'effet d'une bulle d'excommunication sur une armée turque.

Blacas proposa sérieusement au roi d'aller à la rencontre de Bonaparte en calèche découverte et accompagné des membres des deux chambres, tous à cheval. Interdit par la majesté du spectacle, l'usurpateur ne pourrait point ne pas se retirer. « — Il me paraît, répliqua ironiquement Vitrolles, qu'il manque une chose essentielle, c'est que cette procession soit précédée par l'archevêque de Paris portant le Saint-Sacrement, comme saint Martin allant au devant du roi des Visigoths. » L'idée de cette pompe funèbre, selon l'expression de Vitrolles, n'ayant naturellement pas trouvé d'approbation, Bourrienne dit qu'il fallait se retirer à Lille, qui présentait le triple avantage d'être une place forte, une ville frontière et une cité

---

1. Vitrolles, *Mém.*, II, 323-327, 330.

d'opinion royaliste. On devait plus tard prendre ce parti, mais tout d'abord il semble que l'avis de Bourrienne passa presque inaperçu [1].

Marmont préconisait un plan de sa façon, qui consistait à transformer les Tuileries en citadelle et à s'y enfermer avec trois mille hommes et des vivres pour deux mois. « — Je me fais fort, disait-il, de mettre le château en tel état de défense qu'il faille pour s'en emparer un siège en règle et des batteries de brèche. La garnison est toute indiquée. La maison du roi, sans expérience pour servir en rase campagne, mais composée de gens dévoués, de gens de cœur, se battra bien derrière des murailles... Les ministres, les membres des deux chambres resteront avec le roi, mais les princes devront quitter Paris. Monsieur et le duc de Berry sortiront ouvertement des Tuileries, en plein midi, après avoir publié une proclamation annonçant qu'ils vont chercher des défenseurs. De cette façon, l'auguste personne du roi ne risquera rien, car si toute la famille royale était au pouvoir de Napoléon, peut-être la ferait-il périr pour détruire des droits opposés aux siens ; mais quel avantage tirerait-il de la mort du roi quand son frère et son neveu seraient en liberté [2] ? » Ce plan qui, s'il avait été exécuté, eût mis Napoléon dans l'alternative du tragique ou du ridicule, trouva des partisans en assez grand nombre. Mais il y fallait l'assentiment du roi qui, à ce qu'il semble, était un peu troublé par ces mots de batteries de brèche et ces dissertations sur le plus ou moins d'utilité de sa mort pour Bonaparte. Cependant, le projet du duc de Raguse ne fut point positivement repoussé. Presque jusqu'au dernier moment,

---

[1]. Vitrolles, *Mém.*, II, 921. *Mém. de Bourrienne*, X, 321-322.
[2]. Marmont, *Mém.*, VII, 86-90. Vitrolles, *Mém.*, II, 321-322. *Mém. de Bourrienne*, X, 220-221. Chateaubriand, *Mém.*, VI, 372-374.

il en fut question dans le conseil et à la cour comme d'un pis-aller sortable. Marmont étudia même le détail des ouvrages à établir, attendant d'heure en heure l'ordre de commencer les travaux. Sur sa prière, le vieux duc d'Havré parla au roi qui, impatienté, finit par dire : « — Vous voulez donc que je me mette sur une chaise curule ? Je ne suis pas de cet avis ni de cette humeur [1]. »

Au fond, le roi ne voyait d'autre parti que la fuite si Napoléon arrivait à une marche de Paris, mais il feignait de ne point vouloir « faire cette supposition ». Le comte d'Artois, le duc de Berry, M. de Blacas et quelques familiers des Tuileries conservaient des illusions. On avait le pays puisque l'on avait les chambres. On avait les généraux. On comptait sur le maréchal Ney ; des corps de réserve se formaient dans le Nord sous le duc d'Orléans, dans l'Ouest sous le duc de Bourbon, à Tours sous Dupont, à Châlons sous Victor, à Metz sous Oudinot, à Strasbourg sous Suchet. N'y avait-il pas enfin le fameux camp de Melun où le duc de Berry se faisait fort de résister à Bonaparte. Il aurait, disait-il, les six mille cavaliers de la maison du roi, les régiments suisses et une multitude de volontaires de la garde nationale et de l'École de droit qui engageraient le feu et entraîneraient la troupe. On établirait des ouvrages d'où l'on canonnerait de loin et où les volontaires tiendraient aussi ferme que de vieux soldats [2]. A cette objection

---

1. Marmont, *Mém.*, VII, 90. Cf. Chateaubriand, *Mém.*, VI, 372-374.
2. Duc d'Orléans, *Mon Journal*, 31-36. Cf. 52. Lettre de Jaucourt à Talleyrand, Paris, 14 mars (*Correspondance de Talleyrand et de Louis XVIII*, 336-337). Vitrolles, *Mém.*, II, 336. — « Le roi est toujours calme et il n'est pas question de son départ... On dit que le mouvement de Ney entraîne Bonaparte à quitter Lyon. Il est sûr qu'hier au soir les physionomies étaient moins allongées aux Tuileries depuis l'arrivée de l'aide de camp de Ney qui l'avait quitté à Lons-le-Saunier. » Ministre de Hollande à son gouvernement. Paris, 16 mars. (Arch. Aff. étr., 675.)

que Napoléon pourrait bien, laissant l'armée royale l'attendre dans sa position retranchée, gagner Paris par Brie-Comte-Robert, le duc de Berry qui avait étudié la stratégie répondait qu'un général de la valeur de Bonaparte ne risquerait pas de se compromettre par une marche de flanc[1]. Dessolles et Maison encourageaient le prince à combattre, non toutefois sans avoir au préalable demandé cyniquement à Blacas de donner à chacun d'eux deux cent mille francs en bonnes espèces sonnantes, sous prétexte qu'en cas de défaite leur carrière serait perdue. « — Il faut bien, disaient-ils, assurer l'existence de nos familles. » On n'avait point à marchander un si beau dévouement ; les quatre cent mille francs furent remis sur l'heure aux deux généraux[2].

Le 17 mars, le duc de Berry vint prendre le commandement de son armée. Cette armée, qui comptait vingt mille hommes, était échelonnée entre Villejuif et Montereau : le 1er corps d'infanterie, sous Maison, à Chevilly; le 2e corps, sous Rapp, à Bourg-la-Reine ; la cavalerie, sous Kellermann fils, éclairant le pays en avant de l'Essonne et de la Seine. Macdonald commandait en second et Belliard était major général[3].

Dans les premiers jours, la presse n'avait pu cacher la vérité. Il fallait bien annoncer le débarquement de Napoléon puisque les ordonnances royales sur la convocation des chambres et l'appel des réserves et des gardes nationales étaient motivées par cet événement. Mais le pays renseigné une fois pour toutes, on avait adopté le système de la dissimulation

---

1. Duc d'Orléans, *Extrait de mon Journal*, 35-36.
2. Vitrolles, *Mém.*, II, 336-338. Cf. 331.
3. Belliard à Clarke, Villejuif, 17 mars. Etat des troupes sous les ordres du duc de Berry. (Arch. Guerre.) Cf. *Moniteur*, 16, 18, 19 mars.
D'après Macdonald (*Souvenirs*, 357-365) le duc de Berry était de retour à Paris le matin du 18 mars, et lui-même, Macdonald, ne se rendit à l'armée que le 19 mars. Les conseils de guerre se tenaient aux Tuileries.

et du mensonge. Ou les journaux faisaient le silence, ou ils donnaient de fausses nouvelles. Ils ne dirent rien de l'entrée à Grenoble. Sur la foi des gazettes, les Parisiens pouvaient croire Napoléon en fuite dans les gorges du Dauphiné, traqué par les gendarmes, pourchassé par les gardes nationales, et même prisonnier, lorsqu'ils lurent dans le *Moniteur* du 11 mars qu'il était à Bourgoin, c'est-à-dire à une marche au delà de Grenoble. Le *Moniteur* ajoutait, il est vrai, que rien ne l'autorisait à penser que Grenoble eût ouvert ses portes à l'usurpateur. Le lendemain, le *Journal des Débats* annonça que Bonaparte s'était en effet avancé jusqu'à Bourgoin, mais que sa petite troupe y avait été taillée en pièces par le duc d'Orléans à la tête de vingt mille hommes. L'abandon de Lyon par le comte d'Artois fut représenté comme une manœuvre stratégique. « Le maréchal Macdonald, dit *la Quotidienne* du 19 mars, a pensé que malgré l'enthousiasme des Lyonnais, prêts à se défendre jusqu'à la dernière extrémité, il fallait se replier sur la route de Clermont avec les troupes qui sont restées inébranlablement fidèles. » Si Napoléon s'était arrêté trois jours à Lyon, c'est qu'il n'osait en sortir, de peur d'une rencontre avec les soldats du maréchal Ney, « impatients de combattre », et secondés par toutes les gardes nationales de Franche-Comté. Le *Journal des Débats* du 15 mars prêta ces paroles à Macdonald : « Aujourd'hui, nous vous répondons du roi, » et le 18 mars, la même feuille donna cette allocution de Clarke aux gardes du corps : « Depuis neuf jours vous ne dormez pas. Maintenant vous pouvez retirer vos bottes. Je dormirai cette nuit aussi tranquillement qu'il y a trois mois. » Or cette nuit-là, Napoléon la passait à Auxerre au milieu d'une armée, tandis que les journaux le représentaient comme abandonné par les deux tiers de ses soldats et poursuivi par les corps de Marchand et de Masséna qui, après avoir repris Grenoble et Lyon, avaient opéré leur jonction et marchaient contre la bande du Corse. Le plus joli, c'est qu'un entrefilet du *Moniteur* du 18 mars, qui annonçait le rétablissement de la tranquillité à Autun et à Dijon et la rentrée des troupes royales à Grenoble et à Lyon, commençait ainsi : « Le gouvernement ne veut rien exagérer ni rien taire. Il a mis au premier rang de ses devoirs de dire constamment la vérité[1]. »

Le langage rassurant des journaux n'imposa pas à l'opinion. On était renseigné par les courriers qui traversaient villes et villages en annonçant la marche victorieuse de Napoléon et par les lettres particulières qui, malgré la vigilance de la police, arrivaient du Lyonnais et de la Bourgogne. En Alsace, en Lorraine, en Champagne, on colporta dès le 16 mars les proclamations impériales et des journaux de Grenoble et de Lyon ; à Mézières, on les faisait passer dans des bottes d'asperges[2]. Jusqu'au fond de la Bretagne, si éloignée du théâtre des événements, on avait des nouvelles. A Saint-Brieuc, les esprits s'exaltaient ; à Rennes, on n'attendait qu'un signal pour se déclarer[3]. La petite ville de Tréguier allait arborer les trois couleurs douze heures avant Paris. Dans la nuit du 19 au 20 mars, quatre anciens marins, dont l'un s'appelait Philibert Renan, grimpèrent au clocher de la cathé-

---

1. *Moniteur, Journal des Débats, Quotidienne, Journal général, Journal royal, Gazette de France, Journal de Paris*, du 9 au 19 mars.

2. Durutte à Clarke, Metz, 15 mars. Hulot à Dumonceau, Saint-Mihiel, 15 mars. Dumonceau à Clarke, Mézières, 16 mars. Clarke au Directeur général des Postes, 17 mars. (Arch. Guerre.) Préfet des Ardennes à Montesquiou, 16 mars (Arch. nat. F. 7, 3740). — Des asperges en plein mois de mars, cela paraît extraordinaire, mais la lettre du préfet des Ardennes est là qui fait foi.

3. Général Fabre à Clarke, Saint-Brieuc, 16 mars. Caffarelli à Clarke, Rennes, 17 mars, et à Davout, 24 mars (Arch. Guerre).

drale comme à un mât d'artimon et y attachèrent le drapeau national[1].

A Paris, les assertions officielles étaient démenties par le retour du comte d'Artois, du duc d'Orléans, de Macdonald et par le départ furtif de la duchesse d'Orléans, de la comtesse de Blacas, de la princesse de Talleyrand et de quantité de belles dames du faubourg Saint-Germain. On savait aussi que sur les conseils de Vitrolles, le gouvernement venait de faire passer à Londres, avec les diamants de la couronne, quatorze millions de traites. Les mécontents, non point les chefs, qui se sentant surveillés se tenaient cois, mais la foule anonyme, qui ne craignait rien parce qu'il n'y aurait pas eu assez de prisons pour l'enfermer, parlaient ouvertement des succès inouïs de l'empereur et de sa prochaine rentrée à Paris. La bourgeoisie était atterrée. La panique continuait de régner à la Bourse. La rente, qui de 78,75 était tombée à 71,25 à la nouvelle du débarquement de Napoléon, oscillait maintenant entre 68 et 66 francs. Toute confiance avait disparu. Au Palais-Royal et sur les boulevards, les cocardes blanches tombaient comme les feuilles en novembre. Les Vive le roi ! vociférés par des bandes de huit à douze jeunes gens, qui parcouraient du matin au soir les abords des Tuileries, ne trouvaient même plus d'écho dans la population abattue. On envoyait de l'argent en Angleterre; on assiégeait le bureau des passeports et la poste aux chevaux. Le censeur du collège Henri IV invitait les élèves à ne plus crier : Vive le roi ! et, en homme de précaution, il faisait retirer des latrines le buste de Napoléon[2].

---

1. Ernest Renan, *Souvenirs d'enfance*, 91.
2. Notes et rapports de police, 15, 16, 17, 18 mars (Arch. nat. F. 7, 3002¹, F. 7, 3168). Vitrolles, *Mém.*, II, 339-340. Duc d'Orléans, *Mon Journal*, 34. et Barrère, *Mém.*, III, 207. La Fayette, *Mém.*, V, 381. Fabry, *Itinéraire de Buonaparte*, 127. Barry, *Cahiers d'un rhétoricien de 1815*, 11-12.

Les officiers généraux eux-mêmes, qui avaient d'abord montré tant de confiance et de résolution, commençaient à s'alarmer. Le 13 mars, Oudinot écrivit à Clarke : « Je ne sais que penser de l'esprit des troupes... Demain les grenadiers se mettront en marche. J'espère qu'ils seront sages. » Le lendemain, ses doutes s'étant changés en certitudes, il se hâta de télégraphier : « Non seulement les troupes ne se battront pas, mais elles renforceront le corps de l'ennemi aussitôt qu'elles le pourront[1]. » Le 15, le général Ornano dit à la comtesse Dupont : « — Moi, je tiendrai mon serment au roi, mais il n'y aura pas un soldat qui ne jette son fusil devant Napoléon[2]. » Les chefs de corps de l'armée du Nord déclaraient au duc d'Orléans qu'ils ne pouvaient répondre de ce qui arriverait si leurs hommes se trouvaient en contact avec des troupes qui eussent déjà arboré la cocarde tricolore[3]. Suchet écrivait de Strasbourg : « Je suspends le départ des troupes dont l'esprit ne peut faire présager que la défection[4]. »

De tous côtés les mêmes rapports arrivent au ministère de la guerre, car partout l'armée pense et parle de même. En entrant au Mans, les soldats et les officiers du 65e, y compris le colonel, portent des bouquets de violettes. Les lanciers du 1er régiment disent : « — On nous appelle à Paris pour le roi, mais nous y allons pour l'empereur. » Le colonel du 41e ne cache pas au préfet de Limoges qu'il a dans son porte-manteau l'aigle du régiment. Dans les cantonnements de Villejuif, les soldats se promettent

1. Oudinot à Clarke, Metz, 13 et 14 mars. (Arch. Guerre.)
2. Récit de la comtesse Dupont, cité par Nettement, *Souvenirs de la Restauration*, 80. — Dénoncé à Clarke par Mme Dupont, Ornano reçut l'ordre de quitter aussitôt son commandement (Rapport à Clarke, 18 mars. Arch. Guerre).
3. Duc d'Orléans, *Mon Journal*, 55-56.
4. Suchet à Clarke, Strasbourg, 17 mars. (Arch. Guerre.)

« de ne pas faire de mal au roi, mais de ne jamais tirer sur le Petit Caporal ». Dans les casernes de Paris, on entend : Vive le père la Violette! Aux portes de La Flèche, le comte de Lucé a cette conversation avec un fantassin : « — Vous allez à Paris? — Oui, mais le petit général y sera avant nous. — On vous a trompé. Il est peut-être mort en ce moment. — Vous n'en savez pas plus long que notre colonel. Il nous l'a dit... Est-ce que vous croyez que jamais un soldat français se battra contre l'empereur pour votre Louis XVIII¹ ? » A Orléans, le 17 mars, un régiment reprend la cocarde tricolore sous les yeux mêmes du général Dupont².

Avec l'assentiment du conseil, Clarke fit tenter une dernière démarche auprès des grenadiers et chasseurs de France (ex-grenadiers et chasseurs à pied de la vieille garde). Il espérait en s'assurant la fidélité des grognards rallier toute l'armée au roi. Le général Mathieu Dumas accepta la mission d'aller acheter la vieille garde moyennant « le rang d'officier pour chaque soldat et la noblesse pour chaque officier ». Les grenadiers marchaient déjà au-devant de l'empereur sous le commandement du général Roguet, leur colonel à la suite. Mathieu Dumas rejoignit le 18 mars, à Chaumont, le maréchal Oudinot abandonné par la garde. Aux ordres du duc de Reggio, à ses promesses d'avancement, de croix, de gratifications, les officiers assemblés avaient répondu : « — Il est trop tard.

---

1. Général Girard à Clarke, Le Mans, 18 mars. D'Autichamp à Clarke, Angers, 20 mars. Vitrolles à Clarke, 13 mars. Clarke à Maison, 13 et 18 mars. Préfet de la Haute-Vienne à Clarke, 16 mars. De Lucé à général Girard. La Flèche, 16 mars (Arch. Guerre). Vitrolles, *Mém.*, II, 350. Lamarque, *Mém.*, 1, 27.
2. Récit précité de la comtesse Dupont, 86. — A la suite de cet acte que Dupont, de peur d'une sédition, ne crut pas devoir réprimer, ce général fut remplacé dans son commandement par le maréchal Gouvion Saint-Cyr (Vitrolles, *Mém.*, II, 362-363. Clarke à Gouvion, 19 mars Arch. Guerre).

Nous regrettons de ne plus pouvoir vous obéir. Nous avons reçu des ordres de l'empereur et nous sommes déterminés à les exécuter[1]. » En même temps que les grenadiers avaient quitté Metz, les chasseurs avaient quitté Nancy sous la conduite du général Porret de Morvan, un de leurs majors. Après avoir vainement tenté de s'opposer au départ de son régiment, le colonel, le général Curial, suivit la colonne d'étape en étape à petite distance. Le troisième jour, Curial prit son parti. Il entra brusquement dans l'hôtel où déjeunait le corps d'officiers et dit : « — Messieurs, me reconnaissez-vous encore pour votre colonel? » — « Oui, général, vous êtes toujours notre colonel. Mettez-vous à notre tête pour rejoindre l'empereur, et vous verrez si nous ne vous obéissons pas[2]. »

III

Dans la soirée du 18 mars, deux officiers d'un royalisme éprouvé apportèrent aux Tuileries des nouvelles de l'armée du duc de Berry. On ne pouvait plus compter sur les troupes. Déjà le 6ᵉ lanciers, placé aux avant-postes, s'était déclaré et occupait le pont de Montereau pour l'usurpateur. Bonaparte devait avoir dépassé

---

1. Clarke à Oudinot, 14 et 17 mars. Rapport au général Hulot, s. l. n. d. (18 ou 19 mars) (Arch. Guerre). Jaucourt à Talleyrand, 14 mars (Arch. Aff. étr., 680). Cf. Friant à Napoléon, Troyes, 20 mars (Arch. nat. AF. IV, 1940), et Mathieu Dumas (*Mém.*, III, 161) qui dit bien qu'il fut chargé d'une mission pour la garde, mais qui a grand soin de ne point préciser quelle était cette mission.

2. Général Girod de l'Ain (aide de camp de Curial en 1815), *Dix ans de Souvenirs*, 375-376. Cf. la lettre précitée de Friant (Arch. nat. AF. IV, 1940). Rapp. du maire de Vaucouleurs, 21 mars. Capitaine Binot à Gressot, Nancy, 21 mars (Arch. Guerre). — Les ordres de l'empereur du 12 mars et de Drouot et de Bertrand du 13, de rejoindre la colonne impériale entre Auxerre et Sens, avaient été communiqués aux chasseurs comme aux grenadiers.

Auxerre[1]. Depuis la veille, on connaissait à la Cour la défection du maréchal Ney[2]. Le roi n'hésita plus. Il résolut incontinent de quitter Paris le lendemain. Il passerait en revue à midi sa maison militaire, et aussitôt après il se mettrait en route pour Lille sous l'escorte de ces escadrons[3]. Dans le Nord, les troupes ne montraient pas encore un trop mauvais esprit, grâce peut-être à la demi-popularité de leur nouveau commandant en chef, le duc d'Orléans[4] ; les habitants étaient en majorité royalistes ; enfin on serait près de la frontière. Le lendemain, à son lever, le roi donna ses ordres au maréchal Marmont, chargé pour la circonstance du commandement supérieur des gardes du corps et des compagnies rouges. Marmont ne reparla plus d'une défense des Tuileries, mais il représenta à son souverain qu'il vaudrait mieux aller au Havre ou à Dunkerque, « où l'on pourrait recevoir des secours par mer ». Le roi qui, au fond de soi-même, n'avait aucune idée de résistance, écouta sans y répondre les paroles de Marmont et réitéra ses ordres. Vitrolles, aussi belliqueux que Louis XVIII était pacifique, supplia le roi de se retirer à La Rochelle où la moitié de la France viendrait à lui. Ses prières restèrent vaines. Tout ce qu'il obtint fut que le départ pour Lille serait différé jusqu'à la nuit. « — Il n'y a pas besoin du soleil pour éclairer la honte de cette fuite », dit-il en *a parte*. La revue eut lieu néanmoins. Le roi passa devant le front des compagnies nobles, en calèche, au grand galop, selon son habitude, puis il rentra aux Tuileries où la garde nationale venait

---

1. Vitrolles, *Mém.*, II, 350. Cf. Fabry, *Itinéraire*, 131, et chef d'escadrons Hupais à Colbert, la Chapelle-la-Reine, 19 mars (Arch. Guerre).
2. *Relation des événements (Journal de Gand*, n° 1).
3. Vitrolles, *Mém.*, II, 356. Cf. Marmont, *Mém.*, VII, 195.
4. Duc d'Orléans, *Mon Journal*, 57, 62. 63. Cf. Général Dufour à Clarke, Lille, 19 mars. Général Lahure à Clarke, Douai, 20 mars (Arch. Guerre).

de remplacer les troupes de ligne dans les postes extérieurs qui avaient été doublés [1].

C'était le dimanche des Rameaux. Il y avait beaucoup de monde dans les rues. Des groupes nombreux se succédaient aux abords des Tuileries, amenés par la curiosité et la sympathie. On ignorait encore les projets de départ; on disait même que le roi allait se rendre au camp de Villejuif; mais on savait l'entrée de Napoléon à Auxerre, et l'inquiétude et la tristesse dominaient [2]. Quoique ce fût jour férié, la Chambre s'était réunie en comité secret, prête à entendre toute communication de la part du gouvernement [3]. Les députés eurent le loisir de commenter les lieux communs plus ou moins éloquents de la philippique de Benjamin Constant publiée le matin dans le *Journal des Débats* [4]. Aucun des ministres ne vint au Palais-Bourbon. Ils s'occupaient de leurs préparatifs de départ. Sur la remarque du duc de Feltre que ce déplacement coûterait fort cher, il reçut un bon de 100,000 francs à toucher au Trésor; le même viatique fut donné aux autres membres du cabinet [5]. Tous avaient à peu près perdu la tête, mais ils retrouvaient leur présence d'esprit quand il s'agissait de leurs intérêts personnels. Le trouble était si grand que Blacas oublia aux Tuileries les lettres écrites de Vienne par Talleyrand et l'un des originaux du traité secret con-

---

1. Marmont, *Mém.*, VII, 95-99. Vitrolles, *Mém.*, II, 350-353. Laborde, *Quarante-huit heures de garde aux Tuileries*, 12-13.
2. Villemain, *Souvenirs contempor.*, 43. Laborde, *Quarante-huit heures de garde*, 13. Marmont, *Mém.*, VII, 96. Barry, *Cahiers d'un rhétoricien*, 23-24.
3. *Moniteur*, 19 mars.
4. « Redoublons d'efforts contre l'ennemi de la France, contre l'ennemi de l'humanité... Napoléon faisait croître l'herbe dans les cités commerçantes, il enlevait les bras à l'agriculture, il traînait aux extrémités du monde l'élite de la nation. Il reparaît cet homme teint de notre sang !... Nous subirions sous Bonaparte un gouvernement de mameloucks... C'est Attila, c'est Gengis-Khan, plus terrible et plus odieux... » *Journal des Débats*, 19 mars.
5. Vitrolles, *Mém.*, II, 354.

tre la Russie, pièce qui pouvait devenir une arme des plus dangereuses entre les mains de Napoléon[1].

Le roi avait choisi Lille comme retraite parce que Lille était à deux postes de la frontière. Mais plusieurs de ses conseillers gardaient encore l'espérance qu'il pourrait se maintenir dans cette place et y établir le siège provisoire du gouvernement. On y rassemblerait la maison du roi, les gardes nationales, les régiments restés fidèles ; on y convoquerait les Chambres ; le corps diplomatique serait invité à s'y rendre[2]. De peur que la troupe ou le peuple ne s'opposât au départ du roi[3], on tint le projet secret jusqu'au dernier moment. Le duc de Richelieu et Lainé, président de la Chambre des députés, n'en furent instruits qu'à neuf heures du soir, en venant aux Tuileries[4]. Les généraux de l'armée de Villejuif reçurent dans la journée du 19 mars des instructions du duc de Berry pour un mouvement en avant auquel ce prince était alors bien loin de songer[5]. Ce fut seulement dans la nuit que Macdonald leur fit passer l'ordre de se retirer par Saint-Denis vers les places du Nord[6].

---

1. Vitrolles, *Mém.*, II, 541. Jaucourt à Talleyrand, 27 mars. (*Corresp. de Talleyrand et de Louis XVIII*, 369, note 2.) Cf. Mathieu Dumas, *Mém.*, III, 567.

2. Circulaire de Jaucourt, 19 mars (Arch. Aff. étr., 646, 20 mars). Macdonald, *Souvenirs*, 359, 361. Proclamation du roi (*Moniteur*, 20 mars).

3. Macdonald, *Souvenirs*, 360, 364-365. Cf. Laborde, *48 heures de garde*, 14.

4. Rochechouart, *Mém.*, 372. Vitrolles, *Mém.*, II, 357. Cf. les *Mém. d'outre-tombe* (VI, 384) où Chateaubriand conte que, bien qu'il eût envoyé aux nouvelles aux Tuileries dans la soirée, il ne savait rien à minuit. Il se coucha, fut réveillé dans son premier sommeil par Clausel de Coussergues et partit à quatre heures du matin. — La circulaire de Jaucourt aux chefs de mission, datée du 19 mars (Arch. Aff. étr., 646) ne leur fut communiquée que le matin du 20, et c'est par la proclamation du roi, insérée dans le *Moniteur* du 20 mars, que les députés apprirent son départ.

5. Belliard à Clarke, Villejuif, 19 mars (Arch. Guerre). Macdonald, *Souvenirs*, 360-361.

6. Macdonald à Maison, Villejuif, 19 mars, 10 h. 1/2 du soir; au duc de Berry, 11 h. 1/2 du soir (Registre de Macdonald, Arch. Guerre). Cf. Macdonald, *Souvenirs*, 364, 366, 367.

Un peu avant minuit, une douzaine de voitures entrèrent dans la cour des Tuileries. La berline destinée au roi vint stationner sous la marquise du pavillon de Flore. Les gardes nationaux de service, qui avaient été autorisés à saluer le roi une dernière fois, accoururent de leurs différents postes; mêlés aux courtisans, aux officiers de la maison, aux gardes du corps, ils se rangèrent dans le vestibule, sur les paliers et sur les marches de l'escalier. Cette foule déjà émue gardait un silence solennel. La porte des petits appartements s'ouvrit. Un huissier en sortit, portant un flambeau; puis le roi parut sur le seuil, soutenu par le comte de Blacas et le duc de Duras [1].

Le spectacle de ce roi, vieux, infirme et sans défense, chassé de la demeure de ses ancêtres et contraint après vingt-trois ans d'exil à s'expatrier encore, était douloureux et profondément impressionnant. On oubliait tous les griefs contre les Bourbons. A cette heure pathétique, on ne voyait plus en Louis XVIII que le souverain malheureux et menacé, le proscrit auguste qui personnifiait avec les droits et la majesté de la plus antique dynastie de l'Europe tous les malheurs de cette grande race. Des visions du 6 octobre, de la fuite à Varennes, du 10 août, du 21 janvier passaient devant les yeux. Il semblait que le spectre décapité de Louis XVI descendît avec son frère les degrés des Tuileries. Tous les assistants tombèrent à genoux. On entendit quelques faibles cris de Vive le roi ! mais surtout des sanglots et des gémissements. « — Il porte une couronne d'épines ! » clama un vieux serviteur. Louis XVIII avait peine à avancer au milieu de cette foule prosternée qui lui embrassait les mains et touchait pieusement ses vêtements. Bien qu'il fût peu sensible et que dans cette jour-

---

[1]. Laborde, *Quarante-huit heures de garde aux Tuileries*, 15.

née même il eût montré, dit Vitrolles, « un calme désespérant », le roi commençait à se troubler. « — Je l'avais prévu, dit-il tout bas à Blacas; je ne voulais pas les voir. On aurait dû m'épargner cette émotion. » Puis, élevant la voix : « — Mes enfants, votre attachement me touche. Mais j'ai besoin de forces. De grâce, épargnez-moi... Retournez dans vos familles... Je vous reverrai bientôt. » Ayant enfin atteint sa voiture, il s'éloigna avec une nombreuse escorte de gardes du corps[1].

Le comte d'Artois monta peu après dans sa chaise de poste. Le duc de Berry et Marmont se rendirent à cheval à la barrière de l'Etoile, où avaient été réunis les différents corps de la Maison militaire; ils gagnèrent la route de Beauvais par Saint-Ouen et Saint-Denis. Tous les ministres partirent dans la nuit[2].

IV

Le lendemain, 20 mars, Paris s'éveilla sans gouvernement. Le départ de la cour commença à s'ébruiter de très grand matin, et une proclamation de Louis XVIII, publiée dans le *Moniteur* et affichée partout, vint bientôt le confirmer[3]. Les principaux bonapartistes sortirent à l'envi de leur retraite, empressés, comme dit Rovigo, de prendre part au grand événement qui allait s'accomplir. A la première heure, Exelmans court à Saint-Denis pour en ramener

---

1. Laborde, *Quarante-huit heures de garde*, 15-16. Guillemin, *Le Patriotisme des volontaires royaux*, 25-28. Vitrolles, *Mém.*, II. 354. Marmont. *Mém.*, VII. 99.
2. Jaucourt à Bonnay, Gand, 14 avril ; à Talleyrand, 18 avril (Arch. Aff. étr., 646). Laborde. 16. Vitrolles, II, 259-260. Guillemin, 29. Rochechouart. 372.
3. Laborde, 18. Fabry, *Itinéraire*. 136-139. — La proclamation de Louis XVIII. rédigée par Dambray dans la soirée de la veille, portait en substance que le roi ne voulant pas livrer combat dans Paris, par scrupule d'y attirer les maux de la guerre, se retirait sur un autre point du royaume où les deux chambres seraient bientôt convoquées.

le bataillon d'officiers à la demi-solde renvoyé la surveille des avant-postes de Melun, à cause de son mauvais esprit. Sébastiani et d'autres généraux vont à Villejuif pour précipiter la défection de l'armée royale. Lavallette entre à l'hôtel des postes dans l'espoir d'apprendre des nouvelles de Napoléon. Il n'en trouve aucune, mais une fois là, la tentation est bien forte pour un ami zélé de l'empereur, pour un ancien directeur des postes. Le titulaire, le comte Ferrand, ne demandait qu'à céder la place et à fuir Paris ; les employés, qui la plupart avaient servi sous Lavallette, étaient tout disposés à lui obéir de nouveau. De sa propre autorité, Lavallette reprend la direction des postes. Il dépêche un courrier à l'empereur sur la route d'Auxerre pour lui annoncer le départ de Louis XVIII. Il arrête l'expédition des lettres ministérielles et de la correspondance du préfet de la Seine, interdit l'envoi du *Moniteur* contenant la dernière proclamation du roi, donne l'ordre écrit au maître des postes de ne fournir des chevaux à quiconque, à moins d'une autorisation signée de lui ou d'un ministre de l'empereur, et envoie dans toutes les directions une circulaire ainsi conçue : « L'empereur sera à Paris dans deux heures et peut-être avant. La capitale est dans le plus grand enthousiasme. Tout est tranquille. Quoi qu'on fasse, il n'y aura pas de guerre civile. Vive l'empereur[1] ! »

Napoléon se trouvait alors à Fontainebleau. Parti

1. Pièces citées au procès, dont l'une est signée : « Le conseiller d'État, directeur général des postes, comte Lavallette. » Dépositions de Ferrand, du marquis de Rondeville, de Villars, Marcarel, Forié, etc. Interrogatoire de Lavallette (*Procès de Lavallette*, 4, 16, 19, 21-23, 26, 28, 32). Cf. Lavallette, *Mém.*, II, 151-156, 159-160. — Au cours de son procès, Lavallette nia avoir dit en entrant à l'hôtel des postes : « Au nom de l'empereur, je prends possession de la poste. » Cela est possible, mais s'il ne prononça pas le mot, il n'en fit pas moins la chose.

de Pont-sur-Yonne au petit jour, sous l'escorte du 13e de dragons, il était arrivé à dix heures dans la cour du Cheval-Blanc où le préfet de Seine-et-Marne, M. de Plancy, l'attendait pour le féliciter. L'empereur parcourut rapidement les galeries de ce palais qui lui rappelait tant d'angoisses et de douleurs. Il ne s'en montra pas ému et dit au contraire : « — On est bien ici. » Vers midi, il venait de dicter un ordre du jour portant qu'il coucherait à Essonnes quand arriva le courrier de Lavallette. Presque en même temps, il reçut deux lettres de madame Hamelin et du vieux comte de Ségur qui annonçaient aussi la fuite de Louis XVIII. Un sourire illumina la face pâle de l'empereur. « — C'est bon, dit-il, je serai ce soir aux Tuileries. » Il renvoya le courrier en le chargeant de dire à Lavallette d'aller l'attendre aux Tuileries avec le duc de Bassano[1]. A deux heures, l'empereur quitta Fontainebleau. Pendant tout le trajet, la voiture dut marcher fort lentement, car des masses de paysans, acclamant et chantant, obstruaient la route, et de nombreux détachements de l'armée royale s'avançaient « en délire » pour voir leur empereur. Près des Fontaines de Juvisy, à l'endroit même où un an auparavant, dans la nuit de fièvre du 30 mars 1814, Napoléon avait appris la capitulation de Paris, il s'arrêta pour passer en revue plusieurs régiments[2].

Conformément aux ordres de Macdonald, l'armée royale avait levé ses cantonnements avant le point du jour pour se rendre à Saint-Denis. Les troupes marchaient dociles et mornes lorsque vers neuf heures du

---

1. Fleury de Chaboulon, *Mém.*, I, 253-254. Fabry, *Itinér.*, 135, 139. Résumé de l'avocat général et déposition de Redon (*Procès de Lavallette*, 12, 32).
2. Fleury de Chaboulon, I, 256. Fabry, 139. Lavallette, *Mém.*, II, 161. *Bulletin de Paris* (source royaliste), 164. *Journal de l'Empire*, 22 mars.

matin, le 2ᵉ de ligne qui formait la tête de la colonne vit arriver au galop Sébastiani et un autre général, criant : Vive l'empereur ! Les hommes ne répondirent rien, mais ils firent halte sans commandement. Sébastiani ayant annoncé le départ du roi, le régiment se déclara malgré les efforts du général de Montesquiou-Fezenzac et d'un jeune lieutenant, nommé Négré de Massals, qui arracha ses épaulettes et les jeta au visage des soldats. La défection se propagea rapidement dans toute la colonne. Il n'y eut plus d'armée, il y eut différents corps de troupe agissant selon leur volonté. Plusieurs régiments rentrèrent à Paris, mais en criant : Vive l'empereur ! D'autres s'arrêtèrent pour attendre au passage le Père la Violette ; d'autres firent demi-tour et se portèrent à sa rencontre. Les 2ᵉ et 4ᵉ régiments suisses, fidèles au roi quand même, refusèrent d'écouter Lobau qui voulait les entraîner et continuèrent leur marche. Les officiers de troupe et cinq ou six généraux obéirent à l'impulsion des soldats. Rapp, Belliard, Kellermann et Ruty firent ce sacrifice à leurs serments de suivre la famille royale dans sa fuite, le premier jusqu'à Écouen, ses camarades jusqu'à Saint-Denis. Seuls Macdonald et Maison rejoignirent le roi[1].

1. Cf. Fabry, *Itinér.*, 136-137. *Bulletin de Paris*, 163. Général Petiet, *Souvenirs militaires*, 178-180. Schaller, *Souv. d'un officier fribourgeois*, 82-84. Rapp, *Mém.*, 341-342. Macdonald, *Souvenirs*, 367-368. Général Hulot, *Souvenirs*, 430. Registre de Macdonald (ordres des 19 et 20 mars) et Exelmans à Davout, Saint-Denis, 21 mars (Arch. Guerre).
Le corps de Maison fit tout entier défection, à l'exception des deux régiments suisses, mais dans ce désarroi les ordres avaient été si mal transmis que les Suisses ignorant qu'il fallût se retirer sur Saint-Denis rentrèrent tout simplement à la caserne de la rue Verte. Rapp réussit à conduire jusqu'à Écouen une fraction de son corps d'armée.
Macdonald avait quitté Villejuif deux heures avant que l'armée ne se mit en mouvement. Après avoir vainement attendu ses troupes à Saint-Denis jusque vers midi, il laissa à un aide de camp des ordres (qui ne furent pas exécutés) pour les journées des 21 et 22 et partit pour Beauvais. Maison, qui s'était rendu également à Saint-Denis pour y attendre sa division, apprit dans la matinée qu'elle avait fait défection. Menacé d'être

Tandis que Sébastiani précipitait la défection de l'armée rassemblée à Villejuif, et que Lamarque prenait provisoirement le commandement de la place de Paris[1], le général Merlin — le fils de Merlin de Douai — s'emparait, avec cinq officiers et deux gendarmes, du château de Vincennes, occupé par un régiment d'artillerie et défendu par deux bataillons de volontaires royaux. Ces bataillons, qui venaient d'être rappelés des ponts de Charenton et de Saint-Maur, étaient rangés en bataille sur les glacis à droite et à gauche du pont-levis. Merlin s'approcha du bataillon de gauche et au nom de l'empereur intima au commandant l'ordre de rentrer à Paris. A ce moment, des habitants de Vincennes remarquant la cocarde tricolore aux chapeaux de Merlin et de ses compagnons se mirent à crier : Vive l'empereur ! Le commandant, intimidé, forma sa troupe en colonne. Merlin se porta alors devant le front de l'autre bataillon, celui des élèves de l'Ecole de droit. Ces jeunes gens étaient très exaltés. La veille, ils avaient fait feu sur des habitants de Charenton, dont les cris séditieux leur déplaisaient, et en avaient tué cinq. Ils couchèrent Merlin en joue. Sans s'émouvoir, le général déclara qu'il rendait les officiers responsables de ce qui pourrait advenir. Les canons des fusils se relevèrent, mais le bataillon ne bougea pas de place. Sur ces entrefaites, on baissa le pont-levis pour laisser entrer des officiers d'artillerie qui revenaient du village. Ils dirent au général que si le gouverneur, le marquis de Puyver, refusait de rendre la place, eux

enlevé par les officiers à la demi-solde qui voulaient l'amener à l'empereur, il s'enfuit à cheval et vint d'une traite jusqu'à Beaumont. Là, les officiers de son état-major lui signifièrent respectueusement qu'ils n'iraient pas plus loin et le laissèrent partir seul.

1. Rapport de Lamarque à Gouvion-Saint-Cyr, Tours. 27 juillet (Arch. Guerre, armée de la Loire).

et leurs canonniers sauraient bien l'y contraindre. En effet, Merlin ayant été introduit en présence de M. de Puyver, des Vive l'empereur ! retentirent dans les cours et dans les chambrées. Une capitulation régulière fut signée à huit heures du soir. Ce fut seulement quand il en eut connaissance que le bataillon de l'École de droit quitta sa position. Il se mit fièrement en marche, aux cris de : Vive le roi ! et bannière blanche déployée[1].

A Paris, dès sept heures du matin, un premier flot de foule se porta devant les Tuileries. Mais c'étaient des habitants des quartiers voisins, attirés par la simple curiosité et plus disposés à déplorer le départ du roi qu'à aider à la restauration de l'empire. La cocarde tricolore d'un officier à la demi-solde exaspéra un groupe de royalistes. Ils se jetèrent sur lui et l'auraient écharpé sans le secours d'une patrouille de la garde nationale. Vers dix heures, une colonne de peuple déboucha sur la place du Carrousel, criant à tue-tête : Vive l'empereur ! A bas la garde nationale ! A bas la calotte ! Cette fois, on avait affaire aux faubouriens. Ils s'approchèrent des grilles du château et tentèrent de les ébranler. Un fort détachement de miliciens les dispersa, sans toutefois se servir de ses armes. Repoussés des Tuileries, les émeutiers parcoururent les rues avoisinantes, vociférant les mêmes cris et faisant la terreur sur leur passage. Après cette alerte, nouveau tumulte : un cliquetis d'armes, un bruit de chevaux sur le pavé, un roulement de pièces d'artillerie, des

---

1. Rapport de Merlin, Vincennes, 21 mars. Procès-verbal de la capitulation de Vincennes, 20 mars, 8 h. du soir (Arch. Guerre). Cf. Guillemin, *Le Patriotisme des Volontaires royaux*, 35-36, 39, 42, 75, 95.
Le bataillon de l'Ecole de droit rejoignit la Maison militaire à Beauvais et fut licencié à Béthune. Une cinquantaine de ces volontaires passèrent en Belgique où ils furent incorporés dans la petite armée du duc de Berry.

sabres et des baïonnettes qui brillent, de retentissants Vive l'empereur! un remous de la foule sous la pression puissante de gens de guerre. Ce sont les officiers à la demi-solde qu'Exelmans amène de Saint-Denis avec un escadron de cuirassiers et quelques artilleurs traînant deux canons. Des acclamations, des murmures, des sifflets, se croisent sur leur passage. A la vue des grilles fermées, la colonne s'arrête et un général vient parlementer avec l'adjudant-commandant Laborde. Il est décidé qu'Exelmans et sa troupe occuperont les Tuileries, mais que la milice conservera ses postes et que les factionnaires seront fournis concurremment par les gardes nationaux et les militaires. Pendant le reste du jour, on voit aux différentes entrées du château l'étrange spectacle d'un officier, avec la cocarde tricolore, en sentinelle à côté d'un grenadier de la garde nationale portant la cocarde blanche et la décoration du Lys [1].

Le drapeau tricolore flotte sur les Tuileries. A deux heures, on l'arbore à l'Hôtel de Ville et au faîte de la colonne de la Grande Armée. — Le fils de Carnot, qui d'une lucarne du collège Louis-le-Grand aperçoit les trois couleurs, appelle ses camarades; l'étude est interrompue, on crie, on saute, on s'embrasse avec frénésie. — Aux enseignes des boutiques, les aigles et les abeilles remplacent les fleurs de lys, métamorphose qui provoque des murmures et des rixes au Palais-Royal et rue de la Paix [2]. On placarde sur la dernière proclamation du roi, affichée le matin [3], les proclamations impériales dont les taches et les déchi-

---

[1]. Cf. Laborde, *Quarante-huit heures de garde*, 17-19. *Bulletin de Paris*, 160-161. Fabry, *Itinér.*, 139. Miss Heléna Williams, *Relation des événements*, 37

[2]. *Bulletin de Paris*, 161-162. *Mém. sur Carnot*, par son fils, II, 405. Miss Heléna Williams, *Relation des événements*, 26.

[3]. On a vu que Lavallette avait arrêté l'expédition du *Moniteur* où se trouvait cette proclamation, mais il n'avait pu en empêcher l'affichage.

rures témoignent que depuis huit jours les bonapartistes de Paris se les passent de main en main. Sur la route de Saint-Denis, des soldats isolés arrêtent les voitures et contraignent les voyageurs à crier : Vive l'empereur ! Des bandes de populaire descendent des faubourgs du Temple, Saint-Martin, Saint-Antoine et se dirigent en chantant vers les boulevards du sud ; ils se rappellent que l'empereur prenait ce chemin quand il revenait de Fontainebleau. La bourgeoisie est triste et mécontente. Elle songe à une seconde invasion, elle plaint le bon roi, « ce pauvre Louis XVIII, un si brave et si honnête homme !¹ » Il faut croire, pourtant, qu'il y a parmi elle des gens qui voient les choses moins en noir puisque, ce jour-là, la rente monte de 68 francs à 73 francs². Cette énorme hausse ne prouve pas qu'à la Bourse on se réjouisse du retour de Napoléon. Mais depuis la nouvelle de son débarquement, on a vécu dans l'angoisse, avec des visions de guerre civile, de batailles dans les rues, de représailles, de pillage. Or, tout se passe tranquillement. On accepte le fait accompli et on tâche d'en profiter.

Déjà le personnel de la ci-devant cour impériale reprend possession des Tuileries. A partir de deux heures, la foule qui stationne devant les grilles a vu entrer, furtivement d'abord, d'un pas assuré ensuite, des conseillers d'État, des ministres, des chambellans, des fourriers du palais, des écuyers, des aides des cérémonies, tous en grand uniforme, des contrôleurs de la bouche, des maîtres d'hôtel, des valets de pied avec leurs anciennes livrées, puis des Dames du Palais, des Femmes rouges, des femmes de dignitaires, de géné-

---

1. Rovigo, *Mém.*, VII, 377. *Bulletin de Paris*, 161. Fabry, 138. Miss Héléna Williams, 37. *Cahier d'un rhétoricien*, 35-27. Notes du capitaine Planat (citées par Girod de l'Ain, *Le général Drouot*, 82).
2. Samedi 18 mars : 68 fr. 10. Lundi 20 mars : 73 fr. 30.

raux, de financiers fameux et de grands industriels, cachant sous des witz-chouras garnies de petit-gris ou sous des redingotes de gros-de-Naples fourrées d'hermine leurs épaules nues constellées de diamants et leurs robes de cour parées de violettes. On se retrouve, on se félicite; avec une joie enfantine les femmes parcourent la salle des Maréchaux, la galerie de Diane, la salle du Trône, tous ces lieux de fêtes où a brillé leur beauté. Dans la salle du Trône, elles remarquent que les fleurs de lys du tapis sont seulement appliquées. On arrache une fleur; une abeille apparaît. Ces femmes en grande toilette se mettent gaiement et fébrilement au travail. En moins d'une demi-heure, le tapis redevient impérial. Il y a aux Tuileries le duc de Bassano, le duc de Plaisance, le duc de Gaëte, le duc de Rovigo, Lavallette, Thibaudeau, Decrès, Daru, Regnaud de Saint-Jean-d'Angély, le comte de Ségur, grand-maître des cérémonies; il y a Davout, le maréchal Lefebvre, Exelmans, Dejean, le duc de Padoue, Durosnel et une foule d'officiers généraux; il y a la reine Hortense et la reine Julie. Les mêmes huissiers que jadis se tiennent aux portes des appartements. Il semble à tout ce monde de l'empire qu'il s'éveille d'un mauvais rêve qui a duré un an[1].

Les heures passent, la nuit et le brouillard s'étendent sur Paris. A peine si du Carrousel les derniers curieux aperçoivent les fenêtres des Tuileries tout illuminées. De minute en minute, on attend l'empe-

---

[1]. Laborde, *Quarante-huit heures de garde*, 19. Lavallette, *Mém.*, II, 160. Rovigo, *Mém.*, VII, 379. Villemain, *Souvenirs*, 47-48. Duc de Broglie, *Souvenirs*, I, 296. Cf. Napoléon, *Œuvres de Sainte-Hélène* (*Corresp.*), XXXI, 78). — Il est possible, comme on l'a dit, que Davout ne soit venu aux Tuileries que quelques minutes après l'arrivée de l'empereur. Mais on n'a pas nié qu'il n'y soit venu de son propre mouvement et sans y être appelé par Napoléon comme le furent plusieurs personnages de l'empire, nommément Mollien, Boulay, Real, Molé. Quant à Caulaincourt et à Flahaut, s'ils n'étaient point aux Tuileries dans cette soirée du 30 mars, c'est qu'ils étaient allés au-devant de l'empereur sur la route de Villejuif.

reur. L'impatience se change en angoisse. Si la balle d'un fanatique ou d'un assassin soudoyé l'avait frappé dans son triomphe! Enfin, vers neuf heures, un bruit lointain de chevaux et de clameurs s'élève du côté des quais, s'approche, grandit, devient formidable. Une voiture de poste débouche au grand trot par le guichet, entourée d'un millier de cavaliers de toute arme et de tout grade, chevauchant en désordre, brandissant leurs sabres et vociférant des Vive l'empereur! pareils à des rugissements. Les officiers à la demi-solde qui remplissent la cour, les généraux qui stationnent sur le perron mettent l'épée à la main et se précipitent. Leur foule est si dense, leur élan si impétueux que les cavaliers reculent et que les postillons s'arrêtent à dix mètres du pavillon de Flore. On ouvre la portière. Napoléon enlevé, arraché de sa voiture, est porté de bras en bras jusque dans le vestibule où d'autres bras le soulèvent et l'entraînent sur les marches de l'escalier. Un délire furieux possède ces hommes. Ils ont pour leur idole des caresses de tigres, jalouses et brutales. Pris entre le flot qui le pousse et la cohue qui de l'étage supérieur s'élance à sa rencontre, Napoléon est dans le même danger qu'à son entrée à Grenoble, avec cette aggravation que l'espace est plus resserré : « — Au nom de Dieu! crie Caulaincourt à Lavallette, placez-vous devant lui. » Lavallette s'arrête, se retourne, se roidit contre l'avalanche et monte à reculons, précédant l'empereur à une marche de distance et répétant sans cesse : « — C'est vous! C'est vous! C'est vous! » Lui semble ne rien voir ni ne rien entendre. Il se laisse porter, les bras en avant, les yeux fermés, un sourire fixe aux lèvres, comme en état de somnambulisme [1].

---

[1]. Laborde, *Quarante-huit heures de garde*, 20-22. Lavallette, *Mém.*, II, 161-162. Rovigo, *Mém.*, VII, 379-380. Cf. Fleury de Chaboulon, *Mém.*, I, 256-257.

On amène l'empereur dans son cabinet dont on referme les portes sur la foule. Peu à peu, ce grand tumulte s'apaise, le silence se fait. Les cavaliers attachent les chevaux aux grilles du Carrousel et se couchent par terre enveloppés dans leurs manteaux. La cour des Tuileries a l'aspect d'un bivouac dans une ville prise d'assaut [1].

V

Les royalistes ne pouvant ni surtout ne voulant pas admettre que la seule vue du drapeau tricolore et de la redingote grise eût entraîné la France, et d'ailleurs abusés par le complot ourdi à Paris, prétendirent qu'il existait une entente entre les conspirateurs et Napoléon. Depuis plusieurs mois, assurèrent-ils, tout était préparé pour le débarquement de l'usurpateur, ses agents parcouraient la France, les émissaires des comités affluaient à l'île d'Elbe. Thibaudeau alla à Porto-Ferrajo, le général Bertrand vint plusieurs fois à Paris, trente millions furent dépensés pour soudoyer les troupes. Soult, Ney, Marchand, Masséna, La Bédoyère, tous les chefs de corps des 8e, 7e et 6e divisions militaires étaient dans le secret [2].

L'instruction et les débats des nombreux procès

---

[1]. Laborde, *Quarante-huit heures de garde*, 21. Lavallette, *Mém.*, II, 161.

[2]. Cf. *Journal universel* (de Gand), n° 1. *Histoire du cabinet des Tuileries et de la conspiration qui a ramené Bonaparte*, in-8°, 1816. Miss Heléna Williams, *Relation des événements qui se sont passés en France*, in-8°, 1816. Goyer-Duplessis, *Réflexions sur l'arrivée de Buonaparte à Paris*, in-8°, 1816. Durdent, *Cent dix jours du règne de Louis XVIII*, in-8°, 1815. Beauchamp, *Campagne de 1815*, I, 54-67. *Trois mois de Napoléon*, in-8°, 1815. *Bulletin de Paris ou Relation historique des événements*, in-8°, 1815. Fabry, *Itinéraire de Buonaparte de l'île d'Elbe à Sainte-Hélène*, in-8°, 1815, etc., etc., etc.

Pour prouver la conspiration établie entre l'île d'Elbe et Paris, on alla jusqu'à fabriquer de fausses lettres. Voir Rovigo, *Mém.*, VIII, 303, 321-328.

politiques de 1815 et de 1816, les Mémoires de Campbell, de Peyrusse, de Lavallette, de Rovigo, de Boulay, de Lamarque, enfin les documents d'archives ont détruit toutes ces légendes. Il existait bien un complot à Paris, mais les chefs les plus influents et les plus remuants n'envisageaient la restauration de l'empire que comme un pis-aller. Ils n'étaient donc point pressés de faire des ouvertures à Napoléon. Thibaudeau n'alla pas à Porto-Ferrajo, Bertrand ne vint point à Paris. Le docteur Renoult, accusé d'avoir fait plusieurs fois le voyage de l'île d'Elbe, prouva à l'instruction qu'il n'avait pas quitté Paris un seul jour et fut relaxé. Les rares Français qui débarquèrent à Porto-Ferrajo furent des officiers réformés, sans mission politique et n'ayant d'autre dessein que de prendre du service dans le bataillon de la garde. On ne peut pas dire que Napoléon ne reçut point d'émissaires de Paris puisqu'il reçut Fleury de Chaboulon. Mais Fleury n'était pas chargé de se concerter avec l'empereur : loin d'être envoyé par les conspirateurs, il venait lui dénoncer l'existence du complot et lui exposer l'état de la France Les membres de la famille impériale, auxquels le gouvernement de Louis XVIII refusait de servir les rentes stipulées dans le traité de Fontainebleau, et les anciens fonctionnaires de l'empire, qui se trouvaient privés de leurs dotations, ne donnèrent point de millions pour soudoyer les troupes. L'empereur, dont toutes les dépenses pendant le séjour à l'île d'Elbe sont portées en détail sur les livres du trésorier Peyrusse, n'en donna pas davantage. Ni Masséna qui ne proclama l'empire dans la 8ᵉ division militaire que trois semaines après la rentrée de Napoléon aux Tuileries ; ni Marchand qui fit ses efforts pour défendre Grenoble et ne reprit pas de service pendant les Cent Jours ; ni Labédoyère qui, le 5 mars, supplia son général de rester à Chambéry « pour ne point se trouver dans une situation embarrassante » ; ni le maréchal Ney qui parlait sincèrement en promettant de ramener Bonaparte dans une cage de fer ; ni Soult qui multiplia les mesures de résistance ; ni personne enfin dans l'armée n'était instruit du projet conçu à l'île d'Elbe. Le retour soudain de Napoléon, résolu et préparé par lui seul, sans aucune intelligence avec quiconque en France, surprit les bonapartistes autant que les bourboniens, et, comme on l'a vu, déconcerta extrèmement plusieurs chefs de la conspiration.

Dans les écrits royalistes, qui du moins sur ce point ont donné le change à l'opinion, on a représenté la restauration de l'empire comme l'effet d'un mouvement exclusivement militaire, analogue aux tumultes des Prétoriens et aux pronunciamientos espagnols. C'est une contre-vérité. La Révolution de 1815 fut un mouvement populaire secondé par l'armée. La cocarde de 89 entraîna le peuple, ulcéré par l'arrogance, les menaces, les revendications des prêtres et des nobles qui prétendaient traiter les campagnes en pays conquis. Les soldats, restés idolâtres de leur empereur, frissonnaient à l'idée de le trouver au bout de leurs fusils et se juraient de ne pas tirer sur lui, mais ayant perdu la volonté dans la longue accoutumance de la discipline, ils ne se déclarèrent que lorsqu'ils s'y sentirent encouragés par l'élan des populations. Partout en France — du moins dans les quinze premiers jours, et plus tard tout était décidé — les manifestations des paysans et des ouvriers précédèrent la défection des troupes. Le 1er mars, les soldats du 87e emprisonnent dans la citadelle d'Antibes vingt-cinq grenadiers de la vieille garde ; le lendemain, les habitants de Grasse apportent des violettes à l'empereur. La population de Gap s'oppose à ce que le général Rostolland prenne des mesures de défense ; il replie sur Embrun ses troupes, qui le suivent docilement, tandis que dans la ville qu'elles viennent d'évacuer on acclame Napoléon. A Saint-Bonnet, on veut sonner le tocsin pour rassembler un millier de montagnards en armes qui renforceront la petite colonne elboise. Dans le défilé de Laffray, les paysans tendent aux soldats du 5ᵉ de ligne, qui n'osent pas les prendre, des proclamations impériales. Contre les troupes du général Marchand, l'empereur a pour avant-garde deux mille Dauphinois armés de fourches et de vieux fusils. Ce sont les charrons des faubourg qui enfoncent la porte de Grenoble. Ce sont les canuts de la Guillotière qui démolissent la barricade du pont de Lyon. A Villefranche, il n'y a pas un homme de troupe, mais soixante mille paysans attendent l'empereur autour des arbres de la liberté. Les ouvriers de Nevers provoquent à la rébellion les régiments qui traversent la ville. Le peuple de Chalon-sur-Saône arrête un convoi d'artillerie destiné à l'armée du comte d'Artois. « En Franche-Comté, dit l'adjudant-commandant de Préchamp, les troupes auraient pu être maintenues si on les avait gardées dans les casernes, mais une fois en contact avec la population, elles étaient perdues. » Le colonel Bugeaud écrit au ministre de la guerre : « Je prends sur moi d'arrêter mon régiment à Avallon. Je craindrais si je m'avançais plus loin que l'esprit des populations ne gâtât celui de mes soldats qui est resté très bon jusqu'ici. » Le préfet de l'Ain frappé d'épouvante dit au maréchal Ney : « Nous assistons à la rechute de la Révolution [1]. »

[1]. On a prétendu que toutes ces populations étaient soudoyées ! Il eût

La haine des paysans contre l'ancien régime et le culte des soldats pour l'empereur les réunirent dans une action commune. Peuple et armée eurent le même élan et marchèrent, confiants l'un en l'autre et se sentant les coudes, au-devant de Napoléon. C'est la raison de son succès si facile et si rapide, de la marche foudroyante et triomphale du golfe Jouan à Paris.

A la considérer ainsi, cette aventure épique du retour de l'île d'Elbe, que l'on a appelée « un des plus étonnants exploits qu'aient jamais contés l'histoire et la mythologie », perd un peu de son merveilleux. La fascination de la redingote grise ne fit pas tout. Vu l'opinion régnante dans le peuple et dans l'armée, il semble même que l'entreprise de l'empereur ne pouvait pas ne point réussir. Une fois sur la terre française, il n'a-

---

fallu plusieurs millions. Or nous savons par le Livre de caisse du trésorier Peyrusse (Peyrusse, *Mémorial et Archives*. Appendice, 305-308) la somme exacte que coûta l'expédition :

Du 26 février, jour du départ de l'île d'Elbe, au 20 mars, date de l'arrivée à Paris, les dépenses s'élevèrent à 270,592 fr. 85 cent., dans laquelle somme le nolis des bâtiments entra pour 11,000 francs ; l'achat de la cargaison du *Saint-Esprit*, pour 25,000 francs ; l'achat de chevaux, mulets et voitures, pour 69.000 francs ; et la perte d'une caisse d'or dans un ravin des Alpes, pour 38.000 francs. Restent donc 127.000 francs environ pour la solde et les vivres de 1,100 soldats pendant 23 jours ; pour les dépenses, dans les hôtels et les auberges, de l'empereur, de son état-major et de sa maison ; pour les secours et frais de route au millier d'officiers qui rallièrent la colonne de Grenoble à Fontainebleau ; pour l'impression des proclamations, les relais de postes, les pourboires et gratifications ; enfin pour les missions des différents émissaires qui, au reste, ne reçurent ensemble que 11,540 francs.

Dans la crainte que la campagne ne durât, Peyrusse prit 600,000 fr. à la succursale de la Banque, à Lyon. Il n'y toucha point et le restitua intégralement le 21 mars à la Banque de France. (Peyrusse, 296, 301.)

On a souvent cité le mot de l'empereur à Mollien le 20 mars : « Ils m'ont laissé arriver comme ils les ont laissés partir. » (Mollien. *Mém.*, IV, 187.) Mais dans cette même soirée du 20 mars, Napoléon dit à Molé : « Si j'avais voulu, je serais arrivé à Paris avec 70.000 paysans armés. » (Fragment des Mémoires de Molé, *Revue de la Révolution*, XI, 89.) Il y a contradiction flagrante entre les deux propos. Au reste, des paroles ne sauraient prévaloir contre des faits, et ceux que nous rappelons ici, parmi tant d'autres, prouvent l'exaltation du peuple, au mois de mars 1815, en faveur de Napoléon personnifiant la Révolution.

vait à redouter que quelques brigades de gendarmerie, des bandes de Provençaux fanatisés et la Maison militaire. Ses onze cents grenadiers suffisaient à le protéger contre les gendarmes. En prenant la route des Alpes, il échappait aux Provençaux. Quant à la Maison du roi, il lui fallait faire faire douze étapes, de dix lieues chacune, pour gagner Lyon. Avant qu'elle pût entrer en ligne, le bataillon de l'île d'Elbe serait devenu une petite armée.

On a dit cent fois qu'un seul coup de fusil tiré des rangs aurait arrêté la marche de Napoléon. C'est possible et non certain, car la vieille garde n'aurait assurément pas riposté à un seul coup de fusil, et le combat cherché eût été évité. En tout cas, la difficulté était de faire tirer ce coup de fusil providentiel. Dans le défilé de Laffray, le capitaine Randon commanda le feu, mais il ne prit pas l'arme d'un soldat pour s'en servir lui-même. Sur les bastions de Grenoble, près des canons chargés à mitraille, il y avait des officiers royalistes. Aucun n'eut la résolution de mettre le feu à une pièce. Ils savaient « qu'ils seraient hachés par leurs canonniers ». A Lyon, Macdonald ne trouva ni chez les miliciens, ni parmi les volontaires royaux, ni à prix d'or dans les bas-fonds de la populace, « un seul homme » déterminé à tirer le premier ; et bien que le maréchal se fût promis de le faire lui-même, il faiblit comme les autres quand, entouré de ses régiments en révolte, il se rencontra face à face avec l'avant-garde impériale et entendit dans la ville soulevée la grande voix du peuple qui criait : Vive l'empereur !

LIVRE III

LES CENT JOURS

CHAPITRE I

LE LENDEMAIN DE LA VICTOIRE

I. Constitution du gouvernement impérial.
II. Le roi à Lille. — Le duc d'Orléans. — Départ du roi pour la Belgique (23 mars).
III. Les résistances locales : Oudinot à Metz. — Gouvion-Saint-Cyr à Orléans. — Le duc de Bourbon en Vendée (21-26 mars).
IV. La duchesse d'Angoulême à Bordeaux. — Vitrolles à Toulouse.
V. La guerre civile dans le Midi. — Le combat de Loriol. — Retraite du duc d'Angoulême. — Capitulation de La Palud (9 avril).

I

A sa rentrée aux Tuileries, Napoléon avait trouvé presque tout le personnel de son ancien gouvernement. Il fit appeler les retardataires, et dans la nuit même il nomma ses ministres[1]. Bassano reprit la secrétairerie d'État, Decrès la marine, Gaudin les finances, et Mollien, non sans quelque hésitation, le trésor public. Molé, qui augurait mal de « cet intermède »,

---

1. Les décrets de nomination, datés du 20 et du 21 mars, parurent dans le *Moniteur* des 21 et 22. Plusieurs ministres prirent possession de leur poste dans la nuit même. (Une dépêche de Davout à Ney est datée du 20 mars.) En apprenant à Real qu'il l'avait nommé préfet de police, l'empereur lui dit : « — Tout le monde doit être à son poste en ce moment. Ne tardez pas à vous rendre au vôtre. » « — J'y serai demain matin », répondit Real. L'empereur répliqua : « — Vous irez ce soir même. » (Notes manuscrites de Rousselin, collection Begis.)

déclina l'honneur d'être de nouveau grand-juge et obtint le poste moins compromettant de directeur des ponts-et-chaussées. A son défaut, l'archi-chancelier Cambacérès fut chargé provisoirement de la justice. Davout commença par refuser le portefeuille de la guerre. L'empereur fit appel à son dévouement pour sa personne et à son patriotisme : le maréchal obéit. Il était, avant minuit, rue Saint-Dominique. La résistance de Caulaincourt fut plus difficile à surmonter. Le duc de Vicence était resté profondément attaché à Napoléon, mais c'était sur le champ de bataille qu'il voulait le servir, car il avait la sombre prévision que le rôle du ministre des relations extérieures de l'empire serait nul devant l'Europe en armes. Il avait été à la rencontre de Napoléon à mi-chemin de Fontainebleau, et durant le trajet, il avait respectueusement repoussé l'offre de ce portefeuille. Aux Tuileries, de nouvelles instances de l'empereur échouèrent encore. Ce fut seulement le lendemain que Caulaincourt se résigna à rentrer au ministère [1].

Bien que Rovigo eût montré peu de zèle et encore moins d'habileté dans les derniers mois de son administration, Napoléon lui proposa de reprendre la police générale. Rovigo refusa. Il voulait se faire prier ou il sentait la tâche au-dessus de ses forces et l'opinion contre lui. Les hommes politiques, les courtisans, les officiers, qui remplissaient dans cette soirée mémorable les salons des Tuileries, désiraient, désignaient, réclamaient Fouché. La reine Hortense elle-même parlait de lui avec enthousiasme. L'ordre d'arrestation lancé contre le duc d'Otrante par le

---

1. Notes de Rousselin, précitées. Mollien, *Mém.*, IV, 186. Lavallette, *Mém.*, II, 164. *Fleury de Chaboulon, Mém.*, II, 259-261. De Chénier, *Davout*, 432-436. Cf. Lettre de Davout à Soult (citée par Mme de Blocqueville, *Davout*, IV, 157). *Bulletin des Lois*, 21 mars. Fragment des Mémoires de Molé. (*Revue de la Révolution*, XI, 89, 91.)

gouvernement royal avait retourné en sa faveur l'opinion des bonapartistes. On croyait qu'il avait joué sa liberté et peut-être sa vie pour seconder l'entreprise de l'empereur. D'autres personnes, mieux renseignées, estimaient cependant qu'il fallait le nommer ministre pour avoir l'appui des anciens jacobins. Il enleva d'assaut son portefeuille en se présentant aux Tuileries le soir du 20 mars. « Laissez entrer M. Fouché! cria-t-on. C'est l'homme qu'il importe le plus à l'empereur de voir en ce moment. » Ainsi annoncé, Fouché eut l'effronterie de dire qu'il avait fomenté, dans l'intérêt de Napoléon, la conspiration militaire du Nord. L'empereur ne se laissa pas abuser par cette imposture. Mais Fouché s'offrait. Il fallait le prendre ou se faire de lui un ennemi déclaré. Il avait d'ailleurs infiniment plus d'habileté, d'expérience et de ressources que Rovigo. L'empereur lui donna le ministère de la police. Toutefois, comme il se défiait du fourbe, il nomma à la préfecture de police et à l'inspection générale de la gendarmerie, postes où il se flattait que l'on pourrait le surveiller et le contenir, deux hommes dont il était sûr : Réal et Rovigo [1].

Restait à pourvoir à l'Intérieur. L'empereur n'y voulait point replacer Montalivet. Il balançait entre Costaz et Lavallette. A l'offre de l'empereur, Lavallette répondit par un refus motivé sur son désir de garder les postes « où il pourrait rendre plus de services ». Il ajouta ce bon conseil : « Il faut au ministère un homme qui ait un nom éclatant dans la Révolution. » C'était désigner Carnot dont le *Mémoire au roi* avait rajeuni la popularité. Napoléon, vraisem-

---

1. Rovigo, *Mém.*, VII, 385-387. Fragment des Mémoires de Molé, précité. Lavallette, *Mém.*, II, 163. Fleury de Chaboulon, *Mém.*, I, 261. Montholon, *Récits*, II, 187, 188, 202, 308. Cf. *Mém. de Fouché*, II, 314-316. Napoléon, *Œuvres de Sainte-Hélène* (Corresp., XXXI, 92), et les Notes précitées de Rousselin.

blablement, pensait déjà à Carnot. Depuis le 24 janvier 1814, jour où ce grand patriote lui avait offert ses services pour défendre la France envahie, il ne le regardait plus comme un opposant. Il hésitait, néanmoins, devant ce nom révolutionnaire qui n'avait point passé, comme tant d'autres, par la savonnette à jacobin d'un titre impérial. Ce fut seulement le soir du 21 mars que Carnot fut appelé aux Tuileries. Carnot accepta le ministère en disant simplement à l'empereur que « dans ce moment, il n'était pas permis de lui rien refuser[1] ». Le lendemain, le *Moniteur* publia deux décrets concernant Carnot. Par le premier, Napoléon, qui voulait « dérévolutionnaliser » l'ancien membre du Comité de salut public, le nommait comte de l'empire pour sa défense d'Anvers; par le second, il le nommait ministre de l'intérieur[2]. Le patriotisme avait engagé Carnot à accepter le portefeuille; la raison politique l'empêcha de refuser publiquement le titre. Il comprit qu'un ministre de l'empereur n'avait pas le droit de discréditer les titres impériaux. Il se laissa donc appeler comte dans les actes officiels et dans les journaux, mais il ne signa jamais que Carnot, et malgré deux invitations du prince Cambacérès, il s'abstint de faire retirer les lettres patentes à la chancellerie[3].

Merlin reprit son siège de procureur général. M. de Bondy, que l'empereur avait remplacé à Lyon, devint préfet de la Seine, Champagny intendant des

---

1. Carnot, *Exposé de ma conduite politique*, 22. Carnot à Napoléon, 22 mars. (Carnot, *Corresp.*, 17-20.) Lavallette, II, 164. Notes précitées de Rousselin. *Mémoires sur Carnot par son fils*, II, 408-410. — D'après ce dernier ouvrage, Napoléon aurait écrit dès Fontainebleau à Carnot pour le mander aux Tuileries et l'aurait vu une première fois le 21 à midi, mais sans lui parler encore du ministère.
2. *Moniteur*, 22 mars. Les deux décrets sont antidatés. Rendus seulement le 21 mars dans la soirée, ils portent la date du 20 mars.
3. Carnot, *Corresp. avec Napol.*, 21-27. *Mém. sur Carnot*, II, 427-429.

bâtiments et Montalivet intendant de la liste civile. Les anciens conseillers et maîtres des requêtes rentrèrent au conseil d'Etat que Ginoux-Defermon, Boulay et Regnaud furent chargés de réorganiser. L'immuable Sauvo resta au *Moniteur*, mais Etienne escamota le *Journal des Débats* abandonné par Bertin l'aîné qui, dès le matin du 20 mars, avait pris la route de Belgique après avoir publié cette dernière catilinaire : « ... C'est en vain que Buonaparte a promis l'Alsace, la Lorraine, la Franche-Comté pour prix d'un honteux secours de l'étranger... La France sera délivrée par la France, ou la France cessera d'exister. Le néant vaudrait mieux pour elle que la honte de retomber sous le joug de son bourreau[1]. » Le lendemain, on lisait dans la même feuille, rebaptisée *Journal de l'Empire* : « La famille des Bourbons est partie cette nuit. Paris offre aujourd'hui l'aspect de la sécurité et de la joie. Les cris de : Vive l'empereur ! retentissent de toute part[2]. »

Le gouvernement impérial était constitué, mais plus des deux tiers de la France reconnaissaient encore l'autorité de Louis XVIII. Presque partout, il est vrai, on n'attendait que la nouvelle de l'arrivée de Napoléon aux Tuileries pour arborer le drapeau national. L'empereur, qui n'en doutait pas, s'inquiétait peu de n'avoir encore pour sujets que les habitants des quatorze départements qu'il avait, depuis Gap, traversés ou côtoyés dans sa course triomphale. L'important était de pousser au plus vite Louis XVIII hors des frontières pour empêcher une guerre civile dans le Nord, où les Anglais concentrés en Belgique et les Hollando-Belges du prince héréditaire d'Orange pou-

---

[1]. *Journal des Débats*, 20 mars. — Cet article, plus violent encore et plus perfide que celui de Benjamin Constant publié le 19 mars, est attribué à Charles Nodier.
[2]. *Journal de l'Empire*, 21 mars.

vaient seconder les populations royalistes. Dans la nuit du 20 au 21 mars, Napoléon écrivit à Davout de télégraphier au commandant des places de la 16ᵉ division militaire d'en refuser l'entrée au roi, aux princes et à leurs agents [1]. En même temps, il donna l'ordre verbal à Exelmans de réunir ce qu'il pourrait de cavalerie et de se mettre à la poursuite des débris de l'armée royale [2].

II

Le roi, qui voyageait en poste, avait dès le premier jour devancé de deux étapes sa Maison militaire, ces troupes marchant à l'allure ordinaire sous le commandement du comte d'Artois, du duc de Berry et de Marmont. En quittant Paris, il comptait aller à Lille où il était entendu que les Chambres seraient convoquées et la résistance organisée. Mais chemin faisant, Louis XVIII réfléchit, et soit qu'il jugeât la lutte inutile, soit qu'il craignît pour sa personne, le résultat de ses méditations fut que le plus simple et le mieux serait peut-être de gagner tout de suite l'Angleterre. En attendant de prendre une détermination, il quitta la route directe de Lille par Amiens et vint coucher à Abbeville; là, il se trouvait à proximité de Dieppe et de Boulogne [3]. Le lendemain, 21 mars, après une lon-

---

1. Napoléon, *Corresp.*, 21, 692. — Conformément à cet ordre, Davout expédia le 21 à 6 h. 42 m. du matin la dépêche suivante : « L'empereur est à Paris. Il a nommé pour son ministre de la guerre le maréchal prince d'Eckmühl. Il prescrit de refuser l'entrée des places au roi, aux princes et à tous les agents des Bourbons. » (Arch. Guerre.)
2. Exelmans à Davout, Saint-Denis, 21 mars. (Arch. Guerre.)
3. Général Blanmont à Davout, Abbeville, 23 mars. (Arch. Guerre.) Lettre de Blacas, Abbeville, 20 mars (citée par le duc d'Orléans, *Mon Journal*, 81-82). *Journal Universel*, de Gand, n° 1. Marmont, *Mém.*, VII, 98-99. Ordre de marche pour les 20 et 21. Saint-Denis, 20 mars. (Registre de Macdonald, Arch. Guerre.) — D'après le témoignage du duc d'Orléans (96-97) et de Macdonald (*Souv.*, 374-375), le comte d'Artois, découragé et voyant la

gue délibération à laquelle prit part Macdonald, qui venait de rejoindre le roi, il fut arrêté que décidément on irait s'enfermer dans Lille. Blacas envoya à Marmont l'ordre de continuer sa marche vers cette ville avec la Maison militaire qui, très péniblement, chevauchait alors sous la pluie et dans la boue entre Noailles et Beauvais [1].

Nommé le 16 mars commandant en chef des troupes stationnées dans le département du Nord, le duc d'Orléans était à Lille depuis le 19. Comme à Cambrai, comme à Douai, comme à Valenciennes, il y avait trouvé les maisons pavoisées de blanc, les habitants criant : Vive le roi ! et les troupes soumises, mais impressionnées, mécontentes et surtout fort inquiètes d'une occupation éventuelle des places fortes par les Anglo-Belges [2]. Le 22 mars, le prince déjeunait avec le maréchal Mortier, qui avait le commandement en second, quand on remit à celui-ci un billet de Macdonald l'informant que le roi arriverait à Lille dans une heure [3]. A midi, en effet, Louis XVIII franchit la porte dite de Béthune. Il était accompagné de Blacas, de Berthier, de Macdonald, du duc de Duras, du prince de Poix et du comte de Jaucourt; un peloton de gardes du corps l'escortait. Beaucoup

---

marche piteuse de la Maison militaire, avait eu aussi l'idée d'aller s'embarquer à Dieppe avec tous les mousquetaires et gardes du corps que pourraient contenir les transports. Il envoya le général Ricard au roi pour lui demander son assentiment. Mais Ricard ne put rejoindre le roi qu'à Lille.

1. Blacas à Marmont, Abbéville, 21 mars. Général Blanmont à Davout, Abbeville, 23 mars (Arch. Guerre). *Journal Universel*, de Gand, n° 1 Marmont, *Mém.*, VII, 99. Macdonald, *Souv.*. 369-371.

2. Duc d'Orléans, *Mon Journal*, 61, 62, 65, 67, 70. Cf. 90, 94 et lettre à Blacas, Lille, 22 mars (citée, *ibid.*, 83).

3. Duc d'Orléans, 85. Cf. Macdonald, 372-373. — Le 20, le duc d'Orléans avait appris par une dépêche télégraphique de Paris, qu'il ordonna de tenir secrète, la rentrée imminente de Napoléon aux Tuileries, et dans la nuit du 21 au 22, il avait reçu un courrier de Blacas lui annonçant que le roi était à Abbeville, fort indécis sur le lieu où il allait se retirer (*Mon Journal*, 78, 82-84).

de Lillois dont l'attention avait été éveillée par les mouvements des troupes, qui sortaient des casernes pour aller former la haie, s'étaient portés sur le passage du roi et poussaient des acclamations. Mais pas un seul cri ne s'éleva des rangs. Les soldats tenaient les yeux fixés à terre comme s'ils ne voulaient même pas voir le cortège royal [1].

Louis XVIII remarqua avec un certain effroi ce contraste entre l'attitude de la population et celle de la troupe. A peine descendu de voiture, il réunit en conseil les personnages de sa suite et demanda au duc d'Orléans et à Mortier s'il était en sûreté à Lille. Le prince répondit que les dispositions des habitants étaient bonnes mais que celles de la garnison étaient douteuses, et qu'en conséquence il ne pouvait affirmer que le roi fût en sûreté. « — Mais, interrogea anxieusement Louis XVIII, il n'y a pas danger immédiat? » « — Non, Sire, reprit Mortier, mais ce danger peut se présenter d'un moment à l'autre. Quant à présent, je réponds que Votre Majesté ne court aucun danger. » Blacas ayant alors suggéré l'idée de faire sortir la garnison de la place et d'en confier la défense à la garde nationale et à la Maison du roi, le duc d'Orléans répliqua qu'il n'y avait que 1,200 hommes de garde nationale et que d'ailleurs les troupes, très probablement, n'obéiraient pas à l'ordre d'évacuer Lille. Il ajouta que loin d'appeler à Lille la Maison militaire, il fallait au contraire la diriger sur un autre point, car toute l'armée ayant en haine les compagnies nobles, la garnison s'opposerait certainement à leur entrée [2]. La

---

1. Lettre de Jaucourt, Ostende, 25 mars (Arch. Aff. étr., 646). Duc d'Orléans, *Mon Journal*, 6-87. *Journal Universel*, de Gand, n° 1. Macdonald, *Souvenirs*, 373.
2. Duc d'Orléans, *Mon Journal*, 86, 90-93. Cf. Macdonald, *Souv.*, 374-376

garnison était en effet mal disposée et, chose qu'on ignorait à l'état-major, Drouet d'Erlon, qui s'était évadé de la citadelle, se cachait chez le colonel Treillard et se tenait prêt à soulever les troupes [1]. Néanmoins, le duc d'Orléans poussait peut-être le tableau au noir. Il s'efforçait de se dérober à la responsabilité que le séjour du roi dans une ville où il avait le commandement en chef faisait peser sur lui. Toute sa dialectique tendait à éloigner Louis XVIII. Que le monarque fugitif allât où il voulût, peu lui importait pourvu qu'il quittât Lille. Mortier qui craignait de partager la responsabilité du prince appuya ses paroles : « — Les troupes de ligne, dit-il, saisiront avec plaisir l'occasion d'en venir aux mains avec la Maison militaire de Votre Majesté [2]. »

Pendant cette conversation, qui dura trois heures sans aboutir, un officier anglais remit aux avancées un message pour le duc d'Orléans. C'était une lettre du prince d'Orange, portant qu'il massait ses troupes sur la frontière, mais qu'il était bien déterminé à respecter le territoire français à moins que le roi n'eût besoin de son assistance. Cette lettre était évidemment inspirée par la Déclaration des puissances, du 13 mars, que l'on venait seulement de recevoir à Lille mais qui avait été publiée la veille à Bruxelles. Le duc d'Orléans communiqua le billet à Louis XVIII. Après avoir longuement réfléchi, le roi y fit donner une réponse dilatoire [3].

Journal Universel, de Gand, n° 1. Lettre de Jaucourt, Ostende, 25 mars (Arch. Aff. étr., 646).
1. Drouet à Davout, Lille, 23 mars. (Arch. Guerre.)
2. Duc d'Orléans, *Mon Journal*, 93-94.
3. Duc d'Orléans, 87-89, 95.
Le lendemain, 23 mars, en quittant Lille, Louis XVIII écrivit au prince d'Orange : « Sensible aux sentiments que vous m'exprimez, c'est avec confiance et sécurité que je vois les armées de mes alliés sur les

Le roi dîna à six heures. Le prince de Condé était arrivé. Il demanda gravement si le roi ferait le lendemain, Jeudi-Saint, la cérémonie du lavement des pieds[1]. Au sortir de table, on rouvrit la délibération. Le duc d'Orléans prit la parole, et après avoir résumé tout ce qui avait été dit dans la journée, il conclut que vu le mauvais esprit des troupes et l'impossibilité de faire entrer dans la place la Maison militaire, le roi ne pouvait pas rester à Lille. Il devait, à son avis, se rendre à Dunkerque. Dans cette place, « petite mais très forte », la population n'était pas moins royaliste qu'à Lille, les quatre cents hommes formant toute la garnison seraient contenus facilement par la Maison militaire; enfin, grâce à la mer, on resterait toujours en communication avec l'Angleterre et les Pays-Bas. Blacas et les maréchaux approuvèrent ce conseil, le roi parut persuadé : le départ fut fixé à minuit. Mais une demi-heure après qu'on s'était séparé, Louis XVIII fit prévenir le duc d'Orléans qu'il avait changé d'avis et préférait rester à Lille. Il persista dans cette résolution toute la matinée du lendemain malgré de nouvelles instances du duc d'Orléans. Celui-ci commençait à désespérer quand, vers midi, le roi le fit appeler et lui annonça que décidément il partirait à trois heures, mais qu'au lieu d'aller à Dunkerque il irait à Ostende d'où il pourrait, selon les circonstances, s'embarquer pour Douvres ou revenir à Dunkerque par mer[2]. Le roi pensait qu'il ne serait guère plus en sûreté à Dun-

---

frontières de mes États, mais j'espère qu'elles n'entreront pas en France. » (*Dispatchs of Wellington*, Supplément, IX, 620.) — Cette lettre est assez inexplicable, étant donnée celle que le roi écrivit quelques jours plus tard à l'empereur d'Autriche : « C'est avec la plus entière confiance que je sollicite votre appui pour moi et mon peuple opprimé. » Ostende, 27 mars (Arch. Aff. étr., 646).

1. Macdonald, *Souvenirs*, 376
2. Duc d'Orléans, *Mon Journal*, 95, 97-105. Cf. Macdonald, *Souv.*, 378.

kerque qu'à Lille ; c'est pourquoi il avait contremandé son départ, la nuit précédente. Son désir secret était de se réfugier en Angleterre pour y attendre les événements en toute sécurité. Il n'osait pas l'avouer franchement. De là, ses tergiversations incessantes qui étaient feintes et ses continuels changements d'idée qui n'étaient qu'apparents. C'est ainsi qu'aux Tuileries, il avait semblé hésiter pendant huit jours entre tous les partis, alors qu'il était absolument déterminé à quitter Paris si Napoléon s'en approchait.

Après que le roi eut annoncé sa résolution d'émigrer, Macdonald lui dit : « — Sire, j'ai fait loyalement tout ce qui a dépendu de moi pour maintenir l'autorité de Votre Majesté et pour la retenir dans ses Etats. Elle veut les abandonner. Je la conduirai en sûreté jusqu'à la frontière, mais je n'irai pas plus loin. Je ne lui serais plus qu'un être à charge. Il peut survenir tel événement à l'intérieur, en son absence, qui ne peut durer que quelques mois, et je pourrai lui être en France beaucoup plus utile qu'ailleurs [1]. » Mortier exprima à Louis XVIII la même détermination de rester en France, sans toutefois invoquer les mêmes motifs ; il ajouta qu'il priait le roi de lui indiquer quelle conduite il devrait suivre, après son départ, comme gouverneur de la 16e division militaire. « — Faites ce que les circonstances vous indiqueront, dit le roi. Si elles vous obligent à mettre une autre cocarde à votre chapeau, faites-le. Vous conserverez toujours la mienne dans votre cœur, et je suis sûr que vous la reprendrez dans l'occasion. » « — Je conserverai toujours dans mon cœur le souvenir des bontés de Votre Majesté, » se contenta

---

1. Macdonald, *Sour.*, 378. — Le duc d'Orléans (*Mon Journal*, 106) prête au maréchal des paroles d'un caractère tout autrement élevé, mais il faut bien suivre la version du duc de Tarente lui-même.

de répondre Mortier. Le duc d'Orléans demanda à son tour les ordres du roi. « — Ma foi, vous pouvez faire tout ce que vous voudrez. » « — Eh bien, repartit le prince, puisque Votre Majesté me laisse cette latitude, je resterai dans la place aussi longtemps que je conserverai quelque espoir de pouvoir y soutenir sa cause. Je crains que ce ne soit pas bien long. Puis je me rendrai en Angleterre pour y rejoindre ma femme et mes enfants [1]. »

A trois heures, le roi monta en voiture. Les acclamations du peuple le saluèrent une dernière fois, mais à la sortie de la ville un incident se produisit. Les soldats de garde ne voulaient pas ouvrir la porte. Mortier dut rappeler sévèrement l'officier à l'obéissance et menacer les hommes. Le maréchal et le duc d'Orléans accompagnèrent le roi jusqu'au bas des glacis, puis ils rentrèrent dans la place. Les voitures passèrent la frontière à Menin. L'escorte de cuirassiers s'arrêta et le maréchal Macdonald prit congé du roi en lui disant : « — Au revoir, Sire, dans trois mois [2]. » Combien de sang français allait couler pour que ce souhait se réalisât !

Aussitôt que Macdonald fut de retour à Lille, le duc d'Orléans l'appela à une conférence où se trouvaient réunis Mortier, les généraux et les chefs de corps. Il fut démontré qu'il n'y avait plus rien à faire et que de plus longs efforts ne mèneraient qu'à compromettre le prince et ceux qui les tenteraient avec lui. Le duc d'Orléans se décida à partir dans la nuit [3]. Auparavant, en qualité de comman-

---

[1]. Duc d'Orléans, *Mon Journal*, 106-107.
[2]. Duc d'Orléans, *Mon Journal*, 107. Mortier à Davout, Lille, 24 mars Macdonald à Davout, Paris, 27 mars (Registre de Macdonald, Arch. Guerre). Blacas à Talleyrand, Bruges, 24 mars (*Mém. de Talleyrand*, III, 129-130). Macdonald, *Souvenirs*, 380.
[3]. Duc d'Orléans, 107. Macdonald, 381.

dant en chef des troupes stationnées dans le département du Nord, il rédigea cette circulaire qui fut transmise par Mortier aux officiers généraux[1] : « Je vous préviens, mon cher général, que les malheureuses circonstances où nous nous trouvons ayant déterminé le roi à sortir de France cet après-dîner, je vous dégage de l'observation des ordres que je vous avais transmis en son nom. Je m'en rapporte à votre jugement et à votre patriotisme pour faire ce que vous croirez le plus convenable aux intérêts de la France[2]. » Cette lettre n'était peut-être pas d'un Bourbon, mais elle était d'un Français.

Quand le duc d'Orléans eut exprimé son intention de quitter la ville, Mortier lui confia avoir reçu dans la journée l'ordre d'arrêter le roi et les membres de sa famille qui se trouveraient à Lille. « Le maréchal, ajoute Louis-Philippe dans son *Journal*, me pria de n'avoir aucun égard à ce qu'il venait de me dire et de rester à Lille aussi longtemps que si je n'en avais pas eu connaissance[3]. » La confidence n'était point faite cependant pour retenir le duc d'Orléans. Il est

---

1. Mortier aux officiers généraux de la 16ᵉ division militaire, Lille, 23 mars (Arch. Guerre).

2. Un exemplaire de cette lettre circulaire, datée de Lille, 23 mars, et adressée au général Lahure, commandant à Douai, se trouve aux Arch. de la Guerre. Le texte en est parfaitement conforme à celui que le duc d'Orléans donne dans son journal.
D'après Fleury de Chaboulon, *Mém.*, I. 306, le duc d'Orléans aurait dit en quittant la France au colonel Athalin, l'un de ses aides de camp : « — Allez reprendre la cocarde nationale. Je m'honore de l'avoir portée et je voudrais pouvoir la porter encore. » D'après Barante (*Souv.*, II. 120), le prince aurait demandé à voir la cocarde que le général Albert avait dans sa poche et aurait dit en soupirant : « — Je ne me suis jamais battu que pour celle-là. » Il est certain que dans l'armée, en mars et en avril 1815, on attribuait des propos semblables au duc d'Orléans. « Les officiers et les soldats, dit le chevalier d'Arthez, parlent avec beaucoup d'éloges du duc d'Orléans. On répète ses dernières paroles en quittant la France. » Rapport à Wellington, 9 avril (*Dispatchs of Wellington*, Supplément, X, 57).

3. Duc d'Orléans, *Mon Journal*, 108 Cf. le *Journal Universel* de Gand. (n° 1). qui relate le même fait d'après une lettre du duc d'Orléans.

même présumable que si Mortier parla de ces prétendus ordres, ce fut afin de presser le départ du prince [1], car il n'y a aucune preuve qu'ils aient été envoyés [2]. Tout au contraire, une lettre écrite par Davout le 23 mars à Exelmans — seul document authentique qui existe sur cette question — est ainsi conçue : « Il est nécessaire que les troupes impériales se présentent sous les murs de Lille avec la cocarde tricolore... Si le roi y était encore, on le laisserait aller en Belgique avec les princes et ceux qui voudraient le suivre [3]. »

1. Cf. Rovigo, *Mém.*, VII, 391, et la lettre de Davout à Exelmans, 23 mars (*Corresp.*, 1492) : « ... Je sais positivement que le maréchal Mortier est très bien disposé et qu'il n'attend que l'apparition de l'armée impériale pour se déclarer. »
2. Ni dans la correspondance de Napoléon (lettres publiées et lettres inédites conservées dans les différentes archives) ni dans aucune pièce des Archives Nationales, des Archives de la Guerre et des Archives des Affaires étrangères, il n'y a le moindre indice de cet ordre. Comment, s'il lui eût été transmis, Mortier n'y eût-il pas fait allusion dans sa lettre du 24 mars à Davout (Arch. Guerre) où il rend compte des événements de Lille et du départ du roi ? On doit remarquer encore que la lettre de Napoléon à Davout du 21 mars (*Corresp.*, 21692) porte : « Faites connaître au commandant de la 16e division militaire (Mortier) que le roi se dirigeant du côté de Calais, il ait à réunir ses troupes et à marcher dessus pour dissiper les rassemblements et reprendre les trésors que portent les agents du roi ; » et que la dépêche, du 21 mars, de Davout aux commandants des places fortes du Nord (Arch. Guerre), porte : « L'empereur prescrit de refuser l'entrée des places au roi, aux princes et aux agents des Bourbons. » Il n'est pas question là d'arrestation. — On peut rappeler enfin la lettre de Napoléon à Grouchy, 11 avril (*Corresp.*, 21.796) : « Constant dans les dispositions qui m'avaient porté à ordonner que les membres de la famille des Bourbons pussent sortir librement de France, mon intention est que vous donniez des ordres pour que le duc d'Angoulême soit embarqué à Cette. »
3. Davout à Exelmans, Paris, 23 mars (*Corresp.*, 1492). Voilà un document décisif qui prévaut contre tous les racontages. Il est bien dit dans le *Journal Universel*, de Gand (n° 1), qu'avant que Mortier eût reçu l'ordre de Davout, le préfet du Nord avait reçu un premier ordre analogue par le télégraphe. Mais Fleury de Chaboulon (*Mém.*, I, 303) affirme que cette dépêche, attribuée calomnieusement à Bassano, ne fut jamais envoyée ; et dans ses Notes sur les *Mém. de Fleury*, Napoléon dit : « Le duc de Bassano n'a pas été chargé de transmettre au préfet de Lille l'ordre de faire arrêter le roi. Un tel ordre n'aurait pas passé par l'autorité civile, c'est au commandant militaire à Lille qu'il eût été adressé. » Ainsi, ces instructions, si elles eussent été envoyées, l'auraient été à Mortier par Davout. Or la lettre précitée de Davout prouve

Le comte d'Artois et le duc de Berry, qui cheminaient avec la Maison militaire, ne furent pas menacés davantage. La cavalerie d'Exelmans avait l'ordre de presser la retraite des gardes du corps et des compagnies rouges, mais sans les attaquer. Dès le 23 mars, les vedettes avaient pris le contact avec l'arrière-garde de la colonne royale, dont la marche était retardée par les cavaliers démontés et une batterie à pied qu'escortaient les Cent-Suisses. « Si Exelmans eût voulu, dit Marmont, il aurait pu causer beaucoup de désordre et nous faire éprouver d'assez grandes pertes, mais il n'avait pas l'ordre d'agir avec vigueur. Tout se passa d'une manière très pacifique [1]. » Le 24 mars, cependant, il y eut une alerte. Le 3e régi-

qu'il ne les envoya pas. Davout ne pouvait écrire en même temps à Mortier d'arrêter le roi et à Exelmans de le laisser partir pour la Belgique.
Cette question d'un ordre d'arrêter le roi a été souvent discutée. Thiers dit que Mortier avait reçu non l'ordre positif d'arrêter Louis XVIII, mais des pouvoirs pour l'arrêter si la chose paraissait nécessaire. Viel-Castel pense « que l'empereur se proposait seulement d'effrayer le roi et de le pousser plus promptement hors du territoire ». Ces conjectures sont plausibles, mais ni Thiers ni Viel-Castel n'ont eu connaissance de la lettre de Davout à Exelmans. Autrement, il est probable qu'ils auraient purement et simplement révoqué en doute l'envoi de ce prétendu ordre. Pour nous, tant qu'on ne produira pas à l'appui de l'existence de cet ordre un document de la valeur de la lettre de Davout, nous continuerons à croire qu'il n'a pas été donné.
1. Marmont, *Mém.*, VII, 101. Guillemin, *Le Patriotisme des Volontaires*, 51. Exelmans à Davout, Saint-Denis, 21 mars, et Amiens, 24 mars (Arch. Guerre). Cf. Fleury de Chaboulon, *Mémoires*, I, 304 : « Les ordres donnés à Exelmans portaient seulement de pousser pied à pied, hors de la France, le roi et les princes. Jamais il ne lui fut commandé de s'assurer d'eux. » — Dans les *Notes sur les Mémoires de Fleury de Chaboulon*, Napoléon a dit, il est vrai : « Les ordres donnés à Exelmans étaient ce qu'ils devaient être. Faire prisonniers la garde, les princes et le roi si cela était possible. Toute autre conduite eût été un crime envers la France. » Mais c'est là une de ces fanfaronnades de dureté coutumières à Napoléon dans ces *Notes* qu'il ne faut consulter qu'avec une extrême réserve. Il en existe deux textes différents, qui sont souvent contradictoires, et la Commission de la *Correspondance* ne les a pas reproduites dans les *Œuvres de Sainte-Hélène*, « parce qu'elle n'y a reconnu ni le style ni la pensée de Napoléon ». Ce qui est certain, c'est que sur ces quarante-huit *Notes*, plus de trente sont manifestement inexactes ou absolument paradoxales. On jugera de la singulière disposition d'esprit où se trouvait Napoléon quand il les écrivit en lisant les Notes sur les pages 23, 24, 27, 29, 30. Ou l'empereur fait de l'ironie, ou il est sous l'influence de quelque aberration

ment de lanciers s'étant engagé étourdiment au milieu des troupes royales qui faisaient halte aux portes de Béthune, gardes du corps, mousquetaires, suisses, chevau-légers, volontaires royaux de l'Ecole de droit coururent tumultueusement aux armes. La Maison militaire, bien qu'elle eût semé sur la route un grand nombre de traînards et d'éclopés, comptait encore plus de 3,000 hommes [1]. Les lanciers se formèrent en bataille en criant : Vive l'empereur ! Le duc de Berry, exaspéré, galopa vers eux, suivi seulement de quelques officiers, et apostropha rudement un chef d'escadrons qui portait la croix de Saint-Louis. Puis s'approchant, l'épée nue, d'un brigadier, il lui en appuya la pointe sur la poitrine en disant : « — Crie : Vive le roi !... Un grade, deux grades. Crie : Vive le roi ! » Le lancier effaçant le corps et rabattant du bois de sa lance l'épée du prince, cria : Vive l'Empereur ! De plus en plus furieux, Berry s'élança alors vers un autre lancier qui était sorti du rang : « — Reste dans le rang ou je te f... mon sabre dans le ventre jusqu'à la garde. » Le soldat recula et se tut. De leur côté, les officiers du prince, nommément le général Piquet, tentaient par des moyens moins violents mais non plus efficaces d'embaucher les lanciers. A la fin, le colonel fit faire demi-tour à son régiment et le porta en arrière [2].

Les troupes royales, rentrées dans Béthune, allaient se remettre en marche vers Lille quand on apprit que le roi avait quitté cette ville pour gagner la frontière

---

1. Cf. Rapport d'un courrier, 21 mars. Blanmont et Testé à Davout, Abbeville et Arras, 23 mars. Guillemin, *Le Patriotisme des Volontaires*, 55.
2. Rapports à Davout du colonel du 3ᵉ lanciers et de l'aide de camp Laloy, Lille, 26 mars, et Arras, 25 mars (Arch. Guerre). Cf. Marmont, *Mém.*, VII, 101. Guillemin, *Le Patriotisme des Volontaires royaux*, 59-63. Testé à Davout, Arras, 24 mars. (Arch. Guerre.) — Le 3ᵉ lanciers ne faisait point partie de la division Exelmans. Le général Testé sachant que la Maison militaire emmenait douze pièces de canon avait de sa propre autorité envoyé à Arras ce régiment pour les reprendre.

et que la garnison avait pris la cocarde tricolore. Les princes et Marmont résolurent tout aussitôt de se rendre également en Belgique. Ils partirent incontinent avec environ trois cents gardes du corps et mousquetaires choisis parmi les mieux montés. Quant aux trois mille autres soldats-officiers formant la Maison militaire, le comte d'Artois décida de les licencier. Vraisemblablement, il craignait que l'argent ne manquât pour entretenir à l'étranger un corps aussi nombreux. Le général de Lauriston, qui après la mort de Nansouty avait été nommé capitaine des mousquetaires gris, fut chargé du licenciement. L'opération commença dès le lendemain, 25 mars, non sans résistance et sans tumulte. Les gardes du corps, les chevau-légers, les volontaires criaient à la trahison et accusaient Lauriston de les avoir vendus à Bonaparte. Deux cents s'évadèrent de Béthune, dont les portes étaient fermées par ordre supérieur, et émigrèrent. Les autres se résignèrent à rendre chevaux et armes et reçurent des feuilles de route régulières [1]. En regagnant leurs foyers, quelques-uns eurent à subir des vexations et même des mauvais traitements de la part des détachements qu'ils croisaient sur les chemins et des paysans chez lesquels leurs uniformes n'étaient pas plus aimés que dans l'armée. Plusieurs de ces gardes, il est vrai, ranimaient les rancunes par leur arrogance persistante, leurs injures et leurs menaces contre l'empereur qu'ils parlaient d'assassiner. C'étaient eux souvent qui provoquaient les rixes. Près de Beauvais, le

---

[1]. Marmont, *Mém.*, VII, 101-102. Guillemin, *Le Patriotisme des Volontaires royaux*, 66-77. Exelmans à Davout, Doullens, 25 mars. D'Erlon à Davout, Lille, 25 et 27 mars. (Arch. Guerre.) — Le *Journal Universel*, de Gand (n° 1), rapporte naturellement les choses d'une façon toute différente. A l'entendre, la Maison militaire n'aurait pu suivre les princes à cause du mauvais état des chemins. Rentrée à Béthune, elle y aurait été cernée par les impériaux et bientôt après licenciée contre la volonté du comte d'Artois!

30 mars, un garde de la compagnie écossaise, qui avait conservé son sabre, en menaça un charretier peu disposé à crier : Vive le roi ! Celui-ci l'abattit à ses pieds d'un coup de manche de fouet [1].

III

Pendant les cinq jours qui s'étaient écoulés entre la rentrée de Napoléon aux Tuileries et le licenciement de la Maison du roi à Béthune, on avait reconnu le gouvernement impérial dans les deux tiers de la France. Le drapeau tricolore fut arboré le 21 mars à Laon, à Bar-sur-Ornain, à Troyes, à Rouen ; le 22, à Beauvais, à Amiens, à Châlons-sur-Marne, à Besançon, à Caen ; le 23, à Strasbourg, à Nancy, à Mézières, à Clermont-Ferrand ; le 24, à Lille, à Verdun, à Tours, à La Rochelle, à Nantes, à Brest, à Saint-Brieuc, à Cherbourg [2]. Dans plusieurs villes, on n'avait même pas attendu l'arrivée des courriers de Paris pour se prononcer. A Chaumont, on prit dès le 18 mars les couleurs nationales. Le 19, on célébrait solennellement à Fort-l'Ecluse le retour de Napoléon. Le 20, la foule acclamait à Epernay les régiments en révolte qui allaient rejoindre l'empereur sous les ordres du général Rigau. Le 21, le général Pinoteau proclama l'empire à Périgueux devant les troupes et la population enthousiastes [3]. A Rennes, depuis le 19

[1]. Extraits des lettres des préfets de la Somme, du Pas-de-Calais et de l'Oise, 25 et 30 mars et 1ᵉʳ avril Arch. nat. F. 7, 3147). Guillemin, le Patriotisme des Volontaires royaux, 78-81. Général Blanmont à Davout, Abbeville, 29 mars. (Arch. Guerre.)
[2]. Correspondance générale du 21 au 26 mars (Arch. Guerre). Extraits de la Corresp. des préfets, aux mêmes dates (Arch. Nat. F. 7, 3044ᵃ, F. 7, 3147, F. 7, 3740, F. 7, 3774). Rapport de Viotti (*Procès du général Rigau*, 18).
[3]. Général Chabert à Drouot, Chaumont, 31 mars. Procès-verbal, Fort-l'Ecluse, 19 mars. Général Dosnon à Davout, Châlons, 22 mars. Général Pinoteau à Napoléon, Périgueux, 21 mars. (Arch. Guerre.)

mars; on se concertait pour un mouvement bonapartiste. Le 22, les généraux Piré et Bigarré et les colonels signifièrent au duc de La Trémoille, envoyé par le duc de Bourbon dans l'Ille-et-Vilaine afin d'y lever des volontaires royaux, que le vœu du peuple et de l'armée était de proclamer Napoléon. Le prince et le préfet quittèrent aussitôt la ville tandis qu'on y saluait le drapeau national par cent et un coups de canon. Le lendemain seulement les nouvelles de Paris arrivèrent à Rennes [1].

Presque partout, la Révolution s'opéra pacifiquement, souvent avec le concours même des autorités civiles et militaires nommées par le roi. A Strasbourg, c'est le maréchal Suchet qui proclame l'empire ; à Lille, c'est Mortier ; à Rouen, c'est Jourdan ; à Cherbourg, c'est Vedel ; à Troyes, c'est Boyer de Rebeval ; à Bourges, c'est Amey ; à Brest, c'est l'amiral Bouvet. Ils reconnaissent le fait accompli de cette restauration avec l'empressement qu'ils ont mis à reconnaître le fait accompli de la précédente. Augereau qui, le 16 avril 1814, a dit à ses soldats en parlant du drapeau royal : « Arborons cette couleur vraiment française, » leur dit, le 22 mars 1815 : « c'est en vain que sur nos drapeaux blancs, on chercherait quelque souvenir honorable [2]. » Plus d'un préfet montre le même zèle et manifeste les mêmes sentiments. Le 21 mars, le préfet de l'Aisne rend la liberté aux généraux Lallemand et à leurs complices détenus dans la citadelle. Le 24, le préfet de l'Oise prescrit la mise sous séquestre des biens des émigrés, en exécution des décrets de Lyon. Le préfet de la Corrèze informe Carnot qu'il a reçu en même temps des or-

Caffarelli à Davout, Rennes, 24 mars (Arch. Guerre).
2. Proclamations d'Augereau, Valence, 16 avril 1814, et Caen, 22 mars 1815. (Arch. Guerre).

dres de l'empereur et des ordres du duc d'Angoulême mais qu'il n'obéira qu'aux premiers. D'autres, comme le préfet de la Seine-Inférieure, écrivent à Paris pour témoigner leur dévouement à l'empereur et lui faire part de la satisfaction de leurs administrés, « surtout dans les campagnes où l'on craignait le rétablissement des biens féodaux »[1]. Le peuple, en effet, célèbre joyeusement la chute des Bourbons. Dans la Nièvre, dans l'Allier, dans le Haut-Rhin, dans l'Aisne, dans la Marne, dans l'Aube, dans l'Yonne, il y a des danses, des illuminations, des feux d'artifice. A Saint-Brieuc, on plante des arbres de la liberté. A Montmédy, on porte processionnellement les bustes de Napoléon et de Marie-Louise. Au théâtre de Nancy, on déclame les strophes de Madame Azaïs :

> La souche de sa dynastie
> C'est l'arbre de la liberté !

Dans les rues de Rennes illuminées, on promène le drapeau tricolore en chantant la *Marseillaise*. De Clermont à Brioude, des feux sont allumés sur les montagnes [2].

Dans plusieurs villes, la résistance des chefs de l'armée aux ordres venus de Paris provoqua des séditions. A Châlons, le corps de Victor abandonna ce maréchal qui s'enfuit en Belgique [3]. A Metz, malgré les ordres de Davout, Oudinot s'opposa à la procla-

1. Extraits de la Corresp. des préfets, du 22 au 30 mars (Arch. Nat. F. 7, 3044°, F. 7, 3147, et F. 7, 3774). Malouet à Davout, Laon, 21 mars (Arch. Guerre).
2. Extraits de la Corresp. des préfets du 23 au 31 mars (Arch. Nat. F. 7, 3747, F. 7, 3740, et F. 7, 3774). Général Laurent à Dumonceau, Montmédy, 24 mars. Gamot à Davout, Auxerre, 23 mars. Dosnon à Davout, Epernay, 23 mars. Caffarelli à Davout, Rennes, 24 mars (Arch. Guerre). Azaïs, *Napoléon et la France*, 2° appendice, 3-4.
3. Cf. Rigau à Davout, Châlons, 22 mars. Dosnon à Davout, 23 mars (Arch. Guerre). Déposition de Victor et rapport de Viotti (*Procès de Rigau*, 8, 18). — Le 5° hussards, le 12° chasseurs et le 12° de ligne quittèrent Châlons le 20 mars ; le 11° chasseurs les suivit le 21. Ce fut le 21 dans la soirée que Victor partit.

mation de l'empire. De concert avec le préfet, M. de Vaublanc, il arrêta les journaux et les lettres, fit publier à son de cloche la Déclaration des puissances, consigna les casernes, interdit le port de la cocarde tricolore sous peine d'emprisonnement. Le 23 mars, le bruit courut que le duc de Berry était caché chez le préfet qui voulait livrer la place aux Prussiens. La garde nationale et le peuple se portèrent en désordre devant l'Hôtel de Ville, criant : A bas Oudinot ! La tête du préfet ! A mort les traîtres ! Le général Durutte apaisa l'émeute en déclarant que toutes les mesures de défense étaient prises et qu'il répondait de la place. Le lendemain, Oudinot averti qu'une nouvelle sédition, à laquelle allaient se mêler les troupes, était au moment d'éclater, se résigna à céder. Le drapeau tricolore fut arboré sur tous les édifices au bruit des salves d'artillerie[1]. Vaublanc resta en fonctions jusqu'à sa destitution ; Oudinot se retira à Bar d'où il s'empressa d'écrire à ses vieux camarades, Suchet et Jacqueminot, pour les supplier de le faire rentrer en grâce auprès de l'empereur[2].

A Thionville, ce même jour, 24 mars, la garnison se révolta contre le général Curto qui avait excité ses colères en disant dans une proclamation : « Si Buonaparte se trouvait en face de moi, je le percerais de mon épée. » Dans la soirée, les soldats parcourent les rues aux cris de : Vive l'empereur ! A mort le royaliste ! A une heure du matin, deux compagnies d'infanterie se forment en bataille devant

---

1. Oudinot à Davout. Metz. 23 mars. Vaublanc à Carnot. Metz, 26 mars (Arch. Nat. AF. IV, 1939, et F. 7, 3774). Major Raus à Davout, 27 mars (Arch. Guerre). Rapport de Davout à Napoléon, 3 avril. (Arch. Guerre. Carton de la corresp. de Napoléon.)

2. Oudinot à Suchet et à Jacqueminot. Bar, 28 mars. (Arch. Nat. AF. IV, 1739.)

la demeure du général, qui est réveillé par ce commandement inquiétant : « Voltigeurs, chargez vos armes. Il ne nous échappera pas le royaliste. » Curto tente de haranguer les soldats qui l'interrompent par des clameurs furieuses ; puis le capitaine lui signifie qu'il a l'ordre des officiers de la garnison de le faire pendre ou jeter dans la Moselle pour avoir dit « qu'il tuerait de sa main le grand empereur ». Ce capitaine, qui était ivre, finit par se calmer et proposa à Curto de le conduire hors de la ville. Celui-ci ne se fit pas prier, mais au passage du pont-levis, il eut encore à subir les violences des soldats qui voulaient le forcer à se mettre à genoux pour crier : Vive l'empereur [1] !

Le maréchal Gouvion-Saint-Cyr courut les mêmes périls. Nommé le 19 mars au commandement de la 22e division militaire en remplacement de Dupont, il était arrivé le 21 à Orléans, où Pajol avait déjà fait prendre la cocarde tricolore [2]. Gouvion commença par mettre Pajol et plusieurs officiers aux arrêts de rigueur, puis en ayant ainsi imposé à la troupe, il la força de reprendre la cocarde blanche. Le préfet du Loiret, Alexandre de Talleyrand, et le maire le secondèrent dans cette tentative de résistance. Ils mirent à sa disposition la caisse du payeur général, arrêtèrent les nouvelles de Paris, firent répandre le bruit que Napoléon venait d'être assassiné aux Tuileries. Ils avaient aussi promis au maréchal l'appui de la garde nationale, mais les gardes et leurs officiers déclarèrent formellement qu'ils ne voulaient

---

1. Journal du général Curto (Arch. Guerre. Corresp. génér. à la date du 23 mars). — Arrêté le 29 mars, Curto fut envoyé en surveillance à Metz, d'où il s'évada plus tard, prévenu que les fédérés voulaient le tuer comme royaliste.

2. Ordre de Clarke, 19 mars. Rapport de l'aide de camp de Pajol à Davout, Paris, 23 mars. — Dès le 17 mars un régiment avait pris spontanément la cocarde tricolore (**1815**, I, 348). Pajol la fit prendre le 20 aux autres troupes rassemblées à Orléans.

pas prendre parti pour les Bourbons. Le 22 mars, Gouvion reçut une lettre de Davout lui ordonnant de proclamer l'empereur. Il mit la lettre dans sa poche et fit arrêter l'aide de camp qui l'avait apportée. Cependant les troupes frémissaient d'impatience et de colère. La nuit du 23 au 24 mars, on prit les armes dans les casernes en proférant des menaces contre Gouvion. Quant à Dupont, qui s'était concilié les soldats en leur laissant reprendre leur vieille cocarde, ils voulaient seulement le prier de les conduire à l'empereur, et, s'il s'y refusait, l'emmener de force, attaché sur son cheval. Dupont et Gouvion s'empressèrent de quitter Orléans. Le maréchal, qui s'était échappé déguisé en meunier, fut poursuivi par ses soldats[1].

Ces résistances isolées, dues seulement aux généraux et aux préfets et en opposition avec le sentiment public, n'étaient ni inquiétantes ni durables. La prise d'armes que tentèrent en Vendée le duc de Bourbon et quelques chefs royalistes aurait pu être au contraire un extrême embarras sinon un grave péril. Mais le mouvement avorta presque aussitôt qu'il fut projeté. Envoyé à Angers le 13 mars, comme gouverneur général des divisions militaires de l'Ouest, le duc de Bourbon ne s'était occupé jusqu'au 21 que du recrutement de bataillons de volontaires royaux qui devaient être dirigés sur Orléans pour renforcer le corps d'armée de Dupont. Le prince et le comte d'Autichamp, qui commandait la subdivision de Maine-et-Loire, songeaient bien à provoquer un soulèvement général, mais ils étaient paralysés par

---

1. Davout à Carnot, à Gouvion, à Bouet, à Pajol, 21, 22, 23 et 25 mars. Rapports à Davout de Tirion, de Maisonneuve, de Morieu, de Bouet, de Saunier et de Bernard, 23, 24, 25 et 26 mars. (Arch. Guerre.) Cf. Relation de la générale Dupont (citée par Nettement, *Souvenirs de la Restauration*, 87-88).

les ordres formels des Tuileries où l'on craignait que la formation d'une nouvelle armée vendéenne ne mécontentât le parti constitutionnel [1]. Dans la nuit du 21 au 22 mars, le duc de Bourbon apprit le départ du roi. Cet événement lui rendait sa liberté d'action. Il revint au projet d'armer la Vendée et la Bretagne. Dans la pensée du prince ou plutôt dans celle de ses conseillers, car il pensait peu par lui-même, l'insurrection s'étendrait des deux rives de la Loire jusqu'à la Garonne où elle se relierait au mouvement royaliste de la Guyenne, du Languedoc et de la Provence. L'usurpateur aurait en armes contre lui presque la moitié des Français [2].

A Angers, cependant, les nouvelles de Paris avaient consterné les blancs et exalté les bleus ; déjà ceux-ci en voulaient beaucoup au duc de Bourbon à cause de la contribution de 2,500,000 francs qu'il avait imposée à la ville pour l'armement des volontaires et qui portait principalement sur les acquéreurs de biens nationaux. La garnison et le peuple étaient pour l'empereur, la garde nationale déclarait qu'elle resterait neutre, les volontaires royaux eux-mêmes semblaient suspects. Le général d'Autichamp conseilla au duc de Bourbon de se rendre à Beaupréau où il serait en sûreté et au centre même du pays qu'il voulait insurger. Le prince partit le 23 mars à trois heures du matin [3]. Resté à Angers pour y maintenir l'autorité royale, d'Autichamp reconnut bien vite que la partie n'était plus tenable. Le colonel de gendar-

---

1. **1815**, I, 334-335.
2. D'Autichamp, *Mém. sur la camp. de la Vendée en 1815*, 10-12. Cf. Canuel, *Mém. sur la guerre de Vendée*, 5-9, 19-20.
3. D'Autichamp, 11-12, 25. Rapport de l'abbé Jagot (cité par d'Autichamp, 11). Lettre du préfet et lettres particulières, Angers, 22, 23 et 24 mars (Arch. nat. F. 3147, F. 7, 3740, F. 7, 3774). Commissaire des guerres à Davout, Angers, 23 mars (Arch. Guerre).

merie Noireau, qui venait de recevoir de Davout l'ordre de prendre le commandement d'Angers, avait été acclamé dans les casernes. Dans cette journée du 23 mars, d'Autichamp licencia les volontaires royaux, puis craignant de ne pouvoir gagner Beaupréau sans passeport, il alla tout franchement en demander un au colonel Noireau. Celui-ci le reçut à merveille et profita de l'entretien pour exhiber l'ordre qui lui avait été envoyé de faire arrêter le duc de Bourbon. Il se hâta d'ajouter qu'il ne se résoudrait à exécuter cet ordre qu'à la dernière extrémité mais que le prince, autant pour sa sûreté personnelle que dans l'intérêt de la malheureuse Vendée, agirait prudemment et patriotiquement en quittant au plus tôt la France. D'Autichamp, intimidé et d'ailleurs fort découragé, accepta de porter au duc de Bourbon une lettre de Noireau conçue à peu près dans ces termes. Arrivé à Beaupréau dans la matinée du 24 mars, il y trouva le prince avec une garde de quelques centaines de paysans et un état-major composé du chevalier Jacques, d'Auguste de La Rochejaquelein, d'Andigné, de Saint-Hubert et d'un assez grand nombre de capitaines de paroisses comme Turpeau et Désiré Nicolas. La lettre de Noireau produisit une certaine impression sur le duc de Bourbon, mais d'Autichamp eut beau protester qu'il ne conseillait de déposer les armes que pour les reprendre bientôt, quand les paysans seraient revenus de leur saisissement et que la guerre commencerait aux frontières, les chefs vendéens s'emportèrent contre lui. C'est une indignité, disaient-ils, qu'un officier général si dévoué à son roi se soit chargé de la sommation d'un gendarme, intimant à un prince du sang l'ordre de quitter la France. Le comte d'Autichamp irrité revint à Angers d'où il se retira dans sa terre de La Roche-Faton[1].

Les partisans de l'insurrection promettaient que cinquante mille hommes se lèveraient au premier coup de tocsin, affirmaient que l'on avait pris les armes dans l'arrondissement de Redon, qu'il y avait douze cents paysans réunis dans la Mayenne, six mille dans le Maine-et-Loire. D'Autichamp parti, ils se rendent maîtres de l'esprit du prince. A l'issue du conseil, le duc de Bourbon prescrit à La Rochejaquelein d'insurger les Deux-Sèvres et de marcher sur Saumur, envoie l'ordre à Canuel de s'emparer de Châtellerault, nomme Sapinaud et Suzannet au commandement de la Vendée et de la Loire-Inférieure, signe une proclamation appelant aux armes tous les hommes de dix-huit à cinquante ans et portant que tout parlementaire de Buonaparte sera réputé embaucheur et jugé sur l'heure par un conseil de guerre[2].

Mais l'insurrection était plus facile à ordonner qu'à soulever. Dans les provinces de l'Ouest il existait de profondes divisions. En général, tous les hommes au-dessous de trente-cinq ans tenaient aux principes de la Révolution, et si les survivants de la chouannerie et des anciennes armées catholiques avaient conservé leurs sentiments pour leurs seigneurs et pour le roi, ils paraissaient néanmoins peu disposés à mener de nouveau la guerre civile[3]. Le 25 mars, des renseigne-

1. Colonel Noireau au duc de Bourbon, Angers, 23 mars. Rapport de Noireau à Davout, Angers, 26 mars (Arch. Guerre). D'Autichamp, *Mém.*, 14-20, 27, Cf. Canuel, *Mém.*, 11-12. Relation de d'Andigné (Arch. Guerre, Armée de l'Ouest). — « Le comte d'Autichamp, écrit Noireau, a été insulté et outragé. Il a quitté furieux Beaupreau... Il a tous les droits à une récompense nationale. Je vous prie de mettre sa belle conduite sous les yeux de l'empereur. »

2. Rapport du commandant Frémiet, 23 mars. Proclamation et ordres du duc de Bourbon, Beaupréau, 24 mars (Arch. Guerre). Cf. d'Autichamp, *Mém.*, 18-19.

3. Général Foy à Davout, Nantes, 24 mars (Arch. Guerre). Rapport sur la situation de l'Ouest, 28 mars (Arch. nat. F. 7, 3740). Cf. d'Autichamp, *Mém. sur la Camp. de 1815 dans la Vendée*, 16, 20.

ments arrivent à Beaupréau qui calment l'exaltation des chefs royalistes et font réfléchir le duc de Bourbon. Suzannet et La Roche Saint-André déclarent que les départements de la Loire-Inférieure et de la Vendée ne prendront pas les armes. Le prince de la Trémoille a dû quitter Rennes où l'on promène par les rues le buste de Napoléon. Dans le Pays de Retz, le neveu de Charette ne peut réussir à entraîner un seul homme. La gendarmerie a arrêté au Pont-de-Cé un convoi de poudre destiné aux Vendéens[1]. A Nantes, l'ordre d'embarquer pour Saint-Florent dix pièces de canon, trois mille fusils et quatre millions de cartouches a provoqué l'émeute. Après avoir résisté au mouvement, le général Foy s'est mis à sa tête et a proclamé l'empire. La populace lance des pierres contre la préfecture et contre les hôtels des royalistes qui refusent d'illuminer[2]. Les habitants d'Ancenis s'arment pour repousser les chouans. Les tisserands de Cholet annoncent qu'ils pendront à la corde du clocher « le premier brigand » qui voudra sonner le tocsin. Les maires de diverses communes des environs de Beaupréau se présentent en députation au quartier général pour conjurer le duc de Bourbon de quitter le pays[3].

Ces démarches et ces nouvelles portèrent le trouble dans l'esprit du prince, mirent le découragement et la discorde dans son état-major et provoquèrent des défections parmi les paysans qui formaient sa

---

1. D'Autichamp, *Mém.*, 20, 26. Caffarelli à Davout, Rennes, 24 mars. Général Callier à Davout, Napoléon-Vendée, 29 mars (Arch. Guerre).
2. Foy à Davout, Nantes, 24 et 27 mars. Général Brouard à Davout, Nantes, 25 mars. Relation de d'Andigné (Arch. Guerre). Foy à Intérieur, Nantes, 24 mars (Arch. nat. F. 7, 3147). — Sur les sentiments de Foy à cette époque, comparez ses lettres précitées à Davout et l'Exposé de sa conduite, rédigé par lui-même, qui se trouve aux archives de la Guerre à la date du 3 septembre 1815.
3. Maire de Cholet à Davout, 25 mars. Morand à Davout, Saintes, 7 avril. Lettre d'Ancenis, 28 mars. Rapport de Noireau et de Brouard, 27 et 28 mars (Arch. Guerre). Lettre d'Angers, 23 mars. (Arch. nat. F. 7, 3174).

garde. Le duc de Bourbon s'empressa de dépêcher au colonel Noireau le chevalier d'Auteuil, son aide de camp, avec pleins pouvoirs pour négocier [1]. Puis le bruit s'étant répandu qu'un parti de six cents gendarmes et dragons marchait sur Beaupréau, il s'enfuit nuitamment [2]. Le 26 mars, tandis que d'Auteuil stipulait à Angers la libre sortie de France du duc de Bourbon, celui-ci était déjà arrivé à Fontenay. Il y resta le temps de communier, car c'était le jour de Pâques, et de dire aux royalistes du pays « que l'on n'en serait pas là si le roi avait fait tomber deux ou trois têtes [3] ». De Fontenay, le duc de Bourbon gagna les Sables-d'Olonne où il s'embarqua pour Santander [4]. Cinq jours après la rentrée de Napoléon à Paris, toute résistance avait cessé en France, de l'Océan au Rhin et de la Manche aux sources de la Loire.

IV

Le Midi était encore en armes. La guerre civile s'y préparait sous les auspices de la duchesse d'Angoulême qui fanatisait par sa présence les royalistes de Bordeaux, du baron de Vitrolles qui jouait au proconsul à Toulouse et du duc d'Angoulême qui levait une armée sur les confins du Languedoc et de la Provence.

Le gouvernement impérial était renseigné par les

---

1. Rapport de Noireau à Davout, Angers, 26 mars (Arch. Guerre). — Le billet du duc de Bourbon autorisant d'Auteuil « à expliquer ses intentions à M. Noireau » est daté : Beaupréau, 26 mars. C'est un *lapsus*, car le prince partit de Beaupréau le 25, à 10 heures du soir.
2. Noireau à Davout, Angers, 27 mars (Arch Guerre).
3. Chef d'escadrons Voisin à Davout, Fontenay, 27 mars. — Voisin ajoute que le duc de Bourbon s'informa si les officiers du 2e hussards avaient fait maigre pendant la Semaine-Sainte.
4. Cf. Foy à Davout, Nantes, 27 mars (Arch. Guerre), et lettre du duc d'Angoulême (*Journal Universel*, de Gand, n° 10).

autorités royalistes elles-mêmes. Jusqu'au 23 mars, les ministres de l'empereur reçurent des lettres de préfets et de généraux où ceux-ci, ignorant encore le départ de Louis XVIII, les informaient de tout ce qui se passait et manifestaient leur dévouement au meilleur des rois et leur mépris pour l'usurpateur[1]. Instruit de la situation de Bordeaux, Davout donna l'ordre le 22 mars au général Clausel de partir en poste pour cette ville afin d'y prendre le commandement en remplacement de Decaen et de proclamer l'empire[2].

Le duc et la duchesse d'Angoulême, qui avaient entrepris un voyage de propagande dans le Midi, étaient arrivés à Bordeaux le 5 mars. Reçus en grand gala, ils assistaient à un bal donné par la Chambre de commerce quand leur parvint l'avis du débarquement de Napoléon. Le duc d'Angoulême partit le lendemain, 10 mars, pour Nîmes, afin d'y prendre le commandement qui venait de lui être attribué de l'aile droite de l'armée royale[3]. La duchesse resta à Bordeaux. Cette femme d'esprit étroit mais de cœur vaillant allait y montrer sa virile énergie. D'ailleurs, nul ne prévoyait encore que Bordeaux pût être menacé. On regardait la tentative de Buonaparte comme « le dernier effort d'une rage impuissante ». La fête qui devait avoir lieu le 12 mars, anniversaire de l'entrée du duc d'Angoulême à Bordeaux avec les Anglais de Wellington, fut célébrée en toute quiétude. Les jours suivants, les nouvelles prirent de la gravité. Le baron de Valsuzenay, préfet de la Gironde, le général Decaen,

---

1. Arch. Guerre (Corresp. générale du 20 au 23 mars). Extraits de la Corresp. des préfets aux mêmes dates (Arch. nat. F. 7, 3740, et F. 7, 3774).
2. Davout à Clausel, 22 mars (Arch. Guerre).
3. Harispe à Soult, Bordeaux, 7 et 8 mars. Ambert à Soult, Montpellier, 16 mars (Arch. Guerre). Préfet de Bordeaux à Montesquiou, 11 mars (Arch. nat. F. 7, 3147).

encore sincèrement dévoué au roi, le maire, le trop fameux Lynch, s'occupèrent d'organiser des compagnies de volontaires et d'officiers à la demi-solde. La duchesse d'Angoulême secondait ses partisans « en s'efforçant de se populariser par divers moyens assez éloignés de son caractère », écrivait Mlle d'Uzès à sa mère. Les caisses publiques étaient vides. Une souscription fut ouverte qui monta en un seul jour à 700,000 francs — sur le papier, car l'argent comptant étant rare, on ne put recueillir qu'une infime partie des sommes souscrites [1].

On était dans l'attente anxieuse des événements lorsque, le 23 mars, arriva le baron de Vitrolles. Au moment du départ du roi, il avait été chargé d'aller organiser la résistance dans le Midi. Il comptait établir à Toulouse le siège du gouvernement royal. De là, il correspondrait avec les préfets, appellerait les populations aux armes, lèverait des contributions extraordinaires et fournirait argent et combattants aux armées du duc de Bourbon, de Gouvion-Saint-Cyr et du duc d'Angoulême. En attendant un renfort d'Espagnols que ce bon Français se préparait à demander au cabinet de Madrid, il voulait employer seulement des volontaires royaux et des gardes nationales. Les régiments de ligne seraient disloqués, répartis en petits détachements et enfin licenciés. Vitrolles exposa ces projets à la duchesse d'Angoulême, à Lainé, qui venait aussi d'arriver de Paris, à Lynch, au préfet, au général Decaen. Chacun y donna son assentiment. Seul Decaen fit quelques objections, licencier la garnison de Bordeaux lui paraissant impossible. Il

---

1. Mlle d'Uzès à sa mère, Bordeaux, 20 et 23 mars. Préfet de Bordeaux à Montesquiou, 21 mars (Arch. nat. F. 7, 3740, et F. 7, 3774). Rapport de Lynch (cité dans l'appendice de l'*Exposé justificatif*, de Clausel, 99-100). Martignac, *Bordeaux en* 1815, 7-9. Cf. Clausel à Davout, 21 mai (Arch. Guerre).

dit qu'à l'exception d'un bataillon détaché au fort de Blaye, dont l'esprit était mauvais, les deux régiments qui la composaient (le 8ᵉ et le 62ᵉ de ligne) resteraient probablement fidèles, mais qu'ils se mutineraient au premier ordre de licenciement. Le général consentit d'ailleurs à l'envoi à Blaye d'un bataillon de garde nationale qui contiendrait les soldats et les empêcherait de livrer la place. Le lendemain, tandis que Vitrolles partait pour Toulouse après avoir réquisitionné, au profit de la duchesse d'Angoulême, une somme de 400,000 francs en dépôt chez le consul anglais et provenant de droits de douane, un fort détachement de gardes nationaux fut dirigé sur la citadelle de Blaye. Mais le gouverneur leur en refusa l'entrée, sous prétexte qu'il ne voulait pas introduire dans la place de pareils bandits. A lire entre les lignes d'un rapport de Lynch, il semble en effet que pendant la route les gardes nationaux avaient mérité cette qualification par leur indiscipline et leurs excès [1].

Le 29 mars, on apprit que Clausel, arrivé l'avant-veille à Angoulême où déjà flottait le drapeau tricolore, marchait sur Bordeaux. (Ses forces se montaient à douze gendarmes!) Decaen ordonna aussitôt au vicomte de Pontac, colonel de la garde nationale, de se porter avec 500 gardes et volontaires et deux canons à Saint-Vincent et à Saint-Pardou pour défendre le passage de la Dordogne. On avait encore foi dans la résistance. Les officiers de la garde nationale donnèrent un banquet aux officiers de la ligne

---

[1]. Vitrolles, *Mém.*, II, 366-374. Martignac, *Bordeaux en mars 1815*, 10-12. Rapport de Lynch (*Exposé justificatif de Clausel*, 100-101). — Sur les demandes de troupes à l'Espagne de Vitrolles et du duc et de la duchesse d'Angoulême, voir les lettres de Decaen à Harispe, Bordeaux, 29 mars, et de Clausel à Davout, Bordeaux, 4 avril (Arch. Guerre), et les lettres du duc d'Angoulême et de Vitrolles saisies à Bordeaux par Clausel et publiées dans le *Journal de l'Empire* du 9 avril.

qui répondirent par des Vive le roi! au toast du général Donnadieu : « A la ville de Bordeaux. Puisse le grand exemple qu'elle donne faire rougir et trembler les traîtres[1]. » Mais l'épreuve approchait. Dans la matinée du 31, Clausel prit position à Cubzac sur la rive droite de la Dordogne. Il avait reçu des renforts : dix brigades de gendarmerie et une forte compagnie de voltigeurs détachée de la citadelle de Blaye où l'envoi d'un émissaire avait suffi pour faire déclarer la garnison. Entre Cubzac et Saint-Vincent existait un pont volant; sur l'ordre de Pontac, l'inspecteur du port l'avait rendu innavigable. Quelques voltigeurs de Clausel montèrent en barque, abordèrent le pont et y placèrent le drapeau tricolore. Les royalistes répondirent à cette bravade par une grêle de balles. Les voltigeurs regagnèrent la rive droite, mais le feu des gardes nationaux ne s'arrêta point et bientôt une vingtaine de coups de canon appuyèrent leur fusillade. Les soldats avaient l'ordre formel de ne point tirer. Ils y obéirent d'abord, mais voyant tomber plusieurs de leurs camarades, ils ripostèrent. Un royaliste fut blessé. Clausel fit cesser le feu et obtint non sans peine du commandant de la rive ennemie l'envoi d'un parlementaire. C'était Gaye de Martignac fils. Clausel lui dit qu'il était maître d'entrer à Bordeaux quand il le voudrait, mais que par respect pour la duchesse d'Angoulême, il désirait attendre qu'elle eût quitté la ville. Il ajouta que personne ne serait inquiété pour sa conduite passée ou ses opinions, sauf le comte Lynch à qui il conseillait de passer à l'étranger. L'entretien terminé, le général Clausel chargea Gaye de Martignac d'une lettre pour les autorités civiles et militaires de Bor-

[1]. Rapport de Clausel à Davout, Saint-André-de-Cubzac, 1ᵉʳ avril (Arch. Guerre). Clausel, *Exposé justificatif*, 14, 16. Martignac, 13-16. Rapport de Lynch, précité, 101-104.

deaux, dans laquelle il déclarait qu'il les rendait responsables des malheurs que pourrait entraîner la résistance [1].

Martignac remit ce message à la duchesse d'Angoulême afin de lui donner la faculté de le communiquer ou de le garder secret. Madame fit appeler Decaen, le préfet, Lynch et Laîné, et après une première délibération, on réunit à l'Hôtel de Ville le conseil général et le conseil municipal. Les conseillers discutèrent sans conclure ; la très grande majorité inclinait en secret à la soumission. Une nouvelle conférence eut lieu devant la duchesse d'Angoulême. Laîné opina ardemment pour la résistance. Decaen était découragé et soucieux. « — J'ai réuni ce soir même chez moi, dit-il, les officiers supérieurs, et je leur ai demandé si la troupe combattrait avec la garde nationale pour la cause du roi. Ils ont répondu négativement. Je leur ai demandé si du moins elle resterait neutre ; ils m'ont dit qu'ils n'oseraient pas répondre que les soldats vissent tranquillement tirer sur leurs frères d'armes. » « — Alors, s'écria Laîné, faites partir vos régiments pour Bayonne. » « — Ils n'obéiront pas. » Le général Harispe confirma les paroles de Decaen et ajouta que deux mille Bordelais étaient prêts à se joindre aux soldats contre la garde nationale. La duchesse d'Angoulême, le visage sillonné de larmes, n'intervenait dans la discussion que pour répéter sans cesse que sa personne n'était pas en cause, qu'elle était disposée à donner sa vie, si ce sacrifice pouvait conserver Bordeaux au roi, mais qu'elle était prête à partir si sa présence devait inutilement faire

---

[1]. Rapport de Clausel à Davout, Saint-André-de-Cubzac, 1er avril (Arch. Guerre). *Exposé justificatif de Clausel*, 16-23. Rapport de Lynch (*ibid.* appendice, 103-104). Martignac, *Bordeaux en 1815*, 17-22.

courir des dangers à la ville. Il était près de minuit. On pensait à ajourner la décision au lendemain, quand on apprit que les gardes nationaux et les volontaires, qui avaient si bien tiraillé dans la journée à Saint-Vincent et dont Martignac avait dit qu'ils se feraient tuer jusqu'au dernier avant de livrer le passage de la Dordogne, venaient d'abandonner leurs postes sans même avoir été attaqués. Un délai de vingt-quatre heures fut aussitôt demandé à Clausel, « pour que le départ de madame la duchesse d'Angoulême pût s'effectuer avec tous les honneurs dus à son rang [1] ».

Le lendemain, une lueur d'espoir revint aux partisans de la résistance. Le major de Mallet, que la fuite des gardes nationaux avait laissé en l'air à Saint-Loubès, était rentré à Bordeaux avec le détachement du 8ᵉ de ligne au lieu d'obéir aux ordres de Clausel. De cette preuve de fidélité, on conclut que les rapports de Decaen sur l'esprit de la garnison étaient exagérés. De jeunes volontaires royaux, députés par leurs camarades, supplièrent Madame de leur permettre de mourir pour elle. D'autres personnes l'assurèrent qu'elle n'aurait qu'à se montrer aux soldats pour les entraîner. Decaen et Harispe ayant affirmé derechef que tout ordre serait nul et que toute démarche serait inutile et peut-être même dangereuse à cause de l'exaltation bonapartiste, la duchesse d'Angoulême les interrompit : « — Je vais aller visiter les casernes, dit-elle, je jugerai par moi-même de la disposition des troupes. » Les généraux se turent ; ils étaient profondément émus tant il y avait dans ces paroles

---

[1]. Rapport de Lynch (*Exposé justificatif de Clausel*, appendice, 105-107). Martignac, *Bordeaux en mars 1815*, 23-34. Relation des événements de Bordeaux (*Journal Universel*, de Gand, n° 10). Rapport de Clausel à Davout, Saint-André-de-Cubzac, 1ᵉʳ avril (Arch. Guerre).

sans emphase de véritable grandeur et presque d'héroïsme[1].

La visite aux casernes fut douloureuse comme une montée de calvaire. Madame quitta le palais, escortée par un grand nombre d'officiers et par un détachement de volontaires royaux. Elle entra d'abord à la caserne de Saint-Raphaël. Les troupes étaient sous les armes. La princesse passa devant le front des compagnies du 62°, respectueuses mais froides et sombres, puis s'adressant aux officiers qui avaient formé le cercle : « — J'exige que vous parliez avec franchise. Etes-vous disposés à seconder la garde nationale dans les efforts qu'elle veut faire pour défendre Bordeaux ?... » Les officiers gardèrent le silence. « — Vous ne vous souvenez donc plus des serments que vous avez renouvelés il y a si peu de jours entre mes mains ! S'il existe encore parmi vous quelques hommes qui s'en souviennent, qu'ils s'avancent !... Vous êtes bien peu nombreux. N'importe ! On connaît du moins ceux sur qui l'on peut compter. » Au moment où Madame allait regagner sa voiture, plusieurs soldats s'approchèrent d'elle : — « Nous ne souffrirons pas qu'on vous fasse du mal. Nous vous défendrons. » « — Il ne s'agit pas de moi, s'écria durement la princesse. Il s'agit du roi. Voulez-vous le servir ? » « — Dans tout ce que nos chefs nous commanderont pour la patrie nous obéirons, mais nous ne voulons pas de guerre civile et jamais nous ne nous battrons contre nos camarades. » A la caserne du 8° de ligne, la troupe se montra moins soumise encore, et au Château-Trompette, le chef de poste déclara que la duchesse d'Angoulême n'entrerait que sans escorte ; seuls quelques

---

1. Martignac, *Bordeaux en mars* 1815, 36-39. Rapport de Lynch, précité, 108. Relation des événements de Bordeaux (*Journal Universel*, de Gand, n° 10).

officiers pourraient l'accompagner. Elle n'hésita pas à s'engager sous la voûte obscure de la vieille forteresse. Les soldats étaient en bataille dans la cour, silencieux et farouches. « — Ne me reconnaissez-vous plus, s'écria Madame, moi que vous nommiez *votre Princesse !*... Adieu ! Après vingt ans d'exil, il est bien cruel de s'expatrier encore... Je n'ai cessé de faire des vœux pour le bonheur de ma patrie, car je suis Française, moi !... Et vous, vous n'êtes plus Français... Allez, retirez-vous. » L'insulte venait d'une femme. Les soldats se continrent. Un seul dit : « — Je ne réponds rien parce que je sais respecter le malheur. » Frémissante de colère et dévorant ses larmes, la princesse rentra dans la ville [1].

Un tout autre spectacle l'y attendait. Une revue de la garde nationale avait été commandée pour trois heures. La milice et les volontaires, formés en ligne sur les quais de la Garonne, dont chaque maison était pavoisée à la couleur royale, criaient avec frénésie : Vive le roi ! Vive Madame ! La princesse fit arrêter ses chevaux et se tenant debout dans la calèche, elle dit : « — Je vous remercie de votre zèle et de votre dévouement. Mais je viens vous demander un dernier sacrifice. Promettez-moi de m'obéir. » « — Nous le jurons ! » « — On ne peut compter sur la garnison. La défense est impossible. Vous avez assez fait pour l'honneur. Conservez au roi des sujets fidèles pour

---

[1]. Relation des événements de Bordeaux (*Journal Universel*, de Gand, n° 10). Cf. Martignac, *Bordeaux en 1815*, 38-41, et rapp. de Lynch (*Exposé justif. de Clausel*, appendice, 108). — La légende et l'imagination ont amplifié les événements de cette journée d'une foule de détails dont il n'est fait aucune mention dans les documents contemporains. Disons encore que l'auteur de la Relation du *Journal Universel*, très véridique sauf sur ce point, prête à la princesse une parole assez inexplicable. Elle aurait dit aux soldats du 8e : « — Est-ce bien au régiment d'Angoulême que je parle ? » Or le 8e de ligne était le régiment de Condé. C'était le 5e (en garnison à Grenoble) qui portait le nom de régiment d'Angoulême.

un temps plus heureux... Je vous ordonne de ne plus combattre. » Des cris et des protestations s'élevèrent autour de la voiture. On voulait combattre et mourir pour cette vaillante femme. Des menaces contre les traîtres, c'est-à-dire contre Decaen, Harispe et l'inspecteur des gardes nationales Puységur, se mêlaient aux acclamations. La duchesse d'Angoulême regagna son palais au milieu de ce tumulte qui aboutit à une sanglante échauffourée. Les volontaires s'exaltaient pour la résistance, mais les gardes nationaux, bien que royalistes pour la plupart, s'accommodaient fort bien de la soumission. La compagnie du capitaine Troplong s'étant mise en mouvement afin de se rendre au lieu ordinaire de ses rassemblements et d'y rompre les rangs, un détachement de volontaires cria : à la trahison ! et sans autre explication fit feu sur les gardes. Le capitaine tomba raide mort, les miliciens ripostèrent ; des deux côtés, il y eut des tués et des blessés. Accouru au bruit de la fusillade, Decaen faillit être massacré. La mêlée menaçait de devenir générale, quand à la nouvelle que la troupe sortait des casernes, le calme se rétablit. Peu après, Clausel qui s'était avancé jusqu'à la Bastide, d'où il avait vu sur la rive gauche du fleuve le combat des gardes nationaux, donna un signal auquel on répondit du Château-Trompette en hissant le drapeau tricolore [1].

La duchesse d'Angoulême partit dans la soirée ainsi que le comte Lynch. Le lendemain matin, 2 avril, elle entendit la messe à Pauillac, puis elle monta sur le sloop de guerre *The Wanderer* mis à sa disposition par le consul anglais. Les volontaires

---

1. Relation des événements de Bordeaux (*Journal Universel*, de Gand, n° 10). Martignac, *Bordeaux en mars 1815*, 41-45. Clausel à Davout, La Bastide, 1er avril, et Bordeaux, 2 avril (Arch. Guerre).

royaux à cheval qui l'avaient escortée de Bordeaux à Pauillac l'accompagnèrent en barques jusqu'au bâtiment, criant sans cesse : Vive Madame ! Vive Madame ! La princesse très émue leur distribua les rubans de sa robe. Comme il n'y en avait pas assez pour tous les volontaires, elle arracha les plumes blanches de son chapeau et les leur jeta [1].

A Toulouse, cependant, Vitrolles avait mis à exécution son plan d'un gouvernement central du Midi. Il s'agita beaucoup sans faire grand'chose. Il adressa des lettres aux préfets, aux généraux et aux trésoriers des quarante départements de la rive gauche de la Loire et de la rive droite du Rhône, mais seuls ceux des huit ou dix départements limitrophes entrèrent en correspondance avec lui, et encore la moitié d'entre eux n'attendaient que le moment de le trahir. Il écrivit journellement au duc d'Angoulême, mais il ne lui envoya ni argent ni soldats, et par contre le prince lui dépêcha, pour le seconder, le comte Etienne de Damas, son ancien gouverneur, ce qui créa dans le « gouvernement central » une gênante dualité de pouvoirs. Il fit appeler le maréchal Pérignon, retiré dans une petite terre des environs, et l'institua son ministre de la guerre, mais le vieux Pérignon, qui n'avait pas fait campagne depuis 1799 et dont la gloire était oubliée autant que l'intelligence était affaiblie, n'eut ni influence ni activité. Il prit comme ministre des finances un de ses amis, receveur général à Carcassonne, mais cet homme pusillanime lui déclara « qu'il ne voulait pas être pendu » et se hâta de se dérober à ces hautes et compromettantes fonctions. Il expédia des messages à Madrid et aux capitaines-généraux de Navarre et de Catalogne pour pres-

[1]. Rapport du commissaire général de Marine, Bordeaux, 5 avril. (Arch. Guerre.) Relation des événements de Bordeaux, précitée.

ser le passage de la frontière par les Espagnols, mais le gouverneur de Perpignan intercepta ces dépêches. Il fonda un *Moniteur*, en tout semblable à celui de Paris — même par les fausses nouvelles — mais on soupçonna cette feuille d'être mal renseignée. Il arrêta la distribution des journaux et des lettres particulières, et pour plus de sûreté emprisonna les courriers, mais les habitants de Montauban s'ameutèrent contre les gendarmes qui menaient à Toulouse la malle contenant leur correspondance, et il n'empêcha pas le général Chartran, chargé d'une mission de l'empereur, d'entrer déguisé à Caussade, à Montauban, à Toulouse, à Montpellier, à Béziers et à Carcassonne. Il déclara qu'il ferait fusiller les receveurs généraux qui refuseraient de lui ouvrir leur caisse, mais ceux-ci s'étant abstenus de venir à Toulouse pour s'excuser, sa menace resta sans effet et le laissa sans argent. Il voulut mobiliser la garde nationale, mais les miliciens déclarèrent qu'ils ne marcheraient que s'ils étaient appuyés; or la garnison ne comptait pas mille hommes, et « elle ne voulait pas de guerre civile », avait dit le général Delaborde. Il s'occupa d'organiser des volontaires, mais il put à peine en recruter quatre ou cinq cents. Il ordonna la formation de cours prévôtales et rédigea, selon son expression, « un code de guerre civile » où des peines sévères étaient portées contre tout village qui laisserait des soldats en nombre inférieur à celui de la population y passer une seule nuit, mais ces ordonnances et ces règlements restèrent lettre morte. Il prescrivit de diriger sur Narbonne quatre compagnies d'artillerie renvoyées comme suspectes de l'armée du duc d'Angoulême, mais son ordre fut transmis de telle sorte que les canonniers entrèrent à Toulouse[1].

[1] Vitrolles. *Mém.*, II, 381-413. Lettres interceptées de Vitrolles à la du-

Sevrés de toute nouvelle, les fonctionnaires civils et les officiers généraux éludaient les ordres de Vitrolles ou les exécutaient sans vigueur, afin de ne point trop se compromettre ni vis-à-vis de lui ni vis-à-vis de l'empereur. Avant de prendre énergiquement parti pour la résistance ou pour la révolution, ils voulaient savoir comment les choses tourneraient[1]. Vitrolles avait trop d'esprit pour s'abuser sur l'effet d'une dictature, qu'il ne lui déplaisait pas néanmoins d'exercer une fois dans sa vie. Il voyait l'incendie s'étendre autour de lui. « Nous sommes bien malades! » écrivait-il le 2 avril au vicomte de Montmorency. Déjà on avait proclamé l'empire à Mende, à Alby, à Auch, à Cahors, où la population faillit assommer le duc de La Force à cause de sa cocarde blanche, à Rodez où les habitants empêchèrent un bataillon de volontaires royaux d'entrer dans la ville, à Castillonnès où la foule s'agenouillait devant l'aigle d'une enseigne d'aubergiste en disant : « Nous avons retrouvé notre père. » Et le lendemain et le surlendemain, Montpellier, Carcassonne, Béziers, Caussade, Foix, Pau, Tarbes, Agen, Perpignan, Toulouse même allaient voir le drapeau tricolore[2].

chesse d'Angoulême et au baron de V., Toulouse, 31 mars, 1er et 2 avril (*Journal de l'Empire*, 9 avril). *Mém. pour le général Delaborde*, 13-16, 22-23. Circulaire préfectorale, Agen, 31 mars. Delaborde à Davout, Toulouse, 4 et 6 avril. Général Cassagne à Davout, Toulouse, 8 avril. Général Clapier à Davout, Bayonne, 4 avril. Général Laffitte à Davout, Foix, 8 avril. (Arch. Guerre.) Rapport de Chartran à Napoléon, Paris, s. d. (dossier de Chartran, Arch. Guerre). Cf. Lettres des préfets de Toulouse et de Rodez et du sous-préfet de Béziers, 18, 21 mars et 5 avril. (Arch. nat. F. 7, 3774.)

1. Nous parlons d'une façon générale. Ainsi MM. de Villeneuve-Bargemont, préfet de Montauban, Trouvé, préfet de Carcassonne, de Villeneuve, préfet de Tarbes (ce dernier faillit être massacré par la population), le général Poujet, commandant le département de l'Aude, et même le maréchal Perignon secondèrent sincèrement Vitrolles.

2. Lettres précitées de Vitrolles (*Journal de l'Empire*, 9 avril). *Mém. pour le général Delaborde*, 17. Rapport de Delaborde à Davout, Toulouse, 4 et 6 avril. Rapport de Chartran, s. l. n. d. C{t} de Cahors à Davout, 2 avril. Préfet du Lot à Davout, 2 avril. Général Ambert à Davout, Montpellier, 3 avril. Dutat à Lucotte, Castillonnès, 3 avril. Schiner à Davout, Tarbes,

Le court proconsulat de Vitrolles prit fin le 4 avril. Un officier entra chez lui avec une escouade de grenadiers et lui signifia qu'il était son prisonnier. Une heure après, devant les troupes en bataille, le général Delaborde proclama l'empereur. La population de Toulouse, qui comptait 50,000 habitants dont 3,000 gardes nationaux et 500 volontaires, tandis que la garnison s'élevait à peine à un millier d'hommes, y compris les officiers à la demi-solde, ne manifesta aucune velléité de résistance. Tout se passa tranquillement [1]. Depuis la veille, Vitrolles était informé que le général Delaborde, qui avait eu le 1er avril une conférence avec le général Chartran, émissaire de l'empereur, préparait un mouvement. Delaborde lui avait même fait donner l'avis par le préfet de quitter la ville pour éviter une prochaine arrestation. Mais soit que Vitrolles, comme il le prétend, ne voulût point déserter le poste qu'il s'était donné lui-même, soit, comme l'a affirmé Delaborde, qu'il attendît pour se mettre en route que 40,000 francs qui venaient de lui être comptés en argent par le payeur de la division fussent convertis en traites, il resta à Toulouse. On lui donna pour prison une chambrette de la caserne d'artillerie d'où il entendait les canonniers crier sous sa fenêtre : « Quand le fusillerons-nous, le coquin ? » Puis, sur un ordre de Davout, il fut transféré au donjon de Vincennes. Le comte de Damas reçut un passeport pour l'Espagne, Delaborde jugeant « ses capacités peu dangereuses ». Le préfet résigna ses fonctions, et le ma-

---

5 avril. Cel Luc à Davout. Rodez, 6 avril. Darricau à Davout, Perpignan. 6 avril, etc. (Arch. Guerre.)

1. Delaborde à Davout, Toulouse, 4 avril (Arch. Guerre). Vitrolles. *Mém.*, II, 420, 425. *Mém. pour le général Delaborde*, 16, 29. — Vitrolles lui-même ne mentionne pas qu'il y ait eu aucune opposition de la part de la population de Toulouse, royaliste mais inerte.

réchal Pérignon, qui avait refusé de s'associer au mouvement de la garnison, se retira dans sa terre de Montech[1].

V

En apprenant les événements de Bordeaux, l'empereur avait dit de la duchesse d'Angoulême : « C'est le seul homme de sa famille[2]. » Le duc d'Angoulême montra cependant que lui aussi était un homme.

Parti de Bordeaux le matin du 10 mars, il avait en dix jours passé ou séjourné à Agen, à Montauban, à Toulouse, à Montpellier, à Nîmes, à Pont-Saint-Esprit, à Avignon, à Marseille, à Toulon, et était revenu après cette rude tournée à son quartier-général de Nîmes. Le prince fut accueilli presque partout avec enthousiasme par la population, avec froideur par les troupes. Les régiments stationnés à Montpellier, à Avignon et à Tarascon manifestaient de telles dispositions que l'on crut prudent de ne point les employer. Le 63e de ligne, en garnison à Nîmes, avait le même esprit. Le duc d'Angoulême ayant distribué de l'argent aux soldats, ils le burent à la santé de Napoléon, et le comte de Bruges ayant fait part au colonel qu'il y avait vingt croix pour son régiment, celui-ci refusa d'établir un état de propositions[3]. On se croyait assuré, il est vrai, de la fidélité du 1er régiment étranger, du 14e de chasseurs et des 10e, 58e et 83e de ligne ; et sept ou huit mille volontaires du Var, des

---

[1]. Delaborde à Davout, Toulouse, 4 avril. Rapp. précité de Chartran (Arch. Guerre). *Mém. pour le général Delaborde*, 15-19. Vitrolles, *Mém.* II, 418-420, 428. Villèle, *Mém.*, I, 296. Davout, *Corresp.*, 1556, 1562.
[2]. Mémoires inédits de Barras (communiqués par M. Georges Duruy).
[3]. Lettres à Soult et à Clarke, de Lapoype, Agen, 11 mars ; de Laplane, Montauban, 11 mars ; de Delaborde, Toulouse, 12 mars ; de Masséna, Marseille, 17 mars, etc. Rapport de l'avocat Teste à Bertrand, Paris, 29 mars. Rapport du colonel Teulet, Nîmes, 4 avril. (Arch. Guerre.)

Bouches-du-Rhône, de Vaucluse, du Gard, de l'Hérault étaient déjà enrôlés [1].

Dans les deux tiers de la France, le peuple presque tout entier acclamait l'empire, et la bourgeoisie tenait pour la royauté ; mais dans le Midi (et particulièrement dans le Gard, où la question religieuse se mêlait à la question politique) la division existait parmi les classes populaires comme parmi les classes moyennes, et c'était chez les paysans et chez les ouvriers qu'il y avait le plus d'exaltation royaliste. Sauf quelques vieux chevaliers de Saint-Louis, les gardes à cheval et un faible bataillon d'étudiants de Montpellier, les volontaires n'appartenaient donc pas à l'élite de la population. Ils n'avaient point de chemises, leurs pantalons étaient en loques et « ceux qui possédaient une paire de souliers voulaient ne servir que comme officiers ». On les arma tant bien que mal. Quant à l'habillement, beaucoup d'entre eux reçurent, pour tout uniforme, une fleur de lys de drap rouge. Les paysans donnèrent à ces volontaires le sobriquet de miquelets [2].

Dès son arrivée à Nîmes, le duc d'Angoulême avait projeté de marcher sur les derrières de Bonaparte et de réoccuper Lyon ; mais une dizaine de jours s'étaient passés avant qu'on eût armé et organisé les bataillons de volontaires. La nouvelle du départ du roi ne changea pas sa résolution. Malgré cet événement,

---

1. Masséna à Clarke, Marseille, 17 mars. Rapport de Teste à Bertrand, Paris, 29 mars (Arch. Guerre). Cf. Lettres interceptées du duc à la duchesse d'Angoulême, Pont-Saint-Esprit, 30 et 31 mars (*Journal de l'Empire*, 9 avril.) Relations des opérations du duc d'Angoulême (*Journal Universel*, de Gand, n° 13.)

2. General Merle à d'Aultanne, Nîmes, 23 mars. Rapport précité de Teste (Arch. Guerre). Mémoire manuscrit du général Merle (cité par Braquehay, *Le général Merle*, 202-203). Durand, *Marseille et Nîmes* en 1815. I, 39-40. II, 47-48, 50, 69, III, 7-9, 17-22. Cf. sur l'esprit de Nîmes, lettres du préfet du Gard, 28 février. (Arch. nat. F. 7, 3147). Suchet à Davout, Nîmes, 22 avril Fouché à Davout, 10 mai (Arch. Guerre).

la reprise de Lyon eût produit une très grande impression en France, et avec les dix ou douze mille hommes déjà sous les armes, que l'on espérait renforcer bientôt au moyen des gardes nationales, des volontaires et des dépôts de la Lozère, de l'Ardèche, de l'Aveyron et de la Haute-Loire, l'expédition pouvait réussir. Napoléon ayant emmené presque la totalité des troupes qui s'étaient ralliées à lui, Lyon et Grenoble se trouvaient à peu près sans garnison. Suivant le plan arrêté avec Masséna, le vicomte de Bruges, le baron de Damas et les généraux d'Aultanne, Compans, Ernouf et Rey, l'armée royale devait opérer en trois colonnes. Le corps de droite, commandé par Ernouf et fort de 5,000 hommes (58ᵉ et 83ᵉ de ligne, 3,000 gardes nationaux des Bouches-du-Rhône et du Var et une batterie d'artillerie), déboucherait par Sisteron, surprendrait ou tournerait Grenoble et se porterait sur Vienne. Le corps du centre, composé du 10ᵉ de ligne, du 14ᵉ de chasseurs, du 1ᵉʳ Régiment étranger (La Tour d'Auvergne), de quatre escadrons de volontaires à cheval, de six bataillons de volontaires du Gard, de Vaucluse et de l'Hérault et de deux batteries du 3ᵉ d'artillerie, en tout 5,500 fusils et sabres, était sous les ordres immédiats du duc d'Angoulême. Il devait passer le Rhône à Pont-Saint-Esprit et remonter ce fleuve jusqu'à Vienne où il ferait sa jonction avec la colonne d'Ernouf pour marcher vers Lyon. Le corps de gauche, en formation sous Rey, s'avancerait par la rive droite du Rhône tandis qu'à l'extrême gauche Compans, avec les dépôts et les gardes nationales de la Haute-Loire, le seconderait s'il était besoin et contiendrait l'Auvergne[1].

---

[1]. Lettres interceptées du duc à la duchesse d'Angoulême, Pont-Saint-Esprit, 31 mars (*Journal de l'Empire*, 9 avril). Relation des opérations du

Les royalistes avaient l'ardeur et la confiance. On disait : « La guerre civile est l'espoir des Français. » Les volontaires à cheval se promettaient d'enfoncer au premier choc la cavalerie impériale. Le comte de Guiche, attaché à l'état-major, écrivait à sa mère : « ... Je me sens inspiré. Voici mon pressentiment : dans un mois le roi de France sera dans sa capitale ! Il nous faudra pendre et fusiller plusieurs de ces indignes hommes. L'ivraie doit être jetée au feu. Alors nous serons tous purs et dignes de notre roi [1]. »

Le 29 mars, la tête de colonne du duc d'Angoulême déboucha de Pont-Saint-Esprit sous les ordres du vicomte d'Escars et entra à Montélimar. La population était dans l'épouvante. On disait que les miquelets allaient massacrer tous les bonapartistes et mettre la ville au pillage [2]. Le lendemain, à la sortie de Montélimar, les royaux virent s'avancer une troupe ennemie d'environ 400 hommes : fusiliers-vétérans, officiers à la demi-solde, sous-officiers en retraite et gardes nationaux volontaires (la plupart de ceux-ci sans cartouches). C'était tout ce que le général Debelle avait eu le temps de rassembler pour la défense du département de la Drôme. Un parlementaire de Debelle ayant été d'abord reçu à coups de fusils par les tirailleurs, puis renvoyé hautainement par le vicomte d'Escars, le combat s'engagea. Après cinq

---

duc d'Angoulême (*Journal Universel*, de Gand, n° 13). Mémoire manuscrit de Merle (cité par Braquehay, *Le général Merle*, 203). Rapport de Teste à Bertrand, Paris, 29 mars. Masséna à Clarke, Marseille, 17 mars. Lettres et ordres du duc d'Angoulême, d'Aultanne, d'Ernouf, Nimes, Pont-Saint-Esprit, Aix et Sisteron, du 15 au 28 mars. Rivière à d'Aultanne, Toulon, 22 mars. Situation du général Berge, 9 avril. (Arch. Guerre.) Rapport de Mouton à Davout, Paris, 28 mars (Dossier de Mouton, Arch. Guerre).

1. Lettre de Montpellier, 22 mars (Arch. nat. F. 7, 3774). Général Laffitte à Davout, Foix, 8 avril. (Arch. Guerre.) Lettre interceptée de Guiche, Pont-Saint-Esprit, 29 mars. (*Journal de l'Empire*, 9 avril.)

2. Lettre interceptée du duc à la duchesse d'Angoulême, Pont-Saint-Esprit, 30 mars. (*Journal de l'Empire*, 9 avril.) Déposition de Kresly. (*Procès de Debelle*, 18-19.)

ou six heures d'une mousqueterie peu meurtrière, le général Debelle ordonna la retraite. A ce moment, un garde national criant : A la trahison! le frappa d'un coup de baïonnette dans les reins. On se replia sur Loriol, où des renforts arrivèrent dans la soirée et le lendemain : un bataillon du 39ᵉ détaché de la garnison de Lyon, 200 gardes nationaux de la Drôme et 100 gardes d'honneur levés à Valence par un garde général nommé Kresly. Un demi-escadron du 14ᵉ chasseurs, qui avait abandonné d'Escars après le combat de Montélimar, vint aussi se joindre aux impériaux. Bien que la blessure de Debelle fût très légère, il remit le commandement au colonel retraité Noël et partit pour Valence afin, dit-il, d'y presser l'organisation des gardes nationales [1].

Dans la matinée du 2 avril, l'armée du duc d'Angoulême arriva en vue de Loriol. Menacées par des forces quintuples, les troupes qui occupaient ce village se replièrent derrière la Drôme. Le colonel Noël soutint la retraite en s'établissant au débouché du pont avec deux pièces et le bataillon du 39ᵉ. Quelques volontaires et officiers à la demi-solde se postèrent en tirailleurs sur les berges. Pendant qu'on fusillait d'une rive à l'autre, deux compagnies de

1. Rapports de Debelle. Loriol, 31 mars. et Valence. 12 avril. Rapport des officiers du bataillon d'élite de la Drôme, 4 avril (Arch. Guerre). Opérations de l'armée du duc d'Angoulême (*Journal Universel*, de Gand, n° 13). Interrogatoire de Debelle et déposition de d'Escars et de Kresly (*Procès de Debelle*, 13, 15-16, 19-20).

Pour cette vaine défense de la Drôme, Debelle eut le double malheur d'être relevé de son commandement par Napoléon et déféré au conseil de guerre (qui le condamna à mort) par le gouvernement de Louis XVIII. Berryer insinua devant le conseil de guerre que le général avait quitté son poste de Loriol parce que, pris d'un soudain accès de repentir, il ne voulait plus combattre l'armée royale. On peut s'étonner, en effet, qu'un général abandonne son commandement devant l'ennemi pour aller sur les derrières organiser des gardes nationales. Quoi qu'il en soit, Debelle se rendit suspect aux deux partis, et les contradictions flagrantes qui existent entre ses rapports à Davout et ses réponses au président du conseil de guerre ne sont point faites pour éclaircir sa conduite.

voltigeurs du 10ᵉ de ligne, profitant d'une tranchée parallèle à la Drôme pour se défiler, atteignirent le pont. Alors, soit que ces hommes eussent réellement l'intention de passer aux impériaux, soit qu'ils employassent la plus odieuse des ruses de guerre, ils crièrent : Vive l'empereur ! et s'engagèrent sur le pont au pas de charge. Les soldats du 39ᵉ leur ouvrirent leurs rangs ; les deux troupes fraternisèrent. Mais les grenadiers du 10ᵉ avaient suivi de près le mouvement des voltigeurs. Le bataillon du 39ᵉ, sans nulle défiance, se disposait à les accueillir comme il avait accueilli leurs camarades, lorsque parvenus aux deux tiers du pont, ils crièrent Vive le roi ! et firent une décharge à bout portant qui jeta bas une soixantaine d'hommes. Cette agression avait-elle été concertée avec les voltigeurs, comme le prétendirent les soldats de Debelle, ou fut-elle seulement le résultat d'une méprise, comme on a cherché à l'établir dans des rapports subséquents ? Les grenadiers, a-t-on dit, croyaient leurs camarades prisonniers ; ils ont tiré pour les délivrer [1]. Quoi

---

1. Cf. Rapport des officiers, sous-officiers et soldats du bataillon d'élite de la Drôme, 4 avril. Rapports de Debelle, 3, 8 et 11 avril. Rapport du colonel du 10ᵉ de ligne, 4 mai. (Arch. Guerre).
Les officiers du bataillon d'élite de la Drôme accusent formellement les soldats du 10ᵉ de ligne d'avoir agi par trahison. Debelle, qui d'ailleurs n'assistait pas à l'action, mais qui fut renseigné par les officiers du 39ᵉ, présente les faits de la même façon. Debelle ajoute même que le 10ᵉ aborda le pont la crosse en l'air et un petit drapeau tricolore déployé. Mais le maréchal Suchet, chargé de faire une enquête, conclut dans son rapport (Lyon, 18 avril, Arch. Guerre) qu'il y eut méprise et non trahison. En conséquence, le colonel d'Ambrugeac, du 10ᵉ de ligne, destitué puis incarcéré, fut mis en liberté.
Il faut remarquer cependant que jusque vers le milieu de mai, le 10ᵉ de ligne persista dans son royalisme. 300 hommes désertèrent quand il fallut prendre la cocarde tricolore. Parmi ceux qui restèrent au corps beaucoup criaient Vive le roi ! en passant dans les villages, et quelques-uns menaçaient de tirer sur l'empereur. (Dessaix à Davout, 24 avril. Colonel Higonet à Davout, 26 avril. Note au ministre, 3 mai. Fouché à Davout, 18 mai. Davout à Napoléon, 22 mai. Arch. Guerre.) Le 14 mai, Suchet, qui avait pourtant innocenté le 10ᵉ de ligne dans son rapport du 18 avril, demanda son licenciement à l'empereur. (Suchet à Davout,

qu'il en soit, l'attaque eut un plein succès. Les impériaux lâchèrent pied en désordre, abandonnant leurs canons. Le 10ᵉ de ligne fit trois cents prisonniers[1]. En récompense de ce fait d'armes, le duc d'Angoulême promut au grade supérieur dix officiers et sous-officiers du régiment et distribua aux soldats trente-trois croix de la Légion d'honneur[2].

Tandis que les fuyards du pont de Loriol se repliaient sur Romans, puis sur Saint-Marcellin[3], l'armée royale poursuivit sa marche vers Lyon. Le 3 avril, le général Monnier, qui commandait l'avant-garde, poussa jusqu'aux bords de l'Isère, occupa Romans et détacha sur la rive droite deux bataillons du Gard. Le même jour, le duc d'Angoulême entra à Valence avec le gros des troupes. Il fut reçu assez froidement. Le peuple était anti-bourbonien ; la bourgeoisie, qui avait peu de confiance dans le succès de cette expédition, craignait les représailles populaires si elle manifestait trop ouvertement ses opinions[4].

14 mai. Arch. Guerre.) Napoléon se contenta de doubler l'effectif des bataillons de guerre en y versant le dépôt et un grand nombre de rappelés ; puis il passa le régiment en revue, place du Carrousel, et le harangua ainsi : « Soldats du 10ᵉ de ligne, je ne suis pas content de vous... Nous allons entrer en campagne. Vous marcherez à l'avant-garde et vous n'aurez pas de cartouches. » Les soldats crièrent : « Vive l'empereur ! Nous avons nos baïonnettes ! » et, à Waterloo, ils firent bravement leur devoir dans le corps de Lobau. Le 10ᵉ de ligne n'en conserva pas moins pendant très longtemps un mauvais renom. Sous Louis-Philippe encore, plus d'un soldat qui sortait de ce régiment hésitait à avouer qu'il avait servi au 10ᵉ de ligne.

1. Rapport de Debelle, Romans, 3 avril (Arch. Guerre). Relation de la campagne du duc d'Angoulême. (*Journal Universel*, de Gand, n° 13.)

2. Ordre du duc d'Angoulême, Valence, 5 avril. (Arch. Guerre.)

3. Rapports de Debelle, Romans, 3 avril, et Valence, 11 avril. (Arch. Guerre.) — D'après ces rapports, Debelle informé à Valence, le 2 avril au matin, de l'attaque de Loriol, s'était rendu non au pont de Loriol, mais en amont, à Crest, qui était également menacé par une colonne de 500 volontaires de l'Hérault. Informé là de la prise du pont de la Drôme, il se replia sur Romans qu'il évacua presque aussitôt et sans même prendre le soin de détruire le pont de l'Isère.

4. Relat. de la camp. du duc d'Angoulême (*Journal Universel*, de Gand, n° 13). Déclaration du docteur Ganière, Saint-Rambert, 5 avril. Rapport du colonel d'Ambrugeac, 4 mai. (Arch. Guerre.)

La marche de l'armée royale, connue à Lyon depuis plusieurs jours, avait jeté l'inquiétude dans la masse de la population et ranimé les royalistes. Peu nombreux mais très ardents et très actifs, ils amplifiaient les forces et les succès du duc d'Angoulême, colportaient la Déclaration des puissances, annonçaient l'entrée des Piémontais en Savoie, des Espagnols en Gascogne, des Anglais à Toulon, et prophétisaient que la prise de Lyon et le châtiment des bonapartistes qui s'y trouvaient seraient bientôt suivis de la chute de l'usurpateur. Déjà quelques-uns criaient Vive le roi! dans les rues. Le gouverneur, le général Dessaix, était malade au lit ; le préfet Fourier n'avait ni considération, ni autorité, ni énergie; le maire ne cachait même pas son attachement aux Bourbons et l'état-major de la garde nationale faisait des vœux pour le duc d'Angoulême. Quant aux troupes, qui se composaient de trois bataillons du 39º et du 49º et de quelques cavaliers du 13º de dragons, elles ne présentaient pas un millier de baïonnettes. Au reste, l'attitude expectante des autorités alarmait plus encore les Lyonnais que la faiblesse de la garnison. Les ouvriers des faubourgs auraient suffi à défendre Lyon. Mais le préfet, le maire, peut-être bien le général Dessaix lui-même, avaient peur de leur donner des armes [1].

Malgré les dépêches pressantes de Debelle, de La Salcette, gouverneur de Grenoble et de Dessaix, qui, il est vrai, étaient infidèlement transmises par l'employé du télégraphe de Lyon [2], l'empereur ne s'inquiéta point d'abord de l'expédition du duc d'Angoulême. Ce fut seulement dans la soirée du 30 mars que

---

1. Dessaix à Davout, Lyon, 22, 23, 28 mars et 15 avril. Rostolland à Davout, Paris, 4 avril. Rapport de Grouchy, Pont-Saint-Esprit, 11 avril. (Arch. Guerre.) Rapport de Mouton, vers le 10 avril (Dossier de Mouton).
2. Lettre au colonel Kœchlin, Lyon, 13 avril. (Arch. Guerre.)

grâce à l'avocat Teste, venu de Nîmes à franc étrier, il en comprit l'importance[1]. Il n'y avait pas un mois que Napoléon avait traversé le Dauphiné et le Lyonnais. Les acclamations des habitants résonnaient encore à ses oreilles. Il comprit qu'il fallait là moins des soldats qu'un chef avisé et énergique, qui sût se servir de l'esprit du pays pour créer une armée avec la population. Le général de Grouchy, qui s'était déjà présenté aux Tuileries, se trouvait sans emploi. Il avait les plus beaux états de services; à Vauchamps, l'année précédente, il avait changé en déroute la retraite de Blücher; il était, avec Davout, Vandamme, et Exelmans, un des rares officiers généraux de grand mérite qui eussent à se plaindre du roi. Napoléon lui donna l'ordre de partir pour Lyon comme commandant supérieur des 7º et 19º divisions militaires, avec pouvoirs extraordinaires. Piré, Mouton-Duvernet et le général de gendarmerie Radet, tous trois sûrs et zélés, furent désignés pour le seconder[2].

Grouchy arriva à Lyon le 3 avril. Le lendemain, on ne criait plus Vive le roi! dans les rues. Il avait mis la ville en état de siège, imposé au maire, réconforté le préfet, suspendu le conseil municipal, destitué cinquante officiers de la garde nationale et donné des armes à 5,000 volontaires qui s'étaient présentés dans une seule journée. Piré, avec 500 hommes du 6º léger, un escadron des dépôts et trois pièces de canon, s'avançait contre l'armée royale, et 20,000 gardes nationaux du Jura, de l'Ain, de Saône-et-Loire de la Haute-Saône, de la Côte-d'Or marchaient au secours de Lyon[3].

---

1. Napoléon, *Corresp.*, 21749. Cf. Davout, *Corresp.*, 1520, 1524, 1526. Rapport de Teste à Bertrand, Paris, 29 mars. (Arch. Guerre.)
2. Napoléon, *Corresp.*, 21749, Davout, *Corresp.*, 1524, 1525, 1526.
3. Rapports et lettres de Grouchy, Lyon et Pont-Saint-Esprit, 3, 4, 5 et 12 avril. Rapport de Moutons, 10 avril. Lettre précitée au colonel Kœchlin.

Les Hautes-Alpes et l'Isère s'étaient défendues toutes seules contre les 5,000 hommes d'Ernouf. Les paysans avaient pris le fusil et la fourche pour combattre à côté des 600 soldats des généraux Chabert et Proteau. Ceux qui n'avaient pas d'armes se tenaient sur les hauteurs, à l'entrée des défilés, prêts à faire rouler des rochers sur les assaillants. « Les Dauphinois, écrivait le comte de Saint-Priest au duc d'Angoulême, nous regardent les uns comme d'honnêtes fous qui n'ont aucun espoir de succès, les autres comme des brigands... Les habitants tirent sur nos soldats isolés. Cela prouve ce qu'on est en droit d'attendre d'eux dans une retraite. » L'expédition d'Ernouf échoua complètement. Ses deux régiments de ligne, le 58e et le 83e, passèrent aux impériaux entre Gap et Saint-Bonnet. Repliés à Sisteron, Ernouf et son lieutenant Loverdo voulurent reprendre l'offensive avec les seuls volontaires marseillais. Le général Proteau, en position derrière la Durance, attendit leur feu, puis dans une contre-attaque leur tua 60 hommes, fit une centaine de prisonniers et enleva un drapeau. Ernouf rallia ses volontaires débandés et se mit en retraite vers Marseille [1].

Sur le flanc gauche et sur les derrières de l'armée du duc d'Angoulême, les choses ne tournaient pas mieux pour la cause royale. Au lieu de venir menacer Lyon par la rive droite du Rhône, Compans et Rey avaient adressé leur soumission à l'empereur. Le chef d'esca-

---

Dessaix à Davout, 6 avril. Gruyer à Davout, Vesoul, 30 avril. Davout à Suchet, 10 avril. (Arch. Guerre.) Lettres des préfets 5 et 15 avril. (Arch. nat. AF. IV, 1935.)

1. La Salcette à Dessaix et à Davout, Grenoble, 21 et 31 mars, 3 et 7 avril. Ernouf à d'Aultanne, Sisteron, 29 mars, et Gap, 31 mars. C^d du 58e à Gardanne, Saint-Bonnet, 29 mars. Lettre, ordre du jour et rapport de Proteau, Gap, 4, 9 et 10 avril. Suchet à Davout, Lyon, 13 avril. (Arch. Guerre.) Lettres interceptées d'Ernouf, de Saint-Priest et du préfet Harmand. (*Journal de l'Empire*, 13 avril.)

drons de Castel-Bajac, envoyé dans la Lozère avec un peloton de chasseurs pour lever des volontaires, était attaqué, blessé et fait prisonnier par la garde nationale de Langogne. Dans l'Ardèche, le général Laffitte mettait en déroute la bande du colonel Magnier. Les habitants d'Issoire arrêtaient une colonne de miquelets qui marchait sur le Puy. A Mende, le peuple menaçait de mort les royalistes qui voulaient prendre les armes. A Avignon, le 6ᵉ de ligne était prêt à se révolter. A Montpellier, le général Ambert venait de proclamer l'empire malgré l'opposition bruyante mais inoffensive de la population [1]. Enfin, le 3 avril, le drapeau tricolore avait été arboré à Nîmes. Après s'être concerté avec le commandant de la garde nationale, qui lui répondit de ses six cents hommes, le colonel Teulet, du 63ᵉ, fit assembler le régiment dans la cour de la caserne et s'approchant de la 1ʳᵉ compagnie de grenadiers, il dit seulement : « — Grenadiers, vive l'empereur ! » Le cri fut répété jusqu'à la gauche. On arrêta les généraux Briche et Pélissier. Contenue par la troupe, la population royaliste ne tenta aucune résistance. Le soir, les protestants illuminèrent [2].

Ces nouvelles contraignirent le duc d'Angoulême à battre en retraite. Le 5 avril, il replia ses avant-postes sur la rive gauche de l'Isère et fit couper le pont de Romans, et le 7, à deux heures du matin, il évacua Valence. Sa petite armée entra en dissolution. Le 14ᵉ de chasseurs, sauf un peloton de vingt-cinq hommes formant l'escorte du prince, fit demi-tour et rallia le général Piré qui avait passé l'Isère. Le com-

[1]. Colonel Viriaud à Dessaix, Clermont, 1ᵉʳ avril, Gᵃˡ Bail à Davout, Mende, 31 mars. Ordre du jour d'Ambert, Montpellier, 2 avril. Sous-préfet à Davout, Issoire, 8 avril. Rapport de Berton, Nîmes, 16 avril. (Arch. Guerre.) *Journal Universel*, de Gand, n° 13. Mémoire manuscrit du général Merle (cité par Braquehay, *Le général Merle*, 205-206). Préfet de Mende à Carnot, 4 avril. (Arch. nat. AF. IV, 1935.)
[2]. Rapport du colonel Teulet, Nîmes, 4 avril. (Arch. Guerre.)

mandant de l'artillerie et le colonel du 10ᵉ de ligne déclarèrent que la plupart de leurs hommes ne voulaient plus se battre. Deux bataillons de volontaires se débandèrent ; la défection gagna même le Royal-étranger. En arrivant à Montélimar, on apprit que la citadelle de Pont-Saint-Esprit, où le général Merle avait été laissé avec un bataillon du Gard, un bataillon des Bouches-du-Rhône, un bataillon du Royal étranger et six pièces de canon, était au pouvoir des impériaux [1]. Le général Gilly, relevé de son commandement de Nîmes par le duc d'Angoulême et exilé dans une propriété des environs, était rentré dans la ville le lendemain de la révolution bonapartiste. Le 6 avril, il avait fait partir pour Pont-Saint-Esprit le 10ᵉ de chasseurs, envoyé de Montpellier par le général Ambert, et le 7, il s'était mis lui-même en marche avec le 63ᵉ. A son arrivée, le matin du jour suivant, le 10ᵉ de chasseurs était déjà maître de Pont-Saint-Esprit. Abandonné par les volontaires et menacé par les canonniers, le comte de Voguë à qui le général Merle, très opportunément pour soi-même, avait remis le commandement *in extremis*, s'était replié sur Orange avec une poignée d'hommes fidèles [2].

Pris entre deux feux, le duc d'Angoulême n'avait plus d'autre ressource que de gagner par les Alpes les frontières du Piémont ou de capituler. Dans la nuit du 7 au 8 avril, il dépêcha son chef d'état-major d'Aultanne à Pont-Saint-Esprit, avec pleins pouvoirs pour traiter. Reçu par le colonel Saint-Laurent, du 10ᵉ de chasseurs, qui commandait en attendant l'arri-

---

1. Relation des opérations du duc d'Angoulême (*Journal universel*, de Gand, nᵒ 13.) Mémoire manuscrit de Merle (cité par Braquehay. *Le général Merle*, 207-209). Cf. Rapport de Grouchy à Napoléon, Pont-Saint-Esprit, 12 avril. Rapport du colonel d'Ambrugeac, 4 mai. (Arch. Guerre.)

2. Ambert à Davout, Montpellier, 7 et 8 avril. Capitaine Dubarry à Suchet, 22 avril. (Arch. Guerre.) Mémoire manuscrit de Merle, précité. Rapp. de Davout à Napoléon, Paris, s. d. (Arch. nat. AF. IV, 1937.)

vée de Gilly, d'Aultanne demanda que le duc d'Angoulême pût librement continuer sa route, avec le 10ᵉ de ligne, jusqu'à Marseille où il s'embarquerait; sous cette condition, les gardes nationales et les volontaires seraient immédiatement licenciés et l'artillerie rejoindrait l'armée impériale. Ces clauses étaient acceptées en principe, et d'Aultanne en avait déjà averti par lettre le duc d'Angoulême, quand arriva le général Gilly qui déclara n'y pouvoir souscrire. Il était, en effet, tout au moins imprudent de laisser le duc d'Angoulême aller à Marseille où l'on reconnaissait encore le gouvernement royal et où régnait une grande exaltation. Gilly proposa comme lieu d'embarquement le port de Cette et exigea que le 10ᵉ de ligne prît incontinent les cantonnements qui lui seraient assignés. Le duc d'Angoulême ayant adhéré à ces nouvelles clauses, la capitulation fut signée dans la soirée du 8 avril. Le lendemain, cinquante chasseurs du 10ᵉ, désignés pour servir d'escorte au prince, vinrent le prendre à La Pallud où s'étaient arrêtés l'état-major et les débris de l'armée royale. Vers neuf heures du soir, le duc d'Angoulême monta en voiture à destination de Cette ; mais à Pont-Saint-Esprit, il reçut un billet de Grouchy le priant en termes respectueux de suspendre son voyage jusqu'après la réception des ordres de l'empereur. Grouchy donnait ce motif que lui, général en chef, n'avait pas eu de part à la capitulation et qu'il ne pouvait la ratifier sans en référer à Paris,[1].

A en croire Grouchy, il s'était présenté aux Tuile-

---

[1]. Rapp. de Grouchy, Pont-Saint-Esprit, 12 avril. (Arch. Guerre.) Rapport précité de Davout. (Arch. nat. AF. IV, 1937.) Lettre du duc d'Angoulême au roi et rapport de Damas (*Journal universel*, de Gand, nᵒˢ 10 et 13).
La conduite de Grouchy fut approuvée par le maréchal Suchet qui s'empressa de lui écrire : « Il n'y a pas le moindre doute que vous reteniez le duc d'Angoulême jusqu'à ce que vous receviez des ordres de l'empereur. » Suchet à Grouchy, Lyon, 10 avril, 5 h. du soir (Arch. Guerre).

ries avant son départ pour Lyon, et l'empereur lui avait expressément recommandé de faire prisonnier le duc d'Angoulême. Napoléon, dit-il, pensait à l'échanger contre Marie-Louise[1]. Quoi qu'il en soit, Grouchy, tout en agissant à Lyon avec vigueur, avait eu le tort d'adresser des messages trop alarmants au ministre de la guerre et de lui demander des renforts dont il pouvait se passer[2]. Cela suffit à faire douter de son énergie. Le 3 avril, l'empereur dépêcha son aide de camp Corbineau pour le seconder ou plutôt pour le surveiller, et le lendemain le maréchal Suchet reçut l'ordre de se rendre à Lyon

---

1. Note de Grouchy, s. l. n. d. (*Mém. de Grouchy*, III, 299-300.) Cf. Marquis de Grouchy, *Mém. de Grouchy*, III, 247-248. — L'assertion de Grouchy qui n'a rien d'invraisemblable en soi (bien que Napoléon dût penser à demander le prince impérial plutôt que Marie-Louise en échange du duc d'Angoulême) peut être infirmée cependant : 1° par la lettre de Grouchy à Suchet (10 avril) : « Je me suis refusé à ratifier la capitulation *avant de savoir les intentions de l'empereur*. Fais-les moi connaître, si tes instructions, *sans doute plus étendues que les miennes*, prévoient le cas qui arrive » ; 2° par la dépêche de Grouchy à Napoléon (10 avril) : « *Incertain s'il entre dans la volonté de V. M. de laisser sortir de France le duc d'Angoulême*, je ne ratifie point cette capitulation ; « 3° par une seconde lettre à Suchet (12 avril) : « *Dès que je saurai les intentions de l'empereur* quant au duc d'Angoulême.... » Au cas où Grouchy aurait reçu en quittant Paris les instructions dont il parla plus tard dans sa Note, il semble qu'il n'eût pas écrit dans ces termes à Napoléon et à Suchet. Il faut remarquer toutefois que le 9 avril, il ne s'agissait pas de garder prisonnier le duc d'Angoulême pris dans un combat, mais de le retenir au mépris d'une capitulation régulière. Les ordres de Grouchy, en admettant qu'il en eût, ne prévoyaient certainement pas ce cas, et il y avait de quoi faire hésiter le lieutenant de l'empereur.
D'après la même Note de Grouchy (*Mém. de Grouchy*, III, 247-248. 299-300), Davout lui avait remis des instructions secrètes « portant qu'il devait déférer à des commissions militaires et faire fusiller tous les partisans du duc d'Angoulême ». (Dans les lettres de Davout à Grouchy, 31 mars, et à Suchet, 4 avril, il est en effet question d'établir des commissions militaires et « de renvoyer les habitants chez eux, mais de poursuivre les chefs ».) Peu soucieux d'assumer cette responsabilité, Grouchy communiqua ces instructions à Napoléon qui, après les avoir lues avec impatience, dit : « — Ce que je veux, c'est préserver le Midi de la guerre civile et non en allumer les torches en le couvrant d'échafauds. J'entends que vous ne preniez aucune mesure de terrorisme. Je ne veux me venger de tels ennemis qu'en les vouant par ma générosité à l'exécration publique. »

2. Grouchy à Davout, Lyon, 3, 4, et 5 avril. (Arch. Guerre.) — Le général Girard, parti en poste pour Lyon le 4 avril avec ses quatre régiments d'infanterie, reçut contre-ordre en route.

afin d'y prendre le commandement supérieur. De général en chef, Grouchy allait devenir lieutenant de Suchet[1]. Il comprit que sous peine de voir le bâton de maréchal lui échapper, le moment était venu de montrer du zèle. Aussi, quand arrivé à Montélimar avec l'avant-garde de Piré dans la nuit du 8 au 9 avril, il reçut la nouvelle de l'occupation de Pont-Saint-Esprit, s'empressa-t-il d'écrire à Gilly : « Pour achever ce qui est si bien commencé, faites sur-le-champ passer le Rhône à vos troupes afin de couper la route aux insurgés qui se trouveront pris entre vous et la colonne que je conduis. Si déjà l'ennemi avait dépassé Mornas, mettez-vous en toute hâte à sa poursuite[2]. » Puis, apprenant quelques heures après qu'une capitulation venait d'être signée, il accourut à Pont-Saint-Esprit pour empêcher le départ du duc d'Angoulême[3].

Grouchy assura au baron de Damas que si contre toute apparence la vie du prince pouvait être menacée, il le ferait évader. « — Je risquerai ma tête, dit-il, pour sauver la sienne[4] ». En attendant, le duc d'An-

1. Napoléon, *Corresp.*, 21768. Davout, *Corresp.*, 1438. Note de Grouchy précitée. Cf. la lettre de Davout à Grouchy (*Corresp.*, 1534) où il s'étonne du ton alarmant des dépêches de Lyon ; et la lettre de Grouchy à Davout (Lyon, 8 avril, Arch. Guerre) où ce général demande à être rappelé à Paris s'il doit être subordonné au maréchal Suchet.
2 Grouchy à Gilly, Montélimar, 9 avril. (Arch. Guerre.) — Cette lettre suffit à réfuter les assertions des *Mém. de Grouchy* (III, 297-290, 300-311, etc.) touchant les efforts de Gouchy pour ne pas inquiéter la retraite du duc d'Angoulême et le laisser librement s'embarquer.
3. Grouchy à Davout, Lyon, 8 avril ; à Napoléon, Montélimar, Donzère et Pont-Saint-Esprit, 9, 10 et 12 avril ; à Suchet, Montélimar et Pont-Saint-Esprit, 9 et 10 avril. (Arch. Guerre.)
Dans sa Note précitée, Grouchy prétend que ce fut afin de perdre du temps, et de permettre ainsi au duc d'Angoulême de profiter de la capitulation, qu'il s'embarqua à Donzère et descendit le Rhône. Mais s'il était si désireux de laisser le prince s'échapper, pourquoi avait-il écrit la lettre à Gilly ? Si Grouchy, qui était alors surveillé par Corbineau, s'embarqua, c'est qu'il ne pouvait pas continuer sa route par terre, car il aurait eu à passer à La Pallud qu'occupait l'armée royale non encore licenciée.
4. Note précitée de Grouchy (*Mém.*, III, 301). — Grouchy ne s'engageait pas beaucoup, car d'après sa conversation avec Napoléon, il savait fort bien que le duc d'Angoulême ne risquait point en tout cas le sort du duc d'Enghien.

goulême fut gardé à vue chez le maire par un capitaine de gendarmerie qui prétendit s'installer dans la chambre même du prisonnier. Damas obtint de Grouchy que cet hôte incommode se retirât dans la pièce contiguë, déjà occupée par des gendarmes. Le 10 avril, le général Radet, envoyé de Lyon, fut chargé de la garde du duc d'Angoulême. Il le traita avec respect et commença par défendre aux gendarmes de le troubler en buvant et en causant à haute voix. Il n'en maintint pas moins la plus rigoureuse surveillance, averti que des royalistes de Pont-Saint-Esprit conspiraient de faire évader le prince sous des vêtements de femme [1].

Dans la matinée du 11 avril, le duc de Bassano remit à l'empereur une dépêche de Grouchy, datée de Montélimar et annonçant que le duc d'Angoulême venait de conclure avec le général Gilly une convention en vertu de laquelle le prince devait s'embarquer à Cette [2]. L'empereur eut d'abord la pensée de garder, s'il en était temps encore, le duc d'Angoulême comme otage. Mais après une courte discussion, il céda aux conseils de Bassano qui soutint avec une grande fermeté qu'il fallait exécuter la capitulation. Napoléon exigea seulement qu'il y fût ajouté une clause stipulant que les diamants de la couronne, emportés par le roi, seraient restitués à la France. « — Ce que je propose à Votre Majesté vaut tous les

1. Damas à Grouchy, Pont-Saint-Esprit, 10 avril. (Arch. Guerre.) Interrogatoire de Radet. (Dossier de Radet, Arch. Guerre.)
2. Grouchy à Napol., Montélimar, 9 avril, 9 h. du matin. (Arch. Guerre.) La veille au soir on avait déjà reçu deux autres dépêches de Grouchy également du 9 avril, portant, l'une, que le duc d'Angoulême abandonné par les troupes allait s'embarquer à Marseille, l'autre qu'il allait s'embarquer à Cette par suite d'une capitulation. (La première de ces dépêches existe aux Arch. de la Guerre ; il est parlé de la seconde — qui n'est pas celle de Montelimar, 9 avril, 9 h. du matin, laquelle fut expédiée par le télégraphe de Lyon seulement le 11 avril, à 10 h. 31 du matin — dans une lettre de Davout à Lorcet, 10 avril, 5 heures du matin, Arch. Guerre.) L'empereur, semble-t-il, avait attendu des renseignements plus précis pour s'occuper de cette affaire.

diamants du monde ! » répondit Bassano. Puis il s'empressa d'écrire la dépêche suivante : « Tâchez, s'il est possible, de faire ajouter à la capitulation une clause formelle qui porte que les diamants de la couronne seront restitués. Dans tous les cas, faites exécuter la capitulation[1]. » Sur ces entrefaites, une nouvelle dépêche de Grouchy, où il informait l'empereur qu'il attendrait ses ordres pour ratifier la convention[2], fut transmise au bureau de Paris. La dépêche de Bassano n'était pas encore expédiée. Chappe en différa l'envoi, jugeant que le message de Grouchy, qu'il fit sur-le-champ remettre au duc de Bassano, pouvait modifier les intentions de l'empereur. Bassano le craignait, car trois des ministres étaient accourus aux Tuileries pour engager l'empereur à ne pas se dessaisir d'un otage aussi précieux que le duc d'Angoulême. Ils rappelaient la proclamation du roi, du 6 mars, ordonnant de courir sus à Napoléon, et assuraient qu'un pareil acte autorisait des représailles. D'ailleurs, le prince n'avait-il pas fomenté la guerre civile, fait couler le sang français ? L'empereur était ébranlé ; peut-être allait-il regarder la lettre inattendue de Grouchy comme une sollicitation de la Fortune, un ordre de la Destinée ? Sans hésiter devant la responsabilité, Bassano fit transmettre sur-le-champ sa dépêche par Chappe et ne remit à Napoléon celle de Grouchy que dans la soirée, quand l'obscurité empêchait toute communication télégraphique. L'empereur demanda à Bassano

1. Dépêche citée par Ernouf, *Maret, duc de Bassano*, 649. — La minute d'une dépêche de Davout à Suchet, 11 avril, 5 h. du soir, est conçue en des termes presque identiques. (Arch. Guerre.)
2. Grouchy à Napoléon, s. l. n. d. (Donzère, 9 avril, 11 heures ou midi) transmise de Lyon, le 11 avril après midi. (Arch. Guerre.) — Comme la première dépêche datée de Montélimar, cette dépêche de Donzère, par un retard tout à fait inexplicable, avait mis près de quarante-huit heures pour arriver à Lyon.

si sa dépêche était partie : « — Oui, Sire. — Et avant de l'expédier aviez-vous reçu celle-ci ? — Oui, Sire. » Il y eut un moment d'imposant silence, puis l'empereur dit : « — Vous avez bien fait[1]. » Pour Napoléon, le refus du czar Alexandre, en 1813, de ratifier la capitulation de Dantzig était un précédent à invoquer et non un exemple à suivre.

Par suite des retards dans la transmission télégraphique, l'ordre de ratifier la capitulation n'arriva à Pont-Saint-Esprit que le 14 avril. Le lendemain, le duc d'Angoulême partit pour Cette sous l'escorte de deux escadrons de gendarmerie, commandés par le général Radet. Quand il monta en voiture, une rixe fut sur le point de se produire entre les habitants, les uns criant : « Vive notre bon prince ! » les autres voulant empêcher ces cris. Le même antagonisme existait dans tout le département du Gard. Radet redoutait des embuscades sur la route de Nîmes, car d'après plusieurs rapports, des royalistes avaient conspiré d'enlever le prince et quelques misérables s'étaient apostés pour le massacrer. La voiture de tête risquant d'être attaquée la première, Radet s'y plaça et donna l'ordre aux gendarmes de se rallier, à la moindre alerte, à la seconde voiture occupée par

---

1. Note de Montholon (citée par Ernouf, *Bassano*, 647-651). Fleury de Chaboulon, *Mém.*, 1. 322-32 . Napoléon, *Notes sur les Mém. de Fleury.* (Dans l'édition de 1823, Napoléon confirme sur ce point le récit de Chaboulon. Dans l'édition de l'*Imprimerie impériale*, il le dément absolument. Au reste, nous avons déjà dit qu'il ne faut consulter ces notes de Napoléon qu'avec la plus grande défiance. Voir **1815**, I, 384, note 1.)

C'est à la suite de cet entretien avec Bassano, dans la soirée du 11, que Napoléon dicta la lettre à Grouchy publiée dans le *Moniteur* du 12 avril : « L'ordonnance du roi en date du 6 mars et la Déclaration signée à Vienne par les ministres pouvaient m'autoriser à traiter le duc d'Angoulême comme cette ordonnance et cette Déclaration voulaient qu'on traitât moi et ma famille. Mais, constant dans les dispositions qui m'avaient porté à ordonner que les membres de la famille des Bourbons pussent sortir librement de France, mon intention est que vous donniez des ordres pour que le duc d'Angoulême soit conduit à Cette où il sera embarqué et que l'on veille à sa sûreté et à écarter de lui tout mauvais traitement. »

le prince. Ces précautions furent heureusement inutiles. Le duc d'Angoulême arriva sans encombre à Cette où il s'embarqua pour l'Espagne, le 16 avril, sur un bâtiment suédois. Il emmena avec lui une suite de dix-sept personnes. Radet l'accompagna jusqu'aux chaloupes, et ayant su que le prince souffrait sur mer, il fit porter à bord de *la Scandinavie* une caisse d'oranges, de citrons et de médicaments [1]. Le général Radet n'avait pas eu plus d'attentions pour le Pape lui-même !

La capitulation de La Pallud fit tomber les dernières résistances. Masséna craignant que le marquis de Rivière, commissaire du roi, n'ouvrît le port de Toulon aux Anglais [2], s'était rendu de Marseille dans cette ville, le 2 avril, et avait refusé, sous divers prétextes, d'envoyer au duc d'Angoulême les deux régiments de ligne qui en formaient la garnison. Le 11 avril, il se décida à proclamer l'empire. Il y eut *Te Deum*, salves d'artillerie, illuminations. Les troupes de l'armée et de la marine parcoururent la ville, musique en tête, escortant un char que traînaient des ouvriers ceints d'écharpes tricolores et où se tenaient debout, à côté du buste de Napoléon, les grenadiers de l'île d'Elbe faits prisonniers à Antibes. « Si les lâches déserteurs de la patrie, écrivait le maire de Toulon avec un grand luxe d'adjectifs, avaient vu ce beau spectacle, ils renonceraient à leurs criminelles espérances et sauraient qu'aucune puissance humaine ne saurait

---

1. Interrogatoire de Radet (dossier de Radet). Suchet à Grouchy, Lyon, 13 avril. (Arch. Guerre.) Radet à Napoléon, Cette, 16 avril. (Arch. nat. AF. IV, 1938.) Duc d'Angoulême au roi (*Journal Universel*, n° 10).

Sur les guet-apens qui menaçaient le duc d'Angoulême, voir aussi le rapport de Berton, Nîmes, 16 avril (dossier de Berton), la note de Bassano (citée par Ernouf, *Bassano*, 650) et Beauchamp, III, 486.

Beauchamp, est-il besoin de le dire, insinue que les assassins étaient apostés par les ordres secrets de l'autorité militaire.

2. Masséna à Napoléon, Toulon, 14 avril. (Arch. nat. AF. IV, 1938.) Cf. Suchet, à Davout, Lyon, 10 avril. (Arch. Guerre.)

désormais faire fléchir un pays libre sous le joug humiliant des vieilles monarchies [1]. » Déjà des séditions bonapartistes avaient éclaté à Antibes, à Draguignan, à Fréjus, et Avignon, Tarascon, Arles avaient arboré le drapeau tricolore [2].

Il ne restait plus à soumettre que Marseille. Le préfet, M. d'Albertas, le maire, M. de Montgrand, le marquis de Rivière, le général Bruslart, qui venait de débarquer de Corse, le comte de La Tour-du-Pin qui, arrivé de Vienne, annonçait la prochaine entrée en France de 750,000 Alliés, excitaient la population à résister. Le 11 avril, un parlementaire de Grouchy faillit être assommé par les portefaix, et le marquis de Rivière le renvoya au général avec cette déclaration que trente mille Marseillais étaient sous les armes et qu'il allait appeler les Anglais dans la ville. Grouchy mit ses troupes en mouvement [3]. D'ailleurs, malgré le retour des 1,500 volontaires qu'Ernouf ramenait de Sisteron et qui criaient : Aux armes! sur la Cannebière, la résolution des autorités avait faibli. Masséna ayant dépêché au préfet l'ordre de reconnaître l'empire, le conseil municipal craignit de voir la ville attaquée et par l'armée de Grouchy et par la garnison de Toulon ; il se résigna à faire sa soumission. Masséna et Grouchy en furent informés par des députations du conseil. Les Marseillais ne virent pas sans révolte tomber le drapeau blanc. En entrant dans la ville, le 15 avril, la tête de colonne du 6ᵉ de ligne fut reçue par des Vive le roi ! Les soldats

---

1. Masséna à Napoléon, Toulon, 14 avril. (Arch. nat. AF. IV, 1938.) Rapport du maire de Toulon, 17 avril. (Arch. Guerre.)
2. Masséna à Napoléon, Toulon, 14 avril. (Arch. nat. AF. IV, 1938.) Masséna, *Mémoire justificatif*, 42-43. Gal Abbe à Davout, Toulon, 13 avril. (Arch. Guerre.)
3. Grouchy à Napoléon, Pont-Saint-Esprit, 12 avril, et Avignon, 13 avril. (Arch. Guerre.) Note imprimée, Marseille, 10 avril. (Arch. Aff. étr., 646.)

durent croiser la baïonnette pour se frayer passage à travers la foule ameutée[1].

Le 16 avril, une salve de cent coups de canon tirée dans toutes les villes de France annonça au pays la fin de la guerre civile[2]. Selon la volonté de l'empereur, il n'y eut aucune répression. On n'établit point de commission militaire, personne ne fut déféré aux tribunaux. Napoléon se borna à destituer le colonel d'Ambrugeac, du 10e de ligne, les généraux d'Aultanne, Ernouf, Monnier, Briche, Loverdo, et les préfets du Var, des Bouches-du-Rhône, des Basses-Alpes, de Vaucluse, du Gard, qui avaient si ardemment secondé le duc d'Angoulême[3]. Quant aux gardes nationaux et aux volontaires de l'armée royale, gradés ou non gradés, ils reçurent des feuilles de route régulières pour regagner leurs foyers[4].

Malheureusement, les paysans du Midi étaient plus vindicatifs que Napoléon. Pendant les vingt-cinq jours de cette prise d'armes, les miquelets, par leurs propos furieux, leurs menaces, leurs exactions et parfois leurs mauvais traitements, avaient exaspéré leurs ennemis politiques, irrité les indifférents, terrorisé toute la contrée[5]. On n'attendit pas la défaite

1. Masséna à Napoléon, Toulon, 14 avril (Arch. nat. AF. IV, 1938). Délibération du conseil municipal de Marseille, 11 avril, et lettre de Gras-Salicis, Marseille, 14 avril (cités dans le *Mémoire* de Masséna, Appendice.) Grouchy à Napoléon, Avignon, 13 avril. Général Miollis à Grouchy, Marseille, 14 avril. Général Leclerc à Grouchy, Marseille, 16 avril. (Arch. Guerre.)
2. Davout, *Corresp.*, 1570 et 1579. *Journal de l'Empire*, 17 avril.
3. Napoléon, *Corresp.*, 21.824, et *Moniteur*, 10 avril. — Plusieurs de ces officiers et de ces préfets, d'abord arrêtés, furent relâchés dans le courant du mois. Loverdo, accusé plus tard d'avoir tué de sa main un maire bonapartiste, échappa aux poursuites.
4. Davout, *Corresp.*, 1548.
5. A Aubenas une troupe de royalistes commit tous les excès ; ils blessèrent ou tuèrent plusieurs personnes, assommèrent Mounier et Filiot aîné. (Lettre de Tournon, 31 mars. Arch. nat. F. 7, 3147.) — A Montélimar, on croyait que les volontaires allaient piller la ville et massacrer tous les républicains et bonapartistes. (Lettre interceptée du duc à la duchesse

des royaux pour les attaquer. A Nîmes, le 24 mars, un fanatique poignarda en plein jour, place de la Comédie, un volontaire du bataillon de Montpellier. Dans plusieurs villages des Cévennes et des Alpes, les habitants arrêtèrent et désarmèrent des détachements de miquelets ou fusillèrent avec eux [1]. Après la capitulation de La Palud, quand on vit revenir les volontaires, sans armes, marchant isolément ou par petits groupes, les rancunes et les haines se réveillèrent. Avec leur mine patibulaire et leurs propos menaçants, ils avaient sans doute causé plus de peur qu'ils n'avaient fait de mal, mais les lâches sont accoutumés à se venger de leur peur. Un grand nombre de ces malheureux furent insultés, battus, repoussés des villages comme des chiens enragés, pourchassés dans les champs comme des bêtes fauves. Dans la Lozère, des montagnards cévenols se postèrent sur une hauteur, à l'entrée du défilé de Pompidou, pour faire rouler des rochers sur les volontaires à cheval

---

d'Angoulême, Pont-Saint-Esprit, 30 mars. *Journal de l'Empire*, 9 avril. Déposition de Kresly, *Procès de Debelle*, 18-19.) — Sur la rive droite du Rhône, le détachement du colonel Magnier « s'attacha particulièrement à enlever les caisses publiques et à piller les particuliers » (Mémoire manuscrit de Merle cité par Braquehay, *Le général Merle*, 205-206). — A Livron, les soldats du 10ᵉ de ligne et le duc d'Angoulême lui-même durent empêcher les volontaires de maltraiter les prisonniers bonapartistes. (Rapport du colonel d'Ambrugeac, 4 avril. Arch. Guerre.) — A Nîmes, les catholiques chantaient dans les rues :

        Lavaren nostri mans
        Din lou sang di proutestans !

Si l'on remarque aussi que la commune d'Arpaillargues, où les miquelets furent lâchement attaqués, à leur retour, par la population, se trouve précisément sur le chemin qu'ils avaient suivi quinze jours auparavant pour se rendre de Nîmes à Pont-Saint-Esprit, on est porté à croire que ces hommes y avaient laissé de douloureux souvenirs.

1. Lettres interceptées du comte de Saint-Priest et du préfet Harmand, Sisteron, 4 avril (*Journal de l'Empire*, 14 avril.) *Mémoire concernant les troubles du Midi*, 8, 20. *Marseille et Nîmes justifiées*, 63. Préfet de Mende à Carnot, 4 avril. (Arch. nat. AF. IV, 1935.) Sous-Préfet d'Issoire à Davout, 8 avril. (Arch. Guerre.)

de Toulouse ; par bonheur, ces jeunes gens prirent un autre chemin. A Yeuset, à Saint-Chaptes, on tua des royalistes. A Arpaillargues, quatre volontaires nîmois furent abattus à coups de fusil, puis achevés par des femmes ; elles s'amusèrent, après les avoir mis nus, à les retourner avec leurs fourches, à les mutiler, à leur enfoncer des ciseaux et des broches dans les yeux [1]. Ces abominations allaient amener trois mois plus tard d'épouvantables représailles.

1. Rapport du Général Berton à Davout, Nimes, 16 avril. (Dossier de Berton, Arch. Guerre.) Réquisitoire du procureur du roi dans le procès des assassins d'Arpaillargues. (*Exposé des crimes et attentats commis dans la commune d'Arpaillargues le 11 avril 1815 avec l'arrêt rendu contre eux par la Cour d'assises du Gard*, Avignon, 1816. in-8.) *Précis de ce qui s'est passé dans le département du Gard*, 21. *Les Gémissements du Midi*, 37-38. *Marseille et Nîmes justifiées*, 72-73.

CHAPITRE II

LA SEPTIÈME COALITION

I. Le traité du 25 mars.
II. La France en interdit. — Marie-Louise et le cabinet de Vienne.
III. L'opinion en Europe. — Les débats du Parlement anglais.
IV. La dernière campagne de Murat (17 mars-23 mai).
V. La Cour de Gand.

I

La guerre civile, si fort qu'il la détestât, n'inquiétait pas Napoléon, car il était certain de maîtriser rapidement les insurrections. Mais en 1815, il redoutait la guerre étrangère. C'était vers les frontières menacées par une septième coalition qu'il portait des regards anxieux[1]. Dès sa rentrée à Paris, il ordonna de fabriquer 300,000 fusils, étudia les moyens de tripler son armée, pourvut à l'approvisionnement et à l'armement des places, donna des instructions pour élever des redoutes sur le Rhin et à Lyon, pour fortifier Château-Thierry, pour augmenter les ouvrages de Soissons, de La Fère, de Grenoble, et prescrivit la formation de cinq corps d'observa-

---

1. Napoléon admettait la possibilité d'une attaque immédiate : « Je suppose, écrivait-il à Davout, le 27 mars, que vous avez donné des ordres pour que, en cas d'événements imprévus, les généraux Reille et d'Erlon se retirent derrière la Sambre... Comme il serait possible que nos communications avec Strasbourg fussent interceptées, il ne faut laisser dans cette ville que le nécessaire. » (*Corresp.*, 21733.)

tion sur les frontières du Nord-Est, d'un sur celle des Alpes, d'un sur celle des Pyrénées et d'un corps de réserve [1].

En même temps qu'il se préparait à la guerre, qui lui paraissait imminente mais non point inévitable [2], l'empereur mettait tout en œuvre pour l'empêcher. Avant de quitter l'île d'Elbe, il avait chargé Murat de faire connaître à Vienne ses dispositions pacifiques. Dès son entrée à Lyon, il avait mandé à Joseph de déclarer aux ministres d'Autriche et de Russie près la Diète helvétique que le traité de Paris serait respecté [3]. Le 21 mars, Fouché, d'après ses ordres, écrivit à Marschall « que le cabinet des Tuileries était disposé à recevoir du gouvernement anglais toute proposition qui assurerait une paix solide et durable [4]. » Le 29 mars, Napoléon fit des avances plus sérieuses à l'Angleterre en décrétant l'abolition de la traite des noirs. Cette mesure que Louis XVIII avait admise en principe, mais dont il s'était obstiné à ajourner l'exécution à cinq années malgré les sollicitations du gouvernement britannique, auquel il devait tant [5], Napoléon la prit sponta-

---

1. Napol., *Corresp.*, 21692, 21702, 21707, 21723, 21791, 21733, 21.737, etc. Davout, *Corresp.*, 1481, 1484. Napoléon à Davout, 26 mars. (Arch. Guerre, carton de la Corresp. de Napoléon.)
2. F. de Chaboulon, *Mém.*, I, 330. — Caulaincourt lui-même, si pessimiste qu'il fût d'ordinaire, gardait quelque espoir de conserver la paix. Il se faisait d'ailleurs de bien étranges illusions quand il écrivait à l'empereur le 25 mars : « Beaucoup d'éléments s'opposent aujourd'hui à la reconstitution de l'ancienne croisade de Vienne... Il y a des dissensions intestines entre tous les membres de l'ancienne coalition... L'Autriche hésitera à s'engager dans une guerre qui, si elle était heureuse, affermirait la Russie et la Prusse dans leurs usurpations ; » et quand il écrivait au cardinal Fesch, le 8 avril : « Jusqu'à présent la question de la guerre est encore indécise. » (Arch. Aff. étr., 672 et 1801.)
3. Napoléon, *L'Ile d'Elbe et les Cent Jours* (*Corresp.*, XXXI, 24). Montholon, *Récits*, II, 37. F. de Chaboulon, *Mém.*, I, 330. Cf. Joseph à Murat, Prangins, 16 mars. (Arch. Aff. étr., 1801.) — A Lyon, Napoléon avait aussi écrit à Marie-Louise une lettre dans le même sens. (Rapport de Méneval, 18 mai, Arch. Aff. étr., 1802.)
4. Fouché à Marschall, 21 mars. (Arch. Aff. étr., 1801.)
5. Traité de Paris, art. additionnel, I. Protocoles des conférences des 20 et

nément et la rendit exécutoire le jour même [1].

Le 20 mars, de grand matin, les ministres étrangers avaient été officiellement informés du départ du roi par une lettre de Jaucourt [2]. Jugeant inutile d'en référer à leur gouvernement, ils se décidèrent aussitôt à quitter Paris. Mais il fallait des chevaux de poste, et Lavallette avait prescrit de n'en fournir à personne sans un ordre exprès; il fallait des passeports, et Jaucourt n'était plus là pour en donner. Les ministres des grandes puissances écrivirent à Rovigo qui transmit leurs lettres à Fouché, lequel pria les chefs de mission de s'adresser au duc de Vicence [3]. Ces démarches prirent du temps. Caulaincourt en profita pour demander une entrevue au baron de Vincent, ambassadeur d'Autriche, et à M. de Boudiakine, chargé d'affaires de Russie. Il voulait les assurer l'un et l'autre des intentions pacifiques de l'empereur, prier Vincent de se charger d'une lettre pour Marie-Louise et communiquer à Boudiakine le traité secret du 3 janvier dont Jaucourt avait laissé, étourdiment et imprudemment, un des originaux au ministère des Affaires étrangères [4].

---

28 janv. 1815. (D'Angebert, 173, 661-663, 685-686.) *Corresp. de Talleyrand et de Louis XVIII*, 288-289.

1. Décret impérial, *Moniteur*, 20 mars.
2. Circulaire de Jaucourt aux ministres accrédités. Paris, 19 mars. (Arch. des Aff. étr., 646.)
3. Lettres des ambassadeurs et ministres à Rovigo, à Fouché et à Caulaincourt, Paris, 22 et 23 mars. Cf. Lettres des ministres à Jaucourt, Paris, 21 mars. (Arch. des Aff. étr., 1801 et 646.)
Le ministre de Danemarck ne réclama ses passeports que le 4 avril. Les ministres de Bade et de Nassau demeurèrent assez longtemps en France, sur leur demande, « sous la protection du droit des gens ». Les ministres des Etats-Unis et de Turquie crurent devoir rester à leur poste. Le personnel des autres légations quitta Paris, du 23 au 28 mars. Caulaincourt à Napoléon, et ministre de Danemarck à Caulaincourt, 1er et 4 avril. (Arch. des Aff. étr., 1801.) D'Erlon à Davout, Lille, 29 mars (Arch. Guerre).
4. Reinhart à Talleyrand, Bruxelles, 28 mars (*Corresp. de Talleyrand et de Louis XVIII*, 370). — C'était le traité d'alliance secrète conclu contre la

De tous les diplomates présents à Paris, Vincent était le plus engagé avec les Bourbons[1]. Il déclina d'abord toute entrevue, puis cédant à de nouvelles sollicitations, il consentit à voir le duc de Vicence non point à l'ambassade ou au ministère, ce qui eût donné à la conférence un caractère officiel, mais chez une personne tierce, madame de Souza, veuve en premières noces du comte de Flahaut. Tout en ne dissimulant pas la ferme résolution des Alliés de détrôner Napoléon, il s'engagea à faire connaître à l'empereur d'Autriche les sentiments exprimés par Caulaincourt au nom de son souverain et accepta de prendre une lettre pour l'archiduchesse Marie-Louise. L'entrevue avec Boudiakine, auquel celui-ci avait commencé par se refuser, eut lieu chez une dame du palais de la reine Hortense, Mlle Cauchelet. Le ministre russe se montra fort surpris et très irrité de la pièce que Caulaincourt mit sous ses yeux, mais son langage n'en fut pas plus rassurant. « — Si grand que puisse être, dit-il, le juste mécontentement de mon maître contre le roi de France, en apprenant l'existence de ce traité secret, je n'ose me flatter qu'il en résulte le moindre changement dans ses dispositions[2]. »

Napoléon connaissait l'affection du czar pour les deux enfants de Joséphine et pour la princesse Sté-

Russie et la Prusse par l'Angleterre, l'Autriche et la France. Voir **1815**, I, 134-137. A vrai dire, c'est Reinhart, directeur des chancelleries qui avait oublié d'emporter cette pièce, mais Jaucourt n'était pas moins coupable puisqu'il avait omis de donner des ordres à cet égard.

1. Tandis qu'à la lettre circulaire de Jaucourt les invitant à rejoindre le roi à Lille, les ministres avaient répondu en ces termes : « J'irai demander à ma cour de nouveaux ordres relatifs au poste honorable que j'occupe auprès de S. M. T. C. », Vincent avait écrit, lui : « Je me rends directement à Vienne sans cesser pour cela de me considérer comme accredite en ma qualité auprès de la personne du roi. » Lettre des ministres à Jaucourt, Paris, 21 mars. (Arch. Aff. etr., 646.)

2. F. de Chaboulon, *Mém.*, I, 991-333. Meneval à Caulaincourt, Vienne, 8 avril. (Arch. Aff. étr., 1801.)

phanie de Bade, née Tascher de la Pagerie. Il invita Hortense à confirmer personnellement dans une lettre au czar son désir de redevenir l'allié et l'ami de la Russie et il fit écrire au prince Eugène et à la princesse de Bade de donner ou de transmettre à ce souverain les mêmes assurances d'amitié [1].

En dehors de cette diplomatie occulte, Napoléon écrivit officiellement aux souverains pour leur notifier son retour en France, leur en expliquer les causes et leur faire part de ses intentions pacifiques. «... La dynastie que la force avait rendue au peuple français n'était plus faite pour lui. Les Bourbons n'ont voulu s'associer ni à ses sentiments ni à ses mœurs. La France à dû se séparer d'eux.... Il me sera doux de ne connaître désormais d'autre rivalité que celle des avantages de la paix... La France se plaît à proclamer ce noble but de tous ses vœux. Jalouse de son indépendance, le principe invariable de sa politique sera le respect le plus absolu de l'indépendance des autres nations [2]. » — C'est le loup devenu berger,

---

1. F. de Chaboulon, *Mém.*, I, 333. Dans une lettre de Caulaincourt à Eugène, du 26 mars (Arch. des Aff. étr., 1801) il n'est pas question d'une démarche à faire par le prince auprès du czar. Caulaincourt lui parle seulement du désir de l'empereur de maintenir la paix et l'invite à rentrer vite en France. Mais d'après une lettre de Meneval à Caulaincourt, Vienne, 8 avril (Arch. Aff. étr., 1801), une autre lettre avait été expédiée de Paris à Eugène le 22 mars. C'est de celle-ci que parle vraisemblablement Fleury de Chaboulon.
2. Lettre circulaire de Napoléon aux souverains, 4 avril (*Corresp.*, 21769). — Le même jour, Caulaincourt adressa aux ministres des Affaires étrangères des puissances de l'Europe une circulaire conçue dans le même sens. Le 30 mars, il avait envoyé aux représentants de la France à l'étranger une autre circulaire leur annonçant que les fonctions dont les avait chargé le gouvernement royal étaient expirées, et se terminant en ces termes : « Si au moment de quitter la cour auprès de laquelle vous résidez, vous êtes dans le cas de voir le ministre des Affaires étrangères, vous lui ferez connaître que S. M. a renoncé aux idées de grandeur qu'elle pouvait avoir antérieurement conçues. » Le 27 mars, il avait écrit personnellement à Metternich : « Nous voulons la paix. S. M. me charge d'en donner à votre cour l'assurance formelle. » (Arch. des Aff. étr., 1801.) — Il existe aussi, dans le même volume, un projet de lettre de Caulaincourt à Nesselrode : « L'empereur Alexandre ne devrait-il pas dire : J'étais l'ennemi de Napo-

allait dire Talleyrand avec un cruel à-propos [1].

Avant d'adresser à tous les souverains cette lettre circulaire, Napoléon avait écrit à l'empereur d'Autriche personnellement : «... Mes efforts tendent uniquement à consolider ce trône et à le léguer un jour, affermi sur d'inébranlables fondements, à l'enfant que Votre Majesté a entouré de ses bontés paternelles. La durée de la paix étant essentiellement nécessaire pour atteindre ce but sacré, je n'ai rien de plus à cœur que de la maintenir avec toutes les puissances, mais je mets un prix particulier à la conserver avec Votre Majesté... Je désire que l'impératrice vienne par Strasbourg... Je connais trop bien les principes de Votre Majesté pour n'avoir pas l'heureuse confiance qu'elle sera empressée, quelles que puissent être d'ailleurs les dispositions de sa politique, de concourir à accélérer l'instant de la réunion d'une femme avec son mari et d'un fils avec son père [2]. »

Paroles de paix, appels au droit de la France, serments du souverain, cri de cœur du père, les monarchies de droit divin étaient déterminées à ne rien entendre. Les cours et les cabinets avaient pris pour mot d'ordre la furieuse Déclaration du 13 mars qui mettait l'aventurier corse au ban de l'Europe, comme ennemi public et perturbateur du monde. Ce manifeste avait été lancé pour intimider les partisans que Napoléon pourrait trouver en France et pour donner ainsi un appui moral aux Bourbons. Mais quand on apprit l'entrée à Grenoble de l'homme de l'île d'Elbe, on commença à craindre que cet épouvantail ne suffît pas à arrêter sa marche. Trop vraisemblablement, il faudrait passer des menaces aux

léon, je n'étais pas l'ennemi des Français. Quel exemple, quelle pacification générale !... »
1. Villemain, *Souvenirs contemporains*, II, 134.
2. Napoléon à l'empereur d'Autriche, 1er avril. (*Corresp.*, 21753).

actes. Le 17 mars, les plénipotentiaires d'Autriche, de Russie, d'Angleterre, de Prusse et de France eurent une conférence à l'effet de savoir quel parti on prendrait « si Bonaparte parvenait à se rétablir à Paris ». Les ministres décidèrent que l'on agirait selon l'esprit de la Déclaration du 13 mars et qu'une commission militaire devait être nommée pour étudier les moyens d'exécution. Cette commission, composée de Schwarzenberg, de Wellington, de Wolkonsky et de Knesebeck, se réunit le soir même. Seul des souverains — la chose est à noter — le czar assista à la séance[1]. Alexandre, qui se reprochait comme un crime vis-à-vis de l'Europe d'avoir invoqué en faveur de Napoléon le respect des traités, était devenu son ennemi le plus acharné. Le conseil de guerre posant en fait que « les puissances ne traiteraient jamais avec Bonaparte » conclut à la formation de trois armées de première ligne et de deux armées de réserve, « des moyens prompts et immenses devant être employés[2] ». On proposa aussi de renouveler une seconde fois le traité de Chaumont[3]. Les négociations marchèrent vite. Le 25 mars, les ministres d'Angleterre, d'Autriche, de Prusse et de Russie signèrent un traité d'alliance « ayant pour but le maintien de la paix[4] » et pour moyen la guerre. — Le

---

1. Wellington à Castlereagh, Vienne, 18 mars (*Dispatchs*, XII, 271-272). Talleyrand à Louis XVIII, Vienne, 17 et 19 mars. (*Corresp. avec Louis XVIII*, 350-351, 352.)

2. Talleyrand à Louis XVIII, Vienne, 19 mars (*ibid.*, 352, 357).

3. Wellington à Castlereagh, Vienne, 18 mars (*Dispatchs*, XII.) Talleyrand à Louis XVIII et à Jaucourt, Vienne 19 mars, (*ibid.*, 352 et note de la p. 353). — Le traité de Chaumont du 1er mars 1814 avait été déjà renouvelé à Londres le 29 juin 1814. Mais, à Londres, les puissances signataires, ne se proposant plus que de garantir les arrangements territoriaux énoncés en principe dans le traité de Paris, stipulèrent que chacune d'elles maintiendrait seulement sous les armes 75,000 hommes jusqu'à la fin du congrès. A Vienne, le 25 mars, il s'agissait de recommencer la guerre contre Napoléon. En conséquence, un nouveau traité semblable sur presque tous les points à celui de Chaumont devait être signé.

4. Art. VII.

langage diplomatique a ces surprises. — Aux termes du traité, les parties contractantes s'engageaient à tenir constamment en campagne chacune cent cinquante mille hommes « tant que Bonaparte ne serait pas mis absolument hors de possibilité d'exciter des troubles, de renouveler des tentatives pour s'emparer du pouvoir suprême en France et de menacer la sûreté de l'Europe[1] ».

Dans une note annexée au protocole, les plénipotentiaires d'Autriche, de Prusse et de Russie eurent grand soin de faire cette réserve que, vu l'état des finances de leurs augustes maîtres, ceux-ci ne pourraient remplir les conditions du traité qu'après avoir réglé la question des subsides à recevoir de l'Angleterre. Par une convention additionnelle, signée le 30 avril, cette puissance s'engagea à partager pour les dépenses militaires de l'année courante la somme de cent vingt-cinq millions entre les besogneux souverains du Nord[2].

La Déclaration du 13 mars, dont ce traité n'était que la consécration pratique, avait été rédigée avant que l'on eût connaissance à Vienne des dispositions pacifiques de Napoléon. Quand parvinrent ses premières ouvertures, les souverains s'étaient déjà engagés, et de telle façon qu'il leur était presque impossible d'entrer en négociations avec l'homme que

1. Traité signé à Vienne, le 25 mars 1815 (D'Angeberg, 971-973).
2. Note sur les subsides, 25 mars. Convention additionnelle, 30 avril. (D'Angeberg, 971, 1129-1130.)
Un article secret du traité du 25 mars portait que dans le cas où l'Angleterre ne pourrait fournir au complet son contingent de 150.000 hommes elle aurait la faculté de payer au taux de 30 livres st. par an pour chaque homme, jusqu'à la concurrence du nombre stipulé. Or, comme l'Angleterre pouvait envoyer sur le continent 50.000 soldats, au maximum, c'étaient 75 millions qu'elle devait donner aux Alliés en plus des 125 millions déjà convenus. — On a dit aussi que les trois puissances profitèrent de la circonstance pour réclamer au gouvernement anglais environ 10 millions de livres st., reliquat de ce qu'il redevait pour l'entretien des armées coalisées en 1813 et 1814.

dans un premier mouvement d'effroi et de colère, ils avaient mis hors du droit des gens. Bien vraisemblablement, du reste, ils ne regrettèrent point leur précipitation, car s'ils ne pouvaient suspecter, pour le présent, la sincérité des paroles de l'empereur, ils ne pouvaient s'abuser non plus sur les desseins futurs du terrible capitaine. Qui croira, en effet, que Napoléon n'avait point l'espérance de déchirer un jour, à grands coups d'épée, l'humiliant traité de Paris? Mais il voulait gagner du temps et choisir son heure. C'était donc de la bonne politique et de la bonne stratégie que de l'attaquer en flagrant délit d'organisation au lieu d'attendre qu'il eût affermi son pouvoir et refait son armée.

La coalition n'en fut pas moins hâtée et facilitée par la réunion, dans une même ville, des souverains et de leurs ministres. L'impression que leur causa le débarquement de Napoléon fut d'autant plus vive qu'ils la ressentirent ensemble et au même instant. Ils s'effrayèrent et s'animèrent mutuellement, rivalisèrent par la rapidité des résolutions, la promptitude et l'énergie des mesures, et se précipitèrent dans la guerre avec une sorte de furie. Une croisade contre la France leur semblait le seul moyen de conjurer le péril. On la proposa à l'envi, et chacun s'empressa d'y entrer afin d'y entraîner son voisin. Revenus dans leur capitale, les souverains auraient vu les choses avec plus de sang-froid, arrêté leur conduite après plus de réflexion. En tout cas, les négociations auraient traîné, car il fallait du temps pour avoir à Vienne les réponses de Saint-Pétersbourg, et ce retardement aurait peut-être permis à Napoléon de se faire écouter par le cabinet autrichien. Or, la neutralité de l'Autriche eût singulièrement affaibli la coalition si même elle n'eût empêché la guerre.

A l'île d'Elbe, Napoléon avait eu de tout cela une confuse prévision. Mais s'il lui paraissait avantageux d'attendre pour s'embarquer la dissolution du congrès, il craignait, d'un autre côté, que les plénipotentiaires ne se séparassent point avant de s'être mis d'accord sur sa déportation dans une île de l'Océan. De plus, les nouvelles, déjà anciennes, qu'il avait de Vienne, lui représentaient les différends entre les puissances au sujet de la Saxe et de la Pologne comme non encore aplanis; il pouvait espérer arriver à Paris au milieu d'un conflit diplomatique. Enfin, il appréhendait de laisser le temps à Fouché d'exécuter au profit du duc d'Orléans ou du prince impérial un mouvement contre les Bourbons. C'étaient bien des raisons pour le déterminer à brusquer son départ[1].

II

Dès que l'Europe sait Napoléon aux Tuileries, elle se regarde comme en état d'hostilité avec la France. Le 26 mars, deux dragons ayant passé par mégarde la frontière près de Maubeuge sont odieusement maltraités; les soldats anglais les frappent, arrachent les aigles des casques et les piétinent dans la boue. Le 29, cent trente-deux prisonniers de guerre revenant de Russie sont arrêtés à Tirlemont par les ordres du prince d'Orange et internés à Bréda. Le 30, des Autrichiens tirent sur une barque qui longe de trop près, à leur gré, la rive

1. Cf. Fleury de Chaboulon., *Mém.*, I, 126-140-141, et Montholon, *Récits*, II, 202, 204, 362, 308.

droite du Rhin. Le 31, la commission austro-bavaroise, siégeant à Kreusnach, prohibe à peine de confiscation l'exportation en France des vivres, chevaux et munitions de guerre[1]. Il y a ordre d'arrêter Joseph à Prangins et Jérôme à Trieste. La princesse Elisa est conduite à Brünn, la reine Catherine est internée à Gœppingen, la princesse Pauline est retenue en Toscane[2]. Le droit des gens n'est pas violé seulement à l'égard des membres de la famille impériale. Des Prussiens arrêtent à Liège trois négociants de Beaune. Des soldats badois arrêtent à Loerach un des frères Koechlin, de Mulhouse, et le mènent en prison, les fers aux pieds. Entre Forbach et Wissembourg, les patrouilles de cavalerie se font un jeu d'entrer sur le territoire français et de sabrer les douaniers[3]. Bien que selon les instructions de Decrès les bâtiments naviguent jusqu'à nouvel ordre sous pavillon royal[4], les Anglais leur donnent la chasse. En quinze jours, cinquante bâtiments de commerce et barques de pêche sont capturés sur les côtes de l'Océan et de la Manche[5]. Dans la Méditerranée, *la Dryade* est attaquée par trois navires anglais. Le 29 avril, le vaisseau *the Rivoli*, de 84, s'approche à deux portées de canon de la frégate *la Melpomène*, hisse le pavil-

---

[1]. Général de Saint-Geniès à Davout, Maubeuge, 27 mars. Suchet à Davout, Strasbourg, 1er avril. Drouet à Davout et rapport joint, Lille, 2 avril. (Arch. Guerre.) Davout à Napoléon, 4 avril (Arch. nat. AF. IV, 1937).

[2]. Catherine à Jérôme, Trieste, 29 mars, et Gœppingen, 6 Juin (*Corresp. du roi Jérôme*, VII, 34, 179). Caulaincourt à Décrès, 13 mai ; au grand-duc de Toscane, 24 mai. (Arch. Aff. étr., 1802.)

[3]. Sous-préfet de Beaune à Caulaincourt, 17 avril. Ordre du jour de Rapp, Strasbourg, 26 mai. (Arch. Aff. étr., 1802.) Nicolas Koechlin à Rapp, Mulhouse, 17 mai. (Arch. Guerre.)

[4]. Decrès aux préfets maritimes, Paris, 22 mars. (Arch. Guerre.)

[5]. Clausel à Davout, Bordeaux, 8 avril. Vedel à Davout, Caen, 12 avril. (Arch. Guerre.) Rapports à Decrès et de Decrès, du 9 au 25 avril. (Arch. nat. AF. IV, 1941.) Beaucoup de ces bâtiments furent cependant relâchés après un séjour plus ou moins long dans les ports anglais.

lon britannique et l'assure par cinq coups à boulets ; puis, tandis que le capitaine Collet, surpris par cette agression, commande le branle-bas, le bâtiment anglais s'avance à portée de pistolet et lâche toute sa bordée à mitraille. Après une demi-heure de combat, *la Melpomène* a ses basses vergues coupées, sa mâture chancelante, sa cale inondée, sa soute à poudre traversée au dessous de la ligne de flottaison par un boulet de 68, et cinquante hommes de son équipage tués ou blessés. Les Anglais capturent la frégate et la conduisent à Palerme [1].

Dès le 30 mars, on interdit le passage aux courriers diplomatiques. Les dépêches de Caulaincourt, les lettres de l'empereur, sa circulaire aux souverains sont arrêtées à Kehl, à Mayence, à Saint-Jean-de-Maurienne [2]. Bientôt toutes les frontières sont fermées même aux correspondances privées et aux journaux [3]. On élève autour de la France, traitée en pestiférée et mise en quarantaine, les murailles d'un immense lazaret.

Pour forcer ce blocus, l'empereur eut recours à des émissaires secrets. Le général de Flahaut, M. de Montrond, familier de Talleyrand, M. de Saint-Léon, créature de Fouché, le baron de Stassart, ancien préfet de Vaucluse et des Bouches-de-la-Meuse, devenu chambellan de l'empereur d'Autriche, se chargèrent des dépêches que les courriers

1. Rapport du commandant de *la Dryade*, golfe Jouan, 22 mai. Procès-verbal de Collet, à bord, 30 avril. Collet au préfet maritime de Toulon, Palerme, 10 mai. (Arch. Aff. étr., 1802.)
2. Dépêches de Desbureaux à Caulaincourt. Strasbourg, 2, 4, 8 avril. Cf. Caulaincourt à Desbureaux, et au ministre de Bade, 2 et 5 avril. Rapports des courriers Vanier et Chamberlan. Gérard à Davout, Metz, 9 avril. (Arch. Aff. étr., 1801.)
3. Jaucourt à Talleyrand, Ostende, 27 mars (*Corresp. de Talleyrand et de Louis XVIII*, 356, note). Rapport d'un Inspecteur des postes à Lavallette (Paris, 27 avril), sur l'interruption des communications postales entre Douvres et Calais à partir du 4 avril. Directeurs des postes de Strasbourg et de Saarbruck à Lavallette, 19 et 21 avril. (Arch. Aff. étr., 1801.)

de cabinet n'avaient pu réussir à passer. Flahaut fut arrêté à Stuttgard ; Stassart, à Linz. Muni d'un passeport au nom d'un abbé italien, Montrond put gagner Vienne[1]. Mais il ne s'agissait pas seulement de porter aux souverains les paroles de l'empereur ; il fallait les faire écouter. La circulaire du 4 avril était bien parvenue à Londres, et Castlereagh avait répondu à Caulaincourt : « Le prince régent a décliné de recevoir la lettre qui lui a été adressée[2]. » Cette lettre que le prince anglais ne daignait pas même ouvrir était signée : Napoléon.

A Vienne, on était dans les mêmes dispositions. Metternich déposa toutes cachetées sur la table du congrès les lettres prises au baron de Stassart. Après en avoir entendu la lecture, les plénipotentiaires furent unanimes à déclarer « qu'il n'y avait pas à y répondre[3] ». Montrond ne réussit pas mieux. Il vit Talleyrand et tenta de le détacher de la cause des Bourbons ; il vit Metternich, il vit Nesselrode. Talleyrand lui dit : « — Lisez la Déclaration du 13 mars. Elle ne contient pas un mot qui ne

---

1. Talleyrand à Louis XVIII, Vienne, 13 avril et 5 mai (*Corresp. avec Louis XVIII*, 377). Méneval à Caulaincourt, Vienne. 8 avril. Rapport de Méneval à Napoléon, Paris, 18 mai. Caulaincourt à Metternich, 16 avril. Clancarty à Castlereagh, Vienne, 6 mai. Fouché à Caulaincourt, s. d. (Arch. Aff. étr., 1801 et 1802.)

Flahaut portait des lettres de Napoléon aux empereurs d'Autriche et de Russie et à Marie-Louise et la circulaire de Caulaincourt aux agents français à l'étranger. — Saint-Léon, une lettre de Fouché à Metternich. — Montrond une lettre de Napoléon à Marie-Louise et des lettres de Caulaincourt à Méneval et à Mme de Montesquiou, et vraisemblablement trois lettres du même à Metternich, à Talleyrand et à Nesselrode qui existent à l'état de projets aux Archives des Aff. étrangères (1801). — Stassart, une lettre de Napoléon à l'empereur d'Autriche et une de Caulaincourt à Metternich.

2. Castlereagh à Caulaincourt, Downstreet, 8 avril (Arch. Aff. étr., 1802).

3. Talleyrand à Louis XVIII, Vienne, 5 mai (*Corresp.*, 420).

Déjà l'empereur d'Autriche avait communiqué aux plénipotentiaires plusieurs lettres écrites de l'île d'Elbe à Marie-Louise par Napoléon et un billet qu'il lui avait envoyé de Lyon le 12 mars. Rapport de Méneval à Napoléon, Paris, 18 mai 1815 (Arch. Aff. étr., 1802). Talleyrand à Louis XVIII, Vienne, 23 mars (*Corresp.*, 302).

soit mon opinion. » Metternich lui dit : « — Nous ne voulons même pas de la Régence. » Nesselrode lui dit : « — Point de paix avec Bonaparte [1]. »

Alexandre évitait même de s'exposer à recevoir quelque communication secrète de l'empereur des Français. Depuis trois mois, il avait coutume de se promener chaque jour à pied avec le prince Eugène. Quand il apprit qu'une lettre de Napoléon adressée à l'ex vice-roi d'Italie avait été interceptée, il cessa brusquement de le voir. Mis en demeure de donner sa parole de ne point quitter l'Allemagne, Eugène refusa d'abord, objectant qu'il n'était pas prisonnier de guerre, puis il se résigna et partit pour Munich où il retrouva sa femme et ses enfants [2]. Peu de temps après, Boüdiakine remit au czar la copie du traité secret du 3 janvier que lui avait communiquée Caulaincourt. Cette grave révélation, tout en irritant le souverain russe contre Louis XVIII et son conseiller Talleyrand, ne le désarma pas à l'égard de Napoléon. « — Cela ne me fera pas retirer un seul soldat en deçà de nos frontières, » dit-il à Nesselrode [3]. Tout ce que gagna Napoléon à la divulgation du traité, et ce résultat lui importait peu, fut d'affermir le czar dans l'idée qu'il avait depuis la seconde émigration de

---

[1]. Nesselrode à Pozzo. Vienne, 22 avril (Pozzo, *Corresp.*, I, 105). Talleyrand à Louis XVIII, Vienne, 13 avril *(Corresp.*, 380-381). Cf. Rapport de Méneval à Napoléon, 18 mai (Arch. Aff. étr., 1802).

[2]. Méneval à Caulaincourt, Vienne, 7 avril. Rapport de Méneval à Napoléon. Paris, 7 mai (Arch. Aff. étr., 1801 et 1802). Cette lettre interceptée était datée du 22 mars. (Voir **1815**, I, 438.) — D'après une lettre de Rapp à Davout (Strasbourg, 8 avril, Arch. Aff. étr., 1801), un courrier français de Vienne passa à Strasbourg le 7 avril apportant à l'empereur, une lettre du prince Eugène. Nous avons inutilement cherché ce document aux Affaires étrangères et dans les papiers de la Secrétairerie d'Etat.

[3]. Nesselrode à Pozzo, Vienne, 13 mai. Pozzo à Nesselrode, Bruxelles, 23 mai. (Pozzo, *Corresp.*, I, 168, 115-116.) Wellington à Castlereagh, 19 mai. (*Dispatchs XII*, 404-405.) Cf. Castlereagh à Wellington, Londres, 27 mars et 8 avril. (*Dispatchs of Castlereagh*, II.)

Louis XVIII et qui consistait à mettre le duc d'Orléans sur le trône de France. Cette solution eût satisfait à la fois ses aspirations libérales et sa rancune très légitime contre le signataire du traité du 3 janvier. Il s'en ouvrit à l'ambassadeur d'Angleterre, lord Clancarty. « — L'Europe, lui dit-il, ne peut être tranquille tant que la France ne le sera pas, et la France ne le sera qu'avec un gouvernement qui lui convienne. Le duc d'Orléans concilierait tout. Il est Français, il est Bourbon; il a servi, étant jeune, la cause constitutionnelle; il a porté la cocarde tricolore que l'on n'aurait jamais dû quitter. Il réunirait tous les partis. » Les cours de Londres et de Vienne, où l'on regardait la reconnaissance de tout gouvernement autre que le gouvernement légitime comme une concession au jacobinisme, étaient peu disposées à adopter ces idées. Castlereagh et Metternich admettaient bien que telle circonstance pût surgir qui les contraignît à accepter une substitution de la branche cadette à la branche aînée, mais ils n'envisageaient cette conjoncture qu'avec regret. Le czar, se voyant seul de son avis, finit par y renoncer [1].

Avant de quitter Vienne, Montrond, qui tout en ayant l'air de ne pas prendre sa mission au sérieux s'efforçait de la bien remplir, avait eu plusieurs entretiens avec Meneval et lui avait remis les lettres de Caulaincourt et le billet de Napoléon adressé à Marie-Louise. Meneval, d'accord avec Mme de Montesquiou, brûla ce billet. Il savait que s'il le donnait à

---

[1]. Talleyrand à Louis XVIII, 23 avril (*Corresp. avec Louis XVIII*). Cf. le même au même, Vienne, 14 mai (*Ibid.*). Nesselrode à Pozzo, Heidelberg, 17 juin (Pozzo, *Corresp.*, I). Wellington à Castlereagh, Bruxelles, 11 avril; à Metternich, 20 mai. Castlereagh à Wellington, Londres 20 mai. (*Dispatchs of Wellington*, XII, et Supplément, X, 60-61, 80-81.) Clancarty à Castlereagh, Vienne, 19 mai (*Dispatchs of Castlereagh*, II).

l'ex-impératrice, celle-ci le communiquerait, sans même le lire, à l'empereur d'Autriche. Elle avait depuis longtemps avoué à Meneval que Metternich avait obtenu d'elle l'engagement de remettre à son père toutes les lettres qu'elle recevrait de Napoléon. « L'impératrice est vraiment bonne, mais elle est bien faible, écrivit le 8 avril Meneval à Caulaincourt. Il est fâcheux qu'elle n'ait pas eu un meilleur entourage [1]. » Meneval hésitait à dire toute la vérité [2].

La vérité, c'est que si Marie-Louise fut profondément troublée à la nouvelle du débarquement au golfe Jouan, elle ne ressentit qu'une angoisse égoïste. Indifférente à la perte comme au triomphe de Napoléon, elle n'envisageait ces deux alternatives que par rapport à elle-même. Si l'entreprise échouait, elle craignait que la souveraineté de Parme, obtenue avec tant de peine, ne lui fût retirée. Si Napoléon recouvrait l'empire et s'imposait à l'Europe, elle ne s'effrayait guère moins en pensant qu'il lui faudrait monter encore une fois sur le trône instable de France, recommencer la vie d'apparat et d'agitation dont l'éloignaient sa nature tranquille et ses goûts modestes. En cette femme, fille d'empereur et femme d'empereur, il y avait une petite bourgeoise, née pour

1. Meneval à Caulaincourt, Vienne, 7 et 8 avril. Anatole de Montesquiou à Caulaincourt, Vienne, 8 avril. Rapport de Meneval à Napoléon. Paris, 18 mai (Arch. Aff. étr., 1801 et 1802).

2. Méneval fut plus explicite, sans l'être tout à fait, dans son rapport du 18 mai. Et auparavant, vers le 15 avril, ne voulant pas laisser aux amis de l'empereur des illusions, qui pouvaient être funestes, sur la possibilité d'un accord avec l'Autriche, il avait écrit secrètement à Lavallette pour lui apprendre que Marie-Louise, « livrée à Neipperg qui était maître de son esprit autant que de sa personne », était déterminée à ne jamais revoir Napoléon. « Je ne crois pas, ajoutait-il en post-scriptum, que vous puissiez dire la vérité à l'empereur. Cependant faites de cette lettre l'usage qui vous paraîtra convenable. » — Lavallette, qui analyse cette lettre dans ses *Mémoires* (II, 177-180) et dit qu'elle fut communiquée à l'empereur, ne donne pas le nom du signataire. Il le désigne par l'astérique : ***. Mais tout porte à croire que cet homme si exactement renseigné et « très attaché à l'empereur » était Meneval.

vivre dans un intérieur agréable entre un mari, des enfants et un clavecin. Combien elle préférait aux pompes et aux grandeurs soucieuses des Tuileries, l'existence obscure et paisible qu'elle s'était promise de mener avec son bien-aimé, le comte Neipperg, dans le joli ermitage de Parme. Elle n'avait pas la force de se séparer de cet homme fatal. Puis, elle redoutait les indiscrétions de son entourage, elle se rappelait les torts qu'elle avait eus envers l'empereur. La pensée de se retrouver devant Napoléon la remplissait de crainte et de confusion[1].

Ce fut Neipperg qui apprit le premier à Marie-Louise, au retour d'une sentimentale promenade à cheval, que Napoléon s'était évadé de l'île d'Elbe. On imagine aisément quelle ligne de conduite il suggéra à l'ex-impératrice. S'il fut moins brutal que l'archiduc Jean, qui dit à sa nièce : « — Ma pauvre Louise, je te plains, et ce que je désire, pour toi et pour nous, c'est qu'il se casse le cou, » il n'en fut que plus persuasif. Le 8 mars, la nouvelle s'étant répandue à Schönbrunn, des domestiques français crièrent : Vive l'empereur ! Neipperg les menaça de les faire pendre. On se contenta de les envoyer à la frontière, et la gouvernante du petit prince, Mme de Montesquiou, fut priée de ne point lui parler

1. Meneval à Caulaincourt, Vienne, 7 et 8 mars. Rapport de Meneval à Napoléon, Paris, 18 mai. (Arch. Aff. etr., 1801, 1802.) Meneval, Mém., II, 248-248, 253, 257-258, 290, 214, 332, 365, 366. *Maria Luize und der Herzog von Reichstadt*, 155-166, 169-178. — Sur le caractère de Marie-Louise. Cf. Meneval, Mém., II, 183. Générale Durand, *Souvenirs*, 192. *Lettres intimes de Marie-Louise aux comtesses de Colloredo et de Crenéville* (Vienne, 1887, in-8) : « Je voudrais pouvoir comme vous garder le silence toute ma vie sur la politique » (18 sept. 1809). — « Nous ne manquons pas d'amusements dans une aussi grande ville que Paris, mais les moments que je passe le plus agréablement sont ceux où je suis avec l'empereur et où je m'occupe toute seule » (1er janv. 1811). — « Il y a toujours beaucoup de fêtes. Je ne les regrette pas. Je suis même contente que ma position m'empêche d'y aller » (3 déc. 1814). — « Cette vie tranquille me réussit bien. Vous savez que je n'ai jamais aimé le grand monde, et je le hais maintenant plus que jamais. Je suis heureuse dans mon petit coin » (12 mars 1815), etc., etc.

de l'événement. Le même jour, Metternich eut un entretien avec Marie-Louise qui se rendit une heure après à Vienne, auprès de son père. Neipperg aidant, la cour d'Autriche n'eut point de peine à vaincre les derniers scrupules de l'ex-impératrice. Le 12 mars, elle écrivit à Metternich, sous la dictée de Neipperg, une lettre officielle portant qu'elle était tout à fait étrangère aux projets de Napoléon et qu'elle se mettait sous la protection des puissances. Au dire de Meneval, très véridique en général, cette déclaration, qui fut communiquée aussitôt aux souverains et aux plénipotentiaires, « semblait être attendue par eux pour rédiger le manifeste contre Napoléon[1] ». Ce manifeste fut, en effet, signé le lendemain, 13 mars, et il est possible que Metternich ne se fût pas associé à un acte qui assimilait l'époux de la fille de son souverain à un criminel en rupture de ban, si celle-ci eût déclaré que, comme femme de Napoléon et impératrice des Français, elle voulait rejoindre l'empereur. Marie-Louise déclara précisément le contraire. En récompense, le général Neipperg fut nommé maréchal de la cour, titre qui lui donnait le privilège de monter dans la même voiture que l'archiduchesse[2].

Bien avant le retour de l'île d'Elbe, et à l'insu de l'empereur, Fouché, paraît-il, avait conçu le projet de faire enlever le roi de Rome. Selon Meneval, des émissaires étaient même venus à Vienne dans ce des-

---

[1]. Meneval, *Mém.*, II, 246-248, 255, 260, 323. Cf. Rapport de Meneval à Napoléon, Paris, 18 mai. (Arch. Aff. étr., 1802.) *Maria-Luise und Herzog von Reichstadt*, 167-170, et *Gazette d'Augsbourg*, 22 mars. — Bausset (*Mém.*, III, 189-191) rapporte par ouï dire que, le 7 ou le 8 mars, l'empereur Alexandre vint mystérieusement trouver Marie-Louise et lui demanda si elle désirait rentrer en France ou rester à Vienne, à quoi l'archiduchesse répondit que c'était à son père de décider. Bausset ajoute que vraisemblablement le czar n'était pas de bonne foi et voulait seulement s'assurer des intentions secrètes de l'empereur d'Autriche.

[2]. *Maria-Luise und Herzog von Reichstadt*, 170.

sein¹. Quoi qu'il en soit, la cour d'Autriche appréhendait un complot. Le 18 mars, l'empereur François déclara à sa fille que dans les circonstances présentes le jeune prince devait résider à Vienne. Marie-Louise, qui avait déjà accepté d'abandonner son fils pour obtenir la souveraineté de Parme, consentit sans peine à cette séparation anticipée. L'enfant fut conduit au palais impérial de Vienne. Deux jours plus tard, à la suite d'une fausse alerte qui fit soupçonner à tort le colonel de Montesquiou d'une tentative d'enlèvement dont sa mère aurait été complice, le grand-chambellan Vrbna signifia à celle-ci l'ordre de l'empereur de cesser incontinent ses fonctions. Malgré ses prières et ses protestations, madame de Montesquiou dut obéir et livrer à une gouvernante autrichienne l'enfant qu'elle n'avait pas quitté un seul instant depuis sa naissance. Redoutant quelque horrible projet, elle exigea l'attestation, signée de deux médecins, que le fils de Napoléon sortait de ses mains en bonne santé². Le petit prince pleura beaucoup. A toute minute, il appelait « maman Quiou ». Quand Meneval partit pour Paris, au commencement de mai, il vint le voir une dernière fois et lui demanda s'il avait quelque chose à faire dire à son père. L'auguste enfant jeta un regard de défiance sur sa nouvelle gouvernante et sur les Autrichiens qui se trouvaient là, puis il se retira silencieusement à l'autre extrémité de la pièce, dans l'embrasure d'une fenêtre. Meneval l'y suivit.

1. Meneval, *Mém.*, II, 264-265. Cf. **1815**, I, 114-115.
2. Talleyrand à Louis XVIII, Vienne 20 mars *(Corresp. avec Louis XVIII,* 358). Meneval à Caulaincourt et à Napoléon, Vienne, 7 mars, et Paris, 28 mai. (Arch. Aff. étr., 1801, 1802.) Lettre de Vienne, 12 avril (Arch. Guerre). *Maria-Luise und Herzog von Reichstadt,* 175-179. — L'auteur de ce dernier ouvrage et le correspondant de la *Gazette d'Augsbourg* (n° du 27 mars) croient à la réalité de la tentative d'enlèvement, mais Meneval explique avec des détails précis l'incident qui donna lieu à cette fausse alerte.

Alors le petit prince, l'attirant tout contre la croisée, lui dit très bas : « — Monsieur *Méva*, vous lui direz que je l'aime toujours bien[1]. »

III

Dans les casernes de Bruxelles, on criait : Vive l'empereur! à Gand, le peuple se moquait des émigrés ; à Liège, à Mayence, à Aix-la-Chapelle, à Trèves, à Spire, à Luxembourg, les populations molestées par les Prussiens préparaient des cocardes tricolores. En Piémont, des soldats désertaient pour s'engager dans l'armée française. En Westphalie et dans le Mecklembourg, où Napoléon avait aboli le servage et les corvées féodales, son nom était resté cher aux petits. A Dresde, on illumina quand on apprit l'évasion de l'île d'Elbe[2]. Mais les voix isolées des partisans de Napoléon se perdaient dans l'immense clameur de l'Allemagne, au cœur de laquelle la crainte d'une nouvelle invasion avait réveillé la haine des Français[3]. Les journaux publiaient la Dé-

1. Meneval, *Mém.*, II, 325-327.
2. *Allgemeine Zeitung*, 27 mars. Rapport de Vienne s. d. (postérieur au 8 avril). Note d'un officier revenant de Sibérie, 27 mars. Rapports des commandants de Longwy, du Quesnoy, de Maubeuge, 2 et 7 avril et 23 mai. Rapport de Saint-Amant, 15 avril. Note de Chambéry, 24 mars. Dessaix à Davout, Lyon, 24 mars. (Arch. Guerre.) Rapport de Dresde, 25 mars. Note de deux attachés portugais, Strasbourg, 4 avril. Rapport du baron de Salila, Paris, 18 mai. (Arch. nat. AF. IV, 1936, et AF. IV, 1938.)
3. Caraman à Talleyrand, Berlin, 21 mars et 20 avril. (Arch. Aff. étr., Prusse, 253.) Ameil à Grundler, Mézières, 20 avril. (Arch. Guerre.) Rapport d'un voyageur, Paris, 18 avril. Lettre de Bethmann, Huningue, 13 avril. (Arch. nat F. 7, 3774, et AF. IV, 1937.) — « L'étranger, écrit Bethmann, est pénétré du petit au grand de l'idée que l'existence de Napoléon sur le trône de France est incompatible avec la tranquillité de l'Europe. Il faudra des années pour déraciner cette idée. Le souvenir de la domination humiliante qu'a subie l'Allemagne pendant dix ans y a développé un esprit national devant lequel toutes les petites jalousies fédératives disparaissent... La guerre est inévitable. »

claration du Congrès, le manifeste mystique du roi de Prusse, les proclamations gallophages de Justus Grüner[1], en les accompagnant d'effroyables menaces et de lourdes invectives contre la France. Du Rhin à l'Oder, tout le pays retentissait des aboiements de la presse tudesque : « Les Français s'imaginent ne pas avoir été vaincus, il faut leur donner la conviction qu'ils le sont. Ce n'est qu'en leur ôtant pour un siècle l'envie de faire fortune par la guerre qu'on empêchera ce peuple turbulent d'inquiéter ses voisins. » — « Nous avons eu tort de ménager les Français. Nous aurions dû les exterminer tous. Oui, il faut exterminer cette bande de 500,000 brigands. Il faut faire plus : il faut mettre hors la loi le peuple français. » — « Cette fois, il faut partager la France... Le monde ne peut rester en paix tant qu'il existera un peuple français. Changeons-le en peuples de Neustrie, de Bourgogne, d'Aquitaine. » — « Point de traités avec les Français. La proscription prononcée par le congrès contre le chef devra s'étendre à toute la nation. Il faut les exterminer, les tuer comme des chiens enragés[2]. »

Avec plus d'habileté, les journaux anglais séparaient la cause de la France de celle de Buonaparte

---

1. Quatre ou cinq proclamations, plus violentes les unes que les autres, furent attribuées par les journaux allemands à Justus Grüner, gouverneur du pays de Berg. Vraisemblablement sur une invitation de Vienne, où l'on craignait que ces proclamations, reproduites dans le *Moniteur* de Paris, ne soulevassent la France, Grüner déclara apocryphe celle datée de Dusseldorf, 13 avril, où il était dit : « Braves Allemands, prenons les armes pour diviser cette terre impie et pour nous indemniser par le partage de ses provinces de tous nos sacrifices... Nos princes acquerront des vassaux que nos baïonnettes maintiendront dans une terreur nécessaire. » Grüner n'a pas nié d'ailleurs son autre proclamation commençant ainsi : « Babylone, que l'on avait eu la grandeur d'âme d'épargner, a reçu Buonaparte avec une joie criminelle Babylone tombera et sous ses ruines fumantes.... » (*Journal de Francfort*, 31 mars.)

2. *Allgemeine Zeitung*, 19 et 25 mai. *Correspondant de Nuremberg*, 1ᵉʳ avril. *Gazette d'Ausgbourg*, 25 mars, 12 avril. *Mercure du Rhin*, 15, 19, 27, 28 mars, 3 et 5 avril. *Journal de Francfort*, 3 mai.

et donnaient les raisons qui imposaient la guerre. « N'avons-nous donc aucun intérêt, disait le *Sun*, au repos de l'Europe ni au sort de la France? Pouvons-nous rester tranquilles quand la maison de notre voisin brûle? Le bonheur de tous les peuples tient au trône des Bourbons. » — « Si les malheurs attachés à l'usurpation du Corse sanguinaire, disait le *Times*, atteignaient seulement ceux qui se sont mis bassement sous son joug, nous pourrions désirer que l'on abandonnât ces misérables aux calamités qu'ils ont si bien méritées. Mais le but pour lequel ses compagnons de scélératesse ont appelé ce brigand, ce monstre chargé de tant de crimes et d'horreurs, est le pillage de l'Europe. » Le *Morning Post*, l'*Evening Star*, l'*Observer*, le *Courrier* tenaient le même langage[1].

Au milieu de ce déchaînement un seul journal, le *Morning Chronicle*, osa prendre la défense de Napoléon et réclamer pour la France le droit d'avoir le gouvernement qu'elle voulait : « Napoléon a reconquis en quinze jours le trône dont il n'avait pu être renversé par toute l'Europe qu'après un si grand nombre d'années. Il n'est rien de pareil dans l'histoire.... L'attention du Parlement sera certainement attirée par la politique condamnable qui tend à renouveler la guerre. Il n'est d'aucune importance qu'un Bonaparte ou un Bourbon soit sur le trône de France[2]. »

1. *Sun*, 17 mars. *Times*, 24 mars (Cf. 10, 15. 16, 22 mai, etc.). *Evening Star*, 19 mai. *Morning Post*, 11 mai. *Observer*, 28 mai. *Courrier*, 1er avril, 9 et 20 mai.
2. *Morning Chronicle*, 17 et 25 mars, 1er mai ; cf. 23, 24, 25 mars, 3, 21, 22, 24. 29 mai, etc., etc. — Voici encore de curieux extraits de ce journal : « Bonaparte se fait très peu garder. Il donne pour raison que Louis XVIII ayant été appelé *Louis le Désiré*, il est décidé à savoir lequel des deux est le véritable *Désiré*. » — « Questions à lord Castlereagh : Le traité de Fontainebleau a-t-il été fidèlement exécuté par les Alliés? A-t-on payé à Bonaparte et à sa famille une part quelconque de la pension qui leur avait été garantie? N'a-t-on pas eu le projet de le déporter ? » — « Les patriotes anglais pensent que c'est moins contre Bonaparte que contre l'esprit de liberté que s'unissent les potentats du continent. »

Dans le Parlement, la politique de non-intervention eut aussi d'ardents défenseurs parmi les pairs et les députés que Dudley appelait « les whigs napoléonistes » et qui regardaient Bonaparte comme l'héritier de la Révolution et le gardien des principes d'égalité. Dès le 16 mars, Whitbread, un des leaders du parti, avait protesté d'avance contre toute mesure qui pourrait impliquer l'Angleterre dans la guerre civile « commencée sans doute en France ». Le 3 avril, il déclara que le manifeste des Puissances, du 13 mars, devait être apocryphe puisque l'on y sanctionnait la doctrine de l'assassinat. « — Pour l'honneur de mon pays, s'écria-t-il, j'espère qu'aucun Anglais n'a signé une pareille pièce. » Quelques jours plus tard, de graves débats s'engagèrent au sujet du Message par lequel le prince régent informait le Parlement qu'il avait donné des ordres de mobilisation et qu'il était entré en communication avec les alliés de l'Angleterre pour garantir la sécurité européenne. A la Chambre des Lords, le marquis de Lansdown, le marquis de Wellesley, frère de Wellington, lord Stanhope dénoncèrent ces menaces de guerre comme une atteinte à la liberté des peuples. A la Chambre des Communes, les whigs parlèrent au nom du même principe. « — Il est impossible de justifier cette guerre, dit sir Francis Burdett. L'honorable lord Castlereagh appelle le débarquement de Bonaparte : *une invasion !* A-t-on jamais vu trente millions d'âmes envahies par un seul homme ? Bonaparte a été reçu comme un libérateur. Le peuple français déteste l'ancien ordre de choses : il craignait de le voir rétablir par un roi qui se disposait à violer ses engagements. Les Bourbons ont perdu le trône par leurs propres fautes. Ce serait une mesure monstrueuse de faire la guerre à une nation pour lui im poser un souverain dont elle ne veut pas. Laissons les Français arranger leurs affaires eux-mêmes. » Derechef, Whitbread s'éleva avec véhémence contre la Déclaration du 13 mars, « provocation à l'assassinat qui déshonorait le caractère anglais », et proposa d'ajouter à l'Adresse de confiance, que la Chambre allait voter en réponse au Message, un amendement engageant le prince régent à faire tous ses efforts pour conserver la paix. L'amendement fut repoussé par deux cent vingt voix contre trente-sept[1]. La Chambre ignorait encore l'existence du traité signé à Vienne le 25 mars, mais en votant cette Adresse, elle la ratifiait d'avance.

Avec la ténacité anglaise, les whigs luttèrent pour la non-intervention presque jusqu'au premier grondement du canon. Le 28 avril, à l'occasion des impôts demandés au Parlement par le cabinet, Whitbread, Ponsonby, Tierney combattirent de nouveau la politique ministérielle. Ponsonby rétorqua le sophisme de Castlereagh et de Liverpool, que l'on faisait la guerre à Bonaparte et non à la France : « Quelle subtilité! Comment supposer que la France n'interviendra pas dans la guerre, quand cette guerre est déclarée à l'homme que le peuple français a voulu avoir pour chef. » — « Il n'est pas vrai, ajouta Tierney, que Bonaparte ait été ramené seulement par les soldats. Le peuple ne lui est pas moins attaché que l'armée. » Le 1ᵉʳ mai, les habitants de la Cité adressèrent aux Communes une pétition où il était dit que le rejet prémédité de la paix, le refus de négocier, l'insulte au souverain actuellement sur le trône de France, la guerre et l'accroissement continu des taxes « étaient d'une politique semblable à la folie même ». Après des débats ardents et pro-

---

1. *Parliamentary debates*, XXX, 230, 338, 360-371, 435-463.

longés, Castlereagh fit rejeter cette pétition. La discussion reprit le 23 mai, quand les ministres communiquèrent au Parlement le texte du traité. A la Chambre haute, lord Guy se prononçant avec énergie contre « une guerre entreprise pour proscrire l'homme que le peuple, autant que l'armée, avait choisi comme le maître de ses destinées, et pour le remplacer par Louis XVIII » émit la proposition d'une Adresse pacifique. Sa motion réunit quarante-trois voix sur cent cinquante-six votants. Parmi ces quarante-trois était lord Byron[1].

L'opposition des whigs eut cependant pour résultat d'éclairer le ministère. Il sentit que si les Chambres étaient déterminées à voter une guerre ayant pour objet la sécurité européenne, elles seraient hostiles à une guerre dynastique menée pour les Bourbons. Par une distinction singulièrement subtile, le Parlement admettait avec lord Liverpool que l'on porterait atteinte aux droits d'une nation libre en imposant Louis XVIII à la France, mais qu'en lui interdisant de conserver Bonaparte, on laissait ces droits saufs et entiers. Castlereagh envoya à Vienne

---

1. *Parliamentary debates*, XXX, 954-995, 1003-1014; XXXI, 316-371, 400-447.
C'est au cours de ces débats que Castlereagh, pour entraîner un vote favorable en prouvant la duplicité de Napoléon, produisit une prétendue dépêche de Bassano à Caulaincourt, datée du 19 mars 1814 et portant: « Quand même l'empereur signerait la cession des places de guerre (Anvers, Mayence et Alexandrie) son intention n'est cependant pas de les livrer. » (*Parliamentary debates*, XXXI, 405). Bassano protesta dans le *Moniteur* du 13 mai contre la publication de ce document qu'il argua de faux. Le faux, en effet, sautait aux yeux, car cette prétendue dépêche, dont il existe une copie aux Arch. Aff. étr. (*France*, 668), contient des expressions étrangères, le protocole final y manque; enfin elle est datée de Paris, 19 mars, alors que le 19 mars, Bassano était avec l'empereur à Fère-Champenoise.
Lord Castlereagh, qui usait sans scrupule de toutes les armes, produisit aussi des lettres adressées par Napoléon à Murat en 1813, mais dont un faussaire, l'abbé Fleuriel, employé au cabinet de Blacas, avait changé la date et quelques phrases. Ces falsifications leur donnaient une toute autre signification que celle qu'elles avaient réellement. — Voir à ce sujet *Parliamentary Debates*, XXXI, 147-150, le *Moniteur*, des 9 et 14 mai; Ernouf. *Bassano*, 653-656; et la Note à Caulaincourt, 20 mai. (Arch. Aff. étr., 180:.

la Déclaration suivante : « Le soussigné, en échangeant les ratifications du traité du 25 mars dernier, a ordre de déclarer que l'article VIII doit être entendu comme obligeant les parties contractantes à faire des efforts communs contre le pouvoir de Napoléon Bonaparte, mais qu'il ne doit pas être entendu comme obligeant S. M. B. à poursuivre la guerre dans le but d'imposer à la France aucun gouvernement particulier. Quel que soit le désir du prince régent de voir S. M. T. C. rétablie sur le trône et quel que soit son empressement à contribuer, de concert avec ses alliés, à un si heureux événement, il se croit néanmoins obligé de faire cette déclaration, autant dans les intérêts de S. M. T. C. en France que pour se conformer aux principes sur lesquels le gouvernement britannique a réglé invariablement sa conduite [1]. »

Les plénipotentiaires d'Autriche, de Prusse et de Russie adhérèrent à cette Déclaration [2] ambiguë et fallacieuse : ambiguë, parce que tout en proclamant qu'ils ne s'obligeaient pas à restaurer Louis XVIII, les souverains protestaient « de leur désir de le voir rétabli sur son trône et de leur empressement à contribuer à un si heureux résultat »; fallacieuse, parce que cette guerre, qui, selon les paroles des souverains, « n'était pas entreprise dans le but d'imposer à la France aucun gouvernement particulier », devait, dans leur pensée, avoir pour résultat le rétablissement de Louis XVIII. Le cabinet de Vienne ne voulant point de la régence [3], le czar ayant re-

---

1. Déclaration de Castlereagh, Londres, 25 avril. (D'Angeberg, 975-976, 1175-1177.) Cf. Castlereagh à Wellington et à Clancarty, Londres, 8 avril (*Dispatchs of Castlereagh*, II), et Clancarty à Castlereagh, Vienne, 6 mai. (*Times*, 23 mai.)

2. Office uniforme des cabinets de Vienne, de Saint-Pétersbourg et de Berlin, Vienne, 6 mai. (D'Angeberg, 1176-1177.)

3. Gentz, *Dép.*, II, 170. Metternich, *Mém.*, I, 208. Talleyrand à Louis XVIII. Vienne, 23 avril (*Corresp. avec Louis XVIII*, 407). — La conduite de l'em-

noncé à ses vues sur le duc d'Orléans [1] et aucune des puissances n'admettant l'idée d'une seconde république française, la royauté des Bourbons était nécessairement appelée à remplacer l'empire. Le droit d'exclusion que s'arrogeait l'Europe équivalait au droit de désignation qu'elle se défendait de vouloir exercer [2]. Interdire à la France de conserver Napoléon, c'était implicitement lui imposer Louis XVIII.

IV

Tous les États de l'Europe entrèrent dans la coalition. La Suisse elle-même prit parti. Le président de la Diète écrivit à Caulaincourt : « La Suisse ne peut, par la reconnaissance du gouvernement actuel de la France, suivre un système opposé à celui de toutes les puissances de l'Europe... Lorsque la France, en paix avec elle-même, aura retrouvé le bonheur sous un gouvernement stable et reconnu par l'Europe, le vœu le plus sincère de la Suisse sera rempli [3]. » Dès les premiers jours d'avril, les troupes espagnoles

pereur d'Autriche envers sa fille et son petit-fils en mars et en avril 1815 confirme bien ces témoignages (voir **1815**, I, 447, 450-452).

1. Talleyrand, *Corresp avec Louis XVIII*, 407-409. Nesselrode à Pozzo, Heidelberg, 17 juin (Pozzo, *Corresp.*, I, 168).
2. C'est dans ce sens que sir Charles Stuart fut officiellement chargé par le prince régent d'expliquer à Louis XVIII la contre-déclaration (Jaucourt à Talleyrand, Gand, 25 avril; Arch. Aff. étr.. 646, et à Talleyrand, *Corresp. avec Louis XVIII*, 379, note) et que l'entendaient l'Autriche et la Prusse. Seul, le czar prit un peu au sérieux cet acte diplomatique et admit, comme possible, une autre solution que le retour du roi légitime. Toutefois, comme il le faisait écrire par Nesselrode à Pozzo, « il ne favorisait de ses vœux et même de tous ses moyens que la restauration de Louis XVIII ». (Pozzo, *Corresp.*, 168.) — Jaucourt était donc fondé à écrire à ses agents (Circulaire du 29 mai, Arch. Aff. étr., 647) : « Les puissances s'interdisent de prescrire à la France le choix d'un souverain, puisque, en effet, il n'y en a point à choisir. »
3. Président de la Diète à Caulaincourt, Zurich, 20 avril (Arch. Aff. étr., 1801).

commencèrent à se masser sur la frontière ; le 2 mai, Ferdinand VII publia une déclaration de guerre « au nom de la justice, de l'humanité et de la religion [1] ».

Dans l'Europe ameutée, Napoléon n'avait qu'un seul allié : Murat. Et non seulement cet allié était débile, égoïste et peu sûr, mais par sa précipitation à courir aux armes il allait se perdre irrémédiablement sans être d'aucun secours à l'empereur. Le 24 ou le 25 février, Napoléon avait dépêché au roi de Naples le chevalier Colonna. Colonna avait la mission d'annoncer le prochain départ de Napoléon et de signer un traité de garantie, si le roi l'exigeait; il était muni de pleins pouvoirs à cet égard. En retour, Napoléon demandait à Murat d'assurer personnellement le ministre d'Autriche de ses dispositions pacifiques, et d'envoyer en même temps un agent de confiance pour faire au cabinet de Vienne une déclaration analogue. Ces démarches, avait ajouté l'empereur, ne devront pas empêcher Murat de se préparer à la guerre, car si l'Autriche prenait parti pour Louis XVIII, l'entrée en ligne de soixante mille Napolitains obligerait cette puissance à une diversion importante [2]. Colonna arriva à Naples le 1er mars, et le 5 on apprit l'évasion de l'île d'Elbe [3]. Murat s'empressa d'appeler au palais le comte Mier, ministre d'Autriche, mais bien loin de lui faire part du message de l'empereur (il craignait sans doute de se compromettre), il lui déclara que sa politique resterait entièrement subordonnée à celle de l'Autriche

---

[1]. Manifeste du roi d'Espagne, Madrid, 2 mai. (Arch. Aff. étr., 1801.)
[2]. Napoléon, *L'Ile d'Elbe et les Cent Jours* (*Corresp.*, XXXI, 24). Cf. Montholon, *Récits*, II, 37.
[3]. Napoléon, *ibid.* Francechetti, *Mém. sur les événements de Naples*, 22-24. notes. Mier à Metternich, Naples, 5 mars. (Cité par Helfreich, *Murat und seine letzen Kämpfe*. Appendice.)

et que rien ne pourrait le faire dévier de ce principe. « — Je voudrais savoir, dit-il, la marche que votre gouvernement compte suivre en cette occurrence afin de m'y conformer. » Le même jour, il manda à ses ministres à Vienne et à Londres de faire la même déclaration au cabinet autrichien et au *Foreign office*[1]. La reine Caroline ne paraissait pas mieux disposée pour Napoléon. « — Comme sœur de l'empereur, dit-elle à Mier, je ne puis souhaiter sa mort, mais j'aurais bien désiré qu'il se tînt tranquille à l'île d'Elbe[2]. »

Cependant, les nouvelles du débarquement au golfe Jouan, de la marche rapide de Napoléon, de son entrée à Grenoble vinrent bientôt troubler Murat. Avec son imagination galopante, il vit Napoléon non seulement restauré sur le trône de France mais faisant trembler l'Europe et lui imposant ses volontés. Grisé par le succès de l'empereur, il songea à agir comme lui. Napoléon entreprenait de conquérir la France avec une poignée de grenadiers. Lui, qui avait une armée de soixante mille hommes et qui se croyait aussi populaire dans la Péninsule que son beaufrère pouvait l'être au delà des Alpes, ne devait-il pas tenter de conquérir l'Italie ! A son premier appel, cent cinquante mille patriotes se lèveraient dans les Légations, en Toscane, à Modène, à Milan : alors, il ne craindrait personne. Mais il fallait se presser, il fallait chasser les Autrichiens en même

---

1. Mier à Metternich, Naples, 5 et 9 mars (citées par Helfreich). Wellington à Castlereagh, Vienne, 25 mars. (*Dispatchs. XII*, 278.)
2. Lettre précitée de Mier à Metternich, Naples, 9 mars. — Dans une autre lettre, du 16 mars, Mier rapporte que Caroline lui dit : « J'ai soutenu jadis l'alliance française jusqu'à la dernière extrémité, car j'étais persuadée que nos intérêts l'exigeaient, mais les événements ont dû changer notre politique. Notre salut dépend de notre union avec l'Autriche et j'y tiens de cœur et d'âme. Si l'Autriche est disposée à s'opposer aux succès possibles de Napoléon, le roi devra se joindre à elle. »

temps que Napoléon chasserait les Bourbons. Autrement, l'empereur réunirait de nouveau l'Italie à la France, et lui, Joachim, resterait roi de Naples comme devant. Un mois plus tôt, il eût été bien heureux que la possession de ce royaume lui fût reconnue par le congrès, mais à l'heure présente l'insensé voulait profiter des événements pour se faire roi d'Italie [1].

Dès le 8 mars, Murat prépara son entrée en campagne. Tous les disponibles de l'armée furent rappelés; on organisa les milices; la garde royale et les troupes de ligne reçurent l'ordre de se tenir prêtes à partir pour rejoindre dans les Marches le corps d'occupation. On subvint aux premières dépenses avec les fonds des différentes administrations, on vida jusqu'à la caisse des hôpitaux. Murat ne pouvant cacher à Mier ces préparatifs de guerre s'efforça de lui persuader que loin d'avoir aucune intention hostile contre l'Autriche, il mobilisait ses troupes afin de pouvoir la seconder comme en 1814. Mais le ministre autrichien n'était pas dupe. Le 12 mars, il écrivit à Metternich : « Tout prouve que le roi a pris son parti... Il tâchera de soulever l'Italie et d'en prendre possession ; il faudra donc qu'il se batte avec nous... Ma position ici devient très embarrassante [2]. » Murat quitta Naples le 17 mars ; le 19, il était à Ancône avec le gros de son armée, tandis qu'une division, destinée à opérer en Toscane, marchait de Gaëte sur Rome par Terracine. Le roi avait fait demander à la Curie libre passage pour cette colonne; Pie VII refusa son autorisation, et à l'approche du corps napolitain, il partit

1. Mier à Metternich, Naples, 9 et 12 mars. (Cité par Helfreich, *Murat und seine letzten Kämpfe*, Appendice.) Pepe, *Mém.*, I, 252. Jerôme à la reine Catherine, s. l., 15 juillet. (*Mém. du roi Jérôme*, VII, 15.) Napoléon. *Corresp.*, XXXI, 116-117.
2. Mier à Metternich, Naples, 9, 12 et 16 mars, à Gallo, 12 mars. Gallo à Mier, 14 mars (cit. par Helfreich, Appendice). Cf. la Note de Câmpo-Chiaro à Metternich, Vienne, 8 avril (D'Angeberl, 1047).

précipitamment pour Gênes, « accompagné, dit Lucien Bonaparte, ou plutôt emmené par le corps diplomatique[1] ».

Après être resté huit jours à Ancône, Murat continua sa marche vers Bologne. Le 29 mars, il reçut entre Fano et Pesaro[2] une lettre absolument incohérente de Joseph Bonaparte où ce prince le conjurait « de seconder par les armes et par la politique le généreux mouvement de la nation française » et de donner des assurances pacifiques à l'Autriche tout en marchant aux Alpes. C'était lui dire de demeurer en paix avec cette puissance en envahissant des provinces occupées par elle[3] ! Au reste, ces maladroits et imprudents conseils n'eurent point l'influence que Murat y a attribuée après sa défaite[4], puisque, le 29 mars, il avait déjà fait acte d'hostilité en dépassant la ligne de démarcation établie entre les armées autrichiennes et napolitaines[5]. Arrivé le 30 à Rimini, il publia un appel aux armes pour l'affranchissement et l'unité de l'Italie. Dans ce manifeste emphatique, le nom de Napoléon n'était pas prononcé. Mais si Murat ne vou-

---

1. Gallo à Mier, Naples, 17 mars (cité par Helfreich, *Murat und seine letzten Kämpfe*, Appendice). Pepe, *Mém.*, I, 256. Artaud, *Hist. de Pie VII*, III, 122. Notes de Lucien Bonaparte (Arch. Aff. étr., 1815).

2. Pepe, *Mém.*, I, 257. Cf. la lettre de Jérôme à la reine Catherine (*Mém. du roi Jérôme*, VII, 14) où il est dit que Jérôme rencontra Murat le 28 mars entre Sinigaglia et Fano.

3. Joseph à Murat, Prangins, 16 mars (Arch. Aff. étr., 1801). — Cette lettre, incompréhensible et tout à fait opposée aux instructions que Joseph avait reçues de Napoléon, ne figure pas dans la *Correspondance du roi Joseph*. L'éditeur de cette *Correspondance* a évité, en ne l'y insérant pas, d'avoir à l'expliquer.

4. Lettre de Belliard à Davout, Casteldi, 12 mai (citée par Yung, *Lucien Bonaparte*, III, 267).

5. Lettre de Metternich au prince de Cariati, Vienne, 4 avril (citée par Helfreich, *Murat und seine letzen Kämpfe*) : « Le roi de Naples ayant franchi la ligne qu'il occupait dans la marche d'Ancône, cette démarche ne peut être considérée que comme une agression... » Cf. Wellington à Castlereagh, Vienne, 28 mars (*Dispatchs. XII*), et la lettre de Jérôme à la reine Catherine (*Mém. du roi Jérôme*, VII, 15) : « Murat me dit (le 28 mars) : Je fais la guerre à l'Autriche, et à l'heure qu'il est les hostilités sont commencées. »

lait pas évoquer dans l'esprit des Italiens le souvenir de l'empereur, ni surtout celui du vice-roi Eugène, ses précautions étaient prises en France, pour s'assurer l'appui de son redoutable beau-frère. En quittant Naples, il avait dépêché à Paris le comte de Bauffremont avec mission de déclarer à l'empereur qu'il pouvait compter sur lui [1].

Murat ne doutait pas du succès, et, de fait, sa folle expédition s'annonçait heureusement. Les avant-postes autrichiens se repliaient à l'approche de sa cavalerie, les patriotes s'agitaient, Bologne, Padoue, Brescia, Venise, Milan étaient dans la fièvre, les gardes du corps de Parme se rebellaient en criant : Vive l'empereur ! Le 2 avril, le roi entra à Bologne, évacuée la veille par 9,000 Autrichiens. Le 4 avril, il força le passage du Panaro et vint coucher à Modène; à sa droite le général Ambrosio s'emparait de Ferrare et, à sa gauche, le général Pignatelli occupait Florence [2]. Mais les succès des Napolitains étaient comptés. Tandis que Murat dispersait son armée en plusieurs détachements, les Autrichiens se concentraient derrière le Pô. Il épuisa dans de sanglantes attaques contre la tête de pont d'Ochiobello les 20,000 hommes restés sous son commandement immédiat. Bientôt les Autrichiens, passant de la défensive à l'offensive, contraignirent le roi à se replier sur Bologne, puis sur Rimini, puis sur Ancône. Murat espérait ramener son armée dans les Abruzzes pour y mener une guerre de chicanes. Il ne le pouvait plus. Après leurs victoires des 9 et 10 avril, les Autrichiens s'étaient divisés. Pendant que Neipperg

---

[1]. *Gazette de Vienne*, 13 avril (citée par le *Journal Universel*, de Gand, n° 4). Cf. Napoléon à Decrès, 30 avril (Arch. nat. AF. IV, 907).

[2]. Orloff, *Mém. sur le royaume de Naples*, II, 442-443. Pepe, *Mém.*, I, 259-261. Helfreich, *Murat und seine letzten Kämpfe*, 48, 50. Meneval, *Souv.*, II, 318-319.

avec 16,000 hommes suivait Murat sur la route du littoral, Bianchi, s'avançant par la Toscane et les Etats de l'Eglise à la tête de 12,000 soldats, vint lui couper la retraite à Tolentino. La bataille dura deux jours, les 2 mai et 3 mai, et se termina par la déroute des Napolitains. Entraînés par Murat, ils avaient montré de l'élan dans la première journée ; ils ne résistèrent pas à l'attaque décisive. Ils laissèrent sur le champ de bataille leur artillerie, leurs bagages et 4,000 tués, blessés ou prisonniers. Murat chercha vainement la mort sous les balles et jusque sur les baïonnettes autrichiennes. Pendant la retraite, son armée entra en dissolution ; il y eut en huit jours vingt mille déserteurs. Le 11 mai, Murat rallia derrière le Volturno une dizaine de mille hommes. C'était ce qui restait des quarante mille soldats qu'il avait au début de la campagne [1].

A Castel di Sagro, Murat fut rejoint par le général Belliard. L'empereur l'avait envoyé le 22 avril pour exprimer au roi de Naples son mécontentement qu'il eut engagé les hostilités, « car lui voulait la paix », mais pour l'assurer néanmoins de son intention de le seconder [2]. Belliard conseilla à Murat de fortifier Capoue où il pourrait soutenir un long siège. Le roi hésita, pensa à traiter, perdit du temps. D'ailleurs, ses derniers soldats étaient abattus, démoralisés, incapables de la moindre résistance ; plusieurs généraux parlaient d'abdication et semblaient prêts à trahir ;

---

1. Lettre de Belliard à Davout, Castel di Sagro, 12 mai (citée par Yung, *Lucien Bonaparte*, III, 266). Rapports officiels de Vienne (*Journal Universel*, de Gand, n°s 5, 11, 13, 15). Cf. Helfreich, 43 et 64.
2. Note de Pervinquière d'après les papiers de Belliard, s. d. (Arch. Guerre, carton de la correspondance de Napoléon, avril 1815). Cf. *Mem. de Belliard*, II, 219-235, et Napoléon, *Corresp.*, 21784.
Quand Napoléon dépêcha Belliard à Naples, il était sous l'impression des premiers succès de Murat et il n'avait plus guère d'espoir de rester en paix avec l'Europe. De là, cette promesse plus ou moins sincère de seconder le roi de Naples quoique celui-ci eût agi au mépris de ses instructions.

partout la révolte menaçait ; enfin, pour éviter un bombardement, la reine venait de livrer à l'escadre anglaise les vaisseaux et l'arsenal de Naples. Après avoir souffert les mêmes angoisses que Napoléon à Fontainebleau, Murat apprit le 18 mai que les Autrichiens n'étaient plus qu'à une marche. Il rentra éperdu à Naples : « — Madame, dit-il à la reine, ne vous étonnez point de me voir vivant : je n'ai pas pu mourir[1]. » En vertu d'une convention conclue avec le capitaine Robert Campbell, commandant l'escadre britannique, Caroline et ses enfants devaient se rendre à bord du *Tremendous* pour être ramenés en France. Le 19 mai, Murat quitta Naples, déguisé en matelot, gagna Ischia et réussit à s'y embarquer sur un bâtiment danois qui le conduisit à Cannes. Il loua une maison aux environs de Toulon. Ironie des choses! la villa où ce roi détrôné, ce général sans armée, ce Français sans patrie, passa trois mortelles semaines à attendre sa femme et ses enfants, qu'il adorait et qu'il ne devait plus revoir, s'appelait Plaisance[2].

L'armée autrichienne entra à Naples le 23 mai tandis que la reine Caroline était emmenée prisonnière à Trieste ; l'amiral Exmouth avait refusé de ratifier la convention conclue par son subordonné[3]. Ainsi, un mois avant que le premier coup de canon fût tiré sur les frontières du Nord, les 90,000 Autrichiens concentrés en Italie étaient devenus disponibles pour se porter vers les Alpes françaises.

Murat espérait avoir un commandement dans l'ar-

---

1. *Mém. de Belliard*, II, 221, 234-238. Helfreich, *Murat und seine letzten Kämpfe*, 68-69). Nouvelles officielles de Vienne. (*Journal Universel*, n° 19.)
2. Rapport de Vatel, valet de chambre de Murat, cité dans le supplément de Francechetti, 41-45. *Mém. de Belliard*, II, 221. Cf. Rapport de Rome et nouvelles de Vienne (*Journal Universel*, de Gand, n°ˢ 16 et 19).
3. Rapport du capitaine Thurn (*Journal Universel*, de Gand, n° 19). Cf. Bulletin du quartier général, Heidelberg, 31 mai (Arch. guerre).

mée impériale, mais au lieu d'une lettre de service, il reçut un envoyé de l'empereur, M. de Baudus, qui l'invita à rester en Provence jusqu'à nouvel ordre. « L'empereur, lui dit Baudus, ne peut appeler auprès de lui ni employer dans son armée un homme qui, il y a un an, a combattu les Français. Il vous blâme aussi d'avoir entrepris votre récente campagne contre sa volonté. L'an dernier, selon ses paroles, vous avez perdu la France en paralysant les 60,000 soldats du prince Eugène. Cette année, vous l'avez compromise en attaquant prématurément les Autrichiens [1]. » Murat adressa une nouvelle lettre à l'empereur : « .... Vous m'avez fait écrire par le duc de Vicence et vous avez ajouté de votre propre main : Je vous soutiendrai de toutes mes forces... Après avoir perdu ma couronne pour vous, je veux verser la dernière goutte de mon sang à votre service [2]. »

Les récriminations de Murat étaient injustes. On a vu qu'il était entré en campagne pour réaliser son rêve de la couronne d'Italie et nullement pour seconder Napoléon, dont les instructions lui prescrivaient au contraire de ne point engager la guerre. L'empereur, qui proclamait son désir de rester en paix avec l'Europe et de maintenir le traité de Paris, ne pouvait vouloir que Murat violât ce traité en envahissant l'Italie. Rapprochés des paroles qu'il lui avait fait transmettre par Colonna, ces mots : « Je vous soutiendrai de toutes mes forces » signifiaient qu'il lui donnerait son appui mais au cas seulement

---

[1]. Journal d'un officier général de l'état-major de Murat (cité dans les *Mém. de Guillemard*, II, 256-259). Napoléon, *Corresp.*, 21826 (Cette note de Napoléon, posterieure au 23 mai, est datée par erreur : 19 avril). Caulaincourt à Napoléon, 12 et 16 juin. (Arch. Aff. étr., 1801.)

[2]. Journal d'un officier général de l'état-major de Murat, précité. Cf. la lettre de Napoléon à Murat, s. d (fin mars). (*Corresp.*, 21745.) Dans sa lettre de Cannes, Murat attribue cet autre mot à Napoléon : « Mettez-vous en ampagne » ; mais ce mot ne se trouve pas dans la lettre de l'empereur.

où Murat entreprendrait la guerre de concert avec la France ¹. Dans son irritation très légitime, l'empereur s'exagérait d'ailleurs les conséquences du coup de tête de Murat. Sans doute, la campagne du roi de Naples, fort inutile en avril, aurait occupé en juin l'armée autrichienne des duchés et contraint peut-être celle de la Haute-Italie à ajourner ses opérations dans les Alpes. Mais Napoléon s'illusionnait en croyant que l'Autriche avait repoussé ses ouvertures parce que l'agression des Napolitains lui en avait fait suspecter la sincérité ². Qu'importait à l'Europe que les paroles de paix de Napoléon fussent sincères ou trompeuses, puisque l'Europe était irrévocablement déterminée à y répondre par des coups de canon !

V

En quittant Lille, Louis XVIII était d'abord allé à Ostende avec le secret désir de s'y embarquer pour l'Angleterre. On lui rappela le conseil du duc d'Orléans de se retirer à Dunkerque, et il affecta un instant d'en avoir la velléité. Il laissa Blacas risquer bien inutilement la vie d'un garde de la Porte, le baron de Lascours, que l'on envoya à Dunkerque pour s'aboucher avec le maire et les royalistes. Lascours fut arrêté et traduit devant un conseil de guerre, qui d'ailleurs l'acquitta. Louis XVIII apprit

---

1. Colonna avait été autorisé, le 25 février, à conclure avec Murat un traité d'alliance offensive et défensive, mais sous la condition formelle « que ce traité ne serait mis à exécution qu'autant que la paix ne pourrait être maintenue avec les puissances ». Napoléon, *L'Ile d'Elbe et les Cent Jour*, (*Corresp.*, XXXI, 94, cf. 115-116). Cf. Montholon, *Récits*, II, 37-38. Las-Cases, *Mém.*, II, 274. *Mém. de Belliard*, II, 219, et la note de Pervinquière, avril 1815. (Arch. Guerre, carton de la corresp. de Napoléon.)
2. Montholon, *Récits*, II, 38. Las-Cases, *Mémoire*, II, 275.

sans regret l'insuccès de cette entreprise à laquelle il n'avait jamais songé sérieusement[1]. Pour reconquérir son trône il ne comptait, selon le joli mot du duc d'Orléans, que sur « le moyen anodin d'un million de baïonnettes étrangères[2] ». Le 27 mars, il écrivit à l'empereur d'Autriche : « ... Je n'ai trouvé dans mes troupes que l'impatience d'aller servir un chef dont le nom leur rappelle et semble leur promettre encore la conquête et la dévastation de l'Europe... Les intentions généreuses manifestées dans la Déclaration du 13 mars ne me permettent pas de douter que les puissances, intéressées à maintenir l'Europe dans le repos, ne se hâtent d'étouffer dans sa naissance le germe des plus affreuses calamités... C'est avec la plus entière confiance que je sollicite votre appui pour moi et mon peuple opprimé[3]. »

Dans l'entourage du roi, on se montrait très opposé à son projet d'aller en Angleterre. Louis XVIII céda à contre cœur, et le 31 mars, il partit pour Gand où le prince d'Orange lui avait offert d'établir sa résidence. Le comte d'Artois, les ducs de Duras, de Poix, d'Havré, de Luxembourg, de Levis, Berthier, Marmont, Victor, les généraux Maison, de Beurnonville, Bordessoulle, Donnadieu, Louis de La Rochejaquelein, Thibaut de Montmorency, le chancelier Dambray, Blacas, Jaucourt, Louis, Beugnot, Bourrienne, Clarke, Chateaubriand, Gaëtan de La Rochefoucauld, le comte de Bruges, Roux-Laborie, Bertin l'aîné, Lally-Tollendal, de Sèze, les préfets Capelle et Vaublanc, Anglès, Mounier, Guizot accompagnèrent

---

[1]. Blacas à Lascours, Ostende, 29 mars. C¹ de Dunkerque à Drouet, 31 mars (Arch. Guerre). Cf. Fleury de Chaboulon, *Mém.*, I, 379-380, et **1815**, I, 379-380.

[2]. Duc d'Orléans à sir Charles Stuart, Richmond, 30 mai 1815 (*Mon Journal*, 132).

[3]. Louis XVIII à l'emp. d'Autriche, Ostende, 27 mars. (Arch. Aff. étr., 646.)

le roi ou le rejoignirent bientôt. Pozzo di Borgo, Goltz, Vincent et les autres représentants des puissances, jadis accrédités à Paris, vinrent reprendre leur poste diplomatique auprès de Louis XVIII. Il y eut à Gand une véritable cour[1].

Il y avait aussi un véritable gouvernement auquel ne manquait qu'un pays à gouverner. « Ma correspondance avec les départements ne me donnait pas grande besogne, » dit Chateaubriand, qui en l'absence de l'abbé de Montesquiou, émigré en Angleterre, avait par intérim le portefeuille de l'intérieur. Beugnot, ministre de la marine, et Louis, ministre des finances, n'étaient point non plus fort occupés. Clarke pouvait du moins donner des ordres, faire des règlements et combiner des plans de campagne, car il y avait une armée royale : 802 gardes du corps, mousquetaires, Suisses, volontaires de l'École de droit et soldats déserteurs, cantonnés à Alost et aux environs sous le commandement du duc de Berry[2]. Pour augmenter cette petite troupe, Clarke et ses agents multipliaient les appels à la désertion parmi les corps français stationnés sur la frontière. Des émissaires de Gand, des douaniers belges, des royalistes de Lille et de Cambrai distribuaient des proclamations où l'on promettait, outre une bonne

---

1. Chateaubriand, *Mém.*, VI, 389-402, 406. Beugnot, *Mém.*, II, 237-357. Marmont, *Mém.*, VII, 104-106, 111-112. Bourrienne, *Mém.*, X, 249. Guizot, *Mém.* I, 82. Jaucourt à Talleyrand, Gand, 18, 22, 25 avril. Extraits de rapports, 5 mai. (Arch. Aff. étr., 646 et 1802.)
Plusieurs de ces personnages ne firent que passer à Gand. Marmont et Victor se fixèrent à Aix-la-Chapelle, Bourrienne alla à Hambourg, Berthier à Bamberg, La Rochejaquelein à Londres, puis en Vendée.
2. Officiers et soldats : Maison du roi : 619 ; — Volontaires royaux : 125 ; — Cavaliers démontés et infanterie de ligne : 58.
(Situation de l'armée royale au 22 avril, envoyée par Jaucourt à Fagel, le 23 avril. Arch. Aff. étr., 646.)
On a vu (**1815**, I, 386) que le comte d'Artois n'avait emmené avec lui que 300 cavaliers environ. Les autres passèrent la frontière individuellement ou par petits groupes quand on licencia à Béthune la Maison militaire.

solde et de bons cantonnements, 80 francs à chaque cavalier monté et 20 francs à chaque fantassin qui rejoindrait l'armée royale. « Voilà le prix que mettent ces misérables à un vainqueur d'Austerlitz et de la Moskowa ! » disait Lobau dans un ordre du jour[1]. Au reste, ces appels n'étaient guère entendus : du 1er avril au 10 mai, il y eut en tout vingt-huit déserteurs à l'étranger[2].

Seul de ses collègues du cabinet, le comte de Jaucourt avait autant de besogne que si l'on était encore à Paris. Il recevait et visitait les diplomates accrédités à Gand, correspondait avec les ministres français à l'étranger, tous restés à leur poste, écrivait à Talleyrand, lui donnant des nouvelles de la cour, lui demandant des conseils et lui soumettant des projets. Il négociait, sollicitait, intriguait partout : aux quartiers généraux des Alliés pour obtenir l'admission de commissaires royaux dans les états-majors ; à Madrid pour presser l'entrée en campagne de l'armée espagnole ; à Berne pour le recrutement de quatre régiments suisses à lever pour le roi au compte de l'Angleterre ; à Bruxelles pour la formation d'un corps de volontaires hollando-belges ; à Londres pour l'envoi en Vendée d'armes et de munitions de guerre[3].

On sentit le besoin d'un *Moniteur*. Bertin l'aîné fonda le *Journal Universel* et publia dans le premier

---

1. Placards et proclamations imprimés, s. d. (mai). Vandamme à Davout, 7 juin. Ordre du jour de Lobau, 19 mai. (Arch. Guerre. Armée du Nord.) Drouot à Davout, 1er mai. (Arch. nat., AF. IV, 1938.)

2. 2 chefs de bataillon, 2 capitaines, 2 lieutenants et leurs ordonnances ; 13 lanciers du 4e régiment, embauchés par un de ces officiers, et 8 soldats de différents corps (État des désertions à l'étranger, du 1er avril au 10 mai. et Drouet à Davout, 1er mai Arch. nat., AF. IV, 1936, et AF. IV, 1938).
Postérieurement au 10 mai, il y eut encore quelques déserteurs, entre autres le fils du chancelier Dambray, capitaine au 1er lancier. (Reille à Davout, 17 mai. Arch. nat. F. 7, 3774.)

3. Correspondance de Jaucourt, du 8 avril au 4 juin. (Arch. Aff. étr., 646.)

numéro les deux ordonnances du roi, antidatées de Lille, 23 mars. L'une portait défense à tout Français de payer « au gouvernement dit impérial » aucune espèce d'impôt ; l'autre licenciait l'armée française[1]. C'est dans cette feuille, augmentée ce jour-là d'un supplément de quatre pages, que parut l'interminable rapport de Chateaubriand sur l'état de la France. L'auteur de *Buonaparte et les Bourbons* y dressait à nouveau l'acte d'accusation de Napoléon et opposait aux crimes du second Genséric les bienfaits du souverain que ses sujets avaient appelé leur père. Lally-Tollendal donnait au Moniteur de l'émigration des articles de doctrine, et le reste du journal, qui, d'ailleurs, ne paraissait que deux fois par semaine, était rempli de renseignements vrais ou faux sur Paris, d'attaques contre Bonaparte et de renseignements sur l'étranger où l'on dénombrait complaisamment les armements des Alliés[2]. De son côté, Bourrienne qui avait été nommé ministre à Hambourg employait les loisirs que lui laissaient ses fonctions diplomatiques à écrire de petits articles pour le *Correspondant de Hambourg*. Il y démontrait les dangers que Bonaparte faisait courir à l'Europe et la nécessité d'une prompte intervention ; il combattait en même temps les idées de vengeances et de démembrement prêchées par la presse rhénane. « Est ce bien servir la cause de l'Europe, disait-il, que d'exaspérer les Français, de leur mettre les armes à la main alors qu'ils n'aspirent qu'au moment de célébrer la chute du tyran[3] ? » Talleyrand prisait plus les articles de Bourrienne que

---

[1]. Comme l'a fait remarquer le duc d'Orléans (*Mon Journal*, 109 et 123) il est bien évident que si Louis XVIII avait rendu à Lille son ordonnance de licenciement, il en aurait informé ce prince et le maréchal Mortier qui avaient le commandement des troupes.
[2]. *Journal Universel* (de Gand), 20 numéros, du 14 avril au 21 juin.
[3]. *Hamburgischen Korrespondenten*, du 8 avril au 16 juin, et notamment 11, 15, 19 avril, 2 et 17 mai.

ceux de Bertin et de Lally-Tollendal, et même que ceux de Chateaubriand. Il écrivait à Jaucourt : « Le journal de Bourrienne est beaucoup mieux fait que celui de Gand. Il faudrait appeler Bourrienne à Gand et lui faire rédiger un journal de l'Europe. Il sait dire ce qu'il faut pour l'Allemagne sans déplaire à la France [1]. » Peut-être Talleyrand s'abusait-il sur ce point comme sur beaucoup d'autres. On lisait peu en France le *Hamburgischen Korrespondenten*, et en Allemagne on répondait à Bourrienne : « Vous voulez nous persuader que Buonaparte est un loup enragé et les Français des agneaux. Nous les connaissons : ils ne valent pas mieux que lui [2]. »

Si peu nombreux que fussent les réfugiés de Gand, ils formaient deux partis. Les émigrés de tradition, qui se groupaient autour du comte d'Artois, disaient comme jadis à Coblentz : « Nous en avons pour trois semaines. » Ils comptaient sur un retour à l'ancien régime, se flattaient d'être rétablis dans leurs privilèges, méconnus en 1814, et parlaient de refuser tout quartier aux soldats rebelles et de passer au fil de l'épée les habitants des villes qui feraient résistance. Malgré ces riantes pensées, ce n'était point la gaîté de Coblentz, car on avait vingt-cinq ans de plus. Les émigrés de circonstance, les constitutionnels, ne doutaient pas de rentrer un jour en France, « sous un régime ou sous un autre ». Mais ce jour était-il prochain ou éloigné ? personne ne se hasardait à le dire. En attendant, ministres sans ministère, préfets sans préfecture, généraux sans commandement vivaient fort économiquement. Ils eurent une chambre pour deux et prirent pension à 3 francs par tête.

---

1. Talleyrand à Jaucourt, Vienne, 17 mai. Cf. 2 et 6 mai. (Arch. Aff. étr., 680.)
2. *Allgemeine Zeitung*, 16 mai.

Les grands jours, ils se permettaient une petite débauche. Chateaubriand, Beugnot, Beurnonville, Capelle, Guizot, Louis, Roux-Laborie allaient manger une matelote de poissons blancs dans une guinguette des bords de la Lys. C'était dans les deux coteries à qui se jetterait la première pierre. A la modeste table d'hôte des constitutionnels, on récriminait sur les infractions à la charte, et sur les faveurs accordées aux émigrés ; on rappelait les craintes inspirées aux acquéreurs, les imprudences de la noblesse de clocher et du clergé provincial. Au pavillon de Marsan, car, dit Chateaubriand, il y avait à Gand un pavillon de Marsan, on ripostait ironiquement : « Nous voilà encore une fois dehors. A qui la faute ? On ne peut s'en prendre ni à nos principes qu'on a repoussés ni à nos personnes qu'on a écartées. Vous avez fait prévaloir votre système et vous n'avez pas su nous défendre. Un système différent n'aurait pas fait pis et il n'est pas démontré qu'il n'eût pas fait mieux [1]. »

Si l'on était divisé sur la ligne politique à suivre au retour en France, on ne l'était pas moins sur la conduite à tenir en attendant qu'on y fût. Fallait-il garder un rôle passif et laisser agir les Alliés, ou combattre comme en 92 à côté de leurs armées ? « Le roi se rendrait odieux à la France, écrivait Talleyrand, s'il donnait lieu de croire que c'est pour lui que la guerre est entreprise. » Mais les partisans de l'action objectaient que la coopération à la campagne d'une nouvelle armée de Condé serait le gage de l'entente du roi avec les souverains et de son réta-

[1]. Rapports sur Gand, 5 mai et 9 juin. (Arch. Aff. étr., 1802, et Arch. Guerre, Armée du Nord.) Rapport à Louis XVIII, 15 mai. (Arch. Aff. étr., 641.) Guizot, *Mém.*, I, 78-79, 83-84. Chateaubriand, *Mém.*, VI, 398-402, 427. Beugnot, *Mém.*, II, 237-238, 244-248. Cf. Nesselrode à Pozzo, Vienne, 1er mai (*Corresp., de Pozzo*, 112), et Jaucourt à Talleyrand, Gand, 24, 25 et 30 avril, 2 et 6 mai. Talleyrand à Jaucourt, Vienne, 17 mai (Arch. Aff. étr., 646 et 680).

blissement sur le trône de France [1]. Les puissances décidèrent la question en faisant connaître à Gand leur désir formel que la petite armée d'Alost ni même les princes individuellement ne prissent point part à la guerre. On laissait Louis XVIII libre d'agir en Vendée, où l'Angleterre avait déjà envoyé des armes aux insurgés, mais sur les frontières du Nord et de l'Est, les Alliés entendaient opérer seuls. Les généraux en chef refusèrent même, d'après les ordres des souverains, d'admettre à leur quartier général les commissaires royaux que Louis XVIII avait nommés à l'effet de seconder les armées alliées sur le territoire français en tout ce qui dépendrait de l'administration intérieure et des réquisitions [2].

Les Alliés avaient contre l'admission des commissaires des raisons d'ordre pratique et des raisons d'ordre moral. Ils craignaient des conflits entre leurs ordonnateurs et ces délégués, et les inconvénients qui en résulteraient pour le service des subsistances : ils estimaient que la présence des représentants du roi sous les drapeaux étrangers compromettrait sa cause aux yeux des Français [3]. C'était d'ailleurs l'avis des constitutionnels émigrés ; c'était celui de

---

1. Talleyrand à Louis XVIII, 14 et 17 mai et juin (s. d.) (*Corresp. avec Louis XVIII*, 423, 425, 477). Talleyrand à Jaucourt, Vienne, 13 mai. Jaucourt à Talleyrand, 18, 25 et 28 avril ; à Fagel, 20 avril ; à Castries, 4 mai. (Arch. Aff. étr., 646, 647.) Duc d'Orléans à Louis XVIII, 25 avril ; à Lally-Tollendal, 22 mai (*Mon Journal*).
2. Nesselrode à Pozzo, 13 et 24 mai et 4 juin. (Pozzo, *Corresp.*, I,143. 148. 158.) Wellington à Metternich, 15 juin (*Dispatchs*, XII, 467). Jaucourt à Talleyrand, 28 avril, 30 mai ; à Castries, 4 mai. (Arch. Aff. étr., 646, 647.)
Des instructions secrètes (Arch. Aff. étr., 647) enjoignaient aux commissaires désignés : Marmont, Beurnonville, Capelle, Roger de Damas, La Tour du Pin, etc., de mettre sous séquestre les biens des principaux complices de la rébellion et de « se montrer sévères et inflexibles envers les hommes dangereux, ces actes de rigueur devant inspirer une terreur salutaire ».
3. Nesselrode à Pozzo, 4 juin et 14 juin (Pozzo, *Corresp.*, 158-160, 163-164). Metternich à Talleyrand, 24 juin (Metternich, *Mém.* II 520). Talleyrand à Louis XVIII, juin, s. d. (*Corresp. avec Louis XVIII*, 479).

Talleyrand qui écrivit à Louis XVIII : « Rien ne pourrait contribuer davantage à aliéner les sentiments des sujets de V. M. que l'opinion qu'on leur laisserait prendre sur la cause de la guerre. Il ne faut pas qu'ils puissent jamais attribuer à V. M. les maux dont la guerre va les accabler[1]. »

Il existait enfin un motif secret. Les cours, tout en ne cessant point de traiter Louis XVIII en roi de France et en étant parfaitement déterminées à le rétablir sur son trône, ne voulaient cependant pas le reconnaître comme allié et belligérant. A Berlin et à Vienne, on pensait déjà à exiger de la France une cession de territoire[2], et, en droit, on ne pouvait conquérir sur un allié. C'est pourquoi l'adhésion que Louis XVIII avait d'abord été invité à donner au traité d'alliance du 25 mars ne fut admise que d'une façon incomplète, si toutefois elle le fut[3]. C'est pourquoi

---

1. Talleyrand à Louis XVIII, 17 mai (*Corresp.*, 425).
2. Cf. la Note de Gagern, 13 avril (D'Angeberl, 1073-1074), les journaux allemands, notamment le *Mercure du Rhin*, de mars à juin, et les Mémorandums de Humboldt, de Metternich et de Hardenberg, août (Arch. Aff. étr., 672).
3. Sur la proposition de Talleyrand, on avait inséré dans le traité du 25 mars l'article suivant : « Le roi de France sera invité à donner son adhésion au traité et à faire connaître quels secours les circonstances lui permettront d'apporter à l'objet du présent traité. » Le 25 mars, on croyait encore à Vienne que Louis XVIII n'avait pas quitté Paris, ou du moins qu'il s'était retiré dans quelque place forte avec un noyau de troupes fidèles. On le considérait encore comme roi *de facto*. Mais le 28 mars, quand les plénipotentiaires reçurent une note de Talleyrand portant « qu'il se trouvait suffisamment autorisé par la teneur de ses instructions à adhérer au nom de S. M. T. C. à chacune des stipulations du traité », la situation de Louis XVIII avait changé et les idées des Alliés s'étaient modifiées en conséquence. Louis XVIII n'étant plus roi que *de jure*, il ne pouvait remplir les conditions du traité, c'est-à-dire coopérer avec son armée aux opérations militaires. En outre, les puissances comprenaient qu'elles allaient avoir à faire de grands efforts, et elles pensaient déjà à s'en dédommager, les unes par des contributions de guerre, les autres par quelque accroissement territorial. La note de Talleyrand fut donc simplement annexée au protocole de la séance du 28 mars, et ce fut tout.
Il y eut en quelque sorte accession officieuse mais non accession officielle. Il n'y eut rien d'analogue aux traités d'alliance avec le Portugal (8 avril) qui s'engageait à fournir 30,000 hommes ; avec la Sardaigne (9 avril)

aussi les plénipotentiaires avaient glissé dans la Déclaration du 12 mai cette phrase grosse de menaces : « Il ne s'agit plus aujourd'hui de maintenir le traité de Paris, il s'agirait de le refaire. Les puissances se trouvent rétablies envers la France dans la position où elles étaient le 31 mars 1814. » Cette Déclaration par laquelle le congrès, tout en protestant de son respect pour le traité de Paris, marquait son droit de le reviser, Talleyrand eut l'étourderie ou la faiblesse d'y apposer sa signature[1].

Malgré les lettres optimistes de Talleyrand, les bonnes paroles de Wellington, les assurances officielles de Pozzo, de Vincent et de sir Charles Stuart, Louis XVIII avait des heures d'inquiétude. L'exclusion de ses commissaires, les déclarations de l'Angleterre et des autres puissances qu'elles ne poursuivraient

---

qui s'engageait à fournir 15,000 hommes ; avec la Bavière (15 avril) qui s'engageait à fournir 60,000 hommes ; avec les Pays-Bas (25 avril) qui s'engageaient à fournir 50,000 hommes, etc., etc.

Voir sur cette question la Note sur l'accession au traité du 25 mars, s. d., la Note de d'Hauterive, 11 mars 1816 (Arch. Aff. étr., 672 et 648) et le discours de lord Liverpool à la chambre des Lords, 20 février 1816. (*Parliamentary debates*, XXXII, 634-663.)

1. Protocole de la séance du 12 mai (D'Angeberg, 1181-1188). — Cette Déclaration ou plutôt ce rapport, rédigé par Gentz et approuvé par les plénipotentiaires dans une séance dont le procès-verbal fut rendu public, était destiné à répondre au rapport du 2 avril des présidents de section du Conseil d'Etat impérial, publié dans les journaux français des 13 et 14 avril.

Le rapport-manifeste du Conseil d'Etat, rédigé par Regnand sous la dictée de Napoléon, exposait ceci : 1° le fond et la forme de la Déclaration du 13 mars prouvent que cette pièce a été fabriquée par les ministres de Louis XVIII ; 2° le traité de Fontainebleau ayant été violé par les Bourbons et par les puissances alliées, Napoléon était en droit de le considérer comme rompu ; 3° l'empereur a quitté l'île d'Elbe pour délivrer la France d'un gouvernement qui s'était rendu odieux ; 4° l'empereur et la France veulent la paix et l'exécution du traité de Paris ; 5° il n'y a donc rien de changé dans les rapports internationaux, et les puissances n'ont aucun droit d'assigner à la France un autre gouvernement que celui qu'elle a librement choisi.

La réponse de Gentz concluait ainsi : 1° la déclaration du 13 mars a été dictée aux puissances par des motifs de justice ; 2° ces motifs subsistent dans toute leur force ; 3° l'offre de Napoléon de ratifier le traité de Paris ne saurait donc, sous aucun rapport, changer les dispositions des puissances.

pas la guerre pour imposer une dynastie à la France, les projets de démembrement exposés dans les proclamations haineuses de Justus Grüner et dans les philippiques de Stein et de Goërres [1], l'appréhension de manquer quelque jour d'argent (il avait pu emporter de Paris tout au plus cinq millions [2]), les velléités du czar de mettre le duc d'Orléans sur le trône [3], la conduite de ce prince qui, nonobstant les sollicitations et même les ordres de son souverain, s'obstinait à rester en Angleterre, loin du commerce compromettant des émigrés de Gand [4], tout cela ne laissait pas de troubler Louis XVIII. « Le roi, écrivait le 23 mai Pozzo à Nesselrode, est dans ce moment très alarmé sur son sort. » « Ils sont si tourmentés à la cour de Gand, écrivait-il encore le 4 juin, que j'ai besoin de les soutenir contre mille alarmes [5]. »

1. Jaucourt dans des lettres à Talleyrand (18 avril) et à Goltz (8 mai) se plaint du langage furieux des Prussiens (Arch. Aff. étr., 646, 647).
2. Les quatorze millions de traites, que sur le conseil de Vitrolles on avait fait passer à Londres dès le 14 mars, furent protestées en Angleterre par le gouvernement impérial. Louis XVIII n'avait donc à Gand que cinq millions ou quatre millions et demi en or et en argent qui avaient été chargés sur des fourgons au départ des Tuileries. Il est vrai que le roi possédait, comme suprême ressource, les diamants de la couronne, évalués à douze millions. Note, Gand, 5 mai. (Arch. Aff. étr., 680.) Pozzo, à Nesselrode, Bruxelles, 17 avril. (*Corresp.*, 92.) Cf. Vitrolles, II, 339-340.
Avec ces quatre millions et demi, il fallait suffire à l'entretien de la Maison du roi et de la petite armée d'Alost, au traitement des agents diplomatiques et consulaires. Jaucourt, d'ailleurs, écrivit aux premiers qu'on ne pouvait accorder que 12,000 fr. par ambassadeur, et aux seconds : « Je ne puis envoyer d'argent. Que ceux qui n'ont pas de ressources quittent leur poste; que ceux qui en ont y restent. Ils seront payés et récompensés plus tard. » (Jaucourt au Mis de Ronay, 2 mai.) Circulaire aux consuls, 22 mai (Arch. Aff. étr., 646, 647).
3. Voir **1815**, I, 448. — Talleyrand informé par Clancarty et par Metternich des projets du czar en avait instruit Louis XVIII (*Corresp.*, 397-414), non point qu'il fût véritablement inquiet des dispositions de la Russie, mais afin de démontrer au roi qu'il y avait nécessité pour lui d'affirmer des principes constitutionnels.
4. Correspondance du duc d'Orléans avec Louis XVIII, Blacas, Lally-Tollendal, Wellington et Stuart. (Duc d'Orléans, *Mon Journal*, 116, sq.) Wellington à Castlereagh, Bruxelles, 11 avril (*Dispatchs*, Supplément, X, 60-61). Jaucourt à Talleyrand, 6 et 26 mai. (Arch. Aff. étr., 646.)
5. Pozzo, *Corresp.*, I, 118, 170.

Louis XVIII n'en garde pas moins son attitude majestueuse, sa superbe à la Louis XIV. Il mendie l'appui des souverains du ton dont il donnerait des ordres à ses grands vassaux. « Louis était roi partout, dit Chateaubriand ; son nom était son diadème. » A Gand, il maintient les coutumes et l'étiquette des Tuileries. Chaque matin, ce roi *in partibus* donne audience à l'un ou à l'autre de ses ministres, même au ministre de la marine. Chaque après-midi, il fait sa promenade habituelle, en calèche à six chevaux lancés ventre à terre, avec une escorte de gardes du corps. Deux ou trois fois par semaine, il y a dîner et réception à la cour. Le comte d'Artois désigne quelques personnages pour son whist, et le roi, qui ne joue plus, juge les coups. Le dimanche, Louis XVIII va en grand cortège entendre la messe à la cathédrale de Saint-Baven, frappant d'admiration les bons Gantois par son frac à grosses épaulettes d'or, son cordon du Saint-Esprit et ses guêtres de velours rouge. Il semble que rien ne soit changé à sa vie ni à sa position. Il paraît être, non en exil, mais en résidence. Il reçoit les ambassadeurs avec la même affabilité hautaine, le même orgueil bourbonien ; et quand sur la route de Bruxelles ou dans les rues désertes de Gand, il rencontre lord Wellington, ce généralissime en qui reposent toutes les espérances de l'Europe et les siennes propres, il lui fait d'un imperceptible mouvement de tête un petit signe protecteur [1].

Louis XVIII avait dans son droit une foi inébranlable. A Vérone, à Mittau, à Hartwell, jamais il n'avait

---

[1]. Chateaubriand, *Mém.*, VI, 416-417. Beugnot, *Mém.*, II, 258-253. Marmont *Mém.*, VII, 51. Guizot, *Mém.*, I, 85. Correspondance de Gand (*Journal de l'Empire*, 15 avril). Rapports sur Gand, 5 mai et 2 juin. (Arch. des Aff. étr., 1802.)

désespéré. A plus forte raison ne le pouvait-il pas à Gand. Là, il n'est plus un fugitif comme en Italie, un proscrit gênant comme en Russie, un prétendant éventuel comme en Angleterre. Aux yeux de l'Europe, il est le roi de France. Il a des ambassadeurs dans toutes les capitales, des représentants de toutes les cours sont accrédités auprès de sa personne, son plénipotentiaire, le prince de Talleyrand, signe l'acte final du congrès de Vienne, et si les puissances ont pris les armes bien plutôt pour assurer leur propre sécurité que pour lui rouvrir les Tuileries, ce n'en est pas moins à son profit qu'un million de soldats marchent vers les frontières de la France.

CHAPITRE III

L'EMPIRE LIBÉRAL

I. Le mouvement révolutionnaire pendant les Cent Jours.
II. Dictature jacobine, autocratie impériale ou régime parlementaire.
III. Le gouvernement sans autorité. — Inertie des préfets. — Hostilité des maires et du clergé.
IV. Les craintes de guerre. — Affaiblissement de l'esprit public. — Troubles et séditions dans les départements.
V. Paris en avril et en mai 1815.
VI. La liberté de la presse.

I

En débarquant de l'île d'Elbe, Napoléon s'était présenté aux Français non comme le vieil empereur venu pour reprendre le souverain pouvoir et l'appareil monarchique, mais comme le Premier Consul, le soldat de la Révolution, « l'homme du peuple ». Ses proclamations aux habitants des Basses-Alpes, des Hautes-Alpes, de l'Isère, commencent par ce mot : citoyens. Sur toute sa route, il parle en tribun, dénonçant aux passions populaires les émigrés qui prétendent annuler les ventes des biens nationaux, les nobles qui veulent rétablir les privilèges et les servitudes féodales. A Grenoble, il déclare que ses droits ne sont autres que les droits du peuple et qu'il ne les reprend que pour arracher les Français au servage dont ils sont menacés : « — Je veux être moins le souverain de la France que le premier de ses citoyens. » A Lyon, il annonce qu'il reparaît pour défendre les intérêts de la Révolution ; il proteste que le trône est fait pour la nation et non la nation pour le trône ; il rend des décrets révolutionnaires, abolit les titres de noblesse, dissout la Chambre des pairs, bannit les émigrés, séquestre les biens des Bourbons. A Avallon, à Autun, à Auxerre, partout, ce sont les mêmes déclarations : « — Je viens pour délivrer la France des émigrés. » « — Je suis issu de la Révolution. » « — Je suis venu pour tirer les Français de l'esclavage où les prêtres et les nobles voulaient les plonger... Qu'ils prennent garde. Je les lanternerai[1]. » Du golfe Jouan à Paris, Napoléon se donne comme le chef de la Révolution, et c'est comme le chef de la Révolution qu'il est acclamé sur ce parcours de deux-cent-vingt lieues. Aux Vive l'empereur ! se mêlent les cris : Vive la liberté ! Vive la nation ! A bas les nobles ! A bas les prêtres ! Mort aux royalistes[2] !

A la rentrée de Napoléon aux Tuileries, à la réapparition des trois couleurs sur tous les clochers, l'effervescence révolutionnaire s'étend et s'accroît. La *Marseillaise* retentit des Alpes Cottiennes au cap Finistère. Des fédérations et des clubs s'organisent pour « défendre la liberté », « combattre l'inquisition des moines et la tyrannie des nobles », « maintenir

---

1. Décrets de Lyon, 13 mars (*Journal du Rhône*, 13 mars, et *Moniteur*, 22 mars). Napoléon, *Corresp.*, 21,685. *Relation du Moniteur*, 23 mars. Lieutenant-colonel Laborde, *Relation*, 94, 109. Berriat-Saint-Prix, *Napoléon à Grenoble*, 80. Fleury de Chaboulon, *Mém.*, I, 185, 214, 221, 241. Fabry, *Itinéraire de Buonaparte*, 98.

2. *Relation du Moniteur*, 23 mars. Laborde, 105, 109. F. de Chaboulon, I, 204, 212-213, 226. Fabry, 64, 80-82, 91-92. Rey, *Adresse à l'Empereur*, 9. Guerres, *Campagne de Lyon* en 1814-1815, 194-195. Déposition du préfet Capelle (*Procès de Ney*, II, 149).

les droits de l'homme menacés par la noblesse héréditaire, honte de la civilisation », « épouvanter les trahisons, déjouer les complots et terrasser la contre-révolution[1] ». C'est la rhétorique de 93. Parmi ces fédérés, il y a beaucoup de vrais patriotes ; il y a aussi des néo-septembriseurs. Les fédérés de Toulouse promènent un buste de l'empereur en criant : « Les aristocrates à la broche ! » Un fédéré lyonnais harangue ainsi ses camarades : « — Nous savons où sont les royalistes. Nous avons des baïonnettes, sachons nous en servir[2]. » Molé dit à l'empereur : « — J'ai peur de la révolution menaçante, prête à vomir encore une fois sur la France la terreur et la proscription.[3] »

A Bourg, à Nantes, à Rouen, à Lunéville, à Brest, à Bourges, à Rennes, à Dijon, on insulte, on menace, on maltraite les nobles et les prêtres. A Paris, même, on chante la *Marseillaise* et le *Ça ira*; il y a des bonnets rouges. Un jour, l'empereur traversant à cheval le faubourg Saint-Germain se voit entouré par une foule furieuse qui lui montre de ses poings levés les hôtels aristocratiques. « Une seule parole imprudente, dit-il plus tard à Las Cases, ou même une expression seulement équivoque de mon visage, et tout était saccagé. » Le 11 avril, des bandes de

---

1. Expressions des Adresses pour la formation des fédérations et des préambules des pactes fédératifs de la Bourgogne, de la Bretagne, du Lyonnais, du Languedoc, du Périgord, etc.
Ce furent les Périgourdins et non, comme tout le monde l'a dit, les Bretons qui proposèrent les premiers de se former en fédération. (Préfet de la Dordogne à Davout, 30 mars, Arch. Guerre.) Mais la fédération bretonne fut formée dès le 25 avril et la confédération périgourdine seulement le 24 mai.

2. Extraits de la correspondance de police générale, 17 mai, 5 juin (Arch. nat. F. 7, 3774). *Les crimes des fédérés*, 5. 20, 38, etc. Cf. *Tableau des événements de Lyon*, 109 : « Il y eut des motions féroces. Il n'a pas tenu à quelques orateurs des clubs de Saint-Pierre que nous ne revissions les jours affreux de 93. »

3. Fragment des Mémoires de Molé. (*Revue de la Révolution*, XI, 95.)

populaire parcourent Saint-Brieuc aux cris de : Vive l'empereur ! les aristocrates à la lanterne ! « Des femmes ont éprouvé des accidents, » rapporte le commissaire de police sans préciser davantage. Le 25 avril, le bruit de l'assassinat de l'empereur s'étant répandu à Tarbes, cinq cents tanneurs et dinandiers s'assemblent pour attendre le courrier de Paris avec l'intention de « faire justice des royalistes » si la nouvelle se confirme. Après l'arrivée du courrier, le rassemblement se dissipe en criant : « Nobles, vous l'avez échappé belle, mais gare à vous ! » A Bordeaux, en Bourgogne et dans le Dauphiné, les nobles redoutent d'être égorgés quand le premier coup de canon tonnera aux frontières. Une nuit, à Strasbourg, on pend à des lanternes trois mannequins avec cocarde blanche au chapeau et décoration du Lys sur la poitrine. Dans l'Isère, le château de Lissy est incendié, dans Seine-et-Oise, le château de Rosny. « On brûle un peu partout, » écrit Montlosier. Dans une commune de la Corrèze, les paysans démolissent le banc seigneurial de l'église, rétabli six mois auparavant, et en brûlent les débris sur la place publique. Le colonel Cuc écrit de Rodez : « On ne saurait comparer la journée du 5 avril qu'à celles qui ont signalé l'aurore de la Révolution. » « Il faut que le peuple fasse sentir sa force, » dit-on à Grenoble. A Dôle, les clubistes réclament la création de papier-monnaie et l'extermination des nobles et des prêtres [1].

---

[1]. Extraits de la correspondance des préfets et de la correspondance de la police générale, avril à juin. Corresp. du ministre de l'intérieur, 2 avril. Bulletin de Réal, 8 avril. Rapport de Lemarois, Rouen, 16 mai. (Arch. nat. F. 7, 3740, F. 7, 3774, AF. IV, 1935, AF. IV, 1934, AF. IV, 1937, F¹ᶜ, I, 26.) Lettres de généraux et commandants de place, rapp. de gendarmerie, etc., du 24 mars au 6 juin. (Corresp. générale, Arch. Guerre.) Montlosier à Barante, 11 et 14 avril (Barante, *Mém.*, II, 133-134). Las Cases, *Mémor.*, VI, 388-389. Fragment des Mémoires de Molé, précité.
Cf. Benjamin Constant, *Mém.*, II, 2, 3, 13, 105-115 : « Les mots de servage et de glèbe avaient échauffé les esprits... La haine universelle

On exprime les mêmes vœux et on requiert les mêmes actes dans des brochures rédigées en style de sans-culotte : « Abandonnez votre modérantisme désorganisateur. Comment prétendre à la tranquillité si vous conservez les ennemis de l'intérieur ! Il faut les extirper de votre sein comme un chancre rongeur. » — « Puisque c'est la guerre de la noblesse contre le peuple, il faut que le peuple se lève comme en 92 et écrase ses ennemis de sa masse. Mais il ne faut pas que le peuple fasse cette guerre à ses dépens. C'est à ceux qui ont intenté le procès de faire les avances de la procédure. » — « Les nobles insolents appellent à grands cris les armées étrangères pour nous enchaîner, pour nous égorger. Prononçons leur bannissement perpétuel. Emparons-nous de leurs biens. Qu'ils soient le domaine inaliénable de la nation [1]. »

Le *Journal de l'Empire* ayant inséré, le 14 avril, un avis invitant « les bons citoyens à faire un noble usage de leurs loisirs en faisant parvenir la vérité à ceux qui environnent le monarque », voici quels conseils arrivent aux Tuileries et aux cabinets des ministres : « Il faut exclure les nobles de toute charge et de tout emploi publics et les mettre sous une surveillance sérieuse. » — « En 93, la situation était pire, mais la Providence amena le 31 mai, et quatorze armées sor-

---

contre la noblesse prêtait à Bonaparte un appui redoutable.... Il en aurait pu tirer un avantage prodigieux. » — Montlosier à Barante, 14 avril (Barante, *Mém.*, II, 133) : « Avec un homme aussi entreprenant et un mouvement de canaille sous le nom de souveraineté du peuple, tous les châteaux frémiront. » — Notes manuscrites de Rousselin (Collection Bégis) : « Il est certain qu'au moment du retour de l'île d'Elbe, il y avait un mouvement national dans toute la France pour faire justice de tous les nobles et tous les prêtres. » — Salvandy, *Mémoire à l'empereur*, 14 : « Nous pouvons en un instant voir se renouveler tout 93. »

1. *Du modérantisme mal interprété. De la noblesse et du peuple français. Conspiration de la noblesse féodale contre la liberté des Français.* — D'autres brochures dont on trouvera les titres à la fin de ce chapitre tenaient le même langage.

tirent du sein de la France. » — « Pas de faiblesse ! elle nous a perdus l'an dernier. Qu'on agisse comme le comité de Salut public. » — « Il ne faut pas se borner à comprimer les nobles, il faut les opprimer. Il faut confisquer leurs biens et les partager entre les paysans et les ouvriers qui seront, de cette façon, intéressés au maintien des confiscations. » — « Il n'y a qu'un moyen de sauver la France, c'est de sacrifier la classe des nobles et de s'emparer de leurs propriétés. La moitié sera déclarée biens communaux, l'autre donnée à l'armée. Ainsi la masse du peuple sera intéressée à soutenir la cause nationale. » — « Ne craignez pas les jacobins. Votre Majesté a besoin de la massue populaire pour écraser les conspirateurs[1]. »

Parmi ceux qui réclament une nouvelle Terreur, il y a des conseillers de préfecture, des officiers, des maires, des employés des douanes, des agents des droits réunis. Il y a le général Maranthon qui écrit d'Auch : « Je proposerai la confiscation des biens des réfractaires royalistes, dont moitié serait donnée au fisc et moitié aux gardes nationaux partant pour la frontière. » Il y a l'officier d'ordonnance de l'empereur Lannoy qui écrit de Lyon : « Le peuple éclaterait avec enthousiasme s'il avait une forte impulsion. » Il y a le général Ameil qui écrit de Mézières : « Puisque la

---

1. Et encore : « Il faut non-seulement empêcher les nobles de porter leurs titres, mais leur faire reprendre leurs noms patronymiques (Capet pour Bourbon, Bouchart pour Montmorency, etc.), conformément au décret de la Convention. » — « Tous les nobles conspirent. Il faut les destituer tous. » — « Il faut s'inspirer de 92. » — « Il faut confisquer les biens rendus aux émigrés. » — « Il faut des mesures révolutionnaires. » — « Pas de pitié pour les conspirateurs. » — « Il faut décréter la Terreur pour sauver la patrie. » — « La patrie est en danger, il faut savoir la défendre par des moyens révolutionnaires », etc., etc., etc.
Lettres à l'empereur et aux ministres, avril à juin (Arch. nat. F^{1e}, I, 26, F. 7, 3646, et AF. IV, 1934). — Un grand nombre de ces lettres sont signées.

patrie est en danger et que notre situation est à peu près la même qu'en 1793, pourquoi ne pas employer les moyens qui nous sauvèrent alors? Tous les citoyens invoquent les grandes mesures de salut public et s'étonnent qu'on n'en prenne aucune. L'empereur ne prend que des demi-mesures... S'il ménage les royalistes tout est perdu [1]. »

Chez les autorités civiles et militaires, ces sentiments étaient cependant l'exception. Les préfets et les généraux se montraient fort effrayés, et loin de désirer, comme Ameil, que l'on profitât du mouvement révolutionnaire, ils conseillaient de le modérer. « C'est de la frénésie, écrit le sous-préfet de Lunéville. On menace les prêtres et les nobles. En 1793, les esprits n'étaient pas aussi montés qu'aujourd'hui. » — « Les partisans de l'empereur, écrit le préfet de Vaucluse, tiennent des propos qui nous épouvantent. » — « Si l'on n'y prend garde, écrit le préfet des Côtes-du-Nord, on reverra les scènes sanglantes de 92. » — « Si l'administration ne protégeait pas les nobles et les prêtres, écrit le préfet de la Meurthe, la tranquillité serait troublée. » — « Les fonctionnaires, écrit d'Angoulême l'officier d'ordonnance Résigny, ont besoin d'employer leur autorité pour protéger les ex-nobles. Sans quoi, ils ne seraient pas en sûreté. » — « L'exaltation pour l'empire est si forte, écrit le sous-préfet de Barbézieux, qu'il est prudent de la calmer [2]. »

[1]. Maranthon à Davout, Auch, 15 mai. Ameil à Grundler, Mezières, 24 avril. De Lannoy à Napoléon, Lyon, 1er juin. (Arch. Guerre.)
[2]. Extraits de la corresp. des préfets, mars-avril. et rapports d'officiers d'ordonnance en mission. (Arch. nat. F. 7, 3740, F. 7, 3774. AF. IV, 1934, F. IV, 1935.) Cf. Commandant de gendarmerie à Davout, Nevers, 26 mars; Général Vaux à Davout, Dijon, 24 avril. (Arch. Guerre.)

II

Napoléon connaissait l'esprit du peuple. « — Je retrouve la haine des prêtres et de la noblesse aussi universelle et aussi violente qu'au commencement de la Révolution, » dit-il le 20 mars à Molé[1]. C'était sous l'influence des sentiments révolutionnaires, qui se manifestaient autour de lui, qu'il avait rendu les décrets de Lyon. Mais tout en voyant très bien le terrible parti qu'il pourrait tirer de l'exaltation populaire, il avait à la fois le scrupule et la crainte de s'en servir[2]. Napoléon n'aimait pas « la canaille », comme

1. Fragment des Mémoires de Molé (*Revue de la Révolution*, XI, 89).
2. Cf. Benjamin Constant (*Mém., sur les Cent Jours*, 3, 23, 105) : « Ils me regardent comme leur soutien, leur sauveur contre les nobles... Je n'ai qu'à faire un signe, yeux, plutôt à détourner les yeux, les nobles seront massacrés dans toutes les provinces... Mais je ne veux pas être le roi d'une jacquerie. » — « Napoléon aurait pu tirer un parti terrible de cette fermentation. Il s'en effraya pour sa propre autorité, et c'est à sa terreur que la France et l'Europe doivent peut-être d'avoir échappé à une jacquerie. » —Fleury de Chaboulon (*Mém.*, I, 368-370): « Leurs imprécations firent craindre à l'empereur d'avoir ressuscité l'anarchie... Il fit la faute d'arrêter les mouvements populaires... Dans l'état de crise où il se trouvait et dans lequel il avait entraîné la France, il ne devait dédaigner aucun moyen de salut, et le plus efficace était de lier le peuple à son sort... Le peuple aurait mieux senti alors que ce ne n'était plus seulement la cause personnelle de Napoléon qu'il avait à défendre, et la crainte du châtiment lui aurait rendu cette ancienne exaltation si fatale à la première coalition. » — Montholon (*Récits*, II, 224) : « Il fallait faire la terreur comme en 93. C'est la mort de Louis XVI qui a sauvé la Révolution parce que les juges étaient trop compromis pour ne pas dire : Vaincre ou mourir. » — Mémoires de Molé, précités : « Soyez tranquille, me dit l'empereur, je suis là pour arrêter les Jacobins. Ils ne me feront pas aller plus loin que je ne voudrai. » — Villemain, *Souvenirs*, 173-174. « L'effervescence de la rue déplaisait mortellement à Bonaparte. Il avait dégoût et crainte de tout ce qui était émotion tumultuaire. — Mme de Staël (*Considérat. sur la Révolution*, III, 141-143) : « Le jacobinisme militaire était la seule ressource de Bonaparte. » — Hobhouse (*Lettres*, II, 29) : « Les actes de son dernier règne prouvent qu'il avait horreur de répandre le sang, mais il n'y avait que ce moyen pour réussir. Quand il fut trop tard, il avoua son erreur, mais je ne crois pas qu'il ait regretté de ne l'avoir pas fait. » — Rousselin (Notes manuscrites, collection Bégis) : « Napoléon fit donner les ordres les plus sévères pour observer la modération. Il y réussit, mais la nation en émoi, en ardeur et disposée à tous les sacrifices fut refroidie et glacée. »

il disait, et déjà à Lyon et à Chalon, il avait été effrayé et dégoûté par les vociférations de la populace. « — C'est de la rage ! » s'écriait-il [1].

« Le cheval de bois de 92 n'est pas brûlé, écrivait le général Hugo. Nous saurons le retrouver pour le service de l'empereur [2]. » Mais ce formidable « cheval de bois », l'empereur répugnait à l'employer. Après avoir ameuté l'Europe entière contre la France, il recula devant les moyens révolutionnaires, les seuls, dit Jomini, qu'il eût peut-être de sauver la patrie [3]. A Sainte-Hélène, l'empereur en eut parfois le regret, jamais le remords. De ses nombreux entretiens sur ce sujet, il ressort que faire la Terreur comme en 93 était le salut, mais qu'il n'eut pas le courage de se jeter dans une dictature de sang. « L'empire, dit-il, était devenu *légitime*. Un gouvernement régulier ne peut se charger ni des mêmes fureurs ni du même odieux que la multitude. Je ne voulais pas être un Roi de la Jacquerie. Une révolution est le plus grand des fléaux. Tous les avantages qu'elle procure ne sauraient égaler le trouble dont elle remplit la vie de ceux qui en sont les auteurs [4]. »

L'ancien personnel impérial que Napoléon retrouva aux Tuileries avait encore plus de répulsion que lui-même pour les moyens à la Danton. Si grande était chez quelques-uns la haine de la Révolution que

---

1. Fabry, *Itinéraire de Bonaparte*, 91-92.
2. Général Hugo à Davout, Thionville, 18 avril (Arch. Guerre). — Le général Hugo était, comme on sait, le père de Victor Hugo, et le grand poète n'eut pas désavoué cette image : « le cheval de bois de 92 ».
3. « ... Mon système de défense ne valait plus rien parce que les moyens de résistance étaient trop au-dessous du danger. Il fallait recommencer une révolution pour me donner toutes les ressources qu'elle crée ; il fallait remuer toutes les passions pour profiter de leur aveuglement : sans cela, je ne pouvais plus sauver la France » Jomini, *Vie polit. et milit. de Napoléon*, II, 413 (édit. de Bruxelles).
4. Las Cases, *Mém.*, VI, 93-95. Montholon, *Récits*, II, 150, 180, 204, 224.

Molé, d'Hauterive et Chauvelin refusèrent de signer la déclaration du 26 mars de leurs collègues du conseil d'Etat sous prétexte qu'elle portait : « La souveraineté réside dans le peuple ; il est la seule source légitime du pouvoir[1]. » Les serviteurs les plus fidèles et les plus zélés de Napoléon, les Bassano, les Caulaincourt, les Mollien, les Daru, les Regnaud, les Boulay, n'eussent point voulu s'associer à une dictature jacobine, et les jacobins eux-mêmes, comme Carnot et Fouché, étaient devenus des libéraux.

Au reste, il ne fallait pas beaucoup d'efforts pour détourner l'empereur de recourir à des mesures renouvelées du comité de Salut public. Les décrets de Lyon pouvaient faire croire qu'il en avait eu la velléité, mais à Paris Napoléon n'est déjà plus le soldat de la Révolution qu'ont acclamé le Dauphiné, le Lyonnais et la Bourgogne. Il se croit redevenu le tout puissant empereur de 1811, « le souverain légitimé par les victoires et les traités ». Il a des préfets du palais et des maîtres des cérémonies, des chambellans, des pages, des hérauts d'armes, des contrôleurs de la bouche, des quartiers-maîtres des écuries. L'étiquette monarchique règne de nouveau aux Tuileries où il y a messe en musique chaque dimanche et où chaque semaine la Comédie-Française, l'Opéra-Comique, le Théâtre de l'Impératrice viennent jouer pour la cour. Non-seulement il repousse le décret portant suppression des dénominations de *sujet* et de *monseigneur*, que lui présente Carnot, mais il impose un titre de comte à l'ancien conventionnel. Il réunit autour de son trône sa nombreuse famille, donne comme résidence l'Elysée à Joseph et le Palais-Royal à Lucien, veut que l'un et l'autre se forment une maison avec une écurie de

1. Fragment des Mémoires de Molé. (*Revue de la Révolution*, XI, 93.)

quarante chevaux et imagine d'affubler ses frères, pour les grandes cérémonies, de costumes blancs de candidats à l'Empire[1]. Maintenant que Napoléon a ressaisi le sceptre, il se résignerait aisément à oublier dans l'appareil de la souveraineté et dans l'exercice du pouvoir absolu ses proclamations démagogiques et ses paroles de liberté.

Mais des milliers de voix s'élèvent pour les lui rappeler. Si les colères révolutionnaires grondent chez le peuple qui, peu soucieux de la responsabilité ministérielle et de la liberté de la presse, veut surtout la suppression des droits réunis et l'écrasement de la noblesse, dont il a souffert la morgue et appréhendé les revendications, dans les classes dirigeantes, les idées libérales, déjà très prononcées sous le gouvernement de Louis XVIII, ont acquis une nouvelle force. On avait craint que le roi ne reprît peu à peu et une à une les libertés publiques; désormais on redoute que l'empereur, qui pendant dix ans a personnifié l'absolutisme, ne les supprime toutes et d'un seul trait de plume. « Je trouvais, dit La Fayette, de meilleures chances pour la liberté dans la maladroite et pusillanime malveillance des Bourbons que dans la vigoureuse et profonde perversité de leur antagoniste[2]. » Patriotes, jacobins, bonapartistes étaient devenus aussi libéraux que les constitution-

---

1. Napoléon à Joseph, 25 mars (Arch. nat. AF. IV, 907). La Fayette à Mme d'Hénin, 15 mai (Mém., V, 499). Moniteur et Journal de l'Empire, 27. 28. 29 mars, 10, 11, 13 avril, 9 et 22 mai, etc. Notes de Lucien Bonaparte (Arch. Aff. étr., 1815). Mém. sur Carnot, II, 439-440. Miot de Melito, Mém., III, 432. Arch. nat. 0² 36. Arch. de la Comédie-Française.
Joseph, arrive le 23 ou le 24 mars, habita d'abord l'Elysée, puis le Palais-Royal et enfin l'hôtel du Prince de Condé ou le Luxembourg. — Jérôme arriva à Paris le 27 mai. Madame mère et le cardinal Fesch arrivèrent le 1ᵉʳ juin. — Lucien vint une première fois le 10 avril, repartit le 12 avec une mission pour le pape qu'il ne put remplir, le gouvernement suisse lui ayant refusé le passage, et rappelé par une lettre de Joseph, il revint à Paris le 7 mai.
2. La Fayette, Mém., V, 405.

nels. Les chefs de l'armée eux-mêmes raisonnaient sur l'équilibre des pouvoirs, les garanties nécessaires et le vote de l'impôt comme Comte et Benjamin Constant. Dans un banquet donné à Metz pour célébrer le retour de l'empereur, le général Maurin porta ce toast : « A la nation française ! Puisse-t-elle, par la constitution libérale qu'elle va se donner, être constamment libre, heureuse et respectée au dehors. » Le capitaine de frégate Baudin écrivit à Carnot : « Tout gouvernement qui ne sera pas assis sur des constitutions libérales sera promptement renversé[1]. » Dès Grenoble, La Bédoyère avait dit à l'empereur qu'il faudrait renoncer au gouvernement absolu. A Auxerre, Ney lui avait donné de pareils avis[2]. A Paris, les ministres, les hauts fonctionnaires, les généraux, les magistrats, les conseillers d'Etat lui font entendre les mêmes paroles dans des conversations particulières et dans des Adresses officielles : « ... Point d'actes arbitraires, disent les ministres : sûreté des personnes, libre circulation de la pensée, tels sont les principes que vous avez consacrés. » — « L'empereur ne veut régner, dit la Cour de cassation, que par une constitution faite et acceptée dans l'intérêt et par la volonté de la nation. » — « Sire, dit le conseil municipal de Paris, vos premières paroles sur le sol français renferment la promesse d'une constitution digne de vous et de vos peuples. » — « L'empereur, dit le conseil d'Etat, a pris l'engagement de garantir les principes libéraux, la liberté individuelle, la liberté de la presse et l'abolition de la censure, le vote des contributions et des lois par les représentants de la nation, la responsabilité

---

1. Lanusse à Davout, Metz, 9 avril. (Arch. Guerre.) Lettre de Baudin, 27 mars (citée dans les *Mém. sur Carnot*, II, 413-414).
2. Fleury de Chaboulon, *Mém.*, I, 183, 241. Mlle Cochelet, *Mém.*, III, 11.

des ministres et de tous les agents du pouvoir[1]. »

L'empereur n'avait point précisé tant de choses, mais il s'était livré, et on lui faisait dire tout ce qu'on voulait. Les circonstances, le sentiment public et surtout l'opposition des gens dont il avait formé son gouvernement empêchaient Napoléon de reprendre le pouvoir absolu. S'il avait voulu déchaîner la révolution, il aurait pu éviter de donner la liberté[2]. Mais il lui répugnait de se faire « roi d'une Jacquerie[3] ». Ne pouvant plus être empereur et ne voulant point être dictateur populaire, il fut réduit à prendre le rôle effacé de monarque constitutionnel. Dès les premiers jours d'avril, il s'occupa de donner au pays des institutions libérales. « C'était une niaiserie, a dit madame de Staël. Du moment qu'on reprenait Bonaparte, il fallait lui déférer la dictature. Autrement, la terreur qu'il inspirait, la puissance qui résultait de cette terreur n'existaient plus. C'était un ours muselé qu'on entendait murmurer encore, mais que ses conducteurs faisaient danser à leur façon[4]. »

Naturellement, l'empereur en se désarmant ne désarma point ceux qui l'y avaient contraint. Il avait beau se résigner plus ou moins sincèrement au libé-

---

1. *Moniteur*, 27 et 28 mars.
2. « Si Bonaparte eût voulu encourager la vengeance, un peuple nombreux eut pris volontiers la vengeance pour la liberté. » Benjamin Constant, *Mém.*, II, 3. — « La violence était la route la plus sûre, on pouvait combiner les ressources encore immenses de l'esprit militaire avec les moyens désespérés des fureurs démagogiques. C'est en repoussant ces puissants et terribles auxiliaires que le gouvernement impérial se créait des dangers... » *id.*, *ibid.*, 100. — « Le Jacobinisme militaire était l'unique ressource de Bonaparte. Il devait prendre la liberté comme arme et non comme entrave. » Mme de Staël, *Considérat. sur la Révolution*, III, 133. — « La résolution que Napoléon adopta en cette circonstance fut honorable et non point politique. » Fleury de Chaboulon, *Mém.*, I, 370. « Au lieu de m'occuper de constitution, j'aurais dû me saisir de la dictature jusqu'à la paix générale. Je le pouvais sans danger en faisant appel aux masses populaires ». Montholon, *Récits*, II, 204.
3. Benjamin Constant, *Mém.*, II, 23. Cf. Las Cases, *Mémor.*, V, 94.
4. Mme de Staël, *Considérat. sur la Révolution*, III, 141.

ralisme, on ne lui en savait aucun gré et les défiances et les suspicions persistaient [1]. Avant qu'il eût promulgué la nouvelle constitution, c'est-à-dire quand il régnait encore sous l'empire de la constitution de l'an VIII et des sénatus-consultes de l'an X et de l'an XII, on entravait ses volontés, on discutait ses ordres, on éludait ses instructions. Par une métamorphose inattendue, les régicides de la Convention et les séides de l'empire étaient devenus des casuistes de légalité. Carnot qui avait signé, sans même perdre son temps à les lire, tant de listes d'envois au Tribunal révolutionnaire, prenait la peine d'écrire à l'empereur pour lui représenter que le général Morand, chargé d'une mission extraordinaire avec pleins pouvoirs, « avait empiété sur l'ordre civil » en faisant arrêter comme fauteur de troubles le sous-préfet d'Argentan [2]. Fouché, qui en 93 avait institué à Lyon le comité des sept juges parce que les tribunaux révolutionnaires « embarrassés dans les formes » ne faisaient point assez prompte justice, recommandait dans une circulaire aux préfets « d'abandonner les errements de la police d'attaque et de se renfermer dans les limites d'une police libérale. » Il s'abstenait de faire arrêter les suspects que l'empereur lui désignait ; il donnait des permis de séjour ou des sauf-conduits à tous les agents royalistes qui lui faisaient la faveur d'en demander. Il écrivait à Benjamin Constant : « Les mesures violentes, loin de vaincre les résistances, en font naître de nouvelles et leur donnent plus de force. » En pleine insurrection vendéenne, il infligea un blâme au lieutenant de police de Nantes

---

1. Benjamin Constant, *Mém.*, II, 18. La Fayette, *Mém.*, V, 401, 415. Mme de Staël, *Considérat. sur la Révolut.*, III, 141. Villemain, *Souvenirs*, II, 177-178.
2. Carnot, *Corresp. pendant les Cent Jours*, 55-57. Cf. 82-84.

pour son ordonnance mettant sous le séquestre les biens des nobles dont l'absence ne serait pas justifiée[1]. Regnaud et Bassano, qui avaient eu dans l'impeccabilité de Napoléon la foi du charbonnier, qui l'avaient adoré et servi comme un dieu, s'opposaient à ses moindres velléités d'arbitraire[2]. Le procureur général Legoux évitait de poursuivre les délits de presse[3]. Le 23 mai, le conseil d'Etat refusa de donner son adhésion au décret rappelant les conscrits de 1815, sous prétexte qu'aux termes de la nouvelle constitution — qui n'était pas encore votée — les levées appartenaient au pouvoir législatif[4]. L'empereur avait nommé vingt-deux commissaires extraordinaires mais il aurait pu appliquer à tous, ou à presque tous, son mot sur l'un d'entre eux : « La présence de Pontécoulant à Toulouse n'a fait qu'augmenter le mal[5]. » Rœderer maintenait comme maire de Marseille un royaliste déclaré. Costaz faisait mettre en liberté des conspirateurs arrêtés par Vandamme. Boissy d'Anglas laissait tout dans l'état à Bordeaux. « — Si Napoléon est vainqueur, disait-il, tout ira bien sans prendre de mesures, et s'il est vaincu tout ce que l'on aura pu faire ne servira à rien[6]. »

---

1. Circulaire du duc d'Otrante, 31 mars. Napoléon à Fouché, 27 mars, 14, 29, 30 avril, 3, 5, 15, 16, 24 mai. (Arch. nat. AF. IV, 907, et AF. IV*, 60.) Napoléon, *Corresp*, 21902, 21921, 21923. Résigny à Napoléon, Angoulême. 2 juin (*Portefeuille de Bonaparte*, 110-111). Benjamin Constant, *Mém.*, II, 90-91. Cf. *Mém. de Fouché*, II, 325-327.
Un correspondant de Wellington lui écrivait très justement de Paris, le 8 avril : « L'empereur n'est qu'un instrument des jacobins, mais ce ne sont plus les jacobins de 93. Ils sont plus libéraux que révolutionnaires (Supplément à la *Corresp. de Wellington*, X, 101).
2. Benjamin Constant, *Lettres*, II, 98. Fleury de Chaboulon, *Mém.*, I, 322-323. Ernouf, *Maret, duc de Bassano*, 645-651.
3. Legoux à Réal, 24 avril. (Arch. nat., F. 7, 3688 21.)
4. Miot de Mélito, *Mém.*, III, 430-431. — Napoléon passe outre à cette opposition. La classe de 1815 fut rappelée avant la réunion des chambres.
5. Napoléon à Fouché, 20 mai. (Arch. nat. AF. IV, 907.)
6. Vandamme à Davout, Mézières. 30 avril. (Arch. Guerre, armée du nord.) Rapports de Lannoy et de Resigny à l'empereur. Marseille, 8 juin, et

Les décrets de Lyon et le décret du 25 mars concernant les ex-ministres et les militaires de la Maison du roi furent amendés dans un sens moins rigoureux. Leurs dispositions, en ce qu'elles avaient d'abusif et de vexatoire, restèrent lettre morte à Paris et dans la plus grande partie de la France. Les biens nationaux restitués depuis le 1er avril 1814 ne furent mis sous séquestre que dans un petit nombre de provinces, et ceux qui appliquèrent cette mesure comme ceux qui eurent à la subir y virent seulement une formalité temporaire. Aux émigrés rentrés sous Louis XVIII, il suffit d'un simple acte de soumission pour être autorisés à demeurer en France. Au lieu d'annuler les nominations faites dans la Légion d'honneur, on institua une commission pour les reviser. Les ex-gardes du corps et officiers de la Maison militaire furent en général dispensés du serment qui leur était prescrit; tous ceux qui demandèrent à servir furent replacés dans la cavalerie avec le grade qu'ils avaient antérieurement au 11 avril 1814. Ferrand resta fort tranquillement dans sa terre de l'Orléanais. Dandré, l'ancien directeur de la police, Lainé, qui dans une protestation datée de Bordeaux, 28 mars, avait, en qualité de président de la Chambre des députés et au nom de la nation française, dispensé tout propriétaire de payer des contributions aux agents de Buonaparte et tout individu de satisfaire au recrutement, ne furent pas inquiétés. S'ils émigrèrent dans le cou-

---

Bordeaux, 7 juin. (*Portefeuille de Buonaparte*, 88-89 et 32.) —Nous dirons ici, une fois pour toutes, que la majeure partie des pièces du *Portefeuille de Buonaparte* (ouvrage mentionné comme apocryphe dans le catalogue de la Bibliothèque nationale) sont parfaitement authentiques. Plusieurs ont été reproduites dans la *Correspondance de Napoléon*, d'autres se trouvent aux Archives nationales (AF. IV. 908 et 1935 et aux Archives de la Guerre). Enfin, l'empereur qui vit cette publication à Sainte-Hélène reconnut nombre de pièces renfermées dans le portefeuille qui avait été perdu sur le champ de bataille de Waterloo. (Las Cases, III, 93.)

rant d'avril, ce fut de leur plein gré[1]. Malgré les conseils et les instructions de Davout, qui seul dans le gouvernement voulait la répression[2], aucune poursuite ne fut commencée contre les instigateurs de l'insurrection vendéenne. Les préfets et les officiers généraux qui avaient fomenté et mené la guerre civile dans le Midi en furent quittes pour la destitution. Le comte Boulay écrivait à Davout : « L'intention bien prononcée de l'empereur est d'empêcher toute réaction politique[3] ».

Dans la soirée du 22 mars, Napoléon, justement irrité de la Déclaration des puissances où on le traitait en galérien évadé, dicta un décret exceptant de l'amnistie et déférant aux tribunaux, comme coupables de connivence avec l'ennemi en 1814, Talleyrand, Marmont, Lynch, Vitrolles, La Rochejaquelein, Alexis de Noailles, Sosthène de La Rochefoucauld, Bourrienne, Bellart, Beurnonville, Jaucourt, Dalberg et Montesquiou. Cette mesure n'était dans l'idée de l'empereur qu'un arrêt comminatoire destiné à imposer

---

[1]. Observations des présidents de section du conseil d'État, 25 mars. Extrait de la corresp. des préfets et des rapports de police, du 24 mars au 5 avril (Arch. nat. AF. IV, 1934, F. 7, 3044ª, F. 3147, F. 7, 3774). Délibération du conseil de préfecture du Morbihan, 30 mars. (Arch. Guerre.) Napoléon, *Corresp.*, 21794, et *L'île d'Elbe et les Cent Jours* (Corresp., XXXI, 105). Benjamin Constant, *Mém.*, II, 90-91. F. de Chaboulon, I, 297-298. Davout, *Corresp.*, 1547-1553. Circulaire de Davout, 26 mai (Arch. Guerre). *Mém. de Fouché*, II, 326-327. Thibaudeau, X. 268-270.

[2]. Davout, *Corresp.*, 1518, 1520, 1524, 1537, 1546, 1548, 1581, etc. : A Napoléon 27 mars : « Le colonel Noireau fera arrêter les nobles. » A Gilly, 30 mars : « Je vous autorise à nommer des commissions militaires. » A Grouchy, 3 avril. « La retraite des insurgés sera coupée. Il sera fait une bonne justice des chefs. » A Morand, 5 avril : « Qu'on arrête tous les chefs vendéens. » A Solignac, 6 avril : « Prendre des mesures pour empêcher les chefs des soulèvements de se sauver. » A Grouchy, 13 avril : « Il faut mettre en jugement les officiers du 10ᵉ de ligne. » A Napoléon, 7 avril : « J'ai donné l'ordre à Suchet de faire fusiller le colonel d'Ambrugeac et les autres traîtres, s'ils sont coupables de la trahison du pont. » (Arch. nat. AF. IV, 1939.)

[3]. Boulay à Davout, 24 avril (Arch. Guerre). — Cf. Thibaudeau, X, 268 : « Il n'y eut ni réaction, ni justice. Menacé par une effroyable tempête, le gouvernement manœuvra comme dans un temps calme. »

aux séditieux. Aucun ordre ne fut donné par lui pour arrêter ceux des treize proscrits qui se trouvaient encore en France[1]. L'empereur, voulant rattacher ce décret à ceux qu'il avait rendus à Lyon, l'antidata de Lyon, 12 mars, et demanda à Bertrand de le contresigner comme les précédents. Le grand-maréchal s'y refusa nettement ; il déclara qu'il ne pouvait s'associer à un acte arbitraire. L'empereur s'adressa alors au duc de Bassano qui, après lui avoir fait les mêmes objections et opposé le même refus, n'obéit qu'à un ordre formel. Encore ce décret parut-il au *Bulletin des Lois* avec cette formule inusitée : « Par l'Empereur, *pour expédition conforme.* » Devant l'opposition de ses plus dévoués serviteurs, Napoléon avait hésité, au reste, à publier le décret qui, rédigé le 22 mars, ne fut rendu public que le 6 avril[2]. Il y eut une clameur chez les libéraux, des murmures jusque dans les Tuileries. La Bédoyère dit assez haut pour être entendu de l'empereur : « — Si le régime des proscriptions recommence, tout sera bientôt fini[3]. »

La Bédoyère se rappela-t-il ces paroles quand, quatre mois plus tard, il tomba sous les balles du peloton d'exécution ? Les proscriptions avaient profité à la Révolution et le gouvernement de Louis XVIII n'allait pas hésiter à s'en servir.

---

1. Vitrolles seul fut incarcéré, mais pour son rôle à Toulouse, et quoiqu'il se glorifie emphatiquement d'avoir risqué de subir le sort du duc d'Enghien (*Mém.*, III, 5-2) il ne semble pas que l'empereur ait jamais songé sérieusement à le faire traduire devant une commission militaire. Vitrolles le reconnut d'ailleurs (III, 23). Cf. Pozzo, *Corresp.*, 101-103. Napoléon, *Œuvres de Sainte-Hélène* (*Corresp.* XXXI, 165). Benjamin Constant, *Mém.*, II, 37-38, et *Mém. sur Carnot*, II, 454.

2. F. de Chaboulon, *Mém.*, I, 388-392. Note de Montholon (citée par Ernouf, *Maret*, 685-646). *Bulletin des Lois*, 6 avril. Cf. Napoléon (*Notes sur l'ouvrage de Chaboulon*, *Mém.*, II, 299, 312) qui à travers ses contradictions et ses dénégations laisse percer la vérité.

3. Villemain, *Souv.*, II, 172. Guizot, *Mém.* I, 75.

III

L'administration était inerte ou hostile. Le roi avait conservé la moitié des préfets et des sous-préfets de l'empire[1] ; mais leur zèle pour Napoléon, qui avait faibli dès 1813, ne s'était pas ranimé au retour de l'île d'Elbe. Quant aux fonctionnaires nommés par Louis XVIII, quelques-uns seulement remirent leur démission après le 20 mars ; les autres, quoique restant à leur poste, étaient plus disposés à trahir qu'à bien servir le gouvernement usurpateur. Dans toutes les provinces s'élevaient contre eux les plaintes et les accusations. Les généraux employés dans les différentes divisions militaires réclamèrent le remplacement immédiat de tous les préfets et sous-préfets[2] Et ce n'était pas là un complot des traîneurs de sabre contre l'autorité civile, puisque de simples particuliers firent parvenir aux Tuileries et au ministère de l'intérieur les mêmes avis et les mêmes doléances. « Les administrations civiles sont gangrenées, lit-on dans une lettre de Bonanay à Carnot. Tous les mérites de l'empereur, l'enthousiasme des citoyens, son retour glorieux dans la capitale après un trajet rapide de deux-cent-vingt lieues où il a été suivi par les acclamations de la multitude, rien ne fera si l'on ne change les préfets, les secrétaires généraux, les sous-préfets, les maires, les adjoints, les commis, les employés de toute sorte[3]. »

1. Voir **1815**, I. 23.
2. Corresp. générale, du 31 mars au 17 juin (Arch. Guerre) et notamment : Davout à Carnot, 31 mars, 7 et 28 avril, 6 juin. Carnot à Davout, 14 et 27 avril, 21 mai. Lettres à Davout : de Brouard, Nantes, 8 avril ; de Lemarrois, Rouen, 8 avril ; de Lepic, Bourges, 12 avril ; de Lucotte, Perigueux, 8 mai ; de Vandamme, Rocroi, 12 mai ; de Vedel, Caen, 17 mai, etc., etc. Rapports des commandants militaires et envoyés en mission, avril. (Arch. nat. F1e I, 26.)
3. Bonanay à Carnot, 13 avril. (Arch. nat. F1e I. 26.) Cf. Lettres diverses

L'empereur, qui dans le parcours de Cannes à Paris avait déjà prononcé plusieurs révocations, pressait son ministre de l'intérieur de faire une exécution générale. Carnot comprenait aussi bien que Napoléon la nécessité d'un changement complet, mais il voulait y procéder graduellement « de peur d'arrêter le mécanisme administratif[1] ». Le 6 avril seulement, la liste des préfets fut définitivement arrêtée. Des 87 préfets que le précédent gouvernement avait nommés ou conservés, 61 furent révoqués, 22 maintenus ou déplacés[2]. Garnot resta à Auxerre, Plancy à Melun, Girardin à Rouen ; Rambuteau passa de la Loire dans l'Allier, Lameth de la Somme dans la Haute-Garonne, Bessières de l'Aveyron dans l'Ardèche. De nombreuses nominations de sous-préfets suivirent celles des préfets. Mais parmi ces nouveaux fonctionnaires, plusieurs mirent peu d'empressement à rejoindre leur poste. Les plus zélés eux-mêmes, comme Harel nommé préfet des Landes, durent compter avec la lenteur des moyens de locomotion. La plupart d'entre eux n'entrèrent vraiment en fonctions que du 10 au 20 avril[3]. Ainsi, pendant près d'un mois, l'administration était restée aux mains d'un personnel secrètement ou ouvertement hostile à l'empire. En outre, les choix de Carnot ne furent pas tous bons. On nomma des incapables, des maladroits, des gens

---

au même, avril-juin, F1c I, 26, et F. 7, 3647. Note du ministère remise à l'empereur, 22 mai (AF. IV, 1985).

1. Napoléon, *Corresp.*, 21728. Napoléon à Carnot, 26 mars. (Arch. nat. AF., IV, 907.) Carnot, *Corresp. avec Napoléon*, 36-39.

2. *Bulletin des Lois*, 9 avril. — Plusieurs préfets nommés par décrets des 25, 28 et 30 mars ne furent pas maintenus dans le grand mouvement du 6 avril.

Parmi les 61 préfets révoqués, une vingtaine, les plus compromis, étaient en fuite ou avaient envoyé leur démission.

3. Napoléon, *Corresp. avec Carnot*, 26, 31, 56, 76. — Les copies (d'après les minutes) de plusieurs lettres de ce volume se trouvent aux Archives nationales, AF. IV, 907.

sans expérience. On destitua des préfets que l'on aurait pu conserver et l'on en garda qu'il eût fallu révoquer, nommément le préfet d'Ille-et-Vilaine qui avait quitté Rennes le 22 mars pour ne pas assister à la proclamation de l'empire, et le préfet du Tarn qui, sur les ordres de Vitrolles, venait de dresser une liste de proscription contre les bonapartistes[1].

Parmi les fonctionnaires nommés ou maintenus par Carnot, les préfets de Lyon et de Marseille n'ont ni énergie, ni fermeté. Le préfet de Niort fréquente les royalistes sous prétexte « qu'il veut les faire causer » ; le préfet de Bordeaux fait obstacle à tout ce qu'ordonne Clausel ; le préfet de Caen entrave l'organisation des fédérés. Le sous-préfet de Senlis refuse de signer l'Adresse des habitants à l'empereur ; celui de Lisieux donne l'ordre d'enlever du clocher le drapeau tricolore, « dans la crainte d'exciter des troubles » ; celui de Rocroi, place frontière, montre de telles dispositions que Vandamme le destitue de sa propre autorité ; celui de Nogent-le-Rotrou fait afficher sous le porche de l'église une proclamation de Louis XVIII[2]. Pendant tout le règne, ce furent de nouvelles destitutions, de nouveaux changements, un chassé-croisé incessant de préfets et de sous-préfets[3]. Et le 18 juin encore, le jour de Waterloo, un habitant de l'Aisne écrivait à Carnot : « Le gouvernement veut-il se maintenir ou veut-il remettre les rê-

1. Caffarelli à Davout, Rennes, 24 mars. (Arch. Guerre.) Merlin à Carnot, 20 avril. (Arch. nat. F1c I, 26.) — Cf. sur les mauvais choix de préfets, Napoléon, *Corresp. avec Carnot*, 41, 52, 53, 61, 70, 89, etc.
2. Lannoy à Napoléon, Lyon, 1er juin. (Arch. Guerre.) Rey à Napoléon, Marseille, 8 juin. Résigny à Napoléon, Niort, 28 mai, et Bordeaux, 30 juin. (*Portefeuille de Buonaparte*. 81, 83, 108.) Vandamme à Davout. 12 mai. Lemarrois à Davout, Rouen, 16 mai. (Arch. Guerre.) Bassano à Carnot, 6 mai (Arch. nat. AF. IV*, 202). Vedel à Davout, Caen. 11 mai. (Arch. Guerre.) Napoléon à Fouché, 16 mai. (Arch. nat. AF. IV, 907.)
3. Napoléon, *Corresp. avec Carnot*, 41, 52, 53, 61, 73, 89, etc. Carnot à Davout, 29 avril et 25 mai. *Bulletin des Lois* du 13 avril au 16 juin.

nes de l'Etat à Louis XVIII ? S'il veut se maintenir pourquoi l'administration continue-t-elle à être dans les mains des agents des Bourbons[1] ? »

Les préfets étaient mauvais. Les maires étaient pires. Sauf dans l'Est de la France, presque tous étaient d'anciens seigneurs de village émigrés que l'empereur, toujours trop jaloux de rallier à lui la vieille noblesse, avait nommés de 1809 à 1811[2]. Le retour miraculeux des Bourbons, auxquels ils ne pensaient plus guère, avait ranimé leur foi royaliste en même temps qu'il leur avait donné de douces espérances de biens restitués et de privilèges reconquis. La restauration de l'empereur les réveillait de ce rêve. Le dépit et la colère les enflammèrent contre cet intrus, et ils le combattirent sourdement ou ouvertement avec les armes redoutables que lui-même leur avait jadis si légèrement confiées. « Les divers rapports des départements, écrit le 30 mars Fouché à Carnot, s'accordent à me signaler les maires, qui sont la plupart des anciens seigneurs, comme un des principaux obstacles au retour de l'ordre ». Le 15 avril, il écrit de nouveau : « Il m'arrive d'une infinité de points des plaintes graves contre le mauvais esprit des maires. Ils terrifient les bons citoyens, arrêtent l'élan des Français et accréditent les nouvelles désastreuses et les bruits sinistres. » Le 20 avril, Davout s'adresse à l'empereur lui-même : « Tous les rapports expriment la même opinion sur la tiédeur et le mauvais esprit des maires, la plupart pris dans la classe des anciens nobles[3]. »

---

1. Lettre à Carnot, 18 juin. (Arch. nat. AF. IV, 1931.)
2. Rapport de Saulnier, inspecteur général de gendarmerie, 13 avril. (Arch. Guerre.) Fouché à Davout, 30 mars. Davout à Napoléon, 20 avril. (Arch. nat. F1e I, 26, et AF. IV, 1937.)
3. Fouché à Carnot, 30 mars et 15 avril. Davout à Napoléon, 20 avril. Arch. nat. F1e I, 26, et AF. IV, 1937.) Cf. Corresp. générale, du 25 mars au

Dès le 27 mars, Carnot avait autorisé les préfets à suspendre les maires mal intentionnés[1]. Les préfets de Louis XVIII étaient encore, pour la plupart, à la tête des départements. Ils s'abstinrent naturellement d'user des pouvoirs que leur conférait le ministre. Dans la seconde quinzaine d'avril seulement, leurs remplaçants prononcèrent quelques suspensions. Il fallait une mesure générale. Aux termes d'un décret, rendu le 20 avril, tous les maires et adjoints durent cesser leurs fonctions à l'arrivée, dans les départements, des commissaires extraordinaires chargés de procéder au renouvellement des municipalités[2]. Mais sous l'influence des idées libérales régnantes, l'empereur se ravisa. On lui avait persuadé que l'opinion publique réclamait l'élection des maires par les communes. Le 30 avril donc, nouveau décret qui annule le précédent et porte que dans toutes les communes au-dessous de 5,000 âmes, les maires seront élus par les citoyens actifs composant les assemblées primaires[3]. A peine le décret est-il publié qu'arrivent de tous côtés les observations les mieux fondées et les prédictions les plus alarmantes. On représente que les maires en fonctions, qui depuis cinq ou six ans se sont fait de nombreuses créatures et qui ont pour eux les fermiers, les employés, les fournisseurs, seront réélus en grande majorité, d'autant que beaucoup des plus ardents partisans de l'empereur, ouvriers et tâcherons, ne seront point admis à voter faute d'être portés au rôle. On demande l'annulation du décret du 30 avril, on pro-

---

20 juin. (Arch. Guerre.) Corresp. des préfets. avril-juin, et lettres diverses, avril-juin. (Arch. nat. F. 7, 3774 ; F1c, I, 26.)

1. Circulaire de Carnot, 27 mars (Arch. nat, F1a, 31).
2. *Bulletin des Lois*, 23 avril. Circulaire de Carnot, 22 avril (Arch. nat. F1a 31). Carnot à Davout, 29 avril. (Arch. Guerre.)
3. *Bulletin des Lois*, 1er mai.

pose que du moins les ci-devant nobles soient déclarés inéligibles ou encore que la possession de domaines nationaux devienne une condition d'éligibilité[1]. Ces objections sont trop tardives. L'empereur a pu rapporter une mesure autoritaire, il n'ose point revenir sur une mesure démocratique[2].

Les élections municipales eurent lieu au mois de mai et donnèrent les résultats prédits. Les deux tiers des anciens maires que le gouvernement espérait voir remplacés furent réélus. Or, comme l'écrivait le général Lucotte, commandant à Périgueux, tout dépendait des maires : contributions, départ des rappelés, organisation des gardes nationales, élections, esprit public[3]. Pour se faire élire, quelques-uns avaient promis qu'aucun habitant de la commune n'aurait à payer un sou d'imposition ni à rejoindre l'armée. Ils tinrent parole. Forts des suffrages de leurs concitoyens, ils bravaient préfets, généraux, commandants de gendarmerie. Celui-ci ordonnait au bedeau de jeter bas, la nuit, le drapeau tricolore ; celui-là suspendait les poursuites contre les contribuables ; un troisième faisait arracher les affiches administratives aussitôt après les avoir fait poser. D'autres entravaient la mobilisation des gardes nationales, opposaient aux engagements volontaires des formalités insurmontables, refusaient le logement aux détachements de passage, cachaient chez eux les réfractaires, répandaient le bruit de l'assassinat de Napoléon. Un maire du Pas-de-Calais disait qu'il vaudrait bien

---

[1]. Lettres diverses, mai. Cf. Corresp. des préfets, mai. (Arch. nat. F1e, I, 26, F. 7, 3044², et F. 7, 3774.)

[2] Sur les représentations qui lui furent adressées, Carnot ajourna cependant dans plusieurs départements l'exécution du décret du 30 avril. (Note du ministère de l'intérieur, 19 mai. Arch. nat. F. 7, 3044ª.)

[3]. Lucotte à Davout, Périgueux, 2 juin (Arch. Guerre). — Lemarrois exprimait ces mêmes idées (à Davout, Rouen, 11 avril, Arch. Guerre).

mieux « marcher contre l'infâme tyran que contre les Alliés », et un maire d'Ille-et-Vilaine s'écriait en pleine place publique qu'au retour des Bourbons il n'aurait plus besoin de chevaux, car il ferait traîner sa voiture par des bonapartistes[1].

Le roi émigré avait aussi des auxiliaires parmi les magistrats, les prêtres, les professeurs, les agents du fisc, les juges de paix, les employés subalternes de toutes les administrations[2]. Le premier président et neuf conseillers de la cour de Rennes, la cour d'Aix tout entière, les tribunaux de Marmande, de Périgueux de Libourne, de Loudéac refusèrent le serment. La cour de Bordeaux se posa ce cas de conscience : « Pouvons-nous condamner ceux qui crient : Vive le roi ! nous qui avons condamné, il y a un mois, ceux qui criaient : Vive l'empereur ! » Des juges de paix de l'Ouest se faisaient agents de guerre civile[3]. Le 27 avril, un conseiller à la cour de Nîmes entraîna les habitants de Saint-Gilles à une révolte qu'il fallut de l'infanterie et de la cavalerie pour maîtriser. Des fonctionnaires se montraient sans cocarde tricolore au chapeau. On négligeait de rétablir les aigles sur les bâtiments de l'Etat; d'où ces réflexions des paysans et des ouvriers : « Il

---

1. Note du ministère de l'intérieur, 19 mai. Lettres et rapports divers, avril-mai. Correspondance des préfets, mai-juin. (Arch. nat. F. 7, 3044ª, F 1ᶜ I, 26, F. 7, 3774.) Rapports à l'empereur des officiers d'ordonnance Résigny et Planat (*Portefeuille de Buonaparte*, 110, 116). Corresp. générale, mai-juin (Arch. Guerre).

2. Napoléon à Fouché, 14 avril ; à Mollien et à Gaudin, 17 avril et 19 mai ; à Carnot, 30 avril et 8 mai ; à Cambacérès, 22 mai. (Arch. nat. AF. IV*, 60. AF. IV, 907.) Rapport général sur le clergé, 26 mai. (Arch. nat. AF. IV, 1935.) Cf. Carnot, *Corresp.*, 36, 62-63, 111-114. Correspondance générale, avril-juin (Arch. Guerre), et corresp. des préfets, avril-juin. (Arch. nat. F. 7, 3774.)

3. Caffarelli à Davout, Rennes, 20 avril. Lucotte au même, Périgueux, 23 avril. Ambert à Davout, Nîmes, 29 avril. Davout à Cambacérès, 7 juin. Cambacérès à Davout, 17 juin. (Arch. Guerre.) Rapports des préfets des Côtes-du-Nord, 23 avril ; du Lot-et-Garonne, 1ᵉʳ juin ; de la Gironde, 3 et 12 juin, etc., etc. (Arch. nat. F. 7, 3740, F. 7, 3774. F1ᶜ, I, 24.)

faut que l'administration elle-même ait bien peu de confiance dans la durée de l'empire¹ ! » Le proviseur de Lyon défendait aux élèves de crier : Vive l'empereur ! dans la cour du lycée. M. de Wailly agit de même au lycée Napoléon ; il y eut de sévères punitions qui provoquèrent une révolte générale, et le grand-maître de l'Université donna raison au proviseur ! Un rapport du préfet de l'Hérault mentionne qu'un instituteur de Lodève a pris la fuite après avoir imprimé au fer rouge une fleur de lys sur le bras de plusieurs de ses écoliers². Ce bourreau d'enfants était bien digne du nom de « convulsionnaire royaliste » que les patriotes lorrains donnaient à leurs adversaires³.

Dans une lettre pastorale, l'évêque d'Agen enjoint à son clergé d'exhorter les bons catholiques à n'obéir qu'au roi légitime. L'évêque de Vannes déclare que jamais il ne chantera un *Te Deum* pour le tyran. L'évêque de Soissons écrit au ministre des cultes qu'il ne reconnaît d'autre souverain que S. M. Louis XVIII⁴. Le curé d'Haineville met le village en interdit comme en plein moyen-âge ; il n'y a plus ni office divin ni sacrements. Le curé de Villeneuve-d'Agen annonce qu'il va fermer l'église. Le clergé tout entier du département du Nord, jusqu'aux religieuses du couvent d'Esquermes qui font copier à leurs élèves les proclamations de Louis XVIII, se croise pour les Bourbons. En Alsace, les prêtres menacent de damnation éternelle les

---

1. Note de Huss, Paris, 22 mars. Rapport général, 30 mai. (Arch. nat. F. 7, 3200⁴, F. 7, 3740.)
2. Rapports du préfet de Lyon, 8 juin et du préfet de l'Hérault, 29 mai. Napoléon à Carnot, 8 mai. (Arch. nat. F. 7, 3774, AF. IV, 907.) Barry, *Cahier d'un Rhétoricien de 1815*, 113-134.
3. Major Aurange à Davout, Montmédy, 15 mai. (Arch. Guerre.)
4. Caffarelli à Davout, Rennes, 31 mars. Circulaire de l'évêque d'Agen, 31 mars (Arch. Guerre). Rapport du préfet du Morbihan, 26 mars. Bigot de Préameneu à Napoléon, 23 mai. (Arch. nat. F. 7, 3774, AF. IV, 1935.)

paysans qui obéiront au décret sur la garde nationale. Un curé de l'Ain dit au prône que les enfants des individus qui ont dansé quand on a arboré le drapeau tricolore ne seront plus admis à communier. A Brest, un vicaire refuse l'absolution à la servante d'un bonapartiste. Le jour de la Fête-Dieu, à Saugues, un prêtre se détache de la procession et abat, d'un coup de poing, le shako décoré de l'aigle d'un soldat en permission. Les séminaristes bretons attendent dans une pieuse veillée des armes le premier coup de fusil pour prendre part à la guerre civile. Dans la moitié de la France, les prêtres se refusent à chanter le *Domine salvum*. Quelques-uns font des compromis. Ils disent : *Domine, servum fac imperatorem*, ou bien ils psalmodient les paroles sur le ton du *De Profundis*[1]. « Le clergé est animé du plus mauvais esprit, écrit l'officier d'ordonnance Lannoy en mission dans le Midi. Il n'y a pas de moyens que les prêtres n'emploient pour égarer l'esprit public. Ils font beaucoup de mal ». — « Mes soldats provençaux, écrit le colonel du 57e, reçoivent des lettres de leurs parents où il est dit que le curé les menace de l'enfer s'ils ne désertent pas ». — « Il faut gagner le clergé en Bretagne et ailleurs si l'on veut éviter la guerre civile, dit Davout à l'empereur. » — « Si l'on pouvait gagner le clergé ! écrit le général Delaborde. Mais c'est chose impossible[2] ».

1. Rapports des préfets de la Manche, 9 avril ; du Nord, 15 avril et 24 mai ; de l'Ain, 2 mai ; du Finistère, 16 avril ; de la Haute-Vienne. 10 avril ; de la Nièvre, 4 juin, etc., etc. Rapport général sur le clergé, 26 mai. (Arch. nat. F. 7, 3774, AF. IV, 1935.) Lettres de Lucotte, Périgueux, 9 avril ; de Caffarelli, Rennes, 9 avril ; du chef d'escadron de gendarmerie de Quimper, 9 avril ; de Dubois, Chantilly, 11 avril ; de d'Erlon, Lille, 16 avril ; de Gency, Evreux, 17 avril ; de Lemarrois, Rouen, 26 avril ; de Carnot. 2 mai ; de Rapp, Strasbourg, 15 mai ; de Lannoy, Lyon, 1er juin ; de Bigot de Préameneu, 10 juin. (Arch. Guerre.)

2. Lannoy à l'empereur, Montélimar, 4 juin, et Avignon, 5 juin. (*Portefeuille de Buonaparte*, 39, 62.) Colonel Brun à Davout, 8 mai. Davout à Napoléon, 15 avril. Delaborde à Davout, Angers, 5 mai. (Arch. Guerre.)
Le rapport de Carnot à Napoléon du 25 avril (Arch. nat. AF. IV, 1935), où

IV

Napoléon avait dit : l'empire, c'est la Révolution. Il avait dit aussi : l'empire c'est la paix. Il répugnait à refaire la Révolution et il ne pouvait pas maintenir la paix. Ceux qui s'étaient déclarés pour lui avec le plus d'élan se trouvaient ainsi déçus dans leurs espérances tandis que la foule immense des indifférents se voyait menacée dans son repos et dans ses intérêts.

L'empereur s'efforça d'abord de cacher les dispositions hostiles des puissances. « La guerre n'est plus à craindre, » dit le *Journal de l'Empire*. « Tout répond de la tranquillité extérieure, » déclare le *Nain Jaune*. Pendant trois semaines, les journaux officieux parlent sur le même ton, reproduisant les articles pacifiques du *Morning Chronicle*, annonçant l'envoi de courriers diplomatiques à Vienne, publiant des correspondances, vraies ou fausses, d'Augsbourg et de Bruxelles qui concluent au maintien de la paix[1]. Nombre d'exemplaires de la furieuse Déclaration du

---

il est dit que 30 évêques (30 sur 87, c'est peu) lui affirment que l'esprit de leurs desservants est bon, ne saurait prévaloir contre les centaines de témoignages contraires des préfets et des généraux ni contre le rapport général sur le clergé du 26 mai. (Arch. nat. AF. IV, 1935.) Carnot lui-même dans plusieurs lettres conservées aux Arch. de la Guerre et dans sa correspondance publiée (111-114, 117, 117-119) reconnaît les mauvaises dispositions du clergé.

Au reste, nous parlons, ici comme toujours, d'une façon générale. Il est clair qu'il y avait des prêtres patriotes et même anti-bourboniens : l'évêque Lecoz ; les deux curés de Salins qui criaient : Vive le Père la Violette ! le curé de Cosne qui prononça en chaire, le jour de Pâques, un sermon sur « le retour de Napoléon le Grand » ; l'évêque de Valence qui rappela dans une lettre pastorale que « c'était l'empereur qui avait jadis rouvert les temples et relevé les autels » ; et ce spirituel évêque de Langres, qui, raconte Réal dans son rapport du 21 mai, disait aux curés de Paris : « — Si vous prêtez serment vous serez blâmés par trois sortes de gens : 1° les mères de l'Eglise ; 2° les théologiens de salon, qui ne croient pas en Dieu ; 3° les défroqués comme Talleyrand et le baron Louis. »

1. *Moniteur, Journal de l'Empire, Journal de Paris*, du 21 mars au 15 avril. Le *Nain Jaune*, 30 mars.

13 mars avaient pénétré en France. Napoléon assemble les présidents de section du conseil d'État; le 2 avril, ils rédigent un rapport où ils démontrent par les meilleures raisons du monde que ce manifeste est l'œuvre des seuls ministres de Louis XVIII, et que les plénipotentiaires des puissances étrangères n'ont pu le signer[1]. Mais en vain la paix est le vœu unanime, en vain on écrit du Nord comme du Midi que la certitude de la paix ferait cesser toute opposition[2], la guerre est inévitable et imminente. Il faut bien que l'empereur s'y prépare. Les décrets rappelant sous les drapeaux les hommes en congé[3] et mobilisant une partie des gardes nationales[4], la publication dans le *Moniteur* du 13 avril du rapport de Caulaincourt, où l'état des relations diplomatiques est exposé sans réticences et qui fait baisser la rente de huit francs en deux jours[5], viennent démentir les assurances de paix et donner raison aux alarmistes et aux malveillants. Ils ont le triomphe gai. Les uns chantent :

> Ah ! dis donc Napoléon,
> A n'vient pas ta Marie-Louise !

---

1. Rapports des présidents du conseil d'État du 2 avril (*Moniteur* du 13 avril). — Il est singulier que ce rapport, rédigé le 2 avril pour calmer les craintes de guerre, n'ait été publié dans le *Moniteur* que le 13 avril, précisément le jour où parut dans le même journal le très véridique et très alarmant rapport de Caulaincourt sur la situation extérieure. A la vérité, le rapport du conseil d'État ne portait pas seulement sur la déclaration du congrès. C'était aussi une sorte de mémorandum rappelant les violations du traité de Fontainebleau et exposant les droits de Napoléon à quitter l'île d'Elbe pour « venir délivrer la France de la domination d'une poignée de nobles ».

2. « Si la paix n'est pas troublée, toute la France sera contente » Lemarrois à Davout, Rouen, 31 mars.— « Le paix assurée ferait bientôt succéder dans toute la Provence le cri de : Vive l'empereur ! au cri de : Vive le roi ! » Corsin à Davout, Antibes, 20 avril (Arch. Guerre). Cf. Corresp. générale, mars-mai (*ibid.*). et Corresp. des préfets, mars-mai (Arch. nat. F. 7, 3774).

3. Décret du 28 mars. (*Moniteur*, 9 avril.)

4. Décret du 10 avril. (*Moniteur*, 11 avril.)

5. Le 12 avril : 66 fr. 25. Le 14 avril : 58 fr. 50. — Cette publication, qui porta l'alarme dans le pays, paraît à première vue inopportune et mala-

D'autres affichent cette annonce : « Deux millions de récompense à qui retrouvera la paix perdue le 20 mars. » D'autres placardent ce décret : « Napoléon, par la grâce du diable et les constitutions de l'enfer, empereur des Français, avons décrété et décrétons ce qui suit : Art. Ier. Il me sera fourni 300,000 victimes par an. — Art. II. Selon les circonstances, je ferai monter ce nombre jusqu'à trois millions. — Art. III. Toutes ces victimes seront conduites en poste à la boucherie¹ ».

Le rappel des militaires en congé, la mobilisation des gardes nationales, la certitude d'une guerre effroyable, la crainte d'une seconde invasion, la faiblesse du pouvoir, l'inertie des préfets, l'hostilité des maires, les menées du clergé, tout conspire à altérer l'opinion dans le centre et dans l'Est de la France, à la perdre au Midi et à l'Ouest. L'enthousiasme s'éteint, la confiance s'évanouit. Le mot d'ordre des mécontents : « Ça ne durera pas ! » s'impose à la masse. Des trois quarts des départements arrivent des rapports identiques sur l'affaiblissement de l'esprit public, et de partout s'élèvent des plaintes et des accusations contre l'apathie ou la complicité des fonctionnaires².

---

droite. Mais il fallait bien cependant donner les motifs des décrets de mobilisation et démontrer que c'était l'Europe et non l'empereur qui voulait la guerre.

1. Note de police, 5 mai. Placard affiché à Fontainebleau, 25 mars. (Arch. nat. F. 7. 3200⁴, F. 7. 3774.) Chanson manuscrite distribuée à Bourges, 11 mai. Placard affiché à Orléans, 23 mai. (Arch. Guerre.)
Une autre chanson où il était question aussi de la paix et de Marie-Louise avait ce refrain :

Ah ! non, ça ne prend pas,
Nicolas !

2. « Les craintes de guerre altèrent l'esprit public. » Rouen, 25 mars. — « L'enthousiasme pour l'empereur était grand, mais il s'affaiblit. » Strasbourg, 6 avril. — « L'enthousiasme diminue, et cela parce qu'on a maintenu les fonctionnaires bourboniens. » Mâcon, 28 avril. — « L'élan qu'avait produit le retour de S. M. s'affaiblit chaque jour. » Le Puy, 29 avril.

Restés d'abord comme écrasés par les événements, les royalistes reprennent leurs sens, se comptent, s'enhardissent, correspondent avec Gand, colportent les proclamations royales, répandent des nouvelles sinistres, intriguent, conspirent, prêchent l'insoumission, conseillent la désertion, persuadent les simples, soudoient les gueux, suscitent des troubles et des rébellions. « L'action du gouvernement, écrit l'officier d'ordonnance Planat en mission dans le Midi, est tout à fait nulle, dominée qu'elle est par les menaces et l'insolence des royalistes. Ils annoncent l'entrée des Bourbons et les vengeances qu'ils exerceront contre tous ceux qui serviraient la cause de V. M. Ces nouvelles absurdes jettent la crainte chez les bons citoyens et encouragent la désobéissance chez les autres. » — « Tout s'en va en dissolution et en anarchie, écrit le commissaire central de Lille. Ce sont les royalistes qui ont le ton le plus élevé et qui tiennent le haut bout. Ce ne sont plus eux qui sont notés, ce sont eux qui notent les autres. Il faudrait à Lille des officiers généraux d'une énergie un peu *sabrante*. » — « Une bonne mesure, écrit d'Amiens l'officier d'ordonnance Chiappe, serait d'obliger tous les seigneurs châtelains à habiter leurs maisons de ville. Les paysans n'ayant personne pour les exciter seraient tranquilles et soumis. » — « Il

---

— « Il n'y a pas à se dissimuler que l'esprit public s'affaiblit. » Lyon, 2 mai. — « Le royalisme fait des progrès effrayants par la faute des fonctionnaires. » Moulins, 15 mai, etc., etc. (Corresp. des préfets et des commissaires de police, Arch. nat. F. 7, 3774.) — « Il y a de l'agitation dans la 21e division militaire, par suite de l'hostilité déguisée de l'administration. » Lepic à Davout, Bourges, 6 avril. — « Cinq bataillons de garde nationale partiront ces jours-ci malgré l'insouciance des autorités et la malveillance du clergé. » Général Loison à Davout, Sainte-Menehoulde, 5 mai. » — « La population ne cesse de provoquer les autorités impuissantes ou complices. » Commandant d'armes de Cette, 9 mai. — « C'est la guerre qui indispose les habitants, car ils redoutaient la dîme et la féodalité. » Davout à Fouché, 12 mai, etc. etc. (Arch. Guerre.)

y a des embauchages pour la désertion dans tous les gîtes d'étape, écrit Fouché à Davout. La faute en est aux habitants. La preuve, c'est qu'il n'y a guère de désertions dans les villages bonapartistes[1] ».

Pendant le mois d'avril, un millier de drapeaux tricolores sont jetés bas dans le Nord, l'Ouest et le Midi[2]. A Cette, on arrache les armes impériales qui décorent le poste de la place ; à Poitiers, on brise le buste de l'empereur ; à Boulogne, on plante un drapeau blanc sur les glacis ; dans l'Eure, dans l'Orne, dans le Bas-Rhin, dans le Lot-et-Garonne, on abat des arbres de la liberté. A Aix, on danse des farandoles en criant : Vive le roi ! La nuit à Toulouse, à Rouen, à la Rochelle, à Versailles, à Bayonne, en plein jour à Amiens et à Marseille, on lacère les affiches du gouvernement et on les remplace par l'ordonnance de Louis XVIII défendant de payer l'impôt, l'appel du comte d'Artois aux gardes nationales de France et cette prétendue proclamation du czar : « Parisiens, vous nous livrerez ce cannibale mort ou vif ou votre ville sera rasée. On dira : Ici était Paris[3]. »

1. Planat et Chiappe à Napoléon, Montauban, 3 juin, et Amiens, 10 juin. (*Portefeuille de Buonaparte*, 13-17, 79-80.) Rapport du Commissaire central de Lille, 17 mai. Fouché à Davout, 6 juin (Arch. Guerre). Cf. Résigny à Napoléon, Niort, 28 mai : « Les nobles et les prêtres sont ici comme partout les pires ennemis du gouvernement. » — Lannoy à Napoléon, Lyon, 1er juin : « L'esprit public est travaillé par les prêtres et les nobles ; ils emploient l'embauchage, les fausses nouvelles, les écrits corrupteurs. » — Rapp à Davout. Strasbourg, 15 mai : « J'ai fait arrêter les maires et les curés de plusieurs communes qui s'opposaient au départ de la garde nationale, » etc., etc., etc. (Arch. Guerre). Cf. Corresp. des préfets, avril-juin. (Arch. nat. F. 7, 3774.)

2. 6 dans le Calvados, le 1er avril ; 15 dans le Nord, les 5 et 7 avril ; 10 dans la Mayenne, le 18 avril. — « Dans une partie de l'arrondissement de Domfront, le drapeau tricolore ne flotte plus sur les églises. » Commandant de gendarmerie de l'Orne, 26 avril. — « Il n'y a plus un drapeau tricolore dans tout le département. » Préfet de Nantes, 1er mai.

3. Général Corsin à Davout, Antibes, 20 avril. Général Rémond au même, Poitiers, 30 avril. Placards divers. (Arch. Guerre.) Correspondance des préfets et Rapp. de police, du 15 avril au 15 mai (Arch. nat. F. 7, 3774, F. 7, 3044²).

A Alençon, au Mans, à Beauvais, à Abbeville, à Agen, à Béziers, à Armentières, à Montpellier, il y a des séditions, des émeutes. A Lille, on crie en même temps : Vive le roi ! et : Vivent les Anglais ! Pendant une revue de la garde nationale de Saint-Omer, un milicien saisit le drapeau, en arrache la soie et la foule aux pieds ; le commandant d'armes, qui craint une révolte, se contente d'infliger au garde douze heures de salle de police. Les royalistes de Dunkerque s'entendent avec des émissaires de Gand pour leur livrer la ville. A Calais, à Saint-Omer, à Lille, à Valenciennes où l'on est contraint de licencier la garde nationale, au Havre où le 10 mai 6,000 individus se portent à la mairie en criant : Vive le roi ! les mêmes complots s'ourdissent ; les commandants de place déclarent qu'ils ne répondent pas de ces villes si on en retire les bataillons de guerre. A Bordeaux, les menées des bourbonistes nécessitent la mise en état de défense du Château-Trompette. Le 5 mai, le poste des Chartrons doit faire usage de ses armes contre deux cents émeutiers ; le sang coule, un homme est tué, deux sont blessés. A Agde, l'installation de la nouvelle municipalité, nommée par le général Gilly, suscite une émeute. On crie : A bas les Aigles ! A la potence Napoléon ! Au bleu ! au bleu ! On brise les vitres de l'Hôtel de Ville, on maltraite les gendarmes. Il faut deux bataillons du 13e de ligne pour rétablir l'ordre. Les bonapartistes ne passent pas sans danger, la nuit, dans les rues désertes. Un charpentier de Toulouse est à demi assommé, un épicier de Marmande blessé d'un coup de pistolet, un habitant de Sainte-Livrade poignardé. Le préfet de l'Ariège redoutant que les habitants de la vallée d'Ax ne facilitent une invasion espagnole fait enlever les fusils dans les villages. A la fin d'avril, la population de Montagnac (Hérault), de Saint-Gilles (Gard), de l'Argentière (Ardèche) reprend la cocarde blanche. Près de Mende, 400 royalistes en armes tiennent la campagne[1]. Dans les dix départements de l'Ouest, des insurrections partielles préludent à un soulèvement général[2].

Dans certaines villes, une extrême animosité règne contre la garnison. Les membres du conseil d'administration du 14ᵉ de ligne demandent que le dépôt de ce corps quitte au plus vite Orléans « où il s'est attiré la haine des habitants par ses sentiments enthousiastes pour l'empereur. » A Avignon, les soldats sont insultés journellement dans les rues. A Libourne, on jette dans le jardin du major du 5ᵉ chasseurs le dessin d'un pendu avec cette légende : « Voici le sort qui t'attend ». A Lisieux, un colonel est cravaché en plein visage. Dans un faubourg de Montauban, la foule s'amasse autour d'un soldat en permission, qui n'a pour toute arme que son briquet, et le veut contraindre à jeter la cocarde tricolore. Il refuse, on l'assomme à coups de bâton [3].

Marseille est occupée mais non soumise. La révolte menace, des troubles éclatent chaque jour dans cette population de 96,000 âmes mal contenue par 2,000 soldats. La municipalité, l'administration, la garde nationale sont royalistes. L'arrêt subit dans le mou-

---

1. Davout à divers, 9 avril. Lettres et rapp. à Davout, de Clausel, d'Erlon, Charrière, Dellard, Ambert, Aymard, Curial, Lapoype, d'Armagnac, Lemarrois, Allier, 10, 16, 17, 24, 26, 27 avril, 3, 5, 7 et 15 mai. Préfet du Nord au même, 3 mai. Arrêté du préfet de l'Ariège, 7 mai (Arch. Guerre). Rapport du sous-préfet de Béziers, 30 mai (Dossier de Gilly, Arch. Guerre). Corresp. des préfets, avril-mai. Rapp. de Davout à l'empereur, 29 avril et 11 mai (Arch. nat. F. 7, 3740, F. 7, 3774, F. 7, 3044², et AF. IV, 1937).
2. Corresp. générale, du 10 avril au 10 mai. (Arch. Guerre).
3. Lettres à Davout du conseil d'administration du 14ᵉ de ligne, 11 mai ; du colonel du 6ᵉ de ligne, 21 avril ; de Fouché, 18 mai; de Lemarrois, 18 mai (Arch. Guerre). Rapport du préfet de Montauban, 9 mai. (Arch. nat. F. 7, 3044ª.)

vement du port a affamé le bas-peuple. « La misère est grande, écrit le général Verdier, il est facile d'exciter les pauvres gens. » Les bourboniens n'y manquent point et recrutent leurs agents parmi les vagabonds, les ruffians, les repris de justice et même les anciens septembriseurs. (Le plus fougueux royaliste est un nommé Mollin qui se vantait jadis « d'avoir mangé du foie de la Lamballe ».) Les manifestes de Louis XVIII sont affichés sous la protection de portefaix armés de bâtons. Les officiers et les soldats ne peuvent sortir seuls sans être insultés, menacés, maltraités. Un capitaine qui regagne le fort Jean est assassiné. La gendarmerie hésite à arrêter les perturbateurs, et la garde nationale les protège ouvertement. Le maréchal Brune, commandant le corps d'observation du Var et gouverneur de la 8ᵉ division militaire, reçoit des lettres ainsi conçues : « Coquin, si tu as le malheur de te rendre à la revue des Allées, ton affaire est faite. Ta tête doit être placée au haut du clocher des Accoules. » Un soir, une patrouille de gardes nationaux tire sur des officiers qui crient : Vive l'empereur! « ce cri étant considéré à Marseille comme une provocation. » Un autre soir, la populace assiège à coups de pierres le café des officiers, place Necker. Le 5 mai, le poste du 83ᵉ prend les armes et fait feu sur une bande d'émeutiers qui entourent la caserne en criant : Enfonçons la porte! Vive le roi ! Mort aux bonapartistes [1]!

Les soldats qui sont sous les drapeaux restent aussi enthousiastes et aussi résolus qu'ils l'étaient le

---

1. Verdier à Davout, 27, 29, 30 avril, 8, 14, 21, 26 mai. Brune et Roederer à Davout, 30 avril, 4, 8, 14, 18, 21 mai. Fouché à Davout, 11 mai. Ordre de Brune. Marseille, 13 mai. (Arch. Guerre, Corresp. générale et Corps d'observation du Var.) Durand, *Marseille et Nîmes* en 1815, I, 13-14, 30. Rapport de police, Marseille, 30 avril. Rapport de Rey à Napoléon, Marseille, 4 et 7 mai. (Arch. nat. F. 7, 3784, et AF. IV, 908.)

20 mars, mais les mêmes sentiments n'animent pas tous les hommes en congé. Dans l'Ouest et dans le Midi, où d'ailleurs il y a toujours eu de la répugnance pour le service, et dans plusieurs départements du Nord, ils subissent l'influence de l'esprit de révolte. Ils écoutent les conseils des parents et des amis, se rendent aux raisons des orateurs de cabaret, se laissent gagner par la prime à la désertion qui leur est offerte sous forme d'argent, de refuge, de promesses. « La désertion, écrit-on de Lille, perd chaque jour son caractère de gravité. Dans la langue de ce pays, déserter c'est faire preuve de loyauté et de fidélité. » Aux revues d'appel, il se présente seulement la moitié ou le quart des inscrits. A Bordeaux, le 11 mai, les rappelés se ruent sur les membres du conseil de revision en criant : Vive le roi ! Il faut les baïonnettes du 62e pour maîtriser ces furieux. Dans le Languedoc, la Provence, la Normandie, l'Artois, la Flandre, ce sont les mêmes tumultes [1]. L'empereur donne l'ordre de suspendre les levées dans les départements de l'Ouest, espérant par cette mesure empêcher l'insurrection vendéenne [2]. Les marins de La Bastide et Berck, rappelés en vertu de l'inscription maritime, déclarent qu'ils ne partiront pas. Ceux de Dieppe montent en barques pour déserter en Angleterre ; deux coups de canon tirés de la batterie du goulet arrêtent à la sortie du port leur petite flottille [3]. Dans la moitié de la France, les gardes nationaux mobilisés ne sont pas moins récalcitrants. A Dunkerque, dix-huit partent sur deux cent quatre ; à Alençon, cent

---

1. Correspondance générale, avril-juin (Arch. Guerre). Extrait de la Corresp. des préfets, avril-juin, et rapports à l'empereur et à Fouché, mai-juin. (Arch. nat. F. 7,3774, et AF. IV, 1934, AF. IV, 1937, AF. IV, 1939).
2. Rapport de Davout à Napoléon, 11 mai. (Arch. nat. AF. IV, 1936.)
3. Géraud. *Journal intime*, 222. Rapport de Berck, 11 juin. (Arch. nat., F. 7, 3774.) Lemarrois à Davout, Rouen, 12 mai (Arch. Guerre).

sept sur deux mille cent soixante. Les bataillons de Rouen et de Beauvais sont exclusivement formés de remplaçants [1].

Mis en route par petits détachements, les rappelés et les gardes nationaux mobilisés ont à subir des tentatives d'embauchage dans les gîtes d'étape. Le 2 mai, les habitants du village de Saint-Bonnet (Gard) parlent si bien que tous les hommes d'un détachement, dirigé sur Nîmes, rebroussent chemin et rentrent chez eux. Le 12 mai, une châtelaine des environs de Montbrison fait déserter trente-huit soldats en leur lisant le *Journal du Lys* et en donnant 30 francs à chacun d'eux [2]. La gendarmerie étant impuissante à faire rejoindre la foule des insoumis et des déserteurs et à réprimer les séditions, il est formé des colonnes mobiles dans cinquante-deux départements [3].

V

Dans la France agitée, Paris reste calme. « On est aussi tranquille que si ce singulier changement de scène ne s'était pas produit, » écrit le comte de Montlosier. On est tranquille mais on est triste. L'argent devient rare. La rente, qui avait atteint le cours de 78 au commencement de mars, tombe à 68, à 57, à 54 [4]. Les recettes des théâtres baissent de plus d'un

---

1. Extrait de la Corresp. des préfets, mai-juin. (Arch. nat. F. 7, 3774.) Cf. Rapport général à l'empereur, 31 mai (Arch. nat. AF. IV, 1935) et État des gardes nationales d'élite (AF. IV, 1936).
2. Rapport du 1ᵉʳ de police, Montpellier, 4 mai (Arch. nat., AF. IV, 1937). Général Beurret à Davout, Montbrison, 12 mai. (Arch. Guerre.) Cf. Circulaire de Davout, du 20 mai, sur les mesures à prendre contre les embaucheurs, et la lettre de Fouché à Davout, 6 juin (Arch. Guerre).
3. État des colonnes mobiles, à la date du 5 juin. (Arch. Guerre.)
4. De 78 fr. 75, cours du 4 mars, la rente tomba à 68,25 le 19 mars et re-

tiers[1]. Le commerce souffre. Dans les boutiques désachalandées, on maudit tout bas le retour de Napoléon. Les dames de la Halle, qui se piquent de royalisme, chantent :

Dieu! rends-nous notre père de Gand.

La bourgeoisie est soucieuse, plutôt hésitante et défiante que franchement hostile. L'empereur y compte même des partisans. « Il faudrait changer d'opinion selon chaque personne à qui l'on parle, » dit Barry. Il faudrait d'autant plus changer d'opinion selon chaque personne à qui l'on parle que bien des gens ont deux opinions, témoin l'austère Royer-Collard qui dans la même semaine entraîne par une chaude allocution les professeurs de l'École normale à prêter à l'empereur le serment de fidélité et envoie Guizot comme émissaire à Gand. L'impression dominante est le sentiment du provisoire. On se réserve, on attend les événements pour se déclarer. Aura-t-on ou n'aura-t-on pas la guerre? Voilà la question. Et, si puissant est le désir de la paix, que jusqu'au 15 mai des gens raisonnables en conservent encore l'espérance[2]. Les partisans des Bourbons se bornent à annoncer que le gouvernement va réquisitionner

---

monta le 20 mars à 73,50. Elle oscilla entre 71 et 69 à la fin de mars, entre 68 et 67 jusqu'au 12 avril et tomba à 58 le 14 avril (après la publication du rapport de Caulaincourt sur l'état des relations extérieures). Elle était à 57 fr. à la fin d'avril, à 56 à la fin de mai, à 54 le 10 juin.

1. Moyenne des recettes de l'Opéra ; — de la Comédie-Française.
Février :   3,900 fr.   2,900 fr.
Avril-mai :   2,450 fr.   1,600 fr.
(Arch. de l'Opéra. Arch. de la Comédie-Française.) — Il faut d'ailleurs tenir compte de la différence des saisons.

2. Montlosier à Barante, Paris, 23 mars, 6 et 20 avril. Barante à sa femme, 15 mai, 19 mai. (Barante, *Mém.*, II, 129-149.) Hobhouse, *Lettres*, I, 23. Barry, *Cahier d'un réthoricien*, 43, 49, 72, 79. Miss Williams, *Relation*, 52, 53. Notes de Rousselin (Collection Begis). Huss à Fouché, Paris, 22 mars. Rapport de Réal, 8 avril. (Arch. nat., F. 7, 3168, et AF. IV, 1934.)

Sur Royer-Collard, voir le *Journal de l'Empire*, 18 mai, et Guizot, *Mém.*, I, 82-83.

l'argenterie chez les particuliers, à pronostiquer la victoire des Alliés, à parier dix louis contre un que Wellington sera à Paris avant un mois, à faire ces jeux de mots : « Les soldats de l'île d'Elbe sont revenus avec leur cartouche. Bonaparte finira avec un boulet ! » et à afficher des placards comme celui-ci : « Aujourd'hui, grande représentation au théâtre de l'Ambition, place du Carrousel, au bénéfice d'une famille indigente de Corse. On donnera *L'empereur malgré tout le monde*, farce tragi-comique ; *Les princes et princesses sans le savoir*, folie burlesque ; et le ballet des *Esclaves*. On terminera par une *Entrée de Cosaques* [1]. » Les royalistes font une guerre d'épigrammes et de fausses nouvelles. Ils ne cherchent pas, comme à Marseille, à Bordeaux, en Vendée, à fomenter des troubles, car il leur manque l'appui de l'élément populaire.

Le peuple de Paris, ils le savent bien, est tout à Napoléon. Les travaux se ralentissent et menacent de s'arrêter ; les ouvriers n'en exaltent pas moins celui qu'ils appellent leur père. Ils fraternisent avec les soldats, chantent la *Marseillaise*, encouragent les camelots qui crient dans les rues : « Achetez des cocardes tricolores. Elles sont moins salissantes que les blanches. Elles dureront plus longtemps. » Les ouvriers disent : « L'empereur ne nous laissera toujours pas mourir de faim. Nous comptons sur lui et il peut compter sur nous. L'an dernier, on n'a pas voulu nous donner des armes. Mais si l'ennemi revient devant Paris, il faudra bien nous en donner et on verra comme nous nous en servirons [2]. » Et

---

1. Rapports de Réal, 31 mars, 8 avril, 15 avril. Rapport de police, 10 avril. (Arch. nat., AF. IV, 1934, et F1c I, 26.) Notes de Rousselin. Montlosier à Barante, 11 avril. (Barante, *Mém.*, II, 132.) Lettre à Wellington, Paris, 1er mai. (*Dispatchs of Wellington*, Supplément, X, 213.)
2. Rapports de Réal, 29, 31 mars, 3, 4, 5, 8, 12, 15 avril. Huss à Fouché,

ce n'étaient pas là des paroles après boire. Les faubourgs présentèrent une Adresse à l'empereur pour demander des armes, et on forma avec cette population vingt-quatre bataillons de tirailleurs[1]. Au reste, malgré ses embarras financiers, Napoléon s'était préoccupé de la détresse de la classe ouvrière. On reprit les travaux du Louvre, de la fontaine de l'Éléphant, du nouveau marché Saint-Germain. Dès le 28 mars, quinze cents terrassiers, maçons, menuisiers et peintres y étaient employés; à la fin d'avril, leur nombre s'élevait à trois mille. A la même époque, deux mille armuriers, forgerons, serruriers, taillandiers, dinandiers, ébénistes étaient organisés en ateliers pour la réparation des fusils. Dans le courant de mai, quatre mille ouvriers travaillèrent aux ouvrages de défense de Montmartre, de Belleville et du Mont-Louis[2].

A Paris, si l'ordre est quelquefois troublé, c'est par les manifestations bonapartistes : promenades triomphales à travers les Tuileries et le Palais-Royal du buste de Napoléon couronné de violettes et de lauriers, pèlerinages diurnes et nocturnes à la colonne de la Grande-Armée, feux de joie à la barrière d'Italie et à la barrière du Trône où les faubouriens chantent la *Marseillaise*, brûlent des drapeaux blancs et des proclamations de Louis XVIII[3]. Le 2 avril, la garde impériale donne un immense banquet aux garnisons de

---

22 mars. (Arch. nat., AF. IV, 1934, F. 7, 3168.) Cf. Barry, 43, 79, et Miot de Mélito (*Mém.*, III, 427) : « L'empereur fut jusqu'au dernier moment le roi du peuple de Paris. »

1. *Moniteur* et *Journal de l'Empire*, 15 et 16 mai, Napoléon, *Corresp.*, 21907. Général Dumas et Davout à l'empereur, 1er et 7 juin. (Arch. nat., AF. IV, 1935, AF. IV, 1940.)
2. Rapports à l'empereur, 28 mars, 30 avril, 24 mai. Davout à l'empereur, 14 avril. Dejean à l'empereur, 2, 15, 17, 24 mai. (Arch. nat., AF. IV, 1935, AF. IV, 1940.) Napoléon, *Corresp.*, 21710, 21714, 21732, 21869. Cf. Hobhouse, *Lettres*, I, 254. — Entre autres projets d'édilité, Napoléon voulait faire démolir les maisons du carré du Louvre.
3. Rapports de police, 25 mars, 10 et 19 avril, 2 juin. Rapport de Réal, 3 avril. (Arch. nat., F. 7, 3200⁴, F. 7, 3940, AF. IV, 1934.)

Grenoble et de Lyon et aux gardes nationaux qui ont été de service le 20 mars. Quinze mille soldats et miliciens s'attablent dans le Champ de Mars[1]; mille officiers dînent ensuite sous les galeries de l'Ecole militaire. Les toasts se succèdent : à l'empereur ! à l'impératrice ! au prince impérial ! Puis tous les officiers tirent soudain leurs épées, les croisent au-dessus des tables et jurent de mourir pour la patrie. Une voix crie : A la colonne ! On prend un buste de l'empereur. Les tambours battent, la musique joue la *Marseillaise*, un long et tumultueux cortège se met en route vers la place Vendôme. Quelques officiers montent le buste au faîte du monument tandis que les habitants s'empressent d'allumer lampions et chandelles. Ceux qui tardent un peu à faire cette illumination *spontanée* reçoivent comme premier avertissement une volée de cailloux dans leurs fenêtres. Le 18 avril, la milice parisienne rend à la garde impériale, dans la grande salle du Conservatoire des Arts et Métiers, le banquet du Champ de Mars. Ce sont encore des Vive l'empereur ! des Vive la liberté ! des chants patriotiques[2].

Chaque soir à l'Opéra, aux Français, à Feydeau, le parterre réclame la *Marseillaise* et *Veillons au salut de l'Empire;* le public des loges subit ces auditions le plus souvent à contre-cœur, quelquefois en murmu-

---

1. Les journaux des 3 et 4 avril donnent ce chiffre de 15,000, qui ne paraît pas exagéré. La garde impériale s'élevait au mois de mars à 7.390 hommes, sans compter le bataillon de l'île d'Elbe. (Davout à Napoléon, 21 mars. Arch. nat. AF. IV, 1940.) Les troupes de Grenoble et de Lyon présentes à Paris, à 6,690 hommes (Durrieu à Lobau, 1er avril. Arch. Guerre). Enfin il y avait eu 2,813 gardes nationaux de garde aux Tuileries le 20 mars (Laborde, *Quarante-huit heures de garde*, 12).

Le repas des officiers fut fourni par Véry et coûta 35 fr. par tête, soit 37,800 fr. pour 1,080 officiers. (Drouot à Napoléon, 26 et 31 mars. Napoléon à Drouot, 31 mars. Arch. nat., AF. IV, 1949, et Arch. Guerre, carton de la corresp. de Napoléon.)

2. *Moniteur*, 3 avril, *Journal des Débats*, 4 avril. Hobhouse, *Lettres*, I, 259-260. Barry. *Cahiers d'un rhétoricien*, 67. Rapport de Réal, 3 avril. (Arch. nat., AF. IV, 1934.)

rant et en protestant[1]. Les royalistes et les modérés s'indignent des motions faites à la *Société libre des Amis de la patrie et de l'humanité*, nouvellement fondée sous la présidence honoraire de Carnot, et dénoncent les soirées du théâtre Montansier, transformé en café-concert, comme des saturnales odieuses. C'est un véritable club, à la différence qu'on y chante au lieu d'y parler. Des sous-officiers de la garde font le service d'ordre, le programme se compose non seulement de la *Marseillaise*, du *Ça ira*, du *Chant du Départ*, de saynètes contre les émigrés, d'hymnes napoléonistes, mais aussi de chants qui appellent tous les peuples de l'Europe à la liberté et à la révolution[2].

Il ne se passait guère de jour que des gens du peuple ne vinssent crier : Vive l'empereur ! sous les fenêtres des Tuileries. Les royalistes prétendirent que ces rassemblements étaient payés par la police, qui enrôlait à cent sous la séance tous les commissionnaires et tous les décrotteurs de Paris. On a si beau jeu dans notre pays à mettre la police en cause ! Il semble certain, au contraire, que l'empereur, heureux tout d'abord de ces acclamations, en fut vite importuné. Dans les premiers jours, il s'était montré à la foule dans un dessein de popularité. Il se créa ainsi une sorte de servitude envers les enthousiastes et même envers les simples curieux. On conte que des individus

---

[1]. *Journal des Débats*, 16, 18 avril. *Journal universel de Gand*, nos 3 et 5. — La bourgeoisie avait une telle répugnance pour les chants de la Révolution que des musiciens de la garde nationale ayant commencé *Veillons au Salut de l'Empire*, Acloque, chef de la 11e légion, les arrêta en disant : « — Tant que je commanderai, on ne jouera pas des airs incendiaires. » (Rapp. de Réal, 1er juin. Arch. nat. F. 7, 3774.)

[2]. Rapports de Réal, 1er, 3, 4 avril. (Arch. nat., AF. IV, 1934.) Hobhouse, *Lettres*, I, 205-206. — Une partie du répertoire du café Montansier fut publiée en avril, mai et juin 1815, dans un recueil périodique ayant pour titre : *Le Bouquet de violettes ou la Réunion des Braves*. Parmi ces chansons, il s'en trouve une de Méry.

se firent une industrie de cette exhibition. Pour quelques pièces de monnaie, ils criaient : Vive l'empereur! jusqu'à ce que le souverain eût paru au balcon. Une des causes qui engagèrent Napoléon, au milieu d'avril, à quitter les Tuileries pour l'Elysée fut vraisemblablement le désir de se dérober à ces ovations tyranniques. Le charme, en cette saison, du beau jardin de l'Elysée, où il pouvait se promener et converser à l'abri des regards, le détermina aussi à changer de résidence[1].

Les malveillants ne manquèrent pas d'attribuer l'abandon des Tuileries à certains scrupules et à la peur des assassins. Comme si Napoléon s'était fait jadis un cas de conscience de « souiller la demeure des rois » et comme s'il s'enfermait à l'Elysée pour n'en jamais bouger! Presque chaque jour, il passe en revue, au Carrousel ou aux Champs-Elysées, des régiments qui partent pour les frontières. Le dimanche, il va entendre la messe dans la chapelle des Tuileries ; à l'issue du service, il y a audience publique. Puis c'est un déjeuner à la Malmaison avec la princesse Hortense, Molé, Denon et La Bédoyère, ou une excursion à la maison de la Légion d'honneur de Saint-Denis. Ce sont des visites aux Invalides, à l'Ecole polytechnique, au Muséum d'histoire naturelle, aux galeries du Louvre, chez le peintre David, à qui l'empereur remet la croix de commandeur devant le tableau des *Thermopyles*, aux travaux du Champ de Mars, aux ouvrages de Montmartre et de Charonne, aux ateliers d'armes, à la filature de Richard Le-

---

[1]. Napoléon à Joseph, 25 mars (Arch. nat. AF. IV, 907). Cf. Relation du Père Maurice (Arch. Aff. étr., 1816). Fabry, *Itinéraire de Buonaparte*, 179-180. Miss Héléna Williams, *Relation des événements*, 69-70. Barry, *Cahiers*, 87-88. Hobhouse, *Lettres*, I, 28-29, et Guizot (*Mém.*, I, 72) qui dit : « ... Je vis clairement Napoléon se retirer en haussant les épaules, plein d'humeur sans doute d'avoir à se prêter à ces démonstrations. »

noir. Napoléon fait ces promenades sans escorte, accompagné seulement d'un ou deux aides de camp : Drouot, Flahaut, Corbineau, La Bédoyère. Dans les quartiers populeux, il descend de voiture, marche au milieu de la foule, s'arrête pour causer avec les ouvriers et les femmes du peuple[1].

L'empereur voulut se montrer une fois à l'Opéra et une fois à la Comédie-Française. A l'Opéra, il arriva à l'improviste, au commencement du ballet de *Psyché*. Mais aux Français, sa présence était en quelque sorte annoncée par le choix du spectacle. L'affiche portait : *La Mort d'Hector*, et l'on savait que l'empereur aimait particulièrement cette tragédie de Luce de Lancival. La salle était comble : 4953 francs de recettes ! Avant le lever du rideau, on demanda la *Marseillaise* et le *Chant du Départ*. « On était au milieu de la troisième scène, raconte Hobhouse, quand Napoléon entra ; tout le monde se leva en jetant des cris qui retentissent encore à mes oreilles. Les vivats continuèrent jusqu'à ce que l'empereur, après avoir salué à droite et à gauche, se fut assis ; alors on recommença la pièce. » Tous les vers qui pouvaient paraître faire quelque allusion à la situation présente — ils étaient très nombreux[2] — furent applaudis avec enthousiasme. A ces mots :

> C'était Achille !
> Il reparaît enfin !...

---

1. *Moniteur*, *Journal des Débats*, *Journal de Paris*, *Gazette de France*, avril-mai. Hobhouse, *Lettres*, I, 281. Mlle Cochelet, *Mém.*, III, 33-38.

2.   Je ne suis pas à moi. Je suis à la patrie
    — Mais ton Astyanax a des droits à la vie.
    — Il en aura peut-être à l'immortalité.
    S'il imite son père...

   Comme un colosse immense à l'armée immobile
   Apparaît un guerrier...
   Qu'armé pour la patrie, il soit toujours vainqueur!

le parterre se leva et interrompit Talma par une immense acclamation. « L'empereur, dit Hobhouse, était très attentif. Il ne parlait à personne de ceux qui étaient derrière lui et paraissait insensible aux vivats. Il se retira si précipitamment à la fin de la pièce que la multitude n'eut pas le temps de le saluer[1]. »

On avait dissuadé à Napoléon de passer en revue la garde nationale. Composée en majorité de commerçants, presque tous hostiles à l'empire par besoin de la paix, la milice parisienne pouvait, disait-on, faire quelque manifestation qui produirait une impression funeste en France et à l'étranger. D'autres personnes redoutaient, non sans raison, une tentative d'assassinat[2]. Napoléon goûta peu ces conseils. La revue eut lieu le dimanche 16 avril. Les quarante-huit bataillons de grenadiers et de chasseurs des douze légions parisiennes (les fusiliers n'étaient pas habillés) se massèrent dans la cour des Tuileries et sur la place du Carrousel. Napoléon, suivi de ses seuls aides de camp, « pour témoigner à la garde nationale son entière confiance en elle », passa devant le front de chaque compagnie. Les 1re, 2e, 3e, 10e et 11e légions (arrondissements du centre) gardèrent un froid silence, mais d'assez nombreux Vive l'empereur ! se firent entendre chez les autres miliciens qui mirent leurs chapeaux au bout des baïonnettes, et, après la revue,

---

1. Hobhouse, *Lettres*, I, 40-41. Napoléon, *Corresp.*, XXXI, 108. *Journal de l'Empire*, 19, 22, 23 avril. Arch. de la Comédie-Française.

2. De nombreux renseignements des départements annonçaient que des gens déterminés à assassiner l'empereur étaient partis pour Paris. « Des conspirateurs sont partis d'ici pour assassiner l'empereur. » Général Blanmont à Davout, Abbeville, 25 mars. Cf. le même au même. 29 mars. — « Une vieille Vendéenne, nommée la Langevin, vient de se rendre à Paris pour tuer l'empereur. Le monstre en est bien capable. » Général Saulnier à Rovigo. Angers, 4 avril. — « Un sieur Jaffard est parti pour Paris, pour tuer l'empereur. » Général Laplane à Davout, Montauban, 8 avril. (Arch. Guerre.) Cf. Corresp. des préfets, mai. (Arch. nat. F. 7, 3774.)

la harangue de Napoléon aux officiers fut chaudement accueillie[1]. Pour le défilé, l'empereur se plaça devant le pavillon Médicis, très en avant de son état-major, et ayant à sa droite le général Lobau et à sa gauche un grenadier sans armes, chargé de prendre les pétitions. C'était sa seule protection contre un flot de peuple que l'on avait laissé pénétrer dans la cour des Tuileries et qui s'agitait à dix pas de lui. « Il aurait été bien facile, dit un Anglais témoin de la scène, de faire feu sur Napoléon et même de le poignarder. J'admirais sa sérénité. Son visage est très pâle, ses mâchoires pendantes, mais pas autant que je l'avais entendu dire. Il n'est pas bien gros, mais son ventre est si saillant que l'on voit son linge passer au-dessous de son gilet. Il tenait ses mains jointes par devant ou par derrière, mais quelquefois il les séparait pour se frotter le nez, prendre plusieurs prises de tabac et regarder à sa montre. Il poussait souvent des soupirs, avalant sa salive et paraissant souffrir quelque douleur dans la poitrine. Il regardait tout ce qui se passait autour de lui en fronçant les sourcils et en les rapprochant l'un de l'autre, comme pour voir plus distinctement. Le défilé dura deux heures. Il passa par toute cette ennuyeuse cérémonie avec une impatience paisible[2]. »

---

1. Rapport de police, 17 avril. (Arch. nat., F. 7, 3774.) Rapport du chevalier d'Artez, 19 avril (*Dispatchs of Wellington*, Supplément, X, 247). Hobhouse, *Lettres*, I, 30-33. 39. *Moniteur* et *Journal de l'Empire*, 17 et 18 avril. Napoléon, *Corresp.*, XXXI, 107. — Sur les craintes d'une sédition dans la garde nationale, cf. rapp. de Réal, 27 mars. (Arch. nat., AF. IV, 1934.)
La revue, d'abord annoncée pour le 9 avril, fut remise au dimanche suivant. On en conclut que l'empereur redoutait de passer cette revue. « La raison de l'ajournement, dit Napoléon à Sainte-Hélène, était que le dimanche 9 la garde nationale se trouvait en concurrence avec des troupes de ligne qu'il importait de faire partir tout de suite pour leur destination. » L'assertion de Napoléon est exacte. Il y a un ordre de Davout du 9 avril prescrivant de « mettre en route pour Metz les huit régiments d'infanterie et de cavalerie passés en revue aujourd'hui » (Arch. Guerre).
2. Hobhouse, *Lettres*, I, 33-37.

VI

Dès le 24 mars, Napoléon avait inauguré l'empire libéral en abolissant la censure[1]. « — Je ne crains pas de donner la liberté de la presse, dit-il : depuis un an on a tout dit sur moi. » Mais au grand étonnement des royalistes, la plupart des journaux usèrent de cette liberté avec beaucoup de discrétion. Il y avait des raisons. Le 20 mars, les publicistes qui depuis quinze jours traitaient Napoléon de « tigre altéré de sang » et autres gentillesses étaient peu rassurés sur la façon dont le susdit tigre allait apprécier ce langage. Ils craignaient la suppression ou la confiscation de leur journal, la prison pour eux-mêmes[2]. Dans cet état d'esprit, ils souscrivirent sans difficulté à la proposition que leur fit faire Fouché d'accepter le contrôle officieux d'un rédacteur-censeur désigné par le gouvernement. Ils redoutaient bien davantage ! Jouy fut placé à la *Gazette de France*, Dupaty au *Journal Général*, Lacoste à la *Quotidienne* qui, le 1er avril, devint la *Feuille du Jour*[3]. Le *Journal Royal* avait de lui-même cessé de paraître. Quant au *Journal de Paris*, rédigé par Jay, au *Nain Jaune*, bonapartiste de la veille, et au *Journal des Débats*, abandonné par les Bertin et repris par Etienne, il n'était pas nécessaire de les soumettre à un examen.

Cinq jours après que cet arrangement eut été convenu parut le décret abolissant la censure. Les journaux auraient pu s'en autoriser pour remercier leur censeur. Ils trouvèrent sans doute plus avantageux

---

1. *Bulletin des Lois*, 26 mars. (Le décret est daté du 24.)
2. C'est ainsi que les Bertin partirent le 20 mars pour la Belgique.
3. Cf. les notes au livre de Miss Williams, *Relation des événements*, 38-39. Hobhouse, *Lettres*, I, 188. *Les crimes de Buonaparte et de ses adhérents*, 100-103. *Esquisse sur les Cent Jours*, introduction, 6. Napoléon, *Corresp.*, 21925.

de le conserver. Tout en déclarant la presse libre, le gouvernement n'abandonnait pas ses droits de poursuites devant les tribunaux et, en outre, les gazettes restaient soumises au bon plaisir de la poste qui pouvait refuser de les transporter en province[1]. La tutelle acceptée par les journaux les garantissait contre les actions en justice et contre l'arbitraire de la poste. Au reste, le censeur se montrait bon diable. Il savait ne pas insister pour faire passer un article communiqué[2] et se bornait à mettre son veto sur les entrefilets trop franchement hostiles. Encore, s'il empêchait les insultes à l'empereur, les fausses nouvelles, la discussion de la forme même du gouvernement, il autorisait le blâme des actes du souverain et de ses ministres et la libre critique de la nouvelle constitution impériale. Souvent même, soit insouciance, soit légèreté, il laissait publier des articles ou des nouvelles tout à fait nuisibles à la cause de l'empereur. Les journaux les plus dévoués, le *Nain Jaune* lui-même, provoquaient parfois l'indignation des bonapartistes et des patriotes. « Je viens de lire le *Nain Jaune*, écrivait le 20 mai le général Hugo à Davout. Est-il possible d'outrager aussi horriblement le grand homme[3] ! »

L'empereur, dit-on, aurait voulu s'assurer l'appui ou du moins la neutralité du *Censeur*. Des ouvertures furent faites par Fouché à Comte et à Dunoyer. Il leur proposa la rédaction du *Moniteur* ou telles places qui leur conviendraient. Ils refusèrent tout.

---

1. Le 7 juin, la poste refusa de transporter le *Journal Général*, la *Feuille du Jour* (ex-*Quotidienne*) et l'*Aristarque*. (*Le Censeur des Censeurs*, 17 juin.)
2. Miss Héléna Williams, *Relation des événements*, 39, note.
3. Général Hugo à Davout, Thionville, 13 mai. (Arch. Guerre.) — Converti aux idées régnantes qu'il fallait, selon le vieux principe de l'hilote ivre, donner la plus grande publicité aux attaques contre l'empereur, le *Nain Jaune* avait publié dans le n° du 10 mai le fragment d'une brochure très violente : *Bonaparte au 4 mai*.

Fouché aurait dû comprendre que de pareils hommes seraient incorruptibles. Mais il avait des autres la même opinion que de lui-même, c'est-à-dire la plus mauvaise. Au commencement d'avril parut le numéro V du *Censeur*. Comte y niait les droits de Napoléon à l'empire et y déclarait que le gouvernement n'était que provisoire. La livraison fut saisie chez les libraires et chez l'imprimeur par un agent subalterne. L'opinion s'émut justement. Quelle confiance avoir dans les déclarations libérales de Napoléon qui faisait saisir un journal par mesure administrative quinze jours après avoir supprimé la censure! Comte réclama à la préfecture de police et à la police générale. « On a le droit de me poursuivre, disait-il, mais on n'a pas le droit de saisir le *Censeur*. » Fouché, qui d'ailleurs était partisan de la mesure, et Réal se retranchèrent derrière de prétendus ordres de Napoléon. Regnaud et Benjamin Constant intervinrent auprès de l'empereur. Les exemplaires furent rendus [1]. Comte s'empressa d'ajouter à la livraison une demi-feuille remplie d'outrageantes plaisanteries contre l'armée : « Il faut remplacer l'ordre de l'éteignoir par l'ordre du sabre... Reste à démontrer l'influence de la moustache sur le raisonnement... Qu'est-ce que la gloire? Un lion qui fait trembler tous les animaux a-t-il de la gloire?... La bravoure est-elle estimable en soi? Celui qui brave les voyageurs pour leur enlever leur bourse est-il estimable [2]! » Des poursuites judiciaires furent alors demandées au procureur général Legoux qui déclara qu'il ne croyait pas devoir en ordonner [3].

1. Le *Censeur*, n° VI, 331. Benjamin Constant, *Mém.*, II, 98. *Mém. sur Carnot*, II, 426. Cf. la lettre de Fouché à Mme de Custine (citée par Bardoux, *Mme de Custine*, 237).
2. Le *Censeur*, n° V, 333-336.
3. Legoux à Réal, Paris, 24 avril. (Arch. nat., F. 7, 3668, 2⁴.)

Au commencement du mois de mai parurent trois nouveaux journaux quotidiens : *L'Indépendant* (inspiré, dit-on, par Fouché), très hostile aux Bourbons mais non moins hostile au pouvoir absolu et « écrit pour les braves chargés de la défense de la patrie et de la liberté » ; *L'Aristarque*, se donnant également comme dynastique libéral ; *Le Patriote de* 89, bonapartiste jacobin. Il était rédigé par le septembriseur Méhée et on le surnomma le *Journal de la Lanterne* et le *Sans-Culotte de* 93. D'autres feuilles hebdomadaires ou bi-mensuelles vinrent faire concurrence au *Censeur* et au *Nain Jaune : Le Censeur des Censeurs* et *Le Nain Vert*, tous deux royalistes masqués, et *L'Ami du peuple*, sorte de *Père Duchêne* bonapartiste, beaucoup moins grossier, toutefois, et beaucoup moins violent que le journal d'Hébert. C'était un *Père Duchêne* toujours de bonne humeur, parlant le langage familier sans emprunts au dictionnaire poissard, dénonçant les émigrés et les fonctionnaires « qui bourbonisent l'opinion », sans réclamer contre eux d'autres mesures que de sévères avertissements, et appelant tous les citoyens à la fraternité et à la défense de la patrie.

Il y eut aussi le *Journal du Lys*. Cette petite gazette, qui portait à la première page une tige de lys avec cette épigraphe : « Sa douceur guérit la piqûre de l'abeille », était imprimée clandestinement, paraissait à des intervalles irréguliers et n'avait point d'abonnés. On en jetait des numéros, la nuit, sous les portes cochères[1]. Le *Journal du Lys* publiait les ordonnances du roi émigré, les déclarations des puissances, des extraits des gazettes gallophobes d'Outre-Rhin, des nouvelles des départements où l'on annonçait la

---

1. *Bulletin de Paris*, 177-178.

victoire décisive des vendéens et l'insurrection générale du Midi. Le tout était agréablement entremêlé d'injures contre Napoléon et ses partisans : « Le monstre qui nous gouverne n'a pour lui que la canaille » — « Bonaparte est rentré à la tête d'une troupe de misérables... Il est poursuivi par la haine et le mépris de tous les Français[1]. » Le *Lys*, selon les royalistes, tirait à quatre mille exemplaires[2]. C'est fort douteux, mais les journaux du gouvernement prêtaient leur grande publicité à cette feuille en en citant de nombreux extraits. « Tout ce que nous pourrions écrire pour la liberté, disait le *Journal de l'Empire*, servirait moins sa cause que les pages de messieurs du *Lys* en faveur de la servitude[3]. » Ce principe, fort discutable, que « la publicité donnée aux mensonges et aux calomnies est le meilleur moyen d'en affaiblir l'importance[4] », était à l'ordre du jour. Le *Journal de l'Empire*, l'*Aristarque*, l'*Indépendant*, le *Journal de Paris* reproduisaient les manifestes de Gand, les proclamations des souverains alliés, les articles des gazettes allemandes et anglaises les plus nuisibles à la cause impériale. C'était Fouché qui avait préconisé cette méthode de polémique[5]. C'est assez dire que l'empereur aurait pu s'en défier.

Plus ou moins soumises à des censeurs officieux ou intimidées par la crainte des poursuites, les gazettes, sauf le *Lys* et le *Censeur*, usaient de la liberté avec une grande mesure. Mais à côté des journaux, il y avait les brochures qui s'exprimaient franchement et librement. Du 25 mars au 20 juin, on en publia

---

1. *Journal du Lys*, nos 11 et 14.
2. *Bulletin de Paris*, 178.
3. *Journal de l'Empire*, 14 avril. Cf. 9 avril, et *Journal de Paris*, 13 avril.
4. *Journal de l'Empire*, 12 mai.
5. Rapport du ministre de la police générale, 7 mai. (*Moniteur*, 11 mai.)

près de huit cents[1]. Chacun voulait voir imprimer ses idées sur la chose publique. A lire cette multitude d'écrits, il semble que même chez les politiciens l'opinion en faveur de l'empire était plus générale qu'on ne le croirait. Il n'y a pas de brochures ouvertement orléanistes, il y a fort peu de brochures nettement républicaines, et quant aux pamphlets royalistes, d'ailleurs très véhéments et très injurieux[2], ils comptent seulement pour un sixième dans le total des publications des Cent Jours. Les cinq autres sixièmes ont pour auteurs des libéraux sans cocarde et des napoléonistes de toute nuance[3].

Les impérialistes purs, les ultras du parti exultent à la seule vue de leur idole. Qu'il règne longtemps et que sans s'inquiéter des criailleries des libéraux et

[1]. Plus de six cents sont mentionnées dans le catalogue de la Bibliothèque nationale, et la Bibliothèque est loin de posséder toutes les brochures publiées alors. Ainsi, dans les deux cents que j'ai réunies, il y en a plus de trente qui n'existent pas rue de Richelieu, et un assez grand nombre de pamphlets, cités dans les journaux de 1815, ne s'y trouvent pas davantage.

[2]. « La France a le sentiment de la chute prochaine de Bonaparte. Ce brigand qui a volé le trône de Louis XVIII n'a pour lui qu'un petit nombre d'hommes flétris et souillés. » — « Maîtres du monde, venez réparer la faute magnanime que vous avez commise en accordant la vie à l'homme odieux qui devait être mis en jugement pour le tissu d'horreurs dont sa vie privée et publique était semée. » — « En signant le traité de Fontainebleau, ce vil jongleur avait déjà la pensée de le violer, comme il a violé tous les autres. » — « Il faut faire justice à la nation française des hommes odieux qui l'oppriment et attirent sur nous les armées de l'Europe. » — « Bonaparte est un criminel. Un mot est sur toutes les lèvres : A bas Napoléon ! » *Bonaparte au 4 mai. Du retour de Bonaparte. Réfutation de la Déclaration du Conseil d'Etat. Réponse à Carnot. Lettre à un archevêque. Le Jacobinisme réfuté. Protestation de l'immense majorité des Français. Des intérêts de la France*, etc., etc.

[3]. Je ne me suis pas astreint à lire toutes les brochures publiées pendant les Cent Jours, mais j'en ai lu deux cents au hasard, nombre qui permet, je crois, d'établir une moyenne pour tout l'ensemble. Voici le classement de ces deux cents écrits :

Brochures royalistes	35
.... républicaines	6
.... libérales sans couleur dynastique	45
.... libérales bonapartistes	47
.... napoléonistes	44
.... bonapartistes jacobines	23
	200

des écrivassiers, il rende la France glorieuse comme en 1811, à cela se bornent leurs vœux : « Le premier règne de Napoléon est plus rassurant que les constitutions faites ou à faire, car il a garanti les fortunes, la liberté et l'égalité des droits. » — « J'écrirais des volumes s'il me fallait dire jusqu'où il a porté ses bienfaits ! » — « Napoléon revient sur les ailes de l'amour. Peuple abusé, reconnais ton prince, ton libérateur et ton Dieu... On ne peut point aimer l'empereur, on ne peut que l'adorer[1]. »

Les jacobins conseillent à l'empereur de prendre la dictature populaire et de renoncer à l'appareil gothique et aux vaines pompes renouvelées de la royauté. Ils réclament des mesures révolutionnaires, la mise hors la loi des nobles et des traîtres, leur bannissement perpétuel, la confiscation de leurs biens : « C'est dans les hommes de la Révolution et dans le peuple magnanime, qualifié de vile populace, que Napoléon, environné des traîtres qui l'ont perdu l'année dernière, trouvera son meilleur appui. » — « Ce sont les ennemis de l'intérieur qui sont les plus à craindre. Sévissez, la loi à la main, contre ces scélérats. » — « Que Bonaparte ne s'entoure plus de l'appareil des trônes vulgaires. Ses malheurs lui sont venus d'avoir oublié la Révolution. » — « La noblesse est et fut toujours l'ennemie de la nation. Les nobles conspirent encore. Frappons-les de la foudre exterminatrice[2]. »

---

1. *L'Amour du Bien, l'Intérêt de tous. Conversation entre une dame bonapartiste et une dame bourboniste. Le Retour de l'empereur.* Cf. *Lettre aux membres du collège électoral. Quelques vérités inédites. Le Réveil de Napoléon. Les Vœux de la France accomplis. L'Homme du siècle. Lettre d'un garde national au comte de Lille. L'élan de l'âme. Rira bien qui rira le dernier!* etc., etc.

2. *Causes de la chute de Louis XVIII. Du Modérantisme. Conspiration de la noblesse féodale.* Cf. *Le peuple et la dictature sauveront l'honneur et la patrie. Un dictateur momentanément nécessaire. Examen rapide du gouvernement. Vœux d'un républicain en faveur de la dictature. La Restauration de la liberté. De la noblesse et du peuple,* etc., etc.

Mais c'est le libéralisme qui domine chez ces polémistes par occasion. A elles seules, les brochures d'opinion libérale égalent le nombre total des écrits royalistes, démagogiques et napoléonistes purs. Les libéraux de toute nuance, bonapartistes modérés, ex-orléanistes, anciens royalistes-constitutionnels résignés au fait accompli, républicains ralliés à l'empire acceptent Napoléon mais en lui posant des conditions. Il devra abdiquer le pouvoir absolu, bannir toute idée de conquête, donner les libertés nécessaires, soumettre sa volonté à celle des représentants de la nation : « O Napoléon, ton sort va dépendre du système que tu suivras ! Fais des efforts pour restreindre ton pouvoir. Tout est perdu si tu songes à t'imiter toi-même. » — « Il nous faut des garanties. Vos anciennes constitutions sont avilies, dégradées, méprisées... Mes conseils sont le *sine qua non* de la conservation du trône impérial. » — « Vous ne pouvez rétablir le régime de 1805. La France veut être libre. Vous auriez demain des rebelles au lieu de sujets si vous ne donniez pas la liberté[1]. »

---

1. *Adresse à l'empereur. Observation à Napoléon. Mémoire à l'empereur.* Cf. *Les Epoques de la nation. Des rois et de la nécessité de conserver Napoléon. Réflexions d'un homme libre. Réflexions d'un Français impartial. Le Conciliateur. Profession de foi d'un militaire. Un Français à ses compatriotes. Défendez notre liberté. Le Cri du peuple. Quelques observations. La Patrie avant tout, que m'importe Napoléon ! Une Constitution et pas de constitution. Lettre d'un bon Français. Quatre discours. Lettre d'un Ami de la Liberté. Opinion d'un Français. Au Peuple français*, etc., etc.

CHAPITRE IV

L'ACTE ADDITIONNEL

I. La commission de constitution. — Benjamin Constant.
II. La publication de l'Acte additionnel.
III. Les élections.

I

Le décret de Lyon : « Les collèges électoraux des départements de l'Empire seront réunis en assemblée extraordinaire au Champ de Mai afin de modifier nos constitutions selon l'intérêt et la volonté de la nation [1] », avait frappé les esprits [2]. Mais cet engagement solennel était à peu près inexécutable. On ne s'imagine guère une assemblée de vingt-six mille citoyens [3] discutant et votant des lois au milieu du Champ de Mars. Il n'y avait qu'un moyen rationnel, pratique et sincère de consulter le peuple : c'était de provoquer, comme en 89, la rédaction de cahiers et

---

1. Décret impérial, Lyon, 13 mars (*Moniteur*, 21 mars).
2. « Le décret relatif à l'assemblée extraordinaire du Champ de Mai a fait une grande sensation. » Montlosier à Barante, 23 mars (Barante. *Souv.*, II, 129). Cf. Thibaudeau, X, 259, et rapports de police, 23 et 25 mars. (Arch. nat. F. 7, 3688 [24].)
3. Sous l'empire, les membres des collèges électoraux de département s'élevaient, y compris 25 légionnaires par collège, à 26,000 ; ceux des collèges électoraux d'arrondissement à 72,000. (Sismondi, *De l'Acte additionnel*, *Moniteur*, 6 mai.)
Napoléon avait cru d'abord à la possibilité de cette grande assemblée. Le 20 mars, il dit à Molé : « Trente mille personnes au Champ de Mars. C'est-il beau ! » (Fragment des Mémoires de Molé, *Revue de la Révolution*, XI, 90).

de faire élire, non point par les seuls collèges électoraux, mais directement par les assemblées primaires, des députés qui eussent mandat d'examiner ces cahiers et de s'en inspirer pour élaborer la constitution. Si l'on voulait procéder d'une façon moins démocratique, il y avait l'élection d'une Constituante par les collèges électoraux. Mais que l'empereur prît l'une ou l'autre de ces mesures, combien de temps allait-il falloir pour la convocation des électeurs, la vérification des pouvoirs, la discussion, par cinq ou six cents députés, des soixante ou quatre-vingts articles organiques d'une constitution nouvelle! Six mois, au moins, se passeraient avant que la constitution ne fût rédigée, votée, promulguée. Sans doute, ce retardement pouvait servir à Napoléon en lui permettant de conserver temporairement la dictature. L'idée d'une constituante ne laissait pas cependant de le troubler. Il ne savait ce qui en sortirait. Ses droits de souveraineté mêmes risquaient d'être mis en question. En outre, tout lui faisait présager une très prochaine campagne, et s'il se défiait pendant la paix des résolutions d'une assemblée, à plus forte raison les redoutait-il pendant la guerre[1].

Dans ces circonstances, Napoléon aurait bien voulu rétablir purement et simplement les constitutions de l'empire, comme il y avait un instant songé avant de quitter l'île d'Elbe[2], ou encore temporiser en laissant les choses dans l'état jusqu'au règlement de la question extérieure. Mais si porté qu'il fût aux illusions,

---

1. Cf. Napoléon, *L'île d'Elbe et les Cent Jours* (*Corresp.*, XXXI, 129), et Fleury de Chaboulon, *Mém.*, II, 72-73.
2. Napoléon, *L'île d'Elbe et les Cent Jours* (*Corresp.*, XXXI, 128). — L'empereur avait bien vite écarté cette pensée. « Les événements survenus, dit-il, avaient donné une telle secousse à l'esprit public que tout ce système ne paraissait plus adapté à l'état de la France. »

l'empereur avait l'esprit trop juste pour ne pas voir que tout cela était impossible. « La nation, disait-il, s'est reposée douze ans de toute agitation politique, et depuis une année elle se repose de la guerre. Ce double repos lui a rendu un besoin d'activité. Elle veut ou croit vouloir une tribune et des assemblées. Le gouvernement des Bourbons, gouvernement faible et contraire aux intérêts nationaux, a donné à ces intérêts l'habitude d'être en défense et de chicaner l'autorité. Le goût des débats politiques paraît revenu[1]. » En effet, la bourgeoisie était férue de libéralisme, et les proclamations du golfe Jouan, les harangues de Grenoble, les décrets de Lyon avaient réveillé dans le peuple l'esprit de la Révolution. Aux Tuileries, les ministres, les conseillers d'État, les aides de camp, les princes Joseph et Lucien prêchaient la modération, les idées libérales, les nécessités nouvelles. Le général Caffarelli écrivait de Rennes : « On attend la convocation des électeurs pour le Champ de Mai. » Le général Grundler écrivait d'Amiens : « Les malveillants disent que l'empereur ne veut point donner de constitution. » Les journaux et les brochures réclamaient des lois « vraiment nationales ». Les « faiseurs de constitutions » se multipliaient, et adressaient à l'empereur leurs plans et leurs conseils. Chaque jour, il lui en arrivait par brassées[2]. On allait jusqu'à dire que Napoléon allait abdiquer et proclamer la République[3]. C'était là ce que l'empe-

---

1. Benjamin Constant, *Mém. sur les Cent Jours*, II, 21-22. Cf. Lavallette, *Mém.*, II, 171-172.
2. Benjamin Constant, *Mém.*, II, 30 31. Napoléon, *L'île d'Elbe et les Cent Jours*. (*Corresp.*, XXXI, 129.) Notes de Lucien (Arch. Aff. étr., 1815). La Fayette, *Mém.*, V, 415-419. Caffarelli à Davout, Rennes, 20 avril. Grundler à Davout, Amiens, 17 avril. Cf. Sebastiani à Davout, Amiens, 17 avril. Extraits de la corresp. des préfets et de la corresp. de police générale, avril. (Arch. nat. F. 7, 3774.)
3. Bulletins de Réal, 15 avril. Rapp. de police, 17, 19, 28 avril, 1er mai. (Arch. nat., AF. IV, 1934, F. 7, 3774.) Napoléon, *L'île d'Elbe et les Cent Jours*.

reur appelait « divaguer fortement[1] ». Il avait hâte d'arrêter cette rumeur.

Dès les premiers jours d'avril, Napoléon se résigna donc, selon le mot d'un contemporain[2], « à s'acquitter de cette dette d'une constitution contractée devant les ouvriers de Lyon ». Mais afin d'éviter, du moins, la réunion immédiate d'une assemblée, il résolut de faire rédiger la nouvelle constitution par une commission, et de la proposer dans son ensemble à la sanction du peuple au lieu de la soumettre aux discussions interminables et dangereuses des députés. Les ministres et les commissaires, Regnaud, Ginou, Boulay, tenaient pour une constitution analogue à celle de l'Angleterre. Seul Carnot repoussait cette idée. « La constitution anglaise, disait-il, suppose l'existence d'une puissante aristocratie; or la France ne possède aucune aristocratie. » Il présenta un projet de constitution comprenant une chambre des députés, un sénat dont les membres seraient nommés à vie et un tribunat que formeraient cinq commissaires de la Chambre, cinq du Sénat, cinq du conseil d'État et cinq de l'ordre judiciaire. L'empereur inclinait plutôt aux théories de Carnot, mais dans la commission elles étaient unanimement condamnées[3]. C'est au cours de ces discussions que reparut sur la scène politique un personnage dont le rôle surprit tout le monde, à commencer par lui-même, Benjamin Constant.

Persuadé que sa catilinaire du 19 mars le vouait à la vengeance de celui qu'il y avait appelé Teutatès et Néron, Benjamin Constant ne voulait cependant ni

---

(*Corresp.*, XXXI, 129). Caffarelli à Davout, Rennes, 20 avril. (Arch. Guerre.) — Lucien lui-même conseillait à l'empereur d'abdiquer. Notes de Lucien. (Arch. Aff. étr., 1815.)

1. Napoléon, *L'île d'Elbe et les Cent Jours* (*Corresp.*, XXXI, 129).
2. Villemain, *Souvenirs*, II, 173.
3. Napoléon, *L'île d'Elbe et les Cent Jours*, 130. Cf. Boulay de la Meurthe. 256. Benjamin Constant, *Mém.*, II, 48, 56. *Mém. sur Carnot*, II, 430-435.

émigrer ni faire acte de soumission. Il se cacha deux jours, puis s'imaginant trouver en Vendée un centre de résistance royaliste il partit pour Nantes, s'arrêta à Ancenis à la nouvelle que son ami Barante avait donné sa démission de préfet, et revint à Paris. La modération de Napoléon avait un peu calmé ses craintes ; néanmoins, il crut prudent de voir le prince Joseph, qu'il avait beaucoup connu pendant le Directoire, pour le consulter sur les intentions de l'empereur à son égard. Joseph dissipa ses dernières alarmes et l'assura que loin de songer à des mesures arbitraires, l'empereur, bien changé depuis un an, voulait sincèrement la liberté. Joseph connaissant la faiblesse et la mobilité de Benjamin Constant profitait de sa visite pour tenter de le rallier au nouvel empire. Très vraisemblablement, Benjamin Constant écouta ses paroles sans paraître y voir des ouvertures, mais à quelques jours de là, il fut peut-être moins étonné qu'il ne le prétend en recevant du chambellan de service l'invitation de se rendre au palais des Tuileries [1].

En apprenant par Joseph son entretien avec Benjamin Constant, l'empereur, sans doute, n'avait point pensé dans l'instant à confier à celui-ci la rédaction de la future constitution ; mais au moment où il s'occupait de cette constitution, il jugeait utile et en tout cas fort intéressant de « faire causer » sur les principes constitutionnels l'illustre écrivain qui avait été pendant la restauration l'oracle des libéraux. Dans cette première audience, ce fut d'ailleurs Napoléon qui parla. La justesse de ses vues sur l'état de la

---

[1]. Barante, *Souvenirs*, II, 128-129. Cf. Benjamin Constant, *Mém.*, II 1-2. 17-19. — Constant dit qu'il fut appelé aux Tuileries le 14 avril. Cela semble une erreur, car, dès le 6 avril, le *Journal de l'Empire* annonça que M. Benjamin Constant était un des membres de la commission constitutionnelle. Donc, le 6 avril, Benjamin Constant avait déjà vu l'empereur.

France et la franchise de sa profession de foi, où il se montra non comme converti aux idées libérales, mais comme déterminé à les subir par nécessité, frappèrent Benjamin Constant qui laissa voir son impression. Ces deux hommes comprirent qu'ils étaient prêts à s'entendre. Il vint à l'idée de l'empereur de demander à Benjamin Constant le plan de la nouvelle constitution et, sans plus attendre, il lui en fit la proposition[1].

On a dit que Napoléon agit ainsi par un jeu indigne, pour déconsidérer un membre de l'opposition et parce qu'il trouva piquant de transformer en législateur de l'empire l'adversaire le plus ardent et le plus convaincu du gouvernement impérial. En 1815, Napoléon n'avait pourtant pas envie de rire. Sa proposition à Benjamin Constant s'explique par deux raisons. D'abord, il avait hâte d'être délivré des discussions constitutionnelles, qui menaçaient de s'éterniser au conseil d'État, et il comprit qu'un seul homme irait plus vite en besogne qu'une commission. En second lieu, qui mieux que le porte-paroles des libéraux et le théoricien du gouvernement parlementaire pouvait tracer le plan d'une constitution libérale? Appeler à cette mission un adversaire de la veille, qui représentait l'opinion de la majorité, n'était-ce pas entrer par avance dans la pure tradition parlementaire. Pour Benjamin Constant, que l'on accusa d'être dupe ou complice, et qui se compromit gravement par sa coopération à l'aventure des Cent Jours, l'histoire ne saurait le condamner. N'était-il pas plus glorieux pour lui et, dans sa pensée, plus utile au pays de faire cette grande chose: la constitution française, que de mener une opposition chicanière, stérile et, en raison

---

1. Benjamin Constant, *Mém.*, II, 20-25, 27-28, 30.

des circonstances, anti-patriotique? Benjamin Constant n'était inféodé à aucun parti. Il s'était dévoué à la seule cause de la liberté. Si de la base au faîte de l'édifice social il trouvait la liberté, que lui importait un empereur! Il ne commit point d'apostasie puisque bien loin de se rallier aux idées de Napoléon et d'épouser ses intérêts, il lui imposa ses propres idées dans le dessein de le désarmer. Benjamin Constant prétend, au reste, qu'il hésita à accepter l'offre de l'empereur. En tout cas, les hésitations du publiciste furent de courte durée, puisque le lendemain et les jours suivants, il revint aux Tuileries pour exposer ses théories gouvernementales à l'empereur et qu'il lui remit bientôt un plan complet de constitution, rédigée article par article[1].

Comme Chateaubriand l'a écrit avec une admirable naïveté dans le *Journal de Gand*, cette constitution c'était la Charte royale améliorée[2]. C'était la Charte avec l'éligibilité conférée à tous les Français et l'électorat direct étendu de quinze mille à cent mille citoyens; la Charte avec la censure préalable supprimée, tous les délits de presse déférés au jury, les cours prévôtales abolies, les seuls délits militaires ressortissant aux tribunaux militaires, la liberté des cultes sans religion d'Etat, l'interprétation des lois échappant aux ministres, la publicité de la Chambre des pairs, le droit d'amendement reconnu en entier aux deux Chambres, la faculté pour chacune d'elles d'inviter

---

1. Benjamin Constant, *Mém.*, II, 26, 30-49. — Benjamin Constant prétend qu'il n'est pas l'auteur de la constitution tout entière. C'est jouer sur les mots. Sans doute il y eut plus d'un article modifié ou ajouté par l'empereur et par la commission, mais l'Acte additionnel dans son ensemble n'en est pas moins l'œuvre de Benjamin Constant.

2. « La nouvelle constitution est un hommage à votre sagesse. C'est, à quelques différences près, la Charte constitutionnelle. Bonaparte a seulement devancé, avec sa pétulance accoutumée, les améliorations et les compléments que votre prudence méditait. » Rapport au roi (*Journal de Gand*, n° 9).

le gouvernement à présenter une loi sur un objet déterminé, les levées d'hommes votées chaque année par le parlement, la mise en état de siège réservée aux Chambres, la responsabilité ministérielle augmentée, le contrôle permanent du Législatif sur l'Exécutif[1].

Dans sa rédaction, Benjamin Constant avait évité toute mention de l'empire comme antécédent du gouvernement qui allait s'établir. « — Ce n'est pas là ce que j'entends, lui dit Napoléon. Vous m'ôtez mon passé, je veux le conserver. Que faites-vous donc de mes onze ans de règne ? J'y ai quelque droit, je pense. Il faut que la nouvelle constitution se rattache à l'ancienne. Elle aura la sanction de la gloire. » Benjamin Constant objecta que l'empereur avait plus besoin de popularité que de gloire, mais surpris et charmé de le voir accepter si facilement cet ensemble de lois libérales, il ne voulut point lui résister pour une simple question de forme. Il fut décidé que la nouvelle constitution porterait le nom d'Acte additionnel aux Constitutions de l'Empire. La pairie héréditaire fut un autre objet de discussion. En créant des privilèges de naissance, l'empereur appréhendait avec raison de froisser les sentiments égalitaires des Français. Puis, il ne savait comment recruter ses pairs. « — Où voulez-vous, disait-il, que je trouve les éléments d'aristocratie que la pairie exige ? Les anciennes fortunes sont ennemies, plusieurs des nouvelles sont honteuses. Cinq ou six noms illustres ne suffisent pas. Sans traditions et sans grandes propriétés, sur quoi ma pai-

---

[1] Articles 20, 23, 24. 25, 27, 32, 35, 39. 41, 54, 60, 61, 62, 64, 66. — Sismondi, dans son *Examen de la Constitution française*, a mis en parallèle tous les articles de la Charte amendés dans un sens libéral par l'Acte additionnel. A la vérité, cette brochure, qui parut d'abord par fragments dans le *Moniteur*, est un plaidoyer pour la constitution impériale. Mais les textes cités dans cet écrit n'en sont pas moins authentiques et probants

rie sera-t-elle fondée? Dans trente ans, mes champignons de pairs ne seront que des soldats ou des chambellans. » Benjamin Constant appréciait ces raisons, mais infatué des principes de la constitution anglaise et aussi ennemi de la démocratie qu'il était dévoué à la liberté, il soutint que la pairie héréditaire était préférable à une chambre haute élective. L'empereur se laissa vite persuader. Il avait de l'inclination pour la noblesse. Pendant tout son règne, il avait travaillé à créer une aristocratie. Il n'était pas fâché d'avoir des pairs, comme Louis XVIII, et il se flattait de compter bientôt parmi eux, après ses victoires, un certain nombre de ceux de la pairie royale [1].

Dans la soirée du 21 avril, la commission de constitution donna lecture de l'Acte additionnel aux ministres et aux conseillers d'Etat. L'article LXVI de la Charte avait aboli la confiscation. Dans l'Acte additionnel, le mot de confiscation n'était pas prononcé, mais par cela même, il semblait que cette peine fût implicitement maintenue. L'assemblée du conseil d'Etat s'en émut jusqu'à l'indignation, et malgré l'heure tardive elle demanda presque d'une seule voix aux commissaires de porter sur-le-champ à l'empereur ses pressantes prières et ses respectueuses remontrances. Aux premiers mots, Napoléon éclata. « — On me pousse, s'écria-t-il, dans une voie qui n'est pas la mienne. On m'affaiblit, on m'enchaîne. La France me cherche et ne me trouve plus. L'opinion était excellente, elle est exécrable. La France se demande ce qu'est devenu le vieux bras de l'empereur, ce bras dont elle a besoin pour dompter l'Europe. Que me parle-t-on de bonté, de justice abstraite, de lois naturelles! La première loi, c'est la nécessité; la première justice, c'est le salut public.

1. Benjamin Constant, *Mém.*, II, 30-33, 56-63.

On veut que des hommes que j'ai comblés de biens s'en servent pour conspirer contre moi à l'étranger. Cela ne peut pas être, cela ne sera pas. Quand la paix sera faite, nous verrons. A chaque jour sa peine, à chaque circonstance sa loi, à chacun sa nature. La mienne n'est pas d'être un ange. Messieurs, je le répète, il faut qu'on retrouve, il faut qu'on revoie le vieux bras de l'empereur. » Il s'était levé et ses yeux lançaient des flammes. « C'est la seule fois, dit Benjamin Constant, où il soit entré en révolte contre le joug constitutionnel qu'on voulait lui imposer. » La résolution de Napoléon paraissait invincible. Les commissaires se turent, redoutant, s'ils le poussaient à bout, de le voir déchirer la constitution et montrer ce « vieux bras de l'empereur » qu'il venait d'évoquer[1].

Des ministres et des conseillers d'Etat, nommément Fouché, Caulaincourt, Decrès, avaient demandé que l'Acte additionnel fût soumis article par article à la discussion des mandataires des collèges électoraux et non présenté dans son ensemble à l'acceptation du peuple, ce mode de votation étant illusoire[2]. Mais l'empereur n'avait souffert de donner une constitution libérale que pour éviter la réunion d'une assemblée. Vingt-quatre heures après sa dernière conférence avec la commission de constitution, il fit publier l'Acte additionnel dans le *Moniteur*. Le même jour parut un décret portant que les Français étaient appelés à consigner leur vote sur

---

1. Benjamin Constant, *Mém. sur les Cent Jours*, II, 47-50, 54.
2. Fleury de Chaboulon, *Mém.*, II, 51. Cf. *Mém. de Fouché*, II, 337-338. — Il n'est pas douteux que des représentations dans ce sens n'aient été faites à l'empereur. Toutefois elles ne vinrent pas des membres de la commission de constitution. Benjamin Constant reconnait même (II, 46-47) que lui et ses collègues étaient partisans de ce mode rapide d'adoption afin de passer dans le plus bref délai possible de l'état de dictature au régime constitutionnel.

des registres ouverts dans toutes les communes, et que le dépouillement aurait lieu à l'assemblée du Champ de Mai convoquée à Paris pour le 26 mai[1].

II

L'Acte additionnel déçut tous ceux qu'il ne mécontenta point. Les napoléonistes autoritaires déplorèrent ces concessions libérales. Ils dirent que l'empereur en transigeant avec l'anarchie faiblissait et s'affaiblissait, ils le regardèrent comme perdu. Les jacobins s'étonnèrent, après les paroles de Lyon, de ne trouver dans la constitution rien qui rappelât les idées révolutionnaires. L'hérédité de la pairie était un outrage à l'égalité. Au lieu des lois de la Convention, c'était la Charte de Louis XVIII modifiée qui sortait de la révolution du 20 mars, et, comme la Charte royale, cette constitution était en quelque sorte octroyée puisque la sanction que l'on demandait au peuple était une simple formalité. Napoléon qui avait ri du « roi d'Hartwell », datant la Charte de la dix-neuvième année de son règne, se donnait le même ridicule en citant dans le préambule de l'Acte additionnel les constitutions de l'Empire, comme si son règne n'eût pas été interrompu[2].

Les libéraux, les seuls qui dussent être satisfaits de cette constitution rédigée par un des leurs, conforme à leur doctrine, appliquant leurs principes, et où le

---

1. *Moniteur*, 23 avril. *Bulletin des Lois*, 23 et 24 avril.
2. Benjamin Constant, *Mém.*, II, 70-71. Villemain. *Souvenirs*, II, 182-1-3. Fleury de Chaboulon, *Mém.*, II, 64-65. *Mém. de Fouché*, II, 337-338. Thibaudeau, X, 325-326. *Esquisse sur les Cent Jours*, 3-4. *Une constitution et point de constitution*, par Rouargue, ex-officier de Jemmapes. *Défendez notre liberté*, par Leroy. *Considérations sur la Chambre des pairs*, par Barère. *Observations à l'Empereur*, par Ponsard, ex-législateur. *Vœux d'un républicain*, par Roger, etc., etc.

duc de Broglie trouvait « beaucoup de dispositions efficaces et sincères [1] », s'en montrèrent les plus ardents contempteurs. A les entendre, toutes les concessions de Napoléon lui avaient été arrachées, et il n'avait cédé qu'avec le dessein de les retirer. Au reste, chaque article était un piège, chaque disposition une pierre d'attente pour le despotisme. La nouvelle constitution ne donnait-elle pas à l'empereur la nomination des pairs et des juges, le droit de prorogation et de dissolution, la proposition des lois ? L'élection du président de la chambre ne devait-elle pas être approuvée par lui ? Ne conservait-il point le droit de grâce ? Napoléon n'avait pas changé. C'était toujours l'homme de brumaire, l'autocrate de 1811. Il le prouvait par le renouvellement des plébiscites illusoires de l'an X et de l'an XIII, par le silence gardé sur la confiscation, et par ce titre d'Acte additionnel donné à la nouvelle constitution qui n'était ainsi qu'une façade neuve mise à l'arsenal des sénatus-consultes oppressifs et des lois liberticides [2].

Il eût été juste de reconnaître que des 121 actes et sénatus-consultes formant le corps des constitutions de l'Empire, 59 décrétés dans des circonstances spéciales, qui ne pouvaient se représenter, ne comptaient plus et que 39 étaient abrogés ou modifiés par l'Acte additionnel. Les 23 autres étaient relatifs

---

1. Duc de Broglie, *Souvenirs*, I, 307.
2. Fleury de Chaboulon, *Mém.*, II, 69-70. Benjamin Constant, *Mém.*, II. 70-72. Villemain, *Souv.*, II, 175. 180-184. Miot de Mélito, *Mém.*, III, 420-421. Sismondi, *Examen de la Constitution*, 11. *Mémoire à l'empereur sur les projets et les vœux du peuple français*, par A. N. de Salvandy, ex-garde d'honneur, ex-mousquetaire noir. *Observations critiques sur le Champ de mai*, par le même. *Opinion d'un Français sur l'Acte additionnel. Opinion sur les mesures à prendre*, par H. Saint-Simon et Augustin Thierry. *Opinion d'un homme libre sur la constitution proposée*, par J. P G. Viennet. *La Constitution réformée*, par un ami de son pays. Géraud, *Journal intime*, 202. *Observations sur l'Acte additionnel*, par Millier de Saint-Adolphe, etc., etc. Voir aussi le *Censeur*, n° VI, le *Journal Général*, 26 et 29 avril, le *Censeur des Censeurs*, n° 1, et les réfutations publiées dans le *Journal de l'Empire*, 27 avril, 1er et 6 mai.

à l'hérédité du trône, à la régence, aux biens de la couronne, aux titres de la noblesse impériale, à la naturalisation, aux collèges électoraux, aux droits des légionnaires et au rétablissement du calendrier grégorien [1]. La constitution de 1815 était donc entièrement nouvelle. Mais l'esprit de parti ne voulut pas en convenir. La bourgeoisie libérale accusait l'empereur de n'être point sincère; c'était elle qui faisait preuve de mauvaise foi, entraînée par ses regrets raisonnés ou inconscients du gouvernement de Louis XVIII où elle avait trouvé une liberté suffisante et la paix assurée.

Si la nouvelle constitution — « la Benjamine », comme l'appelait Montlosier [2] — n'avait point l'approbation des libéraux, encore moins trouva-t-elle grâce devant les royalistes. Au lieu de l'attaquer au nom de leurs principes, quelques-uns jouèrent le jeu de se poser en tribuns populaires. Ces mêmes hommes qui avaient anathématisé la Charte comme concédant trop de liberté déclarèrent que l'ensemble de l'Acte additionnel était illibéral et qu'un despote ne pouvait donner que des lois despotiques. « Les partisans du droit divin, dit Benjamin Constant, empruntèrent le langage de la Révolution. » L'article 67 de l'Acte additionnel, portant que le peuple français déniait à jamais le droit aux chambres ou aux citoyens

---

1. Sismondi, sincèrement rallié à l'empereur, démontra tout cela dans le *Moniteur* des 29 avril, 2, 6 et 8 mai, et dans la brochure : *Examen de la Constitution*. Mais il ne convainquit personne. Il suffisait que la défense de l'Acte additionnel parût dans le *Moniteur* pour qu'elle fût suspecte à l'opinion.
Villemain (*Souv.*, II, 179-180) et Lafayette (*Mém.*, V, 419-420) reconnurent, une fois l'empire tombé, les grands mérites de l'Acte additionnel.
Mme de Staël agit différemment. Elle approuva, à sa publication, l'Acte additionnel (Lettre à Crawfurd. *Dispatchs of Castlereagh*, II, 336. Notes de Lucien, Arch. Aff. étr., 1815. *Mém. du roi Joseph*, X, 228. Grouchy à Davout, Chambery, 4 mai, Arch. guerre) et le condamna plus tard dans les *Considérations sur la Révolution* (III, 142-143).
2 Montlosier à Barante, 27 avril (Barante, *Souv.*, II, 141).

de proposer le rétablissement sur le trône d'aucun membre de la famille des Bourbons, même en cas d'extinction de la dynastie impériale, ainsi que de proposer le retour aux droits féodaux, aux dîmes, à un culte privilégié et la revision des ventes nationales, exaspéra surtout les royalistes. Ils représentèrent ces dispositions comme attentatoires au droit souverain du peuple « puisqu'elles enchaînaient l'avenir[1] ». Comme si toute constitution proclamant l'hérédité du pouvoir n'enchaînait point l'avenir ou du moins n'y prétendait pas !

Les journaux des divers partis discutèrent à l'envi l'Acte additionnel, mais tout en conservant une grande modération dans leurs critiques[2]. On a vu que la presse regardait le décret du 25 mars à peu près comme non avenu et s'accommodait fort bien de la servitude volontaire. Seul le *Censeur*, que sa saisie non suivie d'effet avait irrité et enhardi, attaqua véhémentement la nouvelle constitution. Les gazettes ne suffisant pas à l'expression de toutes les opinions individuelles, la brochuromanie qui sévissait depuis un mois s'étendit encore. Des centaines de pamphlets parurent presque simultanément. Dans beaucoup de ces écrits on défendait les principes ou l'on plaidait les intentions de l'Acte additionnel[3], mais dans les

---

1. Benjamin Constant, *Mém.*, II, 44-55. Dufey de l'Yonne, *L'Europe et la France*, 34. *Lettre à un archevêque*, par B. de Peyronet. *Motif du vote négatif de Louis de Kergolay. Des Idées libérales des Français, Protestation de la grande majorité des Français.* Géraud, *Journal intime*, 203. *Le Censeur des Censeurs*, n° 1, etc., etc.

2. *La Quotidienne* (devenue la *Feuille du jour*), l'*Indépendant*, l'*Aristarque*, le *Journal Général*, la *Gazette de France*, 26, 27, 29 avril, 2, 3, 17, 11, 12, 15, 28 mai. — Le *Journal des Débats* (*Journal de l'Empire*) et le *Journal de Paris* approuvèrent l'Acte additionnel, mais le *Nain Jaune*, enfant terrible du parti bonapartiste, y fit d'assez vives critiques.

3. « L'acte additionnel ne remplit pas l'espoir du décret du 13 mars, mais les principes libéraux qui y sont contenus ne peuvent laisser aucun doute sur la loyauté de ses promesses. » *Réflexions d'un Français impartial.* — « L'Acte additionnel a des lacunes ; il a été fait trop vite, mais avec des

plus nombreux on le condamnait sans circonstances atténuantes. Aux sévères et souvent très injustes censures de la constitution se mêlaient des invectives contre l'empereur. On l'appelait usurpateur de la souveraineté nationale, tyran, fourbe, maître renard. « Il *n'avait rien appris ni rien oublié.* » M. de Salvandy écrivit que Napoléon « voulait se donner l'étrange satisfaction d'avoir un trône pour cercueil[1] ».

La grande masse du peuple, qui ne lisait ni le *Censeur* ni les brochures de M. de Salvandy, fut plutôt déçue qu'irritée par l'Acte additionnel. Cette constitution émanant de l'empereur, en quelque sorte décrétée par lui et qui, à cause de ce nom fâcheux d'Acte additionnel, paraissait maintenir la pluralité des anciennes lois de l'empire, ne répondait pas aux décrets de Lyon. Ce n'était point cette solennelle manifestation démocratique du Champ de Mai dont l'annonce avait tant frappé les esprits, cette grande assemblée où les délégués de la nation devaient voter la constitution nationale. Un mois après être remonté sur le trône, Napoléon semblait déjà faillir à ses engagements. Qu'il supprimât la censure, qu'il étendît la responsabilité ministérielle, qu'il accordât au parlement le droit d'amendement et la faculté d'inviter l'Exécutif à présenter une loi sur un objet déterminé, c'étaient là pour la foule, encore fort ignorante des principes du *self government*, des détails dont elle se souciait peu. L'as-

---

amendements, il deviendra bon. » *Le Conciliateur, Appel à tous les Français* — « L'hérédité des pairs est la preuve que l'empereur veut rendre ce corps indépendant. » *Les puissances alliées et la France*, par Ed. Martin. — Je crois bonnes les bases de l'Acte additionnel, sauf l'hérédité de la pairie. Nos intérêts sont ceux de l'empereur, notre cause est la sienne. Sorti de nos rangs, fils de la liberté, il ne peut plus exister que par elle. » *La patrie, avant tout et que m'importe Napoléon!* par Lebrun-Tossa, etc., etc.

1. *Observations critiques sur le Champ de Mai*, par A. N. de Salvandy. *Lettre de Micaldo au nom de l'ordre de l'Éteignoir. Observations sur l'Acte additionnel*, par Poulard. *Des idées libérales des Français. Lettre à Napoléon*, etc., etc.

semblée du Champ de Mai, dût-elle donner une constitution deux fois moins libérale et même se borner à proclamer l'empereur par acclamation, eût tout autrement impressionné les paysans et les ouvriers chez qui revivaient les souvenirs révolutionnaires de la fête de la Fédération. Mais encore une fois, il y eut chez le peuple plutôt de la déception que du mécontentement. Le mode de votation ne parut à la plèbe ni illusoire ni insolent, comme aux raisonneurs de Paris, car dans l'entendement borné d'un laboureur ou d'un manouvrier de ce temps-là, le droit de voter pour ou contre la constitution proposée étant absolu, cette constitution pouvait être rejetée si elle ne satisfaisait pas la majorité. Seules, les dispositions relatives à l'hérédité de la pairie irritèrent le sentiment populaire. On y vit la volonté de créer des privilèges de naissance ; et un mois auparavant, sur la route de Lyon, on avait acclamé en Napoléon le fils de la Révolution, « l'homme du peuple », le destructeur de tous les privilèges. L'opinion n'empira point, mais elle resta dans sa torpeur.

Pour la réveiller, il eût fallu quelque grande mesure démocratique. Il eût fallu faire ce que les libéraux redoutaient par dessus tout[1] : proclamer le suffrage universel. En raison des sentiments des masses populaires pour Napoléon, et des rancunes, des défiances, de l'hostilité et de la haine même existant contre sa personne dans les classes privilégiées, il aurait eu tout intérêt à rendre au peuple le droit de suffrage direct qui lui avait été donné par la constitution de 1793 et repris par la constitution de l'an III. Mais il ne semble pas que cette idée soit même venue à l'empereur, et s'il y pensa un instant, ce fut

1. Villemain, *Sour.*, II, 180. Cf. Lenormand, *Réflexions impartiales*, 36.

pour la repousser aussitôt. Aux yeux de l'empereur, le suffrage universel était l'anarchie alors qu'au contraire c'eût été pour lui l'autorité.

Napoléon a écrit à Sainte-Hélène : « La publication de l'Acte additionnel déjoua toutes les factions ; l'esprit public prit une direction nationale[1]. » Rien n'est plus faux. Mais il ne faut pas croire davantage les auteurs de Mémoires et les historiens qui expliquent par l'Acte additionnel l'affaiblissement de l'opinion jusque-là très prononcée pour l'empereur. La vérité, c'est que chez les sept dixièmes des Français, la nouvelle constitution produisit fort peu d'impression : l'indifférence fut le sentiment dominant. La vérité, c'est que les inquiétudes, l'agitation, les cris séditieux, les troubles furent les mêmes avant et après cette publication ; c'est que l'enthousiasme populaire, si fort et si sincère au mois de mars, commença à décroître dès la première semaine d'avril, et qu'il faut attribuer ce revirement presque subit de l'opinion, non point à l'Acte additionnel, mais aux menaces de l'étranger, aux craintes de guerre, aux manœuvres des royalistes, aux menées du clergé, à l'hostilité ouverte des maires, aux mesures que l'on prit, d'après les ordres de l'empereur lui-même, pour calmer l'effervescence révolutionnaire, enfin au manque de confiance et par conséquent d'énergie de tout le personnel administratif[2].

---

1. Napoléon, *L'Ile d'Elbe et les Cent Jours* (*Corresp.*, XXXI, 130).
2. Corresp. des préfets, corresp. de police générale, notes de police, bulletins de Réal, rapports des aides de camp en mission, du 23 avril au 30 mai. (Arch. nat., F. 7, 3740, F. 3774, F. 7. 3200⁴, AF. IV, 1935, F¹ᶜ, I, 26.) Lettres et rapports des commandants des divisions militaires et des commandants de gendarmerie, aux mêmes dates. (Corresp. générale. Arch. Guerre.) Notes de Rousselin de Saint-Albin (Collection Bégis). — Dans ces nombreux documents, il est fort peu question de l'impression produite par l'Acte additionnel. Cette publication semble avoir laissé à peu près indifférentes les masses populaires. Quelques préfets et officiers généraux, nommément les préfets de Rouen, de Quimper, de Chambéry et les généraux Rapp et

III

L'empereur croyait de bonne foi rallier tout le monde à lui par l'Acte additionnel[1], mais il ne garda pas deux jours cette illusion. Le 25 avril, il dit en recevant Benjamin Constant à l'Elysée : « — Eh bien! la constitution ne réussit pas. » Le nouveau conseiller d'Etat[2] ne fut point troublé : « — Sire, c'est qu'on n'y croit guère. Faites-y croire en l'exécutant. — Sans qu'elle soit acceptée! Ils diront que je me moque du peuple. — Quand le peuple verra qu'il est libre, qu'il a des représentants, que vous déposez la dictature, il sentira bien que ce n'est pas se moquer de lui. » L'empereur réfléchit un instant : « — Au fond, reprit-il, il y a là un avantage : en me voyant agir ainsi, on me croira plus sûr de ma force. C'est bon à prouver[3]. »

Mais si désireux qu'il se prétendît de « prouver sa force » en abdiquant tout pouvoir effectif, Napoléon hésita cependant plusieurs jours à faire élire une assemblée. La convocation des députés était

---

Caffarelli, signalent seulement le mécontentement que causent les articles relatifs à la pairie héréditaire. Or, si les préfets et les policiers ne disent rien ou presque rien de l'effet de la nouvelle constitution sur l'esprit public, c'est que cet effet fut à peu près nul, car ils ne manquent pas de relater les moindres fluctuations de l'opinion et d'en donner les causes. Ainsi plus de vingt-cinq rapports du 8 au 15 mai signalent l'impression désastreuse produite sur l'opinion par la Déclaration du roi du 15 avril, portant que les Alliés ne feront la guerre qu'aux seuls partisans de Bonaparte. Quant aux inquiétudes et au mécontentement provoqués par les menaces de guerre et les levées d'hommes, à l'action néfaste des maires royalistes, à la tiédeur des fonctionnaires, ce sont des centaines et des centaines de fois que ces choses sont signalées.

1. Fleury de Chaboulon, *Mém.*, II, 71-72. — L'empereur avait même rédigé une proclamation aux Français pour se féliciter avec eux de ce grand acte. Il donna l'ordre de la brûler.

2. Benjamin Constant fut nommé conseiller d'État par décret du 20 avril (*Moniteur*, 22 avril).

3. Benjamin Constant, *Mém.*, II, 72.

le vœu ardent du parti libéral, car il y voyait la garantie de la nouvelle constitution, « la puissance de la Chambre étant telle qu'elle rendait impossible toute tentative de retour au despotisme [1] ». Jusqu'à la réunion de l'Assemblée, au contraire (et aucun délai n'était fixé dans l'Acte additionnel) pour les élections législatives), « la Benjamine » pouvait rester lettre morte. Espérant que cette dernière concession ferait tomber toutes les défiances et désarmerait les opposants, Joseph et les plus dévoués serviteurs de l'empereur, ceux en qui il avait la plus entière confiance, l'engagèrent à convoquer les collèges électoraux [2] ; quelques-uns, dit-on, l'en sommèrent presque, menaçant de donner leur démission. Des conseillers d'Etat le poussèrent à cette illégalité, à cet abus de pouvoir, à ce non-sens : procéder à l'élection d'une assemblée en vertu d'une constitution qui était soumise à la sanction du peuple et sur laquelle on commençait seulement de voter. L'empereur était à peu près seul contre tous. Il céda. Le 1er mai parut au *Moniteur* un décret portant convocation des collèges électoraux à l'effet d'élire des députés à la Chambre des représentants qui serait réunie après la proclamation de l'acceptation de l'Acte additionnel [3].

Le préambule de ce décret était une sorte d'amende honorable. L'empereur s'excusait du mode de rédaction et de votation de la constitution. « Nous n'avions, dit-il, que l'alternative de prolonger la dictature dont nous nous trouvions investi par les circonstances et la confiance du peuple, ou d'abréger les formes que nous nous étions proposé de suivre pour la rédaction

---

1. Benjamin Constant, *Mém.*, II, 35, 72-74. Cf. La Fayette, V, 424.
2. Cf. La Fayette, *Mém.*, V, 422-423. Boulay de la Meurthe, 260. Thibaudeau, X, 330-331. *Esquisse historique sur les Cent Jours*, 6.
3. Décret du 30 avril (*Moniteur*, 1er mai).

de l'Acte constitutionnel. L'intérêt de la France nous a prescrit d'adopter ce second parti. » Enfermé dans ce dilemme : constitution ou assemblée, Napoléon avait donné la constitution pour éviter l'assemblée, et après avoir donné la constitution, il se voyait forcé de convoquer l'assemblée.

La Fayette daigna se déclarer satisfait dans une lettre adressée à Benjamin Constant[1]; mais si la plupart de ses amis politiques durent éprouver le même sentiment, ils n'eurent pas la franchise de le reconnaître. Les nouvelles concessions de l'empereur donnèrent bien peu de suffrages de plus à l'Acte additionnel dont le vote, qui avait commencé, selon les départements, du 26 au 30 avril, dura jusqu'au mois de juin[2]. Les plébiscites de l'an VIII, de l'an X et de l'an XIII avaient réuni, chacun, de 3,000,000 à 3,500,000 votants[3]. Il y avait eu ainsi un grand nombre d'abstentions, car les citoyens actifs s'élevaient à plus de cinq millions. En 1815, les abstentions furent tout autrement nombreuses. Beaucoup de royalistes et de libéraux ne voulurent point voter parce que tout en désapprouvant l'Acte additionnel ils en redoutaient néanmoins le rejet, qui eût pu entraîner Napoléon à reprendre la

---

1. « Oui, je suis très content, et j'aime à vous le dire, la convocation immédiate d'une assemblée me paraissant comme à vous l'unique moyen de salut. » (Lettre à Benj. Constant, Lagrange, 3 mai. La Fayette, *Mém.*, V, 424.) — Si content qu'il fût, La Fayette n'en fit pas moins des réserves dans son vote sur l'Acte additionnel : « Si je ne me refuse pas à le signer, écrivit-il, c'est parce que je compte pour le réformer et l'amender sur l'Assemblée représentative »

2. D'après le décret du 22 avril, les registres devaient être ouverts deux jours après la réception du *Bulletin des Lois* (du 23 avril) et rester ouverts pendant dix jours, mais une lettre du préfet de Bordeaux du 29 mai (Arch. nat. F. 7, 3371) nous apprend qu'à cette date le vote n'était pas encore clos dans la Gironde.

3. Constitution de l'an VIII : 3,011,007 votes approbatifs ; 1.562 votes négatifs. — Consulat à vie : 3,568.185 votes approbatifs ; 9,074 votes négatifs — Empire : 3,521,673 votes approbatifs ; 4,254 votes négatifs.

dictature. Les paysans et les ouvriers n'allèrent point au scrutin parce que cette constitution, qui ne leur accordait aucun droit nouveau, les laissait indifférents et parce qu' « ils ne tenaient pas à perdre une demi-journée de travail[1] » pour prendre part à un vote dont le résultat leur importait si peu. Enfin, le vote étant nominatif, les timorés craignirent d'être compromis si les Alliés ramenaient une seconde fois Louis XVIII[2].

Le dépouillement général, qui se fit au Corps législatif, par les soins de cinq membres de chaque collège électoral, donna 1,532,527 votes affirmatifs et 4,802 votes négatifs[3]. Quelques-uns des protestataires motivèrent leur vote. Louis de Kergolay rédigea cette profession de foi sur le registre ouvert à la préfecture de police : « L'article 67 qui prétend empêcher les Français d'exercer le droit qu'ils ont de proposer le rétablissement de la dynastie des Bourbons viole la liberté des citoyens. Je proteste contre cet article parce que je suis convaincu que le rétablissement de cette dynastie est le seul moyen de rendre la liberté aux Français. » Un publiciste de Bordeaux, Edmond Géraud, écrivit : « Attendu que personne, sauf le roi, n'a le droit de donner des lois au peuple français, attendu que cette nouvelle constitution est à la fois l'ouvrage de la révolte et de

---

1. Rapport à l'empereur, 6 juin. (Arch. nat. F¹ᶜ 1, 26.)
2. C'est ainsi qu'aussitôt après le retour de Louis XVIII, quelques royalistes de Bordeaux eurent l'attention d'imprimer dans une brochure ayant pour titre : *Esprit de 93*, les noms de tous ceux de leurs concitoyens qui avaient signé l'Acte additionnel.
3. Ce sont les chiffres donnés par Fleury de Chaboulon (*Mém.*, II, 100-101). La Fayette dit : 1,298.356 votes affirmatifs, et Villemain : 1,532,450. — Fleury ajoute que 11 départements sur 87 et 14 régiments n'envoyèrent leurs registres que postérieurement au dépouillement. Mais comme le *Journal de l'Empire* du 2 juin donne comme résultat du dépouillement 1,288.257 votes affirmatifs, il est présumable que Fleury fait entrer les votes non proclamés dans le chiffre de 1,532,527.

la tyrannie, je dis : Non. » Un sieur Devire, domicilié 18 rue Blanche, protesta en ces termes : « Je vote contre l'Acte additionnel parce que la liberté donnée par Buonaparte est une plaisanterie, l'égalité de ses sujets celle des hilotes et des forçats, sa légitimité une mystification de saltimbanque. Je propose à la France, qui a besoin d'un souverain qui monte bien à cheval, Franconi et sa dynastie[1]. » La liberté du vote comportait la liberté de l'injure.

Les élections législatives ne furent point favorables à Napoléon. Les collèges électoraux, cependant, étaient encore ceux de l'Empire, mais ils avaient été élus à une époque où l'influence administrative, toute puissante, s'exerçait dans le sens des idées contre-révolutionnaires. Les royalistes ralliés, les propriétaires, les magistrats, les riches industriels, les commerçants notables, enfin tous ceux qui, avec une rare impertinence pour les autres Français, s'appelaient « les honnêtes gens » et que l'on a appelés plus tard les conservateurs, les composaient en très grande majorité. Le pouvoir électoral appartenait ainsi aux classes chez lesquelles l'empereur avait le moins de partisans. Avec le suffrage universel, il en eût été tout autrement. A la fin d'avril, quand Napoléon s'était résigné à convoquer les chambres, il voulut réunir les assemblées primaires pour procéder au complétement des collèges électoraux où il y avait de nombreuses vacances. Il espérait y introduire un certain nombre d'hommes nouveaux. Mais sur l'observation de Carnot que la loi exigeait un délai d'un mois pour la réunion des assemblées primaires, il

---

[1]. *Motif du vote négatif de Louis-Florian-Paul de Kergolay*, Paris, 28 avril 1815, in-8° (Non content d'avoir inscrit sa protestation sur le registre des votes, Kergolay la fit, comme on voit, imprimer en brochure). Géraud, *Journal intime*, 215. *Journal du Lys*, n° 10.

renonça à cette idée¹. Des avertissements furent adressés à l'empereur et à Carnot sur les dangers qu'il y aurait à laisser nommer les députés par les collèges électoraux actuels qui étaient en opposition avec l'esprit du pays². On passa outre à ces conseils. Au reste, les craintes que les royalistes ne dominassent dans les collèges ne se réalisèrent point. Grâce à leur influence locale, ils avaient réussi, comme on l'a vu, à se faire réélire maires ou à faire nommer à leur place leurs fermiers et autres gens à eux³. Mais ils sentirent que l'opinion des collèges électoraux étant nettement hostile aux hommes de l'ancien régime, aucun de leurs candidats n'obtiendrait la majorité. En général, ils ne parurent pas dans les assemblées, et le petit nombre de ceux qui s'y présentèrent donnèrent leurs voix à des libéraux, à des républicains, voire même à des régicides, afin de faire échouer les candidats de l'empereur. Presque partout, les libéraux de toute nuance restèrent ainsi maîtres du scrutin, n'ayant contre eux que quelques dissidents bonapartistes de la bourgeoisie, et les légionnaires que l'empereur venait de rétablir dans leurs droits électoraux, à raison de 25 par collège de département et de 30 par collège d'arrondissement⁴.

La Fayette et Lanjuinais furent élus, le premier dans Seine-et-Marne, le second dans la Seine, à la presque unanimité. Ils représentaient exactement l'opinion de la plupart des collèges électoraux. Tous les députés qui s'étaient fait remarquer dans

---

1. Bassano à Carnot, 28 avril. Carnot à Napoléon, 29 avril. Circulaire aux Préfets, 1ᵉʳ mai. (Arch. nat. F¹ᶜ, II. 47, et F¹ᵃ, 31.)
2. Lettres diverses, anonymes ou signées, du 25 avril au 5 mai. (Arch. nat. F¹ᶜ, I. 26.)
3. *1815*, I, 504-505.
4. Circulaire de Carnot aux Préfets, 4 mai. (Arch. nat. F¹ᵃ, 31.)

la Chambre dissoute par leur opposition aux mesures arbitraires du gouvernement royal, Bédoch, Dumolard, Flaugergues, Souque, Durbach, Raynouard, Barthélemy, Dupont de l'Eure, furent réélus ; les anciens ministériels échouèrent. Les suffrages se portèrent principalement sur des hommes n'ayant point encore paru dans les assemblées mais connus comme dévoués aux idées libérales : avocats, médecins, notaires, agriculteurs, magistrats, banquiers, négociants, grands industriels, professeurs, anciens fonctionnaires impériaux révoqués pour leur indépendance ou prétendus tels. Dans les collèges d'arrondissements, recrutés plus démocratiquement, on nomma un assez grand nombre de terroristes : Cambon, Garat, Merlin, Garnier de Saintes, Félix Lepelletier, Beaugeard, Pinel, Drouet, Cazenave, Barère, Poulain-Grandpré, — sans parler de Fouché qui, ministre de Napoléon et ancien conventionnel, passa à ce double titre. Parmi les bonapartistes et les officiers généraux élus étaient le prince Lucien, Boulay, Regnaud, Ginou-Defermon, Fourreau-Beauregard, médecin de l'empereur à l'île d'Elbe, Bory Saint-Vincent, Teste, Bignon, La Forêt, les deux fils du duc de Plaisance, Bigot de Préameneu, le comte de Bondy, les généraux Rapp, Grenier, Sébastiani, Mouton-Duvernet, Valence, César Faucher, Carrié, Becker, Bigarré, Sorbier. Aucun royaliste ne fut nommé ou du moins aucun ne fut nommé qui se présenta comme partisan de Louis XVIII. L'avocat millionnaire Roy, Siméon, ex-préfet du Nord, Delaitre, ex-préfet de Seine-et-Oise, et Bonnaire, ex-préfet d'Ille-et-Vilaine, étaient secrètement royalistes, mais ils ne firent pas, avant le vote, profession de bourbonisme. A cause de son nom, qui rappelait l'ancien régime, le duc de Broglie échoua dans l'Eure malgré ses opinions libérales et l'appui de l'administration [1].

Sur les 629 membres de la chambre, on comptait environ 80 bonapartistes déterminés, 30 ou 40 jacobins et 500 libéraux de tous les partis. Cette assemblée était hostile aux Bourbons à cause de leurs idées rétrogrades et de l'appui compromettant que leur prêtait l'étranger. Elle reconnaissait en Napoléon le chef du gouvernement national de la France, mais elle redoutait son despotisme. Au défaut de la monarchie constitutionnelle avec le duc d'Orléans, qui eût répondu exactement à l'opinion de la très grande majorité d'entre eux, les députés voulaient soutenir l'empire, mais à la condition d'ôter tout pouvoir à l'empereur.

1. Duc de Broglie, *Souvenirs*, I, 301-305.

CHAPITRE V

LA GUERRE EN VENDÉE
ET FOUCHÉ A PARIS

I. Préludes de l'insurrection de l'Ouest (10 avril-10 mai). — La prise d'armes et les premiers combats (11 mai-18 mai).
II. Les envoyés de Fouché en Vendée. — Combats d'Aizenay, de Saint-Gilles et des Mathes (20 mai-4 juin). — Mort de La Rochejaquelein (4 juin).
III. Intrigues et machinations de Fouché. — Les entrevues de Bâle.

I

Le duc de Bourbon ayant vainement tenté à la fin de mars d'insurger la Vendée et la population paraissant accepter de bon cœur le gouvernement impérial[1], Napoléon se croyait assuré de la tranquillité de l'Ouest. Les garnisons d'Angers, de Nantes, de Rennes, de Vannes reçurent l'ordre de rejoindre les armées d'observation. Il n'allait rester dans toute l'étendue des 12e, 13e et 22e divisions militaires que les dépôts et la gendarmerie[2]. Or « la pacification

---

1. « Les craintes d'une guerre civile dans l'Ouest ont complètement disparu. » Rapports du lieutenant de police d'Angers, 31 mars (Arch. nat. F.7, 3774). « Dans le Maine-et-Loire, la Vendée, les Deux-Sèvres, les colonnes mobiles sont accueillies aux cris de : Vive l'empereur ! J'ai parcouru la Vendée avec trois gendarmes seulement. Partout la population était contente. » Rapport de Morand, 7 avril (Arch. Guerre). — A la nouvelle de l'appel aux armes du duc de Bourbon, Morand avait été envoyé pour réprimer l'insurrection (Napoléon, Corresp., 21721). Mais quand il était arrivé, le 29 ou le 30 mars, tout l'Ouest était pacifié ou plutôt le paraissait.
2. Napoléon, Corresp., 21841. Cf. Davout, Corresp., 1621.

de l'Ouest » n'était qu'une expression du *Moniteur*. Depuis un an, les menées des nobles et les anathèmes des prêtres avaient réveillé, dans cette région, les haines anciennes contre les bleus. En avril et en juillet 1814, des milliers de paysans avaient pris les armes sous le prétexte de « faire rendre gorge aux acquéreurs » et dans le dessein de piller et d'exercer d'abominables représailles[1]. Ces hommes, fanatiques ou bandits, étaient toujours disposés à entrer en campagne. S'ils n'avaient répondu qu'en très petit nombre à l'appel du duc de Bourbon, c'est qu'ils étaient terrorisés par le retour foudroyant de Napoléon. Dans leur imagination, ils revoyaient le tout puissant empereur de 1811, acclamé par la France et reconnu par l'Europe. D'Autichamp et plusieurs autres chefs des anciennes armées de l'Ouest avaient bien compris l'état d'esprit du pays ; c'est pourquoi ils avaient conseillé de retarder le soulèvement jusqu'au jour où une nouvelle marche des Alliés vers les frontières le rendrait à la fois plus facile et plus efficace[2].

Rentrés chez eux, ils s'occupèrent de préparer la prise d'armes. Pendant tout le mois d'avril, on tint des conférences au château de La Rochejaquelein, à Saint-Aubin de Baubigné, en présence du comte Auguste et de ses deux sœurs, mesdemoiselles Louise et Lucile. Puissamment secondés par le clergé des campagnes, d'Autichamp dans le Maine-et-Loire, Sapinaud et Saint-Hubert dans les Deux-Sèvres, Suzannet dans la Vendée, Robert, les neveux de Charette, La Salmonière et l'ancien chauffeur Tandais dans la Loire-Inférieure, d'Andigné dans la Mayenne, d'Ambrugeac et Châtelain dit Tranquille dans la Sarthe, Piquet Du Boisguy dans l'Ille-et-Vilaine, De-

1. **1815**, I, 28-29.
2. **1815**, I, 393-396.

sol de Grisolles et Joseph Cadoudal dans le Morbihan fomentèrent l'insurrection. Les deux manifestes des puissances dont ils répandaient des copies annonçaient clairement la guerre ; le rappel des militaires en congé et la mobilisation des gardes nationales mécontentaient les paysans ; le départ des troupes les enhardissait. De jour en jour, ils se montraient plus disposés à écouter les meneurs. Puis chaque parti a son contingent de gueux et de scélérats, pêcheurs en eau trouble qui, selon l'expression bretonne, « aiment mieux chercher leur pain que de le gagner ». Ceux-ci furent les premiers à donner l'exemple en prenant le fusil [1].

Dès le 10 avril, des bandes parcourent les environs de Saint-Brieuc, de Vannes, de Rennes, de Vitré, de Fougères, de Bressuire, faisant le coup de feu avec la gendarmerie, maltraitant les acquéreurs, rançonnant et désarmant les habitants qui refusent de se joindre à eux. D'autres rassemblements se forment à Boispréau, à Chollet, à Machecoul, à Savenay, dans les forêts de La Guerche, de Teillay, de Loudéac. Le maire d'Ancenis demande des troupes pour défendre la ville. Aux Herbiers, quatre cents paysans armés de bâtons ferrés assaillent un détachement d'infanterie. La bande de Robert, dit le marquis de Carrabas [2], occupe Gallais. « La tranquillité est menacée, écrit de Rennes, le 16 avril, le général Caffarelli ; elle sera compromise si l'on n'ajourne pas le départ des bataillons

---

[1]. Relation de Suzannet. Relation de d'Andigné. (Arch. Guerre, armée de l'Ouest.) Préfet de Maine-et-Loire à Davout, 19 avril. Chef d'escadrons de gendarmerie à Davout, Nantes, 19 et 30 avril. Miot de Mélito à Davout, Napoléon-Vendée, 30 avril. (Arch. Guerre.) Note du général Charpentier (*Portefeuille de Buonaparte*, 11). Canuel, *Mém. sur la guerre de Vendée*, 23-24. Lettre de Suzannet à Malartic, citée par Canuel, 401. D'Autichamp, *Camp. de Vendée en* 1815, 23-24. — Seul de tous les chefs royalistes, Piquet Du Boisguy fut arrêté par la gendarmerie.

[2]. Correspondance générale, du 13 avril au 8 mai (Arch. Guerre).

de guerre. » Le 20, il écrit derechef à Davout : « La révolte fera explosion si l'on retire les troupes. Alors il faudra une armée en Bretagne. » De Nantes et d'Angers, les mêmes avis parviennent au ministère : « Si l'on ne suspend le départ des troupes, dans un mois on sera forcé d'en envoyer le triple[1]. »

Mais une nouvelle guerre de Vendée ne paraissait encore à l'empereur qu'une conjecture plus ou moins fondée, une menace plus ou moins redoutable. Le danger était à la frontière. C'était là qu'il fallait concentrer toutes les forces de la France. Davout réitéra ses ordres de diriger « malgré tout » les bataillons de guerre sur l'armée. Quant aux populations de l'Ouest, on les contiendrait avec les dépôts, la gendarmerie augmentée de dix lieutenances mobiles, six cents canonniers de marine appelés de Brest et de Rochefort, les douaniers et les gardes forestiers organisés militairement et les gardes nationaux de bonne volonté des fédérations bretonne et angevine. « Que puis-je faire, écrivit Charpentier, avec vingt forestiers par département, la plupart pactisant avec la population ; avec quelques centaines de douaniers qu'il vaudrait mieux employer à garder le dépôt des salines qui renferme plus de soixante millions de kilogrammes de sel et qui sera pillé ; avec la garde nationale qu'il est presque impossible de faire marcher hors des villes ! » Pour assurer l'unité du commandement, le général Delaborde fut mis à la tête des 12ᵉ, 13ᵉ et 22ᵉ divisions militaires[2]. Sa récente

---

1. Caffarelli à Davout, Rennes, 16 et 20 avril. Schramm à Davout, Angers, 21 avril. Cf. Travot et Charpentier à Davout, Cholet, 20 avril, et Nantes, 22 avril.

2. Davout à Caffarelli, à Charpentier, à Travot, à Delaborde, etc., 22, 23, 25, 26, 27, 28, 29 avril. Charpentier à Davout, Nantes, 20 avril. Cf. Caffarelli à Davout, Rennes, 26 avril, et Delaborde à Davout, Angers, 8 mai. (Arch. Guerre.)

conduite à Toulouse l'avait désigné au choix de l'empereur[1].

Cependant l'insurrection, jusqu'alors localisée sur quelques points, s'étendait dans tout le pays ; les bandes allaient devenir des armées. Dans l'Ille-et-Vilaine et le Morbihan, les colonnes mobiles formées de 20 soldats, de 10 gendarmes, de 10 douaniers et forestiers et de 60 gardes nationaux n'imposaient pas aux rebelles. Dans le Maine-et-Loire, Delaborde, inquiet pour la sûreté des villes, retint les 15e et 26e de ligne nonobstant les ordres exprès de Davout. A Nantes, où se réfugiaient les paysans des environs et les acquéreurs de biens nationaux, on craignait un coup de main sur le château dont le pied du rempart était accessible et qui contenait 64 bouches à feu, 15,800 kilogrammes de poudre, 450,000 cartouches et 12,000 gargousses. Charpentier écrivait le 9 mai à Davout : « Malgré les supplications des autorités, qui m'ont conjuré, au nom de la patrie, de suspendre le départ du bataillon du 65e, j'ai exécuté vos ordres. Aujourd'hui tout Nantes vocifère contre moi pour vous avoir obéi[2]. »

Le 11 mai, Suzannet, d'Autichamp et Auguste de La Rochejaquelein tinrent une sorte de conseil de guerre à la Chapelle-Basse-Mer. Les chefs vendéens comptaient attendre le commencement des hostilités sur la frontière avant de se mettre eux-mêmes en campagne, mais une lettre du marquis de La Rochejaquelein, communiquée par son frère Auguste, vint précipiter les choses[3]. Louis de La Rochejaquelein

---

[1] **1815**, I, 408-410.

[2] Lettres à Davout : de Bigarré, Rennes, 7 mai (Cf. 31 mai) ; de Delaborde, Angers, 7 mai ; du général Saint-Sulpice, Tours, 7 mai ; de Charpentier, Nantes, 9 mai. Préfet de Nantes au général Brouard, 5 mai. (Arch. Guerre.)

[3] Relation de Suzannet. (Arch. Guerre, armée de l'Ouest.)

s'était rendu de Gand à Londres, muni de lettres de Jaucourt[1], et malgré les déclarations publiques de lord Castlereagh et de lord Liverpool que l'Angleterre, tout en combattant Napoléon, s'abstiendrait de soutenir la cause des Bourbons, il avait obtenu l'envoi d'armes et de munitions aux royalistes de l'Ouest. Dès le 10 mai, la frégate *the Astrée* louvoyait en vue de Saint-Gilles. La Rochejaquelein était à bord, attendant que les insurgés vinssent aider au débarquement des fusils et des cartouches. La prise d'armes fut fixée au 15 mai. Ce jour-là, et la nuit qui suivit, le tocsin sonna dans toutes les paroisses. Le surlendemain, Suzannet avait cinq mille hommes à Légé, d'Autichamp cinq mille à Jallais, Auguste de La Rochejaquelein deux mille aux Aubiers et Sapinaud quatre mille aux Herbiers. Déjà quinze cents habitants du Marais et du Pays de Retz s'étaient levés à l'appel de Robert et du jeune Charette. Sur la rive droite de la Loire, d'Andigné allait réunir un millier de royalistes à Cossé; Desol de Grisolles commandait deux ou trois mille Morbihanais, et d'autres bandes tenaient la campagne dans l'Ille-et-Vilaine et les Côtes-du-Nord. Les insurgés étaient armés pour les deux tiers de fusils de chasse, de mousquetons et de vieux fusils de munition, pour l'autre tiers de fourches, de fléaux, de faux, de bâtons ferrés[2].

Secondé par les paysans du Marais, qui dispersent un corps de deux cents douaniers et gendarmes et repoussent une colonne mobile, le marquis de La Rochejaquelein débarque le 15 mai, à Saint-Gilles, ses

---

1. Jaucourt à La Châtre, Gand, 8 et 14 avril, 13 mai (Arch. Aff. étr., 646).
2. Relation de Suzannet et d'Andigné (Arch. Guerre). Canuel, *Guerre de Vendée en 1815*, 32, 36, 51, 55. D'Autichamp, *Camp. de 1815 dans la Vendée*, 34-36, 41. Lettres à Davout : de Delaborde et de Noireau. Angers, 16 et 17 mai; de Charpentier, Nantes, 16 mai; de Vabre, Quimper, 29 mai; de Bigarré, Rennes, 31 mai. (Arch. Guerre.)

2,000 fusils et ses munitions et opère sa jonction à Soullans avec les divisions de Suzannet et de Sapinaud. D'Autichamp occupe Boispréau, Chemillé, Cholet, évacués par la troupe. Près des Eschaubroignes, Auguste de La Rochejaquelein attaque le 26ᵉ de ligne et le force à la retraite. Bressuire est pris, Ancenis, les Sables, Napoléon-Vendée sont menacés[1]. Aux dix-sept ou dix-huit mille insurgés de la Vendée et aux quatre ou cinq mille Angevins et Bretons en armes sur la rive droite de la Loire, le général Delaborde peut opposer tout au plus quatre mille hommes de troupe de ligne, la gendarmerie départementale et, avec les douaniers et forestiers, les gardes nationaux fédérés « qui n'existent encore que sur le papier » et deux ou trois cents volontaires organisés par Travot sous le nom de chasseurs de la Vendée[2].

La situation est grave, mais Delaborde, qui demande à être relevé de ses fonctions, « ses forces physiques le trahissant », et ses lieutenants, Charpentier, Bigarré, Noireau, Dufresse, Travot, s'exagèrent le péril. A les entendre, les rebelles sont quarante mille, et dix mille Anglais s'apprêtent à débarquer. Laval, Nantes, Saumur, Niort vont être attaqués. Les gardes nationales ne veulent point se battre, les douaniers désertent, les gendarmes eux-mêmes ne sont pas sûrs. « C'est la guerre civile comme en 93, écrit Charpentier, tout le Morbihan se lève à la voix du duc de Berry. » « Rennes est en danger, écrit Bigarré, j'ai dix mille insurgés autour de moi. Bientôt il faudra six cents hommes pour porter une dépêche de Rennes

---

1. Relation de Suzannet. (Arch. Guerre.) D'Autichamp, *Camp. de 1815 dans la Vendée*, 36, 42-44. Canuel, *Guerre de Vendée en 1815*, 37-40, 55-58. Lettres à Davout: de Delaborde, 16 mai ; de Noireau, 17 et 30 mai ; de Saunier, 19 mai. Directeur des contributions de Beaupréau à Delaborde, 18 mai. Dufresse à d'Erlon, Niort, 21 mai. (Arch. Guerre.)
2. Delaborde à Davout, 8 mai (Arch. Guerre).

à Angers[1]. » L'énergique Travot prend malgré tout l'offensive, se jette avec mille hommes en plein pays insurgé et enlève aux blancs un convoi de munitions[2]. Mais lui-même ne peut s'empêcher de subir l'affolement général. Il parle de 30,000 fusils et de 4 millions de cartouches reçus par les royalistes. « Si j'avais eu 1,200 hommes hier, écrit-il le 19 mai, j'aurais pu détruire toutes ces bandes encore mal armées. Je les aurai demain mais ce sera insuffisant. Un renfort de 10,000 soldats n'est pas une demande exagérée[3]. »

Ces appels désespérés commencent à émouvoir l'empereur qui le 15 mai encore disait : « Toutes les troupes sont nécessaires aux frontières et une victoire dans le Nord fera plus pour le calme intérieur que des régiments laissés dans l'Ouest[4]. » Il prend les mesures les plus promptes et les plus énergiques pour réduire l'insurrection. Il décide la formation d'une armée de la Loire que commandera le général Lamarque, « avec de jeunes généraux sous ses ordres », en remplacement du général Delaborde « qui est trop mou ». 800 gendarmes à cheval, 2,000 gendarmes à pied, 2 régiments de la jeune garde, 25 bataillons de ligne, 8 escadrons de cavalerie, 3 batteries seront envoyés dans l'Ouest ; la jeune garde et les gendarmes partiront en poste. En attendant l'arrivée de Lamarque, Corbineau dépêché à Angers secondera le général Delaborde. On exilera de la Vendée et on placera en surveillance en Bourgogne tous les hommes réputés dangereux. Tous les ex-no-

---

1. Lettres à Davout : de Delaborde, 16 et 19 mai ; de Noireau, 17 mai ; de Saulnier, 19 mai ; de Charpentier, 26 mai ; de Bigarré, 31 mai. Travot à Delaborde, 24 mai. Bigarré à Lamarque, 31 mai. (Arch. Guerre.)
2. Travot à Delaborde, 21 et 25 mai. (Arch. Guerre.) Canuel, *Guerre de Vendée*, 59, 73.
3. Rapports de Travot, 19 et 25 mai. (Arch. Guerre.)
4. Napoléon, *Corresp.*, 12.909.

bles qui se trouveront dans le pays sans y être domiciliés devront le quitter sous quinze jours, à peine d'être traités comme fauteurs de guerre civile. La tête de La Rochejaquelein et des autres chefs de l'insurrection sera mise à prix, leurs maisons seront rasées, on prendra des otages dans leur famille. Une commission militaire sera instituée pour juger les individus arrêtés les armes à la main[1].

II

L'empereur ne s'abusait pas sur le dévouement de Fouché. Si, le 20 mars, il l'avait fait ministre de la police ce n'était pas qu'il crût à sa fidélité. Mais il savait ce qu'il y avait à attendre et à craindre de lui et, tout bien pesé, il préférait encore, dans ces jours de crise, un sacripant de cette espèce, prêt à toutes les trahisons mais fécond en ressources et souverainement habile, à un serviteur dévoué et maladroit comme le duc de Rovigo. C'est pourquoi Napoléon qui disait : « Je n'apprends plus la vérité que par les traîtres[2], » avait repris Fouché. C'est pourquoi il avait tenté de reprendre Talleyrand[3].

Du moins à l'occasion de la guerre de Vendée, Fouché justifia les calculs de Napoléon. Il ne lui déplaisait pas de seconder ce maître détesté, si en même temps il travaillait pour soi-même en paraissant servir les royalistes. Bien avant Davout, qui avait pourtant des informations aussi précises et aussi alarmantes,

---

1. Napoléon à Fouché, 17 et 20 mai ; à Corbineau, 21 mai ; à Davout, 20, 22, 23 et 25 mai. (*Corresp.*, 21.921, 21.936, 21,944, 21.948, 21.953, 21.962, et Arch. nat. AF, IV, 907.) Davout, *Corresp.*, 1736, 1737, 1738. Davout à Delaborde, 21 mai ; à Napoléon, 23 mai ; à Clausel, 24 mai. (Arch. Guerre.)
2. Villemain, *Souv. contemporains*, II, 227.
3. Mollien, *Mém.*, IV, 190-200. Cf. **1815**, I, 446.

le duc d'Otrante avait prévu et annoncé un soulèvement dans l'Ouest[1]. Aux premières nouvelles de la prise d'armes, il demanda carte blanche à l'empereur pour arrêter l'insurrection en composant avec les chefs. Ce plan ayant agréé à Napoléon, qui redoutait par dessus tout d'affaiblir ses armées d'opérations, Fouché fit appeler le comte de Malartic. C'était Malartic, ancien chef d'état-major de l'armée du Maine et familier du comte d'Artois, qui avait amené le duc d'Otrante au prince dans la nuit du 15 mars. Ainsi que nombre d'autres agents royalistes, il était resté à Paris grâce à la protection du ministre de la police. Fouché lui dit : « — Cette insurrection prématurée est nuisible à la cause même qu'elle veut servir, car elle va autoriser Bonaparte à prendre des mesures violentes. On ravagera l'Ouest, on armera la canaille, on mettra à la disposition de l'empereur des forces qui, après avoir réduit les vendéens, lui serviront à prolonger la résistance contre l'étranger. Comprenez bien que le rétablissement de la monarchie ne dépend pas d'une guerre dans l'Ouest. C'est dans le Nord que le sort de la France va se décider. Les hostilités ne commenceront que le 15 juin. D'ici là, la Vendée sera écrasée. Aidez-moi donc à arrêter l'inutile effusion du sang français. Que les chefs vendéens licencient leurs paysans et rentrent tranquillement chez eux. Je leur garantis toutes les sûretés... Acceptez la mission que je vous offre. C'est le seul moyen d'empêcher le départ des troupes et la mise hors la loi des départements insurgés[2]. »

Bien qu'il n'eût aucune foi dans le succès des vendéens et qu'il jugeât cette insurrection inopportune,

---

1. Fouché à Davout, 27 avril et 11 mai (Arch. Guerre).
2. Relation de Malartic. (Arch. Guerre, Armée de l'Ouest, à la date du 26 juin 1815.)

Malartic montra des scrupules. A remplir une pareille mission, on risque trop le soupçon d'y avoir été déterminé par des raisons sonnantes. Après quelques hésitations, il consentit cependant à aller en Vendée, mais à la condition qu'il lui serait adjoint deux autres commissaires : MM. de Flavigny et de La Béraudière, anciens officiers des armées royales de l'Ouest. A trois, la responsabilité serait moins lourde. Les commissaires quittèrent Paris le 26 mai, munis de sauf-conduits et d'une lettre de Fouché pour les autorités civiles et militaires. Fidèle à ses engagements, le duc d'Otrante fit suspendre le départ des troupes et l'exécution des mesures de sûreté générale[1].

Les événements survenus depuis une dizaine de jours étaient de nature à faciliter la mission de Malartic. Au lieu des 14,000 fusils, des millions de cartouches, de l'argent, des pièces de campagne et des 300 canonniers anglais, promis par La Rochejaquelein et ses aides de camp[2], les vendéens n'avaient trouvé, à Saint-Gilles, que 2,000 fusils et un million de cartouches. Encore une partie de ces armes et munitions, dirigées vers le Bocage sous l'escorte d'un fort détachement, avaient-elles été enlevées le 19 mai, près de L'Aiguillon, par la colonne de Travot. Ayant appris, le lendemain, que les corps de Suzannet et de Sapinaud et la division de Charette se concentraient à Aizenay pour se porter sur Napoléon-Vendée, Travot s'était déterminé à les attaquer malgré sa très grande infériorité numérique. Il avait un millier d'hommes et les royalistes étaient sept ou huit mille. Mais l'ancien lieutenant de Hoche avait l'expérience de ces guerres ; il savait que les paysans se gardaient

---

1. Relation de Malartic. (Arch. Guerre, Armée de l'Ouest).
2. Relation de Suzannet (Arch. Guerre, Armée de l'Ouest). D'Autichamp, *Camp. de 1815 dans la Vendée*, 30, 41.

mal et étaient à peu près incapables de soutenir un combat de nuit. Il régla sa marche de façon à arriver à Aizenay le 20, vers onze heures du soir. L'armée royale n'avait ni grand'gardes ni petits postes. Les impériaux pénétrèrent jusqu'au milieu du bourg sans être signalés. Quelques coups de feu ayant alors donné l'alerte, les vendéens se précipitèrent hors des maisons et s'entassèrent dans les rues, pareils à des moutons chassés de l'étable par un incendie. Dans leur affolement, ils tiraient les uns sur les autres. Un beau-frère de La Rochejaquelein et le jeune Charette furent blessés à mort en s'efforçant de rallier leurs gars. Après deux heures de combat, les vendéens se réfugièrent dans les bois avoisinants et Travot resta maître d'Aizenay [1].

A la suite de cette échauffourée, nombre de paysans regagnèrent les villages. La masse était découragée, les chefs étaient désunis. Le marquis de La Rochejaquelein s'était arrogé le commandement en chef en vertu d'un prétendu ordre du roi [2]. Il y avait là au moins de quoi étonner Sapinaud comme Suzannet, d'Andigné comme d'Autichamp. Vétérans des guerres de la Vendée, auxquelles Louis de La Rochejaquelein n'avait pas pris part, tous quatre étaient ses égaux ou ses supérieurs en grade. Puisque le roi le voulait, ils se résignèrent à obéir au colonel de ses grena-

1. Rapport de Travot, 28 mai. Relation de Suzannet. (Arch. Guerre.) Canuel, *Mém. sur la guerre de Vendée*, 59-60, 73-76. — Travot n'avait avec lui que 530 hommes des 43e et 61e, 103 gendarmes à pied, 80 gendarmes à cheval, 142 canonniers et 246 chasseurs de la Vendée.

2. « Le roi m'a ordonné de prendre provisoirement le commandement en chef. » Lettre de La Rochejaquelein à d'Autichamp, Cerisay, 23 mai (citée par d'Autichamp, *Camp. de 1815 en Vendée*, 52).
Louis XVIII avait si peu ordonné à La Rochejaquelein de prendre ce commandement que, le 11 juin, Clarke écrivait à celui-ci : « Le roi ne peut approuver, monsieur le marquis, que vous ayez pris, même provisoirement, le titre de général en chef, parce que cela contribuera à réveiller les jalousies. » (Lettre citée par d'Autichamp, 52, note.)

diers à cheval, mais ils le firent à contre-cœur. Ils discutèrent les plans du jeune général en chef, récriminèrent sur son inexpérience, et s'ils commencèrent par exécuter ses ordres, ce fut sans confiance et sans zèle.

C'est au milieu de ce désarroi que les envoyés de Fouché rejoignirent le 29 mai, à Mortagne-sur-Sèvres, le comte d'Autichamp. Celui-ci approuva l'idée d'un armistice [1], mais il fallait que les autres chefs y consentissent. Malartic se remit en route pour le centre de la Vendée. Déjà il avait écrit à Suzannet afin de lui exposer l'objet de sa mission. Suzannet communiqua la lettre à La Rochejaquelein et chercha à le convaincre de la nécessité d'un accommodement. Le général en chef se récria [2]. Seul entre tous, ou à peu près, il croyait toujours au succès. Le surlendemain du combat d'Aizenay, où son armée de huit mille hommes s'était débandée devant les mille soldats de Travot, n'avait-il pas eu l'insolence d'écrire à celui-ci : « Comme commandant en chef de la grande armée de Vendée, je vous ordonne de vous rendre auprès de moi afin de prendre mes ordres. Vous seriez puni comme traître et rebelle si vous persistiez dans votre défection [3]. » Il comptait nourrir la guerre par les

[1]. Relation de Malartic (Arch. Guerre, Armée de l'Ouest). — D'Autichamp (*Camp. de 1815 en Vendée*, 62, 63) prétend qu'il répondit qu' « il ne voulait point entendre parler de ces propositions ». Mais si l'on se rappelle que d'Autichamp avait souscrit, le 23 mars, à des propositions analogues du colonel Noireau, alors qu'une insurrection vendéenne se liant par La Rochelle et Bordeaux avec celles du Languedoc et de la Provence eût pu donner de grands résultats, on peut difficilement douter qu'il ait repoussé les ouvertures de Malartic alors que la guerre de Vendée ne pouvait aboutir qu'à l'écrasement des royalistes et à la ruine du pays.

[2]. Canuel, 103-109. Cf. Relation de Suzannet. (Arch. Guerre, Armée de l'Ouest.)

[3]. La Rochejaquelein à Travot, Cerisay, 23 mai (Arch. Guerre). Cette étrange missive fut remise à Travot par Bossard, commandant la cavalerie vendéenne. « — Connaissez-vous le contenu de cette lettre? lui dit Travot. — Non. — Vous êtes heureux. Je vous aurais fait fusiller tout à l'heure. Je ne réponds pas à cette lettre. M. de La Rochejaquelein ne connaît pas Travot. » Déposition de Sapinaud. (Dossier de Travot, Arch. Guerre.)

réquisitions. Il envoyait aux maires l'ordre de lever tous les hommes de vingt à cinquante ans et de subvenir aux besoins des femmes et des enfants, à peine de payer les frais de la guerre sur leurs propriétés [1]. Après une longue et assez vive discussion, Suzannet céda ou feignit de céder, et il fut arrêté que La Rochejaquelein, avec les quinze cents hommes de la division de son frère Auguste, partirait pour la côte où était signalé un second convoi anglais. Le corps de Suzannet et ceux de Sapinaud et du comte d'Autichamp, qui étaient à quelques marches, devaient suivre le mouvement et venir occuper le Marais en forces [2].

Le 2 juin, au matin, La Rochejaquelein surveillait, à bord du vaisseau anglais le *Superb*, le débarquement des fusils, des munitions et de six pièces de campagne [3], quand il reçut un « arrêté » de ses trois lieutenants, daté de Falleron, 31 mai. Cet arrêté portait que, vu le découragement des paysans et la prochaine arrivée de renforts aux troupes impériales, ils renonçaient au mouvement concerté et « engageaient M. le marquis de La Rochejaquelein à revenir dans son pays pour y attendre que le commencement des hostilités sur les frontières permît de déployer toutes les forces de la Vendée ». A cette pièce officielle était jointe une très longue

[1]. Travot à Delaborde, 26 mai. Colonel Bourgeois à Saulnier. Parthenay, 31 mai. Ordres et proclamations de La Rochejaquelein, 15, 21 et 27 mai. (Arch. Guerre.)

[2]. Relation de Suzannet (Arch. Guerre, Armée de l'Ouest). Canuel, 110-115.

[3]. Cf. Canuel, 121-125. Lettre du capitaine Ekitoë, s. l. n. d., trouvée sur le cadavre de La Rochejaquelein, le 4 juin. (Arch. Aff. étr., 1802.)

Deux vaisseaux de 74 : le *Superb*, sur lequel l'amiral Hotham avait arboré son pavillon, et le *Bellérophon*, qui allait bientôt devenir si fameux, avaient convoyé les bâtiments de transport.

« On attend à chaque instant de plus grands secours d'armes, écrivait Ekitoë, mais je crains qu'il n'y ait point encore de troupes. » Ainsi il y avait projet d'un débarquement de troupes anglaises. Ekitoë ajoutait : « J'espère que les coquins (les soldats français) seront anéantis. »

lettre de Suzannet où il multipliait les raisons et les excuses et qu'il terminait en ces termes : « Sont arrivés Malartic et La Béraudière. Ils sont chargés, comme tu l'as lu par leurs lettres, de faire connaître que le gouvernement désire traiter avec nous. Nous avons répondu que nous ne voulions traiter qu'avec tout le monde ; qu'il fallait traiter ensemble ou périr ensemble. Mais tous les officiers auraient envie d'accepter un accommodement... Adieu, mon cher Louis. Tout le monde est d'avis de faire une suspension d'armes qui n'engage à rien et qui pourrait être utile par la suite pour s'organiser et marcher[1]. » On ne pouvait parler plus clairement. Sans doute, comme l'écrivait Suzannet, lui et les autres généraux vendéens ne voulaient traiter que d'un commun accord, mais cet accord existait entre eux. Il n'y manquait que le consentement de La Rochejaquelein. En n'exécutant pas les ordres du général en chef et en s'abstenant de le seconder, on se flattait de lui forcer la main. De là, l'arrêté de Falleron[2].

Indigné, La Rochejaquelein y répondit par un ordre

1. Arrêté, Falleron, 31 mai. Lettre de Suzannet, Falleron, 1ᵉʳ juin (cit. par Canuel, 125-132).
2. Suzannet (Relation, Arch. Guerre) et d'Autichamp (*Camp. de 1815 dans la Vend·e*) nient que les ouvertures de Fouché aient eu la moindre influence sur leur décision ; ils l'attribuent uniquement à la répugnance des paysans à se porter dans le Marais. Mais la lettre de Suzannet, que nous citons plus haut, la relation de Malartic (Arch. Guerre) et les deux lettres de Suzannet y annexées : à Malartic, 31 mai, et aux trois commissaires, 1ᵉʳ juin ; la *Relation* de Gabriel Du Chaffaut et le *Mémoire au roi*, du général Lamarque, sans parler même de l'argumentation très serrée de Canuel (*Mém.*, 133-440, et 397-407), réduisent à néant ces allégations.
De l'ensemble des témoignages il ressort clairement : 1° que sans s'engager avec Malartic, les trois généraux vendéens lui marquèrent les conditions qu'ils désiraient obtenir, et qu'en attendant une réponse de Paris, ils voulurent épargner à leurs hommes des fatigues et des pertes inutiles ; 2° que par leur inexécution des ordres de La Rochejaquelein, dont au reste ils supportaient l'autorité avec peine, ils espéraient l'amener, faute d'être soutenu, à accepter, si eux-mêmes persistaient dans cette idée, les propositions de Fouché.
Les 2 et 3 juin, les généraux vendéens se ravisèrent et se mirent en mesure de marcher au secours de La Rochejaquelein, mais il était trop tard.

du jour relevant de leur commandement Sapinaud, Suzannet et d'Autichamp « pour avoir ajouté à l'infamie de la désobéissance celle de la plus noire trahison en prêtant l'oreille à un accommodement avec le tyran dévastateur de la France [1] ». Puis, bien que sa situation fût devenue très périlleuse, il résolut de rester à la Croix-de-Vie jusqu'à l'achèvement du débarquement. Comme il l'avait prévu, il ne tarda pas à être attaqué. La colonne de Travot était passée au travers de l'armée royale en retraite, et le comte de Suzannet avait négligé de la combattre ou même, assure le général vendéen Du Chaffaut, s'y était refusé [2]. Le 2 juin, à trois heures de l'après-midi, l'avant-garde commandée par le général Grosbon prit position à Saint-Gilles et commença à fusiller avec les paysans établis sur la rive droite du Ligneron pour protéger le débarquement. Le lendemain, le combat de tirailleurs reprit au lever du jour. Le général Grosbon, qui s'était posté dans le clocher de Saint-Gilles afin de mieux voir les mouvements de l'ennemi, fut tué roide d'une balle à la tête. Un braconnier vendéen l'avait pris pour cible ; il finit par l'abattre. Vers le soir, La Rochejaquelein craignant de se laisser amuser par ces tirailleries, tandis que le gros de la colonne de Travot viendrait lui couper la retraite, se décida à interrompre le débarquement et à gagner le centre du Marais [3].

1. Ordre du 2 juin (cité par Canuel, 346-349). Cf. Relation de Suzannet. (Arch. Guerre, Armée de l'Ouest.)
2. Du Chaffaut, *Relation des événements*, 11-13. Cf. Lettre de Suzannet à d'Autichamp (citée par d'Autichamp, 88-89) et Rapport de Lamarque à Davout, Nantes, 9 juin (Arch. Guerre, Armée de l'Ouest). — Lamarque dit que Travot « perça à Légé le centre de l'armée vendéenne ». C'était une illusion de Travot. Le 1er juin, le corps de Sapinaud avait déjà évacué Légé, et Travot eut seulement affaire à la petite division (400 hommes) de Du Chaffaut qui, espérant entraîner les généraux vendéens à revenir sur leurs pas pour le soutenir, attaqua l'arrière-garde de la colonne impériale.
3. Rapport de Lamarque, Nantes, 9 juin (Arch. Guerre). Canuel, *Mém. sur la guerre de Vendée*, 158-163.

Le 3 juin, les vendéens avaient atteint Saint-Jean-des-Monts quand un paysan apporta la nouvelle que Travot, arrivé à Rié, venait de détacher à leur poursuite la brigade du général Estève. La Rochejaquelein envoya l'ordre aux paroisses du Marais de prendre les armes pour attaquer les bleus sur leur flanc pendant qu'il les combattrait avec la division de son frère. Les Maréchains ayant mis un peu de lenteur dans leur mouvement, il se trouva engagé seul, le 4 juin, contre la brigade d'Estève. Les débuts de l'action furent cependant favorables aux vendéens qui, abrités derrière les haies et les fossés, repoussèrent trois assauts. Estève feignit de battre en retraite afin d'attirer l'ennemi en terrain découvert. Les paysans électrisés abandonnèrent leurs abris et se jetèrent en avant, dans la direction de la ferme des Mathes, mais ils s'arrêtèrent bientôt, à la vue de l'infanterie qui avait fait volte-face et les attendait rangée en bon ordre. Une charge à la baïonnette les balaya. A ce moment même, le marquis de La Rochejaquelein entendait à sa gauche les cris et les premiers coups de fusil des gens du Marais. Il ordonna à son chef d'état-major, le général Canuel, de rallier les fuyards; et voulant voir ce qu'allait produire la diversion qu'opéraient les Maréchains, il vint se placer sur une petite éminence, à portée de carabine des impériaux. Le lieutenant Lupin, des gendarmes de Paris, le reconnut, dit-on, et dirigea sur lui le feu de ses hommes. On vit La Rochejaquelein tomber de cheval puis se relever en chancelant. Il s'agenouilla, fit le signe de la croix et retomba la face contre terre [1].

1. Rapport de Lamarque à Davout, Nantes, 9 juin. Rapport général de Lamarque, Clisson, 24 juin. (Arch. Guerre, Armée de l'Ouest.) Canuel, 164-168. Beauchamp, III, 185.
Quand ils eurent vu tomber La Rochejaquelein, les gendarmes s'avancè-

La mort de La Rochejaquelein acheva de désorganiser l'insurrection. Les gars du Marais et les paysans des environs de Bressuire, qui venaient de combattre sous les ordres immédiats du marquis, brûlaient de le venger, mais les vendéens ne demandaient pour la plupart qu'à rentrer chez eux. Cette guerre les laissait indifférents, car ils ne confondaient pas avec la sanglante dictature de la Convention le gouvernement impérial qui avait rétabli le culte catholique et qui, pendant douze ans, leur avait donné la paix intérieure. Ils s'étaient levés entraînés par les paroles, les menaces, les promesses des nobles, les uns pour obéir à une sorte de point d'honneur, les autres dans la crainte d'être chassés des fermes, ou dans l'espoir d'une haute solde et du pillage. Or, ils n'avaient reçu ni solde ni vivres ; les armes mêmes et les munitions promises manquaient ; on les fatiguait par des marches et des contre-marches inexplicables ; dans presque toutes les rencontres ils avaient été battus. Ils étaient découragés[1].

Les chefs ne l'étaient guère moins, bien qu'ils s'efforçassent de cacher leurs vrais sentiments. D'Autichamp, Suzannet et Sapinaud exprimèrent

---

rent, prirent les papiers qui étaient sur lui et l'enterrèrent. Le lendemain. Canuel retrouva le cadavre, d'après les indications d'un paysan, et le fit inhumer dans le cimetière du Perrier.

1. « Beaucoup de paysans marchent par force, sans être animés de l'esprit de 93. » Lamarque à Davout. Angers, 31 mai. — « Les campagnards ne prennent les armes qu'avec répugnance. » Bigarré à Davout, Rennes, 4 juin. — « La moitié des gens marchent par force. » La Riboisière à Napoléon, Nantes, 5 juin. — « Marchent seulement jusqu'à présent les domestiques de ferme et les vagabonds à qui les nobles donnent jusqu'à dix francs par jour. » Barouillard à Carnot, Bressuire, 6 juin. (Arch. Guerre.) Cf. Relations de Suzannet, de d'Andigné et de Malartic. Rapport du lieutenant de gendarmerie de Paimbœuf, 25 mai. Lettre à Davout, Nantes, 29 mai. (Arch. Guerre, Armée de l'Ouest.) Rapport de Résigny, Niort, 28 mai. (*Portefeuille de Buonaparte*, 107-108.) D'Autichamp, *Camp. de Vendée*, 71. Du Chaffaut, *Relation*, 16.

sincèrement leurs regrets du « malentendu » qui les avait empêchés de se porter dans le Marais et se déclarèrent prêts à continuer la guerre[1]. Pour se disculper de tout soupçon d'avoir écouté les émissaires de Fouché, ils rudoyèrent l'envoyé du général Lamarque qui leur apportait l'acceptation des conditions qu'eux-mêmes avaient posées[2], et pour assurer dans l'avenir l'unité de commandement, qui leur avait fait défaut, ils nommèrent Sapinaud général en chef[3]. Mais les mêmes sentiments, les mêmes retards, le même mauvais vouloir se reproduisirent[4]. Au fond, sauf Auguste de La Rochejaquelein, les commandants de l'armée royale voulaient attendre le résultat de la première bataille sur la frontière pour rendre leur épée ou la tirer une seconde fois du fourreau. Les paysans étaient licenciés. Les colonnes mobiles parcouraient librement presque toute la rive gauche de la Loire, rétablissant les drapeaux tricolores, ramassant une quantité de fusils et s'emparant de quatre canons anglais abandonnés dans le Marais[5]. Jusqu'au 16 juin, date d'une nouvelle prise d'armes à laquelle les généraux vendéens ne se prêtèrent qu'à contre-cœur et sous la pression d'Auguste de La Rochejaquelein, devenu major général[6], il y eut une sorte de trêve imposée autant

---

1. D'Autichamp, *Camp. de Vendée*, 95-98. Relation de Suzannet. (Arch. Guerre, Armée de l'Ouest.)
2. Lettre de Lamarque aux généraux vendéens, Nantes, 9 juin. Rapport de Lamarque à Davout, Nantes, 11 juin. (Arch. Guerre, Armée de l'Ouest.) Canuel, *Mém. sur la Guerre de Vendée*, 207-209.
3. Relation de Suzannet. (Arch. Guerre.) D'Autichamp, 99-100. Canuel, 205-207.
4. Canuel, 209-212, 216-227, 232. Cf. D'Autichamp, 102-120, et la Relation de Suzannet (Arch. Guerre) : « La plus grande division règne entre nous. On s'accuse mutuellement. »
5. Lamarque à Davout, Nantes, 9 juin. Travot à Lamarque, Challans, 14 juin. (Arch. Guerre, Armée de l'Ouest.) Canuel, 210-211. D'Autichamp, 102. (Cf. Lettre de Saint-Hubert, 17 juin, citée par le même, 109-120.) Relation de Suzannet. Cf. Rovigo à Davout, 20 juin. (Arch. Guerre.)
6. Canuel, 214-232.

par l'apathie des chefs que par la lassitude de leurs hommes.

Cette pacification temporaire, très favorable à Napoléon, était l'œuvre de Fouché. Sans son intervention, les corps de Sapinaud, de Suzannet et de d'Autichamp se fussent concentrés autour du Marais, dans des positions inexpugnables. Il aurait fallu une armée de vingt mille hommes pour en déloger La Rochejaquelein tandis qu'il avait suffi d'une colonne mobile. Quant aux royalistes, ils ne pouvaient accuser Fouché, car Fouché avait voulu sauver les vendéens d'un écrasement plus ou moins éloigné mais certain. Si l'on avait accédé à temps à ses ouvertures, le combat des Mathes n'aurait pas eu lieu, et le grand deuil où la mort du marquis de La Rochejaquelein mit la noblesse française lui eût été épargné.

III

Ce double jeu, ce rôle ambigu, Fouché le joua pendant toute la durée des Cent Jours. Le 20 mars, il n'avait pas demandé un ministère à l'empereur dans l'unique dessein de le trahir. Après tout, le portefeuille qu'il tenait était une réalité, et celui qu'il espérait obtenir de Louis XVIII, du duc d'Orléans ou de Marie-Louise régente n'était qu'une espérance. Sacrifier la proie pour l'ombre est une ligne de conduite que moins qu'aucun autre pouvait se proposer le duc d'Otrante. Le malheur pour Napoléon, c'est que Fouché avait peu de confiance dans la durée du nouvel empire et conséquemment dans celle de son portefeuille. Or, selon le mot de Barère, il était atteint de *gouvernomanie*. Que l'empereur triomphât ou tombât, lui voulait rester au pouvoir. Il avait fallu une révolution pour l'y ramener. Fouché en appréhendait une seconde ; il ne fallait pas que celle-ci pût le renverser. Il ne fallait pas non plus que Napoléon régnât avec l'omnipotence de naguère. Le duc d'Otrante savait que l'empereur avait des raisons pour ne point l'aimer. Il craignait une destitution le jour où ce maître redoutable aurait recouvré la plénitude de son pouvoir. Dès le commencement d'avril, il écrivit même à Wellington pour lui exposer les dangers qu'il courait de la part de Napoléon et lui demander un asile en Angleterre dans le cas où il serait proscrit [1].

Dominé par la crainte de la chute de l'empire et par l'appréhension du despotisme de l'empereur, Fouché se prémunit contre la première alternative en faisant des ouvertures à l'étranger, contre la seconde en créant à Napoléon toutes sortes de difficultés intérieures. Mais pour cela, il n'a garde de se dévouer au roi ni d'abandonner l'empereur. Il sert, trompe et trahit l'un et l'autre au grand profit et au plus grand dommage de tous les deux. Dans ses messages à Gand, il proteste de son zèle pour le roi légitime ; dans son cabinet, il dit aux royalistes : « — Cet homme est revenu de l'île d'Elbe plus fou qu'il n'était parti. Son affaire est réglée, il n'en a pas pour trois mois ! » Mais il fait rééditer à des milliers d'exemplaires et avec des adjonctions perfides le *Mémoire* de Carnot, ce réquisitoire contre les Bourbons, et il inonde Paris et les départements de caricatures où Louis XVIII est représenté emportant les sacs d'or de la Banque et les diamants de la couronne, commandant l'exercice dans une chaise à porteurs à une armée d'invalides,

---

[1]. Pozzo à Nesselrode, Bruxelles, 3 mai. (*Corresp.*. I, 103-104.) — Il est fort probable que Fouché exagérait ses craintes et que cette demande d'un asile éventuel était un prétexte pour entrer en correspondance avec le généralissime de la coalition.

ou indiquant du doigt la frontière française à un peloton de Cosaques. Maître de la police et d'une partie de la presse, il en use à la fois pour soutenir l'empereur et pour lui susciter une opposition très forte. Il fait proclamer que Napoléon est le seul souverain qui convienne à la France, mais il fait dire tantôt que l'empereur abdiquera au Champ de Mai, tantôt que toutes ses promesses pacifiques et libérales sont mensongères, que la guerre est proche et la tyrannie certaine. Aux familiers de l'empereur, à ses frères eux-mêmes, Lucien et Joseph, il persuade que l'Europe concéderait la régence, mais que dans son féroce égoïsme Napoléon préfère à une abdication au profit de son fils les chances douteuses d'une campagne et la menace du démembrement de la France. Pour obtenir des lois répressives, il lit à la Chambre un rapport effrayant sur la situation du pays, mais ce rapport est conçu en même temps pour donner espoir à l'émigration et pour jeter l'alarme chez tous les Français. Il conseille à Davout de faire poursuivre par le ministère public les individus qui s'opposent à l'enrôlement, mais il ne les fait pas arrêter par ses propres agents. Il encourage les fédérations pour imposer aux royalistes et pour exalter l'esprit républicain, mais il modère ce mouvement national pour ne pas rendre l'empereur trop fort. Il dénonce comme une honte et un danger l'organisation de « la canaille de Paris » en bataillons de tirailleurs, il dissuade Napoléon de toute mesure énergique, il arrête son bras prêt à frapper, il élude ses ordres, il calme le zèle des lieutenants de police et des agents subalternes [1].

1. Notes de Rousselin (Collection Bégis). Mémoires manuscrits de Barras (communiqués par M. Georges Duruy). Mémoires de M*** (communiqués par M. de ***). Notes de Lucien Bonaparte. (Arch. Aff. étr., 1815.) Carnot, *Exposé de ma conduite politique*, 4-7. Lucien Bonaparte, *La vérité sur les Cent Jours*, 32-36. Barère, *Mém.*, IV, 210-211. Lavallette, *Mém.*, II, 180-181, 189-

C'est surtout dans cette campagne contre le despotisme éventuel de Napoléon que Fouché nuisit à la cause impériale, en donnant l'exemple de la défiance, de la tiédeur et du laisser-faire. Vis-à-vis de Louis XVIII et des Alliés, ses intrigues se bornèrent à de bons offices rendus aux royalistes, au don de passe-ports et de permis de séjour, à une intercession en faveur de Vitrolles, à des pourparlers, à des correspondances secrètes, à des ouvertures, à des promesses. Si Fouché s'offrait cyniquement, il n'avait garde de se livrer avant que, le sort des armes ayant prononcé, il pût le faire sans risquer de rien perdre. Un agent des Bourbons mandait à Gand : « Tout fait penser que le plus grand coup de politique que pourrait faire le roi serait de traiter avec Fouché. » Mais Pozzo, qui pénétrait mieux le personnage, écrivait à Nesselrode : « On n'obtiendra de Fouché que des intrigues et des communications stériles qu'il rappellera plus tard comme des services réels. » Sans doute, le duc d'Otrante facilita aux émissaires du roi et aux espions de Wellington le passage des frontières et le séjour à Paris ; il les reçut même dans son cabinet et leur révéla l'état des armements en France et la date probable de l'ouverture des hostilités. Mais en même temps, il tira d'eux des renseignements sur les forces et les positions des armées coalisées et les révéla à l'empereur. S'il promit à Wellington de lui faire parvenir des indications sur le plan de campagne de Napoléon, voici comme il tint sa promesse : le jour du départ de l'empereur, il remit avec tous

184. Rovigo, *Mém.*, VIII, 35,45, 61-64. *Mém. de Fouché*, II, 315, 318, 320-322, 326-327,338. *Mém. sur Carnot*, II, 468-461. Villemain, *Souv.*, II, 222-226. *Esquisse historique sur les Cent Jours*, introduction, 3-2. Fouché à Davout, 15 mai. Rapport d'un espion royaliste, 1er juin (Arch. Guerre). Las-Cases, *Mémor.*, III, 53. Lamarque, *Mém.*, I, 61-62. Rapport de Résigny à Napoléon, Angoulême, 2 juin. (*Portefeuille de Buonaparte*, 110.) Rapport du chevalier d'Artez, 19 avril. (Wellington, *Dispatchs*, Supplément, IX.)

les sauf-conduits du monde une longue note chiffrée à une dame D..., mais la veille il avait envoyé à la frontière le signalement de cet émissaire enjuponné et l'ordre secret de le retenir, sous différents prétextes, jusqu'après la première bataille. Dans toutes ces manœuvres, Fouché n'était pas guidé par le seul intérêt personnel. Il aimait l'intrigue pour l'intrigue, en artiste. « Il faut toujours, disait Napoléon, qu'il ait son vilain pied sali dans les souliers de tout le monde [1]. »

Dès le 19 mars, Fouché, qui visait alors au portefeuille des affaires étrangères, avait eu une entrevue avec Marschall et, devançant les intentions de l'empereur, il avait assuré le confident du prince régent que le nouveau gouvernement impérial serait tout à fait pacifique. Le surlendemain, Marschall étant retourné en Angleterre après avoir promis de s'employer au maintien de la paix, Fouché lui fit passer cette lettre à Londres : « Les Bourbons ne peuvent convenir à la France. Napoléon peut seul garantir les grandes masses d'intérêts de la nation et toutes les existences, toutes les situations nées de la Révolution. Je suis autorisé à vous dire que l'empereur est disposé à recevoir du gouvernement anglais toute proposition propre à assurer une paix durable entre les deux pays. Vous pouvez donc agir avec confiance dans cette direction [2]. » Un peu plus tard, quand toutes les lettres de l'empereur étaient interceptées,

---

[1]. Pozzo, *Corresp.*, I, 102-104, 108-109, 112, 114, 157. Rapport d'un agent royaliste, 1er juin (Arch. Guerre). Notes de Rousselin (Collection Begis). Mémoires manuscrits de Barras, précités. Lamarque, *Mém.*, I, 61-62. Damitz, *Campagne de 1815* (traduct. française, I, 81-82). *Mém.*, de *Fouché*, 323-335, 341-342. Lucien Bonaparte, *La Vérité sur les Cent Jours*, 32-34. Fleury de Chaboulon, *Mém.*, II, 27-29. Rovigo, *Mém.*, VIII, 77, 138-139. Las-Cases, *Mémorial*, III, 29.

[2]. Note sur Fouché, Paris, 20 mars. Lettre de Fouché à Marschall, Paris, 21 mars. (Arch. Aff. étr., 1801.)

quand aucun de ses courriers ne pouvait passer les avant-postes prussiens et bavarois, quand Flahaut était arrêté à Stuttgard et le baron de Stassart emprisonné à Linz, ce fut le duc d'Otrante qui conseilla d'envoyer à Vienne des créatures à lui et à Talleyrand : Montrond, Saint-Léon, Bresson de Valensoles. Les frontières rigoureusement fermées aux serviteurs de Napoléon s'ouvrirent comme par enchantement devant les émissaires de Fouché[1].

Fouché imagina encore de détacher le czar de la coalition par l'influence de Laharpe, son ancien précepteur. Alexandre le traitait toujours amicalement et orientait quelquefois sa politique d'après ses conseils. Laharpe se trouvait à Zurich. On lui envoya son ami Ginguené qui, devenu bonapartiste par haine des Bourbons, plaida ardemment la cause de l'empereur. Laharpe l'écouta sans trop le décourager et l'invita même à exposer la question dans un Mémoire qu'il promit de communiquer au czar[2]. Toutes ces négociations échouèrent, mais Napoléon n'en était pas moins redevable à Fouché d'avoir suggéré les unes et facilité les autres en perçant la Grande-Muraille

---

1. Fouché à Caulaincourt, s. l. n. d. (Paris, avril) (Arch. Aff. étr., 1801). Cf. **1815**, I, 445-448.
2. Fouché à Caulaincourt, 24 avril. Ginguené à Laharpe, Zurich, 1ᵉʳ juin (Arch. Aff. étr., 1801, 1802).
Une copie du Mémoire de Ginguené existe aux Arch. des Affaires étrangères : « On ne trouve rien de pareil dans l'histoire au retour de l'île d'Elbe, dit Ginguené. L'empereur a été reçu comme un libérateur par la France avilie, opprimée, humiliée par les Bourbons... Napoléon n'a pas changé, mais il a trop de jugement pour que les circonstances ne s'imposent pas à lui. Il lui faut des années pour se préparer à la guerre, et il sait que la France ne veut pas de la guerre. La seule chose qui pourrait le faire se livrer à sa manie conquérante serait que les Alliés l'attaquassent Les Alliés iraient donc contre leur but en lui déclarant la guerre... » Ginguené expose ensuite les détails de la nouvelle constitution ; il s'écrie : « Quel est le peuple qui jouit de pareilles institutions ! » Sa conclusion est : « Il n'est pas de l'intérêt de l'Europe d'attaquer la France. C'est injuste, c'est dangereux. Les Alliés pourront remporter un premier succès en raison de leurs masses, mais quand ils entreront en France ils auront contre eux la nation entière, à en juger du moins pas l'exaltation qui règne. »

que l'Europe avait élevée autour de la France.

Fouché s'employait avec d'autant plus de zèle à procurer à son souverain les meilleurs émissaires qu'il s'en servait pour ses propres intrigues. Si Bresson et Montrond portèrent à Vienne les paroles de Napoléon, ils y portèrent du même coup les paroles du duc d'Otrante, et celles-ci n'auraient sans doute pas eu l'approbation de l'empereur. Saint-Léon remit à Metternich cette lettre de Fouché : « On vous trompe. Non seulement l'armée mais le peuple ont rappelé Napoléon. De quel droit nous empêcher d'avoir le souverain qui nous convient? Le peuple français veut la paix, mais il sera terrible dans la guerre. Avant peu, il y aura sous les armes un million d'hommes exaltés. Tous les trônes s'écrouleront au cri de : *Liberté!* poussé par les armées françaises. Donc détournez la guerre de nous et de vous. » Mais très vraisemblablement, en même temps que cette lettre, qui avait été soumise à l'empereur, Saint-Léon donna à Metternich une autre lettre de Fouché, conçue en termes fort différents[1].

Depuis le commencement d'avril, les deux ministres étaient en correspondance secrète. Tandis que Fouché chargeait les émissaires de Napoléon de messages occultes pour Metternich, celui-ci fit passer au duc d'Otrante, par un prétendu commis d'une banque de Vienne, un billet à l'encre sympathique, l'invitant à envoyer à Bâle une personne de confiance « qui y trouverait à qui parler[2]. » Fouché s'occupait

---

1. Fouché à Caulaincourt, s. l. n. d. (avril). Fouché à Metternich, Paris, 23 avril. (Arch. Aff. étr., 1801.) Cf. Fleury de Chaboulon, *Mém.*, II, 42, 45. Chateaubriand, *Mém.* VI, 433-434.

2. » Les puissances ne veulent pas de Napoléon Bonaparte. Elles lui feront une guerre à outrance et désirent ne pas la faire à la France. Elles désirent savoir ce que la France veut et ce que vous voulez. Envoyez une personne qui possède votre confiance exclusive au lieu que vous indiquera

sans doute à chercher « cette personne de confiance » lorsque la présence de l'agent de Metternich fut signalée à l'empereur par un grand banquier de Paris chez qui il avait présenté une lettre de crédit. Arrêté et conduit à l'Elysée, cet homme avoua la mission qu'il avait remplie auprès de Fouché et indiqua même le signe de reconnaissance qui devait servir aux deux agents pour leur rencontre à Bâle. L'empereur, qui gardait encore des illusions sur son ministre de la police, le manda incontinent, espérant qu'il allait de lui-même donner le billet de Metternich. Le duc d'Otrante ne fit aucune confidence. Napoléon songea alors à faire arrêter Fouché et à faire saisir ses papiers, mais il réfléchit que le personnage était trop habile et trop prudent pour avoir rien conservé de compromettant. Le meilleur moyen de connaître la vérité serait d'envoyer au rendez-vous un homme sûr qui se présenterait comme mandataire du duc d'Otrante. Napoléon confia cette mission à Fleury de Chaboulon, dont le voyage à l'île d'Elbe lui avait fait apprécier la valeur et le dévouement et qui était devenu un de ses secrétaires [1].

le porteur. Elle y trouvera à qui parler. » Metternich à Fouché, 9 avril. (Metternich, *Mém.*, II, 516.)

Pris de scrupules après coup, Metternich prétend (*Mém.*, I, 207-208) que c'est Fouché qui avait sollicité cette entrevue par l'envoi d'un agent secret à Vienne. Mais du texte même de sa lettre précitée et de celui des instructions à Ottenfels (Metternich, *Mém.*, II, 514-515) : «... M. d'Ottenfels se dira envoyé à Bâle pour s'aboucher avec la personne de confiance envoyée par M. le duc d'Otrante *en vertu d'une invitation qui lui aurait été adressée directement à Paris,* » il semble bien ressortir que c'est Metternich et non Fouché qui provoqua cette entrevue. De plus, si Fouché avait envoyé un agent à Vienne pour la solliciter, Metternich aurait donné sa réponse à cet agent au lieu de la confier à un autre émissaire. C'eut été beaucoup plus simple et beaucoup plus sûr.

1. Fleury de Chaboulon, *Mém.*, II, 10-13. Metternich, *Mém.*, I, 208. Lavallette, *Mém.*, II, 182. Rovigo, *Mém.*, VIII, 32-33. Las-Cases, *Mémor.*, III, 54-55. Napoléon, *L'île d'Elbe et les Cent Jours.* (*Corresp.*, XXXI, 122-123.) — Le Viennois subit ensuite un autre interrogatoire de Réal (Napoléon à Réal, 29 avril. Arch. nat. AF. IV, 907).

Le 28 avril, l'empereur donna ce sauf-conduit à Fleury : « Le général

Le 3 mai, Fleury descendit à l'hôtel des Trois-Rois, à Bâle. Il y trouva l'agent de Metternich, le baron d'Ottenfels, secrétaire aulique, qui avait pris pour la circonstance le nom de Henri Werner. Au début de l'entretien, ils restèrent l'un et l'autre sur la réserve, car Ottenfels attendait les ouvertures de l'affidé de Fouché, et Fleury, qui ignorait le texte du billet de Metternich, appréhendait de se trahir en parlant sans être un peu renseigné. Ottenfels finit par s'expliquer. « L'Autriche et ses alliées, dit-il en substance, sont déterminées à faire une guerre à outrance à Napoléon, mais elles désireraient ne pas la faire à la France pour éviter l'effusion du sang. M. de Metternich a pensé que le duc d'Otrante pourrait seconder puissamment les vues de l'Europe. Les Alliés sont très partisans du rétablissement des Bourbons ; toutefois, ils donneront des garanties que Louis XVIII ne rentrera en France qu'en vertu d'un pacte nouveau : que les émigrés n'auront aucune influence dans son gouvernement et qu'il prendra un ministère libéral dont pourraient faire partie le duc d'Otrante et Carnot. Si la France voulait le duc d'Orléans, au lieu de Louis XVIII, les puissances s'emploieraient pour obtenir l'abdication du roi ; si même la France voulait la régence, on ne s'y refuserait pas. Mais l'Autriche, la première, est loin de désirer la régence, pour des raisons de politique et de famille. » C'étaient là d'ailleurs, insinua Ottenfels, des questions subsidiaires. Le point important était que la France et l'Europe fussent délivrées de Napoléon.

Très curieux d'apprendre de quelle façon Metternich entendait qu'on le délivrât de Napoléon, Fleury dit

Rapp, les généraux commandants à Huningue et nos agents civils et militaires à qui le même ordre sera communiqué accorderont pleine et entière confiance au chevalier Fleury, notre secrétaire, et lui faciliteront par tous les moyens les communications avec Bâle. » (Arch. nat. AF. IV, 907.)

tout crûment : « — Pour cela, il n'y a que deux moyens. Le premier est l'assassinat... » Ottenfels l'ayant interrompu avec une indignation feinte ou réelle, il reprit : « — Le second est un complot. » L'Autrichien ne dissimula pas que complot ou révolution était ce que l'on attendait de Fouché. Fleury dit alors, et avec raison, que M. de Metternich s'exagérait singulièrement la puissance du duc d'Otrante s'il s'imaginait que tout ministre de la police qu'il était, il pourrait arrêter l'empereur comme un simple roi fainéant ou soulever contre lui le peuple de Paris. « — D'ailleurs, ajouta-t-il, M. Fouché n'en aurait pas le désir. Il ne pense plus comme l'an dernier. Il est sincèrement rallié à l'empereur qui a pour lui les suffrages unanimes de la nation, qui n'est plus l'ambitieux et le conquérant d'autrefois et qui est le seul chef qui nous convienne. » Cette déclaration avait d'autant plus de force qu'elle semblait faite par le mandataire de Fouché, c'est-à-dire par un confident de l'homme qui passait à Vienne pour un ennemi irréconciliable de Napoléon. Très déconcerté, Ottenfels manifesta sa surprise et laissa même voir son trouble. Fleury en profita pour insinuer que le prince de Metternich ferait œuvre de grand politique en amenant une pacification générale par un accord avec le gouvernement actuel de la France. Ottenfels se contenta de répondre qu'il informerait M. de Metternich de la nouvelle disposition d'esprit où était le duc d'Otrante ; puis les deux émissaires se séparèrent en convenant de se retrouver à Bâle sous huit jours[1].

Le soir même du départ de Fleury pour la Suisse[2],

---

[1]. Fleury de Chaboulon, *Mém.*, II, 14-24. Instructions à Ottenfels. (Metternich, *Mém.*, II, 514-516.) Cf. Napoléon, *Œuvres de Sainte-Hélène* (*Corresp.*, XXXI, 122-123).

[2]. Le sauf-conduit donné par l'empereur à Fleury est du 28 avril, et une lettre de l'empereur à Réal, où il est question du demi-aveu de Fouché, est

une scène violente avait eu lieu entre Napoléon et Fouché. Averti par les soins de Réal[1], qui, tout en le détestant, cherchait à s'assurer son appui, que l'empereur savait tout, le duc d'Otrante se rendit à l'Elysée avec le billet de Metternich. Au milieu de la conversation, il dit du ton d'un homme à qui quelque fait revient soudain à la mémoire : « — Ah ! Sire, j'avais oublié de vous dire que j'ai reçu un billet de M. de Metternich. J'ai tant de choses plus importantes qui me préoccupent ! Puis son envoyé ne m'avait pas remis la poudre pour faire reparaître l'écriture, et je croyais à une mystification. Enfin, je vous l'apporte. » L'empereur éclata. « — Vous êtes un traître, Fouché, je devrais vous faire pendre! » « — Sire, répliqua le ministre, je ne suis pas de l'avis de Votre Majesté. » Puis aussi tranquille que si Napoléon venait de lui adresser quelque compliment, il continua ses explications. L'empereur se calma. Peut-être, d'ailleurs, sa colère était-elle feinte et n'avait-il fait ces menaces que pour voir s'il pourrait troubler son imperturbable ministre. « L'intérêt de Fouché n'est pas de me trahir, dit-il à Fleury de Chaboulon à son retour de Bâle. Il a toujours aimé à intriguer. Il faut le laisser faire. Contez-lui tout ce qui s'est passé avec M. Werner[2]. »

Fouché se prêta de bonne grâce à collaborer à la comédie de Bâle. Il remit à Fleury deux lettres pour Metternich, l'une destinée à être rendue publique,

datée du 29 avril et porte : « Fouché m'a parlé hier. » (Arch. nat. AF. IV. 907.)

[1]. On a vu (**1815**, I, 372) que Napoléon avait pris Réal à la préfecture de police pour surveiller Fouché. Réal remplissait singulièrement l'attente de Napoléon. Partout la trahison !

[2]. Lavallette, II, 161-162. Fleury de Chaboulon, II, 27. Napoléon à Réal, 29 avril. (Arch. nat. AF. IV, 907.) Cf. *Mém. de Fouché*, II, 331-332. Napoléon. *Œuvres de Sainte-Hélène.* (*Corresp.*, XXXI, 123.) Las Cases, *Mémor.*, III, 55-56. — D'après les *Mémoires sur Carnot* (II, 457), Napoléon aurait fait une pareille algarade à Fouché en plein conseil des ministres.

l'autre confidentielle. Toutes deux étaient rédigées de façon à convaincre le ministre autrichien que Napoléon était le seul souverain qui convînt à la France. Quand Fleury revint à Bâle, il pouvait, cette fois, se donner sans imposture comme l'envoyé de Fouché. Ottenfels déclara que les résolutions des Alliés de ne jamais reconnaître Napoléon étaient irrévocables, mais qu'ils consentiraient à laisser régner son fils. « — Mais que fera-t-on de l'empereur ? demanda Fleury. — Commencez par le déposer. Les Alliés, qui sont généreux et humains, prendront ensuite et selon les événements la détermination convenable. — Mais, enfin ? — Je n'en sais pas davantage[1]. »

Ottenfels en disait assez. A supposer que la question de la régence eût été sérieusement discutée par les Alliés, ils l'avaient résolue négativement. Mais Metternich pensait que cette forme de gouvernement était celle dont les Français en général et Fouché en particulier s'accommoderaient le plus volontiers. Il en faisait la proposition dans l'espoir que Fouché s'emploierait activement, par la persuasion, la ruse ou la force, à obtenir l'abdication de l'empereur. La France désarmée de l'épée napoléonienne, les Alliés, qui ne voulaient donner aucune garantie, agiraient en maîtres. Selon les paroles d'Ottenfels, « ils prendraient alors la détermination convenable » non seulement sur le sort de Napoléon mais sur le gouvernement même de la France[2]. Napoléon ne s'était pas déterminé à sa grande aventure pour obéir, redevenu empereur, aux sommations de l'étranger avant de faire parler la poudre. Il n'était pas l'homme du sacrifice. Il n'avait nulle intention d'abdiquer. « — Pas

---

1. Feury de Chaboulon, II, 28-42. Cf. Napoléon, *Corresp.*, XXXI, 124.
2. Cf. Metternich, *Mém.*, I, 208. Las Cases, *Mémor.*, I, 23. Gentz, *Dépêches*, II, 17.

si bête! » dit-il à Lucien [1]. Et les propositions de Metternich n'étaient ni assez précises ni assez sûres pour l'y déterminer.

Les conférences de Bâle n'eurent pas de suite [2]. Fleury n'y perdit pourtant point toute sa peine, car il en rapporta la certitude que les négociations entre Metternich et Fouché se bornaient à de vagues pourparlers et qu'il n'y avait pas complot contre la vie de l'empereur, comme celui-ci l'avait d'abord soupçonné. Napoléon resta néanmoins en défiance : le duc d'Otrante avait trop tardé à lui parler du billet de Metternich. Ayant appris par une indiscrétion d'Ottenfels que Montrond et Bresson de Valensolles avaient été chargés, à Vienne, de messages secrets pour Fouché, l'empereur ordonna de mettre en surveillance ces deux agents. Mais déjà Bresson, que Fouché jugeait le plus compromis ou le moins discret, était parti pour Londres. Le ministre de la police lui avait fait confier par son collègue de la guerre la mission d'aller acheter 40,000 fusils que proposait un armateur anglais. L'empereur gronda très fort Davout, croyant qu'il était le complice de Fouché. Bien vraisemblablement, il était plutôt sa dupe [3].

A Sainte-Hélène, Napoléon dit plusieurs fois qu'il aurait dû faire fusiller Fouché. A Paris, il avait pensé

1. Notes de Lucien Bonaparte (Arch. Aff. étr., 1815).
2. Fleury retourna une troisième fois à Bâle, le 29 mai, et y attendit vainement jusqu'au 13 juin le prétendu Henri Werner. Metternich, peut-être averti par Fouché, avait jugé inutile de continuer les pourparlers. Fleury de Chaboulon, *Mém.*, II, 47-48, et lettre de Fleury à Napoléon. Bourg-Libre, 6 juin, (citée dans le *Portefeuille de Buonaparte.* 26-27.)
3. Fleury de Chaboulon, *Mém.*, II, 11, 45-46. Montholon, *Récits*, II. 150. Cf. *Mém. de Fouché*, II, 333. — Au retour de sa mission à Vienne, Bresson avait remis à Davout un rapport très bien fait sur l'état des armées alliées et sur leur plan de campagne. (Arch. Guerre, Corresp. générale, à la date du 15 avril.)
L'empereur avait voulu faire arrêter un autre agent de Fouché nommé Béronni, mais cet homme put gagner la frontière suisse. (Fleury, II, 46. Cf. Davout à Marulaz, 21 mai. Arch. Guerre.)

du moins à le destituer¹. S'il ne le fit pas, c'est qu'il avait ses raisons, et ces raisons-là il les avait oubliées dans son exil ou il ne voulait pas les dire. Au retour de l'île d'Elbe, il lui fallait compter avec le duc d'Otrante. C'était le chef du parti jacobin, et son opposition à toutes les mesures autoritaires de l'empereur lui avait gagné les libéraux. Sa disgrâce eût été regardée comme l'indice du retour à l'absolutisme. Carnot lui-même, qui haïssait et méprisait Fouché et qui, n'étant pas homme à se donner à demi, montra pendant les Cent Jours un entier dévouement à l'empereur, le déconseilla de destituer le duc d'Otrante. « — Il y a un mois, dit-il, j'aurais approuvé le renvoi de Fouché. Mais aujourd'hui cela augmenterait les irrésolutions et les défiances déjà si grandes de l'opinion. » Napoléon temporisa, attendant qu'une victoire lui donnât l'autorité nécessaire pour cette espèce de coup d'Etat².

---

1. Montholon, *Récits*, II, 149-201. Lavallette, *Mém.*, II, 181. Cf. *Mém. de Fouché*, II, 325, 329-330.
2 Fleury de Chaboulon, *Mém.*, II, 47. Rovigo, *Mém.*, VIII, 65. *Mém. sur Carnot*, II, 458.

CHAPITRE VI

LE CHAMP DE MAI

I. L'Assemblée du Champ de Mai (1er juin).
II. La réunion des Chambres. — La Séance impériale du 7 juin. — L'état d'esprit de l'empereur.
III. L'opinion publique à la veille de la guerre. — Départ de l'empereur pour l'armée (12 juin).

I

Au défaut du grand congrès national du Champ de Mai que l'empereur avait promis aux Français et qu'il n'avait pu leur donner, il voulut une superbe et majestueuse cérémonie qui rappelât à la fois la Fête de la Fédération, la Distribution des Aigles et le Sacre. Les délégués électoraux, un peu dépités de n'être appelés à Paris que pour recenser les votes de l'Acte additionnel, emporteraient du moins le souvenir du plus magnifique et du plus imposant spectacle [1].

L'assemblée du Champ de Mai eut lieu le 1er juin. L'architecte Fontaine avait construit, au sud du Champ de Mars, un vaste hémicycle pentagonal ouvert à la base et dont les ailes regardaient l'École

---

1. L'empereur avait conçu ce projet dès qu'il avait pensé à donner lui-même la constitution. Le 12 avril, deux cents ouvriers étaient déjà employés aux travaux du Champ de Mars. (Rapport de Réal, 12 avril. Arch. nat. AF. IV, 1934.) Le 23 avril, Davout rédigea une circulaire relative aux députations militaires à envoyer au Champ de Mai. (Arch. Guerre.)

2. Aux termes du décret du 22 avril, la cérémonie était fixée au 26 mai, mais il fallut la remettre au 1er juin, des retards s'étant produits dans l'envoi des registres électoraux et les délégués tardant à arriver.

militaire. Dans l'ouverture s'élevait un autel. Face à l'hémicycle, un autre édifice, de style assez mesquin, adossé à l'Ecole militaire, comprenait deux tribunes basses et, au centre, un pavillon ajouré auquel on accédait par un large escalier et où reposait le trône impérial.

La journée s'annonçait brûlante et radieuse. Dès neuf heures du matin, les délégués électoraux, les représentants, non encore constitués, et une multitude d'invités prennent place dans l'hémicycle, des deux côtés de l'autel, tandis que les députations de l'armée, à raison de cinq officiers et de douze sous-officiers et soldats par régiment, se rangent sur les gradins des extrémités. Sur tout le pourtour intérieur, les deux cents porte-aigles des régiments et quatre-vingt-sept officiers de la garde nationale de Paris, tenant les drapeaux destinés aux gardes nationales des départements, forment une décoration vivante. A dix heures, les dignitaires de la Légion d'honneur, les membres du Conseil d'Etat, de la Cour de cassation, de la Cour impériale, de la Cour des comptes, du Conseil municipal, du Conseil de l'Université, tous en grand costume, viennent occuper les tribunes qui s'élèvent à droite et à gauche du pavillon impérial. La reine Hortense et ses deux fils et la princesse Julie se placent dans une loge ménagée derrière le trône. Les cardinaux Cambacérès et de Bayanne, l'archevêque de Tours, les évêques de Nancy, de Meaux, de Versailles, de Parme et de Liège entourent l'autel. La garde impériale, la garnison de Paris et les douze légions de la garde nationale, — en tout quarante-cinq mille hommes, — déployées en plusieurs lignes de bataille, couvrent le Champ de Mars d'une étincelante floraison de sabres et de baïonnettes. Deux cent mille personnes se pressent sur les bas-côtés, le long des quais et aux débouchés des rues adjacentes. « La foule était si dense, dit un contemporain, qu'on aurait dit un tapis de têtes. »

A onze heures, une salve de cent coups de canon, tirée par la batterie de la terrasse des Tuileries et répétée par des batteries établies à l'Ecole militaire, au pont d'Iéna, aux Invalides, à Montmartre, et par la batterie de 24 du château de Vincennes, annonce que l'empereur quitte son palais. A midi, lorsque les lanciers rouges formant la tête du cortège s'engagent sur le pont d'Iéna, une nouvelle salve de six cents coups de canon est tirée, les tambours battent aux champs, un éclair d'acier jaillit de ces milliers de baïonnettes brusquement remuées dans le mouvement de : Présentez, armes ! A la suite des lanciers rouges s'avancent les chasseurs à cheval de la garde, le comte de Lobau, gouverneur de Paris, avec son état-major, un peloton de hérauts d'armes à cheval, portant la cotte violette brodée d'aigles d'or, puis dix-neuf voitures, toutes à six chevaux, enfin la voiture de l'empereur. C'est un grand carrosse, entièrement doré et à panneaux de glaces, que surmonte la couronne impériale. Huit chevaux le traînent, coiffés de plumes blanches et tenus en main. Les maréchaux Soult, Ney, Jourdan et Grouchy chevauchent aux portières ; derrière viennent les aides de camp, les officiers d'ordonnance, les écuyers et les pages en uniforme vert, rouge et or. Un escadron de gendarmes d'élite, ayant à sa tête le duc Rovigo, premier inspecteur général, et les dragons et les grenadiers à cheval ferment la marche[1].

---

[1]. *Moniteur, Journal de l'Empire, Journal de Paris*, 1er, 2, 3 et 4 juin. Hobhouse, *Lettres*, 1, 379-385. Mlle Cochelet, *Mém.*, III, 82. Rapport de Lobau à l'empereur, 30 mai. (Arch. nat. AF. IV, 1936.)

L'ordre du cortège et tous les détails de la cérémonie avaient été réglés par le comte de Ségur qui, après avoir occupé pendant onze ans d'empire la charge de grand-maître des cérémonies et s'être montré, pendant les onze mois d'interrègne, royaliste fervent, avait, tout naturellement, repris ses fonctions au retour de l'île d'Elbe. Ségur d'ailleurs s'entendait bien à ces pompes. Il mit tout son zèle à tracer le programme de la solennité du Champ de Mai. Il n'aurait pas mieux fait pour une seconde entrée de Louis XVIII.

Le peuple de Paris toujours impressionné par l'appareil militaire, toujours vibrant aux fifres et aux tambours, aux musiques des régiments, aux détonations du canon, cria : Vive l'empereur ! sur le passage des voitures ; mais il y avait dans ce cri moins de foi que d'impulsion nerveuse. Dans l'enceinte, la pluralité des assistants, encore que quelques-uns trouvassent que cet interminable cortège et ces salves répétées manquaient de simplicité, sentaient aussi l'émotion les gagner. Ils étaient tout disposés à acclamer l'empereur quand il s'avancerait vers le trône. Ce très fugitif élan d'enthousiasme s'arrêta court à la vue des étranges costumes de Napoléon et de ses frères. Les princes étaient entièrement vêtus de velours blanc, comme candidats impériaux, avec petits manteaux à l'espagnole, brodés d'abeilles d'or, et toque tailladée. L'empereur portait une tunique et un manteau nacarat, de même forme que celui de ses frères mais un peu plus long, des culottes de satin blanc, des souliers à bouffettes et une toque de velours noir ornée de plumes blanches. On s'attendait à le voir dans sa tenue habituelle de colonel des grenadiers ou des chasseurs de la garde ou dans celle de colonel de la garde nationale. Le mot irrévérencieux de mascarade fut prononcé[1]. Lucien, qui répugnait à l'idée de s'habiller en blanc, avait démontré à l'empereur le ridicule de ces accoutrements. Napoléon, lui-même, avait pensé un instant à paraître en tenue de garde national[2], mais il s'était ravisé et avait jugé que décidément la tunique nacarat et le manteau à l'espagnole étaient plus conformes à la dignité impériale. Éternelle faiblesse humaine! Louis XVIII, qui était bien l'homme le moins guerrier du monde et qui n'avait jamais fait manœuvrer un bataillon, portait du matin au soir d'énormes épaulettes pour se donner l'air militaire, et Napoléon, qui en cette grande solennité pouvait se montrer au peuple et à l'armée avec l'uniforme d'Austerlitz, y préférait le costume de Talma dans les *Templiers* ou *Adélaïde Duguesclin*. L'empereur, pendant tout son règne, avait eu le même goût des défroques romaines et gothiques.

L'empereur prit place sur le trône ; les princes Joseph et Jérôme s'assirent à sa droite, le prince Lucien s'assit à sa gauche. L'archi-chancelier et l'archi-trésorier, les ministres, les maréchaux Moncey, Kellermann, Sérurier, Lefebvre, Ney, Grouchy, Oudinot, Jourdan, Soult et Masséna, les aides de camp et la foule brodée d'or des chambellans et des pages se groupèrent sur les marches du trône[3]. Aussitôt, l'archevêque de Tours monta à l'autel. La plupart des assistants entendirent la messe le dos

---

[1]. Moniteur, 2 juin. Miot de Mélito, *Mém.*, III, 434. Hobhouse, *Lettres*, II. 385-386. Héléna Williams, *Relation des Erénements*, 126-127, et notes. Fleury de Chaboulon, *Mém.*, II, 96. Duc de Broglie, *Souv.*, I, 307

[2]. Notes de Lucien (Arch. Aff. étr., 1815). — D'après une facture du tailleur Lejeune du mois de juin 1815 (Arch. nat. O², 33), l'empereur avait commandé en avril ou en mai un uniforme de garde national.

[3]. *Moniteur*, 2 juin. *Journal de l'Empire*, 3 juin. — Oudinot, qui voulait rentrer en grâce, s'était même joint au cortège dès les Tuileries, mais il n'avait pas été admis à marcher à la portière de la voiture impériale.

tourné et en causant. L'empereur seul paraissait recueilli. Il avait voulu cette messe solennelle, nonobstant l'opposition des ministres, afin, disait-il, de mettre un terme aux cris : A bas la calotte [1]! L'office terminé, la députation centrale des collèges électoraux, composée de cinq cents membres, vint au pied du trône où l'archi-chancelier la présenta à l'empereur. Un des délégués, Dubois d'Angers, donna lecture de l'Adresse des corps électoraux. La rédaction primitive, œuvre du colonel Carrion-Nisas, ancien tribun et membre d'un collège électoral, en avait été modifiée par Cambacérès et Chaptal qui avaient obtenu la suppression de cette phrase inconvenante : « Nous nous sommes ralliés à vous parce que nous avons espéré que vous nous rapporteriez de la retraite toute la fécondité des repentirs d'un grand homme [2]. » Ainsi amendée, l'adresse était digne de la France au nom de qui parlait la députation. Si le corps électoral y affirmait sa volonté de voir reviser par les Chambres les lois constitutionnelles, et s'il y marquait que c'était en vertu des récents suffrages du peuple et d'un second contrat avec la nation, que Napoléon reprenait la couronne, il reconnaissait, par cela même, ses nouveaux droits à l'empire, célébrait la marche triomphale de Cannes à Paris, « où pas une goutte de sang n'avait été répandue », protestait contre les prétentions de l'étranger d'imposer à la France une dynastie qui lui était odieuse et jurait à l'empereur fidélité et dévouement : « Nous ne voulons point du chef que veulent pour nous nos ennemis, et nous voulons celui dont ils ne veulent pas. Ils osent vous

---

[1]. Hobhouse, II, 386. Lavallette, II, 188. Fleury de Chaboulon, II, 97.
[2]. Miss Héléna Williams, *Relation des Ecénements*, 127, note. Barère, *Mém.*, III, 217. — La *Gazette de France* imprima cette phrase, le discours lui ayant été communiqué dans son intégrité par un membre de la commission centrale.

proscrire, Sire, vous qui, maître tant de fois de leurs capitales, les avez raffermis généreusement sur leurs trônes ébranlés !... Cette haine de nos ennemis ajoute à notre amour pour vous... Attendez de nous tout ce qu'un héros fondateur est en droit d'attendre d'une nation fidèle, énergique, généreuse, inébranlable dans ses principes, invariable dans le but de ses efforts : l'indépendance à l'extérieur, la liberté au dedans... Si l'on ne nous laisse que le choix entre la guerre et la honte, la France entière se lèvera pour la guerre. Nous nous serrerons autour du trône où siège le chef et le père du peuple et de l'armée. Tout Français est soldat. La victoire suivra vos aigles. »

Ces paroles éloquentes, généreuses et résolues répondaient aux sentiments de tous ceux qui dans cette assemblée de dix-huit mille personnes avaient conservé au cœur une étincelle de patriotisme. L'enthousiasme fut grand et sincère. La mauvaise impression du costume de Napoléon s'effaça pour un instant. De tous les côtés de l'enceinte s'élevèrent les cris de : Vive l'empereur ! Vive la nation [1] !

Il eût fallu que tout finît sous cette grande impression. Mais l'empereur avait à répondre, et d'ailleurs le programme de la cérémonie était bien loin d'être épuisé. Sans parler de la distribution des aigles, il y avait encore la proclamation des votes par l'archi-chancelier, la déclaration par le chef des hérauts que le peuple français avait accepté l'Acte additionnel, la signature par l'empereur de la promulgation de la constitution, son discours en réponse à l'Adresse des électeurs, son serment sur les Evangiles, présentés à genoux par l'archevêque de Bourges, « d'observer et de faire observer les constitutions de l'empire », le serment par l'archi-chancelier « d'o-

---

1. *Moniteur*, 2 juin. Hobhouse, *Lettres*, II, 387. Lavallette, *Mém.*, II, 188

béissance aux constitutions et de fidélité à l'empereur », la répétition de ce serment par les délégations civiles et militaires et par les grands corps de l'Etat, enfin un *Te Deum* solennel, le tout accompagné de bans battus à la fois par les tambours de tous les régiments, de fanfares, de musiques et de nouvelles salves d'artillerie[1] dont la longueur et la fréquence exaspéraient les assistants, énervés et assourdis[2].

« — Empereur, consul, soldat, je tiens tout du peuple. Dans la prospérité, dans l'adversité, sur le champ de bataille, au conseil, sur le trône, dans l'exil, la France a été l'objet constant de mes pensées et de mes actions. » C'est par ces paroles que Napoléon commença son discours. C'est par celles-ci qu'il l'acheva : « — Ma volonté est celle du peuple, mes droits sont les siens ; mon honneur, ma gloire, mon bonheur ne peuvent être autres que l'honneur, la gloire et le bonheur des Français. » Entre cet exorde et cette péroraison, à peu près identiques, l'empereur rappela qu'il avait abdiqué dans l'intérêt de la France, « comme ce roi d'Athènes, qui se sacrifia pour son peuple », et qu'il s'était déterminé à quitter l'île d'Elbe afin de sauvegarder les droits menacés des Français. Puis il expliqua pourquoi il avait dû préférer à une longue discussion des lois constitutionnelles la présentation d'une constitution toute rédigée, reconnut, non sans réticences, le principe de la

---

1. *Moniteur*, 1er et 2 juin. *Journal de l'Empire*, 3 juin.
2. Chaque salve comportait 100 coups par batterie, soit 600 coups pour les six batteries. Le programme de Ségur et le rapport de Lobau, du 30 mai (Arch. nat. AF. IV, 1936), sont précis sur ce point. Mais il est bien possible que l'on ait abrégé ces salves qui auraient duré au moins une heure chacune. Néanmoins, même réduites à 21 ou à 12 coups, ces salves répétées devaient porter sur les nerfs de personnes peu accoutumées au bruit du canon et qui se trouvaient précisément au centre du feu, entre les batteries du Pont d'Iéna, de l'Ecole militaire et des Invalides.

revision de cette constitution et exhorta tous les citoyens à l'union, à l'énergie, à la persévérance.

Ce discours fit peu d'impression. On attendait autre chose. Parmi ces dix-huit mille auditeurs, les uns espéraient que Napoléon avait reçu d'heureuses nouvelles de Vienne et qu'il annoncerait la prochaine arrivée de l'impératrice et du jeune prince; d'autres s'imaginaient qu'il allait abdiquer en faveur de son fils, d'autres qu'il allait proclamer la république, d'autres qu'il s'attribuerait la dictature pour la durée de la guerre. Amis et adversaires espéraient un acte; ils entendirent des mots, et ces mots ils les avaient déjà entendus. C'étaient des redites éloquentes des proclamations du golfe Jouan et du décret du 30 avril. Les acclamations des députations militaires furent assez nombreuses pour sauver la vanité de l'empereur, mais sur les gradins du centre on n'entendit que de rares vivats[1].

Après le *Te Deum*, les porte-aigles de l'armée et les officiers tenant les aigles des gardes nationales des départements s'avancèrent au pied du trône. Carnot portait le drapeau de la garde nationale de la Seine, Davout celui du 1er régiment d'infanterie de ligne et Decrès celui du premier corps de la marine. L'empereur devait distribuer les aigles une à une

---

1. *Moniteur*, 2 juin. Miot de Mélito, *Mém.*, III, 434. Lavallette, *Mém.*, II, 188. F. de Chaboulon, *Mém.*, II, 103-104. Hobhouse, *Lettres*, II, 388. Villemain, *Souvenirs*, II, 193. *Mém. de Fouché*, II, 340. Heléna Williams, *Relation des Événements*, 138. *Times*, 5 juin. Barère, *Mém.*, III, 215. Rapport d'un officier royaliste, 9 juin. (Arch. Guerre.)
D'après l'auteur de l'*Esquisse historique sur les Cent Jours* (13-14), La Fayette aurait proposé à Carnot et à Fouché « de profiter du rassemblement du Champ de Mai » pour contraindre Napoléon à abdiquer. Mais Carnot s'était montré partisan dévoué de l'empereur et Fouché avait déclaré le projet inexécutable. Ni La Fayette ni l'auteur des *Mém. de Fouché* ne mentionnent ce projet, et l'auteur des *Mém. sur Carnot* le révoque absolument en doute. De fait, si plein d'illusions que fut toujours La Fayette, il ne pouvait penser à tenter un coup d'Etat précisément le jour où Napoléon avait autour de lui toute la garde impériale.

aux présidents des collèges électoraux et aux députations des régiments. Mais il était déjà tard. Napoléon différa cette partie de la cérémonie ; il se borna à prendre les trois aigles portées par les ministres et à les leur remettre après avoir prononcé une courte harangue. Puis descendant vivement les marches du trône, il traversa l'hémicycle, escorté par les porte-aigles, et sortit dans le Champ de Mars où il prit place sur une plate-forme en pyramide de quinze pieds de haut. Les trois cents porte-aigles se postèrent sur les degrés. Les troupes, serrant en masse, vinrent former autour de l'estrade un immense carré de lignes multiples et profondes. L'empereur paraissait porté sur un pavoi de drapeaux au milieu d'un champ de sabres et de baïonnettes. Il distribua leurs aigles à sa garde et à la garde nationale parisienne, puis s'adressant à tous ces bataillons, il dit : « — Je vous confie l'aigle aux couleurs nationales. Vous jurez de périr pour la défendre... Vous jurez de ne jamais reconnaître d'autre signe de ralliement... Vous, soldats de la garde nationale de Paris, vous jurez de ne jamais souffrir que l'étranger souille de nouveau la capitale de la grande nation. C'est à votre bravoure que je la confie. Et vous, soldats de la garde impériale, vous jurez de vous surpasser vous-mêmes dans la campagne qui va s'ouvrir, et de mourir tous plutôt que de souffrir que les étrangers viennent dicter des lois à la patrie ! » Chaque parole de Napoléon était interrompue par d'éclatants : « Nous le jurons ! » mêlés à des cris formidables de : Vive l'empereur ! Quand il se tut, les acclamations reprirent avec la même force pour ne s'arrêter qu'à la fin du défilé[1].

---

[1]. *Moniteur*, 2 juin. Hobhouse, *Lettres*, II, 389-392. Rapport d'un officier royaliste, 9 juin. (Arch. Guerre.) Fleury de Chaboulon, II, 103. *Mém. sur Carnot*, II, 442. Cf. Lavallette, *Mém.*, II, 187-188.
Lucien (Notes. Arch. Aff. étr., 1815) mentionne l'enthousiasme public.

« C'était un spectacle d'une grandeur impossible à décrire », dit Hobhouse[1]. Malheureusement, les constructions de l'architecte Fontaine étaient si mal ordonnées que l'armée et le peuple n'avaient rien aperçu de la cérémonie civique et que le public des tribunes ne vit pas la distribution des aigles[2]. Tandis que cette scène grandiose, à laquelle les circonstances donnaient tant de pathétique, se passait dans le Champ de Mars, dans l'hémicycle les délégués électoraux et les représentants épiloguaient sur la réponse de l'empereur à l'Adresse, raillaient son costume et faisaient remarquer qu'il avait gardé sa toque empanachée alors que Dubois d'Angers lui avait parlé tête nue. D'ailleurs, la fatigue et l'énervement de cette interminable cérémonie avaient fini par mettre tout le monde de méchante humeur. Pour les adversaires de l'empire, le Champ de Mai fut une vaine pompe, tenant de la mascarade d'ancien régime et de la manifestation prétorienne. Pour la plupart des assistants, l'impression fut grande mais profondément pénible. On sentait l'embarras chez Napoléon, la défiance dans l'assemblée. Il était visible que ce nouveau pacte entre l'empereur et la nation était consenti avec contrainte par Napoléon, accepté sans sincérité par les représentants. Enfin, c'était le spectre de la guerre qui présidait cette fête. Tous les cœurs étaient oppressés. Il y avait des vivats mais pas un cri de joie. Les soldats eux-mêmes étaient sombres, farouches ; un feu étrange brillait dans leurs regards, et leurs acclamations formidables et leurs épées bran-

---

« le spectacle superbe et enivrant » et il ajoute : « Quel beau moment pour abdiquer en faveur de son fils ! Au milieu de ce triomphe national, on n'y paraissait pas contraint. »

1. Hobhouse, *Lettres*, II, 390.

2. Hobhouse, qui remarque cette disposition vicieuse des bâtisses de Fontaine, ne vit la distribution des aigles que parce qu'il quitta sa place des tribunes pour descendre dans le Champ de Mars.

dies d'une façon menaçante faisaient moins penser à l'hosannah qu'au *te morituri salutant*[1].

Le dimanche suivant, 4 juin, l'empereur convoqua de nouveau les délégations électorales et militaires afin de leur distribuer les aigles des gardes nationales des départements et des corps de troupes. Faute de temps pour l'accomplir, cette partie de la cérémonie du Champ de Mai avait dû être différée. Huit ou dix mille personnes furent réunies dans la grande galerie du Louvre[2]. L'empereur profita de cette seconde assemblée pour causer familièrement avec les membres des collèges. Il savait que malgré l'accueil flatteur qu'ils avaient, par ordre, reçu des princes, des ministres et des chefs de l'armée[3], quelques-uns étaient mécontents. Il les cajola, se montra simple, affectueux, bon homme, et réussit à effacer l'impression de défiance que leur avait produite son apparition au Champ de Mars dans l'appareil de la souveraineté et au milieu de cinquante mille baïonnettes[4].

Pendant la solennité du Louvre, il y avait fête populaire aux Champs-Elysées, avec cirques, théâtres gratuits, orchestres en plein vent, mâts de cocagne,

---

1. Salvandy, *Observ. sur le Champ de Mai*, 5-6. Lavallette, *Mém.*, II, 188. F. de Chaboulon, *Mém.*, II, 104. Miot de Mélito, *Mém.*, III, 434. Hobhouse, *Lettres*, II, 393-395. Rapport d'un officier royaliste, 9 juin. (Arch. Guerre.) Villemain, *Souv.*, II, 189. Souvenirs manuscrits du chef d'escadron Bourgeois (grand-père de l'auteur), aide de camp de Hullin. Héléna Williams, *Relation des Événements*, 128, 130. Duc de Broglie, *Souvenirs*, I, 308. *Le Censeur*, n° VI.

2. *Moniteur*, 5 juin. *Journal de l'Empire*, 6 juin.

3. Les princes, ministres, grands officiers de la couronne, etc., avaient été invités à donner audience chaque jour à un certain nombre de délégués électoraux et de députés et à leur ouvrir leur maison tous les soirs. Hullin lui-même avait reçu ces instructions. (Napoléon, *Corresp.*, 21978, et Napol. à Hullin, 27 mai. Arch. Guerre.) — Le 28 mai, Montalivet écrivait à Napoléon : « Ma maison est ouverte à MM. les électeurs. J'en ai eu hier plusieurs à dîner, demain j'en aurai vingt-cinq. Je continuerai. » (Arch. nat., AF. IV, 1933.)

4. Fleury de Chaboulon, *Mém.*, II, 105-106.

danses sur la corde ; douze buffets colossaux, garnis de volailles froides, de pâtés, de charcuterie, et trente-six fontaines de vin bordaient la grande avenue. Le soir, les édifices publics furent illuminés et l'on tira sur la place de la Concorde un magnifique feu d'artifice dont la pièce principale représentait le vaisseau qui avait ramené Napoléon en France, le brick l'*Inconstant*, voguant au milieu d'une mer de flammes [1]. — Déjà un autre vaisseau, qui allait devenir plus fameux encore, le *Bellérophon*, croisait sur la côte de France.

II

La Chambre des députés, cette singulière représentation nationale qui avait été élue à peine par la centième partie des citoyens français [2], se constitua le 3 juin. Jaloux de manifester au plus vite leur indépendance, les députés nommèrent Lanjuinais président. Membre de la minorité opposante du Sénat sous l'empire et rédacteur, lui cinquième, de la proposition de déchéance en 1814, Lanjuinais était l'homme dont l'élection devait déplaire le plus à Napoléon. Il fut élu au second tour de scrutin par 277 voix sur 427 votants, contre 75 voix données à La Fayette et 59 données à Flaugergues, tous deux

---

1. *Moniteur*, 3 juin. *Journal de l'Empire*, 5 juin.
2. Les collèges électoraux, qui comprenaient 98,000 membres sur plus de cinq millions de Français ayant dépassé vingt-cinq ans, étaient bien loin d'être au complet en 1815. En outre, il y eut plus de la moitié des électeurs qui s'abstinrent de voter. Six députés des Bouches du Rhône furent nommés par treize électeurs ! (Duvergier de Hauranne, III, 3.) Jomini (*Camp. de 1815*, 93) a dit justement des chambres nommées par le suffrage restreint en général et de la chambre des Cent Jours en particulier : « Les Chambres sont loin d'être toujours la représentation fidèle du pays. Elles n'en représentent souvent qu'une mince fraction, et la fraction peut-être la plus égoïste et la moins nationale. »

non moins ennemis du gouvernement autocratique. Merlin, Regnaud, Boulay et Ginou-Defermon, qui à eux quatre avaient obtenu des bonapartistes déterminés 80 suffrages au premier tour, n'en retrouvèrent plus que 12. Il y eut un certain nombre d'abstentions[1].

L'empereur, qui n'avait pas voulu ou plutôt qui n'avait pas cru pouvoir influer sur le vote en désignant un candidat, espérait cependant qu'on nommerait un ami de la veille, comme Merlin, Boulay ou Regnaud, ou un ami du jour comme Bédoch ou Dumolard[2]. Le choix de Lanjuinais lui parut une offense.

[1]. *Journal de l'Empire*, 4 et 5 juin. — Il faut remarquer d'ailleurs que la Chambre comptait 629 députés et que parmi les absents il y avait un grand nombre d'officiers généraux et de fonctionnaires.

[2]. D'après le seul témoignage de Fleury de Chaboulon (*Mém.*, II, 112), qui, par parenthèse, se trouvait à Bâle à l'époque de la réunion des Chambres, tous les historiens ont dit que l'empereur voulait faire nommer président son frère Lucien député de l'Isère, et que c'est pour cela que la liste des pairs ne fut publiée qu'après le vote. Or le comte Boulay dans son livre : *Boulay de la Meurthe* (262-263), relève cette assertion comme absolument inexacte. « Les quatre ministres d'Etat, dit-il, n'avaient reçu aucune instruction pour la nomination du président et ils se plaignaient même de n'avoir pu donner aucune indication aux députés qui les consultaient. » Nous dirons à l'appui de la remarque de Boulay :

1° Lucien dans ses *Notes* (Arch. Aff. étr., 1815) dit que l'empereur ne voulait pas qu'il se présentât dans l'Isère. Napoléon n'avait donc pas l'intention, du moins au mois de mai, de le faire nommer président de la Chambre ;

2° Si la liste des pairs ne fut communiquée officiellement à la Chambre que le 5 juin, lendemain du vote, l'appel nominal des pairs avait été fait dès le 3 juin au Luxembourg. Lucien y avait répondu, et le 4 juin, jour du vote, il suffisait aux députés d'ouvrir le *Journal de l'Empire* pour apprendre que Lucien faisait partie de la Chambre haute ;

3° D'une part, Napoléon ne pouvait désirer comme président de la Chambre Lucien dont il se défiait et qui lui parlait sans cesse d'abdication ; d'autre part, il devait penser que jamais la Chambre de 1815 ne nommerait président le complice du coup d'Etat de brumaire.

Le témoignage de Fleury, toujours renseigné et véridique, n'est cependant pas négligeable. Ne faut-il pas croire que le bruit du désir de l'empereur de voir Lucien président courut en effet à la Chambre, mais que ce bruit avait été perfidement répandu par Fouché afin d'augmenter les défiances des représentants contre le souverain ?

Boulay (*ibid.*) dément également l'assertion de l'*Esquisse sur les Cent Jours* (17) que l'empereur travailla à faire nommer président l'un de ses quatre ministres d'Etat. Et de fait, si l'empereur avait positivement désigné l'un d'eux comme candidat, les voix des bonapartistes se seraient portées sur celui-ci au lieu de se diviser sur tous les quatre.

Dans un premier mouvement de colère, il pensa à user du droit que la constitution lui donnait de ne point ratifier l'élection. Mais Regnaud puis Carnot le dissuadèrent d'entrer en lutte avec la Chambre. Il fit appeler Lanjuinais aux Tuileries le soir du 4 juin, et il lui dit : « — Êtes-vous à moi ? — Sire, je n'ai jamais été à personne. — Mais enfin me servirez-vous ? — Oui, Sire, dans la ligne du devoir, car vous avez la visibilité. » Napoléon faisant à mauvaise fortune bon cœur parut être convaincu par cet argument théologique et clot ainsi l'entretien : « — Quelques-uns disent que vous êtes bourboniste, d'autres que vous êtes mon ennemi personnel et d'autres que vous aimez véritablement votre patrie. Vous jugerez quels sont ceux que je crois lorsque je vous félicite, ainsi que la Chambre, du choix qui vous a fait son président[1]. »

Si la présidence de la Chambre des pairs n'eût appartenu de droit à l'archi-chancelier, l'empereur, vraisemblablement, aurait eu aussi quelque déconvenue au Luxembourg. Nommés par le souverain, les pairs n'en semblaient que plus soucieux de n'encourir aucun soupçon de servilité. Leur principale préoccupation était de ne point ressembler aux anciens sénateurs de l'empire. La liste des pairs avait été arrêtée en conseil des ministres dans la soirée du 2 juin[2]. Ils étaient cent dix-sept : les frères de l'empereur, Joseph, Louis, Lucien et Jérôme ; le cardinal Fesch, le prince Eugène, les princes Cambacérès et Lebrun ; les maréchaux Brune, Davout, Grouchy, Jourdan, Lefebvre, Masséna, Moncey, Mortier, Ney, Soult et Suchet ; quatre amiraux ; trente-huit généraux ; tous les ministres à portefeuille ; quatre prélats ; une dizaine

---

1. La Fayette, *Mém.*, V, 443. *Esquisse sur les Cent Jours*, 18-19. Hobhouse, *Lettres*, II, 7-8. Boulay, 264. *Mém. sur Carnot*, II, 443.
2. Napoléon, *Corresp.*, 21998. Thibaudeau, X, 350.

de conseillers d'État ; une trentaine de personnages divers et de hauts fonctionnaires de l'empire : Canclaux, Chaptal, Lacépède, Gassendi, Lavallette, Montalivet, Molé, Monge, Ségur, Boissy d'Anglas, Rœderer, Quinette, Lameth, Roger-Ducos, Sieyès ; enfin une quinzaine de représentants de l'ancienne noblesse que l'empereur trouva de bonne volonté. Carnot avait demandé la pairie pour Grégoire et Lambrecht ; Napoléon n'y consentit point [1]. Il ne voulut pas non plus nommer les maréchaux Kellermann et Sérurier qui avaient signé l'acte de déchéance, ni Augereau qui avait mal défendu Lyon en 1814, ni Oudinot et Gouvion Saint-Cyr à cause de leur conduite à Metz et à Orléans après le 20 mars [2]. En revanche, l'empereur appela à la Chambre des pairs les généraux qui l'avaient accompagné en exil, les fidèles Drouot, Bertrand et Cambronne, et ceux qui s'étaient les premiers déclarés pour lui à son retour de l'île d'Elbe : La Bédoyère (promu maréchal-de-camp le 26 mars), Brayer, Lefebvre-Desnoëttes, Drouet d'Erlon, Lallemand et Exelmans. Dans les salons, on ne manqua pas d'appeler ceux-ci : *les pairs fides* [3].

L'empereur avait dit à Lanjuinais qu'il approuvait son élection, mais il fallait que cette approbation fût communiquée officiellement à la Chambre. Au début de la séance du 5 juin, le président d'âge, M. de Branges, annonça que la réponse de l'empereur serait transmise par un chambellan de service. Ces paroles

1. *Mém. sur Carnot*, II. 437.
2. Soult avait appelé Napoléon : aventurier, dans son ordre du jour du 8 mars. Mais l'empereur croyait avoir besoin de lui pour remplacer Berthier comme major général. De là, sa nomination à la Chambre des pairs. Selon Fleury et Boulay, l'empereur aurait voulu aussi y faire entrer Macdonald, malgré sa conduite à Lyon, en souvenir de sa conduite à Fontainebleau ; mais Macdonald, pressenti à ce sujet, aurait déclaré qu'il répondrait par un refus public. Macdonald ne parle pas de cela dans ses *Souvenirs*.
3. Hobhouse, *Lettres*, I, 398.

maladroites soulevèrent des rumeurs. « C'est une offense à la représentation nationale ! cria-t-on. On doit espérer que l'empereur fera connaître sa décision dans une forme plus convenable à la dignité de la Chambre. » Heureusement, Regnaud put bientôt apaiser l'orage en remettant, en qualité de ministre d'Etat, à M. de Branges, le procès-verbal de l'élection approuvé par Napoléon. Mais le lendemain, quelques députés revinrent sur l'incident à la lecture du procès-verbal. Boulay et Regnaud durent expliquer que le président d'âge avait mal saisi les paroles de l'empereur[1]. La Chambre se montrait sur toute chose ombrageuse et chicanière. Quelques protestations s'élevèrent quand il fut question de nommer les députations chargées de recevoir Madame mère et les princesses Julie et Hortense le jour de la séance impériale. L'article VIII du règlement intérieur prescrivait aux députés de siéger en costume ; ils se dégagèrent de cette obligation, mais cela ne les empêcha pas de trouver mauvais que les ministres, qui avaient des communications à faire à la Chambre, s'y présentassent en simple frac. Suivant le système adopté par l'empereur pour les rapports de l'exécutif avec le Parlement, les ministres à portefeuille devaient prendre la parole à la Chambre des pairs, dont ils étaient tous membres, et les quatre ministres d'Etat, Merlin, Boulay, Regnaud et Ginou, devaient être les représentants et les intermédiaires du gouvernement à la Chambre des députés, dont ils faisaient partie. Les députés s'offensèrent du procédé, qui semblait cependant assez rationnel. « — Les ministres de Louis XVI, dit Barère, étaient moins grands seigneurs que ceux de Bonaparte. Ils daignaient venir à l'Assemblée. »

---

1. *Moniteur* et *Journal de l'Empire*, 6 et 7 juin. Hobhouse, *Lettres*, II, 67. Boulay de la Meurthe, 264-265.

Jay et Manuel, les deux âmes damnées de Fouché, et le royaliste Roy interpellèrent Boulay sur cette façon d'agir et obtinrent séance tenante le renvoi de la question à une commission spéciale [1].

Le 6 juin, Dupin tenta d'affranchir la Chambre de formalité du serment. « — Le serment en lui-même, dit-il, n'a rien que de juste, mais il ne peut être prescrit par la volonté unilatérale du souverain. Je propose donc que l'Assemblée reconnaisse qu'aucun serment ne puisse être exigé d'elle qu'en vertu d'une loi. » C'était demander implicitement que le serment ne fût point prêté à l'empereur au cours de la séance impériale, annoncée pour le lendemain, puisque la loi ne pouvait être rendue dans ce court délai. La proposition, appuyée par une petite minorité, fut véhémentement combattue par Bédoch, Dumolard, Bory Saint-Vincent et enfin par Boulay de la Meurthe. « — Il faut être sincère, dit Boulay ; il y a deux partis en France : celui de la France, celui de l'étranger. Ce n'est pas l'empereur qui vous impose le serment : c'est votre conscience, c'est la patrie que vous représentez. » Cette éloquente péroraison entraîna la Chambre qui vota l'ordre du jour. Mais le général Carnot (le frère du ministre) ayant proposé de déclarer que l'armée avait bien mérité de la Patrie en coopérant à la révolution du 20 mars, il y eut des interruptions et des cris. Regnaud, ne voulant pas que la victoire parlementaire remportée par Boulay fût si vite suivie d'un échec, s'empressa de monter à la tribune pour demander l'ajournement de la proposition [2].

---

1. *Moniteur* et *Journal de l'Empire*, 7, 10 et 17 juin. Boulay, 273-276. Hobhouse, II, 8. Rapport à Napoléon, 16 juin. (Arch. Aff. étr., 1802.) Berlier à Bassano, 17 et 19 juin. (Arch. nat. AF. IV, 1933.)
2. *Moniteur*, 7 juin. La Fayette, *Mém.*, V, 444-445, et lettre à N., 8 juin (*ibid.*), 503-504. Boulay, 264-267. *Esquisse sur les Cent Jours*, 15-16.

La séance impériale eut lieu le 7 juin. Après avoir reçu le serment individuel des pairs et des représentants, l'empereur prononça un discours qui fut couvert d'applaudissements. Napoléon ne pouvait en être touché. Il sentait trop bien que cette ovation s'adressait non à l'empereur ni au capitaine, mais au monarque qui venait pour ainsi dire abdiquer publiquement la puissance souveraine. Ce qu'on applaudissait si fort, c'était cet exorde : « Depuis trois mois les circonstances et la confiance du peuple m'ont investi d'une puissance illimitée. Aujourd'hui s'accomplit le désir le plus puissant de mon cœur : Je viens commencer la monarchie constitutionnelle. Les hommes sont impuissants à fixer les destinées des nations ; les institutions seules peuvent les garantir. » Malgré tout son pouvoir sur soi-même, l'empereur laissa percer l'amertume et la colère que lui causait cette confession. Son visage était livide, sa voix stridente, ses traits contractés. « Dans toute sa figure, dit La Fayette, on lisait sa souffrance intérieure et la contrainte violente que sa nouvelle situation lui faisait éprouver[1]. »

En rentrant aux Tuileries, le 20 mars, l'empereur rajeuni et ranimé par son triomphe avait l'énergie, la résolution, l'espérance. « Son génie si fécond en ressources, rapporte Molé, avait retrouvé toute son infatigable ardeur. » En homme qui venait de reconquérir le trône à lui tout seul, il dit gaîment : « — L'impossible n'est que le fantôme des timides et le refuge des poltrons[2]. » Il continuait le rêve où il avait marché vivant depuis le golfe Jouan jusqu'à Paris. Quel réveil ! Pendant vingt jours tout a cédé

---

[1]. La Fayette, *Mém.*, V, 443-444, et lettre à N., 8 juin (*ibid.*, 504-505). Cf. *Esquisse sur les Cent Jours*, 34. Hobhouse, II. 19. *Mém. sur Carnot*, II, 444.
[2]. Fragment des Mémoires de Molé (*Revue de la Révolution*, XI, 81-82).

comme par magie devant l'empereur. Désormais tout se ligue contre lui. Les puissances le mettent au ban de l'Europe et arment un million de soldats pour l'exterminer. Le Midi s'insurge, l'Ouest se soulève, le Nord conspire, la division s'étend dans toute la France. L'armée manque d'hommes, les arsenaux et les magasins sont vides, le Trésor est épuisé. Chaque jour, quand l'empereur a travaillé quinze ou seize heures[1] à réorganiser l'armée, les finances, l'administration, il doit pour se reposer « se casser la tête[2] » à discuter constitution avec Benjamin Constant et les membres de la commission législative, et céder, céder, toujours céder à leurs arguments et à leurs représentations. Il abdique la dictature, il donne le gouvernement représentatif, la liberté de la presse, la liberté de la tribune, la liberté des élections. On suspecte sa sincérité, on dénonce sa fourberie, on crie au despotisme tout comme si l'on vivait encore sous le régime des sénatus-consultes. A l'étranger, il trouve la menace, dans la presse l'injure, dans l'administration l'inertie, à la police la trahison, dans les Chambres la défiance, aux Tuileries même, jusque chez ses plus fidèles serviteurs, la démoralisation, partout l'hostilité, la suspicion et le découragement.

L'empereur ne supporta pas trois mois ce supplice sans en être affaibli moralement et physiquement. A la fin de mai, il n'était plus l'homme du 20 mars. Il avait gardé intactes les qualités maîtresses de son vaste génie, mais les qualités complémentaires : la volonté, la décision, la confiance avaient décliné en lui[3]. La nature éminemment nerveuse de Napoléon

---

1. Napoléon, *Notes sur le manuscrit de Sainte-Hélène (Corresp.,* XXXI, 238).
2. Montholon, *Récits,* II, 183.
3. On a dit à tort que les facultés de Napoléon avaient faibli. On a confondu les qualités intellectuelles avec les qualités de décision et d'énergie. Sa volumineuse correspondance pendant les Cent Jours, dont une partie

était soumise aux influences morales. Les contrariétés très vives, les grandes inquiétudes, tous les tourments d'esprit, comme aussi parfois l'excès des fatigues et l'état atmosphérique, lui donnaient simultanément de douloureuses crises d'ischurie, et même de strangurie, des contractions de l'estomac et une toux spasmodique épuisante. Ces accidents, qu'il avait déjà éprouvés en Russie, se reproduisirent plusieurs fois durant les Cent Jours, à la suite de son rude voyage à travers les Alpes, dans la neige et dans la rafale, et sous l'action des épreuves et des amertumes qui l'accablèrent à Paris. L'esprit influait sur le corps qui réagissait alors sur l'esprit. Pendant ces crises, d'une durée assez longue, l'empereur tombait dans un profond abattement [1]. Il perdait tout espoir et toute énergie. Il avait des heures d'angoisse où d'horribles visions lui montraient la France vaincue et démembrée [2]. En plein jour, il cherchait dans le sommeil l'oubli momentané de ses souffrances et de ses pensées. Lorsqu'il était seul, il lui arrivait de pleurer ; Carnot le surprit en larmes devant un portrait

---

seulement a été publiée, ses conversations rapportées par Fleury de Chaboulon, par Molé, par Benjamin Constant, ses ordres du jour, ses harangues, ses discours politiques, son plan de campagne démontrent que sa toute-puissante intelligence était restée égale à elle-même. Seulement, il était souffrant et découragé. L'homme qui combinait le plan de la campagne des Pays-Bas et qui, le 7 juin, après la fatigante séance de l'ouverture des Chambres, pensait à écrire à Davout (*Corresp.*, 22032) : « J'ai vu avec peine que les deux régiments partis ce matin n'avaient qu'une seule paire de souliers. Il y en a en magasin. Il faut leur en procurer deux dans le sac et une aux pieds », n'avait rien perdu de son puissant génie ni de son admirable souci des détails.

1. Notes du docteur Yvan et du docteur Mestivier (citées par Ségur, *Mém.*, VI, 15-18). Notes de Lucien Bonaparte (Arch. Aff. étr., 1815). Note écrite à Sainte-Hélène (communiquée par M. X.). Cf. les détails d'autopsie donnés par Antommarchi (*Mém.*, II, 166), et Hobhouse (*Lettres* I, 35, et II, 19) qui remarque les très vives douleurs à la poitrine dont l'empereur paraît souffrir pendant la revue de la garde nationale du 18 avril et pendant la séance impériale du 7 juin.

2. Fragment des Memoires de Molé (*Revue de la Révolution*, XI, 96). Cf. Notes de Lucien (Arch. Aff étr., 1815).

de son fils[1]. L'empereur n'avait plus en lui le sentiment du succès, il ne croyait plus à son étoile. Il dit à Mollien : « — Le Destin est changé pour moi. J'ai perdu là un auxiliaire que rien ne remplace. » Il hochait la tête quand on le félicitait sur le résultat d'une élection ou sur quelque manifestation populaire. « — C'est le temps, répondait-il, qui nous apprendra si la France veut me conserver mieux qu'elle n'a conservé les Bourbons[2]. »

L'empereur était indigné contre les libéraux du Parlement qui cherchaient à ébranler son pouvoir au milieu de si grands périls et qui le tracassaient pour des questions de forme au milieu de si graves préoccupations. Il avait donné sans arrière-pensée le régime parlementaire, il était décidé à exécuter fidèlement la nouvelle constitution. Il s'étonnait qu'on ne lui en sût point gré et s'offensait qu'on suspectât sa sincérité. « — Je m'aperçois avec douleur, disait-il, que les députés ne sont pas disposés à ne faire qu'un avec moi. Ils ne laissent échapper aucune occasion de me chercher querelle... Et de quoi ont-ils à se plaindre ? que leur ai-je fait ? Je leur ai donné de la liberté à pleine main. Je leur en ai même trop donné, car aujourd'hui les rois ont plus besoin de garantie que les nations. » Parfois il avait des révoltes. « — Ah ! s'ils croient faire de moi un soliveau ou un second Louis XVI, ils se trompent. Je ne suis pas homme à me laisser faire la loi par des avocats ni à me laisser couper la tête par des factieux. » Il se contenait cependant. Il ne voulait pas entrer en lutte avec les élus de la nation à la

---

1. Notes de Lucien (Arch. Aff. étr., 1815.) Mollien, *Mém.*, IV, 198. *Mém. sur Carnot*, II, 423.
2. Mollien, *Mém.*, IV, 198-199. *Mém. sur Carnot*, II, 455. Las Cases, *Mémorial*, VII, 180-181. Cf. Lavallette, *Mém.*, II, 170, 176.

veille d'une guerre terrible dont son retour en France était manifestement la cause[1].

Napoléon avait décidé de quitter Paris le 12 juin[2]. Déjà les différents corps d'armée commençaient leur marche de concentration vers la frontière belge ; la garde impériale, le Trésor, la maison militaire étaient entre Compiègne, Soissons et Laon[3]. L'empereur se rappelait trop les événements de 1814 pour déléguer le pouvoir à un conseil de régence. Il arrêta que toutes les affaires d'ordre gouvernemental et administratif continueraient à lui être soumises, soit directement par les ministres, soit par le conseiller d'État Berlier, secrétaire du conseil des ministres. L'empereur entendait aussi se réserver les décisions sur les différends qui pourraient se produire entre les deux Chambres relativement à la présentation des projets de lois. Un officier intelligent serait désigné chaque jour par Davout pour porter à franc étrier les dépêches au quartier impérial. Le conseil des ministres, auquel étaient adjoints le prince Lucien et les quatre ministres d'État, devait se réunir plusieurs fois par semaine sous la présidence de Joseph. Dans les circonstances pressantes où la détermination à prendre excéderait les bornes de l'autorité ministérielle, l'urgence de la détermination serait délibérée, et si elle était reconnue, l'objet en serait discuté et adopté à la majorité. En cas de partage, Joseph aurait voix prépondérante[4].

Ces questions ainsi réglées le 11 juin, veille de son départ, l'empereur se sentit l'esprit plus libre et le

---

1. Boulay de la Meurthe, 257. Fleury de Chaboulon, II, 115-116. Cf. Benjamin Constant, II, 26-28.
2. Napoléon à Soult, 7 juin (*Corresp.*, 22028).
3. Napoléon, *Corresp.*, 22030, 22031. Ordres de Soult, 6 juin. (Arch. Guerre, armée du Nord.)
4. Ordre général de service, 11 juin. (Livre d'État, Arch. nat. AF. IV°, 4010.)

cœur plus ferme. Il dîna avec sa mère, ses frères et les princesses. Au dessert, on introduisit les enfants de Joseph et les deux fils d'Hortense. Il reçut ensuite le président de la Chambre, les ministres et quelques amis fidèles[1]. Lavallette qui ne le quitta qu'à minuit dit que la gaîté lui était revenue[2] : il allait retrouver son armée.

Dans cette journée du 11 juin, l'empereur avait eu à subir la lecture des Adresses des pairs et des représentants. Sous couleur de lui exprimer leur dévouement, les uns et les autres s'étaient appliqués à lui faire des remontrances. « — Il s'agit de savoir, avait dit La Fayette, si la Chambre méritera le nom de Représentation nationale ou celui de club Napoléon. » On inséra dans l'Adresse une phrase sur la revision de l'Acte additionnel et sur les articles « défectueux ou imparfaits » qu'il contenait. Lanjuinais fit substituer le nom de *héros* à celui de *grand homme*, sous prétexte que l'expression de grand homme supposait des vertus morales dont celle de héros pouvait plus aisément se passer. Félix Lepelletier ayant proposé de décerner à l'empereur le titre de Sauveur de la Patrie, sa voix fut couverte par des murmures, et l'ordre du jour réclamé à grands cris[3]. La Chambre des pairs ne voulait pas plus que la Chambre des représentants être le club Napoléon. (Il faut remarquer d'ailleurs que presque tous les officiers généraux qui faisaient partie de la Chambre haute avaient rejoint l'armée.) Un membre de la Commission dit que les pairs de-

---

1. *Journal de l'Empire*, 13 juin.
2. Lavallette, *Mém.*, II, 189.
3. *Moniteur*, 9, 10, 13 juin. La Fayette à N., Paris 9 et 12 juin. (*Mém.*, V, 507-511.) *Esquisse sur les Cent Jours*, 25-26. — La Fayette écrit qu'il voulait qu'on mit non *grand homme* ou *héros* mais tout simplement *monarque*. « La motion de Félix Lepelletier, dit-il encore, a été honorée d'une huée générale. »

vaient faire entendre un langage d'autant plus sévère qu'ils avaient été élus par l'empereur. La France, avec une armée encore incomplète, avait à faire face à l'Europe entière. Cette grave situation leur inspira ceci : « Si les succès répondent à la justice de notre cause, la nation n'a plus à craindre que l'entraînement de la prospérité et les séductions de la victoire. » L'empereur demanda par l'entremise de Cambacérès la suppression de cette phrase. On se contenta de la modifier. Il y fit une allusion amère dans sa réponse à l'Adresse. « — Messieurs, dit-il, la lutte dans laquelle nous sommes engagés est sérieuse. L'entraînement de la prospérité n'est pas le danger qui nous menace. C'est sous les fourches caudines que les étrangers veulent nous faire passer[1]. » Sa réponse à l'adresse des représentants contenait aussi une leçon : « — Aidez-moi à sauver la patrie. La crise où nous sommes engagés est forte. N'imitons pas l'exemple du Bas-Empire qui, pressé de tous côtés par les Barbares, se rendit la risée de la postérité en s'occupant de discussions subtiles au moment où le bélier brisait les portes de la ville[2]. »

Les députés s'offensèrent du rapprochement[3]. Des Byzantins, eux qui se croyaient les héritiers de la Convention! La Chambre se donnait pour patriote et elle l'était en effet. Par malheur, ces braves gens concevaient la patrie d'une façon abstraite. Ils ne sentaient pas qu'à cette heure terrible et décisive, c'était Napoléon qui la personnifiait, et qu'en affaiblissant l'empereur par la défiance et le décri ils affaiblissaient la patrie. Dumolard avait dit à la tri-

1. *Moniteur*, 12 et 13 juin. Thibaudeau, X, 358-359.
2. *Moniteur*, 13 juin.
3. Fleury de Chaboulon, *Mém.*, II, 126.

bune : « La patrie et l'empereur sont inséparables. La France sera sauvée par Napoléon[1]. » Mais la grande majorité des représentants ne pensait pas ainsi. La Chambre pensait que la France serait sauvée par la Chambre.

III

« L'empereur, écrivait Barante le 10 juin, a contre lui l'Europe et la France[2]. » C'était une façon de parler. Même dans la période la plus troublée de ce règne éphémère, du 5 avril au 25 mai, le Dauphiné, le Lyonnais, la Franche-Comté, le Bourbonnais, le Nivernais, la Saintonge, le Béarn, la Bourgogne, l'Ile de France, la Champagne, la Lorraine, l'Alsace, la Basse-Bretagne — c'est-à-dire la moitié de la France — étaient restés bonapartistes, et depuis les derniers jours de mai, les mesures énergiques que le gouvernement avait enfin prises commençaient à imposer aux provinces hostiles. « Il serait bien temps, avait dit l'empereur, que la police ne laissât pas prêcher la guerre civile impunément. Nous sommes environnés d'insurrections par suite de cette inconcevable faiblesse. Il faut que cela finisse[3]. »

Désormais, la politique du laissez-faire paraît abandonnée. Des colonnes mobiles pourchassent les insoumis et les déserteurs[4]. Les lois de nivôse an IV et

---

1. *Moniteur*, 7 juin.
2. Barante, *Souvenirs*, II, 151. — Barante admettait d'ailleurs comme très possible le succès de Napoléon. Il écrivait le 31 mai : « On parle beaucoup du duc d'Orléans et parfois de la Régence, mais le succès sera pour l'empereur ou pour le roi, » et le 17 juin : « Vienne le succès, et Fouché rentrera dans la poudre. »
3. Napoléon à Fouché, 29 mai (Arch. nat. AF. IV, 907). Lettre non citée dans la *Correspondance*.
4. Etat des colonnes mobiles à la date du 5 juin. (Arch. Guerre.)

de brumaire an V, punissant de mort les tentatives d'embauchage et les provocations à la désertion, sont remises en vigueur [1]. Des commissions de haute police, composées d'un général de division, du préfet et du procureur général, sont établies à Toulon, à Montpellier, à Toulouse, à Bordeaux, à Rennes, à Rouen et à Lille. A Lille, où l'énergique Allix préside la commission, une centaine d'agitateurs, d'espions et d'embaucheurs sont arrêtés du 2 au 14 juin [2]. Par décision du 24 mai, un grand nombre de préfets et de sous-préfets sont destitués ou déplacés [3]. Le parquet poursuit l'auteur et l'imprimeur de la brochure le *Cri d'alarme*. La police arrête la dame de Launay, ex-lingère de la maison du roi, qui colporte le *Journal du Lys* [4]. Le général Lemarrois proclame l'état de siège au Havre [5]. Le général Gilly réprime les séditions du Gard, de la Lozère, de l'Aveyron et de l'Hérault [6]. A Bordeaux, Clausel, qui s'est montré d'abord irrésolu et temporisateur, publie un ordre du jour menaçant contre les séditieux [7]. Dès son arrivée à Toulouse, le général Decaen révoque les fonctionnaires suspects, organise les fédérés, multiplie les colonnes mobiles, ordonne des arrestations, terrorise les royalistes [8]. Cédant enfin aux conseils et aux objurgations de Davout, le ma-

---

1. Circulaires de Davout, 3 et 20 mai. (Arch. Guerre.)
2. Procès-verbal du Conseil des ministres, séance du 21 mai. (Arch. nat. AF. IV, 1939.) Circulaire de Davout, 29 mai. Allix à Davout, Lille, 14 juin. (Arch. Guerre, Corresp. générale, et Armée du Nord.)
3. Procès-verbal du Conseil des ministres, séance du 24 mai. (Arch. nat. AF. IV, 990b.)
4. *Le Censeur des Censeurs*, 27 mai. *Bulletin de Paris*, 178.
5. Lemarrois à Davout, 19 mai (Arch. Guerre).
6. Gilly à Davout, 6 juin, et Decaen à Davout, 21 juin. (Arch. Guerre, dossier de Gilly, et Armée des Pyrénées-Orientales.)
7. Clausel, *Exposé justificatif*, 44-46.
8. Davout à Decaen, 29 mai. Decaen à Davout, Toulouse, 6, 9, 10, 12, 14, 15 juin. (Arch. Guerre, Armée des Pyrénées-Orientales.)

réchal Brune se décide à mettre Marseille en état de siège et à y désarmer la garde nationale[1].

Sous l'influence de ces mesures, les bourbonistes baissent le ton, les bonapartistes reprennent courage, les insoumis demandent leurs feuilles de route, les agitateurs et les embaucheurs font trêve. « Presque tous les insoumis, écrit le 3 juin le préfet de l'Oise, sont en route pour rejoindre leurs corps. » — « Les colonnes mobiles, écrit de Rouen le général Lamberdier, ont fait de l'effet : 400 insoumis de l'arrondissement d'Yvetot sont déjà incorporés dans la jeune garde et au 72e ». — « Grâce aux colonnes mobiles, écrit de Périgueux le général Lucotte, j'ai pu réunir treize bataillons de garde nationale sur dix-huit demandés ; les cinq autres suivront[2]. » Les rapports de Bordeaux, de Perpignan, de Rodez, d'Albi, d'Auch, de Montauban, de Nîmes, de Privas, de Cahors, du Puy, d'Amiens, de Dunkerque, de Montpellier, de Digne, de Draguignan, « où, dit le chef d'escadrons Rey, je ne conseillerais pas au parti royaliste de lever le nez », signalent une réaction dans l'opinion en faveur de l'empire. « L'esprit public s'améliore depuis le désarmement de la garde nationale, écrit-on de Marseille. Il y a de nombreux emblèmes nationaux aux fenêtres ; les patriotes ont promené dans les rues le buste de Napoléon, et beaucoup de gens qui ne s'étaient pas encore déclarés

---

[1]. Davout, *Corresp.*, 1698, 1712, 1719, 1721, 1729. Verdier à Davout, 21 mai (Arch. Guerre, Armée du Var). Rapp. du préfet de Marseille, 3 juin. (Arch. nat. F. 7, 3774.) — Il fallait un décret de l'empereur pour mettre Marseille en état de siège, mais Davout, toujours énergique, voulait que Brune prît cette mesure de lui-même et la fît ensuite ratifier par l'empereur. « A la place du maréchal Brune, écrivait-il le 16 mai, j'aurais déjà déclaré la ville en état de siège et mis à exécution les mesures pour lesquelles il demande une autorisation. »

[2]. Préfet de l'Oise à Davout, 3 juin. Lamberdier à Davout, Rouen, 1er juin. Lucotte à Davout, Perigueux, 20 juin. (Arch. Guerre.) Cf. Corresp. des préfets, du 25 mai au 22 juin. (Arch. nat. F. 7, 3044^a, F. 7, 3774.)

crient : Vive l'empereur ! A bas les royalistes ! » Le préfet de Lille écrit de son côté, le 9 juin : « Pour la première fois j'ai entendu des Vive l'empereur ! [1] » Dans l'Ouest, la mort de La Rochejaquelein a décapité l'insurrection. Les blancs rentrent chez eux, battus et mécontents, tandis que les bleus se révoltent contre la guerre civile avec son cortège de réquisitions, de pilleries et d'enrôlements forcés, s'animent, demandent des fusils pour se défendre. « On tiendrait les chouans en respect si l'on pouvait armer tous les habitants bien intentionnés, » écrit le général Schramm. Le préfet d'Ille-et-Vilaine, l'officier d'ordonnance La Riboisière, envoyé en mission par l'empereur, les généraux Lamarque, Bigarré, Charpentier louent le zèle et le courage des gardes nationaux, des fédérés, des chasseurs de la Vendée. Le 4 juin, les 4000 Morbihanais de Desol de Grisolles attaquent la petite ville de Redon, occupée par une seule compagnie du 11ᵉ léger. Les habitants s'arment, font le coup de feu coude à coude avec les soldats, abattent deux cents chouans et contraignent les assaillants à la retraite [2].

Dans toute la France, les fédérations s'organisent « pour défendre la liberté » et « terrasser la contre-révolution ». Il y a les fédérations des provinces : fédérations bretonne, angevine, picarde, alsacienne, lyonnaise, périgourdine. Il y a les fédérations des départements : fédérations du Var, des Bouches-du-

1. Corresp. des préfets, du 25 mai au 22 juin. Rapports à l'empereur (Arch. nat. F. 7, 3044ᵃ, F. 7, 3774, AF. IV, 1936). Corresp. générale et Armées du Nord, des Pyrénées et du Var, aux mêmes dates. (Arch. Guerre.)

2. Préfet d'Ille-et-Vilaine à Davout, 26 mai. Lamarque à Davout, 1ᵉʳ, 9 et 11 juin. Bigarré à Davout, 7 juin. Charpentier à Bigarré, Nantes, 1ᵉʳ juin. La Riboisière à Napoléon, Nantes, 9 juin. Schramm à Hamelinaye, Angers, 13 juin. Relation de Suzannet. (Armée de l'Ouest, Arch. Guerre.) Correspondance des préfets, 21, 22 mai, 5, 7, 8, 9, 10 juin. (Arch. nat. F. 7, 3044ᵃ, F. 7, 3774.)

Rhône, du Gard, des Hautes-Alpes, de l'Isère, du Jura, de l'Ain, des Landes, de l'Allier, de l'Aisne, de la Moselle. Il y a les fédérations des villes : fédérations de Brest, de Nancy, de Dieppe, du Puy, de Saint-Etienne, de Nevers, d'Albi, d'Angoulême, de Toulouse dont, au grand scandale des royalistes, les membres prennent une église abandonnée pour y tenir leurs tumultueuses séances[1]. Il y a, enfin, les vingt-cinq mille fédérés des faubourgs de Paris[2] qui se rendent en masse le dimanche 14 mai dans la cour des Tuileries, à l'heure de la parade : « — Sire, dit le délégué des ouvriers, nous avons reçu les Bourbons avec froideur parce que nous n'aimons pas les rois imposés par l'ennemi. Nous vous avons accueilli avec enthousiasme parce que vous êtes l'homme de la nation, le défenseur de la patrie et que vous conserverez les droits du peuple.... La plupart d'entre nous ont fait, sous vos ordres, la guerre de la liberté et celle de la gloire. La patrie doit remettre avec confiance des armes à ceux qui ont versé leur sang pour elle. Donnez-nous, Sire, des armes en son nom. Nous jurons entre vos mains de ne combattre que pour sa cause et la vôtre. Vive la liberté! Vive la nation! Vive l'empereur! » Napoléon répondit : « — Soldats fédérés, je suis revenu seul parce que je comptais sur le peuple et sur l'armée. Vous avez justifié ma confiance. J'accepte votre offre. Je vous

---

1. Corresp. des préfets, mai-juin. (Arch. nat. F. 7, 3200[4], et F. 7, 3774.)
2. Ce chiffre de 25,000 est un minimum. Dans le *Journal de l'Empire* des 15 et 16 mai, il n'est question que de 14,000 ou 15,000, mais il s'agit d'une députation composée seulement des ouvriers des faubourgs Saint-Antoine et Saint-Marcel. Or, les ouvriers des autres faubourgs et de la ville entrèrent le 19 mai dans la fédération (Hobhouse, *Lettres*, I, 281). Deux états de situation portent à 14,701 hommes au 10 juin et à 18,000 hommes au 29 juin les tirailleurs fédérés (Arch. nat. AF. IV, 940, et Arch. Guerre, Corresp. générale). Et certainement plus d'un quart des fédérés n'étaient pas enrôlés puisque l'on n'admettait dans les tirailleurs que les hommes de 18 à 40 ans.

donnerai des armes. Soldats fédérés, s'il est des hommes nés dans les hautes classes de la société qui aient déshonoré le sang français, l'amour de la patrie et le sentiment de l'honneur national se sont conservés tout entiers dans le peuple et dans l'armée. Je suis bien aise de vous voir. J'ai confiance en vous. Vive la nation¹ ! » Cette journée valait mieux pour la cause impériale que la pompeuse cérémonie du Champ de Mars. Les paroles de Napoléon trouvaient toujours plus d'écho dans le cœur du peuple que dans l'esprit inquiet et défiant de ses prétendus mandataires.

Telles étaient cependant les préventions de l'empereur, de son entourage, de presque tous ses ministres contre l'élément populaire, et si invincibles leurs répugnances à l'employer, que les ouvriers parisiens ne furent, à vrai dire, point armés. Napoléon ordonna la formation de vingt-quatre bataillons de tirailleurs-fédérés, de 720 hommes chacun, commandés par des officiers de l'armée, et destinés, en cas d'attaque, à occuper les ouvrages de première ligne et les postes avancés ; mais il décida que les fusils de ces tirailleurs seraient conservés en magasin et ne leur seraient distribués que pour les exercices et le combat. En outre, les bureaux apportèrent tant de nonchalance et de mauvais vouloir à cette organisation que six semaines plus tard 3,500 fusils seulement avaient été mis à la disposition des chefs de bataillon pour les exercices².

---

1. *Journal de l'Empire*, 15 et 16 mai. Napoléon, *Corresp.*, 21906. — Il va sans dire que l'empereur avait été prévenu de cette visite populaire et que le lieu de rassemblement des fédérés et l'ordre de leur marche avaient été réglés par Réal.

2. Napoléon, *Corresp.*, 21903. Davout à Napoléon, 7 juin ; à Darricau, 10 juin (Arch. nat. AF. IV, 1936, AF. IV, 1940). Darricau à Davout, Paris, 29 juin (Arch. Guerre). Cf. Fleury de Chaboulon, *Mém.*, II, 368-369.

Davout et Carnot étaient partisans de l'armement des fédérés, mais il y avait une grande opposition chez Fouché et les autres ministres et chez

Les fédérés ne gardèrent pas rancune à Napoléon de ses défiances et de sa parole faussée. Quand ils se rendaient dans les lieux de rassemblement, pour y faire sans armes l'école du soldat, ils mêlaient les cris de : Vive l'empereur ! aux couplets de la *Marseillaise* et du *Ça ira*. Le 1er juin, six cents fédérés portent processionnellement de la rue de Grenelle Saint-Honoré à la barrière d'Italie un buste de Napoléon couronné de violettes et de lauriers. Arrivés place d'Italie, ils dressent un bûcher et y brûlent, aux roulements des tambours, un drapeau blanc et la dernière proclamation de Louis XVIII[1].

De mêmes scènes se passent dans les départements. Les habitants de Saint-Mihiel élèvent sur la place publique un autel à Napoléon ; son buste repose au milieu des drapeaux tricolores sur un tertre de gazon décoré d'écussons où se lisent les vers de Voltaire :

> Le premier qui fut roi fut un soldat heureux.
> Qui sert bien son pays n'a pas besoin d'aïeux.

et autres centons de même goût. A Strasbourg, on inaugure la fédération alsacienne par un repas de 500 couverts, des chants patriotiques, des promenades de drapeaux. « L'enthousiasme est extrême, écrit le général Rapp. On n'a pas vu cela depuis la Révolution. » A Dijon, des jeunes gens saccagent le café des royalistes, surnommé le Café Raguse. Au théâtre de Rouen, le public réclame chaque soir la

---

le général Durosnel commandant la garde nationale. Le conseil d'Etat, saisi de la question, décida que « les inconvénients de la levée en masse ne paraissaient pas devoir l'emporter sur l'avantage d'armer la classe des citoyens chez laquelle le sentiment du joug de l'étranger se développait le plus fortement ». (Arch. nat. AF. IV, 1935.)

1. Rapport de police, 1er et 4 juin. (Arch. nat. F. 7, 3740, et F. 7, 3204.) Cf Guizot, I, 71-72. Voir aussi le *Journal de l'Empire*, 24 mai : « On a entendu avec peine le nom de l'empereur mêlé à des chants qui rappelaient une époque trop fameuse » ; et Barante, *Souv.*, II, 146 : « Chacun a dégoût et horreur de la fédération des faubourgs. »

Marseillaise et la *Lyonnaise*. Sur le refus du clergé de Limoges de chanter le *Domine salvum*, la foule assemblée dans la cathédrale entonne elle-même l'hymne liturgique. Le maréchal Suchet loue l'extrême patriotisme de l'Ain et du Rhône. « Si les royalistes osaient bouger, écrit le capitaine de gendarmerie d'Angoulême, ils seraient écrasés par les paysans qui sont très montés. » « Dans tout l'arrondissement, écrit le sous-préfet de Saumur, l'amour pour Napoléon va jusqu'à l'ivresse. » Malgré la pluie, dix mille personnes se portent à une lieue de Nîmes au devant du 63ᵉ de ligne en criant: Vive l'empereur! Les citoyens de Landau donnent un drapeau d'honneur à la garde nationale des Vosges pour sa défense de la place en 1814. Les jeunes filles de Mulhouse décident qu'elles n'épouseront que des hommes qui auront combattu dans la prochaine guerre; elles viennent en prêter le serment solennel entre les mains du général Rapp. A Bar-sur-Ornain, le jour de la Fête-Dieu, les habitants placent sur un reposoir un enfant de cinq ans, habillé comme le roi de Rome, et forcent le curé à lui poser une couronne sur la tête[1].

C'étaient là des paroles et de faciles manifestations, mais il y avait des actes. A la fin de mars, Davout estimait que l'on pourrait faire rentrer dans l'armée de 59,000 à 85,000 hommes appartenant aux classes antérieures à celle de 1815 et alors en congé[2]. Or, le 11 juin, malgré l'opposition des maires, les menées des royalistes, les manœuvres des embaucheurs et les troubles de l'Ouest et du Midi, où les levées avaient

---

1. Correspondance des préfets et rapports à l'empereur, 10 avril, 1ᵉʳ, 16, 22 mai, 4 et 6 juin. (Arch. nat. F. 7, 3044ᵃ, F. 7, 3774. Fⁱᵉ, I, 26.) Rapp. *Mém.*, 351-353. Correspondance générale, 4, 18 et 24 avril, 4, 22 mai, 6, 7 et 9 juin. (Arch. Guerre.)
2. Rapports de Davout à Napoléon, s. d. (27 ou 28 mars, et 3 ou 4 avril.) (Arch. nat. AF. IV. 1936.)

été suspendues par ordre de l'empereur, 76,000 rappelés étaient incorporés dans les régiments ou en marche pour les rejoindre[1]. A cette même date du 11 juin, les conscrits de 1815, dont le rappel avait été décidé seulement le 30 mai, étaient mis en route au nombre de 46,000 sur 55,000 désignés pour partir[2]. La levée des gardes nationaux mobiles de vingt à quarante ans, qui si impopulaire en 1814 n'avait donné pendant la campagne de France qu'une quarantaine de mille hommes[3], en avait déjà donné 150,000 au 15 juin[4]. Des bataillons étaient entièrement formés de gens mariés. Les mobilisés quittaient leurs foyers aux cris de : Vive l'empereur!

1. Rapport de Davout à Napoléon, 11 juin. (Arch. nat. AF. IV, 1936.)
Nous donnerons au tome II de **1815** tous les détails sur l'organisation de l'armée et des gardes nationales mobilisées pendant les Cent Jours.
2. Napoléon à Drouot, 30 mai. (Arch. Guerre, carton de la corresp. de Napoléon.) Rapports de Davout à Napoléon, 23 mai et 11 juin (Arch. nat AF. IV, 1534, et AF. IV, 1936.)
3. H. Houssaye, **1814**, 11.
4. Un état du 8 juin contresigné par Davout (Arch. nat. AF. IV, 1936) porte à 132,272 le chiffre des gardes nationaux arrivés ou en route. Carnot dans son rapport du 13 juin à la Chambre des pairs élève ce chiffre à 150,121. Bien que les différents effectifs cités dans le rapport officiel de Carnot soient généralement majorés d'un quart, le chiffre de 150,000 paraît à peu près exact, car du 8 juin au 12 juin les opérations du recrutement avaient continué. Ainsi, le contingent des Landes, porté seulement à 209 hommes dans l'état du 8 juin, s'était augmenté le 17 juin au point de former trois bataillons « partis pour Bayonne » (Situation du général d'Armagnac, 17 juin, Arch. Guerre). Les mobilisés de Seine-et-Oise, comptant 2,226 hommes le 8 juin, étaient 4,500 le 16 juin. (Préfet de Seine-et-Oise à Carnot, 16 juin. Arch. Guerre.)
Les départements les plus empressés à concourir à la défense furent l'Aisne, l'Aube, la Côte-d'Or, la Marne, le Rhône, la Haute-Saône, les Vosges, l'Yonne, qui donnèrent tout le contingent demandé ; l'Ain, qui donna 4,538 hommes sur 5,030 demandés ; les Ardennes : 3,475 sur 5,040 ; la Haute-Marne : 2,164 sur 2,520 ; la Meurthe : 8,100 sur 1,0000 ; la Meuse : 4,137 sur 5,000 ; le Haut-Rhin : 7,519 sur 10,000 ; Seine-et-Marne : 3,346 sur 5,040 ; Seine-et-Oise : 4,500 sur 5,040.
Les départements les plus réfractaires (sans parler de l'Ouest et du Midi où la levée ne fut pas ordonnée ou ne le fut, dans certains départements, que postérieurement au 15 mai) furent le Calvados qui donna 240 hommes sur 3,780 demandés ; le Gers : 98 sur 1,440 ; la Loire : 582 sur 2,160 ; l'Orne : 107 sur 2,160 ; le Pas-de-Calais : 437 sur 7,440 ; la Seine-Inférieure : 656 sur 10,080. (Etats des gardes nationales d'élite, 31 mai et 8 juin. Arch. nat. AF. IV, 1925, et AF. IV, 1936.)

Vive la nation! Mais ce qui valait mieux que leurs cris, c'étaient leurs sacrifices et leur mâle résolution. Ceux qui avaient quelque argent s'armèrent, s'habillèrent et s'équipèrent à leurs frais ; les autres, c'était le plus grand nombre, restaient sourds aux propos des royalistes que tout combattant fait prisonnier sans uniforme régulier serait impitoyablement fusillé, et partaient en blouse, en sabots, pieds nus[1]. 25,000 militaires retraités après vingt-quatre ans de service (officiers, sous-officiers et soldats) se présentèrent pour former des bataillons de forteresse[2]. 15,000 engagés volontaires entrèrent dans la jeune garde et dans la ligne[3]. Sur la demande des élèves des lycées, on organisa dans chaque ville, avec des collégiens volontaires de seize ans et au-dessus, des compagnies d'artillerie[4]. Des jeunes gens de dix-huit à vingt ans se formèrent en compagnies franches. Il y a les éclaireurs à cheval de la Côte-d'Or, les francs-tireurs de Mâcon, les tirailleurs de Saône-et-Loire, les 900 chasseurs des Landes pour la défense des Pyrénées; il y a le corps franc de la Seine, de 700 hom-

---

1. Carnot à Napoléon, 10 mai. Rapport du comte de Sussy, 18 mai. Davout à Napoléon, 27 et 28 mai. (Arch. nat. AF. IV, 1935, et AF. IV, 1936.) Lettres à Davout : de Gruyer, Vesoul, 20 avril ; de Rouyer, Lunéville, 22 avril ; de Fririon, Paris, 5 mai ; de Hervo, Poitiers, 9 juin ; de Suchet, Chambéry, 10 juin. (Arch. Guerre.) Corresp. des préfets, 1er, 4, 15, 16, 17, 22 et 27 mai, 3, 4, 5, 6, 8, 9, 11, 14 juin. (Arch. nat. F. 7, 3044², et F. 7, 3774.)
2. Rapports de Davout, à Napoléon, 11, 20, 22 et 28 mai. (Arch. nat. AF. IV, 1936). — Dans l'*Exposé de la situation de l'Empire*, fait le 13 juin à la Chambre des pairs, Carnot porte à 33,000 le chiffre des retraités rentrés sous les drapeaux, mais il y a majoration.
3. Carnot, dans l'*Exposé* précité, dit : 20,000. Il est possible qu'il n'exagère point, car si le recensement total des volontaires ne semble pas avoir été fait, les rapports des généraux et les lettres des préfets établissent qu'il eut des volontaires en plus ou moins grand nombre dans tous les départements : 250 dans les Vosges, 308 dans la Gironde, 26 dans le Loiret, 127 dans l'Ardèche, etc. Le 5 mai, Paris avait donné 1,100 volontaires, et le 1er juin, Lyon en avait donné 2,800. (Napoléon à Lobau, 5 mai. Arch. nat. AF. IV, 907. Rapport de Lannoy à Napoléon, Lyon, 1er juin. Arch. Guerre.)
4. Circulaire de Carnot aux préfets, 3 juin (Arch. nat. F¹ª, 31). Cf. Barry, *Cahier d'un rhétoricien*, 93, 111. *Journal de l'Empire*, 19 avril.

mes, les francs-tireurs de la Meurthe, de 10 compagnies, les tirailleurs de la Moselle, de 500 hommes, les lanciers-chasseurs de la Moselle, de 400 cavaliers. « Tous ces hommes, dit Davout, rendront de très grands services [1]. »

Les fédérés de Lyon, les ouvriers de Vesoul, les paysans de l'Argonne travaillent gratuitement aux redoutes, aux tranchées, aux palanques, aux abatis. A l'exemple des grenadiers de la garde impériale, qui ont pris l'initiative d'aller remuer la terre sur les hauteurs de Montmartre et de Belleville, les douze légions de la garde nationale et les vingt-quatre bataillons de tirailleurs-fédérés fournissent chaque jour des terrassiers volontaires non rétribués. Le 2ᵉ bataillon de la 12ᵉ légion [2] construit à Charonne un petit monument avec cette inscription : *Liberté ! Patrie ! Napoléon ! La 12ᵉ légion qui a élevé ces retranchements jure de mourir pour les défendre* [3]. Le 7ᵉ bataillon de la garde nationale du Bas-Rhin demande à faire partie de la grande armée, les mobilisés des Vosges veulent qu'on les emploie en première ligne, les mobilisés de Cherbourg sollicitent leur incorporation dans la ligne [4]. « Cinq mille hommes, volontaires, rappelés, retraités, mobilisés, sont partis en deux mois, écrit le préfet du Mont-Blanc, plus qu'à aucune époque de la Révolution [5]. »

1 Davout à Napoléon, 18 et 22 avril, 25 et 30 mai (Arch. nat. AF. IV, 1936). Gérard à Davout, Metz, 29 mai. Préfet des Landes à Carnot, 1ᵉʳ juin. Rapport du colonel Viriot et du major Commaible, 5 et 14 juin. (Arch. Guerre.)
2. XIIᵉ arrondissement : faubourgs Saint-Victor, Saint-Jacques et Saint-Marcel.
3. Rapports de Davout, de Dejean et de Lannoy à Napoléon, 19, 20, 24, 29 mai. Rapp. de police, 1ᵉʳ, 3, 4 juin. (Arch. nat. AF. IV, 1940, F. 9, 754, F. 7, 3774.) *Journal de l'Empire*, 12 juin. Gruyer à Davout, Vesoul, 30 avril. Leclerc des Essarts à Lobau, Sainte-Menehould, 29 et 31 mai. (Arch. Guerre.)
4. Les officiers du 7ᵉ bataillon à l'empereur, Strasbourg, 12 juin. Rapport d'Epinal, 24 avril. Général Proteau à Davout, Cherbourg, 5 juin. (Arch. Guerre.)
5. Préfet du Mont-Blanc à Carnot, Chambéry, 5 juin. (Arch. nat. F.7, 3774.)

Davout reçoit des requêtes comme celle-ci : « Je soussigné, juge de paix du canton de l'Arbresles (Rhône), demande à reprendre le grade de maréchal des logis que j'avais il y a vingt ans [1]. »

On est prêt à donner son sang, et, ce que l'on n'a pas fait en 1814, on donne son argent. Les offrandes patriotiques sont innombrables. Un groupe de négociants de Bordeaux arme, habille et équipe une compagnie de garde nationale mobile. Les acquéreurs de biens d'émigrés du Puy-de-Dôme fournissent cinquante chevaux tout harnachés. Un armurier de Marseille donne cent canons de fusil, un sellier de Boulogne-sur-Mer vingt selles de grosse cavalerie, un distillateur de Jonzac quarante fûts d'eau-de-vie, un aubergiste de Rennes 5,500 francs. Le commandant Miteau, de la garde nationale de Reims, promet une pension viagère de 250 francs à chacun des quatre gardes mobiles qui se seront le mieux conduits dans les trois premiers mois de la guerre. Les élèves du lycée de Grenoble donnent 400 francs, les élèves du lycée de Nancy donnent 500 francs, une orpheline de la Légion d'honneur donne 100 francs. Une Cornélie parisienne écrit à Carnot : « Je vous envoie cent francs. C'est le produit de mes bijoux. Pour la première fois j'ai regretté de n'avoir pas d'autre parure que mes enfants. » Le 1er léger (officiers et soldats) abandonne un jour de solde, le 79e de ligne deux jours de solde, le 4e tirailleurs de la jeune garde quatre jours de solde, le 7e tirailleurs cinq jours de solde, la gendarmerie de l'armée du Nord un jour de solde par mois pendant la durée de la campagne. Des officiers donnent 100 francs, 500 francs, 1,000 francs, 4,000 francs. Les employés de l'Intérieur souscrivent pour

---

1. Pignard à Davout, L'Arbresles, s. d. (fin mars). (Arch. Guerre.)

5,777 francs, ceux des Affaires étrangères pour 5,000, ceux de la Guerre pour 14,000, ceux du Trésor pour 27,839, ceux des postes pour 20,000, ceux de l'Enregistrement pour 10,000, ceux de la préfecture de police pour 20,000. La Cour impériale de Paris donne 50,000 francs, la Cour de cassation 6,000, la Cour des comptes 6,400, la Cour de Douai 2,000, la Cour de Poitiers 3,000, les agents du fisc de Colmar 5,300, l'Ecole polytechnique 4,000, le Collège de France 1,050, la Comédie-Française 1,500, les agents de change 10,000, les facteurs de la halle au blé 3,700. Binet, ex-caporal au 14° de ligne, offre le premier semestre de son traitement de légionnaire. Mabillon, ancien soldat de l'armée d'Egypte, offre quatre années de solde de retraite, soit 1081 francs. Lachenadais, bourgeois de Paris, et Frédéric, manufacturier à Mulhouse, versent chacun 10,000 francs au Trésor. Delorme, le propriétaire du passage de ce nom, donne 60,000 francs et s'engage à payer pareille somme chaque année « tant que durera la guerre ». Il y a enfin un grand nombre de souscriptions anonymes. Davout reçoit 2,000 francs pour le soldat qui prendra le premier drapeau ennemi. Le 14 mai, pendant la revue des fédérés, une femme s'approche de l'empereur et lui présente une pétition roulée qu'il met dans sa poche. Rentré aux Tuileries avec Carnot, il ouvre la prétendue pétition : c'est un rouleau de vingt-cinq billets de banque de mille francs noués par un ruban de la Légion d'honneur [1].

---

[1]. Rapports de Davout et de Bertrand à Napoléon, 6, 25 et 27 mai, 3, 4, 6, 8 et 15 juin. Préfet de Bordeaux à Carnot, 3 et 14 juin. Lettres diverses du 15 mai au 15 juin. (Arch. nat. AF. IV. 1933, AF. IV, 1936, AF. IV, 1937, F. 9, 754, F. 7, 3774.) Gruyer à Davout, Vesoul, 23 mai. Rapports de Colmar, 3 juin. Clausel à Davout, 9 mai. Colonel de gendarmerie à Rovigo, 31 mai. Carnot, à Davout, 19 juin. (Arch. Guerre.) *Moniteur* et *Journal de l'Empire*, du 10 mai au 15 juin. — L'empereur décida que le produit de ces dons serait employé aux dépenses des gardes nationales.

L'opinion troublée et divisée n'est pas telle sans doute que semblait le présager la marche triomphale du golfe Jouan à Paris. L'Ouest est encore en armes, la discorde règne dans le Midi ; à Paris, à Lille, à Rouen, à Bordeaux, il y a des mécontents, des agitateurs, des artisans de démoralisation. L'approche de la guerre suspend toute affaire, paralyse le commerce, fait tomber la rente à 54 francs. Mais cette guerre odieuse, dont la prévision a pendant deux mois consterné et accablé tout le pays, le ranime maintenant dans un grand mouvement de patriotisme. Devant l'humiliant ultimatum de l'Europe et son agression inique, la France se lève frémissante d'indignation et de colère. Au défaut de l'enthousiasme de 92 et de la rayonnante confiance de 1805 et de 1806, elle a la haine de l'étranger, la rancune ulcéreuse de l'invasion, le rêve des représailles vengeresses. Il lui manque l'espérance, mais l'espérance elle la retrouvera à la première bataille gagnée. L'ardeur et la résolution des soldats, la bonne volonté des gardes nationaux, la multitude des dons patriotiques confirment ces mots d'une lettre de Mme de Staël à Crawfurd : « Si l'empereur a une première victoire, et il l'aura, l'orgueil national fournira à son vengeur toutes les ressources d'hommes et d'argent qui lui seront nécessaires. »

Cette première victoire, Napoléon quitta Paris le 12 juin pour l'aller chercher dans les plaines de la Belgique.

Paris, 1889-1892.

TABLE DES MATIÈRES

	Pages
Préface	1

LIVRE I

LA PREMIÈRE RESTAURATION

Chapitre I. — La France sous Louis XVIII

I. Les opinions au retour des Bourbons (avril-mai 1814)	1
II. Les premières maladresses	9
III. La réorganisation de l'armée	14
IV. Troubles pour les droits réunis. — Inquiétudes pour les biens nationaux	26
V. Les princes, le roi, les ministres	31
VI. Le mécontentement dans l'armée et dans le peuple. — Le culte de Napoléon	43
VII. La renaissance des partis	60
VIII. Les débats des Chambres (août-décembre 1814)	69

Chapitre II. — Le ministère du maréchal Soult

I. Dandré à la police et Soult à la guerre. — L'ordre du 17 décembre 1814. — Le général Exelmans. — Les troubles de Rennes	76
II. Les obsèques de Mlle Raucourt. — L'anniversaire du 21 janvier	89
III. Les généraux de l'Empire et l'ancienne noblesse	97
IV. L'appel des 60,000 hommes. — Imprudences de la noblesse et du clergé. — La France en février 1815	103
V. Les conspirations orléano-bonapartistes	113

Chapitre III. — Le Congrès de Vienne

I. Les suspicions contre la France. — La première période du congrès. — Les conflits d'intérêts	122

II. Le « Congrès dansant ». — Le traité secret du 3 janvier 1815.
III. Marie-Louise et Parme. — Murat et Naples. — Projets de déporter Napoléon dans une île de l'Océan.................. 139

Chapitre IV. — L'Ile d'Elbe

I. Napoléon souverain de l'île d'Elbe....................... 145
II. Les violations du traité de Fontainebleau. — Le cabinet autrichien. — Marie-Louise et le comte Neipperg. — Non-paiement par le gouvernement français de la rente de deux millions. — Menaces de déportation et d'assassinat.............. 159
III. Projets incertains de Napoléon. — Arrivée à l'île d'Elbe de Fleury de Chaboulon. — Détermination soudaine de Napoléon. 175
IV. Le départ de l'île d'Elbe (26 février 1815)................ 187
V. Retour à Porto-Ferrajo du commissaire anglais. — Discours de lord Castlereagh au Parlement......................... 195

LIVRE II

LE VOL DE L'AIGLE

Chapitre I. — Le Golfe Jouan

I. La traversée.. 200
II. Le débarquement au golfe Jouan. — Résistance d'Antibes. — Haltes à Cannes et Grasse (1ᵉʳ et 2 mars 1815). — La route des Alpes... 207
III. Mesures de Masséna. — Marche sur Sisteron de la garnison de Marseille et des volontaires royaux. — Napoléon à Digne, à Sisteron, à Gap et à Corps (4, 5 et 6 mars)............... 219
IV. La nouvelle aux Tuileries (5 mars)...................... 225

Chapitre II. — Grenoble et Lyon

I. Mesures de défense du général Marchand, commandant à Grenoble... 231
II. Le défilé de Laffray.................................... 241
III. L'entrée de Napoléon à Grenoble (7 mars)............... 247
IV. Le comte d'Artois et le maréchal Macdonald à Lyon. — L'entrée de Napoléon à Lyon (10 mars).................... 257

Chapitre III. — La conspiration militaire du Nord

I. L'opinion à Paris et dans les départements. — Les hommes politiques. — La bourgeoisie. — Le peuple. — L'armée. — Les troubles et les séditions............................... 265

TABLE DES MATIÈRES   635

II. La conspiration militaire du Nord (7-11 mars).............. 283
III. La démission du maréchal Soult (11 mars). — Rentrée de Clarke au ministère de la guerre. — La Déclaration des puissances (13 mars).................................... 289

Chapitre IV. — Le Maréchal Ney

I. Napoléon empereur à Lyon............................ 297
II. La défection du maréchal Ney........................ 301
III. Napoléon à Autun, à Avallon, à Auxerre (15, 16 et 17 mars). — Entrevue de Ney et de Napoléon. — Napoléon à Pont-sur-Yonne (19 mars)..................................... 315

Chapitre V. — Le départ du roi et la rentrée de l'empereur

I. Les dernières mesures de résistance. — La séance royale du 16 mars.. 322
II. La royauté aux abois................................ 335
III. Le départ de Louis XVIII........................... 349
IV. Le 20 mars.. 355
V. Du retour de l'île d'Elbe........................... 365

LIVRE III

LES CENT JOURS

Chapitre I. — Le lendemain de la victoire

I. Constitution du gouvernement impérial................ 370
II. Le roi à Lille. — Le duc d'Orléans. — Départ du roi pour la Belgique (23 mars)................................... 375
III. Les résistances locales : Oudinot à Metz. — Gouvion-Saint-Cyr à Orléans. — Le duc de Bourbon en Vendée (21-26 mars). 387
IV. La duchesse d'Angoulême à Bordeaux. — Le gouvernement de Vitrolles à Toulouse................................ 399
V. La guerre civile dans le Midi. — Le combat de Loriol. — Retraite du duc d'Angoulême. — Capitulation de La Palud (9 avril)... 413

Chapitre II. — La septième coalition

I. Le traité du 25 mars.. 434
II. La France en interdit. — Marie-Louise et le cabinet de Vienne.. 445
III. L'opinion en Europe. — Les débats du Parlement anglais.. 453
IV. La dernière campagne de Murat (17 mars-23 mai)............. 461
V. La Cour de Gand.. 469

Chapitre III. — L'empire libéral

I. Le mouvement révolutionnaire pendant les Cent Jours......... 482
II. Dictature jacobine, autocratie impériale ou régime parlementaire.. 489
III. Inertie des préfets. — Hostilité des maires et du clergé..... 500
IV. Les craintes de guerre. — Affaiblissement de l'esprit public. — Troubles et séditions dans les départements............... 509
V. Paris en avril et en mai 1815... 518
VI. La liberté de la presse.. 528

Chapitre IV. — L'Acte additionnel

I. La commission de constitution. — Benjamin Constant........ 536
II. La publication de l'Acte additionnel................................. 546
III. Les élections.. 553

Chapitre V. — La guerre en Vendée et Fouché à Paris

I. Préludes de l'insurrection de l'Ouest (10 avril-10 mai). — La prise d'armes et les premiers combats (11 mai-18 mai)...... 561
II. Les envoyés de Fouché en Vendée. — Combats d'Aizenay, de Saint-Gilles et des Mathes (20 mai-4 juin). — La mort de La Rochejaquelein (4 juin)... 569
III. Intrigues et machinations de Fouché. — Les entrevues de Bâle... 580

Chapitre VI. — Le champ de mai

I. L'Assemblée du Champ de Mai (1er juin)......................... 594
II. La réunion des Chambres. — La Séance impériale du 7 juin. — L'état d'esprit de l'empereur.. 606
III. — L'opinion publique à la veille de la guerre. — Départ de l'empereur pour l'armée... 619

CHATEAUROUX. — TYP. ET STÉRÉOTYP. A. MAJESTÉ ET L. BOUCHARDEAU.

ERRATUM

Page 97, ligne 3, au lieu de Plusdorff, lire : Plersdorf.
Page 178, ligne 10, au lieu de Légations, lire : États romains.
Page 192, note 3, ligne 4, au lieu de Kampfe, lire : Kämpte.
Page 268, ligne 13, au de Bedoch, lire : Bédoch.
Page 302, lignes 11 et 21, au lieu de duc de Berri, lire : duc de Berry.
Page 351, ligne 26, après les mots : par Talleyrand et, ajouter : que Jaucourt laissa au ministère.
Page 352, note 2, ligne 4, au lieu de Jaucourt, lire : Reinhart.
Page 424, note 2, ligne 3, après les mots : en route, lire : sa division arriva quand les renforts étaient devenus inutiles.

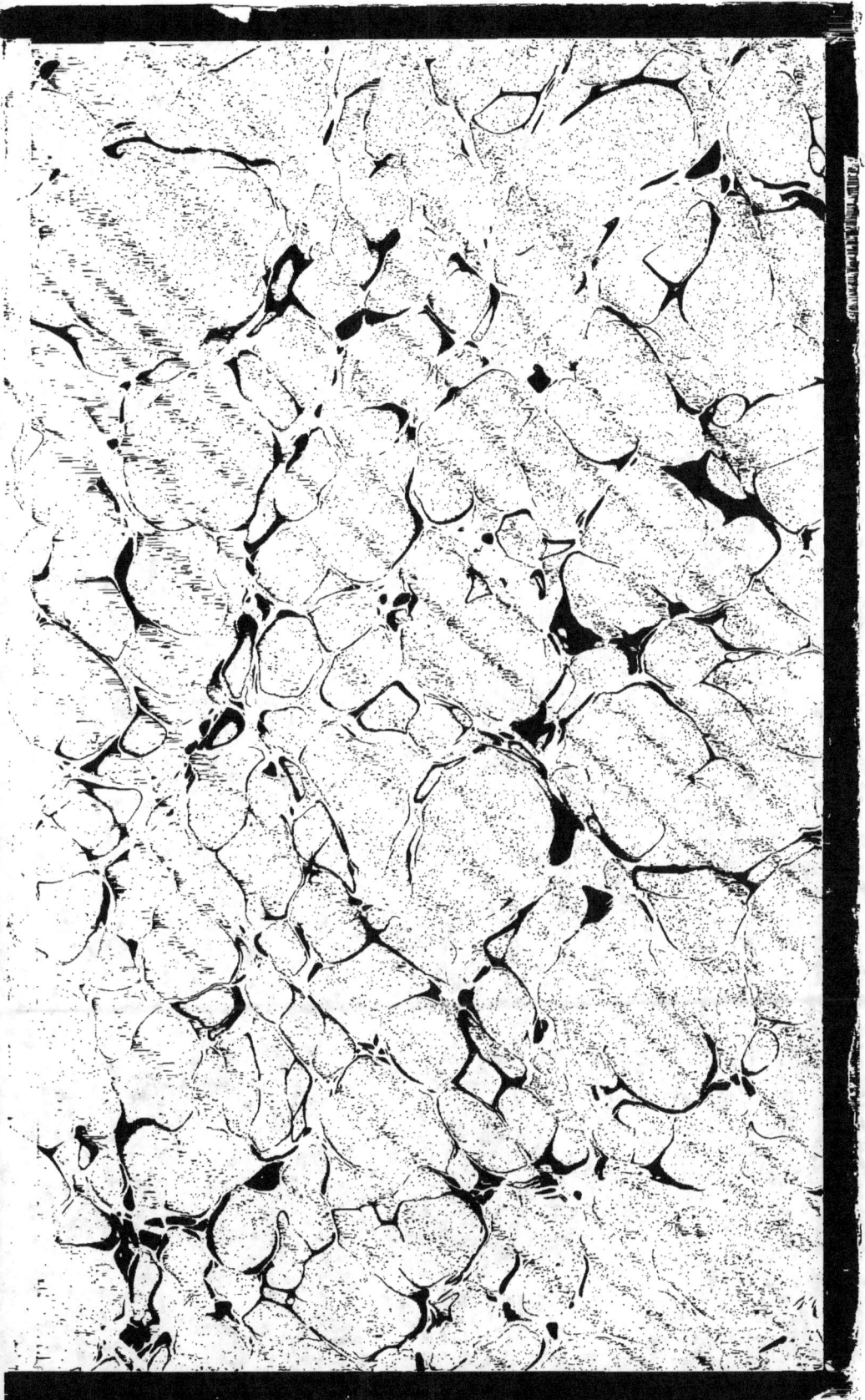

www.ingramcontent.com/pod-product-compliance
Lightning Source LLC
Chambersburg PA
CBHW070837250426
43673CB00060B/1517